国家出版基金项目
NATIONAL PUBLICATION FOUNDATION

海上絲綢之路文獻集成

總主編　陳支平　陳春聲

民間譜牒編　9

主編　林楓

海峽出版發行集團
THE STRAITS PUBLISHING & DISTRIBUTING GROUP
福建人民出版社

本册目次

〔福建晉江〕塔江劉氏重修族譜不分卷〔一〕

〔清〕劉雲路纂修

［福建晉江］《塔江劉氏重修族譜》不分卷，清劉雲路纂修。塔江劉氏居今福建省晉江市東石鎮。始祖劉存，於唐代由河南固始避地入閩，徙於福清城東之北里，傳十三世至龐，登宋開禧進士。龐孫仝祖，起兵抗元死，譜稱忠烈公。仝祖之孫拓，由福清北里逃至泉州塔江定居，爲塔江開基祖。其族譜迭經明天啓元年（一六二一）、清雍正四年（一七二六）、乾隆二十七年（一七六二）、道光六年（一八二六）、光緒六年（一八八〇）五修。是譜載序言、譜例、名行、字行、世系、傳記、源流、跋、家廟記、行宫碑文等頗富，於世系記載尤詳。譜中記明末清初海禁對家族之影響頗巨，「明季鄭藩在海，朝令遷居，獸奔鳥散，或逃深山，或填溝壑，商於外者，阻絶來往」。以族人多遷往臺灣，五修族譜時，曾鳩資渡臺鈔録牒文。明末清初即有往海外者謀生者，如長房十九世廷蝶，譜記「生道光乙酉年，往番邦」，甚或「娶番婦」。另譜中又多記族人出外謀生溺海身亡，如三房十五世進稟，譜記「生乾隆庚申年十二月廿七日亥時，卒日無考。在安南回棹溺海」。足見先人創業維艱之一斑。據清光緒六年抄本影印。

忠烈祠碑記

忠烈祠者祠　宋招撫使劉公仝祖與其妻林氏及林氏之兄處士同也林劉皆邑世家其先多顯於宋招撫祖龎守瑞州處士祖琭守紹興他顯者不具論然皆近之稱二千石後矣景炎之季宋室播遷越在南海招撫以國子丞家居與處士念世為宋臣圖所以報宋廼建局於處士之家募卒繕罷日夜為興復計未幾與元戰兵敗處士盛服坐堂上嚙指血題詩於壁賊至大罵而死語具忠義

集及八閩志中招撫敗而轉匿元求之急遂自經
有司執林氏責反狀林恚而叱曰吾夫吾兄以死
報國何言反乎亟詩尚存汝不知耶遂遇害其時
元焰方熾林劉子孫僅存如綫入明而其事已更
百餘年稍以湮没又更二百餘年而至隆萬之間
劉之裔孫宗獻廼鳴其事於邑令南陵　許公以
聞於學使者永豐　宋公闢府桂林　殷公博稽
故實甚核而章廼檄邑為特祠以祀業有成畫而
直指劉良弼獨格其議屬　宋公從官而吳興

徐公攝學事持前議甚力直指無以難迺報可然猶責祠費於其家不復給繙劉之子孫迺請邑令擇地於城東山高堂之左而建祠焉樹棹楔於其脊額曰忠烈祠成而父老人士之稍知故實者咸咨嗟瞻拜嘆忠義之在天地間更歷代而不可泯滅如此邑令春秋致祭俱如儀無敢闕怠至後令迺弗躬而葺郡乘者至訛林氏於永福劉之諸生繼忠力白而正之而請邑人　郭建初先生爲記其畧　建初博物君子也其論次甚辨且謂不佞

高汝爲史官捜舉古今之奇節逸行毋令沉晦不章固汝事也柰何於里閈而失之汝宜爲之記不佞概觀史傳忠臣義士不稱乏矣迺世獨艷稱文信國之忠揭而與穹壤並垂豈非以　元大變亘古所無中華之憤莫此爲甚此信國之所以爲烈也處士兄妹之慷慨捐軀大義皎然何慚信國迺信國以元宰處士以布衣林又女流斯愈難而奇矣招撫之敗而自匿也儻亦有黄冠之思乎宋社未墟殷頑猶在蹈瑕遺釁吏尚可爲招撫之心固

不能一日忘讐元也彼其當垂盡之勢[redacted]一葦以障洪涿終不幾幸而愛一死明矣永豊以招撫處士之忠節得林而益顯似矣又責其倉皇舉事方試輙敗其持論似苛非吳興之表章則直指說伸俎豆闕矣忠而不食遼而遂淪責於誰諉不佞蓋過燕市而徘徊信國祠下為文以吊固悲信國之死元亦意人心以憤元而益悲信國延招撫吏烜灼若是況淪三百餘年而猶關甲乙之口至於群議難奪且復官府之羸餘使忠臣之後獨任其勞

失國家所以褒忠勸俗之意則豈非以近之世殊
而幽爽之情異與桂林吴興於是有秉彝矣天之
報忠臣終不爽也余甚傷忠義之晦而復爲之幸
因紀其始末令爲裔者勒之石以垂無窮且爲吾
邑重若其家世源泒與紀載參商徵相牴牾則有
郭先生之籍在足傳信無疑兹不論
賜進士出身光禄大夫柱國少師兼太子太師吏部
尚書建極殿大學士
經筵日講

開詔總裁

五牒

予告

存閭邑人葉向高撰文

塔江劉氏族譜叙

天之愛中國也雖當閏置腥濁之日常留忠義之正氣以至於鑠金裂石而使人奮而天之愛忠臣義士也雖當國破家亡之日亦常留如綴之一綫以至於豐枝茂幹而使人思夫天之所篤愛即神之所呵護也中國之所以長存人心之所以不死世祚之所以衰而延離而合永永毋替者以此吾讀

太師公　少卿公之記　劉忠烈祠也而知福清北

里之有招撫也又讀吾邑埨江劉氏之譜也而知北里實塔江之自出而信　招撫之必有後也然忠烈奮拎趙燼既灰之季而顯於我

明

隆萬之閒北里其首事地子孫饘斯粥斯聚國族斯轉傳記斯文值一時名公碩卿好談說千古節義盛事其詞之燬足以嘘枯而潤穿其表章而肉起之也易　忠烈之孫　拓公崎嶇拎干戈戎馬之穉出萬死得一生以驚定之餘魂蒙犯霜露迫而保海濱之一席地篳路既托奕葉于今離者遂

遥合者落〻死者泯〻生者林〻且在代移地僻人散力薄之世其聯綴而統系之也難而劉之頴者若天樞若卿選若世隆輩獨能推本所往貽燕後來爲之博稽故老延訪名士成譜以萃其渙又遣走福清北里合譜以證其派昭穆不紊義例臚列巨細畢載燦然井然斯不尤卓乎哉今以朝籍按劉而劉若遜以文獻詩書孝弟行義求劉而劉彬〻可睹矣以宗起語劉則劉若邈以起宗侯劉而劉駸〻未可量矣天下固有柱礎碑碣蔚爲世

家賢者羞以為禮而骨朽名香不顧子孫而為之子孫者在千百世亦有冠冕蟬聯赫奕閭右識者憂其不祀而種因種果派綿累世而卜其食報者賀為將興古今之變家國之會往往不與世殆未可以喧寒遠近論也故吾所為序劉譜者非必以北里重塔江也喜塔江之能原原本本敦睦禮讓毋泯忠烈之家聲又以見秉彝人心之在天地間一間忠臣義士之有後雖涉久遠猶為之蹶然興焉然起敬而欷歔景行屬望寢昌而不能自已也寧

直曰華冑之爲拜嘉已哉是爲序

天啟元年秋九月望日

賜進士出身南京通政司右參議前浙江道監察御史禮部儀制司主事中書舍人呂圖南書

塔江劉氏重輯族譜序

當今

聖天子嗣位有四年予將觀光午闈族長老告曰祠宇增新家乘重輯且涓吉迎

主以奠奏樂慶成予其出一言序之予唯唯弗敢固辭予思家乘與國史等國史必脩而後是非榮辱乃定家乘必脩而後昭穆倫理乃正然非篤於水木源本之誼永言不諼者烏能因自出而更遡所自出與所自出者之祖若宗世系彰

明較著哉我族于天啓辛酉立譜係九世
天樞公十世　君德公　鄉選公　世隆公諸
人爲功匪淺而　世隆公復捐金二十充費不
憚跋涉躬往福清考核精詳始知北里舊家廟
貌依然肇基乎塔江者　拓公其所自出者則
宣教公又所自出者則　忠烈公由　忠烈而
遡所自出則有實夫公乃屬　龐公季子　龐
公十三世以上端推　存公爲始祖昭穆可攷
世沐宗恩文武忠義載在宗史及諸集中分派

既久清之與泉往來道遠稍寢加以濱海播遷蕩析離居塔江譜牒幾於無存然而叩首之念頃刻不忘數十餘年幸回故土迄今子姓日就蕃衍猶想　世隆諸公立譜繼再垂後豈可聽弟姪名號混同伯叔兄長而告廟大義闕如耶先是塔江舊祠因遷遂燬　公馨叔竭盡心力購地里中興建有日今春乃輪奐著美厥工告竣辰月六日將奉　拓公暨列房主進入式序在位族之孫子於心差慊而舊譜猶留一綫為

晋侯叔洑藏　晋侯故知書此舉大快人意又有　公上叔者倡議重脩　爾齡祖叔是其議　爾濬祖叔捐此貲　時侯　弼侯　垂侯叔　謀衛　及顏弟并從予遊者　安侯共襄厥事圖系詳明無處淩躐焉　安侯英年敏妙受業四載出語不凡大具沖霄槩茲與叔兄弟姪期正倫理別昭穆以紹　世隆諸公之功於不衰近遡所自出遠遡所自出之自出家乘井井有條吉凶患難休戚相關子孫賢者族長奬

之或下愚不肖者族長訓誨之勸懲中榮辱未必不在是則謂輯家乘即如脩國史也可而非篤於水木源本之誼永言不護者能若此乎予識劣分卑忝承明命惟是上追 世隆諸公立譜之功下多 爾濬 公上 時侯 晋侯諸叔重修之力聊叔始末後有志者珍而護之嗣而輯之

祖若宗亦永慰於九泉也已

雍正四年歲次丙午辰月穀旦鰲派裔孫奇士

玉山氏頓首拜書

塔江劉氏續修譜序

蓋聞萬物本乎天人本乎祖追維我祖爰立其譜夫譜也者所以序昭穆別長幼紀生卒書塋配使後世知水源木本之所自出而識昭穆之所由分也我祖令史公係福清縣城東北里人也仕宋為朝散大夫行軍令史信國公督府叅佐宋鼎既遷將從於潼道經於泉遂止於泉之晉之塔江焉傳繼至今蓋有二十世矣在昔北里分派以來肇基埯洹奕葉十傳未有家乘　君德公　世隆公因

事究原走福清印詳世係而譜始立迨及明季鄭藩在海　朝令遷居凡我族人流离失所康熙辛酉復界雍正丙午重修賴　晉侯叔所藏舊譜而續序之乾隆壬午茂亭鼇派　際侯伯復修之吾宗世系之似續由是有源流也亡何日月其除經今又五十餘春秋矣思夫前人既有先路之開後人可無後塵之步哉況乎老成幾於凋謝少壯未由叅稽若不及時續修恐世遠年湮之後其必至廢墮缺略有如郭公夏五之無稽南陔華黍之失

真者勢必至理固然也廉學問雖疎義舉為重庚辰歲爰有　謀裕叔　及禮兄宴集校議於是仝姪輩　廸荊　廸臣　廸養　世源等各領其房各膺其任恒慮有遺失之愆故於逐派所奉神主搜尋確據有生卒塋配名謚舊譜所未及載者裨補闕漏若無所據者後即於其派細詳附於其派先人之末夙夜殫心弗敢貪小利而失大事若夫光大其祖德垂裕後昆而不至殘缺失次者端賴有雲礽之世守焉雖然莫謂盡得其詳也吾觀

譜牒之係甚重纂修之任靡輕(信)不傳不可疑不闕亦不可非莫(如)文章之可以展其筆力詩詞之可以抒厥才情也惟秉先世之法制以為將來之率循可補則補之當闕則闕之毋致湮沒不彰之憾但未知其可慰九原宗祖之靈爽也否與夫可垂萬世箕裘之望(厚)也否以踈筆硯聊誌數語後有志紹述者其敬接踵其職細按其事庶毋負余志也是為序

道光丙戌年桂月朔旦十五世孫　及康　謹立

塔江劉氏重修族譜序

河發源於崑崙之墟折而入九州分而為九派源欲知而流欲別端有賴於河渠之書人托體於父祖之遺椒聊日以蕃瓜瓞日以綿宗之分而派之別亦有賴於氏族之譜〻牒之所係不綦重哉 路自同治壬戌奉庭訓董修祠堂既竣先君子復進 路而詔曰予於宗族之事其力能為者靡不踴躍赴惟茲祠堂與族譜必藉眾人之力不得不留而有待今祠宇聿新先靈已妥矣而族譜未修亦非

所以報一本也蓋吾族之有譜也自君德公與世隆公始而雍正丙午修之乾隆壬午（一七六二年）又修之迨至嘉慶庚辰甲子已屆一週予偕姪輩分房搜羅草藁初就而以宗族多事旋復中止今復四十餘年雖各房繼有增補予亦疊次續修而總緝無期不無湮沒之懼他日費有所給爾其續余未竟之功
路謹誌之弗敢忘乃承命未幾而先君子見背嗣而路雖捷秋闈上春官奔走於衣食利鎖名韁席無暇暖而修譜一事蓋未嘗頃刻忘懷無如族既

頻有耗費歲復不皆有烁未能議及者又幾廿載也夫自吾祖　令史公世食宗祿痛祖父捐軀以報國值元人緝獲孚遺孤忠以全臣節智以存宗支乃自福清之北里而徙於晉江之塔江肇基以來蓋二十餘世矣由　令史公而上溯之　招撫公以忠貞稱　進士公以循良著以至於北里始祖之　存公亦世以隱德聞由　令史公而遞衍之或守詩禮之風或食耕鑿之力以至自塔江分派而他居亦均秉宗祖之訓蓋世德之相承而子

孫所由日以蕃衍也乃君德公世隆公雖尋源福
清印詳世系而緝録已在十傳之後丙午之修雖
據吾侯伯之藏而經　國初遷移子姓星散稽考
亦復不易遂致世次僅存而生卒塋配已俱莫得
而詳矧今人丁之多比於昔而詎止十倍而自壬
午至今歷年爲最久使及今不修竊恐生齒日繁
遺失亦易而若爲昭若爲穆併有數典而莫知其
祖者詎第路有負先人之志而已哉去年冬自臺
歸里值族人頗不甚困於是招各房會謀今春定

議延王君而秉筆焉適又將計偕北上乃以姪孫宣　懋英輩總理其事及路南旋而已頗有條緒復與姪孫　懋信　懋揚　懋登　懋通細心考核或舊譜所無而私譜有所補正或私譜有誤而舊譜足以為憑者詳審再三始付諸謄錄焉嗟乎莫為之前雖孝子慈孫斷難尋蹤蹤之墜緒莫為之繼則支分派別幾何不湫湫而難稽而不意以先君子所寤寐不忘而厥功難竟者竟能於百二十年之久一旦總緝成編如水之源流可攷得以繼而

午壬午二編之後而不負乎君德公世隆公創始之苦心而他日氏族彌蕃繼繩彌遠欲踵而修之亦不至苦於接續而末由者又不僅春秋祀事長幼躋堂有可別為昭而為穆也可不為幸歟可不為難歟顧吾族本詩書之冑以忠孝為傳家始祖流芳於青史累代亦重乎書香顧我族人廸光於前垂裕於後悅禮樂而敦詩書於掇巍科登顯仕紹家啟於勿替增世澤之芳以為史冊光併以為家乘重路又於宗族有厚望焉既蔵事爰誌數語

於簡端

光緒六年歲次庚辰十六世孫丁卯科舉人挑選儒

學教諭雲路謹識

塔江劉氏重修族譜序

今夫睹千霄之木必探本於岩阿見行潦之水必窮源於天河是知水有源木有本猶人之有祖宗也為人子孫欲知祖功宗德之所留貽舍譜其誰屬哉顧支分派別住居於桑梓者固多而散處於外地者亦不少使代遠年湮任其殘缺則一本之親幾等於行路有之此創於前者其功偉而修於後者烏容緩諸墖江之譜由來舊矣至乾隆壬午已歷數修自壬午屈指計之又百二十年矣老成

凋謝稽查無從幸有私譜可據時舉人　雲路號
升階獨有志於譜牒值大比之年將進京會試特
囑　兹呌　唐羣總理其事請余東筆余志歆成
美不揣固陋遂許執役另請王山京膳真擇三月
吉日出主各房耆董　進漂　迪貢　迪趣　迪少　兹
碧　兹朕　兹種　兹百　兹鴣　唐浮　唐儡
等出為鳩資濟需　兹桶渡臺抄牒又有諸先生
懋信　懋登　懋揚　懋通共相贊勸衆力并
舉閱數月而稿成至冬臘月膳真告竣凡有疑者

實之畧者詳之月日時不對者復着明之承繼出入各有來歷要皆　升階考選後親自澄心細慮不遑暇食一不當輙叠次開主校對無訛而後即安今而後堪稱完璧矣獨是斯譜之成前由　翰庵公手訂兹復經　升階老斟酌蓋極難（盛）繼而有開必先是劉向之後有歆無異翰庵之後有階也遡貴族係宋忠烈之裔至朝散大夫　令史公於宋末由北里分支始肇基於晉之塔江二十有二世矣子姓兄弟實繁有徒家給人足海邦稱巨族

其間文武輩出豪傑挺生科甲蟬聯簪纓鵲起信乎忠臣之後到處蕃衍理固然也則由上而遡之千百年之祖〻宗〻由下而推之千萬世之子〻孫〻綿〻延〻繩〻繼〻實有俾壽俾富寢熾寢昌之象焉余本不文祇為據事直書以垂永遠云爾若夫潤飾鴻猷端賴諸君子之功我則何有

光緒六年歲次庚辰冬臘月穀旦王汝寬薰沐拜序

塔江劉氏族譜

按晋江縣塔江劉即福清縣城東北里劉北里始祖諱存字一心妣薛氏由光州固始從于福清之城東北里傳十三世生龐登宋開禧元年進士守瑞州其季子實夫則生忠烈公可謂世沐宋恩者矣捐軀圖復宜忠烈之不忘厥報哉

北里忠烈公

忠烈公諱仝祖龐季子實夫之子歷知同安縣潮州推官國子監丞招撫使有傳在宋史及忠義諸集

其出身與考家譜以爲祖蔭也
娶林氏福清人父公遇知名士仝祖爲福建招撫使與林宣齋起義兵仝祖亡命自經死有司執林氏具反狀林叱曰林劉二族世爲宋臣欲以忠義報國何為反乎汝知去歲有以血書壁而死者乎是吾兄也吾與吾兄忠義之心一也可生爲汝等辱耶遂遇害載一統誌烈女傳
劉之入塔江也始于拓公而推本忠烈者遡其源也忠烈以上不具舉者忠烈功德之始也論

功德則始忠烈于以見忠烈之厚澤蓄衍著于
福清復著于溫陵彼蒼褒忠始自不靳

星伯曰余髫髮讀史則知有宋之末造布衣勤王
如忠烈公仝祖馬考之公則應文信國之募者
也忠義曠感有神馬以司其契顧信國夙膺朝
望人心係屬義旗之指易集公以布衣挺奮勢
孤援寡是信國處其易公更當其難濟不濟豈
及與知哉大丈夫功蔽天壤其願也力竭而死
其遺也匪惟公然文信國且有然矣

[illegible]考公

宣教公忠烈公第五子始祖拓公之父也

塔江一世始祖令史公

公諱拓宣教公第二子也宣教公生四子長振三藝
四文而公居二於福清本宗行一百廿九故族
稱曰九哥自歸亦曰九哥至今傳稱九哥公爲
行軍令史從于漳因居于泉之塔江焉

公自年少爲宗行軍令史忠烈公兵敗赤族由北
里潛逃將入于漳道經于泉遂止于泉之塔江

系次列

不没九哥舊稱恐後人之迷厥自也後人知有
劉九哥正自知遡之福清劉已
賛曰甚哉公之智于免難也駕轂清潼取道溫陵
遠跡通都潛踪海溢以九哥標北里之氏而羅網
之害不受此與昭關之出何異其為掄江闢先之
祖宜哉
長男一郎　次男二郎　三男三郎
考福清縣移文曰遺孤逃伏救死不贍又考郭
造卿識曰元兵自永福向福清仝祖遺兵拒之

而敗于虎匿爪山兵遂入福清空齋死之十月
十八日也元唆都屠興化劉瓚死馬仝祖轉匿
株連親故甚衆然則拓公之脈殆弍當一郎二
郎三郎正值元運之熾普天率土咸入版籍故
隱氏匿名第字之曰郎郎郎從福清之呼也與
仍九哥同意子孫因册之曰一郎公二郎公三
郎公

星伯贊曰郎昆季可謂善終父志矣父不之名郎
亦不必以名傳世夫名者著代之始以名著塔江

後世旋而塔江之邑若即也後世咸指而目之曰斯固福清城東北里即也則拓公與即之標位詎不宏遠也與

附舊譜例

忠烈公　宣教公不另標房行者北里業行之矣故
標房行自一郎二郎三郎而始傳易二朝名字多失
令從一郎公二郎公三郎公子之孫之曾之玄之明
世系也自
拓公出者三房今三房分之提其綱者其房因從其
房世之次之而更詳之曰某公之子一從再從行而
緣牽雖昆季行次不能詳序而昭穆已自了然令後
人一披閱可自生卒塟與夫娶氏各標于紀諱之下

議[illegible]有字字失而號諱字號俱失則標之曰某祖之
子若孫娶氏失則缺不書卒塟失亦缺而不書
先是渾朴初不知有誌銘嗣是鄒魯之風漸闢士農
工商各以業顯其有誌銘與子孫自俱陸續于後
祀田交輪隨各房所樹識其以垂不替
族有豪賈一生經營卒無嗣不繼有田宅遺兄弟及
群從宜登載于譜作交輪以存禋祀不登載者非私
則耗祀不長矣能免神恫否
族先滄海公議每房無論行次凡伯叔兄弟先生第

一子代席銀一兩入祠堂娶第一婦如之傳積既久諸公未鳩恐遂成寢閣於是天樞君德申議與族之老幼于庚申春置酒會鳩得白金五十餘兩充祠堂一切費遂成後案宗支日蕃鳩積日盛文正家風庶幾可仰

族先諸禮未備婚冠之會亦一時少畧庚申春鳩席銀若干充祠宇費迺議烝祭故每年依冬至日特牲薄奠不得豐豐難繼也不至儉儉非禮也豐儉適宜永成為成度

自始祖肇基迄今十三世初相傳俱爲系出福清而
考核其詳至庚辛而舉事也故輯譜則自庚春始叩
北里以成塔江譜則自今日始協成其吏則人可枚
舉首襄大任則鄉選其人
三房中斎五人為長每年仍該直五人凡遇子孫不
肖族長呼該直糾執于祠堂而責罰之庶其有懲故
凡宗中之事五長主之奔走之勞直年任之
族有善惡褒其善而隱其惡非漏誅也以其善著之
譜以樹其招以其惡俟之神以陰其譴後世子孫無

以忠厚之意謂有倖免之門也
凡生産死喪婚娶之類隨日備書歲終則類於宗長
直年登譜庶無遺忘
脩譜之後子孫名字不得冒襲祖先家長犯者斥之

名行　從十世起

藩（十世）元（十一世）成（十二世）莊（十三世）遂（十四世）進（十五世）廸（十六世）茲（十七世）唐（十八世）廷（十九世）丕（二十世）基（廿一世）家（廿二世）聲（廿三世）

振（廿四世）起（廿五世）詩（廿六世）書（廿七世）傳（廿八世）訓（廿九世）友（三十世）孝（卅一世）濟（卅二世）美（卅三世）

字行　從十世起

惟（十世）爾（十一世）公（十二世）侯（十三世）謀（十四世）及（十五世）子（十六世）孫（十七世）懋（十八世）昭（十九世）大（二十世）德（廿一世）垂（廿二世）裕（廿三世）

綿（廿四世）遠（廿五世）毓（廿六世）秀（廿七世）鍾（廿八世）英（廿九世）天（三十世）錫（卅一世）餘（卅二世）慶（卅三世）

塔江劉氏北里分派長房五世譜圖

一世　二世　三世　四世　五世

始祖令吏公 子三

一郎 子二

二郎 支派載在二房譜中

三郎 支派載在三房譜中

志承 子二

志開 分居南安門口厝

謹齋 子四

永煅 子二

永熛 子二

永煇 子一

永煊 子二 分居葛州

永燬 子三

六世
以斐 子二

七世
篤毅 子四

八世
太彬 子三
次 太興 子四 止
四 移居高安 子二

九世
恭閔 子三
衍齋 子二
思進 子二
思允 子一
思忠 子一
思義 子二
思定 子一
思文 子一
思顯 止

十世
長居
長靜 子二
長逆 子五
仲貴
仲新 子四
仲和 子二
仲睦 子三
志旋
志端 子二
志華 子三
志道 子六
志煥 嗣子一
志育 子三

誠善 子二

以章 子二

篤和 子二

太恭 止

太原 子一

太明 止

太逸 子三

思敬 子三 晉居南安岑兜

思顛 子四

思鑄 止

思賢 止

志郁 子二

志興 子二

志明 子三

漢通 子四

漢遺 子三

三通 子二

漢選 子一

永熛 十二

六世 厚寬 三二　厚博 正

七世 篤言 三二　篤諆 三一

八世 太仰 三　太仁 三一

九世 宜容 三二　思達 正

十世 于統 三二　于列 三二

塔江劉氏家乘

- 永煇 子一
  - 六世 厚庵 子二
    - 七世 朝傑 子二
      - 八世 大耀 子一
        - 九世 思智 子三
          - 十世 守本 子五
          - 十世 守期 子一
          - 十世 守初 子一
      - 八世 太聚 子一
        - 九世 思德 子五
          - 十世 守約
          - 十世 守經
          - 十世 守稷 子二
          - 十世 守綸
          - 十世 守恒 子一
    - 七世 朝盛 子一
      - 八世 太申 子四
        - 九世 思懷 子三
          - 十世 守國
          - 十世 守貴
          - 十世 守愷
        - 九世 思發 萬居三河
        - 九世 思恬 子二
          - 十世 守分 子二
        - 九世 思翰 亡

永煊 子一

六世
厚復 子一 [illegible]

七世
朝育 子一

八世
鎮樓 子二

九世
興顛 子一
興義 子一

十世
立山 子四
隐山 子一

塔江劉氏家譜

長静 子二

十一世
友義 子二
友恭 子四

十二世
明楫 子一
明杞 止
明相 子一
明蓋 子一
明猷 止
明棟 子二

十三世
日旭 止
日新 止
日東 子三
日暄 止
日攀 壯頭

十四世
遂勛 子一
遂旺 子一
遂國 子六

十五世
進晏 子一
進潮 子三
進乾 子二
進兑 止
進離 止
進坎 子二
進艮 止
進妹 子一 滋龍四子承

[illegible]

長逵 子五

十一世

友仁 子三

友禮 子五

十二世

明球

明瑯

明璞

明瓚 子三

明瓏 子三

明琬 嗣子一

明琛 子二

明瑊 子一

十三世

日瞮 子二

日曤 子一

喜 承明琬

鶯伯

喜 明琛三子承

日鑣 子一

日篤 子二

十四世

遂炳

遂傳 子四

遂奇 子二 [illegible]

遂安 子二

謀裔

十五世

進岱 子一

進老 子二

進然 子一

進鄉

進立 子三

進能 嗣子一

進協 子四

進迎 子三

塔江劉氏宗譜

- 友樂 子一
  - 明琯 子一
    - 日撫
- 友文 子一
  - 明瑜 子二
    - 日昌 子二
      - 遂和 子二
        - 進猛 子五
        - 進鼎 子四
      - 遂合
    - 日進 子一
      - 遂賛 從戎外出
- 友武 子二
  - 明瑒
  - 明瑕

仲新 [illegible]

友愓 子三　明珖

友愷 子一　明珽

友愢 子一　明五 子一　日寅

友慎 永天寺爲僧

仲和 子二

友龍 子三　明佐

明脩

明僑

友鳳 往廣

仲睦 子三

友鯤

友鯨 子一　明月

友鯉

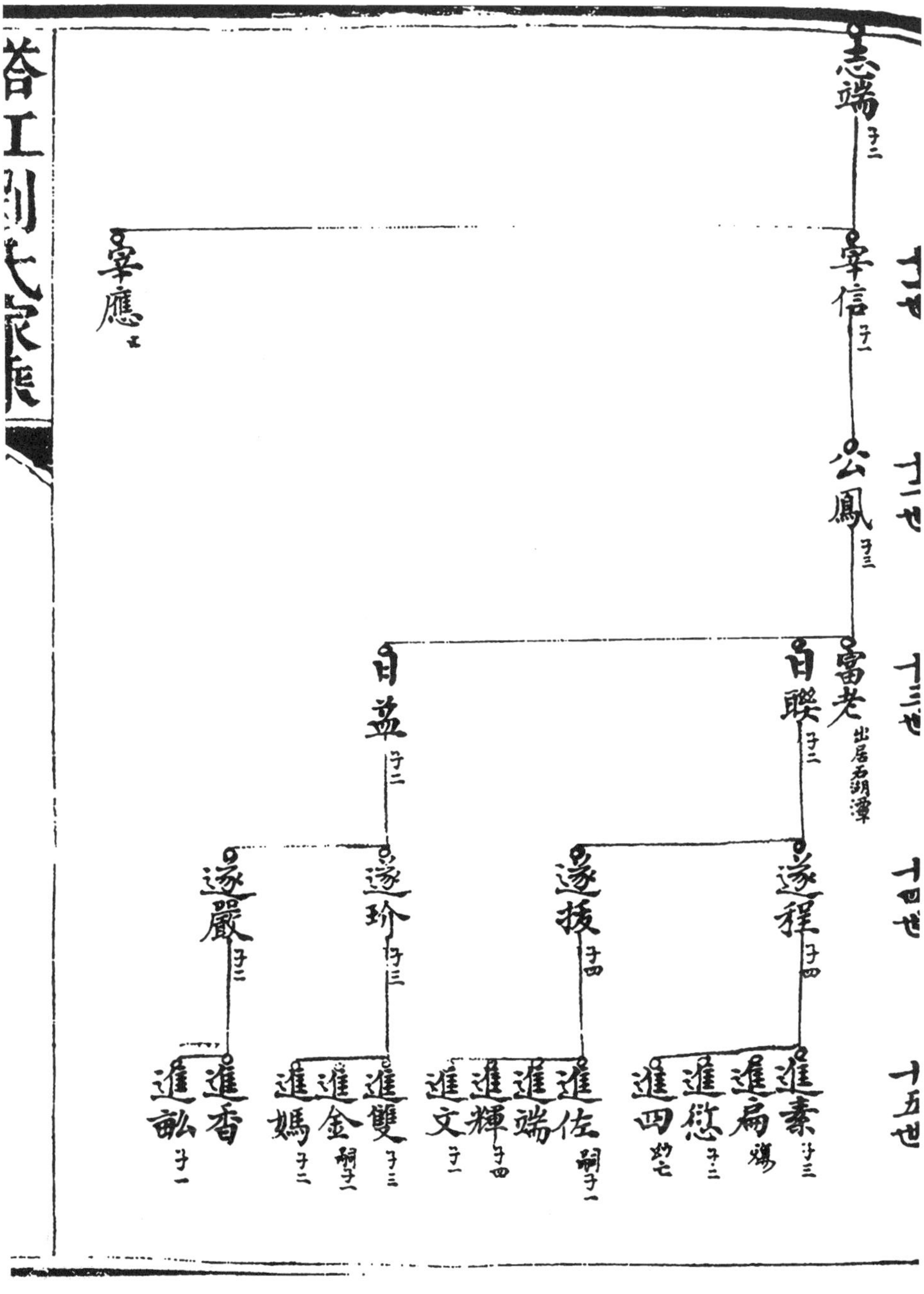
塔江刘氏家乘
十一世
十二世
十三世
十四世
十五世
志端 子二
章信 子一
章應
公鳳 子三
富老 出居石湖潭
日聯 子二
日益 子二
遂程 子四
遂援 子四
遂玠 子三
遂嚴 子二
進素 子三
進扁 殤
進慾 子二
進四
進佐 嗣子一
進端
進輝 子四
進文 子一
進雙 子三
進金 嗣子一
進媽 子二
進香
進訟 子一

志華 [illegible]

友德 [illegible]

友善

友節

志道 子六

友麒

友麟 承志煥

友鰲

友篤

友豫

友潗

志煥 嗣子一

友麟 子一 志道次子承

明珠

志育 子三

宰誠

宰惠

宰撝

志郁 子三

瑸 子二　玕 子一

明端 子一　明良 子一　巘觀

日權 住居浦上涵渡　日構 嗣子一

天就 尚科三子承 移居漳州城内

志興 子二

玶　琿 子一

伯顥

志明 子三

璣　瑄　珅

文道

鳳[illegible]　鳳徽 子一　鳳儀 子二　鳳彩 子二

明瑶　明琰 子一　明戴　闈伯　人老

日智 子五

遂罷 子四　遂總 殤　遂舉 殤　遂欽　遂好

進蘋 子六　進斗　進來 承遂景　進妹 承遂圖

塔江劉氏家族

- 漢遺 子三
  - 鳳鳴
  - 鳳鶯
  - 鳳瑜 子一
    - 明著 子二
      - 日贊 子三
        - 遂森 子一
          - 進本 子一
        - 遂攀
        - 遂雅
      - 日順 子二
        - 遂耿 子一
          - 進受 遂龍三子承本爲受子 子四
        - 遂業 子三
          - 進曆 子一
          - 進助 子三
- 三通 子二
  - 鳳陽
  - 鳳阿
- 漢選 子一
  - 鳳騰

- 子琥 子二
  - 宗禎 子三
    - 真佑 止
    - 真秀 子一
      - 日賜 子五
        - 遂星 子三
          - 進賜 子三
          - 進欣
          - 進貴
        - 遂紀 子一
          - 進慶 子三
        - 遂絃
        - 遂繪
        - 遂軫
    - 真茂 子三
      - 日琅 子二
        - 遂睽
        - 遂提
      - 日使 止
      - 日興 子二
        - 龍光
        - 睿光
  - 宗華 往温州不歸

塔江劉氏家族

守列 子二
- 宰榮
- 宰第

守本 子五
- 尚烱
- 尚熺
- 尚煐
- 尚炌
- 尚炲

守期 子一
- 澤

守初 子一
- 炫 子一
  - 元老

守稷 子一
- 炳 在彭湖陽洋朱茂鋒造之 有二子一名六娘一名七娘

守恒 子一
- 浩 從戎外省

[illegible]

守分 子三 永埋

維宰 子三

維莊 子七

明才 子三

明秀 子四

日賢 子三

日勇 子四

日福

日麟 子二

日異

日權 子一

遂璿 子四

遂理 子四

遂瓊 子二

遂瑶 子三

遂燕 子一

遂全 子五

遂樞 子二

遂合

遂珠 子一

進論

進郭

進省

進和 遂理四子承

進總 子四

進茂 子三

進林 子三

進和 承遂璿

進楚 遂瓊子承

進苔 遂瑶次子承

進楚 承遂瓊

進術 子一

進苔 承遂瓊

進明 嗣子一

進卿

進長 子三

進固 承海會遂燕

進安

進吉 子二

進化 子二

進祖 承遂珠

進江

進汝

進祖 子二 遂振次子承

派下分支嵩州

立山 子四

十一世
政州 子二

十二世
興樓 子二

十三世
振慶 子二
振州 子三

十四世
雲山 子四
霈山 子二
秀山 子三
玉山
明山 嗣子一

十五世
進秀 子三
進萬
進智
進老 承霈山
進德 子四
進老 雲山四子承 子三
進寬
進第
進香 子二
進睿 子三
進聡 承明山
進倫 子二
進聡 玉山次子承

譜載政州公子一興樓查之神主子四長一龍次一鳳三一鸞四六英則此興樓未知孰謚

佃州 子三
進州 子一
六叔 子一

興世 三
興國 子二
興朝 子一
興尾 子一
英泉 子三
治叔

振敬 子三
振盛 子二
振量
振玉 子一
治叔
振珠 子三
振良 子一

遂平 子二
遂榮 出承松江自充
遂裕
遂安
遂逆 子三
遂賞 子一
遂聲 子三
遂勇
遂業 子三

進傳 子一
進沿 子一
進佐
進斗 子一
進道
進可 子二 承業三子承
進齊 子三
進崑 子一
進宋 子一
進賜
進文
進可 承遂賞

隱山 子一

十一世

月坤 子三

十二世

明順 子一　明科 子一　明恩 子二

十三世

神佑 子三　善 子四　珍 子三　瓚

十四世

遂夢 嗣子一　遂淵 子十　遂清 嗣子二　遂禎 子四　遂祥　遂祺　遂祝　篤生　君生 子一　顯生

十五世

進卿 遂淵長子承

進卿 承遂夢　進貴　進王　進朝　進龍　進虎 承遂清　進會　進隨　進伴　進全

進虎 遂淵六子承

進裕　進祿　進禮　進坦 子三

進偶 開基移在深滬

塔江劉氏家族

長房永[illegible]派

十六世 十七世 十八世 十九世 二十世

進晏 子一 — 通望 止

進潮 子三 — 通琚 子三
- 茲先 止
- 茲傑 子六
  - 唐胆 嗣子一 — 廷梳 唐烽子承 止
  - 唐窓 又名烽 承茲狩
  - 唐獺 嗣子一 — 廷斛 唐蘊長子承
  - 唐聡 嗣子二
    - 廷叩 子一 養 — 丕長 幼亡
    - 廷雞 唐蘊次子承 — 丕吩
  - 唐石 承二房茲兜
  - 唐蘊 承茲市
- 茲仍 止

通閑 子一 — 茲福 止

通配 子一 — 茲孫 止

進乾 三
進坎 子三
進妹 子一
進岱 子一
進老 子二
進然 子一
進立 子三

廸漪
廸知
廸文
廸介 子三
廸疊
廸縣
廸甘
廸球 子一 養
廸穀 隨母嫁在台
廸祿 ?進能
廸暖 子四

茲德
茲
茲
茲芋
茲兒 妣
茲綽 子四

唐砯 子一

廷梗

塔江劉氏族

進能 子一
進協 子四

通千 子五
通祿 子一 過立長子承
通世 子二
通取 子二
通長
通諒 子三

茲雕 承過祿
茲音
茲盞
茲茅 分出密月篠
茲斛
茲全 錫
茲題 子一 黃湖尾蘇
茲雕 子二 過繼三子承
茲運
茲選
茲琴
茲岑
茲義

唐楷
唐溥 止
唐邂 止
唐註 義承湖尾蘇家
唐啓
唐 分出

進迎 子三

廸奏 子六

廸湖 殤

廸寅 子三

玆杞 二

玆貌 三

玆提 殤

玆貽 養子一

玆天 子二

玆習 殤

玆末 養子二

玆氷 子一

玆佩 子二

唐沆 止

唐 幼殤 止

唐灘 嗣子二

唐㮾 子二

唐闌

唐賢 嗣子一

唐頫 嗣子一

唐緘 嗣子二

唐趫 殤

廷沙 唐欽三子承

廷鐗 唐萬次子承

廷拖

建饋

建尚 唐淀長子承

建伽 唐淀五子承

廷栗 唐欽次子承

建超 唐萬長子㝎承

丕賸

丕鏡智 廷嗅子承

丕滑

丕誇

丕个

丕載 廷宇子承

丕發

丕純 幼亡

玆霸 子三

唐欽 子六

廷省 [illegible]
廷票 承唐鍼
廷沙 承唐灝
廷鳳 往大漳州
廷擽
廷㒰 幼亡
廷煙 柯坑入承

丕吸 廷煙長子承
丕吸 承廷擽
丕評 承柯坑
丕朕 殤
丕回
丕旭

唐浪 殤

唐廚 殤

玆任 子一

唐葛 子二

廷趕 義承唐鍼
廷鬪 承唐灘

進猛 子五

廸俟 子三
廸符 子二
廸伯 子三

玆房 子四
玆令 承廸符
玆乂 子一
玆八
玆托 子二
玆元

唐祿 子四
唐舍 嗣子一
唐俞 嗣子一
唐浇 子一
唐援 子一
唐佗
唐春

廷黨 次
廷旦 嗣子二
廷彛 承唐舍
廷盼 承唐俞
廷尋 唐祿三子承 子四
廷盼 唐祿四子承 嗣子一
廷貶 殤
廷尌

丕榜 殤
丕曝 以廷彛子承 子二
丕榜
丕曝 以承廷旦
丕澎 子二
丕攙 承廷盼
丕攙 廷尋四子承 子三

塔江劉氏家族

迪宰 子一
迪菊 子一

兹岳 子三 迪□長子承
兹約 子四
兹令 子三 迪侯次子承

唐血 子三
唐春 承兹託
唐却 殤
唐越 子五
唐營 殤
唐井 子一
唐爆 子二
唐珏 子四

廷殊 住台
廷潭 住台
廷赤 子一
廷廉 子二
廷裔 子一
廷笨 殤
廷奔 殤
廷蝶 住番邦
廷郢 子二
廷挨 分出
廷良 子五

丕賺 五廷次子承
丕惜 廷傑長子承
丕惜 承廷赤
丕胚 兼承廷裔
丕胚 廷廉次子兼承
丕讀 廷鳥三子承
丕縷 養 殤
丕清
丕千 子五
丕籃 子三
丕挺 承廷苞
丕丙 殤
丕存 承廷星

進鼎 子五

廸宗 子三
廸報 子五

謐持 子二
謐賀 子一
謐嘉 嗣子一

唐斗 殤
唐驕 子一
唐衍 養殤
唐窓 父若蕃 子三 叔謐次子承
唐煜 子四
唐園 謐嘉三子承

廷帝 子二
廷星 子二
廷羌 子三
廷烏 養 子三
廷婆 子一
廷梳 承唐胆
廷仁 子三
廷蹄 子一
廷庵 承孫一
廷有 子一
廷達

丕碇 子四
丕捋 殤
丕存 子四 廷帝五子承
丕搓 子七 廷帝三子承
丕璽 殤
丕火 殤
丕守 子三
丕倅
丕讀 承廷郢
丕帆 廷仁長子承
丕帆 承廷婆
丕輕
丕汰
丕義

茲最 殤
茲昂
茲潭 子二
茲贈 子六

唐総 嗣子二
唐濶 子五
唐汲 殤
唐園 承茲嘉
唐妹 分出
唐踏
唐搭 嗣子一

建鵃 唐國次子承 子二
廷剣
廷覝 此二名無来歷
建榜
廷鵃 承唐総
廷撞 承唐搭
廷竪 殤
建飯 子二
建撞 唐濶三子承 子五

丕須 養
丕審 廷撞長子承
丕板 廷撞次子承
丕箋 養
丕審 承建鵃
丕板 承廷飯
丕坐
丕歪
丕悕

廸瓌 子二
廸宣 子二

玆兵 子〔二〕
玆前 子五
玆套 子二
玆前 承廸瓌

唐硯
唐匣 殤
唐帖 子四
唐璦 子一
唐淀 子五
唐塲 子二
唐潘 子二

廷袪
廷袪 承唐硯
廷宅 承唐璦
廷滿
廷趌 下入言
廷宅 唐帖次子承
廷尚 承唐賢
廷扳 分出
廷散 幼亡
廷羽 承唐潘
廷伽 承唐頻
廷煦 殤
廷羽 唐淀四子承

丕面 承廷宅
丕石
丕澄
丕面 廷袪長子承
丕發 兼承下份
丕載
丕貞
丕於
丕程

塔江劉氏家乘

進素 子三
進愆 子二
進佐 嗣子一
進輝 子四

迪表
迪昆 嗣子一
迪英 殤
迪超 殤
迪鳳 往台
迪池 子二 進輝三子承
迪燕 嗣子一
迪學 子四
迪池 承進佐
迪多 殤

玆前 迪學三子承
玆炳 子二 迪學四子承
萬安 養 往台
玆卷 子一 迪學次子承
玆高 子二
玆卷 承迪燕
玆前 承迪昆
玆炳 承迪池

唐鍾 子三 玆高長子承
唐好 玆高次子承
唐鍾 承玆炳
唐好 承玆卷
唐馬 玆卷子承

廷糊
廷浚 俱幼亡
廷專
廷易 唐馬子承
廷漢 承唐好
廷易 承唐鍾
廷鎰
廷岩 承唐鍾
廷壘 出坑口
廷彼 出石圳

丕跳 廷我次子兼承
丕鼓 廷宗養子入承

進文 子二
進雙 子三
進金 嗣子一
進嫣 子二
進訟 子一
進頡 子六

廸坑
廸喜 子四
廸懇
廸返
廸返 進雙三子承
廸心 子一
廸八 承海金進貴
廸欽 嗣子一
廸恩 子二

玆初
玆玖 殤
玆力
玆杯 承廸欽
玆來
玆杯 廸喜四子承
玆勤 殤
玆市 嗣子一

唐蘊 子三 玆傑六子承

廷科 承唐顒
廷羅 承唐聰
廷節

進本 子二
進受 子四
進曆 嗣子一

廸作
廸德 承進慶
廸廷 承進賜
廸道 殤
廸芸 殤
廸棟 殤
廸繪
廸甲
廸國 子一
廸向
廸旭 進肋長子承 子四

玆認 養 子五
玆祥 嗣子一
玆牛 承廸元
玆潛 子三

唐猪 殤
唐餒 子二
唐苧 幼亡
唐檻 幼亡
唐妹 幼亡
唐鑾 玆潛次子承
唐椅 承玆萃
唐鑾 承玆祥

廷湖
廷玲
廷宋 唐椅子承

丕嚐
丕鑨
丕式 幼亡
丕珍
丕鼓 養承廷饈
丕套
全珍
田珍

進助 子三

廸旭 承進齊
廸元 嗣子一
廸札 養子四

玆萃 嗣子三
玆牛 廸旭次子承
玆婆 子六
玆柑 殤 嗣子二
玆亮 子三
玆沙 乃出繼□蔡

唐力
唐椅 玆萃次子承
唐嗎
唐馬 承玆柑
唐盧 乃出
唐奢
唐敖
唐鸝
唐馬 玆萃次子承
唐拋 嗣子承
唐拋 承玆柑
唐瓦 殤
唐碣

廷配 唐椅子承
廷宋 承唐莪
廷配 承唐力
廷挽
廷

丕廹 幼亡
丕耽
丕祖
丕琢

塔江劉氏家乘

十六世　十七世　十八世　十九世　二十世

二房永燦派

進賜 子二
- 通蒞 殤
- 通廷 進顏四子承

進慶 子二
- 通曙 養
- 通德 進顏三子承

三房永燀派

進和 嗣子一
- 通趂 進戀四子承 子四
  - 玆捊 承通朕
  - 玆鎮 承通嵜
  - 玆纓 承通且
  - 玆毛

進戀 子四
- 通朕 子二
  - 玆鏘 殤
  - 玆捊 通趂長子承
- 通且 承進茂
- 通嵜 嗣子一
  - 玆鎮 通趂次子承 幼亡
- 通趂 承進和

進茂 子三
迪旦 [illegible]
迪焙 子四
迪板
茲纓 [illegible]
茲管 幼亡
茲栅 承迪贊
茲尚 殤
茲蠕 欣上声

進林 子三
迪贊 子一
迪禱
迪啓 殤
茲栅 迪[illegible]次子承

進術 嗣子一
迪修 進化四子承
茲渦 子二 迪班子兼承迪餘
唐𤖹
唐罩 幼亡

進明 子二
迪頭 進長[illegible]子承

進[illegible] 子三
迪頭 承[illegible]頭
迪泉

兹挕 兹獅

進吉 子二

廸水

廸發

進化 子五

廸餘 嗣子一

兹湡 子二 廸班子兼承廸餘

唐𪼶

唐罩 殁亡

廸班 子一

兹湡 子二 双承廸修廸欣

唐𪼶

唐罩 殁亡

廸鬱 外出

廸修 出繼廸衍

廸腥 外出石𦵏王家

進祖 子二

廸蘭 養子一

兹者 養 子二

唐賁

唐枷

廸超 顕

立山穴

進秀 子三
進德 子四

廸燦 子二
廸華
廸博 子三
廸旺 子四
廸高 子三
廸尊 子二

茲欽 殤
茲西 殤
茲石 子三
茲來
茲寅
茲陽
茲賓
茲五 子三
茲科 分出以姪
茲朝 子二
茲紫

唐醒
唐約
唐從 承茲□
唐花 殤
唐妙
唐揺
唐定 子二
唐對

廷賢 唐宄三子承
廷凌 □□□□

塔江劉氏族譜

進老 子三
進香 子二

廸和 子二
廸果
廸壁
廸東
廸禹 子一
廸八 子三

茲掞 長 子三
茲論 絕
茲降 廸八長子承
茲降 承廸禹
茲緝 絕
茲棆 棆

唐蒲
唐主
唐慈 子三
唐從 茲石三子承

廷科 子四
廷生 子三
廷寶 子一

丕忠 承廷寶
丕顔
丕龐
丕本
丕須
丕聽 絕
丕拯
丕忠 廷科長子承

進睿 子三
進偹 子二

迪邦 子三
迪長 子五
迪承 殤
迪園 子三

玆虎 子一
玆操 承迪園
玆懷 殤
玆岳 承撥江長房迪伯
玆令
玆沛
玆記
玆 失名
玆操 迎邦次子承
玆能 子三

唐揖 子二 [illegible]
唐兜 子四
唐揖 承玆虎
唐味 子二
唐咨 子一

廷盻
廷齊 承唐欽
廷潘 殤
廷榜 子一
廷賢 承唐定
廷聘
廷雲 承唐正改名天
廷胖 子一
廷文 子二

丕晟 子一
丕習
丕胆

迪湊 子三
迪郎 子四
進聰 子三

兹倓 子三
兹蘊 三
兹玠 子四

唐正 嗣子一
唐譜
唐陝 子四
唐龍 嗣子一
唐堅 承兹蘊
唐前 子一
唐堅 兹倓三子承
唐智 子一
唐水 鴆

廷天 唐陝長子承 原名雲
廷坑
廷海 鴆
廷坪 承唐龍
廷遇
廷坪 唐陝三子承
廷南 子六
廷壹

丕初 分出楊家
丕山
丕續 鴆
丕針
丕康 鴆
丕鉄
丕桶

進傳 子一
進柗 子一
進斗 子一
進可 子二

迪贊
迪拯 子四
迪乞
迪庚 出外姓
迪
迪謀 殤

兹曙 分出媽家
兹川 子二
兹漢 殤
兹快
兹柔 殤
兹月 住台大肚
兹準 殤

唐侵
唐情
唐栽 子一
唐田 随母嫁

廷齊 唐邑次子承

進齊 子三

廸儼 子二
廸琰 子進桒
廸標 子七

兹郡
兹鶯

兹晉 子五
兹財 子四
兹添 子四
兹寶 殤
兹法 殤
兹頴 子二

唐拄 殤
唐秋
唐胖
唐後
唐水 殤

唐錢
唐讀
唐佐
唐僊

唐江
唐滔
唐琴
唐瑟

唐軒

進崑 子一
進宗 子一
進卿 子五

廸趣 子二
廸琰 進齋次子承
廸性 子二
廸意 子四

茲聦 子三
茲龐 子一
茲隕
茲來 子四
茲的 分出
茲滄 子一
茲發 子一
茲樣
茲成 承廸立

唐勍
唐佃
唐綱
唐興 殤
唐屋
唐為 分出
唐 失名
唐翁
唐紫

- 通瑛 子三
  - 玆富 殤
  - 玆惪
  - 玆求
- 通明 子四
  - 玆壹
  - 玆諒 子一
    - 唐昇
  - 玆盛
  - 玆歡 承通海
- 通白 承進龍

- 進貴 子二
  - 通叅 嗣子一
    - 玆軼 通相長子承
  - 通相 子三
    - 玆軼 承通叅
    - 玆強
    - 玆佳

- 進手 子三
  - 通從
  - 通海 嗣子一
    - 玆歡 通明四子承
  - 通深 殤

進龍 子二
通白 子二 [illegible]五子承
兹癸
兹翁 殤

進隨 子二
通金
通玉

進伴 子三
通春 子一
兹璣
通德 子一
兹林 子三
唐懷
唐福
唐禄
通彩 子一
兹琮 殤

進全 子四
通河
通順 子二
兹 幼亡
兹恭 通[illegible]長子承

廸彰 十四世玆興

廸要 子一　玆棻 承廸順

進裕 子一　廸梅

進祿 子一　廸忠

進禮 子一　廸祖 叅

進坦 子三　廸侯 子一　玆安 殤

廸宗

廸碧

塔江劉氏族譜

廿二世　廿三世　廿四世　廿五世

丕曝 子二 — 基合、基速 丕[illegible]子承

丕澎 子三 — 基瀏、基速 承丕縣、基攝

丕擔 子三 — 基發 幼亡、基阿、基樣

巖 廷[illegible]派一 — 基肩 丕[illegible]次子承 — 家道

丕干 子六 — 基畝 子二 — 家麵、家粕；基湯 承丕挺；基粉；基秧；基提 [illegible]；基播

- 玉藍 子三
  - 基三
  - 基揪 承玉丙
  - 基踐 殤
- 玉丙 嗣子一
  - 基揪 玉藍次子承
- 玉砭 子四
  - 基畧
  - 基肩 承廷珠為孫
  - 基端
  - 基摟
- 玉存 子四
  - 基崑 子二
    - 家鄭
    - 家起
  - 基乘 俱黃出
  - 基甫
  - 基芮 俱鄭出
- 玉挺 子七
  - 基湯 子一 玉子次子承
    - 家披
  - 基位 殤
  - 基炙 養外出無踪

塔江劉氏家乘

基布 [illegible]
基鉛 殤
基水 殤
基疾 殤

丕守 子三
基梭
基官
基掌

丕泳 子二
基的 承廷應爲孫

闕
基的 廷應嗣孫丕泳子 承幼亡

丕晟 子一
基亦

塔江劉氏北里分派二房五世譜圖

一世
始祖令史公 子三

二世
一郎 世系載在長房譜中
二郎 子一
三郎 世系載在三房譜中

三世
誌畧 子一

四世
慎齋 子二

五世
永綿 子一
永祁 子三

埭江劉氏家乘

七世　八世　九世　十世

永綿 子二
以達 子三
竈叔 子二
尚安叔 子四
宜義
望轉　望睿　望平　望旋

- 永祚 子三
  - 六世 以适 子二
    - 七世 其祥 子三
      - 八世 望高 子三
        - 九世 賦性 子一
          - 十世 士繼
        - 次 止
        - 賦重 子二
          - 士長
          - 士巽 子三
      - 望㷖 止
      - 望澤 子四
        - 賦與 子二
          - 士科 子一
          - 自修 殤
        - 賦命 子一
          - 士方
        - 賦謙 子一
          - 英治 住南安高田鄉
        - 賦麗 子二
          - 自會 遊海南
          - 自式 子三 商沒廣東
  - 以甫 子二
    - 其日 子三
      - 望成 子一
        - 賦業 子一
          - 士元 子一
    - 其時 子四
      - 望富 子一
        - 天順 子一 又名賦表
          - 世隆 子三
      - 次 遺產流散
      - 望爵 子三
        - 天民 子三
          - 世賓 子一

以贊 子一
其周 子一
望奎 子一
賦成 子二
桂 子一
楊

望聯 子三

天球 子四
天賜 子四
天麟 子三
天鳳 子二
天樞 子一

世舉 子三
世聘
世典
世祖
世績
世修
世珽 子一
世熙 子二
世俊
五叔
世泰
世璞
世珍
世偉 子一
世楚
世俶

塔江劉氏族譜

士巽 子三

十一世
大亨 出
亨進 子二
亨惠 止

十二世
萬豪 止
萬安 子三
萬興 子三

十三世
日犀 子二
日燦 養 止
日覃 子三
日賛 止

十四世
遂思 子三
遂恩 止
遂龔 子三
遂璣 子三
遂斌 子三

十五世
進顧 子一
進偶 養
進暢 子三
進博 子三
進通 子一
進叟 子四
進謨 子二
進普 子二
進弼 子三
進秦 子三
進吳 子二
進雪 子二

士和
必周 子二
臣偉 子一
臣俊
自升 子一
逢泰

自式 子三
江萬
全萬
義萬

三元 子一
弘仁 子一
若琨 子二
若璆 子一
顏文 子二
尾叔 殺溺
嫣賜 止
逢勝 子三
逢興 止
進岳 子三
進青 子二
進山 子二

塔江劉氏家乘

世隆 子三
幼孜
幼白
幼圭

世賓 子一
幼度

世舉 子二
幼儒
幼朋

世珽 子一
阿招 商居廣東

世熙 子二
幼任
幼懷 子一
萬益 子一
九三 子二
遂一
遂璣 殤

世偉 子一
道敢

乌桂 子一
興森

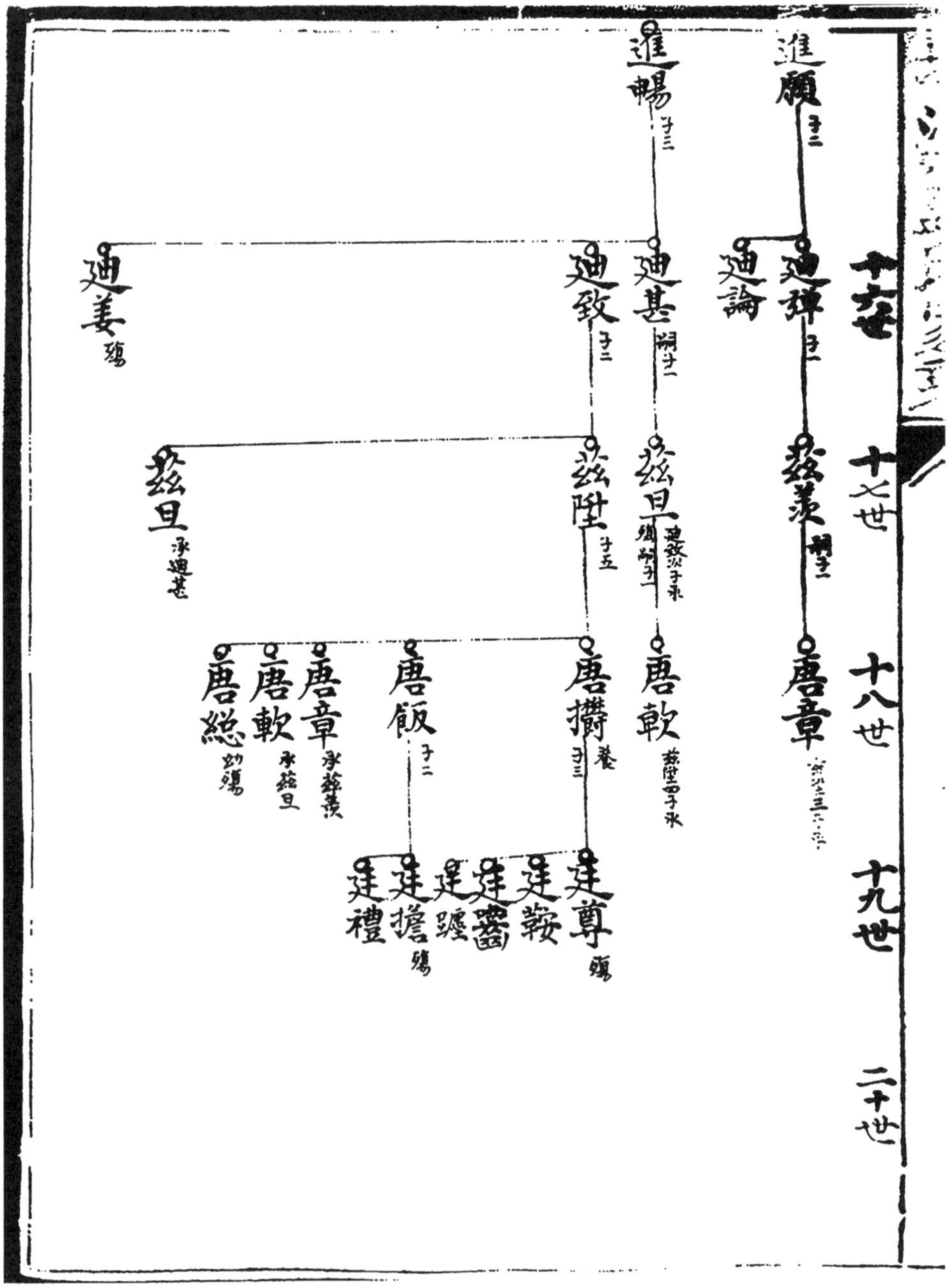
十七世
十八世
十九世
二十世
進顧 子三
進暢 子三
廸論
廸甚 嗣子二
廸致 子二
廸善 殤
茲旦
茲陞 子五
茲旦 承廸甚
唐章
唐軟
唐飯 子二
唐章
唐軟 承茲旦
唐総 幼殤
建尊 殤
建鞍
建躔
建禮

- 進博 子三
  - 廸裁 往呂
  - 廸所 子二
    - 茲嫣
    - 茲存
  - 廸栽 往呂
- 進通 子二
  - 廸答 子二
    - 茲謟 子一
      - 唐昈
    - 茲拴 承廸康
  - 廸排
- 進叟 子四
  - 廸貢
  - 廸看
  - 廸詒 子二
    - 茲表 子三
      - 唐水 殤
      - 唐類 殤
      - 唐呸 茲葉長子承 殤
    - 茲禁 子四
      - 唐呸 承茲表
      - 唐業 殤
      - 唐赤 殤
      - 唐恥
  - 廸歡

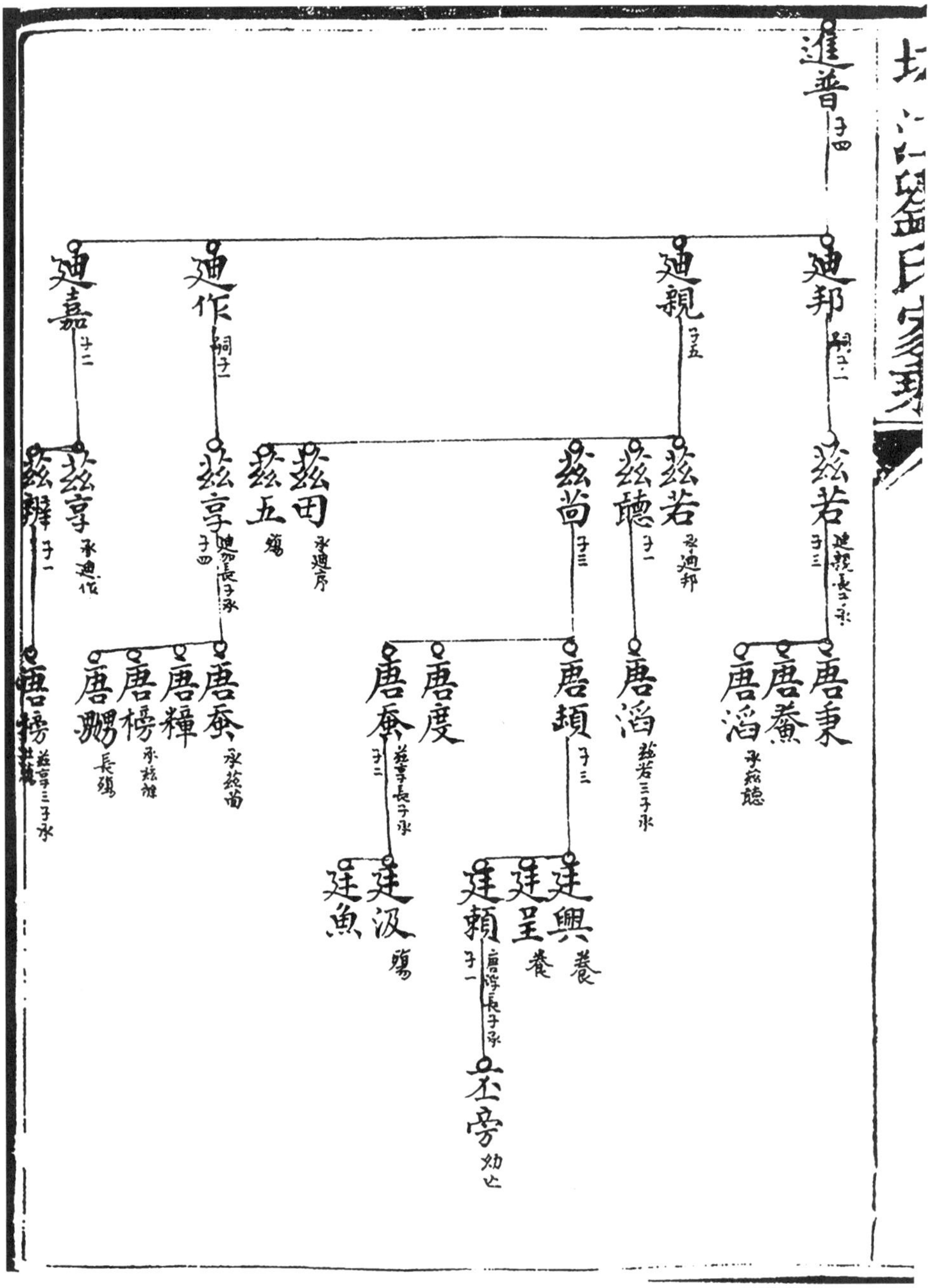
進普 子四
廸邦 嗣子一
廸親 子五
廸作 嗣子一
廸嘉 子二
玆若 子三 廸親長子承
玆若 承廸邦
玆聴 子一
玆尚 子三
玆田 承廸序
玆五 殤
玆享 子四 廸作長子承
玆享 承廸作
玆辨 子一
唐秉
唐蓁
唐滔 承玆聴
唐滔 玆若三子承
唐頍 子三
唐度
唐奭 子二 玆享長子承
唐奭 承玆尚
唐糧
唐榜 承玆辨
唐鵬 長殤
唐榜 玆享三子承
廷興 養
廷呈 養
廷賴 子一 唐浮長子承
廷汲 殤
廷魚
丕旁 幼亡

通[illegible]

通俊　通鉄 止　通遲 子二

兹德　兹筆 子四　兹蓮 子三　兹蒲 子二　兹旋 子五　兹恐 殤　兹德 子二 [illegible]長子承

唐認 殤　唐研 殤　唐炭　唐百 承兹旋　唐怨　唐侃　唐樓　唐愛　唐批 幼亡　唐百 兹筆四子承　唐梗 殤　唐釿 殤　唐鮮 幼殤　唐噴 幼殤　唐邪　唐罵

進秦 子五
通舉　通國　通蕃　通元　通達

進吳 子一
通序 子一
茲潑　茲田 子一 通靦四子承
唐浮 子四 養
建賴 承唐頴　建簪　建汰　建綏 妫須

進雪 子二
通等 正　通民 子三
茲白 子三　茲想 子五
唐戲 子一　唐毛 承茲觀　唐分
建僣
唐盃　唐楮 承茲觀　唐彪　唐槃

塔江劉氏家乘

進岳 子二

迪美 子四

茲觀 嗣子三
茲萬 子一
茲長 子四
茲見 子三

唐毛 茲四次子承 殤
唐楮 茲想次子承 殤
唐粽 茲長次子承
唐貯 子二
唐貶 子二
唐棗 子四
唐粽 承茲萬
唐石 子一 長房茲傑五子承
唐岞 子四

建塘
建狓 承唐呼
建輯 唐棗次子承 幼亡
建鮑 唐棗三子承
建壽 承唐室
建輯
建鮑 俱承唐貶
建霞
建昆 唐岞次子承
建珍 殤
建昆 承唐石
建纓 殤

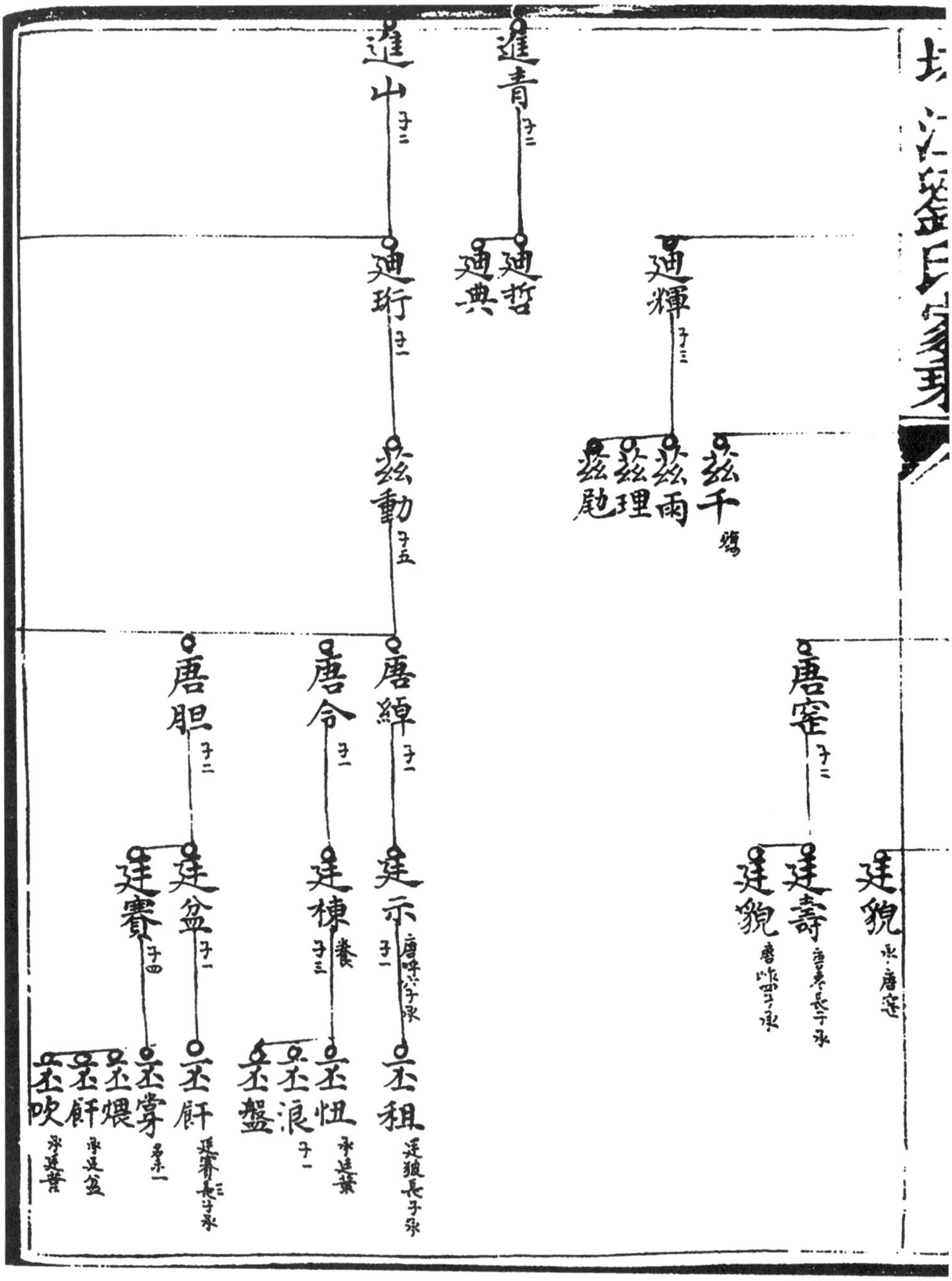

進青 子二
進山 子二
通哲
通典
通珩 子二
通輝 子三
茲千
茲雨
茲理
茲動 子五
唐綽 子一
唐令 子一
唐胆 子二
廷示 子一
廷楝 子三
廷盆 子一
廷賽 子四
廷壽
廷貌
廷貌
丕祖
丕忸
丕浪 子一
丕盤
丕飦
丕煨
丕飦
丕吹

塔江劉氏家乘

廸懍 子五

兹河 子二
兹咸 子一
兹軒 子三

唐呼 子七
唐睽 殤
唐孝 殤
唐綿 承兹軒
唐乖 子二 兹咸長子承
唐綿 兹河次子承
唐搶 殤
唐品 子一

廷教 殤
廷闔 子二
廷苞 承唐品
廷糕 子一
廷瞼 殤
廷示 双承唐頻唐咏
廷狓 子二 唐睽次子承
廷葉 殤 子二
廷示 子一 唐呼六子兼承
廷苞 子六 唐呼三子承

丕輭 承廷糕
丕皦
丕輭 廷闔長子承
丕租 承廷示
丕通 殤
丕忸 廷楩長子承
丕吹 廷齊四子承
丕租 廷狓長子承
丕憦 殤
丕匍

廿一世　廿二世　廿三世　廿四世　廿五世

茲係 子一
唐乘 承六茲成

茲豫 過繼六茲子承

茲拴 子二
唐起
唐着

聖浪 子一
基下

聖忸 子二
基惠
基尺

聖禮
聖儒 嗣
聖趨
聖担 幼亡

塔江劉氏北里分派三房五世系譜圖

一世　二世　三世　四世　五世

- 始祖令史公 子三
  - 一郎 圖列在長房
  - 二郎 圖列在二房
  - 三郎 子四
    - 誌伯 子二
      - 直齋 子一
        - 永仁
      - 次 無傳
    - 誌仲 子二
      - 旭齋 子一
        - 大郎 子四
      - 省齋 子二
        - 友齋 子三
        - 隱齋 子二
    - 誌叔 子三
      - 素軒 子一
        - 勝元 子一
      - 樸軒 子一
        - 中順 子一
      - 三軒 子三
        - 永繼 養出系圖聯 另載
        - 永禮 子三
        - 永智 子一
    - 誌季 子一
      - 存性 子一
        - 履元 子一

三房長宮房份

六世 七世 八世 九世 十世

- 永仁 子一
  - 述齋 子一 (六世)
    - 具璽 子五 (七世)
      - 濱江 子三 (八世)
        - 華俊 子四 (九世)
          - 君聘 子二 (十世)
          - 君遴 (十世)
          - 君逸 子二 (十世)
          - 君錫 子一 (十世)
        - 華泉 子三 (九世)
          - 君弼 (十世)
          - 君良 (十世)
          - 君榮 子一 (十世)
        - 華會 子一 (九世)
          - 君與 子一 (十世)
      - 英舉 子三 (八世)
        - 華臻 子一 (九世)
          - 君才 子一 (十世)
        - 華還 子五 (九世)
          - 君德 子三 (十世)
          - 君表 (十世)
          - 君召 子一 (十世)
          - 君望 子三 (十世)
          - 君制 (十世)
        - 華銓 子四 (九世)
          - 君佐 子一 (十世)
          - 君任 子一 (十世)
          - 君保 (十世)
          - 君銘 (十世)
      - 三 止 (八世)
      - 四 止 (八世)
      - 英泰 子一 (八世)
        - 華岳 止 (九世)

二房三 海下份

大郎 子四

六世
體義 移居南安仁卿之祖
體恩 子三
體實 子二

七世
顯 子二
埴易 子一
繼貞 子二
椿

八世
琚 子二
存容 子一
師第 子三
甫建
師能 子一

九世
宗春 子三
宗明 子三
宗宸 子三
喬梓
喬樸 子一
喬栻
喬木

十世
仕雅
仕奎
卿徵 子三
仕楷 子三
卿選 子四
卿振 邑庠生
中易
中敬
中慎
瑋

寂軒 三

哲

邦素 子二

帥育 子七

喬榕

喬樞

喬榛 子一

喬椿 子四

喬桓 子一

喬樫 止

喬榜 子三

寅老

我隐 子一

際惠

敬甫 子二

敬淑 子一

敬泰 子一

燦 子二

益後

後佑 子二

塔江劉氏族譜

友齋 子三

懋平 子一　　紓餘 子一

東亭 子三　　邦遂 子一

容富 子六　　與漢 子四　　師弼 子二

喬桂 子一　喬松 子二　喬楓 止　喬槐 止　喬櫶 子二　喬榮　喬樾 子一　喬樴 子三　喬柯 子一　喬果 止　喬桃 子三

應辰　應天 子一　應祿　應卜 子三　應御　炎鼎　炎星　炎暐　炎暉　炎元　春 子五　夏 子六　茂 子四

坑溪劉氏家乘

剛素 子一

邦禹 子二

繩漢 子二　經漢 子一

喬柱 子一　喬檜 止　喬樹 止

應居 子二

三祖 子三

皇甫　皇耀　皇遺

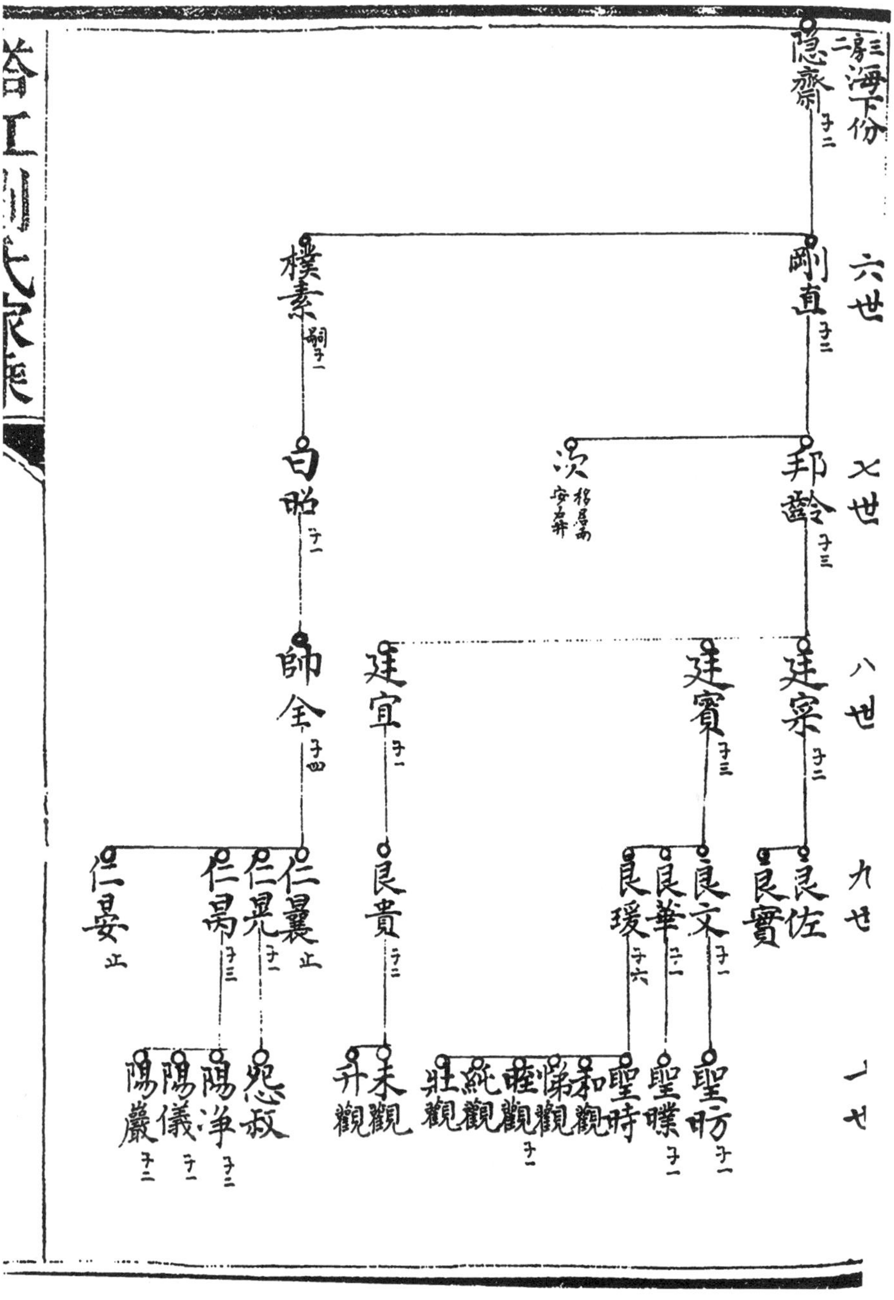
海下份
隐齋 子二
六世
七世
八世
九世
十世
剛直 子二
樸素 嗣子一
邦齡 子三
次 移居南安
白昭 子一
建宷 子二
建實 子三
建宜 子一
師全 子四
良佐
良實
良文 子一
良華 子一
良瑗 子六
良貴 子二
仁曩 止
仁晃 子一
仁昜 子三
仁晏 止
聖昉 子一
聖諜 子一
聖時
和觀
悌觀
睦觀 子一
純觀
莊觀
未觀
升觀
恩叔
陽淨 子三
陽儀 子一
陽巖 子一

石巷分

勝元 子三

六世　理恭 子三

七世　達軒 子二　次 移居永春東關　旬昭 承模業

八世　師復 子四　次 無傳

九世　應夢 子一　應東 子二　應德 子四　應麟 子三

十世　元仲　元孟　元季　元珪　元璋　元瑜　元璫　元璜　元璣　元珠

塔江劉氏家

- 中順 子一 三房二老仔
  - 質素 子一
    - 順齋 子三
      - 師哲 子三
        - 堯臣 止
        - 堯牧 子三
          - 尚實
          - 尚科 子一
          - 尚曾
        - 堯華 止
      - 師次 止
      - 師譽 子四
        - 堯宗 止
        - 堯國 止
        - 堯瑜 子一
          - 尚赤 子一
        - 堯典

- 永禮 子三
  - 實軒 子一
    - 毋山 子一
      - 師郤 子一
        - 廷才 子二
          - 良寅
          - 良酉
  - 毅軒 子二
    - 白芳 子一
      - 可度 子二
        - 間鼎 止
        - 間璽
    - 白儁 止
  - 剛毅 子三
    - 東溪 子二
      - 師益 子二
        - 宣明 子四
          - 二伯
          - 西伯
          - 五伯 俱住廣
          - 元載 子一

宣吾 子三
元粥 子一
滔叔 子一
元惠 子三
師籌 子二
宣用 子二
元德 子一
元貞 子一
宣約 止
白觀 子二
次 止
奇郎 子一
奇應 子二
建寅 止
覺寅 子一
魁寅 子一
枝殿
枝發 子一

永智
十三郎
六世

嗡浯篡位

履元 子一

紀樸 子二

復泉 子二　宜淳 子二

廣漢 止　師卓 子四　師宗 子一　師韜 子二

子揮 止　喬楠 子五　喬森 子三　喬林 子一　啓 子二　天貴 子一　天榮 子一

應良　藩築 子一　藩耀 子一　藩畧 子一　藩禎　藩揚 子二　藩佐 子四　藩玖 子一　應春 子一　臣岳 子三　臣禹 子一　前度　二叔 子三

塔江劉氏家譜

三房長 宮后份

君聘 子一

十一世 肇御 子一

十二世 正楷 子三

十三世 尚裕 子七

十四世 遂掌 子四　遂管 子五　遂楚 子一　遂爵 子一　遂輿 子八

十五世 進擇　進旆　進銓　進雜　進稟　進爾　進郡　進眼 子六　進康 嗣子一　進丁　進坡 子三　進救　進鶴 養子一　進納 分出永寧　進守 分出烏嶼　進陜 殤　進茅 承海倉分遂根　進婢 殤　進瑛 養子一

肇業 子二

正碧
正樞 遭兵分散

尚唐 子一
尚篤 子二

遂六 亡
遂七 止
遂參 子四
遂甫 子六
遂龍 子五

進乞 子二
進于
進淑
進可
進春 嗣子二
進崇 子一
進敞 子七
進曙 嗣十一
進軒
進賴 承遂嫡
進力 鴻
進篡 子一
進位 鴻
進担
進哖 鴻

- 君逸 子二
  - 肇蜜 子二
    - 正福 子三 養
      - 尚典 子二
        - 阿喜
        - 阿岩 俱住潮州
      - 尚課 子三
        - 遂江
        - 遂老
        - 遂炳 嗣子一
          - 進賴 子一 遂甫六十承
      - 尚照 止
  - 肇敏 子四
    - 正興
      - 尚科 子五
        - 遂琴
        - 遂揮
        - 遂運 出繼長房肯俟
        - 遂玉 出繼公劉大譜出繼 成蓮
        - 蕭老 住台
      - 尚明
      - 尚印 子
        - 遂
        - 遂 俱住台
    - 正崇 止
    - 正玖 子一
      - 尚訓 止
    - 正立 止

君錫 三

肇虞 五

肇崇

尚叔

來英叔

按此三人皆肇宏公兄弟失傳其系

十一世 / 十二世 / 十三世 / 十四世 / 十五世

- 君榮 子一
  - 子叔（十一世）子一
    - 戍（十二世）子二
      - 尚都（十三世）子三
        - 遂琳（十四世）子二
          - 進淡（十五世）
          - 進贊 遂晉次子承 子四
        - 遂汗 子二
          - 進聲
          - 進揚 子二
        - 遂官 子二
          - 進柔
          - 進淵
      - 尚輔（十三世）子四
        - 遂維（十四世）子三
          - 進厚
          - 進施 承遂晏
          - 進驎
        - 遂晏 嗣子一
          - 進施 遂維次子承 養子一
        - 遂晉 子五
          - 進來
          - 進贊 承遂琳
          - 進水 分出石菌燊
          - 進請 分出南安王
          - 進碁 隨母出
        - 遂好 子二
          - 進聽
          - 進草

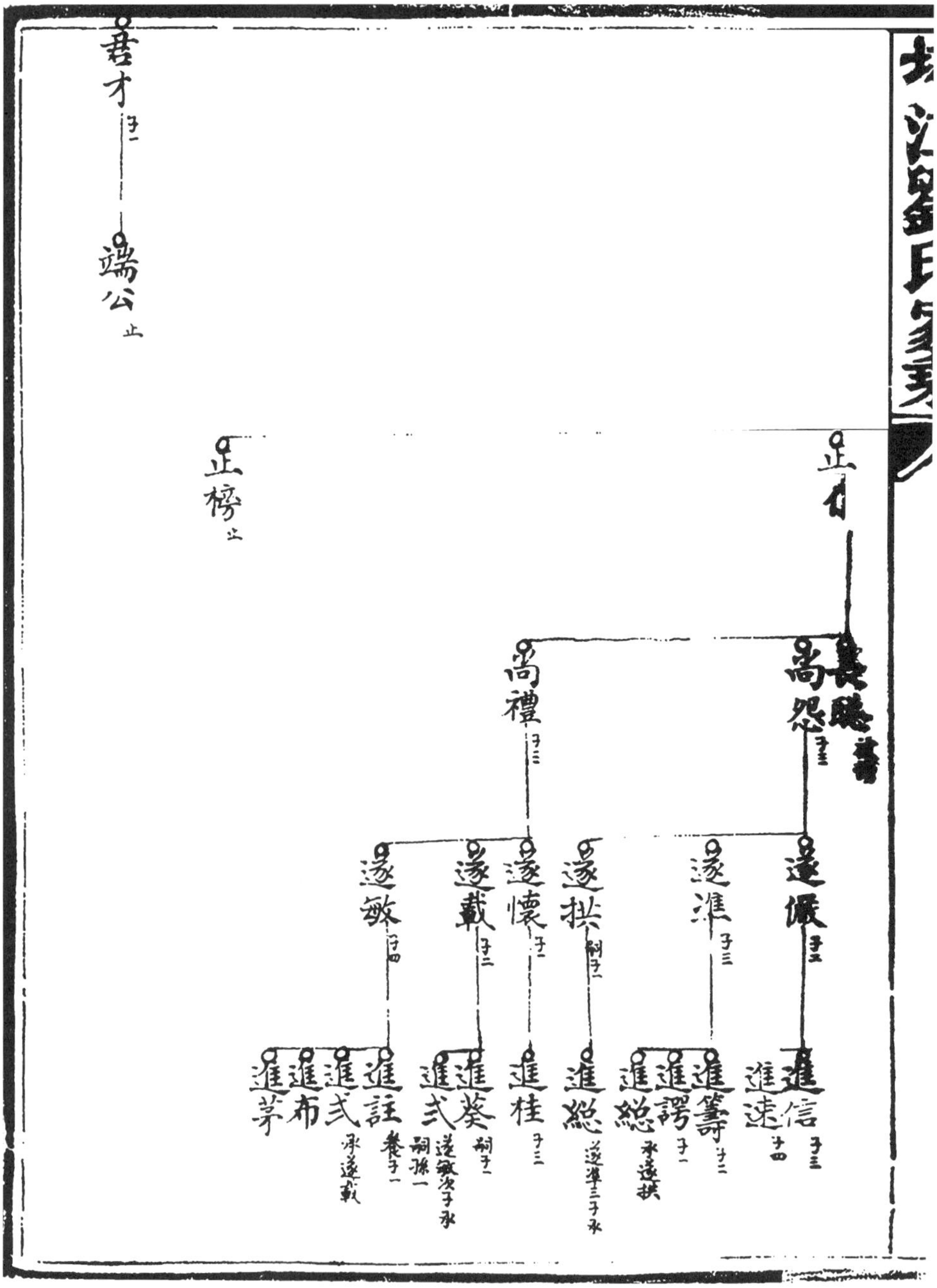
吾才
端公
尚恕
尚禮
遂儼
遂淮
遂拱
遂懷
遂載
遂敏
進信
進速
進籌
進桂
進葵
進式
進註
進布

君德 子三

十一世 源公 止　灝公 子四　潛公 止

十二世 正乞 止　正春 子三　慰公 止　英公 止

十三世 尚鳳 子二　尚平 子二　尚三 子二

十四世 遂標 子一　遂泰 子三　遂天 子二　遂秋 止　遂 幼殤　遂佑 子五

十五世 進服 子一　進雄 子三　進達 承遂天　進紊 殤　進養 殤　進達 遂泰次子承 子四　進堅 子二　進藺　進閨 子三　進郎　進葛

君召 三

洧公 三

濬公 止

正任 止

正學 叅

尚全 吉

遂開 子四

遂響 子二

遂用 子二

遂泗 子二

進聡 子二

進睿 子四

進廕 子二

進文

進鑄

進秀 子二

進豹 子一

進虎

進芸 殤

進香 子三

肇翁

肇碁

肇俊

肇黙

此皆查正槐公所填神牌及藏殘篇舊譜無載不知何系但係正槐之親姑附載於此以俟後查

君望 子三

洲公 子三

涓公

斐公

肇 號節

叔仲濟

君佐

君任

正斗 止

正喜 止

正晉 子二

小英

此二名不知承接

彭公

瀚公

尚田 子三

尚顧 止

遂治 子四

遂漢 子二

遂琰 子二

進厲 殤

進庚

進咏

進賞 分出外姓

進對 子二

進忠 子二

進祿

二房三 海下份

十一世　十二世　十三世　十四世　十五世

文雅 子一 — 兆登

卿徽 子三 — 鋐、劓、錡

佳楷 子二 — 煥、琰

卿選 子四 — 鼎、鑠 子一（— 信夫）、鉉、鏐

文佑 子三
文助 子二

莊起 止
莊琛 子五
莊諏 子三
莊定 子五

遂騫 子三
遂桐 子一
遂默 子一
遂達 子一
遂好 子四
遂顥 子二
遂肯 止
遂御 子二
遂鳳 止 子五
遂武 子五

進猛 子三
進索 出繼遂默
進栽 幼殤
進甘 子一 養
進素 子四 遂騫次子承
進黨 子四 遂好三子承
進朕
進壬 子五
進黨 承遂達
進連
進揀
進養 子一 遂御次子承
進摘 嗣子一
進養 承遂顥
進槐 子二
進敦
進瞰 幼殤

塔江劉氏家譜

莊伍 子四

遂從 止
遂寬 子四
遂臏 止
遂恍 止
遂江 止
遂晚 子五
遂斗 子三

進良 子二
進設 子六
進淵 幼殤
進聰 嗣子一
進拱
進奪 子四
進馳 幼殤
進駒 幼殤
進本 嗣子一
進彪 幼殤
進驕 子三
進吻 子四

敬甫 子三

亨廣 子三　亨驥 子六

文玠 子三　文啓 子三　文愷 子四

莊仰 子三　莊景 止　莊使 子一　莊焘 承文登　莊月 子一　莊明 子二　莊品 止　莊彩 子二　莊燦 承孫一　莊列 子一

遂琴 子三　遂生 止　遂萃 止　遂酒 子二　遂廉　遂纘　遂詣 子一 莊彩次子承　遂楓　遂詢 子一　遂詣 承莊明　闕　遂順 子五 養

進歆 子三　進宅 養子三　進間 子四　進劇 子一　進發 子一　進赫 遂順三子承　進蕙 子三　進凝 子五　進榡 承莊燦爲孫　進催 子二　進詎 養子二

文耸 子四
文魁
文福
文科 子二

莊華 子三
莊毛 子二 文珍四子承
莊跨 子一
莊雲 子一
莊盾 子三
莊口
莊遡

遂諒 養 子一
遂和 止
遂益 子二
遂芽
遂水
遂沛 子一 莊盾三子承
遂抱 子二
遂髻 子二
遂沛 承莊跨
遂旦

進蔭 養 子三
進麼 子二 名厓
進厚
進做 養 子四
進希 子二
進稟 嗣子一
進河 子三 入承
進借 入承

敬淑 三

十一世
亨朝 子三

十二世
文祥 子五
文階 子三

十三世
莊乞 止
莊對 嗣子
莊弭 子二
莊瑕 子二
莊善 子一
莊陳 子二
莊蒞 子二

十四世
遂柳 子一 莊弭長子承
遂椰 承莊對
遂璣 子四
遂按
遂炎
遂作 子一 莊嶽六子承
遂義 子五
遂闕 承莊海
遂八 承莊海
遂笑

十五世
進先 遂義五子承
天載 子三
進信
進康
進海
進巍 承遂磚
進謹
進垣 承遂八
進興
進德 分出漳州
進先 承遂柳

文愈 子三

莊瑷 子二

莊謙 子三

莊撮 子六

遂闆 莊瓊次子承 子一

遂壇 莊謙長子承

遂謝 子三

遂壇 承莊瑷

遂葉

遂寢 子三

遂寢 承莊謙

遂球 子六

遂寀 子二

遂碍 子三

進泰 后巷遂觀次子來承

進及

進鵬 承遂寢

進箱

進鵬 遂謝次子承 子二

進籠 子二

進帳 遂球長子承

進帳 承遂寢

進庵 承遂碍

進奥 幼殤

進樽 承遂寀

進寒 子二

進冠 嗣子一

進糖 遂球四子承 子一

進奄 嗣子一

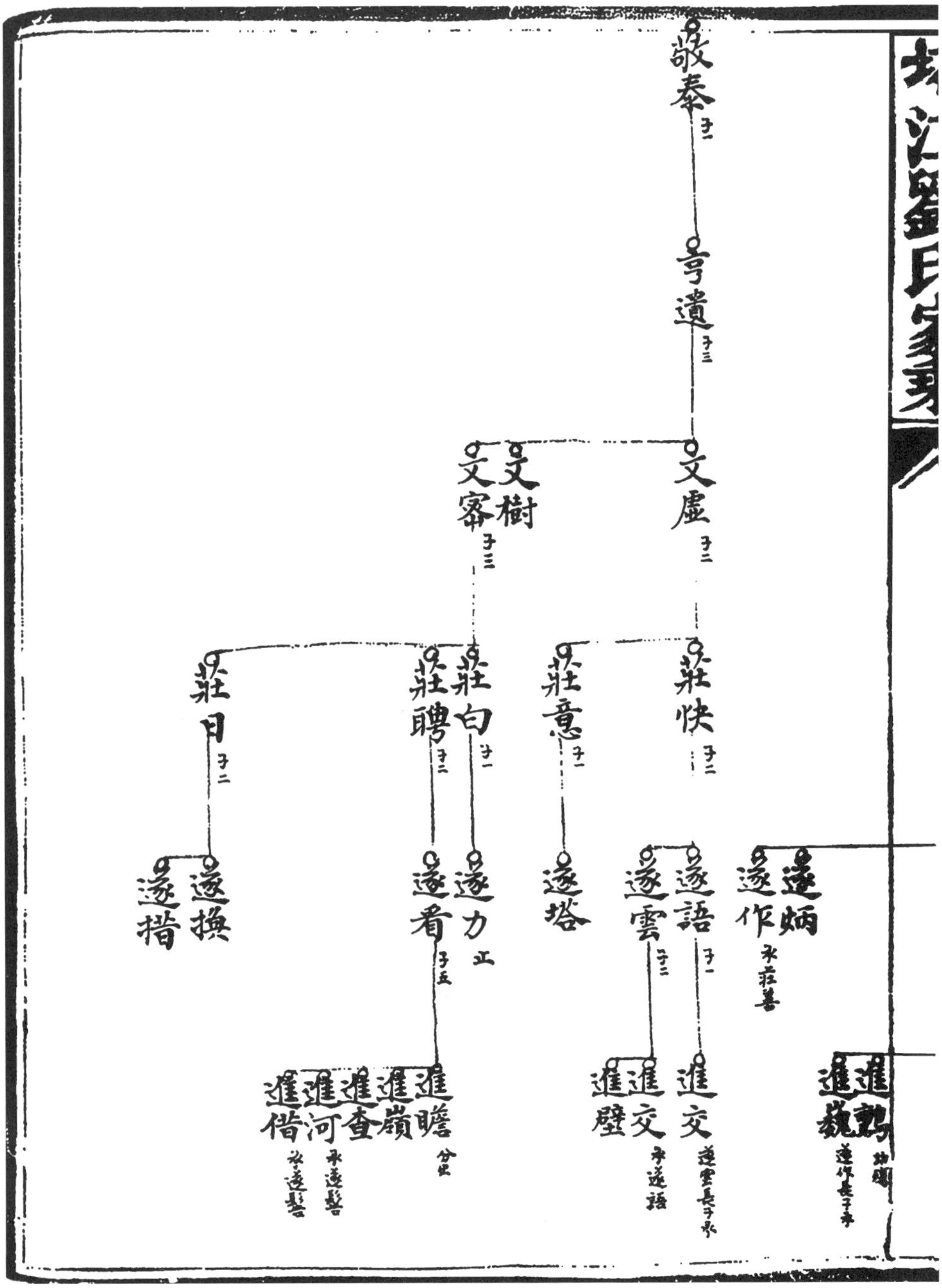
敬奉 子一
亨遺 子三
文虛 子二
文樹
文寀 子三
莊快 子二
莊意 子一
莊白 子一
莊聘 子二
莊日 子二
遂炳
遂作
遂語 子一
遂雲 子二
遂塔
遂力 止
遂看 子五
遂換
遂揩
進交 遂雲長子承
進交 承遂語
進璧
進瞻 分出
進嶺
進查
進河
進偕

燦公 子二

亨雄 子 隱莫五子承
亨質 子二
亨孚 子三

後佑 子二

文周 子三
文標 子一
文保 子二
文壐 子二

莊榮
莊平 子二
莊云
莊心
莊鉛 子五
莊錫 止
莊錢 止
莊合 子二

遂水
遂明
遂腰
遂浩
遂罔
遂崎
遂卧
遂巽 止
遂勤 子五

進聽
進元
進睽

進盆
進心 俱住台

文仍 子二
亨國 子二
文都 子二
文鸞

莊初 止
莊熙 止
莊却 子二
莊雅 子三
闕

遂劇
遂瓶 莊雅三子承
遂聽
遂雪 承文鸞菴孫
遂瓶 承莊却
遂雪 莊雅次子承 子一
進蜂

二詳海下份

應天 子二
應卜 子三

十一世
延 子二
贊伯 止
演 子二

十二世
文聡 子一
文賞 子三
文習 子五

十三世
莊發
莊偏 止
莊正 止
莊京 子三
莊羣 子五

十四世
遂梅 止
遂桔 子二
遂椿
遂廣 子一
遂彥 子三
遂殊 止
遂仲 止
遂約 子四

十五世
進叢
進炭 外贅
進勳 子七
進班
進醒 幼殤
進枳
進鶯 幼殤
進波 遂統五子承嗣
進來

德叔 止

莊僚 子二

遂鏊 子一

進為 住台

遂璉

莊儲 子三

遂天

遂然 子一

進扶 子二

遂魏

莊京 承文賓

莊文

進程

春公 子三

十一世
亨初 子三

十二世
文圭 子三
文弟 子五
文棟 止

十三世
莊宗 子二
莊瑯 子二
莊助 止
莊布 止
莊將 止
莊勝 子三
莊曾 子二
莊操 子二

十四世
遂佑 止
遂因 子二
遂送
遂團
遂謁 子一
遂葵 子二
遂狠 子一
遂坫 止
遂慶 嗣子一
遂來

十五世
進傳
進諒
進買
進耒 子二
進犂 双承遂狠、遂慶
進犂 遂葵次子承
進犂 遂葵次子承
進東

亨斷 子二
亨信 子二
亨廷 子三
亨晚 止

文鶯 子二
文燕 止
文再 子三
文添 止
文從 子三
文甫 子一
文秉 止

莊論 子二
莊進 子一
莊双 子一
莊遵 子三
莊朗
莊長
莊朝

遂蒿 止
遂畨 止
遂開
遂遜
遂富
遂來

夏公 子六

十一世
亨都
亨順 子二

十二世
文變 子三

十三世
莊瑚 子四
莊念 子二
莊法 子二

十四世
遂趕
遂縞 子一
遂粒 子五
遂卑 子三
遂起
遂實
遂清 子三

十五世
進且 子二 遂粒長子承
進且 承遂縞
進墻
進富 如亡
進踝 子二
進盆
進陶 子四
進向 子五
進紡
進王
進月
進庄

亨天
亨全
亨雄
亨寬

[illegible]
森才（子）
遂耦（子三）
遂仁（子六）
遂近（子三）
遂運

進謀（子七　承遂仁四子）
進憮（子五）
進擇（子二）
進屋（子二）
進吻（承遂斗）
進謀（承遂耦）
進殿（子五）
進員（子七）
進配
進驅（子二）
進憮（承遂耦）

德茂

亭贊 文顏 文聆

亭健 文賜

亭厚 阿倫 莊良 遜天 遜俊 莊侃 莊千

亭京

應居 亭守 文㴒 莊蓮 文光 文祖

聖昉 申觀

聖瞸 亭琰 阿保

陞觀 阿庇

養出二房

文卯 子三

莊諧 子六

文妙 亡

遂依 子四

遂昭 子三

遂煥 子六

遂情 子四

遂理 子一

遂萬

進□ 子三

進訓 承遂諧

進別

進汝 子四

進堪 嗣子一

進實

進下 遂情三子承嗣子一

進外 子三

進套 子二

進袍 子二

進桃

進提

進脆 承遂箴

進恁 子二

進芸 承遂理

進下 承遂昭

進治

進芸 遂情次子承 子三

莊俊 二六

遂安 一六六 閥

遂統 二五

遂龐 子四

遂賀 子一

遂珠 子二

遂鳳 子二

遂六 子十八

進軫 子三

進廷 承遂貢

進造 子一

進裁

進波 承遂剡

進紆 子三

進檠

進晟 子七

進貸

進廷 子二 遂統次子承

進趕 子一 遂六五子承

進脆 子一 遂獬六子承

進餔 子五

進章 出承遂尚

進紡 子二

進是

進趕 承遂珠

進員

進譲 子五

進兜 子二

進名

進督 嗣子一

陽儀 子二

十一世
亨章 子五

十二世
文顏 子五

十三世
莊齊 子二
莊昆 子四
莊讓 承右卷
莊欣 子三
莊保 子三

十四世
遂典 子三
遂全 子一
遂雄 子四
遂潛 止
遂瑯 止
遂慈 子一
遂滿 止
遂汀 子一
遂昇 止
遂求 止
遂麟 止

十五世
綸音
卜畫
鍬眉
進由 子三
進寵 止
進挑 子四
進梗 子二
進艾 止
進烮
進曆

遂美 子三
進能
進續
進格

文耀 子一
莊願 子四
遂注 子三
進袋 子五
進郡 子二
進體

遂面 子一
進滾 養嗣子一
遂銘
遂想

文榮 止
文增 子二
莊恰
莊衛
文嘉 止

塔江劉氏家乘

十一世 陽巖 子二

十二世 亨天 子一　亨爹 子一

十三世 文長 子三　文起 子二　文兩 子三

十四世 莊恭 子一　莊興 子二　莊藻 子二　莊春 子一　莊秋 子二　莊垂 子二　莊選 子二

十五世 遂禎　遂尊 養　遂欽 居巷莊旺三子承　遂棣　遂芘 莊建次子承　遂初 子四　遂執　遂森 子一　遂泮　遂等 子三　遂灘 子六

十六世 進聆　進浮　進楮　進低　進悔 子二　進坪　進美　進呈　進送 子一　進溥　進看 子三　進勛 子一　進逝

進信 子一

進永 子二

進九

遂語 子二

遂瓊

遂花 承莊琛

莊健 三

三房 石菴公

尚科 三　尚赤 子二　元載 子二　元弼 子二

十一世

仲燦 二　先春 莫坂　先添 嗣子二　先達 子五

十二世

成忠 子二　成讓 子五　成文 子五

十三世

莊旺 養 子四　莊賛 子二　莊興 子二　莊赤 止　莊輔 止　莊來 止　莊耦 子三

十四世

遂送 子一　遂按 止　遂欽 承海下莊與　遂齊 子一 莊乞五子承　遂南 子二　遂科 止　遂賓 子二　遂燕 子四

十五世

進拱 幼殤 嗣子六　進纙 子五 遂照次子承　進周 幼殤　進摺 嗣子一　進成 子二　進祖 止　進順　進功　進侯

[illegible]江盧氏家乘

莊坦 子一
莊鵬 子二
莊弁
莊吉 子三

遂鬆 子二
遂生 子四 往崇淡州
遂賜 子五
遂衆 子二
遂興 子一
遂和 子一
遂仕 子四

進遠 子二 俱往台
進念 分出
進揚 刘錫
進言
進品
進政
進稟 嗣子一
進舉 子五
進蓮 分出石阁
進入 分出石阁
進前 承遂衆
進甲 嗣子一
進前 遂賜五子承 子八
進企 遂仕長子承 子二
進那 遂仕次子承
進企 承遂興
進那 承遂和 子一
進浩
進寵 分出陳山

晉江劉氏家

成翰 子三
成武 子三

莊椒 子五
莊琅 子七

遂壽 子三
遂佛 子四
遂菊 子一
遂堉 子一
遂篪 子一
遂聯 子三
遂貴 子三
遂元 子五

進董 子三
進貢 幼殤
進瑯 子一
進鷄 承遂虎
進妹 幼殤
進這 子二
進河 幼殤
進江 承遂菊
進江 子四 遂佛四子承
進鵝 子一 養
進鷄 子五 遂篪四子承
進柳 子三
進標 胡子二
進正 子二
進明 子三
進矜 承遂滕
進智 子一
進恩 承遂茲
進志 出承陵
進炳 承遂勛

莊璋 子四

莊喜 子二

遂導 殤

遂郡 子一

遂助 子一

遂餘 子一

遂天 子四

遂賀 子六

遂軍 子一

遂淑 子二

遂佑 子二

進長 子六

進心 出東石

進建 住台 嗣子一

進炳 遂元三子承

進矜 子四 遂貴次子承

進恭 子三

進品 嗣子一

進御 嗣子一

進主 止

進勵 子二

進粗 止

進法 止

進道 止

進浮 止

進姣 止

進丁 子一 住台

進治 止

進困 出嗣

進晋 子四 海會遂佑次子承

成宮
成丘 子三

莊春
莊夏 子三
莊秋 子一 卷
莊冬 子五
莊寬 子三

遂佑
遂佐 次子莊春
遂操 子三
遂八 子一
遂捕 子一 莊冬次子承
遂百 住台
遂萬
遂貯
遂埔 承莊秋
遂皖 子一
遂珪 子四
遂愛 子四

進瑞 子……
進端 承遂佐
進蘭 子一 住台
進洲 幼殤
進兩 子一
進家 子
進脤 子二 卷
進出 幼殤
進炎 子六
進銅 承遂愛
進抄 幼殤
進親 殤
進銅 遂珪三子承
進玉 子五
進亂 俱殤

- 元森 子一
  - 先振 止 溺海
- 元惠 子三
  - 先載 子三
    - 成長 止
    - 成挺 承先懋
    - 成敬 移住白地(?)
      - 莊妙
        - 遂齊 殤
  - 先千 子四
    - 成趣 子二
      - 莊琚 子一
        - 遂重 子三
          - 進易 止
          - 進同 止
          - 進印 出外姓
      - 莊才 子二
        - 遂遠
        - 遂近 以下莫考

- 莊韻(?) 子二
  - 遂貌(?) 子一
    - 進張 [illegible]子一
  - 遂玩 子二
    - 進金 子四
    - 進椿 遂特次子承
  - 遂安 子二
    - 進椿 子二
  - 遂贈 子四
    - 進兒 幼殤
    - 進椿 承遂安
    - 進孫 養子一
    - 進高 承遂存
  - 遂存 子一
    - 進高 遂贈四子承

塔江劉氏家乘

成世 子四
成達 殤

莊抱 止
莊遠 止
莊安 子四
莊禮 子三

遂岑 止
遂專 子二
遂跳 子三
遂齊 承莊旺
遂圓 子一
遂曆
遂壹 子四
遂旅 子二
遂呈
遂綏
遂孝 子二
遂偏 承莊文
三 失名

進心 住台 子一
進魯 子四
進纙 承遂齊
進勵 嗣子一
進秦 子一
進陽 承遂旅
進璐
進雜
進陽 遂壹次子承
進司 承遂偏
進則 嗣子一

元德 子三

元貞 子二

先勝 子二

次 失名

先晚 子二

先榮 子三

成魁 子三

成享 五子

成眷 子一

成黛 止

莊文 子一

莊我 子三

莊扶 子一

莊碧 子四

莊提 子一

莊勇

遂偏

遂摺

遂題 子三

遂魚 子一

遂健 莊碧次子承

遂茲 子一

遂健 承莊扶

遂青 承莊提

遂段 子二

遂青 莊碧三子承

進司

進返

進泰

進薯

進發 幼亡

進恩 遂元長子承 嗣子一

友朋

進端

棧詨 子三

步懋 子三

成廷 子五

莊襯 子明

莊騰 子四

莊祿 號文雨 改名重

莊旁 子三

遂傳 子三

遂開 住台四堺厝 子四

遂曉 亡

遂綿 子四

遂晁

遂參

遂妏 住台麻粒田

進民 子一

進懷 住台

進鑒

進楂 子四

進鰻 子一

進志 子四

進霖 號子一

進務 號子二

進晃 子二

進隱 分出漳州

進潩 子三

畊海詹分

澔耀 三

十一世

儲元 三

十二世

成禄 三

十三世

莊巧 三

莊憲 三

十四世

遂茂 子二

遂相 子四

遂宰 子五

遂運 殤

遂昀 子五

遂岩 二子三

十五世

進桃 嗣子一

進集 子七

進瑗 嗣子一

進昺 承遂宰

進猜 子二

進秉 嗣子八

進河 殤

進昺 遂相三子承 子四

進篔

進耍

進戀 二子二

進頼 子三

進邊 子四

進瑾 子四

進團 殤

進店 二子二

進像 子一

進㬎 二子五

文府明

一莊盼

莊會 子四

莊田 子三

遂奏

遂報 子二

遂賞 [illegible]

遂喬 子三

遂穆 子四

遂琦 子七

遂照 子一

遂積

遂邦 子一

進君

進兒 [illegible]

進憐 子三

進勸 子六

進慨 子四

進國 嗣子一

進輯 子二

進茹

進璣 子三

進次 子一

進軒 嗣子一

進樵 [illegible]

進鋪 子二

進飈 子五

進溪 子四

進哲 子六

進蔭 遂栗四子承 子五

進靚 子二

- 成實 子三
  - 莊福 養子二
    - 遂長 子二
      - 進力
      - 進織 子十六
  - 莊德 子三
    - 遂詩 養子一
      - 進組 子二
    - 遂轉 嗣子一
      - 進國
    - 遂閒 子一
      - 進師
  - 莊晚 子三
    - 遂外 養子二
      - 進出 子二
    - 遂玖 絕
    - 遂鉄 子四
      - 進料 子二
      - 進極
      - 進蘭 絕
      - 進熊

潘器 子二

十一世 贊元 子三

十二世 成球 子三

十三世 莊賢 子四　莊殿 子三　莊忍

十四世 遂宇 子三　遂失名　遂授 承莊殿　遂佑 子二　遂授 子四 莊賢三子承　遂壹　遂淑 俱長[illegible]

十五世 進部 子三　進坦 嗣子三　進協 嗣子一　進均 子六　進晉 承遂佑　進因 子二　進茅 嗣　進用 子二　進美 嗣

[illegible]海[illegible]
潘揚
潘佐 子四

十一世
贊 子[illegible]
完潡
偉元 止
經元 子二

十二世
成隆 子六

十三世
莊當 養子一
莊三 子二
莊壯 子二

十四世
遂倡 撫子一
遂石 子五
遂竹 子二
遂顏 子二
遂計 子四

十五世
進簡 子六 遂石四子承
進邁 子二
進亞 子三
進彝 子三
進簡 承遂倡
進知 承遂竹
進知 子三 遂石五子承
光菈 長贊出
進鍊 子
進從 子七
進紀 子六
進果
進扇 嗣子
進坤 子二

成彔 子五

莊降 子一
莊鑒 殤
莊生 止
莊樓 子三

遂提 嗣子二
遂俳 子三
遂春 子五
遂笑 子三

進浪 承遂提
進州
進浯
進浪 遂言次子承
進稽 遂俳次子承 嗣子二
進設 子三
進稽 承遂提
進碎 子五
進許 子四
進提 子七
進剡 子一
進削 子四
進足 子六
進瑞 子五
進友 子四
進涼 子一

莊滕 止

莊提 子五

遂璨 子五

遂宴 子三

遂檜 止

遂攄 子四

遂節 子三

遂度 子一

遂點 承莊標

進順 子四

進兼 子五

進岔 承遂璨次

進孟 子三

進讀 子二

進皎 子三

進秩 承遂攄

進穰 幼殤

進岩 子一 承遂璨三子次

進在

進赫

進葛

進清 嗣子一

進霸 子二

進錢 承遂度

進錢 子三 承遂節三子次

潘玖 子二

與元 因沒流散

平元 子三

椅元 止

成廣 住台山后

次

三 俱遷遠離散

莊楞

遂瑤

遂默 子二

進佯

進秩 遂宴三子承

進荷

進椅 養子三

進斗

應春

十一世
舉元

十二世
成萬

十三世
大彬
大朗
肇捷
肇盛
肇元
賢觀

十四世
天觀
福觀
禄觀

十五世

此圖移住福省南臺水巷

臣岳 子三

十一世
- 仲博 子二
- 仲昭 子一
- 外叔 子無

十二世
- 成來 子六（仲博子）
- 戴（仲昭子）

十三世
- 莊為 子三
- 莊允 子二
- 莊毅 子二

十四世
- 遂賜 子四
- 遂惠 承莊重
- 遂志 子一
- 遂悦 子四
- 遂偉 子五
- 遂正 子二
- 遂恩 子一

十五世
- 進明 嗣子一
- 進叔 子六
- 進然 子一
- 進皇 嗣子一
- 進平 子四
- 進谷 嗣
- 進碩 子三
- 進奮 子二
- 進告 子三
- 進宙 子二
- 進霞 子三
- 進靤 子八
- 進遠 子五
- 進曾 子四
- 進賞 子二
- 進守 養子一
- 進神

臣禹 子二

申叔

莊量 子二

莊及 子五

遂惠 子二

遂佑 子三

遂英 子二

遂意 子三

遂亂 子一

遂最 子一

進真 子三

進妙 嗣子一

進朝 子二

進炳 承遂英

進察 嗣子一

進炳 遂佑次子承 嗣子一

進萬 殤

進謙 殤

進萬 承遂英

進恅

進閣 嗣子一

進昌 子五

三叔 子三

十一世
却叔 [illegible]
仲天 子一

十二世
成環 子三

十三世
莊新 子三
莊南 子一
莊果

十四世
遂培 子二
遂宋 子六
遂晉 承莊南
遂丑 子三
遂獅 子三
遂晉 莊果三子承嗣

十五世
進闌 子六
進惜 遂宋六子承 嗣子四
進兜 子四
進棟 子二
江遊 出外姓
進蔭 承遂熙
進慊 子四
進惜 承遂培
進自 子三
進深 子三
進津 承顏家
進再 子五
進琵 嗣
進祖 嗣子二

塔江劉氏族譜

彭宮后份 長

十六世　十七世　十八世　十九世　二十世

- 進眼 子六
  - 迪螺 殤
  - 迪豆 承進乞
  - 迪於 承進康
  - 迪浩 承海下進欽
  - 迪科 子二
    - 玆壁
    - 玆影 承海倉迪詞 改名照
  - 迪全 子四
    - 玆水 承迪豆
      - 唐鑾
      - 唐澥
      - 唐嶺 幼殤
      - 唐罝
      - 唐風 承玆水
    - 玆載 出承東埔邊本宗
    - 玆森 子五
    - 玆謗 幼亡
- 進康 嗣子一
  - 迪於 子一 進眼三子承
    - 玆社 子四
      - 唐發
      - 唐縱
      - 唐昇
      - 俱幼亡

進坡 子二
進鶴 子二
進瑛 子二
進乞 子二

廸菊 子二
廸壽 漢
廸守 子二 往台灣埔居
廸興 卒台
廸送 子二
廸五 子二
廸豆 子二

玆鈇 漢
玆標 知以標
玆入 子一 幼亡
成業 幼亡
玆簥 子四
玆宗
玆巧
玆楝 子二
玆初 子四

唐渋
唐閬 又名知尚
唐塔
唐卜 幼亡
唐下 幼亡
唐双
唐掇 玆利次子承
唐諠 幼亡
唐擬 承玆楝
唐矍
唐嬍

塔江劉氏家譜

進春 嗣子二
通抵 子四 進敬三子承
茲反 承迪端
茲靜 承迪泉
茲桶 子一
唐盛
茲珍 殤

茲水 嗣子二
唐固

進崇 子二
迪愁 住台

進敬 子七
通架 子五
茲覎 子二
唐卿 茲每長子承
茲每 子五
唐卿 承茲覎
唐褰
唐作
唐頭 幼亡
唐尿
茲玲
茲冊 承海會迪貞
茲炭 殤
通泉 承進穎
通抵 承進春

進曙 子一

進篡 子一

進頼 嗣子一

迪端 子二

迪着 子四

迪團 承進曙

迪菴 殤

迪團 進緻六子承 子三

迪時 住台灣埔厝

迪泉 進緻次子承 子二

玆反 子二

玆擯 迪着長子承

玆擯 承迪端

玆桔

玆沉

玆團

玆海

玆托

玆柰 承迪泉

玆靜 迪振次子承

玆柰 迪團三子承

啓厘 娶

啓平

進贊 子四
- 通炉
- 通紁 住吊
- 通曾 随嵩
- 通鬆 分出石菊洪

進揚 子二
- 通強 子三
  - 茲煋
  - 茲時 嗣子二
    - 唐嗗 茲勤長子承
    - 唐屐 茲俶三子承
- 通吟 殤

進施 養子一
- 通益 養

進信 子三
- 通鑒
- 通蕈
- 通路

進速 子三
- 通勃 嗣子一
  - 茲縷 通趣長子承 子二
    - 唐租
    - 唐櫎 茲賬五子承
- 通溪 嗣子一
  - 茲蠟 通趣次子承
- 通深 嗣子一
  - 茲篓 通趣三子承

進籌 子三

廸起 子二

廸曉 子六

廸忍 子六

茲湲 子[illegible]

茲蠟 子[illegible]

茲篓 承[illegible]

茲崎

茲莪 子三

茲雕 昭子一

茲象 殤

茲剖 殤

茲園 分出漳州

茲貨 承迪[illegible]

茲朕 子五

唐買 承茲雕

唐床 殤

唐容 子三

唐買 茲莪長子承

唐梯 子三

唐硯 分出東石

唐夢 承茲申

唐皆 殤

唐櫥 承茲[illegible]

廷駿

廷猴 承唐[illegible]

廷魁 幼亡

廷池

廷姑

進諤 子一

通渠 嗣子二

玆長 通忍三子承

玆貿 通曉六子承 子二

唐双 幼亡 嗣子一

建猴 唐澈次子承

玆等 承通弍爲嗣 往呂

玆長 承通渠

玆埕 殤

玆誰 殤

玆𡲮 分出渫忠（？）繁

玆串 嗣子一

唐夢 玆朕三子承

進桂 子三

通懇 承進𦻐

通賑

通麟 出承宗派

進𦻐 嗣子一

通懇 進桂長子承

進弍 嗣孫一

闕

玆等 通忍次子承

進注 子二　進服 子一　進雄 子三　進達 子四

廸溝 子二　廸連　廸舉　廸齊　廸賤 進達次子承　廸棖　廸賤 承進雄

玆腆 子二　玆他 子二　玆副 出承柯坑張　玆勤 子二　玆楷 絕　玆茀 出承下海倉邊詞

唐璲　唐㶜　唐澂 於六　唐屐 承玆時　唐輯　唐嗜 承玆時　唐剿

進堅 子二
迪髻
迪伴 子一 進閑次子承
玆杭 子五 迪匿三子承
唐砻 幼亡
唐芽 幼亡
唐等 幼亡
唐項 幼亡
唐益

迪奚 子二
玆板 嗣子一 殤
唐體 玆畝三子承
玆薄 分出

迪植
玆厅 殤
唐
玆倆 殤
玆潭 殤
玆牛 殤

進閑 子三
迪匿 子五
玆畝 子四
唐文
唐廣 幼亡
唐體 承玆板
唐錦
玆喫 殤
玆杭 承迪伴
玆㖃 承海舍迪脉

進聰 子二　進睿 子四

廸伴 承進埜　廸學 子四　廸曲 子二　廸盞 殤　廸傳 止　廸戍 子五　廸入 承進瑩　廸交 殤

玆嗹 子三　玆蒂　玆晏 承廸汾　玆托 分出　玆丹 幼殤　玆飽 子一　玆強 幼亡　玆魏 子一　玆坑 承廸入　玆見 殤　玆岑 子三　玆握

唐別　唐譜　唐珍 養 住台　唐捌 子一　唐檥 嗣子二　唐褫 出承玉阪洪　唐接 承

廷蜣 承唐檥　廷蛛 幼亡 承

進蔭 子二
- 通敎
- 通入 進𥲤三子承 嗣子一
  - 兹坑 通氏次子承

進秀 子二
- 通灣
- 通兵 進香次子承 嗣子一
  - 兹繒 子一 通養四子承
    - 唐水

進豹 子一
- 通元 住山坎頂

進香 子三
- 通涯 子一
  - 兹碧 子五
    - 唐柴 子一
      - 廷皮
    - 唐蒲 幼亡
    - 唐接 承汝家
    - 唐坐
    - 唐芳
- 通兵 承進秀
- 通養 子四
  - 兹正 止
  - 兹闔 子一
    - 唐擒 兹盤長子承
  - 兹盤
  - 兹繒 承通兵

進對 子二

迪裔

迪福

進忠 子二

迪汾 嗣子一

迪柿

茲晏 子二 迪學次子承

唐播 承茲嗣

唐盈 殤

二房海下份

十六世　十七世　十八世　十九世　二十世

進猛 子四
- 廸張
- 廸鍇
- 廸覩
- 廸算 子二
  - 玆莊 承丙安子二 溪坭縣浮之子孜
    - 唐帙
  - 玆硯 廸蕭三子承

進甘 子三
- 廸彼 幼殤
- 廸相 子一
  - 玆雎
- 廸紹

進素 子四
- 廸艙 子一
  - 玆位 廸蕭長子承
- 廸腹
- 廸蕭 子四
  - 玆位 承廸艙
  - 玆菓 承廸算
  - 玆硯 承廸算
  - 玆擧 承廸隊
- 廸隊 劉子一
  - 玆擧 廸蕭四子承

進黨 已

迪廟

迪尺 [illegible]

迪寸 外出迪唐西

進壬 子五

迪棹 子二

玆畨 養 幼殤

玆昭

迪艾 子三

玆横

玆葉 承迪栩

玆蚶

迪窓 子三

玆戎 幼殤

玆捶

玆濯

迪楚 子四

玆丁

玆寶 幼七

玆稿

玆納

迪栩 出承進擒

進養 子一
進摘 子一
進敦 子二
進敷 子四

通掌
通栩 子一
通蔔 子三
通菌 承進謁
通買
通探
通慈 子五
通強

茲桀 過父次子承
茲昌 子四
茲纂 嗣子一
茲買 幼殤
茲標 幼亡
茲不
茲琢 幼亡
茲淞
茲景

唐逞 承茲纂
唐毛
唐币
唐雌
唐逞 茲昌長子承

進良 子二
進淵 子六
進拱 嗣子一
進奪 子四
進本 子一

通宗
通浸
通志 子二
通虔 承進拱
通漢 子一
通奉 幼殤
通開 子一
通平
通虔 以淵次子承
通修
通早 子三
通度 承進本
通盞 幼殤
通度 子四 邊奪三子承

茲擋
茲等 承通漢
茲等 通志次子承
茲說 承字本叔泳定 子叔承
茲鋑 幼殤
茲悄
茲逼
茲賢
茲餘
茲度

塔江劉氏族譜

進騆 子二

通格 子二

通菌 進淑次子承

通在 子二 后歿以進桐次子承

兹楚

兹豎

兹檻

兹脣 通削長子承

兹尟 通覩四子承

進吻 子四

通覩 子四

通削 子四

通鋏 承進屋

通碼

兹借

兹鼓

兹渠

兹尟 承通在

兹脣 承通在

兹先

兹力

兹嘮

進欽 子二　進宅 子二

廸浩 子二 [illegible]　廸衍 子二 承[illegible]　廸篤 子四　廸倖 子四

玆央 子二 [illegible]　玆央 承廸浩　玆灘 子三　玆潭 子三　玆論 子二　玆洗　玆冷　玆鬃　玆碗　玆闖　玆紘

唐虎 [illegible]　唐虎 承玆央　唐着　唐添　唐敏　唐仍 幼亡　唐委　唐緩

進問 子四
- 迪嘢 子四
  - 兹愷 殤
  - 兹鳩 承迪吳
  - 兹水
  - 兹閣 承迪判
- 迪服 殤
- 迪陶 殤
- 迪冥 殤
  - 兹鳩 迪嘢次子承

進劌 子一
- 迪緋 子四
  - 兹埕 子一
    - 唐帛
  - 兹瞥 幼亡
  - 兹燒 幼亡
  - 兹占

進發 子一
- 迪籆 子四
  - 兹鈇 承迪緋
  - 兹盤
  - 兹海
  - 兹帆 幼亡

進赫 嗣子一
- 迪迓 子一 進慈次子承
  - 兹擉

進悳 子二
進凝 子五
進催 子二
進詎 子二

廸契 子二
廸泥 子二 進[illegible]
廸坪 子三
廸坦 幼殤
廸判 子二
廸掌 幼殤
廸托 分出[illegible]村
廸劄 子一
廸唻 幼亡
廸都 子一
廸鴾 養子三

茲參
茲鉠 廸[illegible]長子承
茲締 廸判長子承
茲籠 廸鴾次子承
茲締 承廸坪
茲闓 廸[illegible]四子承
茲嗏 廸鴾長子承
茲踶
茲嗏 承廸劄
茲籠 承廸坪
茲當歸

進蔭 子三
- 迪伴 子二
  - 兹慨 承迪勑
  - 兹那
- 迪勑 子三
  - 兹慨 迪伴長子承
  - 兹紡 迪聧長子承
- 迪聧 子五
  - 兹紡 承迪勑長房
  - 兹魛
  - 兹餧 分出深沙吳家
  - 兹憹
  - 兹董

進座 子二
- 迪廊 子三
  - 兹拱
  - 兹來 幼亡
  - 兹松
- 迪忖 子一
  - 兹扮

進傚 子四
- 迪沃 承進河
- 迪蕃
- 迪魚 承進河
- 迪 分出孫家

進希 二二
進稟 子一
進河 三三
進載 子三 住台
進垣 十二

迪紛 承進稟
迪粉
迪紛 進希長子承
迪沃
迪魚 俱進載子承 幼亡
仁和
迪回
迪妹
迪復 子四
迪欄

玆宅
玆絨
玆殿
玆約

進鵬 子二
- 廸聽 紹繼
- 廸双

進籠 子二
- 廸嚴 子一 叅
  - 兹囉
- 廸威

進寒 子二
- 廸已 承進糖
- 廸濬 双承並祧進庵

進冠 嗣子
- 廸濬 進寒次子承

進糖 嗣子一
- 廸已 進寒長子承

進庵 嗣子
- 廸濬 進寒次子承

進蜂 子二
- 廸籛
- 廸硎

塔江劉氏

進勲　海下份　子七
- 通沛　殤
- 通梢
- 通好
- 通椰　承進安長孫
- 通思　殤
- 通返　子三
  - 絲攬
  - 絲挨
  - 絲故　通花長子承

進扶　子二
- 通講
- 通閲　出嗣
- 通

進末　子二
- 通泗
- 通泚

進耳　子三
- 通埕
- 通花　子一
  - 絲故　承通返
- 通江

進𨞬 子二
通型
通鞋

進閞 子四
通踏 殤
通雁
通院
通歲

進向 子五
通槴
通蔼
通標
通捧
通藅

進庠 十二
通排

進謨 子七
通響
通攏 承通驅
通喝
通鈑

塔江劉氏家乘

通従 出承塘邊

進慷 子五

通月 承進驪

通却

通擅

通思

通牙

進擇 子三

通寓 子四

玆咬

玆音

玆燥 承通瑯

玆勝

進屋 子三

通肘

通乾 癸

通宗 歸宗

通鋏 進姣三子承

進殿 子五

廸膀
廸貫
廸覽
廸湅
廸度

進員 子七

廸鸞
廸美
廸擇
廸珍 分出泉浦
廸輦
廸肚
廸抱

進驅 子二

廸櫳 進蒜次子承
廸月 進漢之次子承

莊良

闕

茲蒲
茲旋

埕□□氏家□

進贈 子三
進丕 子四
進佐 子一
進孰 子一

通利
通報
通潭
通返 分出石崗
通睛
通若
通赤
通溪 子一
通萍 承進孰
通鉗 子一
通兎
通立
通滲
通廸
通萍 進贈三子承

茲九 住上解祖甲
天星 叅

塔江劉氏家乘

進訓 子三
- 廸營 承廸■
- 廸竹 子三
  - 玆嫖 幼亡
  - 玆砌 養
  - 玆僱
- 廸夏 子二
  - 玆康 子一 原本■■三子承
    - 唐徹 幼亡

進別 子一
- 廸營 進訓長子承

進汝 子四
- 廸改 子一
  - 玆剃 養 子三
    - 唐擦
    - 唐膾
    - 唐贇
- 廸事 養 子一
  - 玆底 廸甚長子承
- 廸甚 子二
  - 玆底 承廸事
  - 玆跨
- 廸來 承進堪

進堪 子一
- 廸來 進汝四子承

[illegible]

進下 三[illegible]　廸詳 [illegible]

進外 三三　廸水　廸都　廸月 分出同安

進套 三三　廸洪 二二　廸萼　兹　[illegible]

進袍 三三　廸勺　廸学

進恁 三三　廸生　廸祥 承進下

進芸 十三　廸簪　廸他　廸帆

進彰 子二
廸歡 子三
玆鳴 子八
唐跑 承玆媚
唐檜 幼亡
唐儀 幼亡
唐冉
唐遡
唐曇 幼亡
唐琬
唐顏 承玆媚
次
出外姓
玆媚 承廸養
廸養 子一
玆媚 子二 廸歡三子承
唐檜 係玆鳴子承
唐顏 幼亡

進造 子一
廸緣 子一 兼出嗣奧埔
玆潤

進紆 子三
廸旺
廸糾
廸愮

進晟 子七
廸元
廸亥 承進寶

進賢 子二
進廷 子二
進趕 子一
進脆 子一

廸茲 子二
廸勸
廸超 子三
廸救
廸斗
廸亥 迪愛次子承
廸渣 子一
廸程 子三
廸城 子一 進脯長子承
廸撒 子三

玆邦
玆韮 幼亡
玆舌
玆端 幼亡
玆珍
玆談 迪程次子承 殤
玆普 殤
玆談 承廸渣
玆種 子一
玆媒
玆韮 外姓入承
玆駈 迪蠊次子承 殤
玆錦 迪福子承

唐榅

塔江劉氏家乘

- 進鋪 子五
  - 迪城 承過繼
  - 迪扶 子二
    - 玆闕 殤
    - 玆樣
  - 迪轉 子四
    - 玆礫
    - 玆驍 承過撫
    - 玆挺 養
    - 玆彪
  - 迪懇 子五
    - 玆双 幼亡
    - 玆權 幼亡
    - 玆分
    - 玆暫
    - 玆疊
- 進舫 子三
  - 迪作 子八
    - 玆樹
    - 玆欉
    - 玆根
    - 玆厲
    - 玆接
    - 玆 幼亡
    - 玆葛 幼亡
  - 迪山

迪掌　子二

迪　幼亡

茲九　幼亡

茲桃

茲裕

茲日　出嗣

進謨　子五

迪塽

迪道　承進督

迪瘦　子二

茲布

茲農　承海道

迪頣　子二

茲摯　幼亡

茲象

迪碟　出承堤過番嗎　見改名濱

進兜　子二

迪聯　子一

茲燥　迪過三子承

迪煏　子一

茲錦　承迪撤

進聲 子一
迪道 子二 進謨次子承
茲驛
茲廚 俱殤
茲農 迪擺次子承

進卜 子四
迪掘 子一
茲為 迪買子承
迪厘
迪買 子一
茲為 承迪掘
迪選

進由 子三
迪柿
茲梯
茲不
茲托
茲綢 幼亡
迪肥 子四
迪研 子一
漏吉 住台

進挑 子四
迪呂 子四
茲鏗
茲椒
茲串
茲着 養 俱幼殤
迪鑒

進梗 子二

進曆 子三

廸邑 子三

廸滴

廸田 子三

廸河

廸拿 子三

廸欺 子五

廸屈 子三

玆湯

玆每

玆皮 俱幼亡

玆嶠

玆鈔 子二

玆候 子三

玆窮

玆嚷

玆康 幼亡

玆利 幼亡

玆鯉

玆居

玆蚨

玆猜

唐粕 幼亡

唐助 俱出繼侯子承

唐粕

唐助 俱承玆泓

唐歪 幼亡

進袋 子五

通扒

通棹 出承長汰

通耦 承頂海倉進軒

通候 分出石崗

通粕 承進滾

進郡 子二

通彩 子二

茲嶢

茲[illegible]

通有 承進滾

進滾 子二

通有 進郡次子承

通粕 進袋五子承

進悔 子二 住履

通汲

通昨 子一

茲末

進坪 子三

通鸄 子二

茲堆 通悤四子承

通蔄 子一

田岸

進呈 子一
迪淍

進送 子一
迪晚 子三（黃氏 謙懇）
茲獅
茲漢（永迪母）
茲情（永淺進勉支派）

進肴 子三
迪晋 子五（與吉谷進志子承）
迪綏
茲漢（迪晚次子承）
茲蘭
順治
定地
天根

進勉 子一
迪晚（進送子次承）
茲情

進信 子一
迪戌 子一 養
茲𡵓（外鴉入承）

進永 子一
迪達（中殤）

三房后卷份

十六世 十七世 十八世 十九世 二十世

進拱 幼殤 嗣子一

迪乳 進羅次子承

進羅 子五

迪漳 子四

茲梗 迪坂次子承

茲煌 迪坂次子承

茲利 迪呈長子承

茲灶 迪坂四子承

迪乳 承進拱

迪爍

茲利 迪爍三子承 繼承迪漳

迪呈 子二

茲坪 承迪盤

迪盤 嗣子一

茲坪 迪呈次子承

進揖 嗣子一

迪石 進家三子承

進成 子一

迪貯 住台

進遠 子二

迪俊傑

迪海水 俱住台

塔江劉氏家譜

進廪 嗣二
廸岸 子一 進舉長子承
玆深

進舉 十五
廸岸 承進廪
廸栖 幼殤
廸考 承進甲
廸宿 嗣子一
廸箸 承進前
玆浪 子一 廸箸長子承
唐譜

進鴨 嗣子一
廸考 殤 進舉三子承

進前 嗣二
廸箸 子四 進舉五子承
玆浪 承廸宿
玆湯 殤
玆毯 夭
玆擔 殤

進企 十三
廸疊 子三
玆乳 子一
唐彬
玆憓 殤
玆彩 殤

廸篇 十二
玆燦

進郱 子六
通逃

進董 子五
通榮 承進瑯
通山 子七
茲倹 幼殤
茲耍 殤
茲寂 子一
唐倫 茲細子早承
茲翕
茲認
茲淺 俱承東石妹夫周家
茲瓊 承通掩

通下 幼殤
通掩 子三
茲瓊 通山七子承
茲檥 幼殤
茲越 功妹之子承

通柙 承進這

進瑯 嗣子一
通榮 子一 進董長子承
茲勑 子一
唐倫 早承茲寂

進這 子三
通墻 養 子二
茲述 子三
唐寮 子三
廷愷
廷燁
廷噠 幼亡

進江 子四

迪柙 進茴五子承 嗣子一

迪培 業儒 子五

迪歆 殤

兹吽 承迪柙

兹湯 幼殤

兹吽 迪墻次子承 子六

兹蚌 子二

兹頍 子二

兹定

兹炏

兹薇 承迪堅

唐醜 子一

唐擧 幼亡

唐視 俱幼亡

唐研

唐棖 子二

唐鈇 殤

唐啓 殤

唐爍 殤

唐煌 半承子

唐妗

唐默 兹薇次子承

唐客 兹薇三子承

廷譩

廷贊 幼殤

廷胎 幼殤

進鵝 嗣子一

迪洋 子四 進江四子承

迪洋 承進鵝

迪堅 子四

兹薇 子三 迪福五子承

兹衢 子一

兹美 子二

兹欣 子二

唐興

唐默 承兹頓

唐客 承兹定

唐撈 兹欣次子承

唐菈 幼亡

唐曲

唐才 幼亡

唐憦 承兹衢

進鷄 子五

迪對 嗣子二

迪學 承宮后進淵

兹鞭 幼亡

兹禨

兹美

兹錦

兹淺

兹爐 係迪唱子承

通唱 子七

滋淺
滋爐 俱承通針
滋床 承涵下與夏
滋蕭 承宮若通學
滋舞
滋鎖 俱承通針
滋口

通針 嗣子二

滋舞
滋鎖 俱通唱子承

通客 幼殤

進柳 子二

通蘊 子五

滋秘 子一
滋更 幼殤
滋買 幼亡
滋闔 十歲殤
滋鶯 承通盂

唐滋 兹学三子承

通盂 承進標

進標 嗣子二

通赤 子一 進柳次子承

滋鶯 通蘊五子承

通信 殤 進正長子承

- 進正 子二
  - 廸信 承進標
  - 廸能 嗣子一
    - 茲芓 子五 廸聽次子承
      - 唐儉
      - 唐報 殤
      - 唐滋 承茲秘
      - 唐諒 分出
      - 唐海 分出
- 進明 子三
  - 廸灘 嗣子一
    - 茲榺 子二 廸泉長子承
      - 唐潘
      - 唐恊 承茲邦
  - 廸聽 十三
    - 茲攮 幼殤
    - 茲芓 承廸能
    - 茲富
  - 廸泉 子四 進拎次子承
    - 茲榺 承廸灘
    - 茲忝 子二
      - 唐切 承茲伐
      - 唐定
    - 茲趣
    - 茲頭 承廸酱
- 進智 子二
  - 廸嶺 子七
    - 茲劣 幼殤
    - 茲野 子一 養
      - 唐潋
    - 茲榜 幼殤

進長 子六
進炳 嗣子一
進矜 子四

迪守 嗣子一 幼殤
迪身 幼殤
迪艙 承進炳
迪決 子一
迪遞 承進恩
迪顯 嗣子二
迪艙 子二 進長三子承
迪擬 嗣子一
迪泉 承進明

茲只 子三
茲炭 殤
茲音
茲亭 幼亡
茲樹 迪決三子承
茲樹 承迪守
茲劂 迪艙長子承
茲湍 迪遞長子承 殤
茲劂 承迪顯
茲館 迪遞四子承
茲邦 子一 迪梂次子承

唐魁
唐體
唐姜
唐恊 茲梂次子承

廸栿 子二 — 玆伐 子一 — 唐切 玆恭子承
玆邦 承廸濺

廸蓄 胴子一 — 玆頭 廸東四子承

進恭 子三 — 廸葛 殤
廸河 承進品
廸老 承進卿

進品 胴子一 — 廸河 子一 進恭次子承殤 — 玆煨 子二 廸牛長子承 — 唐接
唐璹

進卿 嗣子一 — 廸老 子一 進恭三子承 — 玆㲄 子一 — 唐筀 養

進勵 養子二 — 廸洋 養殤
廸牛 子二 養 — 玆煨 承廸河
玆篔

進丁 子一 — 廸犀 養子一 — 玆 失名 養

進晉 三

進蘭 嗣子一

廸側 三五

廸株 殤 嗣子一

廸千

廸謀 俱殤

廸土 進義長子承 子五

茲坦 承廸株

茲丙 嗣子一

茲闖 二五

茲蟳 子一

茲染

茲坦 廸側長子承 幼殤

茲尚 殤

茲柴

茲饒

茲福

茲穴 承廸情

唐中 茲闖次子承

唐綱

唐中 承茲丙

唐麟

唐水 幼亡

唐旁

唐會 幼亡

進丙 子一
通漢 往台

進象 子六
通土 承進蔚
通帽 子二
兹穴 殤 通土五子承
通石 承進楷
通鼎 承進騄
通登
通科

進騄 子三
通燒 幼殤
通鼎 進象四子承

進炎 子六
通甲 子八
兹地 殤 嗣子一
唐杌 兹橙長子兼承
兹錫 子四
唐燕 承兹來
唐鈄 殤
唐啡 殤
唐還
兹橙 子三
唐杌 承兹地
唐膶 承兹省

進銅 子五

廸團 改名槼 承進湰 子四
廸隨
廸潘 承進銅 改名扶
廸漆 幼殤 嗣子一
廸嗃 幼殤
廸扶 進次四子承
廸席 子三
廸國 承進毬

兹朱 子二
兹省 承廸隨
兹溜 子二
兹入 承廸潔
兹磅 承廸湉
兹省 廸甲五子承 嗣子二
兹磅 廸甲八子承 子二
兹洪 幼殤
兹爬
兹入 廸甲七子承
兹虎 承廸國
兹改
兹語 殤

唐燕 兹溜長子承
唐艙 殤
唐慶 兹磅次子承
唐鐲 兹播次子承
唐藝 兹磅長子承
唐藝 承兹省
唐慶 承兹溜

塔江劉氏家譜

進強 子二

進金 子四

迪簿 殤

迪在 承淳下進騙

迪褱 子六 進狄次子承

迪園 進鐧三子承 嗣子二

迪甜 子四

迪桃 子二

迪沙 嗣子三

迪楴 出外姓

玆煎 殤

玆鞋

玆情

玆 失名

玆勒 幼殤

玆耽

玆虎 迪席長子承 殤

玆猪 承迪沙

玆還

玆墜 幼殤

玆頡

玆執 承迪沙

玆磱 子一

唐來

玆褱 承迪沙

玆執 迪桃長子承

玆猪 迪甜長子承 子二

唐糊

唐水

玆褱 迪桃三子承

進椿 子二

進孫 養子一

進心 任台 嗣子一

進魯 子四

廸坂 子四

廸夜 幼殤 嗣子一

廸行 子四

廸望 進魯子半承 子一

廸望 半承進心 子四

廸坎 承進魯

廸粕

廸眺 子一

兹斛 承廸夜

兹梗 承廸漥

兹煦

尚梅 殤

兹斜 廸坂長子承

兹贊 殤

兹研 殤

兹亢

兹隻

兹度 進心之孫

兹鑿 承廸坎

兹度 承進心爲孫

兹驛 承廸眺

兹廚 幼亡

兹鐸 廸望三子承

- 進勛 嗣子一
  - 廸坎 進晉次子承 子四
    - 玆鑾 廸望長子承
    - 玆煌 承廸漳
    - 玆利 承廸呈
    - 玆灶 承廸漳
- 進奏 子二
  - 廸橋 並承進則
- 進則 嗣子一
  - 廸橋 進奏子兼承
- 進恩 嗣子一
  - 廸遞 進長五子承 子四
    - 玆湍 承廸顯
    - 玆頤
    - 玆漂 殤
    - 玆館 承廸趨
- 進民 嗣子一
  - 廸奏 進溥三子承
- 進植 住呂 子四
  - 廸喜 嗣孫一
    - [illegible]
      - 唐羅 係女子名□娘招贅吳某所生之子撥承
  - 廸晏 承進鰻
  - 廸 失名 幼亡
  - 廸註 幼亡

進鰻 嗣子二

進志 子四

進霖 嗣子一

進務 嗣子二

廸晏 子二 進楨次子承

廸畨 子六

廸晋 承下海下進眘

廸扶 承進霖

廸綏 承三房二進眘

廸扶 子二 進志三子承

廸璧 子一 進晃次子承

廸詔 子一 進潭長子兼承

玆九 幼亡

玆賀

玆鶬

玆吹 俱幼亡

得勝

玆才

玆紫 幼亡

順治 承廸晋

玆安 七歲而亡

玆福 幼亡

玆田 承廸察

玆錦 幼亡

- 進亮（子二）
  - 通察（養，子一）
    - 茲田（通璧子承）
  - 通璧（承進務）
- 進湧（子三）
  - 通詔（並承進務，子一）
    - 茲錦（幼亡）
  - 通揨（幼亡）
  - 通奏（承進氏）

三房四 海倉份

十六世　十七世　十八世　十九世　二十世

進桃 子一
進集 子二
進瑗 子一
進猜 子二

十六世
廸侯 子一 進集次子承
廸連 殤
廸侯 承進桃
廸搖 子二
廸堆 承進瑗
廸坐
廸尾 嗣子一
廸滔 承進集
廸堆 子二 進集四子承
廸月 子二
廸廹 殤

十七世
兹輕 廸堆次子承
兹草 出繼鮑厝村
兹勒 承廸尾
兹勒 子一 廸漢次子承
兹克 子三
兹輕 承廸侯
兹彭 子一

十八世
唐港 伍堡外埔入承
唐平
唐文
唐昇 殁亡
唐賢

- 進衷 子一
  - 廸白 過鼎次子承
- 進鼎 子四
  - 廸香 子二
    - 玆茅
    - 玆漪 殤 主填承男
  - 廸白 承進衷
  - 廸寵 出廈門
  - 廸滔 進[illegible]之子承 子一
    - 玆猪 幼殤
- 進戀 子二
  - 廸梅 子三
    - 玆馬
    - 玆閭
    - 玆麵
  - 廸衛
- 進賴 子二
  - 廸桀 殤
  - 廸文 子四
    - 玆梗 幼殤
    - 玆剃 殤
    - 玆贊
    - 玆及 東塘邊入承
- 進遷 子四
  - 廸楓 子七
    - 玆拐 殤
    - 玆榜

迪倩 子五

迪蹇

迪交 子三

迪此 子二

迪函

迪謳

迪墩

迪鏡 子一

進瑾 子四

進店 子二

兹草

兹打 承迪倩

兹注

兹跌

兹甫 渭承迪倩

兹注

兹跌 殤

兹甫 殤 俱迪祺子承

兹澤

兹輦 殤

兹容 殤

兹鬃

兹糊

兹訖 迪淼三子承

進傪 子二
進縣 子五
進君 子四

迪峪 子六
迪罔 子二
迪喊 殤
迪繒 子二
迪萣 子四
迪悄 出外姓
迪乱 出外姓
迪綏 子二
迪直 子三

茲灰 幼亡
茲箬
茲訖 承迪峪
茲湖
茲續 承迪罔
茲藝
茲續 迪谿五子承
茲給 迪萣四子承
茲塩 迪萣次子承 殤
茲汫
茲塩 承迪喊
茲蛤 出承梅林母舅
茲給 承迪罔
茲策 子二
茲巢 子二

唐爬 子二 茲桂次子承
唐彥 茲桂四子承

廷种

茲續廿九

茲舵廿六

唐透 兼承茲續

唐榔

唐嶶 幼殤

唐恆

唐科

唐市

唐營 茲穆次子承

唐怕 茲桂三子承

唐透 茲舵四子兼承

唐𥁕

唐廣

唐賚

唐蒶

唐莪

唐巧

唐攀

唐頫

唐煦

唐蚶

塔江劉氏族譜

進慨 子四

進國 子一

進輯 子二

進瓚 子三

廸滾 子四

廸回 嗣子一

廸水

廸沛

廸輅

廸吽

廸巷 進瓚長子承

廸隅

廸庚 俱殤

廸巷 承進國

廸坪 子一

茲晒 承廸回

茲拾 子一

茲立

茲正 殤

茲晒 子二 廸滾長子承

茲王

唐洎

唐珮

唐丁 茲晒次子承

唐三 幼亡

唐丁 承茲谷

進次 子二

廸粵 子二

茲硈 [illegible]

唐燒

唐笑

廸餒 子四

茲淅 子六

唐榪

唐撰

唐砵 出承東汶海溪

唐勛

茲爪 子一

唐圻

茲配 子二

唐唱

茲更 子二

唐絨 殤

唐附

進軒 子二

廸偶 子四

茲蒙

茲低

茲蔄 承廸演

茲般

- 進鋪 子一
  - 廸餗 子二
    - 玆喊 子三
      - 唐販
      - 唐炒
      - 唐虎 承天眷
    - 天眷 嗣子一
      - 唐虎 玆喊三子承
  - 廸族 子一
    - 文垣
- 進闕 子五
  - 廸淶 子二
    - 玆菌 廸縞二子承
    - 玆贊
  - 廸坭 子一
    - 玆冬 廸物長子承
  - 廸縞 承進龍
  - 廸特 已
    - 玆鏗
  - 廸物 子四
    - 玆冬 承廸坭
    - 玆悦
    - 玆藝 殤
    - 玆拋 出外姓

進溪 子三

廸梭 子三

玆匹 廸淮長子承

玆變 廸萍次子承

玆摑 廸剪少子承

廸萍 子三

玆匹 承廸梭

玆窪

玆砻

廸剪 子四

玆變 承廸梭

玆皂 出外姓

玆局

玆摑 承廸梭

廸箭 子三

玆鉸 嗣

玆粘

玆欠 出外姓

進哲 子六

廸蔚 嗣

廸紹 子三

玆蔽

玆雍

廸臉 嗣

廸豫 子一

玆篇 卷

- 迪活 殤
- 迪整
- 進陰 子五
  - 迪賛
  - 迪良 殤
  - 迪和 殤
  - 迪井 承進惰
  - 迪圓 殤
- 進靚 子二
  - 迪淺 殤
  - 迪稿 進閒三子承
- 進熾 子六
  - 迪朗 子七
    - 兹璐 子一
      - 唐瘀
    - 兹水
    - 兹敎 子一
      - 唐棠 兹陳之子承
    - 兹佛 承迪共
    - 兹倚 迪趙四子承
    - 兹儀 迪楳四子承
    - 兹垵 迪良四子承
  - 迪趙 子四
    - 兹瞞 子二
      - 唐导
    - 兹合 承迪不
    - 兹杏 承迪共

坊江盧氏家乘　茲倚

通共　子三
- 茲保　通共長子承　子二
  - 唐珍
  - 唐却
- 茲佛　通朗五子承
- 茲杏　通之三子承　子一
  - 唐淂　茲合子承

通棕　子四
- 茲欉　通魚長子承
- 茲保　承通共
- 茲琴
- 茲秋
- 茲儀　承通朗

通不　子一
- 茲合　通之次子承　子一
  - 唐淂　承茲杏

通魚　子五
- 茲欉　承通共
- 茲佮　承通園庶孫
- 茲陳　子一
  - 唐棠　承茲敘
- 茲垵　承通朗
- 茲認

通湖　子一
- 茲朝　往台

通相

進組　子二

進圍 嗣孫一
闢
茲佮 子二 進典次子承
唐趕 殤
唐栜

進出 子二
迪流 子四
茲梢
茲棟 幼亡
茲砦 公
茲痛

迪搴 子四
茲笠
茲掌 出本東沆母舅
茲譴
茲琛

進料 子二
迪嘔 承進熊
迪鄉

進熊 子一
迪嘔 子一 進料長子承
茲炒 幼亡

進部 子三
迪神 子一
茲螺 子一
唐梅
迪談 承進坦
迪抄 承進物

滙坦 乏

進協 乏

進均 子六

廸談 進畧次子承

廸抄 進部三子承

廸傚 子二

廸漏 子二

廸淩 子三

廸査 子一

廸杙 子四

廸線 子三

玆快

玆景

玆邵 養鎮

玆穀

玆倩 承廸査

玆嘿

玆蜘 無亡

玆倩 廸淩長子承

玆囔

玆掌 幾妙仁

玆烘

玆畔

玆綵

玆類

進囷 子三
通洋 殤
通卦 子二
兹耻 子二
唐甚 承兹蝌子
兹蝌 子二
唐甚 承兹耻
兹項
通錠 承進具

進用 子二
通𩚵 子二
兹印
兹朋
通寫 殤

進弄 子二
通錠 子一 承進囷三子
兹駪

十六
經海倉份 四
進簡 子六
進邁 子三

十六世
迪請 無嗣
迪代 子二
迪往 子二
迪术
迪貢 子三
迪識 幼殤
迪壬 幼殤
迪朴 子四

十七世
玆菜 子四 無子迪术
玆卯
玆菜 子二 迪代長子無子
玆瀆
玆尚
玆寀 子山
玆謁 子三
玆韮 子四

十八世
唐鋭
唐隱
唐肚
唐登 承迪术孫為孫
唐登
唐鋪
唐儡 承玆謁
唐圈
唐竜 幼殤
唐儡 給寀次子承
起頭 幼殤

十九世

二十世

進亞 子三

廸妾 子進寀
廸掃 子三
廸鶱 子三

玆簽 子二
玆卞 子二
玆珍 止 過繼次子承
玆庚 子五
玆珍 子迄保
玆福 幼殤

唐敢 幼殤
唐穴
唐浮
唐銜
唐本
唐勘 子二
唐敲
唐飾 幼亡
唐挽 幼亡
唐昆 幼亡
唐斛
唐湁

廷袠
廷衙

進箏 二

迪寄 子三

迪妥 進發長子承 子五

茲安 四

茲泰 三

茲門 子四

茲飄 子六

茲瓤 子三

茲撻 子三

唐入

唐釁

唐尊 從茲門子次

唐釁

唐尊 從承從泰

唐業

唐工

唐恬

唐營 承從續

唐度

唐帷 幼殤

唐實 承下唐從播

唐托 茲飄之次子承

唐覬

唐扯

唐月 殤

唐攬 殤

進知 子三

通禎 子三
通樹 子二
通坊 承進□

玆卞 承□□
玆重 子五
玆婉 止
玆册 子二 宮君通鸞次子承
玆浮 子三 通樹長子承
玆浮 承通禎
玆頫 子三

唐粽
唐托 承玆賦
唐狗 分出許坟
唐赤
唐八 分出西埔洪
唐檨
唐疊
唐佰 俱承玆浮子承
唐疊 俱承玆册
唐佰
唐及
唐糞 幼亡
唐爽
唐輯 幼亡

進華 子二

進鍊 子七

通坊 子二

通拓 子六

通切

通頃 子二

通洗 子三

通輸 止

通淤 子四

通剪 殤

兹磕

兹掌

兹件 承通頃

兹威

兹嫣

兹討

兹印

兹件 通拓次子承

兹坑 通膡次子承

兹格 通淤四子承

兹選

兹陣 承長房通赿

兹硫 幼殤

兹格 承通洗

進從 子二
- 通裒 子二
  - 玆鏗
  - 玆卜
- 通賡

進紀 嗣子一
- 通鈎 進果長子承
  - 玆濕 通[illegible]三子承

進果 子六
- 通鈎 承進紀
- 通查
- 通標
- 通箴 子一
  - 玆愧 通余六子承
- 通砵 承進肩
- 通古 幼殤

進肩 嗣子二
- 通砵 子一 進果五子承
  - 玆岩
- 通贏 子一 進坤次子承
  - 玆世 通余長子承

進坤 子二
- 通余 子七
  - 玆世 承通贏
  - 玆營 贅潮州王
  - 玆丁
  - 玆蒲 傾合出柯坑張

進劍 子四

廸飆 承進烈

廸彪

廸趣

廸叙 子四

廸相 子五

玆煌

玆偲 承進元

玆雪

玆簿

玆愁

玆意 承廸相

玆放

玆意 子二 廸叙三子承

玆鑒 幼殤

玆復 子二

玆社 承廸清

玆滚

唐批

唐睽

唐朧

塔江劉氏家譜

進秘 子二
通令 進設次子承
通有 子一 進畤三子承
玆[illegible]

進設 子三
通奥 子四
玆沃 承通通
玆盤
玆才 俱幼亡
玆黑

通令 承進秘
通通 子二
玆社 通相三子承
玆沃 通奥長子承

進許 子五
通深 幼殤
通闌
通有 承進秘
通坎
通 出承字本家

進許 子四
通膳 子四
玆昌 子二
唐蚵
唐闍
玆坑 承通洗
玆濕 承通[illegible]
玆相 幼殤

迪閑 子二

茲新 子三

唐端

唐汪

迪瓦 子二

茲寄 幼殤

茲空

迪號 子三

茲揔

茲擇

茲家

迪虧 子二

茲漂

茲剥

進提 乏

迪串

迪莉 子五

茲念 殤

茲挖

茲魴 承迪樸

茲走

茲步

迪丹

迪鑨 子二

茲影

茲淍

進烮 子一

進制 子四

迪欄 子一

迪聽 二

迪扒 子八

迪覓 子二

迪仮 子五

迪山 子四

兹魴 [illegible]

兹喜

兹蚋

兹爾

兹盖 [illegible]

兹㷔

兹平

兹談

兹盖 迪扒三子承

兹營 叄

兹猴

兹靴

兹㽟

兹魚 [illegible]

兹鼎

兹拚

兹掖

兹唁

廸拜 子五

茲酘

茲卞

茲玩

茲駪 幼亡

進足 子六

廸蔔 子一

茲托 廸名長子承

廸名 子三

茲托 承廸蔔

茲綑 幼殤

茲箬

廸芒 子四

茲硿 幼殤

茲買 承廸淺

茲狗

茲皂

廸淺 子三

茲買 廸芒次子承

廸耳 子一

茲猥

廸濆

進瑞 子五
- 通文
- 通再
- 通綿
- 通柞
- 通揀 子二
  - 玆櫎 子二
    - 唐泉

進友 子四
- 通浩
- 通納 佳旨 子四
  - 庚申
  - 玆保 子一
    - 唐此
  - 玆藴
  - 玆正
- 通別
- 通紳

進涼 子一
- 通論

進順 子四
- 通羨 子六
  - 玆臣
  - 玆芎 承坦等
  - 玆樺
  - 玆猊
  - 玆㯾 承通浚

通等 [illegible]
　茲楪 [illegible]
通象 子二
　茲連
　茲旦
通張 子五
　茲牡
　茲示
　茲汰
　茲霞
　茲奔

進蕙 子五
　通翁 幼殤
　通蘭 子一
　　茲樵
　通可 承進讀
　通𢡛 子四
　　茲悄
　　茲妹
　　茲圍
　　茲壞 殤
　通興

進孟 子三
　通云

迪等 子二 進順次子承
兹芎 子三 迪良次子承
唐永
唐扁
唐歪

迪浸 子二
兹揲 廷芳五子承
兹倪

進讀 子二
迪可 進攸三子承
兹礐
迪拱

進皎 子三 養
迪勉
迪蘗
迪綻

進苕 子一
迪運 子五
兹宙 承迪著
兹炳
兹使
兹菓

進清 子二
迪倚 進綻長子承

進霸 子三
迪山 子二
鎡岸 幼亡
同貴 外與入承
迪嚝
進鋑 子三
迪倚 承進清
迪螺 幼殤
迪着 子二
鎡宙 子二 迪運長子承
唐曄
唐取 殤
進碖 子三
迪碌 子六
鎡搶
鎡迴
鎡輭
鎡語
鎡鏊
鎡準
迪扼 子一
鎡採
迪核 子二
鎡双
鎡水

啉下海倉

十六世　十七世　十八世　十九世　二十世

- 進明　嗣子二
  - 迪鮮　進敬次子承　子三
    - 茲綱　承迪添
    - 茲廷　殤
    - 茲帕　子二
      - 唐響　承茲綱
      - 唐般
- 進敬　子六
  - 迪添　嗣子二
    - 茲綱　迪鮮長子承　嗣子一
      - 唐響　茲帕長子承
  - 迪鮮　承進明
  - 迪取　承進皇
  - 迪彈　子三
    - 茲皂
    - 茲丕　出外姓
    - 茲擇　迪梓三子承
  - 迪信　子三
    - 茲醒　子一
      - 唐界
    - 茲桃
    - 茲蟳　承迪取
  - 迪梓　子三
    - 茲箋　養　不知去向
    - 茲痛
    - 茲擇　承迪彈

進甲
通隋 宜
茲茶 子一 妻
唐豆
唐壽 幼亡
唐抛 幼亡
唐敖

茲爐 子五
唐鈴 殤
唐塩 分出
唐盆 幼亡
唐帆 幼亡
唐鈞 茲薫子 承

茲薫 子一
唐鈞 兼承茲爐

進皇 嗣子一
通取 進敬三子承 嗣子一
茲蟳 通代三子承

進平 子四
通代 殤
通卯 子七
茲慈 子二
唐叢
唐鑽 幼亡
茲罕 承通岳
茲詰
茲爪
茲縐

進頎 子三
進奮 子二
進告 子三

通泰 殤
通岳 嗣子一
通略
通揖 承進奮
通螢
通揖 進頎次子承 殤
通慶 進奮三子承 嗣子一
通清 嗣子二
通雕 子五
通慶 承進奮

玆訂
玆畫
玆擧 通岳次子承
玆嘖 通雕三子承 嗣子一
玆確 通雕長子承 子四
玆確 承通清
玆蚶 子一
玆嘖 承通慶
玆郭 子一

唐肯 玆嘖長子承
唐啟 承玆蚶
唐諸 承玆郭
唐汰
唐監
唐啟 玆確長子承
唐諸 玆亮煒次子承

進宙 子三
進霞 子三
進麭 子八

迪廣 子五
迪測 殤
迪涼 子一 進麭長子承
迪砰 子四 進遠三子承
迪蚕 子三 進宙三子承
迪涼 承進霞
迪團 殤

茲蝗 子二
茲炎 子一
茲珀
茲白 出外姓
茲婆
茲逃
茲詮 子一
茲嚴 殤
茲合 殤
茲潑 迪砰三子承
茲甲 迪蚕三子承
河淡
茲龍 承迪壙
茲被

唐育 承茲蝗
唐客
唐 失名 殤
唐耿 茲婆次子承

- 進遠 子五
  - 通要 子三
    - 兹幸 子三
      - 唐乳
      - 唐耿 承孟拯
      - 唐鵠
    - 兹文 絕
    - 兹槃 子二
      - 唐聽
      - 唐語
  - 通石
  - 通吝 子二
    - 兹萬 承通挖
    - 兹團 住台 幼殤
  - 通挖 子一
    - 兹萬 通吝長子承
  - 通灣 子一
    - 兹 住台幼殤 名未傳
  - 通細
  - 通哖 子三
    - 兹踰 絕
    - 兹堯
    - 兹潑 承通砰
  - 通蒲 絕
  - 通砰 承進寰
  - 通衆 子二
    - 兹壇
    - 兹坎 絕

進曾 子三
進賞 子二

廸旭 嫡
廸請 子二
廸柔 嫡
廸蚕 承進賞
廸干 子六
廸八 子三 長房進嫡次子承
廸安 子三

玆甲 承廸旭
玆株 廸請長子承
玆龍 廸請次子承
玆株 承廸請
玆福
玆屏 嫡
玆盞
玆洗
玆雕
玆捅 承廸扶
玆見 子三
玆曾 嫡 [illegible]二
玆窓 承廸扶
玆錫 子一

唐磊 承玆捅
唐紋
唐操 承玆曾
唐搡
唐磨 子一 承玆錫三子之次

建陽

進守 子三
進與 子三
進商 子四
進錦 子三

迪扶 子三
迪欽
迪詞 子二 進商長子承
迪詞 子 進與
迪郇 承進宜
迪磚
迪[illegible]
迪欸 子六

玆 失名
玆禎 子三 [illegible]
玆窓 [illegible]子承
玆照 [illegible] [illegible]子承
玆茅 [illegible]子承
玆玷 子三
玆苗
玆寫
玆拓 子五

唐[illegible]
唐賓 [illegible]
唐紋 [illegible]
唐差
唐鑊
唐擬

進海 子二
進探 子一
進晃 子三

廸羗
廸虎
廸悖 子一
廸安 子三
廸捌 子一
廸銚

玆潘 殤
玆亶 子三
玆毴 殤
玆峻 殤
玆菁 子二
玆鷲
玆清 廸銚四子承

唐更 殤
唐位
唐愚
唐玉
唐裁
唐熋 殀
唐虫 廸
唐世 行七
四方

進連 子三

迪聰 子五

茲羅 [illegible]

茲井 一名全

茲禎 [illegible]

闆

建寶 [illegible]

迪和 [illegible]

茲清 [illegible]

茲三 子一

唐棟

茲堆 [illegible]

迪紫

進勵 子一

迪木 子三

茲射

的成 子一

唐明

茲喜 子二

唐意

唐賤

進兒 子二

迪佃 子二

茲勤 [illegible]

茲猎

迪俏 [illegible]

進宜 子二

迪鄉 子一 [illegible]

茲存

進富 子一

迪排 子一

茲硯 子三

唐唱

進段 子二
進真 子三

廸盤
廸彼
廸頭
廸截 子四
廸脫 嗣子一
廸路 子二
廸遣 承進妙

兹勅
兹燥
兹那
兹柴
兹萄 子三
兹詠 子五
兹菊 承廸脫

唐識 承兹針
唐僉
唐馨 承兹鍚
唐圈 子二
唐謊 子一
唐説 殤
唐村 承兹針
唐篓
唐蘭 [illegible]

廷檄
廷畬 出贅 唐謊長子承
廷畬 承唐圈 上五

塔江劉氏家譜

進妙 嗣子一
迪遣 十一 進[illegible]三子承
玆針 嗣子二
唐𢨤 [illegible]
唐村 [illegible]
廷梅 [illegible]

進朝 子二
迪旺
迪益 俱[illegible]

進察 子一
迪白 嗣子一 進昌四子承
玆字 迪咸次子承

進炳 嗣子一
迪向 嗣子一 進昌次子承
玆猪 子二 迪咸長子承
唐仁
唐弁

進閣 嗣子一
迪達 嗣子一 進昌三子承
玆竹 迪咸三子承

進昌 子五
迪咸 子四
玆猪 承迪向
玆字 承迪白
玆竹 承迪達
玆灶
迪向 承進炳
迪水 [illegible]
迪白 承進察
迪達 承進閣

進蘭　子八

廸廷　子五

茲喜

茲興

茲　失名

廸力　子一

茲汀　子二

唐花

唐義

廸取　殤

廸恃　殤

廸河　承進惜

廸諒　殤

廸　失名　幼殤

廸燦　子二

茲金　往台

崑山

進惜　[illegible]子四

廸河　進蘭五子承

廸江　進[illegible]次子承

廸達　進傑次子承

廸井　進[illegible]四子承

進兜 子四
- 廸愛 子一
  - 兹懷 承廸順
- 廸順 顒 子二
  - 兹懷 廸愛子承 住岩 子一
    - 添肘
- 廸傑
- 廸連

進揀 子三
- 廸瞞
- 廸江 承進湾
- 廸熱

進慊 子五
- 廸振 一名罵
- 廸達 承進階
- 廸令
- 廸錢 子一
  - 兹于 廸圭次子承
- 廸圭 子三
  - 兹員
  - 兹于 承廸錢

進自 子三
- 廸趐 彪
- 廸踏
- 廸岞

進深　二

迪棠
迪章　子二
茲頭
茲彭
迪吞

進再　子六

迪盞　子三
茲旺
茲菾
茲發
迪鏗
迪贊　承進祖
迪重　子三
茲頭
茲上
茲塔
迪薛　承進祖
迪骰

進祖　嗣子二

迪贊　子二　[illegible]
茲塹
茲樧
迪薛　子二　[illegible]
茲科
茲恨

題本宗族譜跋後

吾家世居塔江聚族托處於斯宗支日繁而渾噩之風猶在譜未有也即有之櫟堂一炬而亦灰也故老相傳的爲系出福清而莫知其詳隆竊有志於茲而未逮也庚申春家有興吏一日昭穆畢集詢所爲先人拎大父行大父行誦所爲先人一首誦不能竟仍得私録于父行之敝簡中按而玩之用是潛心遯志寢食幾忘忝之耆宿傳聞必核實而後已不實則闕閱二期而稿少就也稿就乃躬役走福清載之去矣

福清故多望族而北里劉居右北里宗見隆不遠蹤百里而遥非有篤思覈考者不能乃出原牒以與稿證於名則若拎世則若於以行次則又若也迺揖隆拜北里之廟謁

忠烈之祠羣宗人若汝誠必道輩虛接欵和觴舉以為歡也訂譜受傳歸而為父兄子姓呈莫不嘆

忠烈公在天之靈乃當再襄此大役哉今揄江譜次矣譜具在譜之族敘具在是役也董其議則有若九世孫天樞十世孫君德卿選世隆十一世孫友樂走

北里訂譜則又若君德世隆成譜言則又若世隆捐貲充譜費則有金二十如卿選十如世珽五如友樂三如卿徵二如天樞一之五如世實明瓚一如天麟天鳳良華君德世隆世舉卿振鳳徵與夫奇應喬榭守礽友鯤弘仁鳳儀各隨其力量所至者既成而農服先疇工襲高曾千億勿替挾資而走四方者載之以行或遂寓宿于遠或遂成宗于外皆可以自窮其水木且異時者宦遊鞅掌旁支别派即其所在種ㄑ可考通一族如一身通北里塔江如一人要推而蕃

之錯居雜處千萬斯億均如一族則倡斯舉結斯局
厥功偉哉始
忠烈公廟宇倡議于　忠烈公北里派孫諱琰字宗
獻鄉尊為龍溪先生者今竟搭江族譜蓋亦聞龍溪
而踵武者歟夫世之偷日視蔭者多矣繼
忠烈而起成　忠烈不朽余是以深爲之嗟異也雖
然若而子孫悉　忠烈後身耳誰謂非
忠烈之靈牖之哉
天啓辛酉孟夏穀旦十世孫世隆敬跋

塔江劉氏家譜跋

茍可以貽之永遠使祖德涿通於上孫支蕃衍於下原原委委繩繩續續譬猶山有本蟠欝干霄河有水流潤達遠然非培其本枝葉何以紛披非濬其源波瀾何以壯瀾物固如斯而况於人乎况於禴宗乎吾祖

忠烈公三山名俊與　林空齋倡義奮序謂其憤激萬狀從容就義真足與文陸諸公並垂不朽

令史公衆佐信國至今崇奉

楊后遺像香火弗絕此亦先人惓惓不忘臣子之意非同矜湯無所據徒吏創設以祈禱邀福者比也奕葉十傳未有家乘　君德公　世隆公因事完原走福清印詳世系而譜始立然亦徒鐫名次生卒塋配闕如也迨至明季鄭藩在海

朝令遷居獸奔鳥散或逃深山或填溝壑商于外者阻絕來進當此之時滄桑鼎沸天開一大劫局鴻鴈于飛哀鳴嗷嗷安能不以路人睽至親荒郊殘壞拋先塋而弗恤哉康熙辛酉復界塵靜囂息然故

壘荆榛雕殘餘喘亦僅存什一於千百噫可勝慨哉可勝言哉雍正丙午重脩賴　晋侯兄所藏舊譜而續序之但遭遷之人淪滅者衆執者筆者因循遺落間有搜知其概者亦徒傳其名而不知系所從出書其庚而罔知代所由生甚至兄庚後弟婦姓易姑塋無書地生僅書年乃爲查究以三十年一世推之安置於嘉隆萬崇間至主有謚名而不知何公之跡必求其確據者實之否則存概而已其中不無還誤　安侯弟列庠彰邑弗得商確

且故老已湮雖欲究之亦惡從而究之哉夫人孰
不重祖宗愛孫子爲深遠計而以家世登之于譜
聯親愛於一本是故大書特書某山爲某公之墳
某人爲某公之裔大宗序小宗别春露秋霜展親
率祖將恩義之情達於綿遠無如兵火焚餘有莫
知其所由來者惟我劉北里衍派　忠烈傳芳雖
令史闕基諱名呼即而其忠君愛國之心昭然若揭
惠我無窮矣本立源通引而伸之將
忠烈之澤蕃衍常新枝茂流長其無忘培之濬之之

功焉可若夫倡斯舉者則 公庸 成莪 垂侯
嘉侯 楚侯 青侯 謀際也附名于此以為將
來者勸
乾隆二十六年歲次辛巳陽月穀旦鰲金派裔孫雲
會頓首敬跋

附録重脩家廟記

自祖宗積德数百年而後氏族蕃昌報本追遠惟賴烝嘗之祭足展乎孝思耳此自古所以重家廟之立也吾宗祖廟本建於有明 國朝定鼎鄭藩在海 朝令遷居子姓星散燬於兵燹復界後公馨叔乃別相宅爰以康熙壬辰率諸族人始行卜築而春秋祀事依然俎豆馨香矣嗣是以來屢壞屢興 謨裕叔倡議修之 廸掖兄捐資又修之迨至咸豐初年風雨驟至廟壁復壞時家大人

久遊方歸目擊心傷會諸族人議欲脩葺有沮之者事復中止家大人時縈寤寐嘗誨趨庭而路自少從師長奔衣食十年作客無暇在家因循數載不肖子孫又復蹂躪之而破瓦頹垣滿庭荒草其敗壞愈不可言矣夫廟者貌也祖宗之形貌所在也矧吾祖　忠烈公著精忠於宋季　令史公守臣節而務家並種德於後世而乃後世有居處之所祖宗形貌所在反受風雨之吹坐享先德稍具人心者獨無內愧乎興思及此良用愁然今年春遣

自西霞觧館家大人命偕　玆扱　玆舥　玆菜
招集闔族再議重修幸天誘其衷俱各聽命又賴
玆扱兄弟先出橐資鳩工庇（庀）材始與反覆然而一
木一石之設施風朝雨夕之護持資財之出入世
系之考稽早夜勤劬任勞任怨又無非此四人躬
其責也雖厥功未敢與公馨叔謀裕叔廸掖兄媲
美而烝嘗之祭不至自我而墜者瞻禮家廟亦可
以少告無罪矣廟既落成家大人扶杖而觀之喜
棟宇之聿新念創造之艱難命　路記之俾後世子

孫知所愛護則幸甚是役也以二月興工七月升
祀月列宗八月告竣総理其事者 路 與玆扱玆舥玆
棻叅董者為廸甲廸篤廸相玆續叅議則進鋪予
實也是為記

雲路撰

附録塔江新修慈元行宮碑文

埨江慈元行宮者祀宋殉節厓山慈元楊太后者也太后以柔雍之德貞正之風禮備六宮入充九嬪侍紫宸而齊体誕聖嗣而表祥度宗之朝未隆徽號德祐之世總進淑妃嗣以羯虜鴟張鼎湖龍去賈似道專權誤國陳宜中繼相無才立信之計不行伯顏之師愈逼叛臣相繼尺土日亾而元人遂入臨安矣太后痛三宮之北狩隨二邸以南遷身匿山中從惟亮節帆揚海上退駐福州奉端宗

以嗣基立方三載閑衛王而踐祚時纔八齡太后垂簾陸丞輔政用天祥以開府任世傑而治兵毋寡兒孤與趙家尚能存祀言懼名禮對臣下猶自稱奴播越頻年間關萬里是宜一成一旅繼夏后而中興一德一心卻元兵之氣燄矣胡乃天心難挽國祚已終興泉之地復亡吉贛之師不捷遂遷居於沙浦尋退保於厓山島嶼孤懸形勢縱云天險資糧待辦兵民又復舟居恐士卒之心離舳艫環結奈汲樵之道絕尸血流波弘範分軍衆潮衝

擊秀夫扶帝殉國波濤嗟乎一塊肉寸髮千鈞背城難偕三百年豐功盛烈餘火竟灰而太后空忍死而播遷徒撫膺而痛哭前九主後九主嘆南北之相符亡一君立一君盡心力而後已今無復望甘填精衛之冤義感全師盡守屈原之節閱歷朝之國母孰比行芳增兩粵之山川更因人重所以山名古老爭傳抔土疑陵南澳古老山有楊太后陵按史記太后赴海死世傑得其屍瘞之海濱而南澳去厓山千餘里安有陵在古老存疑也淚洒遺民莫不瓣香聖像也而其獨祀於泉之塔江者何也蓋吾祖　令史公世沐宋恩生逢宋季

叅軍督府庵踝粵東斗北樞翻棄福清之故籍泉南地僻卜塔里而移家社稷邛墟莫展擎天之手澗槃寤寐猶懷奉日之心爱翊主母之神少効臣職用示繼繩之後共盡忠心至今日蓋六百餘年而吾宗已二十餘世夙著靈異庥蔭生民自前建立行宮墻壁傾隤丹青剝落念不脩之恐壞宜及時而理新　路於是告我族人倡茲義舉再仍舊貫更拓前規則有　廸敘　茲棻　茲扱等出而募捐董茲重任輸金麕至執事鳧趨刻日庀材鳩工

奏技以同治甲子經始丁卯訖功棟宇聿新縱異璇宮之麗茅茨不翦猶存太古之風前添泊暑之亭中建變陰之殿將使海濱一撮儼然神靈偃息之鄉庶幾血食千秋無負吾家宗祖之訓不讓黃陵之廟享湘水之馨香也教如靈澤之祠增蟂磯於名勝也哉是為記

劉雲路撰

塔江劉氏北里分派長房五世譜圖

一世
- 始祖令史公 子三

二世
- 一郎 子二
- 二郎 支派載在二房譜中
- 三郎 支派載在三房譜中

三世
- 志承 子一
- 志開 分居南安門口居

四世
- 謹齋 子四

五世
- 永燧 子二
- 永熛 子二
- 永燀 子一
- 永煊 子二 分居島州

永𨙸 子二

六世
以斐 子二

七世
篤毅 子四

八世
太彬 子三
次止
太興 子四

九世
恭閔 子三
衍齋 子二
思進 子二
思允 子二
思忠 子二
思義 子二
思定 子二

十世
長居
長靜 子二
長逸 子五
仲貴
仲新 子四
仲和 子二
仲睦 子三
志旋
志端 子二
志華 子三
志道 子六
志煥 嗣子一

誠善　以章 子一　篤和 子二

西 子二 移居南安　太恭 止　太原 子一　太明 止　太逸 子三

思文 子一　思顯 止　思敬 子三 贅居南安壽歌　思顛 子四　思鑄 止　思賢 止

志育 子三　志郁 子二　志興 子二　志明 子三　漢通 子四　漢遺 子三　三通 子二　漢選 子一

永標 子二

厚寬 子二　厚博 止

篤言 子一　篤選 子一

太仰 子一　太仁 子一

宜容 子二　思達 止

于統 子二　于烈 子二

永輝 子一

六世
- 厚庵 子二

七世
- 朝傑 子二
- 朝盛 子一

八世
- 太耀 子一
- 太欺 子一
- 太甲 子四

九世
- 思智 子三
- 思德 子五
- 思懷 子三
- 思發 萬居三河
- 思恬 子一
- 思翰 止

十世
- 守本 子五
- 守期 子一
- 守初 子一
- 守約
- 守經
- 守禝 子一
- 守綸
- 守恒 子一
- 守國
- 守貴
- 守愷
- 守分 子二

永煌 子一

六世
厚復 子一 分居當州

七世
朝育 子一

八世
鎮樓 子二

九世
輿顯 子一
輿義 子一

十世
立山 子四
隱山 子一

永彬派

十一世　十二世　十三世　十四世　十五世

- 長靜 子二
  - 友義 子二
    - 明揖 子一
      - 日旭 止
    - 明杞 止
  - 友恭 子四
    - 明相 子一
      - 日新 止
    - 明善 子一
      - 日東 子三
        - 遂助 子一
          - 進晏 子一
        - 遂旺 子一
          - 進潮 子三
        - 遂團 子六
          - 進乾 子二
          - 進兌 止
          - 進離 止
          - 進坎 子二
          - 進艮 止
          - 進妹 子一 遂龍四子承
    - 明猷 止
    - 明棟 子二
      - 日暄 止
      - 日攀 壯殤

長逸 子五

十一世
友仁 子三
友禮 子五

十二世
明球
明卿
明璞
明瓚 子三
明瓘 子一
明琬 嗣子一
明琛 子一

十三世
日暾 子二
日曨 子一
嘉 出繼明琬
鶯伯
嘉 明瓚三子承
日曛 子一

十四世
遂炳
遂傳 子四
遂奇 子二 朱氏內姪嗣
遂安 子二

十五世
進岱 子一
進老 子二
進然 子一
進鄉
進立 子三
進能 嗣子一
進協 子四
進迎 子三

明珮 子一
日篤 子一
謙喬

友樂 子一
明琯 子一
日撫

友文 子一
明瑜 子二
日昌 子二
遂和 子二
進猛 子五
進禹 子四
遂合

日進 子一
遂贊 從戎出外

友武 子二
明瑒
明瑕

仲新子四

友悌子一　明玭

友愷子一　明珽

友愢子一　明五子一　日寅

友慎[illegible]天寺為僧

仲和子二

友龍子三　明佐　明修　明僑

友鳳往廣

仲睦子三

友鯤

友鯨子一　明月

友鯉

塔江劉氏族譜

志端 子三

宰信 子一

公鳳 子三

宰應 止

富老 出居石湖潭

日睽 子二

日益 子二

遂程 子四

遂拔 子四

遂玠 子三

遂嚴 子二

進素 子三

進扁 絕

進愬 子二

進四 幼亡

進佐 嗣子一

進端

進輝 子四

進文 子一

進雙 子三

進金 嗣子一

進嫣 子二

進香

進訕 子一

志華 子三
- 友德 商販呂宋無嗣有田宅遺二弟奉祀
- 友善
- 友節

志道 子六
- 友麒
- 友麟 承志燠
- 友鰲
- 友篤
- 友豫
- 友滐

志燠 嗣子一
- 友麟 子一 志道次子承
  - 明珠

志育
- 宰誠
- 宰惠
- 宰搗

志[illegible] 子二
- 琋 子二
  - 明端 子一
    - 日權 往厦門五通渡
  - 明艮 子一
    - 日構 嗣子一
      - 夫就 尚科三子承 移居漳州城內
- 玕 子一
  - 瓅觀

志興 子二
- 琗
- 瑁 子一
  - 伯顯

志明 子三
- 璣
- 璯
- 珅

漢通 子四

鳳翊

鳳徽 子一

鳳儀 子三

鳳彩 子二

明瑶

明琰 子一

明載

閏伯

八老

白智 子五

遂寵 子四

遂總 殁

遂舉 殤

遂欽

遂好

進頳 子六

進斗

進來 承遂景

進妹 承遂圖

漢遺 子三

鳳鳴　鳳鷙　鳳瑜 子一

明着 子二

日贊 子三　　日順 子二

遂森 子一　遂攀　遂雅　　遂耿 子一　遂業 子二

進本 子一　　進受 子四本宕甍 遂寵三子承　　進曆 子一　進劢 子三

〻二通 子二

鳳陽　鳳阿

漢選 子一

鳳騰

永熛派

于綂　子二

宰耀　子三

宰華　任温州不歸

真佑　止

真秀　子一

真茂　子三

日錫　子五

日琅　子二

日使　止

日興　子二

遂星　子三

遂紙　子一

遂絃

遂繪

遂軫

遂賧

遂捷

龍光

睿光

進賜　子二

進欣

進貴

進慶　子二

于烈 子二
- 宰榮
- 宰第

守本 子五
- 尚烱
- 尚熺
- 尚熯
- 尚炌
- 尚熖

守期 子一
- 澤

守初 子一
- 炫
  - 元老

守稷 子一
- 煽 在澎湖隔洋未及修造有二子一名六娘一名七娘

守恒 子一
- 浩 從戎外省

永燁派

守分 子二

維罕 子二

維莊 止

明才 子二

明秀 子四

日賓 子二

日勇 子四

日福 嗣

日麟 子二

日巽

日權 子一

遂璿 子四

遂理 子四

遂瓊 子三

遂琛 子三

遂燕 子一

遂全 子五

遂樞 子二

遂合 子二

遂琳 子二

進論 出繼遂理四子承

進郭 子一

進省

進和

進戀 子三

進茂 子三

進林 出繼遂璿

進和 出繼遂琛長子承

進楚 出繼遂瓊三子承

進岩 出承遂燕

進楚

進衍 嗣子一

進苔 出承遂瓊

進朋 嗣子八

進卿 嗣

進長 子三

進固

進安 出承遂合

進吉 子二

進化 子五

進祖 出承遂琳

進江

進汝

進俶 子二出承遂樞四子承

- 立山 子四
  - 政州 子一
    - 興楼 子二
      - 振慶 子二
        - 雲山 子四
          - 進秀 子三
          - 進萬
          - 進智
          - 進老 出承霈山
        - 霈山 子二
          - 進德 子四
          - 進老 子三 雲山三子承
      - 振州 子三
        - 秀山 子三
          - 進寬
          - 進第
          - 進香 子二
        - 玉山 子三
          - 進睿 子三
          - 進聡 出承明山
          - 進倫 子二
        - 明山
          - 進聡 子二 玉山次子承

譜載政州公子一興楼查之神主子四長一龍次一鳳三一鸞四六英則此興楼未知孰謚

埼江劉氏家乘

佛州 子四
進州 子一
六叔 子一

與世 子一
與國 子二
與朝 子一
與尾
英泉 子二
治叔

振敬 子三
振盛 子二
振量
振玉 子一
治叔
振珠 子二
振良 子一

遂平 子二
遂榮 出繼塔江貞元
遂裕
遂安
遂廸 子三
遂賞 子
遂聲 子三
遂勇
遂業 子三

進傳 子一
進柖 子一
進佐
進斗 子一
進道
進可 子二 遂業三子承
進齊 子三
進崑 子一
進宗 子一
進賜
進文
進可 出嗣遂賞

十三世

隱山 子一

月坤 子三

明順 子一

神佑 子三

遂萼 嗣子一

進鄉 遂淵長子承

遂淵 子十

進鄉 出承于遂萼

進貴

進王

進朝

進龍

進虎 出承遂清

進會

進隨

進伴

進全

明科 子一

喜 子四

遂清 嗣子一

進虎 遂淵六子承

遂禎 子四

進裕

進祿

進禮

進坦 子三

遂祥

遂祺

明恩 子二

珍 子三

瓊

遂祝

篤生

君生 子一

顯生

進偶 隨母嫁在深滬

塔江劉氏家族

進晏 子二
進潮 子三

通望 止
通瑶 子三
通陶 子一
通配 子一

茲先 止
茲傑 子六
茲仍 止
茲福 止
茲泒 止

唐胆 嗣子一
唐窓 又名烽 承公茲耕
唐獺 嗣子一
唐聪 嗣子二
唐石 出承二房公茲兇
唐𥁕 承公茲市

廷椃 唐烽子承
廷斜 唐𥁕長子承
廷叩 養
廷維 承唐𥁕次子

丕長

進乾 子二　進坎 子二　進姝 子二　進岱 子一　進老 子三　進䝿 子一　進立 子三

廸蒲　通知　通文　廸弁 子三　廸耆　廸縣　廸甘　通球 子一 養　通穀 隨母嫁 在台　廸祿 祔進說　廸暖 子四

茲德　茲　茲　茲芊　茲兒 幼亡　茲綽 子四

唐砂 十一　唐榔 止　唐灣 止

廷梗

塔江劉氏家乘

廸千 子五
玆錐 承廸祿
玆音
唐迹
玆盞
玆茅
玆料 分出寮厝 粲
玆全 賜
玆題 在前湖尾 積 子一
唐註 兼承湖尾積家

進能 子一
廸祿 進立長子承 子一
玆錐 廸祿三子承 子二
唐啓
唐 分出

進協 子四
廸世 子二
玆運
玆選
廸取 子二
玆琴
玆岑
廸長
廸諒 子三
玆義

進迎 子三

廸湊 子六　廸湖 殤　廸寅 子二

嵫杞 子一　嵫䚗 子一　嵫提 殤　嵫貽 養子一　嵫天 子二　嵫習 殤　嵫末 養子一　嵫永　嵫侃 子二

唐抗 止　唐 幼殤止　唐灘 嗣子二　唐梳 子二　唐闠　唐賢 嗣子一　唐顴 嗣子一　唐緘 嗣子二　唐艙 殤

廷沙 唐欽三子承　廷鐗 唐萬次子承　廷㐌　廷鎮　廷尚 唐定長子承　廷伽 唐淀五子承　廷票 唐欽次子承　廷趧 唐萬長子兼承

崧霸 子三

唐欽 子六

廷省 幼亡

廷票 移唐城

廷沙 移唐灘

廷鳳 分出漳州

廷擇

廷雁

唐浪 殤

唐厨 殤

崧任 子二

唐葛 子二

廷趕 兼子唐城

廷閣 承唐灘

進猛 子五

廸侯 子二
廸符 子二
廸伯 子三

玆房 又名倚 子四
玆令 出繼廸荀
玆七 子一
玆八
玆托 子二

唐祿 子四
唐舍 嗣子一
唐俞 嗣子二
唐淢 子一
唐樓 子二
唐佗
唐眷 子承玆托次

廷黨 止
廷旦 嗣子二
廷壽 承唐舍
廷盼 承唐俞
廷壽 子四 唐祿三子承
廷盼 嗣子一 唐祿四子承
廷貶 殤
廷甜

孟榜 殤
孟曝 子二 係廷壽子承
孟榜 承廷旦
孟曝 承廷旦
孟澎 子三
孟擔 承廷盼
孟擔 子三 廷壽四子承

塔江劉氏家譜

茲元

茲岳 子三 泉州遵長次子承
唐血 子二
建殊 住台
闕 子承 承孫基甫五疏次

唐蓉 承叔祀
建潭 住台

唐却 殤

通宰 子一
茲約 子四
唐越 子五
建赤 子一 壯殤
孟惜 建麋長子承

建麋 子二
孟惜 承建赤
孟胚 兼承建府

建府
孟胚 建麋次子兼承

建笨 殤

建奔 殤

唐營 殤

唐井 子一
建蝶 住番邦

唐爆 子二
建郢 子二
孟讀 建爲三子承
孟縷 夭殤

建挨 分出

通菊 嗣子一
茲令 子三 遵侯次子承
唐珏 子四
建良 子五
孟千 子五

進鼎 子四

廸宗 子三

茲持

茲賀 子一

唐斗 殤

唐驕 子一

唐衍 養頌

唐窓 入大峰哉謀 次子承 子三

唐煋 子四

廷帝 子一

廷星 子二

廷羌 子三

廷烏 養 子三

廷婆 子一

廷禨 承善燈

廷仁 子二

廷蹄 子一

丕籃 子三

丕摓 承廷羌

丕丙 殤

丕存 承廷淇

丕砥 二四

丕拧 殤

丕存 廷良五子承

丕摓 子四 廷良三子承

丕壐 子七 殤

丕火 殤

丕穿 子三

丕悻

丕讀 承廷郢

丕帆 廷仁長子承

丕帆 承廷婆

丕輕

丕泚

塔江劉氏家譜

廼報 子五

茲嘉 嗣子一
茲最 殤
茲昂
茲凜 子一
茲贈 子六

唐園 子承茲贈三
唐総 嗣子一
唐澗 子五
唐汲 殤
唐園 承茲嘉
唐駿 分出
唐踏

廷庵
廷有 子一
廷撻
廷瞞 子二 唐總次子承
廷到
廷覷
此二名無來歷
廷榜
廷瞞 承唐総
廷橦 承唐揢
廷監 殤
廷鉅 子二

丕義
丕須 養
丕富 廷橦長子承
丕板 廷橦次子承
丕篾 養

廸穮（子二）　廸宣（子一）

玆兵（癸外出無回）　玆前（廸宣次子承 子五）　玆夿（子三）　玆前（子三）

唐搭（嗣子一）　唐硯（嗣子一）　唐亜（缺）　唐阽（子四）　唐瓊（嗣子一）　唐淀（子五）　唐塲（子一）　唐潘（嗣子一）

廷撞（唐淵三子承 子五）　廷祛（唐阽長子承）　廷祛（承唐硯）　廷宅（承唐瓊）　廷滿　廷趏（下入夕）　廷宅（唐阽次子承）　廷尚（承唐豎）　廷㧞（分出）　廷散（外亡）　廷羽（承唐潘）　廷伽（承唐塲）　廷煦（缺）　廷羽（唐淀四子承）

丕審（承廷𣃁）　丕板（承廷經）　丕坐　丕歪　丕㤓

塔江劉氏家乘

進素
迪表
迪昆 嗣子一
茲前 迪學三子承
迪英 殤

進愻 子二
迪超 殤
迪鳳 住台

進佐 嗣子一
迪池 子二 進輝三子承
茲炳 子一 迪學四子承
唐鍾 子三 茲高長子承
廷糊
廷淺
廷專 俱幼亡
萬安 養 住台

進輝 子四
迪燕 嗣子一
茲卷 迪學次子承
唐好 茲高次子承
迪學 子四
茲高 子二
唐鍾 承茲炳
唐好 承茲卷
茲卷 承迪燕
茲前 承迪昆
茲炳 承迪池
迪池 承進佐
迪多 殤

進文 子一
廸坑

進雙 子三
廸喜 子四
玆初
玆玖 嗣
玆力
玆杯 承廸鈔
廸魁
廸返 承進金

進金 嗣子一
廸返 進双三子承

進嫣 子二
廸心 子一
玆來
廸八 承海禽進雙

進畝 子一
廸鈔 嗣子[illegible]
玆杯 廸喜四子承

進穎 子六
廸恩 子二
玆勤 嗣
玆市 嗣子一
唐蘊 子三 玆傑六子承
廷斛 承唐穎
廷雜 承唐蘊
廷節

廸根 [illegible]

迪德 子進□
迪廷 子進賜
迪道 殤
迪芸 殤

進本 子一
迪楝 殤

進受 子四
迪繪
迪甲
迪國

茲認 養 子五
唐豬 殤
唐熊 子三
廷湖
廷玲
唐芧 幼亡
唐櫨 幼亡
唐妹 幼亡

迪向

進厝 嗣子一
迪旭 進助長子 承子四
茲祥 嗣子一
唐鑿 茲潛次子承
茲牛 承迪元
茲潛 子三
唐碕 子茲卒
唐鑿 承茲祥

進助 子三

廸旭 承進啓
廸元 嗣子二
廸札 養子四

兹萃 嗣子一
兹牛 廸旭次子承
兹婆 汁
兹柑 頌
兹亮
兹沙 [illegible]

唐力
唐椅 兹萃長子承
唐嗎
唐馬 承兹柑
唐盧 分出
唐奢
唐敎
唐鸛
唐馬 兹婆次子承
唐抛 兹[illegible]次子承
唐抛 承兹柑
唐瓦
唐碣

塔江劉氏家譜

十六世　十七世　十八世　十九世　二十世

房……派

進賜 子二
- 廸蓝 殤
- 廸廷 進穎四子承

進慶 子二
- 廸曙 養
- 廸德 進穎三子承

長三承煇派

進和 嗣子一
- 廸逛 子四 進慶子承
  - 玆捋 承廸朕
  - 玆鎮 承廸崎
  - 玆纓 承廸且
  - 玆毛

圖不備，舊譜廸逛下備序

進戀 子四
- 廸朕 子二
  - 玆鏘 殤
  - 玆捋 廸逛長子承
- 廸且 承進茂
- 廸崎 嗣子一
  - 玆鎮 廸逛次子承 幼七

進茂 子三

廸趄 承進和

廸且 進聰次子承 嗣子一

玆纓 廸趄三子承

廸焙 子四

玆管 幼亡

玆抻 承廸鑽

玆尚 嗣

玆蟪 於壬声

廸板

進林 子三

廸鑽 子一

玆抻 廸焙次子承

廸磚

廸啟 嗣

進衍 嗣子一

廸修 進化四子承

玆湡 廸班之子兼承廸餘

唐賑

唐罩 幼亡

進明 子一

廸頭 進長次子承

進長 子三

廸頭 承進明

通泉
通津 子三
兹牛
兹擇
兹獅

進吉 子二
通水
通發

進化 子五
通餘 嗣子一
兹湡 通班子并承通修
唐艈
唐罩 幼亡

通班 子一
兹湡 子二 承通修通餘
唐艈
唐罩 幼亡

通欉 分出
通修 承進衍
通璧 分出石菌王

進祖 子二
通蘭 養子一
兹者 養 子二
唐賣
唐枷

通起 殤

葛州立山派

進秀子三
進德子四

廸燦子一
廸華
廸博子二
廸旺子四
廸高子二
廸尊子三

茲欽殞
茲西殤
茲石子三
茲來
茲寅
茲陽
茲實
茲玉子三
茲科分出外姓
茲朗子二

唐醒
唐約
唐從承茲降
唐花殤
唐炏
唐搖
唐定子二

廷賢[illegible]
廷凌隨母改

塔江劉氏家乘

進老 子三

通果
通璧
通東

進香 子二

通禹 子一
茲降 通八長子承
唐從 茲右三子承

通八 子三
茲降 承通禹
茲緝 殤
茲柃

通和 子二
茲拔 養子三
唐湳
唐主
唐慈 子三
廷科 子四
忠 承廷實
顏
麗
本
廷朱 子三
湏
驤 殤
拯
廷實 子一
忠 廷科長子承

茲論 殤

茲紫
唐對

進睿 子三
進脩 子三

廸邦 子二
廸長 子五
廸承 殤
廸園 子三

玆虎 子一
玆操 承廸園
玆懷 殤
玆岳 承塔江長房廸伯
玆令
玆沛
玆記
玆 失名
玆操 廸并次子承 子三
玆能 子三

唐揖 玆操次子承 子二
唐兜 子四
唐揖 承玆虎
唐味 子二
唐苔 子一

廷貶
廷齊 承唐義
廷潘 殤
廷榜
廷賢 承唐定
廷聘
廷雲 出承唐[illegible] 名天
廷畔
廷文 子二

丕晟 子一
丕習
丕胆

進聰 子二

通湊 子二
通郎 子四

茲侯 子三
茲蘊 子二
茲玠 子四

唐平 子一
唐譜
唐陜 子四
唐龍 子一
唐堅 承茲蘊
唐前 子一
唐堅 茲侯三子承
唐智 子一
唐水 殤
唐侵

建天 唐呯長子 承唐名雲
建抗
建海 殤
建坪 承唐龍
建遇
建坪 唐陜三子承
建南 子六
建壹

丕初 分出福家
丕山 殤
丕續 殤
丕斟
丕康 殤
丕鉄
丕桶

迪贇
兹曙 分出撫安
唐情
兹川 子二
唐栽 子一
廷齊 承唐邑次子
唐田 随母嫁
兹漢 殤

進傅 子一
迪拯 子四
兹快
兹桑 殤
兹月 往台大肚
兹準 殤

進招 子一
迪乞

進斗 子一
迪廣 分出外姓

進可 子二
迪
迪謀 殤

進齋 子三
迪儼 子二
兹郡
兹鶯
迪琰 承進宗

進崑子一
進宗子一

迪標
迪趣子二
迪琰 進齋次子承

玆晉
玆財子四
玆添子四
玆實殤
玆法殤
玆顥子二
玆聪子一
玆龐子一
玆隕

唐拄
唐秋
唐胖
唐後
唐水
唐錢
唐讀
唐佐
唐譻
唐江
唐滔
唐琴
唐瑟
唐軒
唐勅
唐佃
唐網 繼出

進卿 子五

廸性 子二

茲來 子四

唐興 殤

唐星

唐為

唐 失名

茲的 分出

廸意 子四

茲滄 子一

唐翁

茲發 子一

唐紫

茲樣

茲成 承廸立

廸瑛 子三

茲富 殤

茲添

茲求

廸明 子四

茲壹

茲諒 子一

唐昇

茲盛

茲歡 承廸海

進貴 子三

廸白 承進龍

廸叅 嗣子一

茲軼 過廸相長子承

廸相 子三

茲軼 承廸叅

茲強

塔江劉氏家乘

進壬 子三
- 廸從
  - 茲佳
- 廸海 嗣子一
  - 茲歡 廸明四子承
- 廸深 殤

進朝 子一
- 廸立 嗣子一
  - 茲成 廸意四子承

進龍 子一
- 廸白 子二 進游五子承
  - 茲葵
  - 茲翁 殤

進隨 子二
- 廸金
- 廸玉

進伴 子三
- 廸春 子一
  - 茲璣
- 廸德 子一
  - 茲林 子三
    - 唐懷
    - 唐福
    - 唐祿
- 廸彩 子一
  - 茲琮 殤

進全 子四
- 廸河
- 廸順 子二
  - 茲 幼亡

通幹 子二
玆恭 通要長子承
玆興 殤

通要 子二
玆恭 承通順

進裕 子一
通梅

進祿 子二
通忠

進禮 子二
通祖 養

進坦 子三
通侯 子一
玆安 殤
通宗
通碧

廿一世 廿二世 廿三世 廿四世 廿五世

丕曝 子二
基會
基逨 丕澎次子承

丕澎 子三
基瀏
基逨 承丕曝
基攝

丕擕 子三
基發 幼七
基阿
基檯

閲 廷殊嗣孫八
基肩 丕础次子承
家道

丕千 子六
基歠 子二
家麵
家粕
基湯 承丕蹺
基粉
基秧
基提 頭
基補

丕籃 子三

基三

基撽 承丕丙

基踐 嗣

丕丙 繼生

基撽 五子次 子乎

丕硁 子五

基胥

基肩 承丕硁為嗣

基煓

基紕

基樓

丕存 子四

基崑

家鄭

基衷 徙公

家起

基甫

基菂 徙公

丕溠 二七

基湯 五子六子七

家披

基位 嗣

基炎 發外出無嗣

基船 殤

基水 殤

基疾 殤

孟守 子三

基棧

基官

基掌

孟沙

基昀 承廷庵爲嗣

闕

基昀 廷庵之孫孟汝子承幼亡

孟晟

基亦

塔江劉氏長房譜牒

第一世

始祖令史公

諱拓宣教公次子於宗中排行一百廿九因呼之曰九哥公仕宋為朝散大夫行軍令史信國公督府叅佐葬厝西埭墘

妣蘓氏

子三　一郎　二郎　三郎

第二世

一郎公　令史公長子長房分開基之祖正月初七日忌神塋本山后崙頭

妣　氏

子二　誌承　誌開

二郎公　世次分載二房譜中

三郎公　世次分載三房譜中

第三世

誌承　一郎公長子

妣　氏

子一　謹齋

按舊譜世隆公偹時惟刊刻名次生卒無載墳塋亦鮮有登籍有則録之無仍其闕

誌開　一郎公次子

移居南安縣門口店及分支開洋垻遇兵燹不知所終

第四世

謹齋　誌承公長子　塋本鄉西埔坊坐　向

妣　氏

子四　永燃　永熛　永煇　永煊

第五世

永燃　謹齋公長子　塋本鄉深路上

妣　氏

子二　以斐　以章

永熛 謹齋公次子
妣 氏
子二 厚寬 厚博

永煇 謹齋公三子
妣 氏
子一 厚菴

永煊 謹齋公四子
妣 氏

子一　厚復　分居葛州

舊譜錫一子失名移居埭邊田墘

第六世

以斐　永彬公長子

妣氏

子二　篤敎　誠善

塋本山石路頭

以章　永彬公次子

妣氏

子一　篤和

塋赤埕邊湖尾堀向南

厚寬 永熛公長子

妣 氏

子二 篤言 篤謨

厚博 永熛公次子無嗣

妣 氏

厚菴 永燀公長子

妣張氏

子二 朝傑 朝盛

厚復　永煊公長子　分居葛仙

妣氏

子一　朝肖

第七世

篤毅　以斐公長子

妣張氏

子四　太彬　次㷊溥　太興　四　移居南安山尾兜

誠善　以斐公次子　合壟本山石路頭

妣前埔蔡氏

繼妣溪邊蔡氏

子二　太恭前蔡出　太厚後蔡出 名是宗

篤和　以華公長子　壟本山西埔墓坐西向東

妣　氏

子二　太明　太逸

篤言　寬厚公長子
妣　氏
子一　太伋

篤諆　寬厚公次子
妣　氏
子一　太仁

朝傑　厚菴公長子
妣許氏

子二 太燿 太猷

朝盛 厚菴公次子 塋葬墓頂 尚有舊墳一在和尚仔墓水泉口一在坑後蘆竹脚一在公王衛頂一在後堀頭係份頭祖一在西邊淳愚公墓南

妣 氏

子一 太申

朝育 厚復公長子

妣 氏

子一 鎮樓

第八世

太彬　篤毅公長子號耊齋塟大路後
妣曾氏
子三　恭閔　衍齋　思進

次　篤毅公次子無嗣

太興　篤毅公三子　牌上書諱辰因變亂留忘記塟後坊頭
號純齋
妣　氏
子四　思允　思忠　思義　思定

四
篤毅公四子移居南安山尾兜名字未詳
妣　氏
子二　思文　思顕

太恭
誠善公長子無嗣
妣蔡氏

太原
誠善公次子葬魚池後塋域四壙太恭及蔡氏皆仝封
號克齋
妣陳氏
子一　思敬寓居南安

太明
篤和公長子無嗣
妣　氏

太逸
篤和公次子號東路葬門口西邊坐東向西
妣李氏
子三　思鎮　思鑄　思賢

太仰
篤言公長子生弘治戊申年七月初八日巳時卒嘉靖壬
子年四月初八日午時
妣穌氏謚孝慈生弘治乙卯年十一月初三日卯時卒嘉靖
癸卯年十一月十七日酉時合葬安溪縣長泰里土名臼
灰穴乙辛

子一 宜陽

太仁 篤譔公長子
妣 氏
子一 思達

太耀 朝傑公長子號毅齋
妣許氏
子一 思智

太敭 逃糧福全從卯田
朝傑公次子

妣　氏
子一　思德

太申
朝盛公長子　塟後堀頭南面
妣吳氏
子四　思懷　思發（癸寓三河）　思恬　思翰

鎮樓
朝育公長子卒　年三月廿六日
妣趙氏　卒　年正月廿二日合塟葛州深溝穴已亥
子二　興顯　興義
尚有一派在南安縣金田内稅墓鄉有孫名寧叔道一派
在温州人丁文物頗盛但路遠罕於來往耳

第九世

恭閔
太彬公長子卒　年三月初九日塟石路頭
妣張氏
子三　長居　長静　長逆

衍齋
太彬公次子　塟西埔坊
妣張氏
子二　仲貲　仲新

思進
太彬公三子號新江

妣吳氏
子二　仲和　仲睦
公生平好義重然諾謙退柔克族有事任肩不辭勞二子
先喪孫曾滋衍以繩其後

思允
太興公長子
配張氏
子一　志旋

思忠
太興公次子號新田移居南安山尾兜至十二世孫諱
公鳳公回籍　六月廿一日忌辰
妣呂氏卒　年七月初四日合葬在南安縣山尾兜仙宮
員門外內號猛虎下山坐東南向西北

子一　志端

思義　太興公三子
　妣陳氏
　子二　志華　志道

思定　號新海壯年從募晚無嗣迺取志道次子友麟繼承其後
太興公四子
　妣　氏
　子一　志煥

思文　篤毅公第四子移居南安之長孫　前已回籍

妣　氏

子一　志胥

思顯　篤毅公第五四子移居南安之次孫無嗣

妣　氏

思嶽　太原公長子號義齋贅居南安李家

妣李氏合葬東嶽鳳凰山客鳥坪

子三　志郁　志興　志明俱由南安縣移居府城

思鎮 號次泉塋埔邊坐西向東
太逸公長子
妣蔡氏
子四 漢通 漢遺 三通 漢選

思鑄 太逸公次子無嗣塋後坊頭
妣 氏

思賢 太逸公三子無嗣
妣 氏

宜陽

太仰公長子字思遠生嘉靖乙酉年閏十二月十二日午時卒萬曆己酉年十月廿八日午時

妣施氏謚孝勤生嘉靖辛卯年十一月廿三日卯時卒萬曆戊申年十月初四日申時合葬南安縣廿七都蔡西鄉長坑崙內坡口長子于統公祔穴丁癸

子二　于統　于烈

思達

太仁公長子無嗣　葬本鄉坑前坐南向北

思智

太耀公長子號歷宇

妣李氏

子三　守本　守朗　守初

思德 太猷公長子
妣曾氏
子五 守約 守經 守稷 守綸 守恒

思懷 太申公長子號清泉
妣蔡氏
子三 守國 守貴 守愷

思發 太申公次子旅寓三河
妣 氏

思恬

太申公三子謚清默生忘記卒　年五月廿九日塋后堀頭與陳妣同塋

妣白沙周氏早逝諱辰皆忘記塋後堀頭北面地中拱西

繼妣府城南街陳氏生年忘記卒　年正月初三日與公合塋

子一　守分陳出

思翰

太申公四子謚清階

妣韋氏

按明秀公所填大牌有高祖伯諱亥官七月廿八日忌辰高祖姆亥姆十一月初二日忌辰想在太申公支內錄之存祀

興顯 鎮楼公長子生正德戊辰年六月初六日未時卒嘉靖辛丑年
十月廿六日未時
妣 趙氏生 年七月初一日 時卒年正月廿四日 時
塟葛州深溝穴己亥婦唐氏立山妣祔
子一 立山 查神主公生正德戊辰年六月初六日未時塟漳州石碑穴寅申 妣生無書年七月初八日

興義 鎮楼公次子分居南安三十都娘仔橋十二月初五日忌
辰塟葛州蜈蜞潭穴巽乾
妣 蔡氏生卒忘記
子一 隱山
按庚辰脩譜再查神主其主面書蹟經前洗無存惟内特
書公卒于辛亥年七月初十日未時媽生于庚寅年正月
十九日亥時合塟浯淇潭山坐南向北但不知出在何系
配於何氏未敢擅自决斷論定附録於此以存祭祀

第十世

長居 恭閔公長子無嗣姪永春

妣　氏

長靜 恭閔公次子字志安號見松

妣陳氏

子二　友義　友恭

長逸 恭閔公三子字志通號次松生嘉靖丙申年十一月初二日酉時卒萬曆庚申年四月廿四日寅時

妣
歐氏生嘉靖壬寅年十月廿六日卯時卒萬曆戊午年五
月廿七日己時塟石路頭蔡閔公墓前坐東向西
子五　友仁　友禮　友樂　友文　友武
公質訥無機悃悃若不出口年踰四十有五丈夫子孫曾
倍之商瞿之膝下繩繩公獨鍾其盛
贊曰源深流長其世澤歟余閱三郎世牒其裔靜軒公年
耆支繁以為壺難及牒一即何期若次松者幾與靜軒
公方澤兩支服勤起家更若對峙然則塔江世澤豈其
有竟　蔡星伯

仲貴　衍齋公長子無嗣
妣氏

仲新　衍齋公次子字志澤
妣李氏
子四　友悌　友愷　友愢　友慎

仲和　思進公長子字志潔號南泉
妣吳氏
子二　友龍　友鳳

仲睦　思進公次子字志雍號瑞泉
妣楊氏寡居矢志于今鯤鯨已臻成立
子三　友鯤　友鯨　友鯉殤

志旋　思允公長子無嗣

妣　氏

志端　思忠公長子號全山生　年六月十三日卒　年七月十一日

妣鄭氏生　年八月初五日卒　年七月廿七日

子二　宰信　宰應

志華　思義公長子

妣陳氏

子三　友德　友善　友節

志道

思義公次子生無攷卒　年弍月初五日

妣孫氏

繼妣蔡氏生無攷卒　年三月初九日

子六　友麒　友麟出繼志煥　友鰲　友篤　友豫　友渠俱蔡出

志煥

思定公長子

妣　氏

嗣子一　友麟

按主有三叔十月初一日忌辰嬸蔡氏二月廿九日忌辰

侄孫日曄日昉奉祀在此志字行無系可攷録之存祀

志育 思文公長子
妣王氏
子三 寀誠 寀惠 寀撝

志郁 思敬公長子字敦質號彬宇
妣謝氏
子二 珎 玕

志興 思敬公次子字懋質
妣林氏
子二 玶 琯

志明　思敬公三子字以質號彬寰

妣許氏

子三　璣　瑄　珅

漢通　思鎮公長子字志高號見源生無攷卒　年十一月初六日塟埔邊面墩下坐西向東

妣石蘭黃氏生　年十月　卒　年十一月廿四日塟石室宮後向東

子四　鳳翊　鳳徽　鳳儀　鳳彩

漢遺　思鎮公次子字志範在廣塟溝前坐南拱北

妣楊氏

三通
子三　鳳鳴　鳳鷟　鳳瑜
思鎮公三子字志箴在廣
妣陳氏
子二　鳳陽　鳳阿

漢選
思鎮公四子字志文號尚東在廣
妣李氏
繼妣蔡氏
子一　鳳騰李出

于統
宜陽公長子號拱北生嘉靖甲子年六月十五日亥時卒
萬曆戊申年十一月廿三日亥時

妣施氏生隆慶己巳年十一月廿九日丑時卒崇禎辛未年六月初五日未時公與宜陽公及宜陽妣合塋南安縣廿七都蔡西鄉長墘崙内坡口穴丁癸妣與長男寀耀及婦楮氏合塋安溪縣長泰里内腰龜仔崙穴艮坤

子二　寀耀　寀華

子烈

宜陽公次子往溫州無田生隆慶丁卯年十月初八日酉時卒萬曆甲寅年九月初二日巳時

妣　氏

子二　寀榮　寀第

守本

愚智公長子字志培號混江

妣楊氏

子五　尚烱　尚熺　尚燦　尚炌　尚炤

公行年旬未五也二白在堂家督甫成而君以丁已之夏卒其生平不暇具論于今兄弟思之宗有事少僕追憶至有泣然者其人可概見矣

守期

思智公次子字志超

妣王氏

子一　澤

守初

思智公三子字志甫

妣張氏

子一　炫

守約　思德公長子未娶商殁廣東

守經　思德公次子字志善

妣陳氏　無傳

守稷　思德公三子字志功大當糧累逃居澎湖八罩

妣蔡氏

子一　炳

守綸　思德公四子字志言

妣許氏

守恒 思德公五子字志美

妣黄氏

子一 治

守國 思懷公長子

妣 氏

守貴 思懷公次子

妣 氏

按明秀公所填大牌有寅伯六月初八日忌辰寅姆九月初九日忌辰一女適十二都蘭邊陳名申姑與維罕公功兄弟（細係）查守國公兄弟俱老成凋謝不敢寔指又尾叔二月廿九日（一書廿五）尾姆三月廿七日忌辰多出業已分折己伯正月廿六日甫七叔二月廿四日忌辰姑祔于此以存祭祀

守愷　思懷公三子

妣　氏

守分　思恬公長子名娘叔字志瑗生萬曆丁已年六月十二日卒康熙甲辰年八月十二日辰時

妣張氏生萬曆己未年十一月十八日亥時卒康熙乙巳年六月廿八日午時合塟埕邊面穴壬丙

子二　維罕　維莊

立山　興顯公長子生　年二月廿六日子時卒　年三月廿六日亥時

妣唐氏生　年正月十五日未時卒　年正月廿四日巳時塟萬仙深溝穴祔姑趙氏穴内

友恭

長靜公次子字宰寅號及松生無攷　卒　年六月十四日

妣石蘭黃氏生無攷　卒　六月十四日

子四　明相　明蓋　明猷　明棟

友仁

長遜公長子字宰元號體吾

妣顏氏

子三　明球　明瑯　明璞

友禮

長遜公次子字宰會號興吾生隆慶戊辰年八月初三日酉時卒崇禎乙亥年八月廿九日酉時

妣吳氏生隆慶戊辰年十月十七日未時卒崇禎庚午年八月廿八日亥時康熙辛未年改合塋塘仔內

[illegible] 明[illegible] 明[illegible] 明[illegible] 明[illegible] 明[illegible]

友樂

長遜公三子字寀燮號念濱塟後還坐東向西

妣王氏

側室高氏

子一 明琯 王出

友文

長遜公四子字寀郁

妣歐氏

子一 明瑜

友武　長逸公五子字宰憲
妣陳氏
子二　明瑒　明璥

友悌　長新公長子字宰順
妣王氏
繼妣陳氏
子一　明玭

友愷　仲新公次子字宰社
妣陳氏

二一 明玫

按主有填懷泉公生萬曆甲午年正月初一日卒崇禎甲申年十二月廿七日妣陳氏係此友字行并下友憁公未敢以二妣姓偶同遂影響認真也

友憁

仲新公三子字宰殷

妣林氏

子一 明五

按日暐日昉公填主有叔孫叔二月廿一日忌辰孀林氏二月廿二日忌辰 又吉士叔正月廿六日忌辰錄之存祀

又來叔十一月初八日忌辰

友慎

仲新公四子出家承天寺

友龍　仲和公長子字宰騰號振泉
妣王氏
子三　明佐　明憪　明僑

友鳳　仲和公次子分居廣東

友鯤　仲睦公長子字宰發
妣歐氏

友鯨　仲睦公次子字宰昇

妣王氏
子一　月

友鯉
仲睦公三子殤

宰信
志端公長子生　年正月初四日卒　年七月十一
日葬下浯山前穴
妣鄭氏生萬曆庚戌年八月廿二日午時卒順治戊子年正
月十九日午時葬安海西垵穴拱西
子一　公飈

宰應
志端公次子
妣　氏

友德
志華公長子商殁呂宋無嗣有田宅遺二弟奉祀

友善
志華公次子字宰從
妣李氏
繼妣陳氏

按主有宰珍公生萬曆丁酉年五月初三日卒十月初一日塋石路頭妣蔡氏生壬子年卒壬寅年二月廿九日塋埕邊面穴辛乙男戊治奉祀譜無可查錄之存祀

友節
志華公三子字宰伸
配蔡氏
繼配鄭氏
子

友麒　志道公長子出繼[illegible]

配洪氏

繼配林氏

友麟　志道公次子出繼志煥恩定公繼孫

友鰲　志道公三子

配　氏

友篤　志道公四子

配　氏

友豫　志道公五子

配　氏

友濼　志道公六子

娶　氏

友麟　志煥公嗣子字宰徹
思定公繼孫志道次子承

妣郭氏

繼配陳氏

子一　明珠

公有厝地三座田地三石有奇分作三分
遂和得一遂助遂旺遂園得一日聯日益
得一以供祀事
按主塡友麟公十二月廿七日忌辰孀
郭氏陳氏六月廿日忌辰附録以存祀

宰誠 志育公長子

妣 氏

宰惠 志育公次子

妣 氏

宰攜 志育公三子

妣 氏

玶 志郁公長子小名長叔字伯玉號楚璧謚淑郡生萬曆甲辰年二月十四日寅時卒順治丙申年八月廿四日辰時

妣黄氏生萬曆戊申年十一月廿四日吉時卒順治丙申年六月廿日卯時合塋江湖邊今名公王邊

子二　明端　明艮

公業儒攻山川書韻與寧元一行兄弟蓋亦抱璞弗售故號楚璧以自珍云

玿

志郁公次子攻博士業未就而殁年二十八塋鳳凰山

娶王氏　改

子一　睽觀

玶

志興公長子字瑱卿　遭遷離散不知詳細

妣陳氏

繼妣吴氏

琯

志興公次子字瑚卿

妣　氏

子一　伯顥

璣

志明公長子

妣　氏

瑄

志明公次子

妣　氏

子

珅　志明公三子

配　氏

鳳翊　漢通公長子長殤功兄弟在廣居住土名劉厝山惟鳳儀　田籍

鳳徵　漢通公次子名明伯字寀睿號心宇住廣

妣陳氏

子一　明瑶

鳳儀　漢通公三子字寀燁生萬曆庚寅年正月廿六日卒順治辛丑年五月初七日吉時

妣竜湖李氏生卒失記

繼妣洪氏生萬曆辛卯年九月初五日吉時卒順治辛丑年四月初三日吉時合塋墩兜子明琰祔

子二　明琰　明戴俱洪出

鳳彩　漢通公四子字宰耕住廣

妣張氏

子二　閨伯　八老

鳳鳴　漢遺公長子外出不𨽻

鳳鷟　漢遺公次子字寀興
妣蔡氏

鳳瑜　漢遺公三子字寀符生萬曆乙未年四月廿日申時卒康
熙壬寅年二月廿五日丑時
妣坪坑陳氏生萬曆癸卯年九月十三日子時卒康熙癸卯
年九月初八日未時與男明著合塋深泉上穴坐乙向申
四壙子明著祔媳蔡氏祔
子一　明著

鳳陽　三通公長子無嗣
妣　氏

鳳阿 三通公次子長殤

鳳騰 漢選公長子

妣 氏

宰耀 手統公長子名宣淑號輝翊生萬曆丙戌年十一月初一日戌時卒崇禎丙子年十月初十日申時

妣 楮氏謚慈順生萬曆丁亥年八月十六日丑時卒崇禎癸未年六月初一日丑時公妣全母施氏合塋安溪縣長泰里内腰亀仔崙穴艮坤

子三 真佑 真秀 真茂

宰華 于統公次子名尿叔生萬曆辛丑年八月十六日吉時卒
順治甲午年八月十四日吉時無嗣
妣　氏

宰榮 于烈公長子無嗣

宰第 于烈公次子無嗣

尚炯 守本公長子字宰章
妣黄氏
子

尚熺 守本公次子字寧甌
妣黄氏

尚燡 守本公三子
配氏

尚炌 守本公四子
妣氏

尚炤 守本公五子
妣氏

澤

守期公長子

妣　氏

守初公長子號心明生萬曆癸巳年月日失記卒康熙甲

辰年二月初二日

炫

妣李氏生失記卒康熙甲辰年三月十一日

子一　元老

炳

守稷公長子避糧在澎湖八罩子侄不知名諱現有二子一名

六娘一名七娘

治

守恒公長子從戎無回生無攷卒　年八月廿一日

維罕 守分公長子名罕叔號與仁生崇禎庚辰年九月十九日卯時卒康熙癸巳年八月初四日亥時葬坑後拱西

妣 埕邊張外娘生崇禎壬午年三月廿一日辰時卒雍正癸卯年十月初三日巳時與長男公能婦王氏合葬西邊坐東向西

子二 明才 明秀

維莊 守分公次子名莊叔外出無踪帝君擇三月初十四日忌辰

政州 立山公長子名漢朝字啓明謚信齋生隆慶丁卯年四月十八日午時卒萬曆癸丑年九月十三日戌時

配盧氏生隆慶壬申年四月十八日午時卒萬曆辛亥年九月十三日未時葬舊州上井山穴艮戌巽乾

子一　興樓查主子四　一龍　一鳳　一鸞　六英
按舊譜查主旁書孝男一龍一鳳一鸞六英奉祀查盧妣主孝
男名字相符所以敢信為政州公也

仰州　立山公次子生庚寅年二月十八日戌時卒　丙戌年
四月初九日午時
妣郭氏謚孝慈生　癸巳年九月十四日卯時卒　戊
戌年十月十六日巳時塟垻頭大溪岸二墳一南北一北南
子四　興世　興國　興朝　興尾

進州　立山公三子號三泉生隆慶辛未年正月初五日寅時卒
崇禎癸酉年八月十三日子時塟葛州語淇潭山向北
妣　氏生前譜失記卒　年十一月初六日
子一　英泉

六淑 立山公四子移居娘仔橋

配 氏

子一 治叔

按六淑治叔生卒葬配以及名次先世修譜時原無登籍玆因修譜細閱舊私譜底補載六淑立山公四子移居娘仔橋公卒四月初四日六孀卒十二月初五日子一治叔卒二月十七日治孀卒九月廿八日皆係查主之確是以增補於此以存煙祀

宗侄孫及康誌

月坤 隱山公長子生萬曆丁未年五月初四日巳時卒康熙甲辰年十一月初五日辰時

妣 呂氏生卒失詳葬浯淇潭山穴巽乾巳亥

子三 明順 明科 明恩

第十二世

明楫　友義公長子字叔濟

配蔡氏

繼配施氏

子一　日旭

明杞　友義公次子字叔同

配　氏

明相　友恭公長子字叔理號興松

配郭氏

子一　日新

明藎　友恭公次子字叔臣（木主內書行四）生萬曆癸巳年二月廿五日　時卒康熙甲辰年六月十三日辰時

配永坑黃氏名八娘生萬曆甲辰年七月初八日　時卒順治丙戌年正月廿日與父友恭合塋深泉

子一　日束

明猷　友恭公三子無嗣遭遷生卒塋無攷

配　氏

明棟　友恭公四子字叔隆生萬曆庚子年七月十一日戌時卒康熙甲辰年九月初八日午時

配鄭氏名愛娘生萬曆丙午年十一月廿七日辰時卒康熙
甲辰年九月十四午時葬深泉上坐東向西
子二　日暄　日攀

明球　友仁公長子字対珹號豊谷生卒葬失詳
配黃氏
子

明卿　友仁公次子
配氏

明璞　友仁公三子
配氏

明瓚　友禮公長子字叔緼號奎東生萬曆己丑年十二月初三日辰時卒順治庚寅年正月初八日酉時

妣觀頭郝氏生萬曆癸巳年十一月初九日酉時卒崇禎壬申年十一月廿六日己時與公合塋前薛面穴壬丙亥己

繼妣石菌王氏生萬曆己酉年十二月初六日辰時卒康熙庚申年正月卅日辰時塋本山坑後與侄日㬎仝塋

側室　氏

子三　日㫬　日曨（俱王出）　日喜（側室出，承明琬）

明瓘　友禮公次子字叔周號宿東生無考卒　年五月初六日　時

妣路東陳氏生無考卒　年九月初八日　時塋本山施厝墓向東

子一　鶯伯

明琬 友禮公三子字叔璵號珀東生萬曆己亥年九月十四日辰時卒崇禎壬午年三月初三日子時葬本山石路頭

妣 蔡氏生萬曆庚子年三月十三日申時卒康熙戊申年十月初七日酉時葬五都靈水泉埪口水浸山向西

嗣子一 喜（明瓚三子承）

明琛 友禮公四子字叔重號華東生萬曆辛丑年十月廿四日戌時卒崇禎壬午年十一月十五日戌時

妣 潘徑凌氏生萬曆乙巳年九月十一日卯時卒順治戊戌年三月廿七日子時葬山坪上向西南

子一 日鑣

明珮 友禮公五子號振東生失記卒七月初五日　時

妣吳氏生失諱卒　年十二月初三日吉時葬本山淡泉上向西

子一　曰篤

明瑄　友樂公長子名什叔字叔燠邑庠生

妣東石黃氏

子一　曰撫長殤

明瑜　友文公長子名三叔字叔瑾號興東生萬曆丙申年八月初十日　時卒康熙癸卯年九月十一日　時葬本山坑後地中穴艮坤

妣邵氏謚勤念生　年四月十二日酉時卒康熙甲辰年六月廿四日　時葬本山衙頂向西

子二　日昌　日進

明瑒　友武公長子

妣　氏

明瓛　友武公次子

妣　氏

明玭　友悌公長子

妣　氏

明珽　友悌公次子

妣　氏

明五　友愢公長子名五叔號揚東生崇禎壬申年十一月廿三日巳時卒康熙庚戌年六月廿日申時塟衛口

妣　氏　子一　曰寅

明佐　友龍公長子字叔正號煇國

妣　氏

明脩　友龍公次子

妣　氏

明僑　友龍公三子無傳

明月　友鯨公長子
時鄭藩在海朝命遷或逃遠方或遭疫
疾所以生卒塋配俱失其詳
按日睽日茲所祀木主有叔

孫叔　二月廿一日忌辰
妣林氏二月廿二日忌辰

吉士叔　正月廿六日忌辰皆曆后份不知詳細錄之存祀

公鳳　宰信公長子名乞叔諱明變謚懷恒生崇禎壬申年六月
十八日卯時卒康熙辛巳年六月十九日卯時
妣南安下店黃氏生崇禎壬申年十一月廿二日丑時卒康
熙丙子年十一月初三日巳時合塋本山埔邊面向東次
子日睽祔

子三　富老　湖潭　日聯　日益

明珠　友麟公長子名未叔十一月初八日忌辰

明端　珦公長子名端生卒塋前譜失記

妣　氏

子一　日權

一女名愛姑適泉城府口陶家

公承庭訓燈窓刻勵歷館宦家西席青售而藍黙雖賦就長
揚其如命奇不遇何

明良　珦公次子名良公有幹材黃泰戎聘作幕賓卒于川運柩
回塋

妣　氏
子一　日構
日構充漳州府書办住漳西門城邊往查世系值嗣子天
就夫婦俱逝門扃子杳所以先人之諱卒配塋失其詳

明睽
玔公長子
妣　氏　無傳

伯顯
琯公長子
妣　氏

明瑶
鳳徽長子
妣　氏

明琰 鳳儀公長子名老湛字函滄諡沁臺生崇禎甲戌年二月十五日子時葬墩兜拱東子日智祔 卒康熙庚辰四月十五日午時

妣 松柏山張氏名春娘生崇禎丁丑年十二月廿八日寅時卒康熙己卯年九月初十日巳時葬大泉頂穴壬丙亥巳

子一 日智

明載 鳳儀公次子名佑叔無傳

閏伯 鳳彩長子在廣

妣 氏

八老 鳳彩公次子 葬赤墓

妣 氏

明著鳳瑜長子名丑叔謚誠臺生崇禎丙子年正月十六日丑時卒康熙甲申年七月十九日巳時
妣蔡氏名亥娘生順治己卯年七月十六日亥時卒康熙壬辰年十一月初六日戌時與鳳瑜合塋深泉上四壙穴乙辛辰戌
子二　曰贊　曰順

真佑穼耀公長子字明叔號拔仙生萬曆丁未年七月十二日未時卒康熙甲寅年九月十九日申時主內書竺堂拔齋無娶

真秀穼耀公次子字明發號拔峯生天啓癸亥年正月十二日巳時卒康熙丙辰年七月初六日酉時
舊譜係公収藏

妣安溪宮邊吳氏名二娘生崇禎丁亥年又四月十七日寅時卒康熙戊子年十一月初十日卯時合葬安溪長泰里坂頭鄉后壠仔穴辛乙酉卯

子一　曰錫

真茂　窐耀公三子字明枝號拔萃生天啓丙寅年六月廿九日辰時卒康熙丁卯年正月初三日丑時

妣磁灶吳氏生崇禎甲戌年四月廿一日戌時卒康熙壬子年十月初九日巳時

子三　曰琅　曰使　曰興

元老　炫公長子生無攷卒　年正月十三日　時葬失載

明才

維罕公長子諱明徹字公能謚淳均生康熙丁未年四月卅日丑時卒康熙戊戌年又八月十七日子時

妣高后王氏名勉娘生康熙辛亥年十二月初七日戌時卒乾隆庚申年二月初三日巳時與母張氏合葬西邊向酉

子二　曰寶　曰勇

明秀

維罕公次子名秀叔字公蔚謚淳恩生康熙庚戌年五月廿一日午時卒乾隆辛酉年二月廿日巳時

妣南安深扈寮柯氏名庸娘生康熙丙辰年九月十一日丑時卒乾隆癸酉年四月十二日未時合葬西邊向西

子四　曰福嗣　曰麟　曰巽　曰權

公兄弟式好妯娌和睦同爨至老庭無閒言子姪分居猶遵其意大宗之建公預有力焉

興樓 政州公長子生萬曆乙未年十二月十二日未時卒順治戊子年五月廿一日子時

妣 王氏生萬曆己亥年五月十四日酉時卒順治戊子年二月初六日未時合塟葛州霞美山向北孫順惠祔

子二　振慶　振州

查主政州公子四長一龍次一鳳三一鸞四六英此興樓公未知孰謚

一龍

一鳳

一鸞

六英

興世

仰州公長子謚一檜生萬曆乙卯年正月十一日午時卒
順治甲午年四月廿八日酉時

妣 氏生萬曆乙卯年十一月十二日酉時卒順治甲午年
五月廿八日未時葬上井山地墘拱西南

子一　振敬

興國

仰州公次子名已淑諱一柱謚源江生萬曆戊午年又四
月初三日　時卒康熙戊寅年七月十五日未時

妣 林邊徐氏生崇禎庚午年五月初九未時卒康熙癸酉年
十一月十八日午時

繼 妣徐氏生卒失記合塟南安三十四都鬼仔山穴巽乾辰
戌

子二　振盛　振量

興朝

仰州公三子名辰叔謚忠直生天啓丙寅年十月廿日辰時卒康熙己卯年五月初三日辰時葬南安三十四都鬼仔山穴子午

妣

新塘　氏生　年五月初七日　時卒　年十二月初四日　時葬葛州山頭后穴乙辛

子一　振玉

興尾

仰州公四子生無考卒　年四月初五日忌辰葬上井山穴乙辛

子一　治叔

英泉

進州公長子字時賢號尚彥生萬曆丁巳年卒康熙甲辰年九月十七日子時

妣曾氏生　年二月十三日　時卒年四月初九日寅時
合塟南安三十五都建造鋪仔山内坤艮未丑外未丑坤
艮

子二　振珠　振良

六叔長子移居娘仔橋生前譜失記卒　年二月十七
日　時

治叔

妣　氏生失記卒　年九月廿八日　時

按六淑治叔生卒塟配以及名次先世脩譜時原無登籍茲
因脩譜細閱舊私譜底補載六淑立山公四子移居娘仔
橋公卒四月初四日六嬸卒十二月初五日子一治叔卒
二月十七日治嬸卒九月廿八日皆係查主之確是以增
補於此以存煙祀　宗侄孫及亷誌

明順

月坤公長子名順叔生崇禎乙亥年五月初五日未時卒

年七月舊私譜又書九月初四日己時瑩與並叔合葛州螺蜞潭山唇地内共五壙向西

妣王氏 改

子一 神佑

明科

月坤公次子名丑叔生鈌卒康熙 年九月初五日寅

時瑩葛州螺蜞潭山龔唇墓口地内卯酉乙辛原丙寅年

與順伯合瑩内五壙

妣 改

子一 喜

明恩

月坤公三子名申叔謚恪齋生崇禎癸未年八月初七日

申時卒康熙庚子年十一月初五日辰時

妣吳埭紀氏名酉娘生順治戊子年又三月廿三日酉時卒康熙壬寅年七月初八日未時合塟南安三十四都后曾和尚埔穴寅申艮坤

子二　玠　瓊

第十三世

日旭　明楫公長子

日新　明楫公次子（長相）

日東　明藎公長子字伯茂謚宗爍生崇禎庚午年八月廿日亥時卒康熙壬辰年十一月廿五日丑時

妣埔頭蘇氏生失記卒年五月初七日　時

繼妣郭岑楊氏名弍娘生崇禎乙亥年三月十四日卯時卒
康熙戊辰年七月初九日申時合塋橋仔頭穴乾巽
子三　遂助楊出　遂旺　遂圓俱楊出

日暄　明棟公長子名丁伯生崇禎丙子年五月十九日戌時卒
康熙戊戌年正月廿五日申時
妣洪氏

日攀　明棟公次子外出無回

日𣊫　明瓚公長子名𣊫觀號仲伯生崇禎戊寅年六月廿二日
卒康熙丙辰年七月十三日歿廣東

妣竜湖李氏名椒娘生崇禎丁丑年九月廿二日寅時卒雍正甲辰年二月初七日午時塟大泉埔長子遂炳次子遂傳婦許氏祔

子二　遂炳 殤　遂傳 叅

日

曈　明瓚公次子名曈號輝伯生順治丁亥年十月十八日卯時卒康熙己巳年正月廿日戌時

妣　潘徑吳氏生順治己丑年六月廿六日辰時卒康熙庚戌年八月十二日酉時合塟坑后穴艮坤丑未與公仝塟

繼妣内坑朱氏名聘娘生順治戊子年七月廿二日寅時卒雍正癸卯年九月廿日未時塟石室宮穴乾巽亥巳子遂奇婦黃氏祔

子一　遂奇 朱妣内侄嗣

日喜 明瓚公三子出承明琬

鶯伯 明瓘公長子

日喜 明琬公嗣子明瓚三子承外出長殤

日鑣 明琛公長子名鑣叔字宗程謚純直生崇禎己巳年六月十六日未時卒康熙癸丑年五月廿二日申時

妣 潘徑葉氏名坤娘生崇禎癸酉年十一月初三日申時卒康熙癸未年三月廿九日巳時合塋埕邊面穴亥巳乾巽

子一 遂安

日篤　明佩之子

妣　氏

子一　謀喬

日撫　明琯公長子

妣　氏

日昌　明瑜公長子名官叔號伯熙生萬曆己未年九月十七日丑時卒康熙戊寅年八月初五日寅時葬大堵坊洪西坑邊黃氏生天啓癸亥年卒康熙丙午年四月初四日時

妣　遭遷葬惠安

側室蔡氏峯山前人生崇禎丁丑年月日時忘記卒康熙乙未年三月十六日午時塋埕邊面穴乾巽壬丙
子二　遂和　遂合　俱蔡出

日進
明瑜公次子名進叔生無攷卒康熙癸夘年正月廿六日被兵溺水塋海沙
妣梅林顔氏
子一　遂贊

日寅
明五公長子名寅叔生順治丁酉年六月十三日寅時卒康熙丁亥年十二月十一日未時塋衙口
謚宗協
公無娶存有田地壙石層地房親遂助遂和分嘗奉祀

富老　公鳳公長子出屋石湖潭

日聯　公鳳公次子諱日曄字簿侯生康熙壬子年九月初四日未時卒康熙庚寅年又七月廿二日子時與父合塟埔邊面穴辛乙戌辰

妣　柯倉柯氏名賤娘生康熙丙辰年四月十三日午時卒乾隆壬申年六月廿九日午時塟赤墓頂穴乙辛卯酉長子遂程祔

子二　遂程　遂拔

日益　公鳳公三子諱日昉字肇侯生康熙乙卯年八月廿九日戌時卒乾隆壬申年正月廿五日辰時

妣埕邊張氏名怨娘生康熙甲寅年四月十八日未時卒乾隆壬戌年十一月十一日午時合塟埔邊面向東長男遂玠婦歐氏祔

子二　遂玠　遂嚴

日權　明端公長子

住厦溺五通渡

日構　明良公長子字育侯住漳州西門

妣　氏

子一　天就　尚科三子承

日智

明璞公長子諱日暐字浚侯謚宗卿生康熙丁巳年九月十一日戌時卒雍正己酉年三月十九日酉時塟埔邊面向東與父明璞公穴內

妣

石菌洪氏名厚娘生康熙甲子年四月十七日子時卒乾隆丙戌年三月卅日子時塟埔邊面向東與父並坐穴辛乙甲庚

子五　遂寵　遂總殤　遂舉殤　遂欽　遂好

日贊

明著公長子諱日章字曄侯謚宗榮生康熙戊申年正月廿八日酉時卒雍正戊申年四月初四日丑時

妣

燒灰許氏名勉娘生康熙戊申年三月十七日酉時卒康熙丁亥年十二月初五日亥時合塟埔邊面穴乾巽亥巳

冢婦邵氏三男遂雅祔

子三　遂森　遂攀　遂雅

明著公次子諱日顯字道侯謚宗顯生康熙戊午年十二

日順

月初七日酉時卒乾隆丁卯年十月初十日辰時

妣 滬坑許氏名招娘生康熙辛酉年十月十九日戌時卒乾

隆己巳年十月初八日卯時合塋埔邊面穴壬丙亥巳次

男遂業婦張氏祔

子二 遂景 遂業

日錫 真秀公長子諱日曙字晉侯謚宗盛生順治丙申年九月

廿四日辰時卒雍正丁未年六月十七日巳時

妣 朱氏生前譜失載卒康熙丙辰年六月初二日辰時

繼妣 南安英內張氏名孫娘生康熙乙巳年八月廿日辰時

卒雍正甲寅年二月卅日辰時合塋溝前

子五 遂星 遂統 遂絃 遂繪 遂軫 俱張出

公自少燈窗攻苦志切青雲以驥足久覊四十餘遂不應試

因而獨居一室左圖書右琴瑟嘯歌自樂時而品茶焚香或逍遥印山之巔塔江之湄其天性不羈然也當海濱播遷人方顧身家誰念一族譜牒公獨披褐懷之雖顛沛不遺至今世系有所稽其功偉哉宜其孫曾繞膝獲福無疆

弟安侯謹識

公習儒者業雖燈窗之苦志奈筆墨之無靈既不得雲梯獨上又復值濱海播遷然而衆皆顧身家而公独携宗族之譜以行人皆携妻帑而公独負主母之像以去卒使譜牒不至湮没主母仍得奉祀是大有功於族中也　康於庚辰與族侄輩分脩家乘讀安侯叔祖之所序始知其詳壬午升列祖之主配於家廟惜天道無知而公之後嗣式微爰告族人奉公之主附祀而免其費焉以報　公之功亦以為後之好義者勸是為記

侄孫及康謹識

日琅 真茂公長子名琅字貞倿

妣李氏 歿

子二 遂聯 遂提

日使 真茂公次子名使字岷倿無娶

日興 真茂公三子諱日興字詩倿太學生生康熙丁未年五月初六日申時卒雍正甲辰年月日時前失記塟浦邊面拱東碑鐫德標劉公

妣西門栖菜園林氏名惠舍 前進士吏部文選正郎諱亂昌公曾孫女 生

側室潘氏 歿

子二　龍光 潘出　睿光 林出

日寶

明才公長子名寶叔諱日珍字楚候謚克善生康熙癸未年六月廿四日午時卒乾隆壬辰年七月廿日酉時塟西邊拱西

妣　大白山楊氏名閒娘生康熙乙酉年十二月十六日酉時卒乾隆己未年六月十九日午時塟埕邊面拱東

繼妣　石菌黃氏名懇娘生康熙壬午年又六月初四日戌時卒乾隆丁酉年十二月廿六日戌時塟官山頂向東

子二　遂旋 楊出　遂理 黃出

日勇

明才公次子名勇叔諱日爲字建候謚莊泰生康熙丁亥年四月廿三日丑時卒乾隆丁酉年六月十二日未時

妣

埕邊郭氏名雪娘生康熙庚寅年九月十一日巳時卒乾
隆庚申年五月十八日申時合塋赤墓頂穴癸丁丑未
子四　遂瓊 殤　遂瑤　遂燕　遂全

日福

明秀公嗣長子生康熙戊寅年　卒康熙丙申年九月
十四日酉時葬海沙

妣

莊氏 改

日麟

明秀公次子諱日嘉字瑞侯生康熙戊子年四月廿七日
亥時卒乾隆癸巳年十一月十二日未時

妣

路東陳氏名法娘生康熙癸巳年五月初八日辰時卒乾
隆乙未年十二月初六日午時合塋后堀頭向西
子二　遂樞　遂合

日異

明秀公三子諱日美字孟侯生康熙辛卯年十一月初二日丑時卒雍正己酉年四月廿二日午時葬海沙

妣 滁氏 改

日權

明秀公四子名權叔諱日奏字重侯謚循朴生康熙戊戌年六月廿三日巳時卒乾隆甲午年十月初三日亥時葬臺蘇六甲埔

妣 湖尾藴氏名定娘生康熙戊戌年九月廿六日戌時卒乾隆戊申年四月廿五日卯時葬官山頂婦陳氏祔

子一 遂珠

振慶

興楼公長子名郁叔諱振楼生天啓丁卯年正月初一日寅時卒康熙庚辰年二月初九日寅時

妣茂山林氏生崇禎己巳年九月初九日子時卒康熙乙巳
年七月廿二日未時
繼妣潘厝李氏生失記卒　年十月十七日　時
繼妣南邑山仔謝氏生天啟丙寅年五月初三日　時卒
年七月初六日午時合塟南邑卅二都新塘山燕仔口棋西
子二　雲山　霈山

振州

興樓公次子名五叔生崇禎庚午年正月十四日未時卒
康熙戊寅年正月廿九日巳時
妣山前儲氏生卒莫考惟四月初八日忌辰塟南邑內簝山
新簝坑穴丁癸未丑三男明山祔
繼妣南邑石井葉氏生崇禎壬申年十二月初九日亥時卒
康熙己丑年二月十六日辰時與公合塟葛州后坑頭上井穴乙辛卯酉

子三　秀山　玉山　明山

振敬

興世公長子名未叔諱鼎辰號琨山生　　卒　　年二
月廿八日　　時

妣　田墩吳氏生　　卒　　年十一月十八日　　時合塋葛
州上井山扦塋南邑卅六都內厝鄉崎溝山向東長子遂平祔

子三　遂平　遂榮出繼塔江元貞　遂裕

振盛

興國公長子名畫叔鼎鳳號振信生康熙戊申年三月十
五日丑時卒康熙壬寅年正月十六日辰時塋葛州山頭
後交輪地穴乙辛

妣　內簝陳氏名毳娘生康熙戊午年九月初五日丑時卒乾
隆甲戌年閏四月初八日酉時塋南邑前坑鄉義塚山拱南

子二　遂安　遂逸

振量

興國公次子名量叔諱鼎明生康熙甲寅年

振玉

興朝公長子名戍叔謚琨玉生順治甲午年九月十一日戍時卒康熙己丑年正月十三日辰時

妣

内林蔡氏名益娘生康熙辛亥年五月廿八日未時卒乾隆甲子年十月廿四日申時合塋葛州山頭後峬三斗頭穴丁癸未丑子遂賞功侄遂業祔

子一　遂賞

治叔

興尾公長子

按舊私譜補註查主確據六淑係立山公四子移屋娘仔橋子一名治叔則夫六叔與政州仰州進州為昆季行當

在十一世之列而治叔亦當與興楼興世興國輩同列十二世之譜中乃十三世又載有治叔係興尾公長子是前後有兩治叔不知当日之稱名謂何抑有舛誤否姑仍之以俟攷

宗侄孫及康誌

振珠

英泉公長子生崇禎己卯年十月初十日戌時卒康熙戊子年十月十九日午時

妣　小白山顔氏生順治戊子年七月廿日　時卒康熙壬申年五月廿七日辰時塟十都曾厝崩陷山穴甲庚長子遂聲祔

子二　遂聲　遂勇

振良

英泉公次子名申叔謚恪素生崇禎癸未年六月十五日申時卒雍正丙午年六月廿五日亥時

塔江劉氏族譜

妣 水頭李氏名弓娘生順治戊子年七月初七日申時卒
年二月廿一日　時合塋葛州山頭後穴丁癸未丑
子一　遂業

神佑
明順公長子生順治辛丑年正月廿六日戌時卒雍正甲
辰年七月廿八日未時
妣 娘仔橋王氏生康熙乙巳年四月初十日辰時卒康熙癸
巳年七月初八日巳時
子三　遂萼　遂淵　遂清

喜
明科公長子生　　　卒　　　年五月廿七日　時
妣 墓菴蔡氏生　　　卒　　　塋三都大宅鄉

珍

子四　遂禎　遂祥　遂祺　遂祝

明恩公長子名珍使生康熙己未年二月廿六日辰時卒乾隆壬申年

妣

晉熙李氏生康熙庚申年二月廿一日辰時卒　塋

子三　遂篤　遂君　遂顯

瓊

明恩公次子生康熙辛酉年八月廿六日辰時卒康熙己丑年八月廿九日卒于臺

第十四世

遂助

日東公長子諱遂典名助叔字謀謨謚得懷生順治己亥

年九月初九日亥時卒雍正丁未年五月初四日巳時

妣 高田葉氏名裁娘生康熙甲辰年七月初七日辰時卒康熙丁丑年四月初九日辰時

繼 妣菌邊林氏名二娘生康熙己酉年十二月十四日 時卒康熙壬午年八月初四日辰時合塟赤墓頂坐東向西共三壙

子一 進晏 林出 葉生一女名换娘適梅林蔡

遂旺 日東公次子名旺諱遂良字謀和謚得恭生康熙戊申年十二月廿九日寅時卒康熙丁酉年四月廿五日子時塟埔邊面坐東西向西東

妣 埕邊張氏名寶娘生康熙庚戌年八月初五日未時卒雍正辛亥年十一月十四日午時塟鴨堀內穴辛乙戌辰子進朝祔

子一 進朝

遂團

日東公三子諱遂弘字謀道生康熙丁巳年四月初七日未時卒雍正丁未年四月初七日戌時塟赤莞后坐北向南

妣

郭岑楊氏名引娘生康熙己未年八月廿一日辰時卒乾隆癸酉年十月廿七日巳時葬后坊頭穴癸丁丑未

子六　進乾　進兌　進離　進坎　進艮俱楊出　進妹遂龍四子承

遂炳

日⿰日尌公長子生順治丙申年七月初六日未時卒康熙甲寅年十月初八日戌時塟衝口穴巽乾與母仝塋

遂傳

日⿰日尌公次子養字謀詒謚世疆生康熙乙巳年二月廿日戌時卒乾隆戊辰年五月初二日巳時塟大泉埔穴庚甲

妣

安海許氏名星娘生康熙己未年十二月十八日戌時卒乾隆甲戌年三月廿三日丑時塟海沙

子四　進岱　進老　進然　進卿

遂奇　日曈公養子諱遂愷字謀戀生康熙癸亥年三月十六日丑時卒雍正己酉年六月廿五日酉時

妣　鮑厝黃氏名玉娘生康熙庚午年六月十五日丑時卒康熙癸巳年正月初四日子時合塋石室宮祔母朱氏壙內

繼妣　鼇湖李氏名神娘生康熙庚午年十月廿八日辰時卒乾隆庚辰年五月十七日酉時塋埔邊面長婦張氏許氏次子進能祔

子二　進立　進能　俱李出

遂安　日鑣公長子名安叔字謀舒生康熙丙午年十二月十六日戌時卒乾隆丙寅年九月十六日亥時

妣　坑園馬氏名恐娘生康熙癸丑年十一月廿三日申時卒

乾隆癸酉年五月廿六日辰時葬埕邊面坐西向東
子二　進恊　進迎

謀喬　日篤公長子
妣　氏

遂和　日昌公長子字謀懌謚朴厚生康熙壬寅年三月十九日
未時卒乾隆己未年八月十一日寅時葬大堵荒日昌公
墓南畔
妣　馬坪林氏名省娘謚順儉生康熙丁未年三月十三日時
卒康熙己巳年正月十一日酉時葬埔邊面坐西向東
子二　進猛　進鼎

遂合

日昌公次子名合叔諱遂炎字謂會謚騰光生康熙丁未年閏四月十九日巳時康熙乙酉年十一月十七日戌時卒于臺塋大澤磯社

妣 鮑厝黃氏名学娘生康熙壬子年六月十一日巳時卒康熙乙亥年七月十六日酉時塋大路后向南侄孫婦陳珠娘祔

繼 妣湖尾鄭氏名子娘生康熙己未年十一月初五日子時卒康熙庚辰年五月廿一日辰時塋官山頂向西

惟黃氏生一女適塘邊歐家

遂賛

日進公長子從戎無回

妣 氏

遂程

日聯公長子諱遂蛟字謀雄生康熙己卯年閏七月初十日亥時乾隆戊寅年四月初八日午時卒于臺后拾回與

母柯氏合塋赤墓頂穴乙辛卯酉

妣

西湖許氏名勸娘生康熙甲申年九月初十日戌時卒乾
隆丙申年五月廿五日辰時塋官山頂與子進素仝塋
子四　進素　進偏殤　進愆　進四幼亡

遂拔

日聯公次子諱遂龍字謀潛生康熙己丑年四月十四日
卯時卒乾隆乙巳年十一月十九日未時塋官山頂

妣

前埔蔡氏名乃娘生康熙丁酉年九月廿七日寅時卒乾
隆庚子年七月廿七日午時塋官山頂公媽並坐
子四　進佐　進端　進輝　進文

遂玠

日益公長子諱遂元字謀奎生康熙甲申年二月十三日
巳時卒乾隆辛丑年十一月初一日丑時

妣塘邊歐氏名玉娘生康熙己丑年十月初十日戌時卒乾隆甲辰年三月廿五日酉時合塋埔邊面向東
子三　進雙　進金　進媽

遂嚴
日益公次子名嚴叔諱遂炎字謀堂謚篤敬生康熙乙未年六月廿七日酉時卒乾隆戊申年四月初七日酉時
妣石菌洪氏名催娘生康熙丁酉年二月廿六日　時卒乾隆戊申年四月十一日　時合塋官山頂次子進詘祔
子二　進香　進詘

天就
日構嗣子初名運莊科三子承任漳州府西門生康熙丙申年二月十三日申時卒乾隆
妣　氏

遂寵　日智公長子生康熙辛巳年十一月初九日巳時卒乾隆癸卯年十月廿三日丑時葬官山頂

妣　柯坑張氏名御娘生康熙乙酉年七月卅日丑時卒乾隆戊戌年三月初八日午時葬官山頂穴乾巽戌辰

子四　進頴　進斗　進來（承遂景）　進妹（承遂圜）

遂総　日智公次子諱遂紞字諆晏生康熙甲申年四月十五日辰時卒雍正己酉年三月初八日酉時葬海沙

遂舉　日智公三子諱遂顧字諆平生康熙丁亥年正月廿二日戌時卒雍正己酉年三月初一日巳時葬海沙

遂欽　日智公四子諱遂岩字諆仲生康熙己丑年九月十七日子時

乾隆戊寅歲荒舉家搬往臺卒塋莫攷

妣 坂頭蔡氏名尾娘生康熙丙申年五月十一日戌時卒乾隆己卯年又六月初七日巳時塋臺

遂好 日智公五子諱遂元字謀善生雍正癸卯年十二月廿四日戌時卒 塋臺

遂森 日贊公長子諱遂芳字謀嚴生康熙癸酉年正月廿五日寅時卒康熙乙未年七月十六日巳時

妣 四石柱邱氏名春娘生康熙甲戌年八月初六日辰時卒乾隆己未年四月初五日寅時與父母合塋埔邊面三（弟遂雅祔）

子一 進本

遂攀 日贊公次子諱遂藹字謀齊生康熙丙子年十一月初二日酉時卒乾隆庚午年正月初四日酉時

妣柯倉柯氏名年娘生康熙丁亥年二月廿五日辰時卒乾隆丙寅年又三月初六日子時合塋官山頂胞侄進本祔

惟生一女名悦娘適衝兜張家

遂雅

日贊公三子諱遂芬字謀常生康熙庚辰年四月廿三日酉時卒雍正甲寅年六月十八日寅時合父母兄嫂仝塋埔邊面五壙

妣東埔吳氏　改

惟生一女名寅娘適本鄉蔡家

遂耿

日順公長子諱遂傑字謀昭生康熙乙酉年十二月初九日寅時卒乾隆戊申年三月初一日辰時

妣柯坑洪氏名謹娘生康熙戊子年又三月十六日戌時卒乾隆己丑年四月廿三日丑時合塋官山埔下揔

卦一

進受 遂冑三子承曆名已新

遂業

日順公次子諱遂統字謀學生康熙乙未年五月初七日寅時卒嘉慶丁巳年三月十七日戌時

妣

松柏山張氏名貴娘生康熙丙申年九月初九日丑時卒乾隆丁卯年三月初十日巳時與父母仝塋埔邊面穴乾巽亥巳

子二　進曆　進助

遂星

日錫公長子諱遂璇字謀衡謚世泰生康熙乙丑年十一月廿一日卯時卒乾隆壬戌年十二月廿日塋于臺

妣

潘徑張氏名坤娘生康熙己巳年十二月十三日丑時卒雍正癸丑年又七月初一甲時塋西湖塚

子三　進賜　進欣　進貴

遂絖　日錫公次子諱遂璣字謀窺謚世貞生康熙戊辰年二月十五日午時卒乾隆乙亥年六月廿一日子時塟西沙尾

妣　埕邊張氏名寬娘生康熙己卯年十二月十二日酉時卒乾隆丙戌年正月初三日辰時塟西沙尾

子一　進慶

遂絃　日錫公三子諱遂瑚字謀夏生康熙癸酉年十一月廿一日丑時康熙丁酉年九月十三日卒于臺之鄉璚

遂繪　日錫公四子諱遂璉字謀商謚世聚生康熙丙子年七月廿六日亥時卒乾隆己未年二月廿二日子時塟于臺

妣　桂林許氏名網娘生康熙乙酉年月日失記卒乾隆癸亥年十月廿九日巳時塟海沙惟生二女長好娘適本鄉孫家次語娘適桐坑張家

遂軫　日錫公五子諱遂玉字謀珍生康熙癸未年五月初二日未時雍正　年十二月初十日寅時卒于臺

遂聯　日琅公長子無娶

遂捷　日琅公次子無娶

遂龍　日興公長子名龍光往臺

遂睿　日興公次子名睿光往臺

遂旋

日寶公長子諱遂吉字謀元生雍正己酉年七月十四日
未時卒乾隆丁未年五月十三日未時塟官山頂面東

妣

大房許氏名遣娘生雍正辛亥年五月廿四日卯時卒乾
隆丁未年二月初九日巳時塟官山頂面東
子四　進論　進郭　進省　進和遂理四子承

遂理

日寶公次子字謀中諡遂通生乾隆丙寅年又三月十四
日寅時卒乾隆丁未年四月廿八日酉時

妣

石菌周氏名乃娘生乾隆乙亥年四月廿日寅時卒嘉慶
戊寅年四月廿一日寅時合塟官山頂縫針穴庚甲酉卯
子四　進戀　進茂　進林　進和出承遂旋

遂瓊

日勇公長子生雍正壬子年又五月十八日巳時卒乾隆
癸酉年五月廿四日辰時塟海沙向南

妣蔡氏

子二　進楚　遂琛長子承　進莒　遂瑶三子承

遂瑶

日勇公次子諱遂池字謀西生雍正乙卯年又四月初一日未時卒乾隆丁酉年七月初六日卯時塟官山頂向南

妣前埔蔡氏名賽娘生乾隆戊午年五月十四日卯時卒嘉慶戊寅年八月十八日寅時塟官山頂向東

子三　進楚　出承遂瓊　進術　進莒　出承遂瓊

遂燕

日勇公三子諱遂式字謀善生乾隆庚申年正月初九日巳時卒乾隆辛亥年六月十六日子時塟臺海埔厝畚箕湖

妣滿徑張氏名東娘生乾隆甲子年七月廿七日卯時卒乾隆丁酉年六月初二酉時塟官山頂向南

子一　光明

遂全

日勇公四子名全字遂興一字謀玢號遂德生乾隆辛未年十一月廿四（舊譜書十四）日亥時卒道光庚寅年三月廿六日申時葬畚箕湖坐西向東

妣草洪塘黄氏名變娘生乾隆戊子年十月十五日巳時卒莫攷

繼妣臺八卦寮黄氏名便娘生乾隆戊子年十月十五日己時卒道光乙巳年十二月廿五日子時葬畚箕湖西東

子五　進卿（殤）　進長　進固（出承海會遂轉）　進安　進吉

遂樞

日麟公長子諱遂進生乾隆戊午年正月十三日未時卒乾隆甲辰年十二月廿五日寅時葬官山頂向東

妣梅林蔡氏名珠娘生乾隆乙丑年正月初七日午時卒嘉慶丙寅年十月十一日丑時葬官山頂向東

子二　進化　進祖（出承遂珠）

遂合

日龢公次子諱遂會字謀貞生乾隆辛酉年三月初七日午時卒乾隆戊申年四月十一日午時塟官山頂拱北

妣 柯倉柯氏名隅娘生乾隆庚午年九月十九日寅時卒乾隆戊戌年七月初十日辰時塟官山頂拱東

子二 進江 進汝

遂珠

日權公長子字謀璣生乾隆乙丑年正月十四日巳時卒于臺蘇六甲

妣 臺灣陳氏生乾隆丁丑年二月十九日午時卒乾隆乙巳年四月廿六日巳時與姑潘氏合塟官山頂

子一 進祖 遂樞次子承

雲山

振慶公長子名求叔諱遂第生順治戊戌年正月十七日辰時卒康熙丙子年十二月初十日辰時

妣李氏生順治庚子年正月廿三日辰時卒康熙乙未年八月廿三日辰時塟葛州深溝穴丙壬巳亥

子四　進秀　進萬　進智　進老出承霈山

霈山

振慶公次子名連叔諱遂欽生順治庚子年四月初十日亥時卒雍正丙午年三月十九日未時

妣安平黃氏名月娘生順治庚子年八月初七日未時卒康熙辛巳年十一月廿三日卯時與公合塟葛州深溝內穴乾巽

繼妣大坪坑陳氏諱謙娘生康熙乙卯年十二月廿日卯時卒康熙丁亥年十一月初三日午時塟葛州後畔田地內拱南

子二　進德　進老雲山四子承

秀山

振州公長子名奴叔生康熙丁未年五月廿一日戌時卒康熙庚辰年十月廿日未時

妣前尾王氏生康熙丁未年十月廿一日酉時卒康熙癸巳年五月廿四日午時合塋葛州山後三子進香祔
子三　進寬　進第　進香

玉山

振州公次子名春叔諱望龍謚敦厚生康熙辛亥正月十九日申時卒乾隆戊辰年七月廿九日申時
妣下埔王氏名勉娘生康熙乙卯年四月十四日酉時卒乾隆癸亥年九月廿四日亥時合塋三都古塘頭土名大山穴丑未癸丁
子三　進睿　進聰出繼明山　進儁

明山

振州公三子名秋叔諱望麟謚雲碧生康熙丙辰年十一月廿一日未時卒康熙壬午年五月廿五日未時仝母楮氏合塋南安卅四都內寮山新寮坑穴丁癸未丑
娶陳氏改

子一　進聦 玉山次子承

遂平

振敬公長子名平叔生康熙丁未年正月十六日戌時卒
康熙庚寅年八月廿九日丑時仝父母合塋南安廿六都
內厝鄉崎溝山

妣

梨坑姚氏名黍娘生康熙辛亥年八月初九日　時卒乾
隆丙寅年正月初二日申時塋南安廿六都內厝穴庚甲酉卯
子二　進傳　進招

榮

材

振敬公次子名榮叔出承塔江三房元貞

裕

振敬公三子長殤

遂安

振盛公長子名安叔任臺

遂逆

振盛公次子名逆叔生康熙丁酉年九月初七日酉時卒

妣

圳尾盧氏名引娘生

子三　進佐　進斗　進道

遂賞

振玉公長子名賞叔謚後福生康熙壬申年九月廿四日

未時卒乾隆丙寅年六月初八日　時仝父母合葬葛州

山頭後三斗頭穴　　功兄遂業亦祔

配

李氏　改

子一　進可　遂業三子嗣

遂聲

振珠公長子名聲叔謚廷俊移居十都曾厝鄉生康熙己酉年九月卅日戌時卒康熙甲午年四月十八日酉時仝父母合塋十都曾厝崩陷山穴甲庚

妣 埕邊黃氏生康熙庚申年七月廿一日巳時卒

子三　進齊　進崑　進宋

遂勇

振珠公次子生　卒　年九月初三日

時鍫

遂業

振良公長子名業叔謚俊信生康熙乙丑年四月初三日子時卒乾隆壬戌年正月十八日　時衬叔振玉孀蔡氏功弟遂賞合塋葛州山頭後三斗頭穴丁癸未丑

配 蔡氏 改

子三　進賜　進文　進可出繼遂貴

遂萼

神佑公長子名萼觀生康熙己巳年九月初四日辰時卒乾隆戊午年六月十八日戌時塋墓呵猴林對面山衙脚拱北

子一　進卿遂淵長子嗣

遂淵

神佑公次子名淵叔謚弘源生康熙癸酉年三月十八日辰時卒乾隆癸巳年六月初五日丑時塋墓姑婆嶺山穴亥巳壬丙

妣

安平林氏名初娘生康熙癸未年十月廿四日子時卒乾隆甲申年五月十八日寅時塋墓呵猴林大竹坑穴乙辛辰戌

子十　進卿出繼遂萼　進貴　進王　進朝　進龍　進虎出承遂清　進會殤　進隨　進伴　進全

遂清　神佑公三子名清觀生康熙庚辰年九月十四日辰時卒
乾隆戊辰年五月卅日酉時塟臺呵猴林
子一　進虎　遂淵六子嗣

遂禎　喜公長子移居臺灣崁頂瓦窑溝
配　氏
子四　進裕　進祿　進禮　進坦

遂祥　喜公次子

遂祺　喜公三子

遂祝 喜公四子

遂篤 珍公長子名篤生生康熙辛巳年三月十三日子時卒

妣 蔡氏

遂君 珍公次子名君生生康熙庚寅年九月初四日戌時卒乾隆癸酉年 塟深滬

娶 辜氏改

子一 進偶 從母嫁

遂顯 珍公三子名顯生

第十五世

進晏 遂助公長子諱進璧字及翰謚純壽生康熙辛巳年四月廿三日寅時卒乾隆戊辰年十月十二日卯時塟西沙向酉

妣 本鄉許氏名快娘生康熙壬午年七月十四日酉時卒乾隆丁亥年八月初八日子時塟西沙向南西

子一　廸望

進潮 遂旺公長子名潮使諱進爵字及撫謚純祿生康熙己巳年四月十五日辰時卒乾隆庚申年二月卅日戌時與母合塟埔邊面穴辛乙戌辰

妣 蕪厝曾氏名緞娘生康熙辛未年九月廿六日子時卒乾隆己丑年七月十三日亥時塟官山頂

子三　廸琚　廸陶　廸配

進乾
遂園公長子諱進貞字及元生康熙癸未年正月初十日辰時卒乾隆辛卯年八月廿七日未時塟官山頂
妣本鄉孫氏名勤娘生康熙壬辰年十一月廿七日時卒乾隆丙戌七月廿五日子時塟官山頂
子二 廸蒲 廸知

進兌
遂園公次子諱進澤字及麗生康熙丙戌年十一月廿六日丑時雍正戊申年四月十三日遭風溺海

進離
遂園公三子諱進明生康熙庚寅年正月初四日戌時卒墓放往臺劉厝庄

進坎
遂園公四子生康熙乙未年四月初五日戌時卒墓放

妣
許塘頭張氏名絹娘生乾隆丙辰年十月十七日戌時卒
葬硋
子二　廸文　廸弁

進艮
遂團公五子諱進山生康熙己亥年四月十一日巳時卒
葬硋任臺

進妹
遂團公六子生乾隆戊午年六月初八日酉時卒乾隆甲
寅年十一月廿八日申時葬官山頂
遂龍卌十[illegible]

妣
蔡氏
子一　廸疊

進岱
遂傳公長子諱進瞻生康熙乙酉年十二月初六日午時
卒于臺

妣 南安西洫陳氏名約娘生康熙丁酉年十一月十五日
時卒乾隆庚申年正月廿六日未時塟西沙
子一 越縣

進老
遂傳公次子諱進仰字及喜生康熙戊子年八月初四日
巳時卒乾隆戊辰年九月初六日亥時塟官山頂向西
妣 安平施氏名晟娘生康熙辛丑年八月廿四日酉時卒乾
隆壬寅年四月十三日巳時塟官山頂
子二 廸甘 施出 廸球 養

進然
遂傳公三子諱進彩字及光生康熙壬辰年四月十一日
辰時乾隆　年卒于臺
妣 臺灣氏 改
子一 廸穀 隨母嫁在台

進卿 遂傳公四子諱進貴字及良生康熙乙未年七月初三日
亥時卒乾隆己丑年三月十八日酉時塟臺

妣 窖厝蔡氏名攀娘 改

進立 遂奇公長子諱進舉字及賢生康熙甲午年十二月十六
日亥時卒乾隆庚子年十二月廿二日未時與功兄及仁
塟埔邊面穴酉卯辛乙

妣 松柏山張氏名系娘生康熙乙未年七月廿三日寅時卒
乾隆甲戌年二月初三日酉時

繼 妣大房許氏名緞娘生康熙辛丑年六月廿四日　時卒
乾隆己卯年五月廿日酉時與姑李氏前妣張氏叔進能
合塟埔邊面穴辛乙后改塟坐酉卯兼庚甲

子三　廸祿 承進能　廸暖 張出　廸千 許出

進能

遂奇公次子諱進拔字及才生雍正丙午年十一月初九日酉時卒乾隆庚辰年五月初二日辰時與母李氏嫂張氏許氏合壟埔邊面

妣 柯坑張氏名勸娘生雍正己酉年七月十六日未時卒乾隆乙亥年十一月初八日亥時壟海沙

繼 妣柯坑柯氏名棗娘改

子一 廸祿 進五長子承

進恊

遂安公長子諱進怡字及顏生康熙癸酉年二月十八日未時卒乾隆己卯年六月廿三日寅時壟官山頂向東

妣 龜湖李氏名程娘生康熙乙亥年十月初六日辰時卒乾隆丁卯年三月廿四日戌時壟官山頂向東

子四 廸世 廸取 廸長 廸諒

及顏姪雅重祖宗祠宇中公事摩頂放踵不憚辛勤丙午夏
與垂候兄勵我族人進主脩譜閱今三十餘年矣每慨然
曰譜不再修伊誰之咎擬以斯事為已責族衆散處遠方
者或重繭或買舟此念勃勃欲往尋脉胳以承宗緒豈意
巫陽下招遽赴遐須竟弗售其願也惜哉

進迎

遂安公次子諱進成字及仁生康熙庚寅年五月廿六日
辰時卒乾隆庚子年六月廿四日子時與功弟及賢合塋
埔邊面穴卯酉辛乙

妣

路東陳氏名愛娘生康熙癸巳年十一月十二日丑時卒
乾隆丁未年十二月十九日子時塋埔邊面向東
子三　廸湊　廸湖殤　廸寅

進猛

遂和公長子諱進佐字及周生康熙乙丑年二月初十日亥時卒乾隆癸亥年十一月初十日丑時

妣 石兜顏氏名儉娘生康熙己巳年十一月初十日卯時卒雍正己酉年又七月十一日亥時合塋本山大路后穴丑未艮坤

繼 妣石兜顏氏名儉娘生康熙乙亥年月日失記卒乾隆庚辰年正月十八日丑時與祖媽合塋坑后三婦黃氏祔

子五 迪侯 迪符 迪伯 迪寀 迪菊 俱前妣出

後顏生一女適洪塘張家

進昌

遂和公次子諱進寶字及載生康熙丁卯年七月初三日卯時卒乾隆己卯年十二月初五日巳時

妣 埭邊吳氏名梅娘生康熙戊辰年正月十六日辰時卒康熙辛丑年八月十四日辰時與公合塋赤墓頂穴艮坤申寅

繼 妣滬厝垵柯氏名罕娘生康熙丁丑年五月初五日子時卒乾隆乙酉年七月十二日子時塋赤墓頂與侄婦陳氏同塋

子四　廸安　廸報吳出　廸穰　廸宣柯出

進素

遂程公長子諱進繪字及絅生雍正壬子年七月初九日亥時卒乾隆　年八月初八日　時塟本山官山頂與母許氏同塋

妣

柯坑吳氏名腰娘生乾隆庚申年七月初五日戌時卒道光庚寅年十二月初三日未時塟官山頂向

子三　廸表　廸昆　廸英殤

進偏

遂程公次子生乾隆戊午年正月廿四日戌時卒莫攷塟海沙殤

進愆

遂程公三子字及三生乾隆辛酉年十一月廿八日卯時卒莫攷塟臺蘇六甲

妣臺灣　氏名祐娘

子二　廸超　廸鳳

進四

遂程公四子殤

進佐

遂拔公長子諱進祐字及保生乾隆丙辰年十一月初八日戌時卒乾隆戊子年四月廿八日丑時

妣路東陳氏生乾隆　年　卒乾隆　年三月初五日　時塋路東山

繼妣柯坑柯氏名烝娘生乾隆丁卯年六月廿日　時卒未記塋海沙內向南

子一　廸池　進輝公三子承

進端　遂拔公次子諱進拱生乾隆庚申年四月十九日子時卒
乾隆己卯年十一月初五日酉時塋臺蔴六甲

進輝　遂拔公三子諱進寔字及充生乾隆乙丑年十一月初五
日戌時卒道光壬午年七月廿四日未時塋官山頂
妣　大房許氏名雪娘生乾隆甲戌年九月初十日酉時卒道
光壬午年三月廿九日丑時塋赤墓頂向乙辛辰戌
子四　廸燕　廸學　廸池出承進佐　廸多殤

進文　遂拔公四子諱進德生乾隆甲戌年九月初九日酉時卒
嘉慶丁卯年十月十八日　時塋臺蔴六甲
妣　臺灣　氏改
子一　廸坑

進雙 遂玠公長子諱進關字及廷生雍正己酉年七月初七日午時卒乾隆乙巳年四月十六日未時塟官山頂

妣 岑張張氏名敬娘生雍正辛亥年十一月廿日戌時卒乾隆甲辰年六月廿四日丑時塟官山頂

子三 廸喜 廸魁 廸返 出承進金

進金 遂玠公次子諱進南字及琛生乾隆乙丑年十一月十八日丑時卒乾隆辛卯年十二月十三日巳時塟官山頂

妣 滬厝垵柯氏名景娘 改

子一 廸返 進雙三子承

進媽 遂玠公三子諱進經生乾隆乙亥年九月廿二日酉時卒嘉慶　年 塟臺海浦晉畚箕湖墓前一石印為記

妣

坑園吳氏名兑娘生乾隆乙卯年八月十五日　時卒乾

隆丁未年八月廿六日寅時塟官山頂向東

子二　廸心　廸八出洋進賞海會

進香

遂嚴公長子生乾隆乙丑年又三月十四日寅時卒乾隆

己丑年五月廿六日巳時塟官山頂

妣

柯倉柯氏名㳒娘改

進畆

遂嚴公次子生乾隆戊辰年六月初六日辰時卒乾隆戊

申年四月廿二日　時與母合塟官山頂

妣

西垵洪氏改

子一　廸鈔

進顏 遂寵公長子諱進悟生雍正庚戌年四月十三日辰時卒乾隆丁未年十二月十二日酉時塟官山頂

妣 東埔吳氏名柔娘生乾隆丙寅年十一月廿日時卒道光壬午年六月廿四日午時塟西沙尾

子六 廸愚（承塘邊劉） 廸根（是第二廸根） 廸德（承進慶） 廸廷（承進賜） 廸道（殤） 廸芸（殤）

進斗 遂寵公次子生雍正甲寅年十一月十一日卯時塟臺蔴六甲

進來 遂寵公三子出承遂耿改名進受

進妹 遂寵公四子出承遂園

進本

遂森公長子諱允果字及梅生康熙乙未年十一月廿五

時卒乾隆戊辰年二月廿三日辰時與胞叔遂扳孺柯

柯氏合塋官山上

妣上安許氏　歿

子一　廸棟　殤

進受

遂欣嗣子生（遂蕆三子也）乾隆丁巳年十一月廿三日卯時乾隆戊申

年三月在臺四堀厝歿日莫攷

妣茂亭陳氏名珠娘生乾隆壬戌年九月初十日未時卒乾

隆戊申年四月十八日午時塋官山上長男廸繪祔

子四　廸繪　廸甲　廸國　廸閔

進曆

遂業公長子諱進誦謚及山生乾隆庚申年十月廿七日

寅時卒乾隆辛丑年四月十一日時塋臺笨港查某營

子一　迺旭進[illegible]

進助

遂業公次子諱進讀謚及輔生乾隆乙丑年八月初十日寅時卒道光乙酉年九月初十日辰時塟西邊穴巽乾兼巳亥

妣梅林蔡氏名取娘謚淑慎生乾隆辛巳年四月廿四日巳時卒嘉慶己卯年十一月初八日未時塟埔邊面穴巳亥乾巽

子三　迺旭出承進曆　迺元蔡出　迺札梅林蔡养

進賜

遂星公長子名易賜謚進易生康熙辛卯年十月卅日午時乾隆庚午年三月廿八日卒于臺

妣潘徑李氏改

子二　益春李出縜　迺廷進穎四子承

進欣 遂星公次子字及岳生康熙庚子年八月十七日酉時任臺

進貴 遂星公三子生雍正丙午年八月廿日辰時

進慶 遂紌公長子名慶光字及賀生康熙丁酉年九月廿九日亥時卒乾隆戊申年九月十九日丑時塟官山上

妣 東后頭王氏名濯娘生雍正戊申年八月廿四日辰時卒嘉慶戊午年五月初七日巳時塟官山上

子二　迪曙養　迪德進顏三子承

進論 遂旋公長子生乾隆丁丑年六月十四日丑時塟臺蔴六甲

進郭 遂旋公次子生無歿乾隆丁未年進郭進省往臺在洋遭風沉溺

進省 遂旋公三子

進和 遂旋公四子生乾隆丙午年七月廿二日酉時卒嘉慶戊寅年五月初二日戌時塋官山上向東

妣本鄉滁氏名晟娘生乾隆甲寅年六月十一日時卒道光十七年丁酉正月初四日未時塋官山南北

子一 迪逝 進戀四子承

進戀 遂理公長子諡及殿生乾隆癸巳年五月十六日亥時卒嘉慶戊寅年六月初二日丑時塋官山上向東

妣 翁上洪氏名却娘生乾隆壬寅年七月十一日申時卒嘉慶庚辰年十一月廿九日丑時塋官山上
子四 廸朕 廸且（出承進茂） 廸崎 廸逝（出承進和）

進茂

遂理公次子諱進音字及德生乾隆丁酉年十一月廿二日未時卒道光丙申年四月十五日酉時塋官山上
妣 周坑曾氏名聯娘生乾隆己酉年十二月初七日卯時卒咸豐戊午年八月初一日辰時塋官山
子三 廸且（進戀次子承） 廸焙 廸版

進林

遂理公三子生乾隆甲辰年正月廿五日寅時卒同治癸亥年六月廿一日卯時塋官山
妣 埭邊吳氏名配娘生乾隆癸丑年十一月廿七日 時卒道光丙申年九月廿一日巳時塋官山埔

子三 迪鑽 迪褥 迪啟

進和 遂理公四子出承遂旋

進楚 遂瓊公長生（子遂瑤長子承）乾隆丁亥年四月廿八日亥時卒道光丁酉年八月廿八日午時塋台海埔（邑）畚箕湖

妣前埔蔡氏生卒莫攷

進苕 遂瓊公次子生（遂瑤三子承）乾隆乙未年月日無攷卒乾隆丁酉年七月初六日 時塋海沙

進楚 遂瑤公長子出承遂瓊

進衍
遂瑶公次子生乾隆辛卯年七月十八日戌時卒道光甲
申年二月初四日亥時塟台海埔厝畚箕湖
妣楊氏名戀娘生乾隆丙申年月日莫考卒嘉慶丁丑年八
月初〃日卯時塟官山上
子一　廸脩（進化四子承）有一女名心英

進苔
遂瑶公三子出承遂瓊

進明
遂燕公長子生乾隆庚寅年十一月初七日辰時卒道光
丙午年正月十七日巳時塟台畚箕湖
嗣子一　廸頭（進長冢子承）

進卿
遂全公長子殤

進長
遂全公次子名春叔生嘉慶丙辰年四月初八日戌時卒道光己酉年十一月卅日辰時塟畚箕湖

妣
脱庫庄許氏名猜娘生嘉慶辛酉年八月廿四日辰時卒光緒丙子年正月十八日戌時塟畚箕湖

子三　廼頭　廼泉（承進明）　廼涯

進固
遂全公三子出承海倉遂轉

進安
遂全公四子名春安生嘉慶庚申年五月十四日申時卒道光丁未年九月十八日寅時仝光明合塟畚箕湖崙

進吉

遂全公五子名美吉生嘉慶辛未年五月廿五日寅時

配　鹿滄施氏名救娘生嘉慶丙子年九月初一日卒咸豐庚申年九月十一日卯時葬畚箕湖

子二　迪潑　迪發

進化

遂超公長子生乾隆丙戌年十月卅日亥時卒道光壬午年七月初十日子時與父併胞兄弟合葬埕邊面三壙

妣　本鄉蔡氏名甲娘歸淑慎生乾隆辛丑年九月卅日亥時卒咸豐戊午年八月廿六日辰時年七十八葬官山

子五　迪餘　迪班　迪嚋出承外姓　迪脩承進衍　迪鑾分出

進祖

遂超公次子字及傳出承遂珠

進江 遂合公長子往臺殁

進汝 遂合公次子 卒乾隆戊申年月日不知

進祖 遂珠公嗣子字及傳（遂魁次子承）生乾隆壬寅年五月廿四日亥時卒嘉慶庚辰年十月廿五日巳時葬官山上 遂趨次子承

妣 梅林蔡氏名挑生乾隆辛亥年九月廿八日時卒同治癸酉年七月十八日子時葬官山西東

子二 廸蘭 廸超

進秀 雲山公長子名秀觀諱仕昆謚寬仁生康熙丁巳年十月初三日巳時卒乾隆癸酉年十一月廿一日午時

妣長埔王氏名春娘生康熙壬戌年九月十六日辰時卒乾隆丁丑年十二月十五日子時合塋南安前坑穴丙壬亥巳

子三　廸燦　廸華　廸博

進萬

雲山公次子

進智

雲山公三子

進老

雲山公四子出承霈山

進德

霈山公長子名德使諱仕魁字及脩謚寬義生康熙丙寅年二月初一日丑時卒乾隆癸未年七月廿一日未時

妣前尾王氏名愛娘生康熙己巳年七月十七日酉時卒乾隆戊子年四月廿六日卯時

側室魏氏生康熙　卒康熙　年七月十五日午時塋葛州深路墘

側室林氏生康熙　卒乾隆戊寅年三月廿九日酉時仝寬義公併王妣合塋葛州深路墘

子四　迪旺　迪高　迪尊（俱王出）　迪和（俱林出）

進老

霈山公次子雲山公四子承名晋老字及成謚寬裕生康熙壬申年十二月廿日亥時卒乾隆庚午年九月十七日寅時塋葛州壙埔地穴申寅坤艮

妣安平黃氏生康熙庚辰正月廿二日巳時卒　年
六月廿三日　時塟
子三　廸果　廸璧　廸東

進寬
秀山公長子名寬觀諱仕章字及洪生康熙戊辰年十二月廿六日寅時卒康熙癸巳年六月十三日酉時塟大坂溪邊拱西

進第
秀山公次子名第觀字及科謚素玉生康熙辛未年七月十六日酉時卒康熙癸巳年六月十六日午時塟葛州大坂溪峫拱西

進香
秀山公三子名香觀字及馥謚恪素生康熙甲戌年七月十六日卯時卒乾隆辛未年七月初五日巳時仝父秀山

公母王氏合葬葛州山後

妣 前尾王氏名甫娘生康熙壬午年三月十八日　時卒乾隆丙子年七月十六日酉時葬葛州后坑頭長子迪禹祔

子二　迪禹　迪八

進睿

玉山公長子名睿觀字及思謚順禎生康熙己卯年六月廿六日辰時卒乾隆癸巳年五月十一日寅時

妣 葛州李氏名椒娘生康熙丙戌年七月初七日卯時卒乾隆乙未年正月廿八日午時公媽拾拄金内合寄南安卅五都山頭林獅仔石空遷葬山頭林桶盤石邊穴甲庚寅申

子三　迪邦　迪長　迪承

進聡

玉山公次子出繼明山

進備

玉山公三子名備觀字及體謚順惠生康熙丁亥年十一月廿五日辰時卒乾隆癸酉年六月廿九日未時祔曾祖興樓公曾祖妣王氏合塋葛州霞美山穴

妣

南邑田墘吳氏名晟娘生康熙己丑年九月初五日午時卒乾隆壬寅年六月卅一日　時塋南安卅六都田墘山

子二　廸團　廸湊

進聰

明山公長子玉山公次子承名聰觀字及明謚明烈生康熙癸未年三月十九日辰時卒乾隆乙未年八月初二日未時塋南安卅五都山頭林雷亭埔穴癸丁丑未

妣

葛州楊氏名坤娘生康熙丙戌年八月廿四日子時卒乾隆甲午年八月初七日申時塋葛州壙埔園地穴酉卯乙辛

子二　廸郎　廸贊

進傳　遂平公長子名傳觀字及經謚雲生康熙甲戌年六月初三日午時卒雍正壬子年八月十七日酉時塟葛州溪峫潤

妣李氏生康熙庚辰年十二月初三日酉時卒雍正甲寅年九月初五日酉時塟葛州大坂溪峫

子一　迪擬

進招　遂平公次子名招觀字及才生康熙庚寅年二月十一日寅時卒乾隆　年十一月廿五日　時葛州溪峫拱北

配黃山張氏改

子一　迪乞

進佐　遂逸公長子名公佐字及輔生乾隆丁丑年十二月初五日丑時卒乾隆　年五月初三日　時塋

進斗 遂逸公次子名斗觀居金門烈嶼生

配 上邦張氏名捉娘 改

子一 廸庚 出外姓

進道 遂逸公三子名道觀居金門烈嶼

進可 遂賞公長子遂業公三子承名可觀守及若生雍正癸丑

年七月廿四日亥時卒乾隆戊申年五月十五日　時

妣 上邦張氏名益娘生失記卒乾隆戊申年四月廿四日

時合塋上邦古雷山

子二　迪　迪謀（劉國本宗承嗣）（殤）

進齊
遂聲公長子名齊觀字及治生康熙丁丑年正月初六日戌時卒乾隆辛己年九月初十日午時葬九都湖内（山穴丁癸未丑）
妣石兜顏氏名意娘生康熙甲申年十二月十三日卯時卒乾隆丙午年七月廿四日午時葬臺土名本庴穴甲庚（卯酉）
子三　迪儼　迪琰（出繼進宗）　迪標

進崑
遂聲公次子名昆觀字及玉生康熙癸未年十月廿六日戌時卒乾隆壬寅年八月十八日　時葬
妣埔頭顏氏名宜娘生康熙戊戌年四月十三日子時卒乾隆辛未年七月十七日未時葬九都湖内塚埔拱北
子一　迪趣

進宋 遂聲公三子名宋觀字及徵生康熙庚寅年十二月廿日辰時卒　年正月廿六日　時
嗣子一　廸拨　進齋次子承

進賜 遂業公長子名賜觀外出無踪

進文 遂業公次子名文觀生雍正丙午年六月
任潮州

進可 遂業公三子
出承遂賞

進卿

遂萼公長子遂淵長子嗣名卿觀生雍正戊申年九月初七日午時卒乾隆己亥年三月廿七日未時

妣王氏名茁娘生雍正庚戌年二月初二日辰時卒乾隆丁未年十一月廿三日丑時合塋台姑婆嶺山園中穴戌辰 辛乙

子五 廸性 廸意 廸英 廸明 廸白 出繼進龍

進卿

遂淵公長子出承遂萼

進貴

遂淵公次子名貴觀生雍正庚戌年八月初二日卯時卒嘉慶己巳年五月廿日寅時

妣余氏名薛娘生乾隆丙辰年正月初五日辰時卒乾隆庚寅九月初九日辰時合塋臺姑婆嶺山

繼妣毛氏名菓娘生乾隆庚午年十二月初一日寅時卒嘉

慶己未年十月十二日巳時葬臺對面山
子二　廸叅余出　廸相毛出

進王

遂淵公三子名王觀生雍正壬子年二月初七日未時卒乾隆辛卯年八月廿六日寅時葬臺姑婆嶚穴丁癸未午子

配　氏改
子三　廸從殤　廸海　廸深殤

進朝

遂淵公四子名朝觀生雍正乙卯年正月十八日　時卒嘉慶己巳年七月廿三日寅時

妣　張氏生乾隆己巳年十一月十四日　時卒乾隆戊申年三月廿九日未時

繼　妣許氏名月娘生乾隆辛酉年十二月十五日寅時卒乾隆庚辰年六月十四日酉時葬臺姑婆嶚

繼配呂氏名粉娘生乾隆乙亥年七月十七日　時

子一　廸立

進龍 遂淵公五子名龍觀生乾隆丙辰年十二月初六日時

卒乾隆庚子年五月初三日未時葬臺對面山園內穴坤艮申寅

妣 林氏名報娘生乾隆戊辰年十月初六日　時卒嘉慶戊

寅年正月廿三日未時葬臺對面山

子一　廸白 進卿五子嗣

進虎 遂淵公六子出繼遂清

進會 遂淵公七子殤

進隨

遂淵公八子名隨觀生乾隆壬戌年八月

卒嘉慶己巳年七月十四日亥時

妣 莊氏名讚娘生乾隆乙丑年八月初二日未時

卒乾隆乙巳年二月十三日寅時塟臺對面山園内穴巳亥壬丙

子二　廸金　廸玉殤

進伴

遂淵公九子名雙伴生乾隆甲子年九月十二日寅時卒

嘉慶甲子年八月廿日　時塟臺土地公崎拱南

妣 吴氏名段娘生乾隆辛未年正月十八日　時卒嘉慶丙

子年九月初七日　時塟臺姑婆藔後竹仔崙山拱北

子三　廸春　廸德　廸彩

進全

遂淵公十子名十全生乾隆戊辰年四月廿九日辰時卒

嘉慶辛酉年十月廿一日丑時塟臺姑婆藔山穴酉卯辛乙

妣馬氏名罔娘生乾隆辛未年正月初十日辰時卒嘉慶甲戌年三月廿五日未時塋臺姑婆嶺山穴申寅坤艮

子四 廸河 廸順 廸軫 廸要

進虎

遂清公長子遂淵六子嗣名虎觀

進裕

遂禎公長子

配 氏

子 廸梅

進禄

遂禎公次子

配　氏
子一　廸忠

進禮　遂禎公三子
配　氏
子一　廸祖養

進坦　遂禎公四子
配　楊氏名準娘生乾隆辛巳年
子三　廸侯　廸宗　廸碧

進偶　遂君公長子
隨母嫁

国家出版基金项目
NATIONAL PUBLICATION FOUNDATION

海上絲綢之路文獻集成

總主編 陳支平 陳春聲

民間譜牒編 13

主編 林楓

海峽出版發行集團
THE STRAITS PUBLISHING & DISTRIBUTING GROUP
福建人民出版社

本册目次

〔福建晋江〕塔江劉氏重修族譜不分卷〔五〕

〔清〕劉雲路纂修

塔江劉氏北里分派五世譜圖

三房四海倉分支派

一世 二世 三世 四世 五世

始祖令史公

一郎 世次分載長房譜中

二郎 世次分載二房譜中

三郎 子四

誌伯 世次分載宮后分譜中

誌仲 世次分載海下分譜中

誌叔 世次分載后巷分譜中

誌季 海倉分分基之祖子一

存性 子一

履元 子一

履元 子二

六世

綄樸 子二

七世

復泉 子二

宜淳 世次至嘉慶庚辰年重修譜牒分載下海倉譜中

八世

廣漢 止

帥卓 子四

九世

子揮 止

喬楠 支派分載

喬森 子三

喬林 移居福省世系附載喬楠公支派閩縣下

十世

潘揚 子二

潘佐 子四

潘玖 子一

藩揚

藩佐 子四

十一世

賛元 出繼喬楠四子藩碁公

完淑 因遷都移居建寧

偉元 止

經元 子二

十二世

成隆 子六

十三世

莊當 養子一

莊三 子二

莊壯 子二

十四世

遂倡 嗣子一

遂石 子五

遂竹 子二

遂顏 子二

十五世

進簡 子六 遂石四子承

進邁 子二

進亞 子三

進鬅 子二

進簡 承遂倡

進知 承遂竹

進知 子三 遂石五子承

兕益 弄贅出

進鍊 子七

進從 子去

遂計 子四
進紀
進果 子六
進扇 嗣子一
進坤 子二

莊竈 子三
遂言 子四
進劍 子四
進浪 承遂提
進州
進浯

遂提 嗣子二
進浪 遂言次子承
進稽 遂佻次子承 嗣子二

遂佻 子三
進設 子三
進稽 承遂提
進許 子五

莊降 子一
遂春 子五
進許 子四
進提 子七
進剡 子一

成桑 子五

莊鑒 殤
莊生 止
莊楼 子三
莊睽 止
莊掠 子五

遂笑 子三
遂璨 子五
遂宴 子三
遂檜 止

進常 子七
進足 子六
進瑞 子五
進友 子四
進涼 子一
進順 子四
進兼 子五
進台 承遂抱
進孟 子三
進讀 子二
進皎 子三
進秩 承遂璠
進釀 幼殤

遂拋 子四
進台 子一 遂璐三子刋
進在
進赫
進葛

遂節 子三
進清 嗣子一
進霸 子二
進錢 承遂度

遂度 子一
進錢 子三 遂節三子承

遂黗 承莊榜

遂璠 子三
進伴 養
進秩 遂寔三子承
進荷

遂黗 子二
進碖 子三 養
進斗

莊榜 子二

掄元 止
平元 子三
成廣 住台山后
次
三
俱遭遷離散

興元 因遷流散
藩玖 子一

十六世　十七世　十八世　十九世　二十世

進簡 子六
- 廸請 殤
- 廸代 子二
  - 茲菜 兼承廸术
    - 唐鋭
    - 唐隱
    - 唐肚
    - 唐登 承廸术爲孫
- 廸任
  - 茲卵
- 廸术
  - 茲菜 廸代長子兼承
    - 唐登
- 廸貢
  - 茲濆
  - 茲尚
- 廸識 幼殤

進邁 子二
- 廸壬 幼殤
- 廸朴 子四
  - 茲棨 子四
    - 唐蛹
    - 唐偊
    - 唐圈
    - 唐黽 幼殤

進亞 子三

迪安 承進犇
迪掃 子二
迪養 子三

茲謁 子一
茲菲 子四
茲僉 子二
茲下 子二
茲珍 止 迪養次子承
茲庚 子三

唐偏 茲案次子承
起頭 幼殤
唐敢 幼殤
唐穴
唐浮
唐衔
唐本
唐勘 子二
唐敲
唐斷 幼亡
唐挽 幼亡
唐昆 幼亡

建裘
建衙

進髯　子二

廸裔　紛　子三

廸妥　子五　進髯長子承

茲珍　承廸掃

茲福　幼殤

茲接　止

茲泰　子三

茲門　子四

茲飄　子六

唐斜

唐湁

唐入

唐磨　茲門長子承

唐尊　茲門次子承

唐磨　承茲泰

唐尊　承茲泰

唐業

唐工

唐恬

唐營　承茲續

唐𩥇　幼亡

唐賓　出承卞厝茲煉

唐帷　幼殤

唐托　茲豈長子承

進知 子三

廸禎 子三

茲甑 子二

茲撻 子三

茲卞 承廸禘

茲璽 子五

茲姹 止

茲册 子二 宗吉廸蕭次子承

茲浮 子三 廸樹長子承

唐覴

唐扯

唐月 殤

唐攬 殤

唐粽

唐托 承茲飄

唐狗 分出許渋

唐赤

唐八 分出西浦洪

唐槺

唐叠 茲浮長子承

唐佰 茲浮次子承

唐叠 承茲册

唐佰 次茲册

唐及

進蕋 嗣子一
進銢 子七

廸栻
廸坊 承進蕋
廸坊 子一 進知三子承
廸坫 子六
廸切
廸頊 嗣子一
廸洸 子二

玆浮
玆頴 子三
玆𥔲
玆掌
玆件 承廸頊
玆威
玆嫣
玆討
玆印
玆件 廸坫次子承
玆坑 廸𤊾次子承

唐𧶽 幼亡
善𧶽
唐輯 幼亡

迪輸 止

迪淡 子四
- 玆選
- 玆陣 出承長房迪超
- 玆硯
- 玆格 承迪洸

玆格 迪淡四子承

迪剪 殤

進從 子二
- 迪裒 子二
  - 玆鏗
  - 玆卜
- 迪賡

進紀 嗣子一
- 迪鈎 進果長子承一 嗣子一
  - 玆濕 迪騰三子承

進果 子六
- 迪鈎 承進紀
- 迪查 止
- 迪標

進扇 嗣子二
進坤 子二
進劍 子四

廸篯
廸砵 承進扇
廸占 幼殤
廸砵 進扇五子承
廸贏 進坤次子承
廸余 子七
廸贏 出承進扇
廸彪
廸趣
廸欽 子四

兹愢
兹岩
兹世 迪余長子承
兹世 承迪贏
兹營 分出滿洲王
兹丁 分出柯坑張
兹薄 分出柯坑張
兹植
兹愧 承迪篯
兹雪
兹簿
兹愁
兹意 承迪相

玆放

迪相 子五

玆意 子二 迪叙三子承
- 唐批
- 唐賤

玆鑿 幼殤

玆復
- 唐鱷

玆社 承迪通

玆溹

進播 子二

迪令 進設次子承
- 玆鑾

迪冇 惟聍三子承

進設 子三

迪具
- 玆沃 承迪通
- 玆盤 早亡
- 玆才 早亡
- 玆黑

迪令 承迪▢

進哼 子五

進許 子四

5 廸通 子三

廸深 幼殤

廸蘭

廸有 承進嵇

廸坎

廸 分出示奧本家

廸膽 子四

廸閑 子一

廸瓦 子二

玆社 廸相三子承

玆沃 廸異長子承

玆昌 子二

玆坑 承廸洪

玆濕 承廸駒

玆相 幼殤

玆新 子二

玆寄 幼殤

玆空

唐蚵

唐闍

唐端

唐注

進提 子七

- 廸號 子三
  - 玆揔
  - 玆擇
  - 玆家
- 廸虧 子二
  - 玆漂
  - 玆剥
- 廸串
- 廸莉 子五
  - 玆念 殤
  - 玆挓
  - 玆舫 承廸欄
  - 玆走
  - 玆耍
- 廸丹
- 廸鏃 子二
  - 玆影
  - 玆淍
- 廸欄 子一
  - 玆舫 廸莉三子承
- 廸廳 子一
  - 玆喜

進剡 子二
- 廸扒 子五
  - 茲蚋
  - 茲爾
  - 茲蓋 承廸萈
  - 茲熒
  - 茲平

進制 子四
- 廸萈 子二
  - 茲談
  - 茲蓋 廸扒三子承
- 廸𠂢 子五
  - 茲營 養
  - 茲猴
  - 茲靴
  - 茲孤
  - 茲魚 幼殤
- 廸山 子四
  - 茲鼎
  - 茲拚
  - 茲拔
  - 茲唁

廸秤 子四

進足 子六

廸蔔 子一

廸名 子三

廸芒 子四

廸淺 嗣子一

廸耳 十二

廸濵

玆皷

玆乍

玆玩

玆航 幼亡

玆托 廸名長子承

玆托 承廸蔔

玆細 幼殤

玆箬 宜寄呷

玆硿 幼殤

玆買 承廸淺

玆狗

玆皂

玆買 廸芒次子承

玆煨

塔江劉氏族譜

進瑞 子五
- 迪文
- 迪再
- 迪綿
- 迪柞
- 迪揀 子一
  - 茲楝
    - 唐泉

進友 子四
- 迪浩
- 迪納 侄台子四
  - 庚申
  - 茲保 子一
    - 唐比
  - 茲蘇
  - 茲正
- 迪別
- 迪抻

進涼 子一
- 迪論

進順 子四
- 迪羨 子六
  - 茲臣
  - 茲芎 承迪等

進兼 子五

迪等 承進孟
迪象 子二
迪張 子五
迪翁 幼殤
迪蘭 子一
迪可 承進讀
迪憁 子四

玆樟
玆貌
玆坦
玆揲 承迪汶
玆連
玆旦
玆牡
玆示
玆汰
玆霞
玆奔
玆樵
玆悄

塔江劉氏家譜

進孟 子三

進讀 子二

進皎 養子三

迪興

迪云

迪等 進順次子承

迪浸 子二

迪可 進蔵三子承

迪拱

迪勉

迪葉

迪綻

玆妹

玆闈

玆壞 殤

玆芎 迪葉次子承 子三

玆揲 迪葉長子承

玆俔

玆礐

唐永

唐扁

唐歪

進岧 子二
通運 子三
茲宙 承運著
茲炳
茲使
茲菓

進清 子一
通倚 進賤長子承

進霸 子二
通山 子二
茲岸 幼之
同貴 外甥入承
通嘵

進錢 子三
通倚 承進清
通螺 幼殤
通著 子二
茲宙 子二 通運長子承
唐瞱
唐取 殤

進碕 子三

廸唻 子六

廸抳

廸核

玆搶

玆廻

玆輭

玆語

玆鳌

玆準

玆採

玆双

玆水

塔江劉氏北里分派族譜

三房四海會分世次

第一世

宣教公次子諱拓於宗中排行一百二十九故呼之曰九哥公仕宋為朝散大夫行軍令史信國公督府叅佐有行軍令史印在埜本鄉西邊埭墘

始祖令史公

妣蘇氏

子三　一郎　二郎　三郎

第二世

一郎公

令史公長子世次分載長房分譜中

二郎公

令史公次子世次分載二房分譜中

三郎公

令史公三子生失載卒年五月廿二日忌辰

妣氏生失載卒年七月十六日忌辰葬西邊潭仔墘

子四 誌伯 誌仲 誌叔 誌季

第三世

誌伯

三郎公長子世次分載宮后分譜中

誌仲　三郎公次子世次分載海下分譜中

誌叔　三郎公三子世次分載后卷分譜中

誌季　三郎公四子海倉分分基之祖生卒塋配世隆公脩譜時已無脩載今仍其舊有則録之無則不敢生設也

妣　氏

子一　存性

第四世

存性　誌季公長子

妣　氏

子一　履元

第五世

履元　存性公長子

妣　氏

子一　紀樸

第六世

紀樸　履元公長子

妣葉氏　合巹衝口十二月廿九日忌辰

子二 復泉 宜湾

第七世

復泉 紙樸公長子

妣黃氏

子二 廣漢 帥卓

公歸自海滄先時賈寓得貲黃金千而故里塔江也當是時築居於里濬田限堤於海宗有事子姓追隨願命焉 公不憚爲之費今雖耗損而子孫服勤謹守繁衍必昌其後

宜淳 紈樸公次子世次至嘉慶庚辰年重修譜諜分載下海滄譜中

第八世

廣漢 復泉公長子號雙洲

妣　氏

子無

帥卓 復泉公次子號東洲

妣楊氏謚謹德合塋妣眉山今為內眉山穴坐西向東石碑鐫東洲劉公謹德楊氏

子四 子揮 喬楠 喬森 喬材

第九世

子揮 帥卓公長子

妣 氏

子無

喬楠 帥卓公次子支派分載頂柱

喬森 帥卓公三子字子烈生無攷卒 年八月初八日丨時

葬新塘内康熙壬寅年孫端善祔穴乙辛卯酉

妣　吳氏生興攺卒　年四月廿八日　時葬三寳墓口悌
叔地内穴癸丁丑未
子三　藩揚　藩佐　藩玖

喬林　帥卓公四子支派移居在福省世系附載喬楠支派圖諜

第十世

藩揚　喬森公長子謚榮臺生萬曆辛丑年二月十一日　時卒
順治　年閏五月十五日巳時與堂弟藩畧合葬新塘
橋坐癸向丁

妣　吳氏謚勤慎生萬曆乙巳年九月十六日　時卒康熙壬
寅年七月十九日　時葬本鄉西沙書房邊

子二 贊元（出繼喬椅子潘晏公） 完淑（因海遷都移居建寧）

潘佐

喬森公次子謚雲冲生萬曆庚戌年八月十六日 時卒康熙壬寅年正月十五日卯時塟 山坪頂穴坤艮未丑長子偉元祔

妣 東埔吳氏謚慈慎生萬曆甲寅年十月初二日 時卒康熙乙巳年五月十三日 時塟埕邊面穴癸丁子午

子四 偉元 經元 掄元 平元

潘玖

喬森公三子生卒俱無攷塟大泉埔墈坐西南向東北又移塟新塘內與喬森公仝塋

妣 氏

子一 興元

第十一世

贊元藩揚公長子出繼喬楠四子藩畧公

完淑藩揚公次子移居建寧府

偉元藩佐公長子生崇禎甲戌年九月廿一日　時卒康熙乙巳年四月　仝藩佐公塋山坪頂

妣石菌王氏生卒無攷

子無

經元 潘佐公次子名[illegible]元字爾綸謚端善生崇禎癸未年二月初二日亥時卒康熙辛丑年閏六月廿二日辰時壬寅年祔喬森公塋新塘內穴卯酉甲庚

妣 山前黃氏名進娘謚守勤生順治乙酉年三月十九日戌時卒雍正戊申年二月初八日未時塋後堀頭穴乙辛卯酉

子二　成隆　成桑

妣佐經元公治家有法庭除雍睦姑婦閒和氣可掬尤重書香延師課篤孫子盡禮盡甚至身冒勞瘁無非欲子孫讀書有成今安倿得采泮芹雖未足以售母之報然母一念之銳吾知其留貽者深哉

掄元 潘佐公三子生卒塋遭遷無攷

妣　氏

塔江劉氏族譜

子無

平元藩佐公四子生卒塋無攷

妣　氏

子三　成廣　次　三俱遭遷離散

興元藩玖公長子因遷流散

第十二世

成隆經元公長子名良觀諱成豫字公定謚達豐生康熙丁巳年八月初三日辰時卒乾隆己卯年二月廿二日巳時與

繼妣許氏[illegible]已執冀

妣鮑厝黃氏名圭娘號淑受生康熙辛酉年五月初十日亥時卒雍正戊申年十一月十三日辰時塋坑后穴乙辛卯酉長男五男祔

繼妣大白山許氏名南娘號淑慈生康熙庚午年九月廿八日巳時卒乾隆己卯年二月十一日子時與公合塋前面辭

子六　莊當　莊三　莊壯　莊寵俱黃出　莊降　莊鑒俱許出

公氣宇超〻無塵俗態與弟公輯孝友相尚最得二老歡刑于之風行于壹內妯娌相善庭無閒言而公得以少伸其志搆祠宇為先人計重詩書為孫子謀廼延家　玉山西席安侯德業有進又復遣就名儒冀其大成尊師待友情文兼備果也彼蒼不負安侯遂得名列泮宮從此登幟中原看花上苑墾孫子之書田闢後來之文氣未始不由公一念之儒雅以啟之也

侄際侯謹識

成桑　經元公次子名桑觀諱成雅字公輯謚達脩生康熙庚申年閏八月初十日戌時卒雍正己酉年九月初三日申時葬水堀頭穴寅申艮坤

妣　石菌黃氏名論娘謚懿範生康熙甲子年正月十七日午時卒雍正己酉年六月初一日巳時葬三寶墓前穴癸丁丑未

子五　莊生　莊樓　莊睽　莊提　莊榜

第十三世

莊當　成隆公長子乳名當諱莊仁字安侯彰化邑庠生榜姓蔡名學海後復姓改名綸國生康熙庚辰年十月卅日（舊譜誤書廿九日）巳時卒乾隆甲午年正月十八日酉時葬坑后與母黃氏五弟莊降仝穴

妣　湖尾蘓氏名省娘謚凝愛生康熙癸未年九月廿九日辰

繼

時卒雍正甲寅年五月廿七日申時塟前薛面與遜侯妣
張辰娘妯娌同塋穴亥巳壬丙
妣新市曾氏名催娘謚鴻德生康熙丙戌年八月初八日
午時卒乾隆乙亥年三月初四日酉時塟埕邊面
子一　遂倡嗣
乙未戩公定叔延鼇城家　玉山師西席予負笈焉與安
侯燈窗共礪奇疑朋友志風雨弟兄情相期花吐筆中春
首聚四載安侯性敏端重霜顏飄飄有凌雲慨先生羆之
嗣後予歸鼇陽各處一隅而安侯畋漁秋實春華辛苦冬
爐夏扇樹幟文壇遂為彼都人士之望先是鄉多猜忌罕
於來往安侯每事責己約束族人無使縱溫厚之氣洽於
閭里于是轉罵習為惇風弔免贈答相友相助遂稱仁里
然刮垢磨光藏羆以待其如凌雲賦就揚意不遇何丁卯
冬抵臺司衡鑒賞拔置彰邑庠中屢試前茅名震海外戊

寅歲試補廩值凶年荐臻雙白在堂誠恐甘旨有缺脯資
盡寄遲於點綴遂為主司所抑而安侯恬如也蓋安侯孝
友性成掌侯幼失恃殫心撫視日則相隨夜則推乾尤重
祖宗厚族屬子弟有可造就者靡不樂育而其學問宏博
器宇淵深詎能限其所至即吾知騏驥得騁康莊千里立
至自足以仰酬　公定叔尊師重道之至意而無難矣
兄際侯序

莊三

成隆公次子名三觀諱莊槐字庭侯謚植厚生康熙己丑
年九月十二日巳時卒乾隆癸酉年四月廿八日巳時塋
后坊頭穴居南畔第二堆巽乾兼巳亥

妣

石蘭洪氏名裕娘謚凝儉性孝賢淑生康熙庚寅年九月
初七日　時卒乾隆癸酉年五月十一日辰時塋後水坑
穴坤艮未丑舊譜載艮坤丑未

子二　遂石　遂竹

莊壯　成隆公三子名壯觀諱莊履字大侯謚植泰生康熙壬辰年八月初二日未時卒乾隆辛卯年十二月十二日午時與妣楊氏移合塋在埕邊面穴壬丙子午

妣　大白山楊氏名勸娘謚宜巽生康熙甲午年七月廿日辰時卒乾隆己未年七月十五日午時與公改合塋埕邊面

繼妣　安平陳氏名招娘謚勤儉生康熙甲午年七月十六日寅時卒乾隆癸卯年四月廿四日未時（改塋在官山）塋埕邊面穴乾亥巽巳

子二　遂顏（楊出）　遂計（陳出）

莊竈　成隆公四子名竈觀字掌侯號莊運生雍正甲辰年八月初五日未時卒乾隆丁未年四月初六日戌時移塋水堀頭長男祔

妣 溪邊許氏名好娘謚慈隨生雍正壬子年七月廿六日辰時卒乾隆壬辰年三月十九日酉時葬坊內穴居中央

子三　遂言　遂堤　遂佻

莊降 成隆公五子名降觀諱莊嶽字誕侯謚植永生雍正辛亥年五月初三日丑時卒乾隆壬午年六月十一日卯時葬西沙又移葬坑后與前母黃氏安侯兄合塋穴乙辛辰戌

妣 石蘭黃氏名初娘謚靜節生雍正乙卯年十二月廿日亥時卒嘉慶戊辰年正月廿三日辰時葬在坑后與公仝欄男遂春祔合穴長孫婦孫氏祔在欄內穴居北畔

子一　遂春

莊鑒 成隆公六子　殤

莊生

成桑公長子名生觀諱莊機生康熙乙酉年閏四月十八日辰時卒康熙辛丑年閏六月廿七日未時塟海沙墘

莊樓

成桑公次子名樓叔諱莊蔓字市侯生康熙庚寅年七月十六日（舊譜書六月十二）子時卒乾隆丁未年七月十四日巳時塟埕邊面坐壬丙兼子午長男祔穴居中央

妣

蕑柄黃氏名添娘謚慈懿生康熙庚寅年四月十二日酉時卒乾隆丁酉年二月十一日未時塟后水坑

子三 遂笑 遂璨 遂宴

莊睽

成桑公三子名睽叔諱莊陞生康熙壬辰年十二月廿七日卯時卒雍正己酉年閏六月初六日 時塟海沙

莊提　成桑公四子名提叔字遜候諡莊敏生康熙乙未年八月初六日申時卒乾隆乙未年九月初一日午時塟后水坑

坐南向北

妣　柯坑張氏名辰娘諡勤順生康熙庚子年三月初三日辰時卒乾隆甲子年七月廿二日午時與大功嫂蘇氏妯娌合塋塟埕邊面

繼　妣東埕楊氏名實娘諡靜勤生雍正乙巳年十二月初四日辰時卒乾隆甲午年八月初一日辰時塟大泉頂

子五　遂檜　遂拋　遂節　遂度　遂熙（出承莊榜 俱楊氏出）

莊榜　成桑公五子名榜叔字名侯諡莊題生康熙庚子年十二月廿日戌時卒乾隆戊申年三月十八日酉時塟大泉頂

坐西向東

妣　東石黃氏名亥娘諡端淑生雍正丁未年（舊譜誤書戊申）十二月廿

五日亥時卒乾隆甲辰年三月初三日巳時葬大泉頂坐
庚甲兼酉卯
子二　遂璠　遂熙 莊捷五子

第十四世

遂倡 莊當養子字謀和謚遂予生乾隆庚申年閏四月初四日酉
時卒嘉慶丁卯年三月初十日寅時葬衙口與妣孫氏合塋

妣 本鄉孫氏名時娘謚克儉生乾隆壬戌年五月初四日辰
時卒乾隆辛亥年五月初八日未時與公合葬衙口穴 巽乾巳亥

繼 妣東埕蔡氏名緞娘謚柔順生乾隆辛酉年九月廿一日
巳時卒嘉慶丙子年二月初九日辰時葬官山頂至咸豐
庚申年拾在金內子婦孫廸代廸往廸禾合葬官山埔

嗣子壹　進簡 遂右四子承

遂石

莊三公長子名石觀諱遂玉號謀巖生雍正癸丑年四月十三日辰時卒乾隆甲寅年九月廿五日未時塟本山大泉頂穴壬丙亥巳長男祔碑鐫謀巖公進德公

妣

梅林蔡氏名賽娘謚紽静生乾隆壬戌年四月初三日（舊譜誤書廿五）辰時卒乾隆壬寅年八月廿日未時塟坊内穴居南畔

繼

妣蘇厝曾氏名勤娘謚維謹生乾隆庚申年二月初三日亥時卒乾隆戊申年五月初七日酉時塟大泉頂穴（壬丙子午）

子五　進邁　進亞　進髯　進簡（承遂倡）　進知（出承遂竹　俱蔡出）

凡為人子孫者無不欲揚其先祖然譽之過於其實則恐為他笑予王祖考　遂玉公者創業垂統雖無積萬亦有居千治家以勤儉孝友寔天成即其興滅繼絶何莫非孝友之心之積而然乎昔周武王封三恪齊桓公存三亡論者俱以為美談而吾祖有五子撥一以承功弟撥一以承胞弟其志乎鄧攸之志而心乎庾袞之心者也予少孤每

食不忘陔山之詠終夜誦為連被之樂雖二叔羽翼而寡母孀居寂寞之下每念一餐一飯何莫非祖德之留貽也今將修譜爰記何祖之行曰自奉以儉治家以勤奉親以孝接人以敬於鄰無忤於鄉無爭是吾祖之行也

恭讚

孫迪朴識

巖翁行叔臺行樂圖天地精靈之英昭於雲漢則為日為星鍾于草木則為松為栢而其鬱為人材也則為賢為豪叔臺非其人歟余自辛酉頒薦獲識其郎及元兄弟殆克家令子也然祁午之賢祁大夫教之范文子之賢隨武子教之覲其子而知其父則及元昆季之循循規矩秀出一時謂非吾叔之家訓無忝哉余雖未的覩其人而披圖之下想見當日優游林下課兒孫以有成樂泉石而自得其怡然足適蓋未始非天眷其人而因以厚償其遇也爰撊管而為之序

愚侄大業頓首拜

遂竹

莊三公次子名竹叔諱遂青謚謀雲生乾隆庚申年四月廿五日辰時卒乾隆癸卯年十月初十日酉時塟番暹邏望閣城內

妣 暹邏係是前埔鄉蔡氏名弄民生卒失記　生一女

繼 配番邦暹邏名弄贊生卒失記

子二　進知（遂石五子承）　光莚（弄贊出）

人苟有志振興雖置身萬里之外亦將營家計建基業光祖宗耀閭里也舜稱大孝極之於富天下吾儕小人何敢望焉然而田園數頃上供祭祀之費下爲纘緒之資此與隕墜先業者相去何啻霄壤哉予叔祖諱遂青者少居閭里立雖無地壯遊海外致富成家凡諸至親莫不被澤

迄今觀其書札皆為興祖興宗計嗚呼此非篤孝之心乎
若夫事之成敗天也非人所能逆料也
姪孫廸朴識

遂顏
莊壯公長子名顏叔諱遂楫號謀濟生乾隆丁巳年七月廿三日戌時卒乾隆戊申年六月初四日辰時塋官山埔與妣合塋

妣
本鄉孫氏名曲娘謚慈謹生乾隆辛酉年十月廿一日午時卒道光乙酉年四月初九日未時與公合塋官山埔
子二　進鍊　進從

遂計
莊壯公次子名計叔諱遂可字謀策生乾隆己巳年二月十七日酉時卒乾隆戊申年五月初六日午時塋官山頂

妣
洋宅楊氏名嬿娘謚節順生乾隆乙亥年九月廿日酉時

卒嘉慶癸酉年四月十九日酉時塟官山埔
子四　進紀　進果　進扇　進坤

遂言　莊竈公長子字謀梔謚遂行業儒生乾隆辛未年九月十七日午時卒嘉慶丁巳年十二月十八日未時殁在臺拾田塟水堀頭與父仝穴癸丁兼丑未

妣　柯坑張氏名愛娘謚節儉生乾隆丙子年十一月十五日時卒嘉慶庚午年十月廿六日未時塟官山至咸豐甲寅年拾在金内與長男進擨婦張氏孫氏合塟在官山

繼妣臺灣

子四　進擨（張出）　進浪（出承遂堤）　進洲　進浯

遂堤　莊竈公次子名堤叙字謀道生乾隆甲申年十月十四日辰時卒乾隆丙午年八月十二日　時殁番邦塟在暹邏

嗣子二　進浪（遂言次子承）　進稽

遂桃　莊寵公三子名桃叔字謀琴號同宇生乾隆庚寅年六月初九日　時卒道光庚戌年三月初一日　時塟海汶墘

妣　柯坑張氏名佑娘謚柔姿生乾隆戊戌年四月廿四日時卒道光己酉年二月初六日戌時塟官山埔

子三　進設　進稽（出承遂提）　進玗

遂春　莊降公長子名春光字謀輝號謀魁生乾隆戊寅年十二月廿六日子時卒道光丙申年三月十二日巳時與母黃氏合塟坑后穴乙辛辰戌穴居北畔

聘　東埕蔡氏名留娘生乾隆丙戌年八月十五日戌時卒乾隆辛丑年八月初九日亥時塟東埕蔡山麓

繼妣　石崙王氏名送娘生乾隆丙戌年正月初四日亥時卒

道光癸卯年七月十四日戌時殁葬官山埔
子五　進許　進提　進剡　進制　進足

遂笑

莊楼公長子諱遂逢字謀原謚遂雅生雍正辛亥年二月
十五日辰時卒嘉慶乙亥年二月廿三日辰時葬官山至
道光丁亥年拾在金内與父合葬在埕邊面穴居中央坐
壬向丙兼子午

妣　赤店蔡氏名末娘謚懿德生乾隆戊午年五月初九日未
時卒乾隆癸未年九月廿三日午時葬本山大泉頂

繼妣　山前王氏名聽娘謚懿命生乾隆庚申年九月十八日丑
時卒道光庚寅年四月初五日巳時葬海泒墘

子三　進瑞（蔡出）　進友　進涼（俱王出）

遂瓈

莊樓公次子諱遂閣謚謀臺生乾隆丙辰年七月初五日卯時卒乾隆戊申年七月廿四日巳時葬大泉頂與媽谿

妣 坂頭蔡氏名印娘謚慈愛生乾隆癸亥年正月十三日午時卒乾隆戊申年七月十五日寅時葬大泉頂與公合葬穴壬丙亥巳

子五　進順　進兼　進旹（出承遂抛）　進孟　進讀

遂宴

莊樓公三子諱遂朋字謀友謚遂亨生乾隆乙丑年四月十八日子時卒嘉慶丙子年八月初十日巳時拾在金內葬埕邊面與父仝棚穴居北畔

妣 英林洪氏名檳娘謚勤順生乾隆丁丑年四月十二日辰時卒嘉慶辛酉年四月十五日子時葬后水坑坐南向北

子三　進皎　進秩（出繼遂璠）　進鑲

遂檜 莊捷公長子諱遂曲字謀致生乾隆戊辰年九月初六日戌時卒　年　月　日　時塟在海沙

遂拋 莊捷公次子諱遂懷字謀羆生乾隆辛未年牌書五月廿九日午時（舊譜作閏五月）卒乾隆戊申年五月十九日未時塟官山埔坐西向東

配 潘俓許氏（攺）

子四 進荅（遂琭三子承）　進在　進赫　進葛

遂節 莊捷公三子諱遂符字謀合謚遂廉生乾隆甲戌年十二月十六日子時卒嘉慶庚辰年九月初九日巳時塟海峯庵與婦柯氏並欄

妣 石蔄洪氏名昔娘生乾隆辛巳年二月初九日巳時卒道光辛丑年又三月十四日卯時塟畚箕湖

子三　進清　進霸　進錢出繼遂度

遂度 莊提公四子諱遂審謚謀法生乾隆己卯年十一月十三日子時卒乾隆己酉年六月廿一日卯時歿于臺葬臺灣海埔厝糞箕湖

妣 漳州府陳氏改

嗣子一　進錢遂節三子承

遂點 莊提公五子出承莊榜

遂瑤 莊榜公長子諱遂璵謚遂衍生乾隆丙子年十一月廿日舊譜子時卒乾隆丙午年八月初八日午時葬大泉頂田上坐西向東

妣大坑園吴氏名箕娘謚勤儉生乾隆丙申年八月初八日午時卒嘉慶戊辰年十月廿五日卯時塟官山頂

子三　進伴養　進秩子彔遂宴三　進荷吴出

遂點

莊榜嗣子莊提五子彔諱遂指謚謀顧號謀檢生乾隆乙酉年九月廿八日未時卒道光辛卯年五月初九日丑時塟吉水坑

妣後湖蔡氏名晏娘謚勤儉生乾隆乙未年十二月十六日亥時卒嘉慶壬申年八月十九日丑時塟官山頂

繼妣清兜張氏名念娘生乾隆庚子年正月廿六日辰時卒道丁酉年四月廿三日未時塟官山下挖穴坐東向西

子二　進騋養　進斗蔡出

第十五世

進簡

遂侶殿子遂石四子承名帝簡字進心謚及闕號及福生
乾隆辛卯年二月十二日午時卒道光壬午年六月廿二
日午時塟官山埔至咸豐庚申年拾在金內與母蔡氏婦
柯氏次子三子四子合堆乾巽戌辰

妣

滬厝垵柯氏名笑娘謚惠柔生乾隆丁酉年十二月廿五
日辰時卒嘉慶己卯年三月十三日未時與公合塟併姑
及婦柯氏及次子三子四子合一穴

子六　廸請殤　廸代　廸往　廸术　廸貢　廸識幼殤

進邁

遂石公長子字及種謚進德號同字生乾隆辛巳年十二
月十二日未時卒乾隆乙卯年四月廿三日巳時塟本山
大泉埔墘穴壬丙亥巳與公父謀巖公仝塋碑鐫進德公

妣

梅林蔡氏名娘娘謚慈祥生乾隆癸未年四月十五日酉
時卒乾隆戊申年八月廿三日寅時塟本山荒內穴居北畔第一堆

繼
妣埭邊許氏名儉娘謚慈勤生乾隆壬午年二月十九日午時卒道光丙午年正月廿七日巳時塋坑后穴乙辛戌辰
子二　廸壬殀殤蔡出　廸朴許出
嗚呼惟我皇考及種公生於乾隆辛巳年十二月十二日未時卒於乾隆乙卯年四月廿三日巳時享年三十五歲朴也不幸生三歲而孤母許氏守節鞠育劬勞俾至成人母呼而告之曰汝父在日孝於雙親甘旨奉養未嘗缺於供也和於叔季未嘗有間言也性勤而敏晝有所為夜必思之計過無憾而後即安處於鄉里行規步矩人咸稱羨又好施予族中有貧乏者賙恤盡心弗與較也種種善事施於閫外者吾不知其處於家無所矜飭無所剡薄心厚于仁而行勤於事此數者吾親見之故能一一為汝詳也汝其誌之於是親承慈旨涕泣而書俾我子孫知先公之德而載諸譜牒者亦足以流傳不朽也矣

進亞 遂石公次子名亞生字及元生乾隆甲申年十月初九日
戌時卒道光戊戌年六月廿九日戌時與妣合塟坊内穴
乙辛辰戌

妣 洪塘張氏名受娘謚懿㳟生乾隆辛卯年正月十二日辰
時卒道光戊戌年六（又四）月廿九日戌（辰）時與公塟本山坊内合
堆穴在於南

子三 廸安（永繼進鬚） 廸埽 廸鶱

進鬚 遂石公三子名鬚叔字及循謚號進美生乾隆丁亥年十
月初十日戌時卒乾隆戊申年八月十五日酉時塟坊内
穴居北畔第二堆

聘 前埔蔡氏（段）

子二 廸喬（養） 廸安（進亞長子承）

進簡　遂石公四子出繼遂倡

進知　遂石公五子出繼遂竹

進知　遂竹嗣子遂石五子承名光知字及音生乾隆乙未年十二月十六日子時卒道光庚寅年三月廿八日巳時葬鴨堀外穴庚甲酉卯

妣　埕邊張氏名知娘謚同調生乾隆乙未年三月廿三日亥時卒道光乙巳年九月廿四日午時葬官山埔

子三　廸禎　廸樹　廸坊出承進蕊

進益 遂竹公次子名光[illegible]字[illegible]乾隆丙申年十二月初三日巳時卒于暹邏塟

配番邦

嗣子一 廸坊 進知三子承

進鍊 遂顏長子名鍊金字及煆謚進補生乾隆壬辰年八月十八日辰時卒道光壬辰年八月廿四日寅時塟官山穴坐西向東拾在金

妣石蘭周氏名鰲娘謚騰雲生乾隆丁酉年九月初二日寅時卒咸豐壬子年七月十二日未時塟官山埔

子七 廸坧 廸切 廸頊 廸洸 廸翰 廸潑 廸剪殤

進從　遂顏公次子名天從字反意謚進紙生乾隆乙未年九月廿日未時卒道光甲申年正月廿七日未時拾塋在官山埔穴坐西向東

妣　南安下庄鄉鄭氏名除娘謚勤懿生乾隆乙巳年二月廿六日卯時卒道光癸巳年六月初三日申時拾塋在官山埔穴坐西向東

子二　廸裒　廸賡

進紀　遂計公長子名坦紀字反常謚進綱生乾隆丙申年七月十八日午時卒嘉慶辛未年三月十四日　時往臺灣海

配　前埔蔡氏改

嗣子一　廸鈎　進界長子承

進果

遜計公次子名果叔謚進敢生乾隆戊戌年七月卅日時卒道光辛卯年二月廿一日辰時拾在金埁官山埔

妣南安下庄鄉張氏名掩娘謚柔善生乾隆辛亥年正月初九日酉時卒咸豐甲寅年三月初十日午時埁官山埔

子六　廸鈎（出承進紀）廸查（幼殤）廸標（幼殤）廸箴　廸砵（出承進扇）廸占（幼殤）

進扇

遜計公三子字及揮謚進扇生乾隆壬寅年十二月十三日酉時卒道光　年　月　日　時歿在臺南（罟呵猴街）

嗣子二　廸砵（進果五子承）廸贏（進坤次子承）

進坤

遜計公四子名坤叔字及厚謚進載生乾隆甲辰年九月初二日　時卒咸豐壬子年七月初七日子時埁官山埔

妣路東蔡氏名罔娘謚端靜生嘉慶癸亥年七月初二日時卒道光戊戌年五月初一日午時埁官山埔

子二　廸羅　廸瀛 出承進扇

進劔

遂言公長子名光劔諱進試字及書謚及碧生乾隆戊戌年十一月十三日亥時卒道光癸未年五月廿八日卯時與母合塋官山埔坐東向西

妣　柯坑張氏名帶娘謚謹恬生乾隆乙巳年九月廿一日巳時卒嘉慶乙丑年四月初九日辰時塋官山埔

繼　妣本鄉孫氏名柳娘謚謹慎生乾隆庚戌年二月廿四日時卒道光丙申年八月十七日酉時塋官山埔

子四　廸彪 幼殤　廸趣 幼殤　廸叙　廸相

進浪

遂言公次子出繼遂堤

進洲　配

遂言三子名滄洲生

進浯　配

遂言四子名滄浯生

進浪　配　臺

遂堤嗣長子遂言次子承名滄浪生

進稽

遂堤嗣次子遂佻次子承名樟稽諡進談生嘉慶癸亥年九月十三日午時卒道光戊申年七月初五日巳時葬在會山埔

妣邑厝垵柯氏名吻娘謚靜壹生嘉慶辛未年正月廿八日
時卒道光戊戌年十二月廿八日巳時塟官山埔

繼妣湖尾李氏名瓊娘謚靜正生道光癸未年八月廿四日
時卒道光戊申年七月廿四日酉時塟官山埔

嗣子二　廸令（進設次子承）廸有（進許三子承）

進設

遂佻長子諱及爲生嘉慶庚申年三月初七日寅時卒同
治己巳年九月廿三日戌時塟官山埔

妣柯倉柯氏名棗娘謚靜專生嘉慶戊辰年十月十七日寅
時卒道光癸卯年八月初八日辰時塟

子三　廸與　廸令（出進稽）廸通

進稽

遂佻次子出承遂堤

進許

配

遂佻三子名門許諱及立謚進望生嘉慶癸酉年五月十
二日未時卒同治癸亥年六月廿六日巳時塟官山埔
埭邊許氏名揀娘謚懿慈生嘉慶戊寅年十月初四日
時卒光緒丙子年正月初一日申時寄塟園內
子四伍 廸深 廸闌 廸有承進嗣 廸坎 五出承永寧本家

進許

妣

遂春長子名天許謚進諾生乾隆甲辰年九月十八日午
時卒道光甲午年十二月初八日巳時塟官山埔
本鄉孫氏名讓娘謚柔順生乾隆壬子年八月初六日未
時卒咸豐乙卯年九月初七日巳時移塟坑后
子四 廸膽 廸闌 廸乩 廸號

進提

遂春次子名烏提謚進撕生乾隆戊申年正月初二日巳
時卒咸豐壬子年十二月廿日亥時塟官山埔

妣石菌張氏名罕娘生乾隆癸丑年五月廿四日　時卒同
治丙寅年六月十三日未時寄塟官山埔
子七　廸虧　廸串　廸莿　廸丹　廸縢　廸欄
廸廳

進剡
遂春三子名剡光謚進電生乾隆庚戌年十一月初九日
亥時卒道光辛丑年閏三月十五日未時塟官山埔
妣本鄉孫氏名愳娘生乾隆壬子年三月初八日寅時卒道
光丙午年四月十六日酉時塟官山埔
子一　廸扒

進制
遂春四子名光制字及定生乾隆癸丑年九月廿三日巳
時卒光緒丁丑年二月廿六日午時塟後水坑穴亥巳兼壬
妣石菌黄氏名痛娘謚閫範生嘉慶丁巳年四月初六日辰

時卒同治丁卯年五月十八日巳時與公合塋後水坑
子四　廸覽　廸欣　廸山　廸秤

進足
妣
遂春五子名足愿字進錫生嘉慶丁巳年五月十六日丑
時卒同治丁卯年五月廿一日辰時塋官山埔
逮還許氏名省娘謚謹身生嘉慶己巳年四月十九日亥
時卒道光庚戌年十月初六日亥時拾塋前薛面岸腳與
姑仝欄穴居南畔
子六　廸蔔　廸名　廸芒　廸淺　廸耳　廸秞

進瑞
妣
遂笑長子名瑞伯謚進祥生乾隆戊寅年四月十六日巳
時卒道光癸巳年又月廿六日丑時塋官山埔坐南向北
洪塘張氏名先娘謚行言生乾隆丁亥年十二月初十日
亥時卒道光戊申年四月廿九日申時塋官山埔

塔江劉氏家族

子五　廸文　廸再　廸綿　廸柝　廸揀

進友

遂笑次子名友光生乾隆己丑年十一月廿五日子時卒道光乙巳年七月廿三日寅時殁在臺埡海埔畚箕湖

妣

山兜吳氏名要娘生乾隆丙申年七月廿七日丑時卒道光己酉年四月廿三日寅時殁在臺埡畚箕湖

子四　廸浩　廸納　廸別　廸狎

進涼

遂笑三子名涼叔生乾隆辛丑年正月十　日戌時卒嘉慶癸酉年十月十五日子時殁在臺埡牛欄頭公館庄葬箕湖

配

西垵洪氏名意娘生乾隆己酉年十月初三日酉時

子一　廸論

進順

遂璆長子名順風諡及和號及理生乾隆乙酉年十二月廿二日　時卒道光壬午年三月廿七日巳時葬後水坑

聘本鄉孫氏名等娘諡端德生乾隆丙申年七月十一日　時卒　年　月　日　時葬

繼妣柯坑吳氏名緞娘諡端立生乾隆丁酉年九月廿四日酉時卒道光辛卯年九月廿二日巳時葬官山埔

子四　廸羨　廸等（承進孟）　廸象　廸張

進兼

遂璆次子名大兼諱進思諡進賢生乾隆戊子年七月十九日巳時卒道光丙申年十二月初六日午時葬官山埔

妣英林洪氏名瑞娘諡祥德生乾隆壬寅年正月廿九日酉時卒同治癸亥年七月初五日未時葬埕邊面

子五　廸翁　廸蘭　廸可（承進讀）　廸隱　廸興

進谷　遂璨三子出承遂拋

進孟　遂璨四子名孟叔諱進罷生乾隆辛丑年五月廿四日
時卒道光庚戌年十二月十九日午時
妣臺灣牛欄灣黃氏名藥娘謚慈德生乾隆庚戌年八月廿
二日　時卒嘉慶癸酉年二月十八日午時葬在臺
繼妣石龜許氏名瑎娘謚慈柔生乾隆甲寅年　月　日
時卒道光丙申年二月廿八日巳時葬在海沙墘
子三　廸云黃出　廸等子承進顺次　廸浸許出

進讀　遂璨五子名蘊讀諱進書謚進詩生乾隆乙巳年七月廿
三日　時卒嘉慶庚辰年七月廿八日寅時殁臺拾葬官
山埔

酉 酉坮洪氏

子二　廸可（進策三子承）　廸拱

進皎

遂寔長子名皎月謚進潔生乾隆己亥年十二月十六日午時卒道光壬寅年十月廿二日辰時塋官山埔

妣南安東田鄉蔡氏名姜娘謚端順生乾隆庚戌年八月十五日　時卒嘉慶丙寅年三月廿六日辰時塋官山埔

繼妣草洪塘林氏名趣娘謚端靜生乾隆癸丑年十一月廿四日亥時卒嘉慶癸酉年四月初四日卯時塋官山埔

繼妣石菌黃氏名八娘謚端莊生乾隆乙卯年九月廿日巳時卒咸豐壬子年七月初十日酉時塋海沙墘

養子三　廸勉　廸榮　廸綻

進秩　遂宴次子出承遂璠

進鑲　遂宴三子　幼殤

進㕚　遂拋長子遂璆三子承名㕚叔字及新謚及青生乾隆丁酉年十月廿四日未時卒道光癸卯年又七月初一日戌　塋官山埔

妣　洪塘張氏名緣娘謚温柔生乾隆甲辰年三月初七日戌時卒嘉慶丙子年又六月十五日子時塋官山埔

子一　廸運

進在 遂抛次子生乾隆己酉年三月廿二日巳時
長殤

進赫 遂抛三子
幼殤

進葛 遂抛四子
幼殤

進清 遂節長子生乾隆甲辰年十一月十三日辰時卒乾隆戊申年五月初十日子時葬西沙墘
嗣子一 廸倚 進錢長子承

進霸

遂節次子名西光霸生乾隆辛亥年十二月廿七日丑時卒道光戊戌年五月初八日子時塟畚箕湖

配　氏

子二　廸山　廸喨

進錢

遂節三子出承遂度

進錢

遂度嗣子遂節三子承名光錢生嘉慶丁巳年十二月初一日酉時往臺不知去向

妣

柯倉柯氏名膽娘謚勤儉生嘉慶壬戌年二月十四日戌時卒道光庚寅年十一月十一日亥時與翁合遂節塟海峯庵

子三　廸倚清承進　廸螺幼殤　廸著

進伴
遂璠養長子生卒莫攷

進秩
遂璠嗣次子遂宴三子承

進荷
遂璠三子
幼殤

進碖
遂熙養長子名神碖字進圓生嘉慶壬戌年正月初三日丑時卒光緒丁丑年八月初一日巳時塋官山下挖穴壬丙子午
妣潘徑張氏名讓娘謚淑秀生嘉慶辛未年三月初三日時卒道光戊午年八月十一日戌時塋官山埔
繼配伍堡張氏名完娘生嘉慶乙丑年六月十四日巳時

子三　廸㖲　廸抳　廸核俱後張出

進圖叔臺暨繼配張孺人行樂圖

屋角松青墻頭梅白畫棟飛雲苔階疊石如　叔臺之居可云安宅如　叔之貌宛肖姿格狀偉顴高長而白晳性情克敦卬園寄迹配　張孺人素工刀尺相夫持家勤勞朝夕不讓鬚眉何孅巾幗即今案舉眉齊福緣德獲克家有子訓守趨庭繞膝諸孫手披載籍異富貴之營營無貧賤之戚戚似此風光雖南面而不與易

侄雲路拜題

進斗

遂㸃次子　幼殤

塔江劉氏家乘

第十六世

廸請 進簡長子生乾隆甲寅年九月十三日戌時卒乾隆甲寅年十一月初一日卯時塟海沙墘

廸代 進簡次子名小大字子耕謚廸世生嘉慶辛酉年八月十一日亥時卒道光乙未年八月廿二日午時拾在金輿祖母蔡氏父進簡母柯氏二弟廸任廸术合塟在官山穴乾巽戌辰合為一堆

配 山前鄉王氏名浸娘生嘉慶壬申年十二月初十日 時

子一 𦽚菜 兼承廸术

廸往　進簡三子名小往謚廸來生嘉慶乙丑年正月十一日丑
時卒咸豐壬子年三月初九日　時與祖母併父母兄弟
合塋官山仝一堆
配　梅林蔡氏名棟娘　歿
子一　慈郎

廸术　進簡四子小名术謚建業生嘉慶丁卯年正月初五日寅
時卒道光癸巳年三月初十日亥時與祖母父母二兄仝
塋官山仝一堆穴乾巽戌辰
嗣子　慈桊 廸代子兼祧

廸貢　進簡五子名貢生大名廸賦生嘉慶甲戌年九月初九日
寅時
配　湖尾蘇氏名針娘謚明賢生道光丁亥年九月十七日

時卒同治甲子年八月初五日卯時塟官山埔

繼娶清兜張氏名雖垂娘生道光九年己丑八月初五日子時

子二　玆濆　玆尚前出

廸識

進簡六子

幼殤

廸壬

進邁長子

幼殤

廸朴

進邁次子名光朴字子寔諱廸荊業儒生乾隆壬子年十二月初二日寅時卒同治己巳年六月廿八日卯時寄塟官山埔

妣西塔洪氏名甘娘謚慈敬生乾隆壬子年十月十一日丑
時卒光緒戊寅年九月十三日巳時塟官山埔坐西向東
子四　玆粢　玆謁　玆韮　玆僉

廸妾

進亞長子出承進髯

廸埽

進亞次子名光所字子靜生嘉慶乙丑年十月初二日巳
時卒咸豐戊午年正月初八日　時塟坑后穴乙辛辰戌

妣伍堡柯厝頭張氏名聘娘謚賢德生嘉慶庚午年二月廿
九日酉時卒咸豐壬子年九月十九日午時塟官山埔
嗣子二　玆卞（廸妾四子承）　玆珍（廸鶖次子承）

廸鵞 進亞三子小名鵞字子梁生嘉慶辛未年五月初二日辰時卒同治癸酉年六月初六日未時拾塟官山埔穴坤艮申寅

配 墀邊謝氏名担娘生道光辛巳年六月十七日未時

子三 茲庚 茲珍 承廸人 婦 茲福 幼殤

廸裔 進髯養長子名裔謚廸摇生乾隆壬子年四月初七日亥時卒道光庚戌年十月十三日午時拾在金內與次子茲泰併女佺娘合塟官山穴庚甲酉卯

妣 本鄉孫氏名花娘謚勤愛生乾隆癸丑年正月廿三日巳時卒嘉慶壬申年三月廿七日卯時拾在金與繼配許氏合塟在官山

繼妣大房許氏名美娘生嘉慶丙辰年十一月初一日丑時卒道光乙未年十一月初四日亥時拾在金與先配孫氏

合塋官山埔坐西向東
子三　菘接（繼出）　菘泰　菘問　一女（佩許出女許字埭邊許氏未婚而歿塋官山埔與父兄合爲一穴）

廸妾

進嶷嗣次子進亞長子泳名光妾字廸臣業儒生乾隆甲寅年十二月初五日辰時卒咸豐壬子年五月初九日時塋官山埔

妣

馬坪林氏名瞞娘生乾隆乙卯年二月十五日午時卒同治丙寅年十月十五日　時塋坊內
子五　菘飄　菘甑　菘撻　菘卞（承迪婦）　菘壐

廸禎

進知長子名九貞謚廸祥生嘉慶丁巳年九月十三日巳時卒咸豐癸丑年四月十一日申時塋官山埔

妣

石蘭周氏名文娘謚成卦生嘉慶己未年八月初四日巳時卒咸豐甲寅年九月初四日巳時塋官山埔

子三 茲蛇 茲册（[illegible]次子承） 茲浮（[illegible]長子承）

迪樹

進知次子名仙樹謚迪茂生嘉慶丁卯年七月廿五日辰時卒咸豐壬子年五月初一日亥時塋官山埔

妣石蘭洪氏名冷娘生嘉慶戊寅年正月廿七日辰時

子二 茲浮（承迪禎） 茲顯

迪坊

進知三子出承進懿

迪坊

進懿嗣子進知三子承名坊娶字子言生嘉慶庚辰年四月廿八日酉時

妣柯坑柯氏名讓娘生道光壬辰年十月十一日 時卒道

繼

光丙午年正月十二日申時未婚而殁塋在柯坑山

配伍堡謝氏名乃娘生道光己亥年十月初九日　時

子一　茲磕

迪坫

進錬長子名永坫諡迪珪生嘉慶丁巳年十月初六日戌

時卒咸豐癸丑年八月廿日子時塋官山埔

妣內厝黃氏名玉娘生嘉慶乙丑年四月十一日子時卒嘉

慶乙亥年十二月廿五日未時塋內厝山

繼妣路東陳氏名麵娘生嘉慶丙寅年十一月十八日亥時

卒咸豐丁巳年五月廿日　時塋官山埔

子六　茲掌　茲件（承迦項）　茲威　茲嫣　茲討　茲印

廸切
進闕次子小名切諱廸瑞生嘉慶庚申年六月初七日未時卒道光癸巳年八月初九日寅時歿在臺南路呵喉

廸頃
進睞三子名致頃生嘉慶癸亥年十月廿六日午時卒道光乙巳年十月廿一日戌時塟官山埔
嗣子一　茲件（廸培次子承）

廸洸
進睞四子名洸沽生嘉慶戊辰年五月初九日戌時卒同治丁卯年四月廿二日寅時塟官山
嗣子二　茲坑（廸騰次子承）　茲格（廸淡四子承）

廸翰
進睞五子名抗翰生嘉慶庚午年十月廿日辰時卒道光癸卯年七月初二日　時歿在臺北路香山

廸淡　進鍊六子名抗淡謚廸月生嘉慶甲戌年四月廿一日亥
時卒同治丙寅年十一月初一日午時塟官山埔
配覲頭林氏名末娘生道光辛卯年十二月廿八日戌時
子四　玆選　玆陣（出承長房廸睽）　玆硯（幼亡）　玆格（出承廸洗）

廸剪　進鍊七子生嘉慶己卯年正月廿三日辰時
殤

廸良　進從長子名光剖大名廸益生嘉慶丁丑年七月廿一日丑時
配漳州蔡氏名蜂娘生嘉慶己卯年八月十五日　時
子二　玆鏗　玆卜

廸賡 進從次子名文賡生道光甲申年六月初二日 時

廸鉤 進紀嗣子進果長子承名鉤英謚廸金生嘉慶庚午年十二月廿九日丑時卒道光己酉年四月十八日午時塋官山埔

嗣子一 兹濕廸聰三子承

廸鉤 進果長子出承進紀

廸查 進果次子名山查生嘉慶甲戌年二月廿八日寅時卒年七月廿一日 時幼殤塋海沙墘

廸標　進果三子名標致生嘉慶乙亥年九月初八日丑時卒
年六月初九日　時塋海沁墘

廸筬　進果四子小名筬生嘉慶丁丑年六月初五日辰時卒咸
豐辛亥年三月　日　時歿在臺南路麻六甲庄
嗣子一　茲貴（廸余六子承　改名愧）

廸砵　進果五子出承進扇

廸占　進果六子
幼殤

廸砵

進扇嗣長子進碁五子承小名砵諱廸傳住臺生道光甲申年十二月廿八日巳時卒光緒丙子年六月初一日巳時塟臺

配施氏名端娘生道光辛丑年

子一　茲岩

廸贏

進扇嗣次子進坤次子承小名贏生道光戊子年七月廿一日巳時卒道光庚戌年六月初五日　時歿在臺南路麻六甲庄

嗣子一　茲世廸羅長子承

廸羅

進坤長子名光羅字廸舟生道光甲申年十月十五日子時

配柯坑蔡氏名匀娘生道光丁亥年五月初五日未時

子七

茲世（出承迪羸）　茲貴（改名鷂，出承迪沉）

茲營（出承酒洲王家）　茲雪

茲丁（出承柯坑孫家）

茲簿（出承柯坑張家）

茲槌

迪羸

進坤次子出承進扇

迪彪

進劍長子生嘉慶己巳年八月廿四日　時卒嘉慶年七月初七日　時塋海沙墘

迪趣

進劍次子生嘉慶壬申年　月　日　時卒嘉慶戊寅年十月十三日　時塋海沙墘

廸釵

進劍三子名金釵大名廸寶生嘉慶戊寅年十月初四日戌時

配洪塘張氏名閑娘生道光乙酉年三月廿三日午時

子四　茲簿　茲愁　茲意（承廸相）　茲放

廸相

進劍四子小名相諱廸樹字子木生嘉慶庚辰年十二月十五日卯時卒光緒乙亥年六月初一日未時塋官山埔

妣湖尾傅氏名蔭娘謚賢淑生道光丁亥年四月廿七日時卒光緒乙亥年五月初六日酉時寄塋官山埔

子五　茲意（廸釵三子承）　茲鑾（幼亡）　茲復　茲社（承廸通幼殤）　茲水

廸令

進稽嗣長子進設次子承小名令謚廸勅生道光乙未年八月廿三日戌時卒咸豐乙卯年八月廿五日時（殯于臺湖之下）

廸有

進稽嗣次子進玗三子承小名有生道光癸卯年十一月廿二日寅時

配　氏

子一　玆鑾

廸輿

進設長子名輿生謚廸朴生道光壬辰年七月廿八日辰時卒光緒戊寅年四月廿日酉時

配柯村柯氏名續娘生道光己酉年正月初二日子時

子四　玆沃（承廸道）玆盤（幼亡）玆才（幼亡）玆黑

廸令

進設次子出承進稽

廸通 進設三子名祎通謚廸燮生道光辛丑年正月初二日戌時卒同治癸亥年七月廿日午時塟官山埔

嗣子二 茲社廸相三子承 茲沃廸輿長子承

廸深 進玗長子 幼殤

廸闌 進玗次子生道光辛丑年五月十四日午時卒咸豐塟

廸有 進玗三子出承進稽

廸坎 進玗四子小名坎謚廸窗生道光乙巳年十一月初一日巳時卒同治辛未年三月廿六日午時殁在暹羅

廸 失名

進竚五子出承永寧本家

廸膽

進許長子名光膽謚廸豪生嘉慶辛未年六月廿二日酉時卒咸豐癸丑年正月廿九日　時塟官山埔坐西向東

配東埔吳氏名險娘生嘉慶己卯年七月初八日戌時

子四　茲昌　茲坑 承廸洸　茲濕 承廸朋　茲相 幼殤

廸閑

進許次子名嫣閑謚廸踰生嘉慶乙亥年十月初七日巳時卒咸豐己未年七月十五日　時塟官山埔

妣大房許氏名柿娘謚時珍生道光壬午年六月廿八日亥時卒咸豐癸丑年四月十五日戌時塟官山埔

繼配東埔吳氏名粟娘生道光丁亥年六月初二日辰時
子一　兹新許出

迪瓦
進許三子名厚瓦大名廸全生道光己丑年四月廿九日亥時
聘柯坑柯氏名佺娘謚勤慈生道光辛丑年十月初六日時卒咸豐戊午年四月初四日　時未婚而歿塋在柯山坑
繼妣新店許氏名谿娘謚勤儉生道光辛丑年二月初三日酉時卒同治丙寅年正月初十日　時塋海墘
繼配潘徑張氏名鯱娘生道光癸巳年九月廿六日卯時
子二　兹寄幼亡　兹空

迪號　進許四子名亭號大名廸鴻生道光壬辰年正月廿三日丑時

配大房許氏名京娘生道光丙午年九月初九日戌時

子三　茲揔　茲攀出繼　茲家出繼

迪虧　進提長子小名虧謚廸功生嘉慶庚辰年八月十七日午時卒咸豐壬子年四月初二日丑時塋官山埔

配高后王氏名盞娘歿

子二　茲漂　茲剥

迪串　進提次子小名串生道光癸未年十月初十日寅時卒道光丙戌年七月初九日酉時塋海沙墘

廸莉 進提三子名茉莉大名廸麗生道光丙戌年九月初八日寅時

配本鄉孫氏名竅娘謚勤儉生道光辛卯年十一月十二日巳時卒咸豐已未年十一月廿一日酉時

繼配小坑園吳氏名梅娘謚勤慈生道光乙巳年九月廿八日吉時卒光緒丙子年八月初九日卯時塋官山

子五 茲念殤 茲侘孫出 茲魴 茲走 茲步俱吳出

廸丹 進提四子小名丹生道光壬辰年八月初四日寅時卒道光癸巳年七月廿三日午時塋海沙墘

廸鏹 進提五子小名鏹諱廸毅生道光已丑年十月初十日丑時卒同治辛未年六月初九日子時

妣四石枉林氏名呈娘謚節順生道光甲辰年正月初一日

吉時卒光緒乙亥年九月廿六日寅時與公俱塟官山
子二　茲影　茲淘

廸欄

進提六子小名欄諱廸荷生道光甲午年十月廿四日寅
時卒光緒丙子年七月初五日未時塟官山
嗣子一　茲魴廸莉三子承

廸廳

進提七子名大廳大名廸寬生道光己亥年六月十八日
亥時
配
玉趕洪氏名趕娘生咸豐己未年十一月初九日　時
子一　茲喜

廸扒 進剡長子小名扒大名廸彼生道光庚寅年三月廿四日
戌時

配崙後芝山陳氏名鋌娘謚紫金生道光乙未年二月初二
日卯時卒咸豐戊午年六月初二日午時塟官山埔

繼配石菌洪氏名宿娘生道光丙午年八月廿六日巳時

子五 茲蠟 茲爾 茲蓋（承廸覽） 茲熒 茲平

廸覽 進制長子小名覽諱廸陸生道光甲申年正月初九日戌
時卒光緒丁丑年六月廿一日辰時塟官山

配埕邊黃氏名杓娘生道光壬辰年二月十一日卯時

子二 茲設 茲蓋（廸扒三子承）

廸瓜

進制次子小名瓜大名廸秋生道光丁亥年五月廿六日寅時

配埭邊許氏名好娘謚勤儉生道光甲午年四月十二日午時卒咸豐庚申年九月初八日未時

繼配潘徑吳氏名不娘謚勤慈生道光辛卯年二月十七日酉時卒同治癸酉年正月十四日子時

三娶柯村柯氏名妹娘生道光癸卯年九月初七日亥時

子五　茲營養　茲猴　茲靴　茲派　茲魚

廸山

進制三子小名山大名廸峯生道光乙未年八月廿七日辰時

配東皐吳氏名摘娘謚勤素生道光辛丑年七月十五日未時卒同治癸亥年六月初二日午時塋官山

繼[redacted]氏[redacted]娘生道光[redacted]年正月廿七日　時

子四　兹鼎　兹拆　兹扳　兹唁

廸秤

進制四子小名秤大名廸權生道光己亥年十一月廿日寅時

配四石柱林氏名想娘生道光乙巳年十二月初四日　時

子四　兹毆　兹乍　兹玩　兹駺坐

廸蔔

進足長子名葡萄生道光己丑年九月廿七日辰時卒咸豐癸丑年五月十八日酉時塟官山埔

聘埭邊許氏改

嗣子一　兹托廸名長子录

廸名

進足次子小名名字廸功生道光壬辰年二月初六日亥時卒同治辛未年二月廿三日卯時塟官山

配　四石桂林氏名接娘謚慈愛生道光庚子年十一月十七日酉時卒同治戊辰年六月廿七日卯時

子三　滋托（承廸齒）　滋綑（塟）　滋篷（呷）

廸芒

進足三子小名芒大名廸光生道光乙未年正月初二日卯時

娶　石蘭王氏名波娘生道光已酉年八月初十日亥時

子四　滋硿（塟）　滋買（承廸淺）　滋狗　滋息

廸淺

進足四子小名淺大名廸游生道光丁酉年十二月廿四日酉時

嗣子一　茲買[illegible]

廼耳

進足五子小名耳大名廼聰生道光癸卯年八月初六日申時

配柯村柯氏名格娘生咸豐己未年二月廿四日辰時

子一　茲煨

廼滇

進足六子小名滇生道光丙午年九月初一日　時

廼文

進瑞長子名瘦文諡廼采生乾隆甲寅年十月初九日午時卒道光丁亥年九月廿二日　時塟臺石碑脚

配赤厝曾氏

廸再

進瑞次子小名再生嘉慶丁巳年八月十五日卯時卒同
治甲戌年九月十七日巳時塟畚箕湖

廸綿

進瑞三子小名綿生嘉慶辛酉年二月廿三日卯時卒道
光癸卯年閏七月初四日子時塟海沙墘穴坐南向北

廸柞

進瑞四子生嘉慶　年二月初十日　時卒嘉慶己巳
年二月十五日　時長殤

廸揀

進瑞五子名菜揀諱廸披生嘉慶丁卯年正月初三日巳
時卒同治甲子年九月廿三日未時

妣

本鄉孫氏名葉娘生嘉慶壬戌年　月　日　時卒光緒
丁丑年八月十二日酉時塟畚箕湖

子一　茲蕨

廸浩

進友長子小名浩諱廸氣生嘉慶丙辰年九月十五日午時卒道光乙酉年四月廿三日戌時塋官山埔

廸納

進友次子名廣納大名廸敷生嘉慶壬戌年十二月初二日辰時住臺

配伍堡張氏名帖娘生道光辛巳年十二月初九日

子四 庚申 兹保 兹蕪 兹正

廸別

進友三子名天別生嘉慶甲戌年二月廿三日時卒嘉慶戊寅年七月十一日時幼殤塋

迪狆　進友四子名廣狆生嘉慶己卯年十二月初十日午時卒道光壬寅年十月廿二日巳時塋臺舂箕湖

迪論　進涼長子小名論生嘉慶戊辰年四月廿三日巳時卒未詳塋北頭埔

迪羨　進順長子小名羨諱迪欣生嘉慶庚申年十月十四日辰時

配梅林顏氏名瞞娘生嘉慶乙亥年十月十五日卯時

子六　茲陞　茲董（承迪等）　茲樟　茲貌　茲坦　茲揲

迪等　進順次子出承進孟

廸家 進川三子小名家諱廸[illegible]生嘉慶丙寅年八月初八日未時卒同治辛未年十月十五日酉時塟在官山

配湖尾蕭氏名草娘生道光甲申年二月初一日　時

子二　滋連　滋旦

廸張 進順四子小名張諱廸皇生嘉慶己巳年六月十九日子時

配柯坑柯氏名趐娘生道光己丑年十一月初二日丑時

子五　滋壯　滋示　滋汰　滋霞　滋奔

廸翁 進兼長子 幼殤

廸蘭 進兼次子名九蘭大名廸莅生嘉慶戊辰年十二月廿一日寅時

聘潘徑涂氏名弍娘未婚而歿

配東埔吳氏名様娘謚恬靜生嘉慶壬申年五月廿二日酉時卒咸豐元年辛亥十月初八日丑時葬官山埔

繼配石蘭張氏名鼎娘生道光己卯年九月初二日辰時

子一 玆樵吳出

廸可 進兼三子出承進讀

廸隱 進兼四子小名隱生嘉慶戊寅年八月初二日亥時

配洪塘張氏名恍娘謚得意生道光壬午年四月十三日時卒道光甲辰年七月十二日酉時塋海沙墘

繼配西埔粘氏名砂娘謚恬素生嘉慶戊寅年十二月十一日未時卒同治辛未年四月十一日酉時塋官山

子四　茲悄張出　茲姝粘出　茲圍　茲壞殤

廸興

進兼五子諱廸起生道光甲申年正月廿五日酉時

廸云

進孟長子

廸等

進孟嗣次子進順次子承小名等諱廸待生嘉慶癸亥年九月初四日未時卒道光己丑年六月廿一日巳時塋在

臺蒖箕湖

配　氏

子一　鎡薑（迪羨次子承）

迪浸　進孟三子名水浸諱迪潤生嘉慶己卯年三月十二日酉時卒同治乙丑年四月廿四日戌時塟在官山

配清兜張氏名遍娘（攺）

子二　鎡奪（迪羨六子入承原名攅）　鎡倪

迪可　進讀嗣長子進兼三子承小名可諱迪善號誠禮生嘉慶乙亥年十月廿日午時卒同治己巳年十一月廿六日酉時塟官山

配潘徑李氏名問娘生嘉慶己卯年十一月十七日丑時

子一　茲碧

廸拱

進讀次子小名拱生嘉慶丙子年五月初八日丑時卒道光丁未年六月初六日塟畚箕湖

廸勉

進皎長子

廸藥

進皎次子

廸綻

進皎養三子小名綻大名廸縫生道光丁酉年七月廿三日未時

娶上宅楊氏名有娘生咸豐庚申年六月廿九日酉時

廸運　進谷長子小名運字子啟生嘉慶庚午年十月十五日亥時

配　埭邊許氏名昧娘生嘉慶丁丑年七月初二日　時

子四五　茲宙　謄遴　茲巧　茲炳　茲使　茲菓

廸倚　進清嗣子進錢長子泳小名倚生道光壬午年十月初四日　十月十二日歿在臺海埔厝

廸山　進霸長子小名山生道光辛巳年十二月　卒　年十一月十四日塟奇箕湖

妣　查其庄施氏名瀏娘生　年十月廿九日丑時卒

年三月廿四日塋崙箕湖

子二　兹岸（幼亡）　同貴（王家外甥入承）

廸哓　進霸次子小名哓生道光戊子年九月十三日申時卒道光丙午年十月初九日

廸倚　進錢長子出承進清

廸嘿　（幼殤）進錢次子生道光甲申年

廸著　進錢三子小名著生道光　年忌辰三月廿二日
出贅柯村卒塋柯村山惟香火回厝奉祀

嗣子一　茲寓 迪運長子承

迪唻

進錀長子小名唻大名迪歌生道光甲午年十二月十九日亥時

配伍堡柯氏名夜娘生道光廿年庚子九月初一日子時

子六　茲搶　茲迴　茲輭　茲語　茲鏊　茲準

迪抳

進錀次子小名抳大名迪止生道光丁酉年八月初九日午時

娶柯村柯慈娘生道光庚戌年四月十三日丑時

子一　茲採

廸核

進碕三子小名核大名廸校生道光丁未年八月廿九日酉時

配石菌黄氏名坧娘生咸豐癸丑年十月初五日卯時

子二　兹双　兹水

第十七世

兹菜　廸代長子兼承廸朮小名菜字孫秀謚兹長生道光壬辰年正月廿五日丑時卒光緒己卯年四月廿五日酉時葬在官山

配石菌黃氏名早娘生道光壬寅年十二月廿七日　時

子四　唐銳　唐隱　唐壯　唐登承廸朮為孫

兹菜姪幼失怙母青年守志撫派成立曩郡設節孝局余歆為之舉報以齒未合例而止而姪既長亦有幹才未三旬即與宗族之事凡夫修慈元宮修祖廟疊次與鄰鄉之齟齬餞糧之到鄉而徵收以及兩重官司宕延三載勞力勞心均與余共而姪大事能決應變隨機既有始而有終復知起而知止嫌怨亦所不避各事之不貽鄰里譏者大有力焉每為人排解亦善周旋惟自專者不能無少差袒親者亦易以生怨然鄉鄰多故之秋則不可無是人也故紀之庶不沒於其善處

叔雲路誌

兹卯 廸往長子小名卯太名兹完生道光庚戌年十二月廿日辰時

娶曾厝曾氏名晏娘生咸豐丁巳年五月初十日辰時

兹菜 廸术嗣子廸代子箕裘小名菜號兹長生道光壬辰年正月廿五日丑時卒光緒己卯年四月廿五日酉時塟官山

娶石蔺黄氏名早娘生道光壬寅年十二月廿七日　時

子一　唐登

兹濆 廸貢長子小名濆大名兹湧生咸豐戊午年十一月十七日酉時

聘本鄉孫氏名趁娘生同治丁卯年四月初七日申時

茲尚

廸貢次子小名尚生同治甲子年五月十八日寅時

茲案

廸朴長子名天案大名茲玉生嘉慶己卯年十一月廿一日寅時

配埕邊黄氏名時娘謚望節生道光丁亥年五月十二日卒同治己巳年六月初六日酉時塟官山埔

子四　唐蜅　唐儡承祧　唐圈　唐亀

茲謁 廸杉次子小名詡號茲歷生道光丙戌年正月十四日卯時卒同治甲戌年七月廿日申時在番邦冥叻波

配 埭邊許氏名鈞娘生道光辛卯年七月初七日午時

嗣子一 唐儡 茲業次子承

茲韮 廸朴三子小名韮大名茲豐生道光戊子年十一月廿二日戌時

娶滬厝垵柯氏名鸞娘生道光丁酉年正月卅日　時

子四 唐頭 幼殤 唐敢 幼殤 唐穴 唐浮

茲籤 廸朴四子小名籤大名茲華生道光乙未年二月初六日亥時

配本鄉孫氏名細娘謚瑞潔生道光甲辰年四月十四日巳時卒光緒己卯年九月十七日亥時

子二　唐衔　唐本

兹卞

廸埽長子小名卞號兹莊生道光庚寅年正月廿六日辰時卒咸豐庚申年八月初八日午時塟官山埔

配伍堡張氏名快娘生道光乙未年二月十二日　時

子二　唐勘　唐鼓

兹珍

廸埽嗣次子廸睿次子承小名珍生道光丁未年五月初九日巳時卒咸豐辛亥年八月十六日　時塟海沙墘

兹庚 廸[illegible]長子[illegible]光庚子年六月初十日辰時卒光緒辛巳年八月十一日未時葬官山埔

娶石蘭洪氏名親娘生道光癸卯年七月十六日亥時

子五 唐鍁 唐挽 唐旵 唐鈄 以䒢 殤 唐

兹珍 廸鶩次子出承廸埽

兹福 殤 廸鶩三子

兹接 廸裔長子小名接生嘉慶辛未年 卒嘉慶壬申年 葬海沙墘

兹泰　廸裔次子小名泰號兹和生道光丙戌年二月十二日丑時卒咸豐辛亥年九月十八日酉時與父及胞姊佺娘合塟官山埔穴坐庚向甲兼酉卯

聘　高后王氏名棗娘生道光戊子年三月初一日寅時卒道光壬辰年九月初三日丑時塟高后山

繼　娶潘徑張氏名賀娘改

子三　唐入養　唐膺　唐尊俱兹門子承

兹門　廸裔三子小名門大名兹門生道光壬辰年正月初二日巳時

娶　埭邊許氏名鰲娘生道光甲午年八月十二日

子四　唐膺　唐尊俱承兹泰　唐業　唐上

茲飄
迺安長子小名飄大名茲錦生嘉慶己卯年十一月初一
日戌時卒咸豐戊午年六月廿四日丑時塟臺
先妣東埔吳氏名勸娘謚柔順生道光乙酉年
卒道光癸卯年十月十七日申時塟官山
繼配石蘭王氏名初娘生嘉慶己卯年六月初十日午時
子六　唐恬　唐營承茲續　唐度　唐帷幼殤　唐賓出永寧茲福倶妻　唐托茲萱長子承

茲甑
迺安次子小名甑號茲罷生道光辛巳年十一月廿日寅
時卒咸豐丙辰年五月廿一日未時塟官山埔
妣高后王氏名粉娘號剛性生道光丙戌年四月廿九日卒
咸豐丙辰年五月初八日己時塟官山埔
子二　唐覲　唐扯

茲撻

廸妾三子小名撻大名茲記生道光丁亥年八月初四日酉時卒同治甲戌年七月廿九日未時

配　湖尾蘇氏名扯娘生道光壬辰年正月十六日巳時

子三　唐月　唐攬（泿頭）　唐粽

茲卞

廸妾四子出继廸掃

茲璽

廸妾五子小名璽大名茲信生道光乙未年又六月十一日巳時

配　埭邊許氏名不娘生道光甲辰年五月廿一日　時

子五　唐托（承茲標）　唐狗（分出許埈）　唐赤　唐八（分出西埔洪）　唐懡

兹姹 迪禎長子小名姹生道光甲申年二月廿一日卯時卒道

光乙酉年正月十九日酉時塟海沙墘

兹册 迪禎嗣次子宮后迪駕次子承小名册號兹書生道光己

丑年十月十五日寅時卒咸豐癸丑年三月廿七日卯時

塟官山埔

妣 梅林蔡氏名進娘謚敦厚生道光壬辰年九月十三日

時卒咸豐癸丑年二月廿九日 時

嗣子二 唐疊殤 唐佰俱兹浮子承

兹浮 迪禎嗣三子迪榭長子承小名浮大名兹海生道光甲午年十一月初

四日辰時

配 溝墘蔡氏名樣娘生道光丁未年十二月初一日寅時

茲浮

迪樹長子出承迪禎

子三　唐疊　唐佰俱殀茲井　唐及

茲顴

迪樹次子小名顴大名茲壽生道光丙申年十一月十五日酉時

配

溝墘蔡氏名花娘生道光乙巳年十二月廿九日巳時

子三　唐冀幼殤　唐爽　唐輯幼亡

茲磕

迪坊之子小名磕生咸豐庚申年三月十一日未時

兹掌 廸拈長子小名掌

兹件 廸拈次子出承廸頃

兹威 廸拈三子小名威生卒鈌

兹嫣 廸拈四子小名嫣生卒闕

兹討 廸拈五子小名討生道光癸卯年七月十四日亥時

兹印
廸拈六子小名印

兹件
廸頃嗣子廸拈次子承小名件大名兹條生道光辛卯年十月初九日午時
配
棣邊許氏名燚娘生道光庚子年七月初七日巳時

兹抗
廸洸嗣子廸膽次子承小名抗生道光辛丑年六月十八日戌時
娶
潘徑張氏名寬娘生咸豐己未年十二月廿日午時

玆格

廸淡弟淡二廸淡四子承小名格生同治乙丑年七月廿日　時幼亡

玆選

廸淡長子小名選大名玆青生咸豐辛亥年正月初二日亥時

玆陣

廸淡次子出承長房廸朕

玆砜

廸淡三子小名砜生咸豐己未年七月廿三日　時卒咸豐庚申年三月

塟海沙墘

茲格　迪淡四子出承迪洪

茲鏗　迪良長子小名鏗生道光己酉年四月廿一日巳時

茲卜　迪良次子小名卜生咸豐丙辰年十一月廿九日辰時

聘柯坑張氏名軟娘生同治辛未年七月廿三日辰時

茲濕　迪鉤嗣子迪騰三子承小名湿生道光丙午年八月廿五日辰時

聘洪塘張氏名井娘生同治乙丑年八月十三日辰時

茲愧

廸箴嗣子廸衆六子承生同治乙丑年四月初七日未時

茲岩

廸砵之子生同治甲戌年二月初一日卒光緒己卯年三月十七日

茲世

廸瀛嗣子廸衆長子承小名世生道光己酉年八月初三日戌時

聘下店林氏名好娘生同治己巳年七月廿六日卯時

茲世　迪余長子出承迪贏

茲營　迪余次子分出洒洲王

茲丁　迪余三子分出柯坑張

茲薄　迪余四子分出柯坑張

茲槌　迪余五子小名搥生同治壬戌年四月十八日午時

兹愧 廸桼六子出承廸筏

兹雪 廸桼七子小名雪生同治己巳年五月初三日酉時

兹簿 廸叙長子小名簿大名兹記生道光癸卯年八月初六日酉時卒同治甲戌年五月廿五日塟畨邦嗹叻波錫山

兹愁 廸叙次子小名愁大名兹遣生道光丁未年三月廿四日巳時

茲意
廸叙三子出承廸相

茲放
廸叙四子小名放生咸豐戊午年七月十五日卯時
聘柯倉柯氏名穆娘生同治庚午年十一廿六日寅時

茲意
廸相嗣長子廸叙三子承小名意諱茲誠生咸豐辛亥年二月廿二日亥時卒光緒丁丑年十二月廿一日塟臺東港山
妣潘徑張氏名詮娘生咸豐乙卯年二月廿四日申時卒同治壬申年六月廿六日未時塟官山埔
繼配洪氏名勸娘
子二　唐批　唐賤俱洪出

茲鑿 迪相次子小名[illegible]生咸豐丙辰年九月初二日辰時卒咸豐丁巳年正月十五日

茲復 迪相三子小名復大名茲敦生咸豐丁巳年十一月初九日巳時
娶埕邊黃氏名官娘生咸豐丁巳年十一月十二日[illegible]
子 唐龖 幼亡

茲社 迪相四子出承迪通

茲水 迪相五子小名水生同治己巳年十一月初七日巳時

茲鑾　廸有長子小名鑾生光緒己卯年十二月初十日辰時

茲沃　廸奐長子承廸通

茲盤　廸奐次子　幼亡

茲才　廸奐三子　幼亡

茲黑　廸奐四子小名黑生光緒丁丑年三月初四日亥時

茲社 廸通嗣長子廸相四子欲小名社生同治甲子年八月廿三日辰時

茲沃 廸通嗣次子廸奧長子欲小名沃生同治庚午年十一月十六日卯時

茲昌 廸膽長子小名昌諱茲明生道光戊戌年七月廿九日酉時卒光緒丁丑年十月廿五日未時塋官山

配東石龎氏名莉娘生道光己酉年十二月廿五日寅時

子二 唐蚵 唐闈

茲坑　廸膽次子出承廸洗

茲濕　廸膽三子出承廸朐

茲相　廸膽四子小名相生道光己酉年八月廿九日亥時卒咸豐壬子年八月十四日塟海沙墘

茲新　廸闌長子小名新大名茲芳生道光癸卯年二月十二日戌時娶西埔洪氏名玉娘生道光戊申年五月初五日辰時

子　唐端　唐注

兹寄

迪瓦長子小名寄生同治乙丑年八月十八日卒同治丙寅年五月十六日巳時

兹空

迪瓦次子小名空生光緒己卯年十二月廿四日亥時

兹総

迪號長子小名総生同治丙寅年九月廿四日午時

兹擧

迪號次子小名擧生同治壬申年六月廿一日戌時卒同治壬申年十月初九日申時塟海沙墘

茲家
廸號三子小名家生光緒乙亥年八月廿五日午時卒光
緒丙子年六月初四日酉時葬海沙墘

茲漂
廸虧長子小名漂大名茲絮生道光丙午年六月初八日
丑時卒光緒丙子年二月十四日巳時歿在香港

茲剎
廸虧次子小名剎大名茲安生道光庚戌年六月十八日
丑時
娶
白沙周氏名環娘生同治壬戌年十二月初四日辰時

茲念
廸莉長子小名念生咸豐辛亥年三月初四日巳時卒咸
豐壬子年十月十三日巳時

兹捖
廸莉次子小名捖生咸豐甲寅年十二月廿九日辰時
配埭邊許氏名金娘生同治乙丑年十月廿五日卯時

兹鲂
廸莉三子出承廸欄

兹走
廸莉四子小名走生同治庚午年十一月廿三日

玆步
迪莉五子小名步生光緒乙亥年八月十四日辰時

玆影
迪鏻長子小名影生同治戊辰年六月十四日戌時

玆淘
迪鏻次子小名淘生同治辛未年十二月廿六日　時

玆舫
迪欄嗣子迪莉三子承小名舫生同治丁卯年十月十七日寅時

茲喜
廸廳之子小名喜生光緒庚辰年八月十五日未時

茲蚋
廸扒長子小名蚋生咸豐癸丑年十一月初六日亥時卒咸豐己未年正月十三日巳時

茲爾
廸扒次子小名爾生同治乙丑年十月廿二日亥時

茲蓋
迪扒三子出承迪前

茲吹
迪扒四子小名吹生光緒丁丑年二月初一日寅時

茲平
迪扒五子小名平生光緒己卯年十二月廿五日亥時

茲談
迪覧長子小名談生咸豐辛酉年八月初九日辰時

聘埭邊許氏名對娘生同治壬戌年八月十九日巳時卒光緒戊寅年八月初三日巳時未婚而歿塋埭邊山
繼聘伍堡童氏名嫌娘生同治丙寅年五月十四日寅時

茲蓋
迪莧嗣次子迪扒三子承小名蓋生同治辛未年八月廿一日巳時卒光緒丁丑年正月十六日巳時

茲營
迪朊養長子小名營生咸豐乙卯年十一月初八日酉時卒光緒乙亥年七月初七日辰時
配白沙周氏名悔娘謚勤儉生咸豐乙卯年正月廿二日酉時卒光緒乙亥年四月初六日丑時與公塋俱塋官山

茲猴
廸辰次子小名猴生咸豐丁巳年九月十九日酉時卒咸豐戊午年正月廿三日

茲靴
廸辰三子小名靴生咸豐己未年六月初四日丑時
娶柯村柯氏名串娘生同治乙丑年八月廿八日卯時

茲派
廸辰四子小名派生同治癸亥年七月廿三日午時
聘溝墘蔡氏名后娘生同治庚午年十月初九日酉時

玆魚 廼辰五子 幼殤

玆鼎 廼山長子小名鼎生咸豐己未年十二月十九日子時

娶前埔蔡氏名錫娘生咸豐戊午年九月十三日申時

玆拚 廼山次子小名拚生同治乙丑年正月初五日卯時

玆拔 廼山三子小名拔生同治壬申年七月廿日酉時

茲嗌
廸山四子小名嗌生光緒乙亥年十二月初六日戌時卒
光緒丙子年六月初九日未時

茲歐
廸秤長子小名歐生同治甲子年五月廿五日亥時
聘塘下蔡氏名粽娘生同治壬申年七月卅日未時

茲乍
廸秤次子小名乍生同治戊辰年九月廿九日戌時卒同
治己巳年六月廿七日寅時塟西沙尾

兹玩

廸秤三子小名玩生光緒丙子年十一月廿三日巳時

兹駈

廸秤四子小名駈生光緒己卯年六月十七日辰時幼亡

兹托

廸蔔嗣子廸名長子承小名托生咸豐己未年七月廿四日辰時

兹托

廸名長子出承廸蔔

玆綑
迪名次子小名綑生同治乙丑年五月十一日戌時
幼殤

玆呷
迪名三子小名呷生同治丁卯年十二月十一日辰時

玆硿
迪芒長子小名硿生同治辛未年八月初六日卯時卒光緒丙子十月廿日

玆買
迪芒次子承迪淺

茲狗

迪芒三子小名狗生光緒丁丑年八月十三日寅時

茲皀

迪芒四子小名皀生光緒己卯年十二月初三日亥時

茲買

迪淺嗣子迪芒次子承小名買生同治癸酉年十月廿二日辰時

茲煨

迪耳之子小名煨生光緒庚辰年正月初乂日卯時

兹榹　廸揀之子小名榹生道光己酉年六月十二日巳時　住臺

配　港内葉氏名李娘生同治咸豐丙辰年

子一　唐泉

兹庚申　廸納長子名庚申生道光辛丑年三月廿八日午時卒同治甲子年九月廿六日塟香山

兹保　廸納次子小名保生道光丙午年三月十四日酉時

配　臺彰化縣周氏名梅娘生道光庚戌年十二月初十日戌時

子一 唐此

玆蘸

迪納三子小名蘸生咸豐壬子年六月廿三日巳時卒咸豐庚申年四月初四日戌時塟崙箕湖

玆正

迪納四子小名正生咸豐庚申年正月十二日巳時

配臺崙仔脚張氏名仞娘生同治辛未年

玆臣

迪羨長子名天神大名玆德生道光乙未年七月初五日辰時

娶山兜吳氏名禩娘生道光己酉年七月十五日酉時

茲芎　廸羨次子出承廸等

茲樟　廸羨三子小名樟大名茲木生道光辛丑年正月初九日卯時

娶埕邊張氏名倜娘生咸豐庚申年九月十二日

茲貌　廸羨四子小名貌生道光乙巳年七月　卒道光丙午年三月　塋海沙

茲坦

廸羨五子小名坦生道光丁未年二月初五日酉時

茲揲

廸羨六子出承廸浸

茲違

廸豕長子小名違生道光己酉年十月廿三日寅時卒同治甲戌年七月卅日巳時塋𡍼叻賜山

茲旦

廸豕次子小名旦大名茲氣生咸豐乙卯年二月初六日酉時

聘埕邊張氏名綢娘生同治辛未年十月初一日酉時

茲牡
廸張長子小名牡生咸豐甲寅五月廿二日未時卒咸豐乙卯年四月初八日塟海沙墘

茲示
廸張次子小名示生咸豐丙辰年四月十九日子時

聘潘徑吳氏名穆娘生咸豐丙辰年二月初三日吉時卒同治甲戌年八月十七日吉時未娶而歿塟潘徑山

繼聘柯坑柯氏名閏娘生同治丙寅年十一月廿五日吉時

茲汰
廸張三子小名汰

茲霞
廸張四子小名霞生同治甲子年十二月十六日辰時卒同治戊辰年

茲奔
廸張五子小名奔生同治己巳年四月初七日辰時

茲樵
廸蘭之子小名樵生道光乙未年五月十九日寅時
娶南安山頭鄉趙氏名參娘生道光丁未三月十八日

玆悄

廸戀長子小名悄生道光壬寅年八月廿一日午時卒道光乙巳十月初四日　時塟海汊

玆妹

廸戀次子小名妹生咸豐壬子年十一月初四日未時

聘東埔吳氏名僴娘生同治丁卯年

玆圍

廸戀三子小名圍生咸豐庚申年七月初十日巳時卒咸豐庚申十一月十四日戌時塟海汊

茲壞
廸戆四子小名壞生同治丁卯年十一月十二日寅時卒
光緒丙子年八月初三日酉時殁福省馬尾山

茲芎
廸等嗣子廸羡次子承小名芎大名茲芽生道光丁酉年
六月廿九日卯時
娶前埔蔡氏名旺娘生咸豐壬子年五月初十日
子三　唐永　唐扁　唐歪

茲揲
廸浸嗣子廸羡六子承小名揲生咸豐丙辰年二月十五
日辰時

茲伣
廸浸次子小名伣生同治甲子年　月　日卒同治乙丑
年

兹𨰻　廸可長子小名𨰻生咸豐己未年二月十二日寅時卒光緒丁丑年六月初五日巳時歿在福省羅成塔堠移馬尾

兹宙　廸運長子出永廸著

兹巧　廸運次子幼亡

兹炳　廸運次子小名炳諱兹耀生道光辛丑年正月初二日卯時卒同治壬戌年四月十九日卯時塟官山

兹使　廸運四子小名使大名兹漢生咸豐癸丑年八月廿二日辰時

配　柯村柯氏名好娘生咸豐甲寅年十二月十九日

茲蕖 廸運四五子小名蕖生咸豐丙辰年十二月十一日

聘前埔蔡氏名雪娘生咸豐戊午年九月十九日午時卒同治辛未年九月初十日寅時未婚而歿

配坑園吳氏名炭娘生同治癸亥年十一月十六日午時

茲岸 廸山長子幼亡

茲貴 廸山次子名同貴王家外甥入承生咸豐己未年七月十一日辰時

兹宙　廸著嗣子廸運長子承小名宙大名兹字生道光戊戌年八月初二日卯時

聘東埔吳氏名玉娘號恬恭生道光辛丑年十二月十四日酉時卒咸豐辛亥年六月廿日丑時塟官山

繼配英林洪氏名勸娘號恬惠生道光乙巳年二月廿日酉時卒同治壬申年七月十三日酉時塟官山埔

三配石蔨黃氏名碟娘生道光壬寅年七月十三日未時

子二　唐曄　唐販殤

兹搶　廸硃長子小名搶生咸豐辛酉年六月初六日戌時

聘岑張許氏名勅娘生同治壬申年三月初三日

茲迴

廸⿰石來次子小名迴大名茲瀾生同治甲子年四月十八日辰時

茲輭

廸⿰石來三子小名輭生同治丙寅年十一月廿三日巳時

茲語

廸⿰石來四子小名語生同治己巳年七月廿三日巳時

茲鍪

廸⿰石來五子小名鍪生光緒丙子年六月廿四日巳時

茲準
廸⿰石來六子小名準生光緒庚辰年四月初六日辰時

茲採
廸抳長子小名採生光緒戊寅年七月廿九日巳時

茲双
廸核長子小名双生同治癸酉年七月十三日申時

茲水
廸核次子小名水生光緒丙子年七月十八日申時

第十八世

唐鋭
兹菜長子小名鋭生同治壬戌年二月廿日寅時
配石蘭黄氏名彩娘生同治丁卯年四月廿一日丑時

唐隱
兹菜次子小名隱生同治戊辰年二月廿四日丑時

唐肚
兹萊三子小名逌生同治癸酉年三月初八日辰時

唐登
兹萊四子出承廸术為孫

唐登
廸术嗣孫兹萊四子承小名登生光緒乙亥年十月初八日亥時

唐蛹
兹棄長子小名蛹生道光丁未年正月十一日亥時
配梅林蔡氏名嬿娘生同治癸亥年十一月十六日卯時

唐僩
茲案次子出承茲謁

唐圈
茲案三子小名圈生咸豐丁巳年七月十四日丑時

唐竜
茲案四子小名竜生咸豐庚申年五月初三日未時卒咸豐辛酉年九月初四日未時

唐僩
茲謁嗣子茲案次子承小名僩生咸豐甲寅年八月廿一日戌時

聘鋧頭林氏名適娘生同治己巳年六月初三日寅時

唐頭　茲韮長子小名頭生咸豐戊午年七月初十日巳時卒咸豐辛酉年七月十二日卯時塟海沙墘

唐敢　茲韮次子小名敢生同治甲子年八月廿四日巳時卒同治乙丑年五月初三日未時塟海沙墘

唐穴　茲韮三子小名穴生同治丙寅年二月十一日午時

配本鄉孫氏名養娘生同治戊辰年二月十六日寅時

唐浮
玆韮四子小名浮生光緒己卯年四月十四日未時

唐街
玆僉長子小名街生同治乙丑年正月初五日寅時
配伍堡張氏名奚娘生同治戊辰年十二月廿五日　時卒
同治癸酉年七月初十日丑時塟海沙墘

唐本
玆僉次子小名本生同治丁卯年九月初六日　時
配陳山洪氏名惜娘生光緒乙亥年十一月初四日　時卒
光緒戊寅年十一月廿二日丑時塟海沙墘

唐勘
茲下長子小名勘生咸豐乙卯年九月十二日辰時
配陳山洪氏名底娘生咸豐乙卯年九月十六日丑時
子二　廷袠　廷衙

唐敲
茲下次子小名敲生咸豐丁巳年九月十七日戌時卒咸豐辛酉年正月十四日酉時

唐𣂷
茲庚長子小名𣂷生同治戊辰年二月卅日巳時卒同治戊辰年九月初八日卯時塋海沙墘

唐挽
兹庚次子小名挽生同治己巳年八月初二日卯時卒同治壬申年九月十七日卯時塟海沙墘

唐昰
兹庚三子小名昰生同治壬申年六月初四日卯時卒同治壬申年八月廿一日巳時塟海沙墘

唐斗
兹庚四子小名斗生同治癸酉年十一月初二日巳時卒光緒庚辰年八月十三日戌時

唐滃
兹庚五子小名滃生光緒庚辰年十月廿四日寅時

唐入

茲泰養長子小名入生道光甲辰年十月十八日　時卒同

配郭岑楊氏名準娘生道光庚戌年五月十三日
治戊辰年四月十一日酉時

唐麐

茲泰嗣次子茲問長子詠小名麐生咸豐戊午年七月十
八日寅時

先聘埭邊許氏名甘娘生咸豐戊午年九月廿六日巳時卒
同治壬戌年八月十三日巳時塟埭邊山

繼配埭邊許氏名碟娘生同治癸亥年十月廿二日寅時

唐尊
茲泰嗣三子茲門次子承小名尊生同治丁卯年八月初九日酉時
聘寨内洪氏名糖娘生同治辛未年八月初七日子時

唐馨
茲門長子出承茲泰

唐尊
茲門次子出承茲泰

唐業
茲門三子小名業生同治己巳年十一月初十日辰時
聘埭邊許氏名面娘生同治壬申年十月初四日寅時

唐上
茲門四子小名上生同治壬申年六月十九日辰時
聘大房許氏名鴦娘生光緒乙亥年八月廿六日戌時

唐恬
茲飄長子小名恬諱唐雅生道光丁未年十一月初五日巳時卒光緒丙子年又五月十二日亥時
配石蘭洪氏名諒娘謚慈靜生道光戊申年十一月廿五日丑時卒同治辛未年十月初七日酉時俱塟官山

唐營
茲飄次子出承茲續

唐度 茲飄三子小名度生咸豐甲寅年八月十六日戌時卒咸豐辛酉年正月廿一日酉時塟海沙墘

唐帷 茲飄四子小名帷生咸豐丁巳年六月初一日卯時卒咸豐丁巳年九月初一日塟海沙墘

唐賓 茲飄五子出承下海倉茲�

唐托 茲飄嗣六子茲璽長子承小名托生同治丁卯年八月廿五日寅時

唐覲
茲甑長子香火名覲生道光丙午年七月十七日酉時卒咸豐壬子年四月廿二日巳時塟海沙墘

唐扯
茲甑次子小名扯生道光戊申年十一月廿日寅時
配隷邊許氏名罳娘生同治癸亥年二月初五日酉時

唐月
茲撻長子小名月生咸豐甲寅年三月初五日未時卒咸豐乙卯年三月十八日巳時塟海沙墘

唐攬
茲撻次子小名攬生咸豐丙辰年七月廿日卒咸豐辛酉年正月初十日戌時塟海沙墘

唐粽　玆摙三子小名粽生咸豐己未年七月十一日亥時卒光緒庚辰年十一月十四日酉時塟宮山埔
配山頭洪氏名鋏娘生同治壬戌年八月十三日子時

唐托　玆璽長子出泳玆飄

唐狗　玆璽次子分出許㛂

唐赤　玆璽三子小名赤生光緒乙亥年七月十一日未時

唐八
茲璽四子分出西埔洪

唐榛
茲璽五子小名榛生光緒己卯年十二月廿三日午時

唐疊
茲册嗣長子茲浮長子承小名疊生同治乙丑年正月十二日辰時卒同治丙寅年六月初七日午時

唐佰
茲册嗣次子茲浮次子承小名佰生同治丁卯年五月廿九日未時

唐疊　兹浮長子出承兹册

唐佰　兹浮次子出承兹册

唐及　兹浮三子小名及生光緒乙亥年十月初七日午時
聘大房許氏名救娘生光緒己卯年七月十二日未時

唐冀　兹顏長子小名冀生同治丁卯年九月廿八日　時卒同
治丁卯年十月初十日

唐奭　兹顏次子小名奭生同治戊辰年八月廿九日未時

聘本鄉孫氏名專娘生光緒戊寅年正月廿四日辰時

唐輯

茲穎三子小名輯生同治辛未年十一月初一日辰時卒
同治壬申年五月十八日未時塟海沙墘

唐批

茲意長子小名批生同治甲戌年四月十九日酉時

唐賤

茲意次子小名賤生光緒丙子年五月十九日酉時

唐龐 兹復之子小名龐生光緒戊寅年五月廿四日辰時卒光緒己卯年五月初四日卯時葬海沙墘

唐蚵 兹昌長子小名蚵生同治己巳年六月初九日子時

唐闇 兹昌次子小名闇生同治壬申年五月初二日戌時

唐端 兹新長子小名端生同治戊辰年三月十八日酉時

聘滬厝垵柯氏名掇娘生同治癸酉年十月廿四日丑時

唐汪

兹新次子小名汪生光緒乙亥年二月十九日巳時

唐泉

兹㮕之子小名泉生光緒己卯年十月十九日巳時

唐此

兹保之子小名此生同治己巳年八月廿三日子時卒同治辛未年十月

唐永

玆芎長子小名永生同治辛未年五月廿五日卯時

唐扁

玆芎次子小名扁生光緒乙亥年四月十九日辰時

唐歪

玆芎三子小名歪生光緒戊寅年六月廿九日丑時

唐曄

玆宙長子小名曄生同治庚午年十月廿一日未時

聘洋宅蔡氏名却娘生光緒丙子年正月廿三日

唐取

兹宙次子小名取生同治甲戌年六月十八日卯時卒光緒乙亥年正月十一日

第十九世

廷裘

唐勘長子小名裘生光緒丙子年十月初七日戌時

廷銜

賡勘次子小名銜生光緒庚辰年五月十一日丑時

塔江劉氏北里分派五世譜圖

三房四下海倉分支派

一世 二世 三世 四世 五世

- 一世：始祖令史公 子三
  - 二世：一郎 長房
  - 二世：二郎 二房
  - 二世：三郎 三房 子四
    - 三世：誌伯 三房長宮后分
    - 三世：誌仲 三房二海下分
    - 三世：誌叔 三房三后巷
    - 三世：誌季 子二
      - 四世：存性 子一
        - 五世：履元 子二

埭江盛氏家乘

履元 子一

六世
統樸 子二

七世
復泉 頂海倉
宜淳 下海倉 子二

八世
師宗 子一
師韜 子二

九世
啟 子二
大貴 子一
天榮 子一

十世
臣岳 子三
臣禹 子一
前度
三叔 子二

臣岳

十一世 十二世 十三世 十四世 十五世

- 仲博 子二
  - 成來 子六
    - 莊為 子三
      - 遂賜 子四
        - 進明 嗣子一
        - 進敏 子六
        - 進然 子一
        - 進皇 嗣子一
      - 遂惠 承莊重
      - 遂志 子一
        - 進平 子四
    - 莊允 子二
      - 遂悅 子四
        - 進谷 殤
        - 進碩 子三
        - 進奮 子二
        - 進告 子三
      - 遂偉 子五
        - 進宙 子二
        - 進霞 子三
        - 進鲍 子八
        - 進遠 子五
        - 進曾 子四
- 仲昭 子一
  - 載
- 外叔 子無

莊毅 子二
- 遂正 子二
  - 進賚 子二
  - 進守 養子一
- 遂思 子一
  - 進神

莊錦 子五
- 遂尊 子四
  - 進與 子二
  - 進商 子四
  - 進碖
  - 進宜 承遂體
- 遂道 子三
  - 進綿 子三
  - 進池 承遂體
  - 進海 子二
- 遂箴 子五
  - 進採 子一
  - 進晃 子一
  - 進段 承遂體
  - 進璉 子三
  - 進勛 子一

莊量 子二
莊及 子五

遂經 子四
遂體 嗣子四
遂惠 子二
遂佑 子三
遂英 子二

進富 承遂體
進仟 殤
進兒 子二
進易
進宜 遂尊四子承 子一
進富 遂經長子承 子一
進段 遂嵗三子承 子四
進池 遂道次子承 殤
進真 子三
進妙 嗣子一
進朝 子二
進炳 承遂英
進察 嗣子一
進炳 遂佑次子承 嗣子一
進萬 殤

臣禹

申叔

遂意 子三

進謙 殤

進萬 承澄英

進恅

遂亂 子一

進閣 嗣子一

遂最 子一

進昌 子五

塔江劉氏家…

十一世　十二世　十三世　十四世　十五世

三叔 子二

却叔 遣還被擄北去

仲天 子二

成環 子三

莊新 子五

莊南 子一

遂培 子二

遂宋 子六

遂晋 承莊南

遂丑 子三

遂獅 子三

遂晋 殤

進蘭 子八

進惜 遂宋六子承 嗣子四

進兜 子四

進棟 子二

江遊 出外姓

進蔭 承遂熙

進慊 子四

進惜 承遂培

進自 子三

進深 子三

進津 承顏嫁

進再 子五

進瑟 殤

進祖 嗣子二

十六世　十七世　十八世　十九世　二十世

進明　嗣子一
　迺鮮　子三　進敬次子承
　　茲綱　承迺添
　　茲庭　殤
　　茲帕　子二
　　　唐瞥　承茲綱
　　　唐般

進敬　子六
　迺添　嗣子一
　　茲綱　嗣子一　迺鮮長子承
　　　唐瞥　茲帕長子承
　迺鮮　承進明
　迺取　承進皇
　迺磾　子三
　　茲皂
　　茲丕　出外姓
　　茲擇　迺梓三子承
　迺信　子三
　　茲醒　子一
　　　唐界
　　茲桃
　　茲蟳　承迺取
　迺梓　子三
　　茲箋　養不知去向
　　茲痛
　　茲擇　承迺磾

進默 子一
通隲 子三
茲荼 養 子四
唐豆
唐壽 幼亡
唐拋 幼亡
唐教

茲爐 子五
唐鈴 殤
唐塭 外出
唐盆 幼亡
唐帆 幼亡
唐鈎 茲蘏子兼承

茲礶 子一
唐鈎 兼承茲爐

進皇 嗣子一
通取 進敬三子承
茲蟳 通信三子承

進平 子四
通代 殤
通卯 子七
茲慈 子二
唐叢 一
唐鐶 幼亡
茲譯 承通岳
茲詰

進碩 子三

進奮 子二

進告 子三

廸秦 殤

廸岳 嗣子一

廸略

廸揖 承進奮

廸鎣

廸揖 進碩次子承 殤

廸慶 進告三子承 嗣子一

廸清 嗣子一

廸雕 子五

玆爪

玆絢

玆訂

玆畫

玆犖 廸卯次子承

玆嘖 廸雕三子承 嗣子一

玆礭 廸雕長子承 子四

玆礭 承廸清

唐育 玆蝗長子承

唐啟 承玆坩

唐諸 承玆郭

唐汰

唐監

進宙 子二　進霞 子三

廸慶 承進畬　廸廣 子五　廸測 殤　廸涼 子一 進鮑長子承　廸砰 子四 進遠三子承

茲蚶 子一　茲噴 承廸慶　茲郭 子一　茲蝗 子二　茲炎 子一　茲珀　茲白 出外姓　茲婆　茲逃　茲詮 子一　茲嚴 殤　茲合 殤　茲發 廸哞三子承　茲甲

唐啟 茲確長子承　唐諸 茲確次子承　唐育 承茲噴　唐窑　唐 失名 殤　唐耿 茲華次子承

進麅　子八

廸蚕　子三　進曾三子承
廸涼　承進霞
廸團　殤
廸要　子三
廸石
廸吝　子二
廸挖　子一
廸灣　子一
廸細

河淡
茲龍　承廸請
茲祓
茲幸　子三
茲交　殤
茲藥　子二
茲萬　承廸挖
茲團　住出　幼殤
茲萬　廸吝長子承
茲　住台幼殤　名未查

唐乳
唐耿　承茲詮
唐鵲
唐戇
唐語

進遠 子五

廸哶 子三
- 兹踰 殤
- 兹堯
- 兹潑 承廸砰

廸湔 殤

廸砰 承進霞

廸衆 子三
- 兹墻
- 兹坎 殤
- 兹甲 承廸砰

進曾 子四

廸旭 殤

廸請 子二
- 兹株 廸千長子承
- 兹龍 廸蚕次子承

廸豪 殤

廸蚕 承進霞

廸千 子六
- 兹株 承廸請
- 兹福
- 兹屏 殤
- 兹盎
- 兹先
- 兹燕麟

進賞　子二

- 通八　子三　長房進錫次子承
  - 玆揷　承通扶
  - 玆見　子三
    - 唐罷
    - 唐紋　承玆揷
    - 唐採　承玆曾
  - 玆曾　嗣子一　殤
    - 唐採
- 通安　子三
  - 玆窓　承通扶
  - 玆錫　嗣子一
    - 唐磨　子一　玆錫三子承
      - 廷嘮
  - 玆　失名

進守　子一

- 通扶　子二
  - 玆揷　通八長子承
    - 唐審　殤
    - 唐賓　頂海倉玆標子承　如殤
    - 唐紋　玆見次子承
  - 玆窓　通安三長子承

進與　子二

- 通欽
- 通詞　子二　進商長子承
  - 玆照　殤　寄居通科子承
  - 玆茅　寄居通讀子承　卒台

進商 子四
- 通詞 承進與
- 通卿 承進宜
- 通磚
- 通爕

進綿 子三
- 通欵 子六
  - 玆玷 子二
    - 唐差
    - 唐𪎌
  - 玆苗
  - 玆寫
  - 玆拈 子五
    - 唐掇
    - 唐吏 殤
    - 唐位
    - 唐愚
    - 唐五
  - 玆潘 殤
  - 玆厘 子三
    - 唐裁
    - 唐㸦 幼亡
    - 唐虫 幼亡
- 通羗
- 迪虎

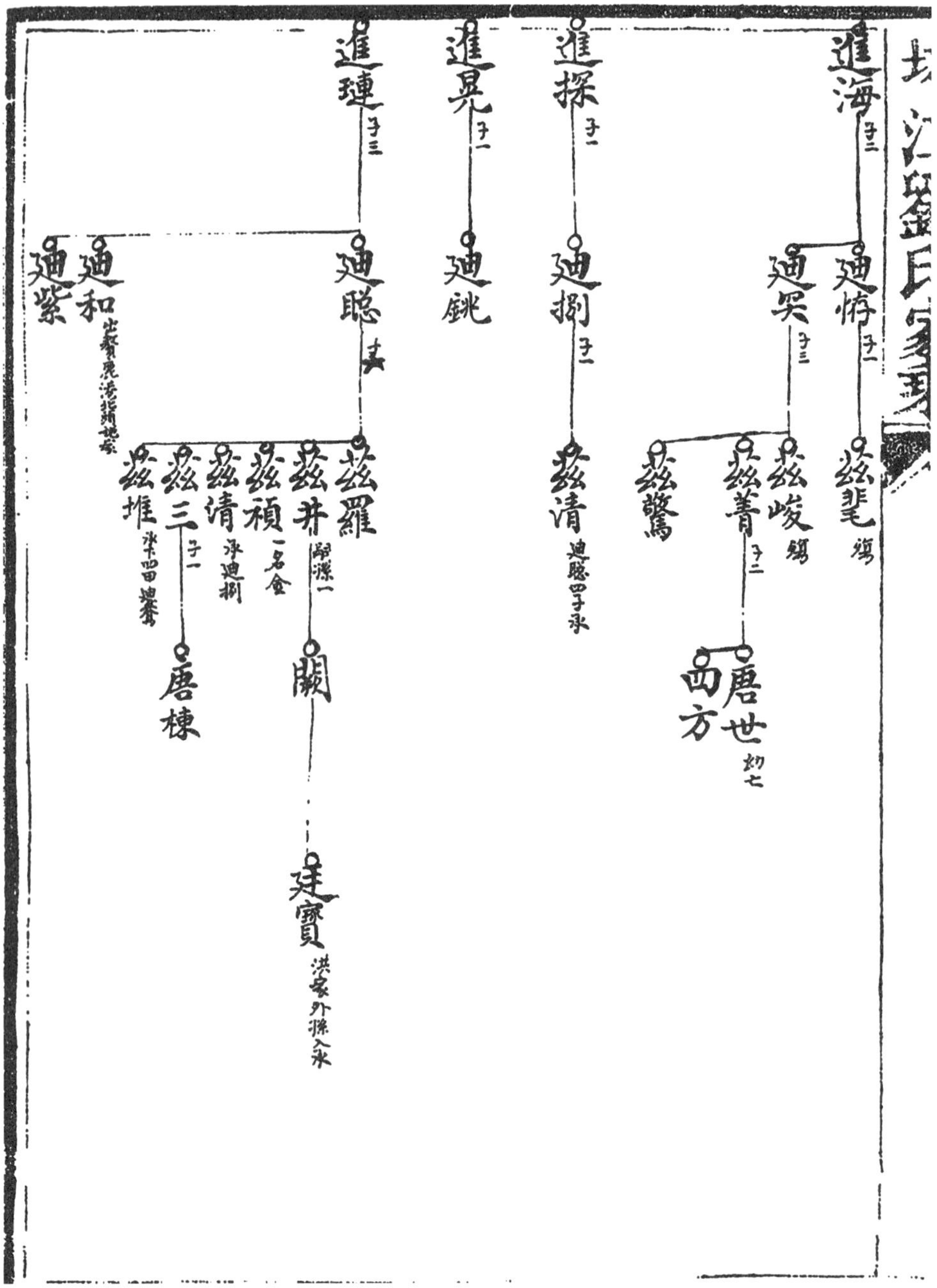
進海 子三
通悔 子二
通㝑 子三
玆峻
玆菁 子二
唐世
西方
玆驚
進探 子一
通捌 子二
玆清 通聡四子承
進晃 子一
通銚
進璉 子三
通聡
玆羅
玆井
玆禎 一名金
玆清 承通捌
玆三 子一
唐棟
玆推
建寶
通和
通紫

- 進勵 子一
  - 廸禾 子三
    - 茲鈕
    - 茲的成 子一
      - 唐明
    - 茲喜 子三
      - 唐意
      - 唐錢
- 進見 子二
  - 廸佃 子二
    - 茲勤 絕
    - 茲揞
  - 廸情 出張家
- 進宜 子一
  - 廸郷 子一 進商次子承
    - 茲存
- 進富 子一
  - 廸排 子一
    - 茲硯 子一
      - 唐唱
- 進段 子四
  - 廸盤
  - 廸彼
  - 廸頭
  - 廸截 子四
    - 茲勅 燦

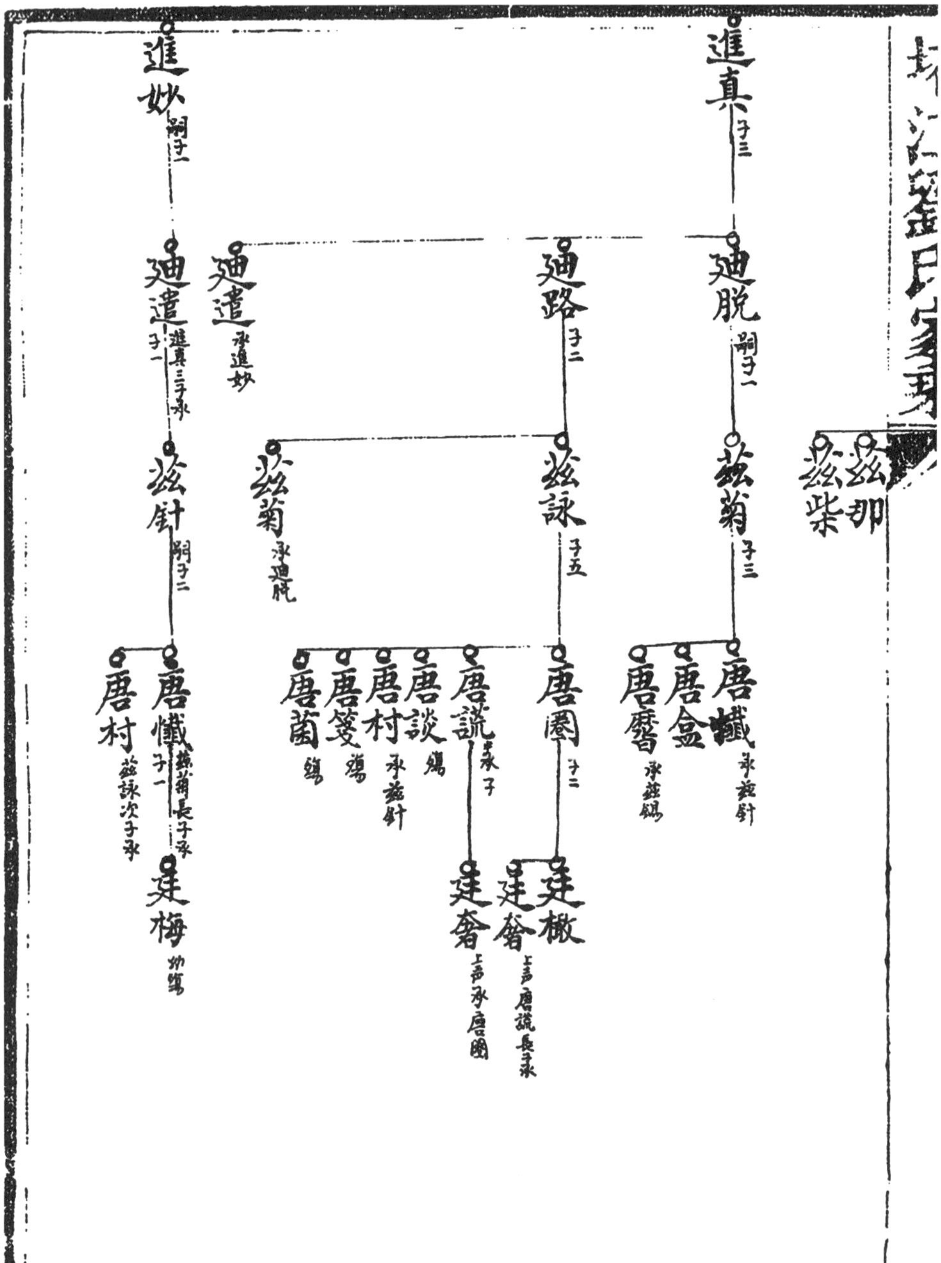
茲那
茲柴
進真 子三
廸脫 嗣子一
茲菊 子三
唐㦸 承茲針
唐盒
唐䜭 承茲鍋
廸路 子二
茲詠 子五
唐圈 子二
廷楸
廷箚 上卢 唐諕長子承
唐諕 子承子
廷畬 上卢 承唐圈
唐談 殤
唐村 承茲針
唐箋 殤
唐菌 殤
茲菊 承廸脫
廸遣 承進妙
進妙 嗣子一
廸遣 子一 進真三子承
茲針 嗣子二
唐㦸 子一 茲菊長子承
廷梅 幼殤
唐村 茲詠次子承

進朝 子二
廸旺
廸益 俱殤

進察 子一
廸白 進昌四子承 子一
茲字 廸咸次子承

進炳 嗣子一
廸向 進昌次子承 嗣子一
茲猪 廸咸長子承 子二
唐仁
唐弁

進閣 嗣子一
廸達 進昌五子承 嗣子一
茲竹 廸咸三子承

進昌 子五
廸咸 子四
茲猪 承廸向
茲字 承廸白
茲竹 承廸達
茲灶
廸向 承進炳
廸水 出承曾家
廸白 承進察
廸達 承進閣

- 進蘭 子八
  - 廸廷 子三
    - 玆喜
    - 玆興
    - 玆 失名
  - 廸力 子一
    - 玆汀 子二
      - 唐花
      - 唐義
  - 廸取 殤
  - 廸恃 殤
  - 廸河 承進愲
  - 廸諒 殤
  - 廸 失名 幼殤
  - 廸燦 子二
    - 玆金 住台
    - 崑山
- 進愲 嗣子四
  - 廸河 進蘭五子承
  - 廸江 進棟次子承
  - 廸達 進愷次子承
  - 廸井 進陰四子承

- 進兜 子四
  - 廸愛 子一
    - 茲懷 住台子一 承廸順
      - 添財
  - 廸順 嗣子一
    - 茲懷 廸愛子承
      - 添財
  - 廸傑
  - 廸連
- 進棟 子三
  - 廸瞞
  - 廸江 承進惜
  - 廸熱
- 進慷 子五
  - 廸振 一名罵
  - 廸達 承進惜
  - 廸令
  - 廸錢 子一
    - 茲于 廸圭次子承
  - 廸圭 子二
    - 茲員
    - 茲于 承廸錢
- 進自 子三
  - 廸揭 鴻
  - 廸踏
  - 廸眦

- 進深 子三
  - 通榮
  - 通章 子二
    - 茲頭
    - 茲彭
  - 通吞
- 進再 子六
  - 通盎 子三
    - 茲旺
    - 茲恭
    - 茲發
  - 通鏗
  - 通欝 承進祖
  - 通重 子三
    - 茲頭
    - 茲上
    - 茲塔
  - 通薛 承進祖
  - 通骰
- 進祖 嗣子二
  - 通欝 子二 係進再子承
    - 茲塹
    - 茲楙
  - 通薛
    - 茲料
    - 茲恨

塔江劉氏北里分派族譜

三房四下海倉分世次

第一世

始祖令史公宣教公次子諱拓於宗中排行一百二十九故呼之曰九哥公仕宋為朝散大夫行軍令史信國公督府參佐有行軍令史圖書在塋本鄉西邊埭墘

妣蘇氏

子三　一郎　二郎　三郎

第二世

一郎公
令史公長子世次分載長房譜中

二郎公
令史公次子世次分載二房譜中

三郎公
令史公三子諡克玉三房分基之祖生　年　月
日　時卒　年　月廿二日　時

妣
氏生　年　月　日　時卒　年七月十六日
時瘞西邊潭墘

子四　誌伯　誌仲　誌叔　誌季

第三世

誌伯公三郎公長子世次分載三房長宮后分譜中

誌仲公三郎公次子世次分載三房二海下分譜中

誌叔公三郎公三子世次分載三房三后巷分譜中

誌季公三郎公四子海倉分分基之祖

妣 氏

子一 存性

生卒葬俱舊譜失載因之而已

第四世

存性公誌季公長子

妣　氏

子一　履元

第五世

履元公存性公長子

妣　氏

子一　紀樸

第六世

純樸公 履元公長子

妣葉氏十二月廿九日忌辰合塋衝口穴

子二 復泉 宜淳

第七世

復泉公 純樸公長子

妣黃氏

公與宜淳公墳塋公居其長宜淳公居亞今頂海會者即

復泉公之支派也子孫熾昌具載本枝譜中

宜淳公　紙樸公次子

妣李氏

子二　師宗　師韜

第八世

師宗　宜淳公長子

妣李氏　塋新塘内向西

子一　啟

師韜　宜淳公次子名罍叔謚東園

妣　氏

子二　天貴　天榮

第九世

啓 帥宗公長子字子翼生與載卒　年七月十八日　時

塋新塘內與繼妣王氏同塋坐東向西

妣 吳氏生失記卒　年二月十七日　時塋赤墓頂穴癸

丁丑末子擇栖公孫仲博公同祔

繼 妣王氏生卒失記塋新塘內與公同塋

子二　臣岳　臣禹俱吳出

天貴 帥韜公長子名二叔字子敬塋西沙尾樹茄東為記

妣黄氏生卒塋俱無攷
子一　前度

天榮　帥韜公次子字子華塋新塘内坐東向西
妣路東陳氏
子一　三叔

第十世

匡岳　啓公長子名辰淑謚擇栖生萬曆乙未年六月廿四日辰時卒康熙乙巳年閏五月初三日寅時與母吳氏併長男仲博塋赤墓頂穴癸丁丑未
妣張氏生萬曆己亥年二月十二日辰時遭遷離散

子三　仲博　仲昭　外淑

臣禹

啓公次子名成淑生萬曆年月日失記卒　年十二月廿九日　時塟無攷

配　氏改

子一　申淑

前度

天貴公長子遭遷生卒塟配俱無攷

配　氏

三叔

天榮公長子生無攷卒崇禎癸酉年十二月初三日　時

配　氏生卒無攷惟正月十五日忌艮塟新厝内坐東向西

子二　却叔（兵燹流散）　仲天（養）

第十一世

仲博　臣岳公長子名睽叔生崇禎癸酉年四月廿七日巳時卒康熙甲辰年三月廿三日巳時祔祖妣吳氏父臣岳公合塟赤墓頂穴癸丁丑未

妣　路東陳氏名酉娘生崇禎丁丑年九月初十日　時卒康熙丁丑年十一月十二日　時塟大堵坊坐西向東

子一　成來

仲昭　臣岳公次子名昭叔謚貞元生崇禎乙亥年正月廿四日亥時卒康熙庚寅年四月初五日子時塟西沙尾坐東（北向西南）

妣　陳氏遭遷分散

年九月十六日　時卒　年三
月廿四日　時壅樟仔墓穴乾巽亥巳
子一　載

外叔
臣岳公三子遷移離散

申淑
臣禹公長子隨母嫁

却叔
三叔長子遭遷被擄北去

仲天　三叔養子名天叔謚仲玄生失記卒康熙癸未年十一月廿一日　時

妣　陳氏生康熙丁丑年九月初十日酉時卒　年十一月十二日辰時舊譜書卒二月廿七日塋大堵坊坐西向東

子一　成環養

第十二世

成來　仲博公長子名來淑謚繼美生順治庚子年三月廿七日卯時卒康熙乙未年九月十八日辰時與楊妣合塋官山地穴乾巽亥巳

妣　馬平林氏生失記卒康熙　年七月初二日塋官山頂

繼妣　郭岑楊氏名台娘生康熙庚戌年二月初七日未時卒雍正乙卯年七月十二日申時與公合塋官山地穴乾巽亥巳

莊毅　莊錦　莊量　莊及俱楊出

載

仲昭公之子生卒莫攷

成環

仲天養子名桓叔諱成祖字公訓謚含玉生康熙庚申年四月廿三日寅時卒乾隆戊子年八月初九日辰時

妣

衙口埔頭蕭氏名晟娘生康熙己卯年十一月初四日辰時舊譜書初二日卒乾隆丁丑年七月廿四日酉時塟大堵坊坐西向東

子三　莊新　莊南　莊果

第十三世

莊爲
成來公長子名爲觀諱莊裕字垂侯謚遠統生康熙己巳年三月初八日未時卒乾隆癸未年九月十九日戌時
妣白沙周氏名靜娘號恬淑生康熙戊寅年十二月十六日寅時卒乾隆丙戌年十月初十日戌時合塋樟仔墓穴乾巽亥巳
子三　遂賜　遂惠出繼莊量　遂志

塔江人煙頗稠事務亦多必有督之正之而後家道脩族事舉然非立心克公事體克達者未易辦此壬辰春　公馨叔購地建祠　爾甲叔祖　公蔚　公定叔　時侯兄共為勉力堂雖成而室尚虛未塈也迨至丙午夏　及顏侄與　兄倡為進主脩譜　公上叔　安侯弟襄成是事于是先祖春秋之烝嘗遂得以妥以侑世系之似續因是有源有委矣優游晚景庭家藹如諸季鬚眉相次晨夕聚首不啻姜被之連床也列屋而居不啻花萼之相輝也鄉族之

事調理胥平玆譜牒重脩又為肩任所謂道脩事舉　垂
俟兄庶幾無忝厥職哉
弟璘俟謹識

莊允

成來公次子名允觀諱莊儼字悅俟謚遠定生康熙辛未
年四月十六日亥時卒乾隆辛巳年七月初四日寅時與
王妣合塋埕邊面穴乾巽戌辰

妣 青石坑邊黃氏名珀娘號　生康熙乙亥年十月十七
日　時卒康熙丙申年六月十六日未時塟官山頂拱東

繼 妣衡山坑邊王氏名妹娘號勤慈生康熙戊寅年二月十
一日　時卒乾隆庚辰年四月十五日子時與公合塋埕
邊面穴乾巽戌辰
子二　遂悅　遂偉 俱王出

莊毅

成來公三子名毅觀諱莊弘字寬侯謚遠周生康熙癸酉年十二月初三日酉時卒乾隆癸酉年四月廿五日卯時

妣柯坑柯氏名嘆娘謚　生康熙辛巳年二月初一日亥時卒乾隆辛巳年十月廿日未時合塟后邊土地宫口穴

子二　遂正　遂思

莊錦

成來公四子名錦觀諱莊信字標侯謚遠榮生康熙丙子年八月初十日丑時卒乾隆癸巳年十一月初三日亥時

配柯坑張氏名娘(好)謚貞懿生康熙甲申年四月廿八日戌時卒乾隆乙亥年二月十三日辰時與公合塟坑後穴(丑艮未坤)

繼配西坑林氏名春娘謚柔順生康熙乙酉年二月廿九日辰時卒乾隆癸卯年十一月十二日巳時塟官山頂

子五　遂尊　遂道　遂箴　遂經　遂體(俱張出)

莊量

成來公五子名量觀諱莊度字淵侯謚茹弘生康熙壬午年九月初一日辰時卒雍正己酉年十月十二日酉時

妣柯倉柯氏名貴娘號　　生康熙丙戌年九月廿日　時卒乾隆壬申年十一月廿二日戌時合塋石路頭穴壬丙

子一　遂惠（莊爲次子承）

莊及

成來公六子名及觀諱莊澤字恩侯謚遠德生康熙己丑年四月十一日寅時卒乾隆甲辰年十一月卅日午時塋大堵荒頂次男遂英祔穴辛乙酉卯

妣前埔蔡氏名乃娘謚　　生康熙甲午年五月廿五日酉時卒乾隆丙寅年八月初五日巳時塋樟仔墓南

繼妣大房莊氏名乃娘生康熙戊子年四月十一日亥時卒乾隆壬辰年六月廿三日申時塋樟仔墓北

子五　遂佑　遂英　遂意（蔡出）遂胤　遂最（莊出）

莊新

成環公長子名新觀字命侯謚德潤生康熙己亥年四月十八日子時卒乾隆甲午年三月初八日午時塟新塘橋

妣埕邊蔡氏名艮娘生康熙辛丑年六月十六日亥時卒乾隆戊戌年四月初十日巳時塟

子五　遂培　遂宋養　遂晋出繼莊南　遂丑　遂獅

莊南

成環公次子名南觀諱莊畧謚萃青生雍正丙午年二月初八日酉時乾隆乙亥年四月廿七日溺于海澄港

配柯坑洪氏改

子一　遂晋莊新三子承

生一女名恬娘適埭邊柯家

莊果

成環公三子名果觀生雍正己酉年十二月初八日酉時卒乾隆丁丑年四月初八日辰時塟西沙尾坐東向西

配清兜張氏改

第十四世

遂賜

莊為公長子名賜觀諱遂履字謀端謚貞賢生康熙庚子年八月十九日巳時卒乾隆辛丑年七月初六日巳時

妣

本鄉孫氏名在娘謚柔順生雍正癸卯年六月十八日戌時卒乾隆甲寅年十二月廿一日巳時合葬埔仔頂穴乾巽亥巳

子四　進明　進敬　進然　進皇

遂惠

莊為公次子出承莊量

遂志

莊為公三子名志觀諱遂向字謀方生雍正丁未年十二月初五日巳時卒乾隆壬午年十月廿七日　時

妣湖尾蘇氏名銀娘生雍正辛亥年十一月廿日寅時卒乾隆丁丑年六月廿七日巳時合塋官山埔頂穴乾巽亥巳

子一　進平

遂悅

莊允公長子名悅觀諱遂築字謀瑚諡貞瑊生雍正癸卯年十月初十日亥時卒乾隆丁酉年十一月廿四日丑時

妣東皋吳氏名聘娘諡勤慈生雍正甲辰年十月廿九日（舊譜書十一月）丑時卒乾隆丙申年十一月廿四日巳時合塋西邊（下潭仔攏拱東）

子四　進谷　進碩　進奮　進告

遂偉

莊允公次子名偉觀諱遂魁字謀奇諡貞俊生雍正丙午年十一月十八日酉時卒嘉慶癸酉年正月廿七日巳時

妣潘徑許氏名三娘號嗣徽生雍正庚戌年三月廿七日（舊譜誤書廿八）丑時卒嘉慶丁巳年十月廿一日丑時合塋石室宮穴（壬丙亥巳）

進遜　進曾

遂正

莊毅公長子名正觀諱遂岩字謀猷一字謀中謚貞仁生雍正癸卯年十一月廿日（大譜誤書十八）酉時卒乾隆丁未年三月初九日亥時

妣

汭洲王氏名玉娘號嫻則生雍正丁未年三月十四日巳時卒嘉慶丁巳年四月廿五日申時合塟樺仔墓穴酉卯辛乙

子二　進賞　進守

遂思

莊毅公次子名思觀諱遂誠字謀九生雍正丙午年九月廿日午時卒乾隆丙午年三月初九日戌時塟官山埔

妣

湖尾蘇氏名罕娘號柔順生雍正戊申年七月廿九日巳時卒乾隆己巳年十月初四日巳時塟官山埔

繼妣伍堡張氏名宣娘號勤儉生雍正癸丑年八月廿二日
實[illegible][illegible]作廿三巳時卒乾隆辛卯年六月初二日丑時葬官山埔
子一　進神 張出

遂尊
妣
莊錦公長子名尊觀諱遂謙字謀光謚光垂生雍正甲辰
年九月初一日子時卒乾隆壬午年十一月十一日寅時
何處安柯氏名晟娘謚慈德生雍正丙午年九月初一日
戌時卒乾隆甲寅年七月廿三日未時合葬埔仔頂
子四　進與　進商　進倫　進宜 出承遂醴

遂道
妣
莊錦公次子名道觀諱遂達字謀由謚貞達生雍正庚戌
年二月十二日亥時卒乾隆甲午年四月廿五日未時
柯倉柯氏名麗娘生雍正壬子年十一月十九日寅時卒
乾隆戊申年四月十一日卯時合葬樟仔墓口地內

進海

遂箴

莊錦公三子名箴觀諱遂銘字謀警生雍正壬子年八月初九日未時卒乾隆戊申年三月十三日酉時

妣湖尾蘇氏名受娘謚慈德生乾隆丁巳年二月廿九日酉時卒乾隆戊申年四月廿六日巳時合葬官山頂三子進段三婦黃氏祔

子五　進探　進晃　進叚（出承遂讙）　進璉　進瓞

遂經

莊錦公四子名經觀諱遂文一名遂綸字謀五生乾隆丙辰年七月廿八日酉時卒嘉慶甲戌年五月初六日未時

妣英林洪氏名變娘謚德順生乾隆辛酉年七月初九日（舊譜誤作初十）辰時卒嘉慶壬戌年五月十三日巳時合葬官山埔頂

子四　進富（出繼遂讙）　進仟（殤）　進兒　進易（殤）

遂體　莊錦公五子名體觀諱遂仁一名遂用字謀備生乾隆辛酉年十二月初八日巳時卒乾隆辛卯年二月初三日戌時葬樟仔墓口地内

妣　氏改

子四　進宜遂尊四子承　進富遂經長子承　進段遂箴三子承　進池遂道次子承

遂惠　莊量公嗣長子莊為公次子承名惠觀諱遂僑字謀懷生雍正乙巳年十二月廿日辰時卒乾隆丁酉年十一月初九日申時

妣　柯會柯氏名漸娘謚德美生雍正戊申年八月十一日申時卒嘉慶乙丑年二月廿五日未時合葬橋仔頭穴乾巽

子二　進真　進妙

遂佑

莊及公長子名佑觀諱遂助字謀順一字謀保生雍正壬子年五月十三日甚讀書十二未時卒乾隆丙午年三月廿一日酉時塟和尚仔墓

妣

前埔蔡氏名晏娘生雍正壬子年十一月初十日丑時卒乾隆丙午年四月廿六日巳時塟官山頂

子三　進朝　進炳出繼遂英　進察

遂英

莊及公次子名英觀諱遂才生乾隆戊午年八月廿五日辰時卒乾隆己卯年閏六月十四日戌時祔父遠德公塟大堵荒頂

聘

鮑厝鮑氏改

子二　進炳遂佑次子承　進萬遂意次子承

遂意 莊及公三子名意觀諱遂從一名遂文字謀心生乾隆癸亥年九月卅日寅時卒乾隆戊申年二月廿四日未時塟官山頂

妣 柯倉柯氏名堅娘謚勤信生乾隆癸亥年四月初九日酉時卒嘉慶癸亥年六月廿七日卯時塟官山頂穴乾巽弦

子三　進謙　進萬（出繼遂柒）　進悅

遂亂 莊及公四子名亂觀諱遂壺字謀合生乾隆戊辰年八月十三日亥時卒乾隆庚子年四月初十日子時塟官山頂

妣 本鄉孫氏名觀（勤）娘生乾隆庚午年七月廿四日戌時卒乾隆丁酉年正月初六日辰時塟官山頂

子一　進閣

遂最

莊及公五子名最觀諱遂勝生乾隆辛未年十二月初六日辰時卒嘉慶庚辰年八月十五日未時塟臺海埔厝畚箕湖拱西

妣 大房許氏名醉娘生乾隆乙亥年九月十五日未時卒乾隆丙申年十月初十日巳時塟官山頂

繼 配漳州魏氏名提娘 改

子一 進昌 魏出

遂培

莊新公長子名培觀諱遂植字謀本生乾隆癸亥年十月初四日辰時卒乾隆癸未年六月初七日丑時塟西沙尾

妣 潘徑張氏名標娘生乾隆乙丑年四月初二日 時卒嘉慶戊寅年六月廿五日午時塟臺四塊厝

子二 進蘭 進惜 遂來六子承

遂宗
莊新養子名宗觀諱　生乾隆　年正月初四日辰
時卒　塋臺
妣張氏
子六　進兜　進棟　進江出外姓　進蔭出繼遂煕　進慊　進惜出繼遂培

遂晉
莊新公三子出承莊南

遂丑
莊新公四子名丑觀生乾隆甲戌年十二月廿一日辰時
卒乾隆癸丑年八月十四日　時塋官山埔頂
妣蘖谷黃氏名粉娘生乾隆甲申年九月初三日戌時卒于臺
子三　進自　進深　進津

第十五世

遂獅

莊新公五子名獅觀諱遂象生乾隆庚辰年九月廿五日亥時卒嘉慶丁丑年十月初八日戌時塟官山埔頂

妣

臺灣漳屬陳氏名淑娘生乾隆癸巳年六月十七日時卒咸豐壬子年八月十七日未時塟官山埔頂

子三　進再　進瑟殤　進祖

遂晋

莊南公長子莊新公三子承名晋觀

幼殤

進明

遂賜公長子名明觀諱進昭字及騟生乾隆癸酉年五月十二日申時卒乾隆年二月初一日　時瑩埔仔頂穴乾巽亥巳
子一　廸鮮進敬次子承

進敬

遂賜公次子名敬觀諱進德生乾隆戊寅年三月十八日丑時卒嘉慶甲戌年三月初九日未時瑩埔仔頂穴乾巽亥巳
妣本鄉孫氏名草娘號懿恭生乾隆癸未年十二月十五日時卒道光戊申年十二月十六日寅時瑩官山埔頂
子六　廸添　廸鮮出繼進明　廸取出繼進然　廸殫　廸信　廸梓

進然

遂賜公三子名然觀字及禮生乾隆壬午年二月初九日丑時卒道光戊戌年五月廿五日未時
妣柯倉柯氏名吉娘號謹德生乾隆乙酉年六月十九日未時卒嘉慶戊午年十一月卅日辰時合瑩埔仔頂穴乾巽亥巳

子一 廸鷹

進皇

遂賜公四子名皇觀諱進中生乾隆乙酉年六月初八日卯時卒乾隆己酉年閏五月塟埔仔頂

子一 廸取 進敬三子承

進平

遂志公長子名平觀諱進均字及治生乾隆甲戌年十二月十七日子時卒嘉慶庚午年六月廿九日巳時塟官山頂次子廸卯祔

妣 埭邊洪氏名呈娘號克順生乾隆壬午年十月初五日卯時卒嘉慶丙辰年九月廿八日午時與施妣合塟官山頂

繼妣坑尾施氏名腰娘號克儉生乾隆丁丑年四月初五日時卒嘉慶己卯年十一月廿九日寅時與洪妣合塟在官山頂

子四 廸代殤 廸卯 廸秦殤 廸岳 俱洪出

進谷　遂悅公長子名谷觀生乾隆丁卯年卒不知塟西沙尾幼
殤前譜失脩

進碩　遂悅公次子名碩觀諱進光字及輝業儒生乾隆庚午年
正月初三日酉時卒于臺不知何處

妣　英林洪氏名僊娘號慈順生乾隆癸酉年十二月初三日
申時卒乾隆丁酉年十一月卅日寅時塟官山埔頂

繼　配施氏名申舍 改

子三　廸略　廸揖 俱洪出 出承進奮　廸螢 施出

進奮　遂悅公三子名奮觀謚文謨生乾隆庚辰年正月廿七日 舊譜誤書廿五日
午時卒乾隆丁酉年九月廿一日酉時塟官山頂 胞侄廸清嗣子廸慶祔

聘　大房許氏 改

子二　廸揖 承進碩次子　廸慶 進告三子承

進告

遂悦公四子名告觀諱進瞻生乾隆甲申年六月廿四日
午時卒嘉慶庚午年五月十一日未時

妣 東埔吳氏名箕娘號克儉生乾隆己丑年正月十三日已
時卒乾隆乙卯年四月十八日丑時

繼妣 洋澤蔡氏名明娘號克理生乾隆丁亥年二月初三日
酉時卒道光庚子年九月十九日巳時合塋西邊潭仔墘

子三 廸清吳出 廸雕 廸慶蔡出出承進奮

進宙

遂偉公長子名宙觀諱進宇字及禖生乾隆戊辰年九月
初九日酉時卒乾隆戊申年十月初四日寅時塋臺海埔
厝畚箕湖

配 赤店曾氏改

子二 廸廣 廸測

進霞

遂偉公次子名霞觀謚順情生乾隆癸酉年六月初一日辰時卒乾隆庚寅年七月初三日酉時塟官山頂

聘許氏改

子三　廸涼（進鉋長子承）　廸砰（進遠三子承）　廸蚕（進曾三子承）

進鉋　妣

遂偉公三子名鉋觀諱進知號及繫生乾隆丙子年二月十六日巳時卒道光庚寅年正月十二日午時

柯倉柯氏名險娘號端靜生乾隆丙子年二月十三日未時卒嘉慶戊辰年五月十三日未時合塟官山頂長男廸涼祔

子八　廸涼（出繼進霞承）　廸團（殤）　廸要　廸石　廸吝　廸挖

廸灣　廸細

進遠

遂偉公四子名遠觀諱進望號及清生乾隆己丑年十月十月十八日巳時卒嘉慶丙子年十一月廿七日巳時

妣東埔吳氏名情娘生乾隆壬辰年八月初七日辰時卒咸豐壬子年四月廿七日申時考妣與三子合塋官山頂坐北向南

子五　廸哖　廸蒲殤　廸砰出承進霞　廸衆　廸旭殤

進曾　遂偉公五子名曾觀諱進嶸生乾隆壬辰年五月廿日辰時卒道光甲辰年七月十七日子時塋官山埔坐西向東

妣后頭王氏名腰娘生乾隆乙巳年十一月十九日辰時卒咸豐壬子年三月初五日　時塋西沙尾

子四　廸請　廸紊殤　廸蚕出承進霞　廸千

進賞　遂正公長子名佛賞觀諱進勲字及猷生乾隆庚午年六月初二日未時卒嘉慶壬申年四月十九日丑時與柯妣合塋官山頂

妣林厝柯氏名衍娘生乾隆癸酉年二月廿日酉時卒乾隆

戊申年四月初四日酉時與公併姚妣合塋官山頂

繼妣伍堡姚氏名寅娘生乾隆癸未年四月十六日寅時卒

道光丙午年七月初六日未時考妣合塋官山頂

側室蔡氏 改

子二　廸八 長房進媽次子承　廸安 姚出

進守

遜正公次子名守觀生乾隆丁丑年十月廿二日辰時卒

乾隆丙申年十二月廿五日申時塋官山頂功弟進神祔

配東埔吳氏名㬎娘 改

子一　廸扶 養

進神

遜思公長子名媽神觀諱進助生乾隆庚辰年五月初二

日亥時卒乾隆戊申年六月初二日午時祔功兄進守塋

官山頂

妣[illegible]生乾隆庚辰年正月廿七日
時卒乾隆　年正月廿七日卯時塟西沙尾

進興

遂尊公長子名興觀諱進取生乾隆丙寅年閏三月初八日子時卒乾隆丙申年正月十七日酉時塟官山頂

妣湖尾蘇氏名潜娘生乾隆戊辰年八月十二日　時卒乾隆庚寅年十月初七日酉時塟官山頂

子二　廸欽蘇出　廸詞進商長子承

進商

遂尊公次子名商觀諱進議生乾隆甲戌年閏四月廿九日辰時卒道光癸巳年二月初三日丑時塟官山埔穴坐南向北

妣本鄉孫氏名謹娘號克順生乾隆乙酉年十二月初二日辰時卒道光戊戌年三月初一日子時塟官山頂

子四　廸詞（出承進選）　廸䂚（出承進貴）　廸磚　廸㷕

進碖

遂尊公三子名碖觀

幼殤

進宜

遂尊公四子出承遂體

進綿

遂道公長子名綿觀諱進上字及陞生乾隆辛巳年十一月初四日亥時卒道光壬午年十二月廿日子時葬樟仔墓口地内次子廸羗祔

妣

石蘭洪氏名帶娘號勤儉生乾隆辛巳年七月初九日午時卒嘉慶丙寅年六月廿八日未時葬樟仔墓口地内

子三　廸款　廸羗　廸虎

進池

遂道公次子出承遂體

進海

遂道公三子名海觀諱進湖生乾隆甲申年八月廿二日午時卒嘉慶庚辰年六月廿一日未時

妣

柯倉柯氏名佸娘號謹德生乾隆丁亥年十一月廿八日丑時卒乾隆戊申年二月廿八日巳時

繼

妣路東陳氏名菜娘號勤順生乾隆丁亥年正月十五日午時卒嘉慶庚申年正月十七日戌時與公併前妣合塋官山埔頂

子二　廸㳟　廸旲俱陳出

進探

遂箴公長子名探觀生乾隆丁丑年二月初八日巳時卒乾隆丙午年四月十二日巳時塋官山頂

妣

石蘭洪氏名送娘號克儉生乾隆庚辰年九月十八日巳時卒乾隆丁未年三月初七日未時塟官山頂

子一　廸捌

進晃

遂箴公次子名恍觀生乾隆辛巳年十二月十六日卯時卒塟于臺

子一　廸銚

進段

遂箴公三子出承遂體

進璉

遂箴公四子名璉觀諱進瑚生乾隆甲午年九月廿三日辰時卒道光丁未年七月初八日寅時塟臺海埔厝崙箕湖

妣

鹿港黃氏名文娘生乾隆己酉年六月十四日卯時卒道

光癸未年六月廿七日未時塟臺海埔厝畚箕湖
子三　廸聡　廸禾（承進勵）　廸主（名曰緊音語呼曰主）

進勵
遂箴公五子名勵觀生乾隆己亥年正月初五日亥時卒嘉慶辛未年四月十七日巳時塟臺海埔厝畚箕湖
子一　廸禾（進璉次子承）

進富
遂經公長子出承遂體

進仟
遂經公次子名仟觀幼殤

進皃
遂經公三子名皃觀字及佳生乾隆己亥年九月初七日亥時卒道光丁亥年八月十一日未時塟官山埔頂

妣

埭邊許氏名配娘號慈順生乾隆己酉年三月初六日

時卒道光壬午年七月十一日午時塋官山頂

子二　廸佃　廸悄出繼張家譜

進易

遂經公四子名易觀幼殤

進宜

遂體公嗣長子遂尊公四子承名宜觀諱進尾生乾隆癸

未年三月廿八日辰時卒乾隆庚戌年四月歿于臺墳塋不知

配

柯會柯氏歿

子一　廸砯進商次子承

進富

遂體公嗣次子遂經長子承名富觀字及有生乾隆丁亥

年二月廿九日酉時卒道光辛巳年七月十五日午時塋

官山埔頂

妣

大房許氏名緞娘生乾隆辛卯年十一月廿五日卒于臺

子一　廸排

進段

遂體公嗣三子遂箴公三子承名光段觀諱進伯生乾隆
己丑年十月十三日未時卒道光乙未年二月廿三日晡

妣

石蔔黃氏名乂娘號淑慎生乾隆壬寅年六月十二日
時卒道光壬午年六月初一日未時合塟官山頂祔墩壙內

子四　廸盤　廸彼　廸頭　廸截

進池

遂體公嗣四子遂道公次子承名池觀
幼殤

進真

遂惠公長子名真觀諱進脩字及齊一字及誠生乾隆丁卯年九月十八日午時卒道光丙戌年八月十六日巳時

塋官山頂

妣

石蘭黃氏名甚娘號專靜生乾隆丁卯年十二月廿四日辰時卒嘉慶丁丑年三月廿四日巳時塋大堵荒頂

子三　廸脫　廸路　廸遺出繼進妙

進妙

遂惠公次子名妙觀諱進才生乾隆戊寅年九月初四日酉時卒乾隆壬子年五月廿八日辰時

妣

曾厝曾氏名留娘號慈順生乾隆丙戌年正月初一日巳時卒乾隆戊申年正月初三日巳時合塋官山頂

子一　廸遺進真三子承

進朝 [illegible]觀詩進廷生乾隆戊寅年十二月初八日戌時卒乾隆戊申年三月廿日戌時葬官山頂

妣石菌洪氏 改

子二 廸旺 廸益

進炳 遂佑公次子出承遂英

進察 遂佑公三子名察觀生乾隆乙未年五月十七日辰時卒道光丙申年八月初三日辰時葬臺海埔厝畚箕湖

妣前埔 氏

子一 廸白 進昌四子承

進炳　遂英公嗣長子遂佑公次子承名炳觀生乾隆甲申年九月廿九日巳時卒嘉慶己未年十月初八日未時塟臺海埔厝畚箕湖

妣　前坑吳氏名雛娘生乾隆　卒乾隆戊申年塟西沙尾

子一　廸向進昌次子承

進萬　遂英公嗣次子遂意公次子承名萬觀幼殤

進謙　遂意公長子名謙觀幼殤

進萬　遂意公次子出承遂英

進恍

遂意公三子名惱觀生乾隆己亥年卒塟于臺打狗山

進閣

遂亂公長子名閣觀生乾隆甲午年九月廿二日亥時卒

嘉慶　年五月十三日塟臺之南投萬丹山

子一　廸達（進昌五子承）

進昌

遂最公長子名文昌觀生乾隆戊戌年十一月初八日巳

時卒道光丙午年四月廿五日未時塟臺

妣

臺三塊厝王氏名勸娘生乾隆丁未年二月十一日寅時

卒道光丙戌年九月初十日未時塟臺海埔厝畚箕湖

子五　廸戚　廸向（承進炳）　廸水（承曾安）　廸白（承進察）　廸達（出承進閣）

進蘭 遂培公長子名瑞蘭觀諱進桂字及芳生乾隆癸未年九月十二日亥時卒道光壬寅年四月十九日午時葬畚箕湖

妣 臺竹圍仔陳氏名益娘生乾隆丁酉年二月廿七日午時卒道光丙申年四月十四日巳時葬畚箕湖

子八

迪廷　迪力　迪取殤　迪㤥殤　迪河承進惜　迪諒殤

迪名失殤　迪燦

進惜 遂培公次子遂宋六子承名惜觀生乾隆丙午年九月廿六日巳時卒嘉慶庚午年五月廿五日葬四堀厝

聘 黃氏改

子四

迪河進蘭五子承　迪江進標次子承　迪達進標次子承　迪井進鎣四子承

進堄 遂宋公長子名堄觀生乾隆乙酉年九月廿四日卯時卒嘉慶壬申年五月十九日巳時葬臺海埔厝畚箕湖

妣臺施氏名乖娘生乾隆乙未年十二月十四日亥時卒道
光壬午年五月十九日巳時塟臺畚箕湖
子四　廸愛　廸順　廸傑　廸連

進棟

遂宗公次子名棟觀生乾隆己丑年二月十二日戌時卒
未詳塟四堀厝
妣臺陳氏名法娘生乾隆辛丑年十一月十八日戌時卒道
光辛巳年三月十五日未時塟四堀厝
子三　廸瞈　廸江（出承進楷）　廸熱

江游

遂宗公三子分出外姓

進蔭

遂宗公四子出承遂照

進慊

遂宗公五子名慊觀生乾隆甲辰年正月十二日申時卒
道光甲辰年十一月廿五日卯時塟四堁厝

妣

臺鄭氏名晟娘生乾隆癸丑年五月初四日午時卒咸豐
甲寅年十月初七日寅時塟四堁厝

子五　廸振（一名罵）　廸達（承進惜）　廸令　廸錢　廸圭

進惜

遂宗公六子出承遂培

進自

遂丑公長子名自觀字及由生乾隆乙巳年八月十七日
巳時卒道光庚戌年十二月十九日　時塟官山頂

妣本鄉孫氏名執娘生嘉慶丙辰年三月十八日巳時卒道光壬寅年四月初十日　時葬官山頂

子三　廸趟殤　廸踏壯殤　廸岞住后灣仔

進深

遂丑公次子名深觀諱進　生嘉慶庚申年七月十四日寅時卒咸豐戊午年正月初一日酉時葬畚箕湖

妣臺海墘厝張氏名讓娘生嘉慶壬申年正月初七寅時卒道光辛卯年四月初八日巳時葬臺海埔厝畚箕湖

繼妣后園仔陳氏名養娘生道光辛巳年五月廿七日卒光緒己卯年八月十九日寅時葬畚箕湖

子三　廸榮壯殤　廸章　廸吞陳出壯殤

進津

遂丑公三子名津觀出承顏家

進再

遂獅公長子名再觀字及博號進籍生乾隆己酉年五月初八日巳時卒咸豐壬子年三月廿九日丑時塟官山頂

妣石菌王氏名讓娘生嘉慶己未年二月廿日　時卒同治辛未年五月廿六日未時

子六　廸盞　廸鏘　廸欝承進祖　廸重　廸辞承進祖　廸嚴

進瑟

遂獅公次子名瑟觀幼殤

進祖

遂獅公三子名祖觀生嘉慶辛酉年八月初四日巳時卒道光辛丑年五月初五日未時塟官山頂

嗣子二　廸欝進再次子承　廸辞進再四子承

第十六世

廸觧

進明公長子進敬次子承名觧觀諱廸元生乾隆己酉年七月廿三日辰時卒咸豐甲寅年四月十三日子時塟官山埔頂穴庚甲酉卯

妣

清頭張氏名蘂娘號儉順生嘉慶乙丑年六月初九日寅時卒道光丙申年四月初九日卯時塟西沙尾

子三　茲綱承廸添　茲庭殤　茲帕

廸添

進敬公長子名添觀諱廸福生乾隆乙巳年九月廿八日亥時卒咸豐辛酉年正月十八日子時塟官山埔

嗣子一　茲綱廸觧長子承

廸解

進敬公次子出承進明

廸取

進敬公三子出承進皇

廸彈

進敬公四子名彈觀諱廸鼓（號廸琴）生嘉慶丁巳年三月初四日亥時卒光緒丁丑年三月初六日丑時塟官山

妣

磁灶陳氏名富娘號懿静生嘉慶丁卯年　卒光緒丁丑年三月廿四日亥時

子四三　茲皂　茲丕（分出安溪）　茲擇（廸梓三子承）

廸信

進敬公五子名信觀諱廸謹生嘉慶庚申年五月卅日戌時卒同治己巳年六月十五日午時塟官山埔

妣梅林蔡氏名恃娘號端靜生嘉慶丙子年三月初八日子
時卒道光丙午年十二月廿八日子時塟西沙尾
子三 茲醒 茲桃 茲蟳（承迪取）

廸梓
進敬公六子名梓觀諱廸里生嘉慶癸亥年閏二月十二
日寅時卒同治丁卯年八月十二日酉時塟官山埔
妣柯坑柯氏名椒娘生道光壬午年十月十一日卯時卒同
治癸亥年十月廿日辰時塟官山埔
子三 茲箴（養不知去向） 茲痛 茲擇（承迪彈）

廸隲
進然公長子名積觀諱廸仁生乾隆乙卯年八月初三日
卯時卒咸豐癸丑年四月廿四日辰時塟官山頂
妣柯坑張氏名蘊娘生嘉慶甲子年九月十五日卯時卒同
治甲戌年八月十六日丑時寄塟官山埔

子三　兹荼養　兹爐　兹瞧俱張出

廸取

進皇公長子進敬公三子承名取觀諱廸制生乾隆壬子年二月初三日午時卒道光庚寅年六月十四日酉時塟西沙尾

嗣子一　兹蟳廸信三子承

廸代

進平公長子名代觀幼殤塟西沙尾

廸卯

進平公次子名卯觀諱廸峯生乾隆乙巳年八月十三日時卒道光庚子年四月廿一日未時塟官山埔頂祔父進平公壙内

妣

本鄉許氏名鬆娘號荼懿生乾隆己酉年十二月廿九日

亥時卒光緒戊寅年九月初五日酉時享壽九十塟官山

子七

兹慈　兹鞏承迪岳　兹詰　兹爪　兹緺　兹訂

兹畫

迪泰

進平公三子名泰觀生乾隆己酉年卒幼殤塟西沙尾

迪岳

進平公四子名岳觀諱迪泰生乾隆壬子年九月廿四日時卒道光甲辰年五月廿八日卯時塟官山頂嗣子兹鞏祔

嗣子一　兹鞏迪卯次子承

迪略

進碩公長子名略觀諱迪谿生乾隆癸巳年十一月初二日寅時卒道光壬寅年八月廿日亥時塟西沙尾

廸揖　進碩公次子出承進奮

廸螢　進碩三子名螢觀生乾隆乙巳年六月十九日巳時

廸揖　進奮公嗣長子進碩次子承名揖觀幼殤

廸慶　進奮公嗣次子進告三子承名慶觀諱廸善生嘉慶丙寅年正月廿二日亥時卒道光壬辰年八月初四日亥時祔進奮公胞兄廸清公合塋官山頂

配洋澤蔡氏　改

嗣子一　玆噴（廸雕三子承）

廸清

進告公長子名清觀諱廸潔生乾隆己酉年五月廿一日寅時卒嘉慶丁卯年八月廿七日未時祔進龕公胞弟廸慶合塟官山頂

聘　本鄉孫氏（改）

嗣子一　玆確（廸雕長子承）

廸雕

進告公次子名雕觀諱廸乾生嘉慶庚申年十二月十九日戌時卒咸豐癸丑年四月十八日未時塟官山頂

妣　東埔吳氏名柳娘生嘉慶辛酉年九月廿二日　時卒咸豐癸（戊午）丑年四（六）月十八（廿）日未（己）時塟官山頂

子五　玆確（承廸清）　玆蚶　玆噴（承廸）　玆郭　玆蝗

廸慶　進告公三子出承進奮

廸廣　進宙公長子名廣觀生乾隆乙未年十月初三日辰時卒
塟于臺

妣臺柯氏名式娘生乾隆壬寅年十二月廿九日酉時卒于
臺

子五　玆炎　玆珀　水白出外姓　玆婆　玆逃

廸測　進宙公次子名測觀生乾隆戊戌年十一月廿八日巳時
幼殤

廸淙　進霞公長子進匏公長子承名光淙觀諱廸輿生乾隆戊
戌年十一月初六日寅時卒道光丙戌年五月初八日戌

時塟官山頂祔父母壙内

妣青石坑邊黄氏名兟娘生乾隆辛亥年四月初二日寅時

卒道光　年　月　日　時塟官山頂

子一　兹詮

廸砰

進霞公嗣次子進遠公三子承名砰觀生嘉慶甲子年四月初三日巳時卒道光癸卯年七月廿八日巳時與生父母進遠公考妣仝塟官山頂坐北向南

配中舍王氏改

子四　兹嚴　兹合俱幼殤　兹潑廸咔三子承　兹甲廸衆三子承

廸蚕

進霞公三子進曾三子承名蚕觀諱廸綵生嘉慶甲戌年五月廿五日寅時

配臺棋盤厝謝氏名妹娘生道光戊子年九月廿八日巳時

子三　河淡　茲龍承迪請　茲被

迪涼

進鉋公長子出承進霞

迪團

進鉋公次子名團觀幼殤

迪要

進鉋公三子名要觀諱迪樞生乾隆辛丑年十一月初四日丑時卒咸豐丙辰年八月十二日未時與妣許氏拾在金內塗官山下挖

妣

埭邊許氏名桑生乾隆癸丑年十二月卅日卯時卒咸豐辛亥年七月初九日子時

子三　茲幸　茲交殤　茲葉

廸石

習權公四子名石觀生乾隆乙巳年七月廿日寅時卒道光庚子年六月十二日　時葬臺南路蔴六甲

廸客　妣

進匏公五子名客觀生乾隆庚戌年三月廿九日寅時卒咸豐辛亥年二月廿六日卯時葬臺牛罵頭青埔墘

臺杆蓁林白氏名担娘一名戀娘卒道光庚戌年四月廿九日子時葬于臺牛埔

子二　茲萬（淨廻挖）　茲團（幼亡）

廸挖

進匏公六子名挖觀生乾隆辛亥年十一月十五日寅時卒道光丙申年二月廿一日未時葬官山頂

嗣子一　茲萬（廸客長子承）

廸灣

進鉋公七子名灣觀生嘉慶戊午年十一月十一日未時卒道光丁酉年五月初五日午時塟臺南路蘇六甲

妣臺鹿港吳氏名貴娘生嘉慶丁卯年八月初八日卯時卒道光甲申年五月廿三日子時塟臺鹿港塜埔

子一　茲

廸細

進鉋公八子名細觀生嘉慶甲子年四月十二日申時咸豐丙辰年正月十四日卒于臺海波厝崙箕湖

廸咩

進遠公長子名咩觀生嘉慶癸酉年六月廿六日寅時卒（丁巳　十　十三　巳）號廸豐卒咸豐辛亥年五月初四日巳時塟官山埔

妣東埔吳氏名梁娘謚謹恬生嘉慶癸酉年六月廿六日寅時卒道光癸卯年十月初三日戌時塟官山頂

子三　茲踰　茲堯　茲潑（承廸硑）

廸藹

進遠公次子名藹觀早殤

廸砰

進遠公三子出承進霞

廸衆

進遠公四子名衆觀諱廸容生嘉慶戊辰年正月廿一日辰時卒同治己巳年二月廿六日巳時塟官山頂坐北向南

妣柯倉柯氏名做娘生道光辛巳年九月初一日辰時卒道光戊申年五月廿三日戌時塟官山頂坐北向南

繼妣塽邊許氏名鉄娘生嘉慶甲戌年九月初四日　時卒同治丙寅年二月十九日卯時塟官山頂坐北向南

子三　茲墻　茲坎俱柯出殤　茲甲許出承廸砰

廸旭　進遠公五子名旭觀生嘉慶辛未年四月卄日卯時
幼殤

廸請　進曾公長子名請諱廸業生嘉慶丙寅年正月十三日巳時
配臺彰化温氏名却娘生嘉慶丁丑年二月初四日卯時
嗣子二　茲誅廸千長子承　茲龍廸蚕次子承

廸紊　進曾公次子名紊觀生嘉慶戊辰年二月廿日　時
幼殤

廸蚕　進曾公三子出承進霞

廸千 進賞公四子名千觀諱廸祿生道光壬午年二月廿二日子時

配柯倉李氏名于娘諡貞素生道光癸巳年七月十七日午時卒光緒辛巳年正月十一日寅時塋官山

子六 茲誅承廸請 茲福殤 茲屏殤 茲盞 茲洗 茲醮

廸八 進賞公長子長房進嫣次子承名八觀諱廸卦生乾隆辛丑年六月十五日酉時卒咸豐壬子年十一月初七日晡

妣東埔吳氏名玳娘諡維謹生乾隆丙午年三月十二日酉時卒道光己酉年十二月十八日未時考妣合塋官山埔

子三 茲揷承廸扶 茲見 茲曹殤

廸安 進賞公次子名春安觀諱廸蓇字子恬生嘉慶庚申年十二月十九日卯時卒道光壬寅年四月十五日戌時塋大

路後

妣

穐曆曾氏名蘊娘謚恭懿生嘉慶辛酉年正月廿二日酉

時卒同治丁卯年三月初五日寅時葬官山埔

子二　兹窓扶淨迪　兹錫

迪扶

妣

進守公養子名扶觀諱迪持生乾隆庚寅年十二月十六

日酉時卒道光　年八月廿四日　時

内曆張氏名濺娘生乾隆丁酉年二月初五日寅時卒嘉

慶丙辰年八月廿三日卯時考妣合葬官山頂

嗣子二　兹插迪八長子承　兹窓迪安長子承

迪欽

進與公長子名欽觀生乾隆丁亥年六月廿七日寅時乾

隆乙卯年十月初八日未時溺海殁拾葬福清縣嶼頭

配

氏改

廸詞
進與公次子進商公長子承名辭觀諱廸懌生乾隆甲寅年八月初四日巳時卒道光乙巳年八月初三日卯時塟官山頂
妣坑園吳氏名胡娘生嘉慶辛酉年十月廿日　時卒同治丙寅年八月廿日卯時
嗣子二　兹默（宮后廸枡子承嬀）　兹茅（宮后廸讀子承）

廸詞
進商公長子出承進與

廸[illegible]
進商公次子出承進宜

廸磗
進商公三子名磗觀生嘉慶庚申年五月廿九日巳時卒道光己酉年五月廿日卯時塟官山頂

妣伍堡張氏名担娘生嘉慶戊辰年二月十二日亥時卒道
光壬寅年五月初九日酉時塟西沙尾

廸媵　進商公四子名媵觀字廸鼎生嘉慶乙丑年十二月初七
日戌時
配潼洲　氏改

廸欵　進綿公長子名欵觀諱廸洽生乾隆丙午年七月初三日
時卒咸豐庚申年六月廿六日辰時塟官山埔
妣洋澤蔡氏名戀娘諡孝慈生乾隆癸丑年十月初七日申時
卒道光癸巳年四月廿三日巳時塟官山下挖次子巒祔
子六　茲珏　茲苗　茲寫　茲拓　茲潘殤　茲亜

廸羞

進綿公次子名羞觀生乾隆壬子年十二月廿四日　時
卒道光庚子年四月廿五日　時塟樟仔墓口地內祔父
進綿公壙內

廸虎

進綿公三子名虎觀生嘉慶己未年十一月初三日　時
卒道光庚戌年八月初六日　時塟臺海埔晋畚箕湖

廸悔

進海公長子名悔觀生乾隆壬子年四月初九日巳時卒
道光甲辰年九月初四日巳時塟臺畚箕湖（生辰一作十月十六日未知孰是）
子一　玆芼殤

廸哭

進海公次子名哭觀字廸曲住臺生乾隆乙卯年十月初
五日　時卒道光甲辰年八月初一日酉時塟畚箕湖

妣　鹿港楊氏名惜娘生嘉慶己巳年八月廿二日戌時卒同

治乙丑年八月廿二日寅時塟畚箕湖
子三　茲峻殤　茲菁　茲鷩

迪捌
進探公長子名捌觀諱迪抜生乾隆壬寅年九月十一日
巳時卒道光辛丑年正月廿五日丑時塟西沙尾
嗣子一　茲清迪聡四子承

迪銚
進晃公長子

迪聡
進璉公長子名聡觀諱迪敏字子謀任壆生嘉慶己巳年
四月十六日未時卒光緒庚辰年七月初三日未時塟臺
妣莊氏名選娘生嘉慶癸酉年九月初三日　時卒嘉慶丁
丑年十月十四日巳時塟臺海埔厝畚箕湖

繼妣臺詔安厝張氏名順娘生嘉慶庚午年十一月初一日酉時卒光緒丁丑年正月廿九日巳時

子四六 玆羅殤 玆井 玆禎 玆清承迪捫 玆三 玆堆出承海下迪鶱

迪禾

進璉公次子出承進勵

迪紫

進璉公三子名紫觀生嘉慶戊寅年九月廿一日寅時卒道光戊戌年三月初七日寅時葬臺海埔厝畚箕湖

迪禾

進勵公嗣長子進璉次子承名禾觀生嘉慶乙亥年十二月廿四日戌時

配臺鹿港郭氏名却娘生道光乙酉年五月十九日亥時

子三　兹鉗　兹的成　兹喜

廸佃

進兒公長子名佃觀諱廸以字子漁生嘉慶乙亥年正月初十日卯時

妣石菌黃氏名惜娘生（諡謹慈）道光丙戌年正月廿三日丑時卒同治辛未年五月廿七日巳時

子二　兹勳（殤）　兹猶

廸悄

進兒公次子出登張家譜

廸卿

進宜公長子進商公次子承名卿觀生嘉慶丁巳年七月初六日亥時卒　年七月廿九日巳時塋臺

妣臺施氏名燕娘生無載卒九月初六日

[illegible]存

廸排 進富公長子名排觀諱廸律生乾隆癸丑年十二月十五日亥時卒于臺

配臺鹿港施氏名奚娘

子一 茲硯

廸盤 進段公長子名盤觀生嘉慶癸亥年三月初九日辰時卒道光戊子年六月廿三日午時塟臺海埔厝畚箕湖

廸彼 進段公次子名彼觀諱廸蒼生嘉慶戊辰年十二月十一日巳時卒道光庚子年四月十三日午時塟西沙尾坐彝

廸頭　進段公三子名頭觀生嘉慶戊寅年正月初四日亥時卒
道光戊子年

廸截　進段公四子名截觀諱廸才生道光辛巳年正月十五日
卯時

配　邵厝邵氏名樣娘生道光甲午年三月廿九日卯時

子四　茲勅　茲燥　茲那　茲柴

廸脫　進真公長子名脫觀諱廸冕生乾隆甲午年十二月初六
日辰時卒道光丙午年九月廿七日午時窆官山頂

妣　石菌黃氏名妹娘生乾隆丙午年六月初一日辰時卒嘉
慶戊辰年五月初十日未時窆官山頂

繼妣大白山楊氏名且娘生乾隆癸卯年二月廿一日辰時

卒道光辛巳年六月廿日未時塟官山頂
嗣子一 滋菊 廸路次子承

廸路

進真公次子名路觀諱廸由生乾隆丁酉年七月廿三日
亥時卒嘉慶壬申年六月初六日 時

妣 南邑胡氏名益娘生乾隆辛亥年七月十九日申時卒嘉
慶丙子年三月廿四日戌時合塟官山頂
子二 滋詠 滋菊 承廸脫

廸遣

進真公三子出承進妙

廸遣

進妙公嗣長子進真公三子承名遣觀諱廸從生乾隆丁
未年三月十四日寅時卒同治壬戌年五月初一日卯時

妣 塋橋仔頭洋澤蔡氏名香娘生乾隆甲寅年九月十三日辰時卒同
治戊辰年三月廿八日酉時
子一 茲針

廸旺 進朝公長子名旺觀生乾隆壬寅年十二月十五日丑時
殤

廸益 進朝公次子名益觀
殤

廸白 進察公嗣子進昌公四子承名白觀生嘉慶乙亥年八月
十三日亥時卒　年二月廿七日　時塋臺
子一 茲字 廸咸次子承

廸向

進炯公嗣子進昌次子承名向觀生嘉慶癸亥年八月十
八日戌時卒　年正月廿三日　時塟臺畚箕湖
嗣子一　玆豬 廸咸長子承

廸達

進閩公嗣子進昌五子承名達觀生嘉慶戊寅年七月初
二日巳時卒同治甲子年十月廿八日未時塟畚箕湖
嗣子一　玆竹 廸咸三子承

廸咸

進昌公長子名咸觀諱廸亨生嘉慶辛酉年五月初九日
申時卒同治己巳年八月廿八日未時塟畚箕湖

妣　臺彰化黃氏名粉娘生嘉慶辛未年十一月初九日申時
卒咸豐丙辰年三月十七日寅時塟臺
子四　玆豬 承廸向　玆字 承廸白　玆竹 承廸達　玆灶

廸向
進昌公次子出承進炳

清水
進昌公三子出登曾家譜

廸白
進昌公四子出承進察

廸達
進昌公五子出承進閣

廸廷
進蘭公長子名廷觀諱廸對生乾隆乙卯年二月初四日寅時卒道光癸巳年五月十四日卯時塟臺海埔厝畚湖墘

配臺鹿港陳氏名順娘出

子三　兹喜　兹興　兹失名

廸力

進蘭公次子名力觀諱廸行生嘉慶丁巳年六月初一日
寅時卒道光乙巳年三月初六日丑時塟臺

妣臺海埔厝王氏名閨娘生嘉慶丙寅年七月廿二日卯時
卒同治癸酉年二月初二日寅時塟畚箕湖

子一　兹汀

廸取

進蘭公三子名取觀生嘉慶辛酉年十一月廿七日　時
幼殤

廸㤐

進蘭公四子名㤐觀生嘉慶癸亥年十一月初三日　時
卒嘉慶甲戌年八月初五日巳時塟畚箕湖

迪河　進蘭公五子出承進愔

迪諒　進蘭公六子名諒觀
幼殤

迪　失名　進蘭公七子名缺
幼殤

迪燦　進蘭公八子名燦觀諱迪榮生嘉慶己卯年正月初九日
卯時卒咸豐癸丑年六月初三日戌時葬臺

妣　臺番仔溝黃氏名料娘生道光己丑年正月初九日寅時
卒咸豐甲寅年七月廿九日　時葬埜崙箕湖

二十[illegible] [illegible]崑山

廸河　進惜公長子進蘭公五子承名河觀生嘉慶戊辰年十一月初一日未時

廸江　進惜公次子進棟公次子承名江觀生嘉慶癸酉年五月十二日子時

廸達　進惜公三子進憔公次子承名達觀生嘉慶乙亥年九月初六日戌時

廸井

進惰公四子進蔭公四子承名井觀生嘉慶丁丑年九月十五日巳時

廸愛

進兜公長子名愛觀生嘉慶丁巳年二月十八日未時卒道光甲午年三月初五日未時塟崙箕湖

妣臺吳氏名艮娘生嘉慶戊午年三月十三日卯時卒道光丙申年十一月初一日巳時塟崙箕湖

子一　茲懷承廸順

廸順

進兜公次子名順觀生嘉慶己未年十一月十八日寅時卒道光辛巳年十月十六日未時塟臺四堀厝埔

嗣子一　茲懷廸愛子承

廸傑
進兜公三子名傑觀生嘉慶辛酉年　月　日　時卒
塋臺海埔厝畚箕湖

廸蓮
進兜公四子名蓮觀生嘉慶甲子年七月十八日卯時卒
道光　年正月　塋畚箕湖

廸瞻
進棟公長子名瞻觀生嘉慶丙寅年九月廿日巳時卒嘉
慶己巳年八月初九日戌時塋臺四塊厝埔

廸江
進棟公次子出承進惜

廸熱

進棟公三子名熱觀生嘉慶丁丑年十二月十六日戌時

不知去向

廸振

進慷公長子名振觀又一名罵生嘉慶癸酉年正月初五

日午時

廸達

進慷公次子出承進惜

廸令

進慷公三子名令觀生嘉慶庚辰年十二月十四日巳時

廸錢 進悄四子名錢觀生道光癸卯年十月廿二日巳時卒咸豐丁巳年六月初三日申時葬臺四塊厝埔

嗣子一 茲于 廸圭次子承

廸圭 進慷五子小名圭諱廸璧生道光癸巳年十月十八日寅時卒光緒戊寅年十一月廿四日卯時葬四塊厝

配 臺周氏名曰娘

子二 茲員 茲于 承廸錢

廸揭 進自公長子名揭觀生道光甲申年正月十九日戌時卒道光 幼殤

迪踏
進自公次子名踏觀生道光己丑年五月十二日卯時卒
年五月十七日

迪岞
進自公三子名岞觀生道光壬辰年九月初一日午時

迪榮
進深公長子名榮觀生道光丙申年十月初七日巳時卒
咸豐辛酉年十一月廿日午時塟畚箕湖

迪章
進深公次子名章觀大名迪煥生道光壬寅年

配扆滄魏氏名卜娘生道光己酉年　卒光
緒己卯年四月廿六日午時塟畚箕湖
子二　兹頭　兹彭

廸呑
進深公三子名呑觀生道光己酉年七月初八日卯時卒
光緒丙子年十二月廿八日未時塟畚箕湖

廸盞
進再公長子名盞觀大名廸盤生道光甲申年正月廿七
日酉時住臺竹圍仔

配竹圍仔陳氏名送娘生道光辛卯年九月初六日子時
子三　兹旺　兹萊　兹水發

廸鏘　進再公次子

廸欝　進再公三子出承進祖

廸重　進再公四子名重觀大名廸典生道光壬辰年九月初四日午時

娶彰化林氏名螺娘生道光丁酉年七月廿二日

子三　玆頭　玆上　玆塔

廸薛　進再公五子出承進祖

廸嘏 進取公六子名嘏觀大名廸巡生道光辛丑年正月十七日未時

廸欝 進祖公嗣長子進再次子承名欝觀大名廸林生道光戊子年六月十八日午時

配本鄉溝墘蔡氏名先娘生道光甲辰年七月十五日

子二 玆塹 玆爕

廸薛 進祖公嗣次子進再四子承名薛觀大名廸築生道光丁酉年九月初六日巳時

娶石塊顏氏名順娘生道光丁未年正月十二日

子二　茲科　茲恨

第十七世

茲綱　廸鮮長子出承廸添

茲庭　廸鮮次子小名庭　幼殤

玆帕

迪解三子名帷觀大名玆羅生道光己丑年六月初七日巳時

配前埔蔡氏名絹娘生道光壬寅年二月廿九日

子二　唐譽（承玆綱）　唐般

玆綱

迪添嗣子迪解長子承名綱觀大名玆結生道光乙酉年五月十二日亥時卒于臺

嗣子一　唐譽（玆帕長子承嗣）

玆皇

迪彈長子名皇觀生道光壬辰年七月初七日巳時卒臺

玆丕　廸彈次子分出安溪

玆擇　廸彈嗣三子廸梓三子承小名擇生咸豐己未年十二月廿四日　時

玆醒　廸信長子名醒觀大名玆醉生道光丙申年九月十八日戌時

娶英林洪氏名節娘生道光乙巳年十一月廿一日

子一　唐界

玆桃
廸信次子名桃觀大名玆蟠生道光己亥年八月十九日時
娶臺北周氏名好娘生咸豐丙辰年正月十六日戌時

玆蟳
廸信三子出承廸取

玆篋
廸梓養長子不知去向

玆痡
廸梓次子小名痡生咸豐丙辰年十二月十二日戌時

玆擇　廸梓三子出承廸彈

玆茶　廸隲養長子名茶觀大名玆譜生道光庚寅年十二月十五日午時

配　許西坑許氏名莉娘生道光壬寅年十一月廿一日子時

卒咸豐己未年九月廿一日辰時

繼　配鄉村鄉陳氏名階娘生道光乙未年十二月卅日

子四　唐豆　唐壽幼亡　唐拋幼亡　唐敎

兹爐[illegible]生道光甲午年五月十九日辰時

配大房許氏名箱娘謚慈儉生道光丁未年十一月廿一日寅時卒光緒丁丑年八月廿日巳時塟官山

子五　唐鈴殤　唐揊分出　唐盆幼亡　唐帆幼亡　唐鈎兹雁子兼承

兹雁迪隲三子名雁觀大名兹石生道光丙申年十一月十九日酉時

配柯坑張氏名覶娘生道光庚戌年五月廿九日子時卒光緒丁丑年十二月十二日巳時塟官山埔

子一　唐鈎兼承兹爐

兹蟳迪取嗣子迪信三子承名蟳觀大名兹蠏生道光甲辰年六月初八日寅時

玆慈　廸卯長子名慈觀諱玆祥生嘉慶戊辰年五月初一日巳時卒同治癸亥年七月初二日亥時塟官山埔

妣梅林蔡氏名𥡴娘生道光丙戌年九月廿三日吉時卒咸豐乙卯年二月初七日寅時塟官山

子二　唐叢　唐蠟幼亡

玆翠　廸卯次子出承廸岳

玆詰　廸卯三子名詰觀生嘉慶己卯年二月廿四日巳時卒道光丁未年十月廿九日酉時與胞弟玆爪合塟官山頂

配漳州　氏名法娘生無攷卒道光庚戌年五月廿四日

時塟西沙尾

兹爪

廸卯四子名爪觀生道光壬午年六月十一日未時卒道光戊申年十月廿九日寅時與胞兄兹詰合塟官 山頂

兹緆

廸卯五子名緆觀生道光丙戌年正月初三日巳時卒同治甲子年正月廿二日戌時塟西沙尾

嗣子一 唐法 四名桂人入承

兹訂

廸卯六子名訂觀生道光戊子年九月廿一日丑時卒于臺不知年月

茲晝 廸卯七子名晝觀大名茲籌字孫策生道光戊戌年四月十三日卯時
配洋宅楊氏名越娘謚儉淑生道光乙巳年三月廿七日酉時卒同治甲子年三月廿三日巳時塟官山埔
繼配窯後黄氏名讀娘生道光丙申年正月初九日寅時

茲鞏 廸岳嗣子廸卯次子承名鞏觀生嘉慶甲戌年十一月初三日巳時卒道光乙巳年三月十三日午時祔叔父廸岳公塟官山頂
配臺氏 改

茲噴 廸慶嗣子廸雕三子承名噴觀大名茲雪生道光戊子年四月初四日辰時卒咸豐壬子年四月初二日辰時塟官山頂

配[illegible]舘柄氏名妹娘生道光庚寅年四月廿八日酉時卒道
光己酉年三月廿三日　時瘞官山頂
嗣子一　唐育兹陞長子承

兹確
廸清嗣子廸雕長子承　名確觀諱兹扳生道光壬午年八
月廿九日亥時
配洪塘張氏名轉娘生道光丙戌年六月初六日辰時
子四　唐啓承兹蚶　唐兹出承兹郎　唐汰殤　唐堅

兹確
廸雕長子出承　廸清

茲蚶

廸雕次子名蚶觀生道光乙酉年三月廿五日未時

嗣子一　唐啓（茲雄長子承）

茲噴

廸雕三子出承廸慶

茲郭

廸雕四子名郭觀諱茲偃生道光辛卯年正月廿七日未時卒咸豐癸丑年四月廿六日午時塟西沙尾

嗣子一　唐諸（茲雄次子承）

茲蟶

廸雕五子小名蟶諱茲嚴生道光己亥年四月十五日辰時卒同治庚午（甲戌）年十二（一）月廿九日午（辰）時

配湖尾蘇氏名選娘謚勤（德）生道光己亥（甲辰）年四（十二）月十五（廿四）日巳時

卒同治甲戌年十十月廿一日辰午時

子二　唐肓 永茲 賁　唐窰

茲炎

迪廣長子小名炎生嘉慶丁卯年九月初九日戌時

子　唐　殤 失名

茲珀

迪廣次子小名珀生嘉慶辛未年八月初二日午時卒于臺

水白

迪廣三子分出外姓

玆婆 臺

廸廣四子小名婆生嘉慶戊寅年二月初七日卯時卒于

玆逃

廸廣五子小名逃生道光辛巳年六月十三日巳時

玆詮

廸京長子小名詮大名玆選生道光癸未年八月廿七日辰時

嗣子一　唐耿 玆幸次子承

玆嚴 殤

廸砰長子

茲合 廸研次子 殤

茲潑 廸研嗣三子廸哖三子承小名潑諱茲活生道光己亥年十二月十六日酉時卒同治戊辰年九月十五日未時葬臺海埔厝

茲甲 廸研嗣四子廸衆三子承小名甲生咸豐庚申年五月十二日未時

河淡 廸畚長子名河淡生咸豐戊午年四月十七日卯時卒同治甲戌年七月初一日辰時葬畚箕湖

茲龍廸蚕次子出承廸請

茲秡廸蚕三子小名胚生同治辛未年六月十八日子時

茲幸廸要長子小名幸諱茲榮字孫厚生嘉慶乙亥年正月十九日丑時

配埭邊許氏名念娘生道光乙酉年九月廿四日申時

子三　唐乳　唐耿承茲詮　唐鵠

茲交 建次子小名交生道光丙戌年正月初四日巳時

茲葉 建要三子小名葉諱茲茂生道光庚寅年正月十九日丑時卒同治甲戌年八月十八日未時

娶東石陳氏名素娘生道光辛丑年十一月初七日丑時

子二　唐滿改名懇　唐語

茲萬 建吾長子出承建挖

茲團　廸客次子任臺　幼殤

茲萬　廸挖嗣子廸客長子承小名萬生道光甲午年十二月十二日酉時

茲　廸灣長子任臺幼殤名未查

茲踰　廸哖長子　幼殤

兹堯 迪明次子小名堯讓兹則生道光壬辰年十月十一日酉時卒于臺

兹潑 迪哞三子出承迪砰

兹墻 迪衆長子小名墻大名兹峻生道光甲辰年十二月初五日卯時

聘謝厝街黄氏名宿娘生同治乙丑年十月初五日亥時

兹坎 迪衆次子

幼殤

茲甲　廸衆三子出承廸砰

茲株　廸請嗣長子廸千長子承小名株生咸豐甲寅年又七月廿九日　時卒同治甲戌年八月廿六日申時塟官山埔

茲龍　廸請嗣次子廸蚕次子承小名龍生同治戊辰年十一月初十日巳時

玆株 廼千長子出承廼請

玆福 廼千次子 幼亡

玆屏 廼千三子 幼亡

玆盞 廼千四子小名盞生　年七月廿五日 幼亡

玆洗 廼千五子小名洗生同治丁卯年七月初一日卯時

玆醮　廸干六子小名醮生同治甲戌年十月初四日午時

玆揷　廸八長子出承廸扶

玆見　廸八次子小名見大名玆相生嘉慶甲戌年六月廿八日子時

配　本鄉蔡氏名参娘生道光戊子年十二月初十日子時

子三　唐跁　唐紋（承玆揷）　唐採（承玆曹）

玆書

廸八三子小名書生道光丙戌年三月十七日亥時卒道光戊戌年三月初五日　時塟西沙尾

嗣子一　唐採 玆見三子承

玆窓

廸安長子出承廸扶

玆錫

廸安次子名天賜諱玆純生道光辛卯年八月廿日　時卒咸豐壬子年四月廿三日午時塟西沙尾

聘石菌黃氏 改

嗣子一　唐馨 玆菊三子承

茲插　廸扶嗣長子廸八長子承小名插諱茲盟生嘉慶丁卯年八月廿一日酉時卒同治癸亥年七月十七日巳時塟官山埔

配　湖尾傅氏　歿

子三　唐審　殤　唐實　頂海倉茲棟子承幼殤　唐紋　茲見次子承

茲窓　廸扶嗣次子廸安長子承小名窓生道光甲申年正月初一日　時殤

茲照　殤　廸詞嗣長子宮後廸科子入承

茲茅　廸詞嗣次子宮後廸講子承小名茅生道光辛丑年三月廿六日　時卒同治戊辰年九月十五日未時塟臺

兹玷 迪欵長子小名玷諱兹圭生嘉慶甲戌年十一月十七日戌時卒咸豐乙卯年十一月初五日巳時葬官山頂

配 梅林蔡氏名慈謹謹恬生道光丙戌年二月十九日辰時卒咸豐辛亥年七月卅日卯時葬官山下挖

繼 配清兜張氏名桃娘生道光丙戌年十二月廿四日昧改

子二 唐差 唐驤俱張出

兹苗 迪欵次子小名苗生嘉慶己卯年十月初三日 時卒道光丙午年十月初九日戌時祔母蔡氏葬官山下挖

兹寫 迪欵三子小名寫生道光辛巳年八月廿三日未時卒咸豐癸丑年四月初三日歿于臺之阿里港

茲拓

廸欵四子小名拓諱茲韻生道光甲申年正月十九日時

配塘邊新厝歐陽氏名柔娘生道光乙未年八月十五日酉時

子五　唐掇　唐吏殤　唐位　唐愚　唐玉

茲潘

廸欵五子小名潘

幼殤

茲亜

廸欵六子小名亜諱茲玉生道光丁亥年六月十一日午時

配東埔吳氏名丑娘生道光戊戌年十一月廿七日吉時

子三　唐裁　唐[illegible]殤　唐[illegible]幼亡

兹[illegible]　迺恪長子　殤

兹番　迺旻長子小名番任臺實名峻　幼殤

兹菁　迺旻次子小名菁任臺生道光丙申年正月初九日寅時　卒光緒戊寅年十一月初九日酉時塟畚箕湖

配　彰化縣許氏名嬌娘生道光己亥年十二月十八日　時

子二　唐世幼亡唐四方

茲鷺　迪罕三子小名鷺住臺生道光甲辰年三月十九日酉時

配　臺海坡厝施氏名雪娘生咸豐辛亥年十月廿七日子時

卒光緒己卯年八月初一日　時塋崙箕湖

茲清　迪捌嗣子迪聰四子承小名清生道光癸卯年二月十八日酉時

茲羅　幼殤　迪聰長子名金羅生道光戊子年八月十一日戌時

茲井
迪聰次子小名井生道光己丑年八月十三日酉時卒同治己巳年五月初八日寅時
配臺吴氏名快娘生道光丁酉年八月初四日寅時卒光緒丁丑年三月廿一日酉時塋臺
嗣孫一 廷寶洪家外孫入承

茲禎
迪聰三子小名禎一名金生道光己亥年九月十三日辰時卒同治乙丑年又五月十四日寅時塋畚箕湖

茲清
迪聰四子出承迪捌

茲三 迪聰五子小名三生咸豐乙巳年二月十八日　時

配 臺徐氏名法娘生咸豐甲辰年六月十四日辰時

子一　唐棟

茲堆 迪聰六子出承下海下迪鶱

茲鉗 迪禾長子小名鉗生道光甲辰年十二月十八日未時卒道光己酉年二月廿四日未時塟臺

玆的成 迺禾次子住臺名白成生道光己酉年五月十六日寅時

配臺大元溝施氏名蔡娘生咸豐甲寅年正月初九日　時

子一　唐明

玆喜 迺禾三子小名喜住臺生咸豐乙卯年二月初四日未時

卒光緒己卯年十二月廿二日戌時

配臺許厝埔莊氏名術娘生咸豐甲寅年二月初七日午時

子二　唐意　唐錢

玆勳 迺佃長子幼殤生道光庚戌年正月初六日卯時卒咸豐

辛亥年二月廿一日酉時

茲猶 廸佃次子小名碱生咸豐丁巳年十一月初一日辰時

茲存 廸砌長子小名存任臺

茲硯 廸排長子小名硯生卒未詳

配 氏

子一 唐唱

茲勅 廸截長子小名勅生咸豐乙卯年十一月初五日丑時

茲爍 廸截次子小名爍生咸豐戊午年九月初五日

茲那 廸截三子小名那生同治丙寅年九月廿八日

茲柴 廸截四子小名柴生同治甲戌年十月十九日丑時

兹菊　廸脫嗣子廸路次子承名秋菊諱兹佳字孫節生嘉慶辛未年七月初六日戌時卒光緒己卯年六月初二日辰時
瑩官山穴丁癸未丑
配澌西坑許氏名省娘生嘉慶己卯年四月初六日卯時
子三　唐識承兹針　唐金　唐磨承兹錫

兹詠　廸路長子小名詠諱兹吟字孫詩生嘉慶戊辰年十月初四日戌時卒光緒丁丑年三月十七日戌時瑩官山
配邵厝黃氏名節娘生嘉慶壬申年十月初七日　時
子五六　唐圈　唐談錫　唐謊居次嶺岡本宗半收　唐村承兹針　唐篗錫　唐蔨錫

兹菊 廼跡次二子出身娶彤

兹針 廼遣長子小名針諱兹秩生道光壬午年閏三月初七日辰時卒同治庚午年十月初十日午時塟泉州東岳山坐東北向西南
配東埔吳氏名却娘生道光丁亥年九月十二日寅時卒咸豐辛亥年十二月初二日已時塟官山埔頂
嗣子二 唐識（兹菊長子承） 唐村（兹應詠次子承）

兹宇 廼旬嗣長子廼戚次子承小名宇住臺生道光壬寅年八月廿三日未時
配草港庄盧氏名玉娘生咸豐甲寅年八月初一日 時

茲猪　廸向嗣長子廸咸長子承小名猪住臺實名返生道光已亥年正月廿二日辰時

配菜園內黃氏名金娘生道光甲辰年四月初三日辰時

子二　唐仁　唐弁

茲竹　廸達嗣子廸咸三子承小名竹生道光戊申年五月廿六日未時

兹猪
廸咸長子出承廸尙

兹字
廸咸次子出承廸白

兹竹
廸咸三子出承廸達

兹灶
廸咸四子住臺小名灶生咸豐辛亥年八月初五日酉時

茲喜　廸廷長子小名喜生嘉慶庚辰年七月廿日寅時
任臺

茲興　廸廷次子小名興生道光

茲　失名　廸廷三子

茲汀　廸力長子小名汀大名茲雁生道光丁亥年七月廿七日
卯時任臺

配　鹿港施氏名緊娘生道光庚子年八月廿四日卯時卒光
緒丁丑年七月初十日辰時塟畚箕湖

縂
配土厝庄呂氏名𣿬娘生道光丙申年九月廿二日酉時
子二　唐花　唐義

玆金
廸燦長子住臺
殤

崑山
廸燦次子名崑山生咸豐辛亥年二月初五日丑時
配臺黄氏名蔭娘生同治壬戌年二月

茲懷　迪愛長子出承迪順

茲懷　迪順嗣子迪愛長子承　小名懷任臺生道光壬午年十一月廿七日寅時卒同治乙丑年十月十四日辰時塟畬湖巽

配　海埔厝李氏名覺娘生道光丙戌年九月十六日卒光緒庚辰年八月廿六日未時塟臺

子一　添財

茲于　迪錢嗣子迪圭次子承小名于生同治己巳年二月廿五日丑時

茲員
廸圭長子小名員生同治乙丑年九月初二日丑時

茲于
廸圭次子出承廸錢

茲頭
廸章長子小名頭生同治己巳年五月十六日

茲彭
廸章次子小名彭生光緒丙子年九月初八日

茲旺
廸鑫長子小名旺生咸豐辛亥年
配郭氏

茲恭
廸鑫次子小名恭生同治甲子年正月十七日未時

水發
廸鑫三子小名水發生同治丙寅年十月廿一日未時

茲頭
廸重長子小名頭生咸豐己未年十一月廿四日

兹上

廸重次子小名上生同治丙寅年六月十二日

兹塔

廸重三子小名塔生同治戊辰年十一月初一日

兹塹

廸欝長子小名塹生同治戊辰年四月初六日巳時

聘埭邊許氏名筬娘生光緒丙子年七月初十日

兹橆

廸欝次子小名橆生同治癸酉年正月十五日巳時

茲科

廸薛長子小名科生同治庚午年十一月初九日卯時

茲恨

廸薛次子小名恨生光緒己卯年三月初八日巳時

第十八世

唐
嚳
茲帕長子出承茲綱

唐
般
茲帕次子小名般生同治己巳年七月初五日丑時

唐
嚳
茲綱嗣子茲帕長子承小名嚳生同治癸亥年八月廿一日時卒同治丁卯年六月廿五日辰時

唐
界
茲醒之子小名界生同治癸酉年十月十九日酉時

唐豆　茲荼長子小名豆生咸豐庚申年十月廿五日申時

唐壽　茲荼次子　幼亡

唐拋　茲荼三子　幼亡

唐敖　茲荼四子小名敖生光緒乙亥年十月初二日申時

唐鈴 菘爐長子小名鈴生同治甲子年六月初四日戌時卒同治丁卯年三月十四日寅時

唐塭 菘爐次子分出

唐盆 菘爐三子小名盆生同治癸酉年正月廿四日子時卒光緒丙子年六月初五日

唐帆 菘爐四子小名帆生光緒乙亥年八月十二日卒光緒丙子年五月廿四日

唐鈎 菘爐嗣五子菘樵子兼承小名鈎生光緒乙亥年十月初三日亥時

唐鈞
茲樵之子兼承茲爐小名鈞生光緒乙亥年十月初三日亥時

唐叢
茲慈長子小名叢大名唐桂生道光戊申年十月初二日
娶臺地沈氏名巧娘生同治癸亥年九月初八日辰時

唐蠟
茲慈次子小名蠟生咸豐癸丑年十二月初九日酉時卒咸豐乙卯年五月十一日未時

唐育
茲嘖嗣子茲蝗長子承小名育生同治丙寅年五月初七日酉時

唐啓
茲確長子出承茲蚪

唐諸
茲確次子出承茲郭

唐汰　茲確三子小名汰生咸豐戊午年正月十三日未時卒同治壬戌年九月廿一日戌時

唐暨聘　茲確四子小名暨生咸豐辛酉年正月初七日辰時
白沙黃氏名括娘生同治癸酉年三月廿七日未時

唐啓聘　茲蚶嗣子茲確長子承小名啓大名唐賢生道光庚戌年八月初十日未時
洪塘張氏名不娘生同治乙丑年八月初五日酉時

唐諸

玆亨第二玆硯次二子小名諸生咸豐乙卯年三月初十

日酉時卒同治辛未年三月初五日巳時

唐育

玆蝗長子出承玆噴

唐察

玆蝗次子小名察大名唐察生同治戊辰年四月

唐

玆炎之子失名

唐耿　兹詮嗣子兹章次子承小名耿生咸豐壬子年八月初四日巳時

養柯坑張氏名播娘生同治癸亥年三月初四日卒同治丁卯年五月　日塟西沙尾

唐寍　兹章長子小名寍生道光己酉年四月初三日午時

聘本鄉孫氏名潘娘生同治丁卯年十二月十五日辰時

唐耿　兹章次子出承兹詮

唐鵠

茲幸三子小名鵠大名茲鴻生咸豐丙辰年十一月廿五日酉時

唐戇

茲業長子小名大名茲唐直生同治甲子年十二月初四日卯時

唐語

茲業次子小名語生同治癸酉年正月初十日酉時

唐罷

茲見長子小名罷大名唐宗生咸豐辛酉年三月十二日丑時

唐紋
茲見次子出承茲揀

唐採
茲見三子出承茲曹

唐採
茲曹嗣子茲見三子承小名採生同治庚午年四月十七日丑時卒不知

唐鏖
茲錫嗣子茲菊三子承小名鏖大名唐緼生道光戊申年十一月十七日辰時

娶梅林蔡氏名卜娘謚慈德生咸豐乙卯年十一月十一日辰時卒光緒戊寅年六月廿四日戌時塟官山

繼娶桑柄洪氏名葉娘生咸豐戊午年十一月初五日巳時

子一 廷嘮

唐審 兹揷長子殤

唐實 兹揷嗣次子下柱兹標四子承小名實生咸豐丁巳年六月初一日卯時卒咸豐庚申年七月十二日丑時塟沙墘

唐紋 兹揷嗣三子兹見次子承小名瞞生同治乙丑年正月廿九日丑時

唐差
燚玷長子小名差生咸豐癸丑年八月十二日巳時

唐鑁
燚玷次子小名鑁生同治丙寅年五月初十日巳時
聘梅林蔡氏名玉娘生同治庚午年九月十三日未時

唐掇
燚拓長子小名掇生咸豐戊午年十一月初一日申時卒
光緒丁丑年七月十七日戌時塟官山

唐更 兹括次子小名更 幼殤

唐位 兹括三子小名位生同治丙寅年正月十五日酉時

聘 埕邊蔡氏名　娘生同治辛未年正月十七日辰時

唐愚 兹括四子小名愚生同治丁卯年七月十八日午時

唐玉 兹括五子小名玉生同治甲戌年二月初一日酉時

唐裁　玆亜長子小名裁生同治甲子年正月十一日亥時

唐㸑　幼亡　玆亜次子小名㸑生同治丁卯年正月初八日申時

唐虫　玆亜三子小名虫生同治己巳年十二月十八日寅時卒同治壬申年五月廿二日酉時

唐世　幼亡　玆菁長子小名世

唐四方

兹菁次子小名四方生同治庚午年六月十六日辰時

唐棟

兹三之子小名棟

唐明

昀成長子小名清明任臺生同治癸酉年九月廿一日巳時

唐意

兹喜長子小名清意任臺生同治癸酉年十二月初一日時

唐錢
兹喜次子小名清錢任臺生光緒丁丑年三月廿日辰時

唐唱
兹硯長子小名唱生咸豐壬戌年三月廿二日未時

唐𢢍
兹菊長子出承兹針

唐奩
兹菊次子小名奩大名兹提唐生道光壬寅年六月十六日午時

娶埭邊許氏名目娘生咸豐戊午年十月廿八日

唐磨

茲菊三子出承茲錫

唐圈

茲咏長子名漳圈諱唐浦生道光辛卯年九月初八日辰時卒同治甲戌年十月廿日辰時

配

洪塘張氏名糖娘生道光丁未年三月廿八日辰時

子二　廷檄殤　廷奢上声唐謊長子承

唐謊　兹咏羊嗣次子嶺頂本宗羊入承生道光戊戌年八月廿二日酉時

娶　氏

子一　廷畬工声承唐國

唐談　兹咏三子　幼殤

唐村　兹咏四子出承兹鼾

唐箋　兹咏五子　幼殤

唐蔨 兹明六子

幼殤

唐懺 兹針嗣長子兹菊長子承小名懺大名唐符生道光己亥年七月廿二日未時

配柯坑柯氏名則娘生道光戊申年十月十五日辰時

子一 廷梅 殤

唐村 兹針嗣次子兹咏三子承小名卯大名唐遥生道光己亥年十一月廿四日酉時

聘四石柱林氏名圭娘生咸豐壬子年二月廿四日午時卒咸豐庚申年八月廿二日

繼聘斗林柯坑洪氏名　娘生咸豐壬子年九月十二日寅
時卒同治己巳年二月初四日丑時
三　娶潘徑張氏名浪娘生咸豐乙卯年十二月廿四日丑時

唐仁
玆猪長子小名仁生同治丙寅年三月初九日酉時

唐弁
玆猪次子小名弁生同治己巳年二月廿七日辰時卒光
緒己卯年十月初三日戌時葬畚箕湖
配施氏名晋娘生同治甲戌年幼亡

唐花

茲汀長子小名花生咸豐辛酉年五月十七日巳時

唐義

茲汀次子小名義生同治己巳年七月廿二日申時

配臺楊仔厝葉氏名允娘生同治癸酉年七月十八日　時

添財

茲懷之子小名添財生咸豐辛酉年正月初七日子時

第十九世

廷嘮　唐曆之子小名嘮生光緒庚辰年正月初七日卯時

廷寶　兹井嗣孫洪家外孫入承小名建寶

廷橄

唐圏長子小名橄生同治辛未年正月初四日寅時卒光緒戊寅年六月廿四日巳時

廷奢

声唐圏次子唐謊長子承小名奢生光緒己卯年十月十九卯時

廷奢

唐謊長子出承唐圏

国家出版基金项目
NATIONAL PUBLICATION FOUNDATION

海上絲綢之路文獻集成

總主編　陳支平　陳春聲

民間譜牒編 14

主編　林楓

海峽出版發行集團
THE STRAITS PUBLISHING & DISTRIBUTING GROUP
福建人民出版社

本册目次

［福建華安］沙建汰内林氏族譜不分卷

［清］佚名纂修

〔福建華安〕《沙建汰内林氏族譜》不分卷，清佚名纂修。汰内林氏居今福建華安。汰内林氏尊唐孔著爲始祖，總章元年（六六八）孔著隨軍自光州固始遷至漳州。貞元二年（七八六），林氏徙州治，卜宅環溪。明永樂間，昌齡遷居瑚山，是爲瑚山開基祖，後世房派亦有散居海南文昌、惠州、温州等地者。此譜爲光緒八年（一八八二）第六次補修本，前有序言多篇，敘譜系源流及修譜經過，序言後有凡例、家規、譜中歷代帝王年號干支附考。正文世次房派分列，一世一録，名揭、世數、行次、房派、里居、行實、元續配、側室、生卒年月日、葬所及坐向、子嗣性别及嫡庶皆予備載。據譜文載，清雍正、乾隆間，林氏族人十一世光第、光博兄弟等往臺灣謀生，十一世光畝，後葬於吧中（今印尼雅加達）。是譜民國間有所增補。據民國間抄本影印。

山因氏焉先望西河再望下
先我環 吳 始祖入閩若拒
上將軍晉安王 祿也後我環溪 始祖入閩爲一季
閩王審知宰相忠烈侯 請也閩有曰 章曰 走非告
則又偕我環溪 始祖有唐時從歸德將軍陳 諱政出
鎮泉潮以潮漳者也云數 祖蕭帷王下邳餘固背
州固始人也子孫蕃庶代有名賢詎非伯叔祖弟一
之親弟世遠年湮支分派別屢經兵燹亦譔
加以有元不道餉稅墳碑不惟些數雖稽先兆亦
誌比比然矣能獨我林載勝朝崇禎甲戌裔孫穗
我環溪世係其可考者緣之不可考者闕之上功
年不敢或加私意重誣我先世遺憾我後人

於　祖者也顧其遺編百六十年於茲矣經我
朝定鼎鄭氏稱兵差成雖謝衍略猶存我　祖昌齡公
唐觀別字遷喬舉奉瑚山寶環溪唐故
閩漳軍謀祭酒宗贈竭忠謀國將軍諱孔著公之嫡世胄
也生當元明易姓又際青帷興郎　二世祖伯仲俱
弱齡舉以偕遷發亦不得已焉哉其將終遺命還葬了
忘乎　祖柳又何仁哉迄今歷年四百凡屬吾宗入吾
漳者莫不謂喬木分支由園始環溪世祀宗瑚山源源
本本昭[redacted]　森然而更考私牒之修厥惟吾十載魚等
忌乏資斧耋守宗祊之能重修通牒私淑　璽文　叔
矣哉每歎水源木本鮮能求之亦
者舍文人學士其誰獨是少
肯不知長而成家惟治生
無聞無見人少家學家

亦不能更有同胞而越
宗族之人與宗族之祖哉
并編户弗多概見即搢紳閥閲
人有言三世不修譜于不孝願我子姓世
佩斯語其才亦克明　尊祖修譜之義乎此一役也固
知扶鄙細之量存見少之思貽父老宗族羞亦竊為彼
善於此以俟後之賢能者補而續之云爾

嘉慶肆年己未正月

十二世裔孫國勳沐首識
十二世裔孫國瑜
十四世裔孫宗象　仝纂修

光緒壬午歲十四孫國翰之孫秉旦　覲其舊譜首尾俱廢
目擊心傷乙丑年又遇長髮之賊造反　祖廟神碑一
盡[illegible]焚若非家譜　祖上神碑难以稽考事無巨細意
欲拈蔡社人仝修譜牒自己愧乏無德無才又喫先賢
已及棄世後生又無才智不能重修舊樣之譜覲其首
人有言三世不修淪于不孝余本是井蛙之人自已不
能與修又恐極久極廢难以稽考拈蔡各房角先修私
譜內中倘有失知次序闕文者仝望我　祖切勿見怪
井蛙之人　伏祈賜賜永昌厥後以俟後學賢能者鳩
集仝修宗族大譜宜詳以補闕略是余之所厚望也

瑚山舊譜序

譜何為而修也欲人知所本也蓋不修則高曾祖考子孫雲礽昭穆失序亦安辨其支之分而本之一也是則譜之義大矣哉爰溯我瑚山世係本環溪

始

祖諱孔著字京序 謚隅峙唐總章元年自光州固始佐將軍陳戡定漳郡任軍謀祭酒娶將軍第九女 貞元二年徙州治龍溪遂卜宅於漳北二十里許香江居焉後徙北環溪蒲陽 黃妙應先生改葬於溪西龍瑞山品字石下為四喬木之一 至宋 紹興二年追封為二十八承事郎

始

祖妣為九太孺人生子三 長雲卿諱龍德 次明卿諱虎德 三深卿 諱鳳德厥後或徙於蒲陽之東或居於長泰之北海之南廣之西里居之不一而兵火幾經舊譜無存後世孫子斷難附會是以先世亦所近派可

稽考編次其昭穆我
祖昌齡公係長派明　永樂間勢　積玖公托居斯土立
户奇奇路終遺命歸葬環溪後泊園中世守墳庙歲時
不忽追　崇禎癸酉重修　始祖庙仍特隸我兩派宗
孫侍享奉祀其不忘乎　祖燕翼我後嗣者無窮也自
是以來處舊居者固多遷新里者亦復不少欲緣環溪
之支派咸登譜牒而足跡有難遍及姑修我瑯山一派
世係至於移居知者附譜末不知者闕焉庶喬木衍派
永世不紊亦永世克昌矣是為序
旹
乾隆庚午秋月十世孫庠生山昊十一世孫貢生光源仝序

序

譜者存之書也世假譜以存者也天下之世其受氏皆祖　黃帝林之先望西河再望下邳秦漢以來遠有世緒閩之人自晉時江淮人避地入閩於是林與黃鄭始爲閩中著姓按閩之林有二其一　諱祿公晉季入閩仕至拒遠將軍晉安王其一　諱靖公五季中入閩仕至王審知宰相忠烈侯子孫繁庶所在爲巨族如三山則有林之奇林氏安宅長樂則有林氏希林氏大中古田則有林氏與之捧之先并俱爲晦翁門人漳之林則自我祖光州固始人從唐將軍開漳爲軍謀祭酒先居治雲霄後徙治龍溪則漳之有林自我　祖始也於戲世云邈矣漢魏以降宗法廢而譜牒明唐衰復斷幾人多不知所本宗歐蘇氏倡爲圖說與例而譜義復明　某家之譜居不知其所自存唐宋之間世失其序明興伯　祖同知公急起

而訂之嗣後則有子高昆瑞道謙道隆迺起葺校及覈
其所覩見者則有元素一書素剛直人也半生治書不
就退而興復公務所在隱伏微茫不憚考覈放一譜僅
得其全夫譜者存世之書也世至千餘禩閱　帝王傳
授亦不一姓而公一撮之土不隨世數以老良繇公之
自存以存世者潛且長矣蔚茶之初惡城市湫囂之弗
居擁碧幢於清溪之洑水秀明媚畫一流以喻快春秋
其將籍手尾影以仰成也子孫自為濯纓濯足其旁即
後之代傳聞知者出亦謂隨役考津霞第一是公之居
江與永矣嶶德淵沖櫛沐是躬公所藉祖善積則餘息
業之遺置之龍停金沙銀塘綠燃澗而已豈之需通之
拜祭數百人朝歆而自中酣蓝焉食先人之惠戢志臨
之所自來迄今經界井如也是公之業與地無疆矣至
於幼悅之士公所弗及謀而忠貞之魄天完其骨遺

黄妙應先生歷漳而遷此邱也封植之隣猶記先人詩一語曰毋大烜赫一時只要綿遠萬世先生果若其言以券也渴馬飯驅朝飲蒼滄江之水一息而周千萬禩也入虎渡無人不識為喬木之林氏是公以澤洎貽孫子而孫子以綿遠報公之德其自存以存世者長且大矣區區一講又奚足以存之雖然環溪一彈丸耳子姓移居者過半星碁錯聚散在浙粵及遍州郡一世不聞問再數世而暌杳不知誰氏之族矣夫初一人之身拔一毛而心為之痛至於遺亡不究汗漫無歸將無自顧首如顧其祖先寧如顧之終鮮先矛無以圖先德而語世矣顧之今不可為而前不可知也其事異矣褚鄭人也亥承未辨安敢續前人之書偶祠構重建始事之ノ半遅而糜衆以糧一族之右咸推董成越二年始咏斯干之雅時或工師告匱務移居子生之ク肖嶲講翻閱

者茲後起者繩繩未就緒其何以謂譜也衆曰子不續譙氏之續也以是急取衆譜詳校修其所未足廣其所不逮纂成一十四目前未有實錄也余遂户受筆綜叢神主俯詢生庚和則誌之疑則闕焉前未有派別說余各於分居下隨房派別雖在他鄉州郡僻處遼如世世之下信我如列眉詒云夜蟲傳火不疑於日非虛語也倘必因緣其意而與其私猶之暴不公之心於家人也而故老駭矣至于譙傳小紀則又掇拾聽枝掩其不文所謂跳而歷諸理不自知其病瘵矣凡我兄輩姪孫有以檀為狂妄而譙讓譜所甘受焉（所甘受焉 皆）

崇禎七年甲戌太簇之月二十九代孫檀子直父謹識其事於譜之弁

序

族譜何為而作乎或曰譜為親作噫如其親也譜可以不作矣為其繇親而寢疏自有服而無服此族屬之所以不可無譜也今夫由身而上之為父為祖為曾高由自而下之為子為孫為元仍由身而左右之為親兄弟為從兄弟為再從三從九族之親盡於此矣服自衰而緦衰自三年而至於三月雖恩有隆殺情有厚薄固可指計而名舉不甚遂忽而求之書也無譜可也今日之期降一世為大功再一世為小功今日之小功降一世為緦麻為祖免為無服由眷而降莫覺也五降之後遂至不相為服豈不可悲乎哉其弊也平居則相忘有故則相犯見其流之分而弗思其本之一嗚呼此族譜之不可無作也故親者不能常親也有時而疏疏者非其本疏也其初實親小宗五世則遷衰服五等而盡其乱

分也大宗百世不遷婚姻百世不通其本一也服雖盡
而長幼自如屬雖疎而宗盟不改恩自隆而殺不可驟
殺而遂泯也情自厚而薄不可驟薄而遂忘也豈曰親
盡則情盡情盡遂至害而氣習也貴賤也貧富也參差
不齊如此試以祖上之心體之豈不榮枯萃於目擊欣
戚交於方寸彼賢且富貴者隱之於己曰我如是而彼
乃不如是以為吾 祖羞可不念乎彼不肖而貧賤者亦
當反之己曰彼如是而我乃不如是以為吾 祖羞可不
勉乎念之者則訓其不逮救其顛危力之所及賑恤而
扶持焉勉之者則擇術必謹慕善必力志之所勸苦而
篤立焉皆期無愧吾 祖而後已則貧賤豈終於貧賤不
肖豈終於不肖而賢且富貴者亦有以開示子孫使世
世相推而長保其業將見族屬如故氣習如一情意稍
親而不至於忽忘矣斯不亦尊祖修譜之義乎哉

范文正公有言曰吾族宗類甚衆於吾固有親疏然自祖宗視之固無親疏也至哉言乎能以祖先之心爲心則於修譜乎何有不能以祖先之心爲心其如譜何

工部尚書寶謨閣直學士金華開國伯度大同序

凡例書法

一世係一世一號每世名揭世數詳載名字行次房派里居行實元續配側室生卒年月日時葬處坐向所生男女嫡庶繼養分註移居成族者另詳

一元配並書於前續配繼列於後側室低一格書先後依分尊卑繫焉

一妻者齊也妾者接也子以母貴母以子貴有子得與無子不書

一墳墓先人體魄所藏使不誌其處所在向雖係久而不失
一遷居書曰移居某處使子孫知所原本異日宗分派別
一脉流傳因而可考
一忠臣孝子義夫節婦德行文學修祠建業尊祖敬宗睦
族和濟特書誌美
一凡有衣頂不論科甲封蔭恩榮例捐大小必書誥制碑
銘誌傳文集附錄以彰　國恩而表先榮
一小善可錄者亦書之示子孫勿以善小而不為也
一子孫於祖父母行實書於譜必循名核實不得溢美以誣
先人
一女子從夫亦祖宗血脉况婚姻義重宜註所適
一立繼由親及疏昭穆適承本生父之下書名註繼于某明
所出也嗣父之下書名註某之子繼明所承也嗣子之
子孫繫於嗣父之下示繼絕之義也

一正派嗣異派於生嗣父之下書名一註寄於某一註某之子寄異派嗣正派於生嗣父之下亦書名一註與某某一註某某之子繼立異派自相嗣則註續字以别皆不註繼

一不同宗之子雖非異姓或以孫禰祖以祖易宗昭穆失序故註曰某社孫族人其出嗣不同宗者註曰寄養某社孫族人

一環溪與湖山宗派互繼恐時地久遠昭穆或致少差故亦如不同宗例註明少一孫字

一螟蛉子春秋有莒人滅鄫之筆綱目有呂政絶秦之書則註曰養恐與公事不得與其不同宗者亦如之

一乞與異姓者註養某鄉人氏至男子出贅婦人外適房妾遣嫁以甥繼舅以姪嗣姑婿地以女易男厥後同姓為婚備我宗屬皆之為屬則直書之

一拾夫贅削氏不書而於其子名下註其氏出

一毋出不論嫡庶俱註別適生卒削示不得附入宗廟也

一俗多因婦未成婚或聘或前先亡弟接不知名分一定
綱常攸關瀆亂倫理厥後不昌如世所傳云洞房中何
稱嫂嫂九泉下難見哥哥之辭名分森然

一同姓不同宗者雖富且貴不許妄認紊我宗屬

一無嗣則書止蓋恐世遠傳訛或有竊入宗譜者

一叛祖辱宗為害家族則以議革出子孫黜錄

一綱常乖外倫理悖謬侵祖宗墳墓祠宇廢祭祀書田義
田之業及一切非為則直書之

一凡配氏生卒難稽者書某字註生卒吉無娶者書缺字
未娶者觸之至犯例削氏者則書削字如事迹可考者
可考者註未詳無可考者註失誌

一書名書字原有常例至子孫賢能顯達者改題封贈賜

謚國有典章並神主題名類註譜中名字之左　如軒
齋菴字及聖諱前賢廟號郡邑名之類皆宜避之

一世次悠遠命名取字以姪犯伯叔孫犯祖宗者有之前此不能猝改後之父兄欲命名取字須詳稽譜中勿犯之可也又左傳云名子者不以國不以官不以山川不以隱疾不以畜生

一題神主函內考妣匹配姓名字氏及男某奉祀俱要全寫恐日久而上字或漫滅難於考証

一譜牒之修例應三十年一舉若既修之後有宜增入者則當别錄俟重修時續補可也苟漫增入恐筆劃無分既失傳信之義尤防添註之弊

一譜牒凡族中賢能子弟皆宜修之務須不愧前人不作後世毋得徇情厚薄詳略事實亦毋得貪賄受囑妄入非派有一于此則混亂本源獲罪先人貽譏後昆慎之

戒之

一書譜宜詳不宜略錯誤遺落並塗註不可洗補恐易脫壞歷久難以尋覓

一譜系乃一姓本支血脈所關必得其人深藏固密常晒暴則不致損壞欲檢閱則當防點污切不可妄借非派觀覽恐有混入吾譜者

一舊譜五代一圖系以朱墨茲將世次房派分列號以朱圈墨圈庶使開卷瞭然

一譜以傳信既修成謹藏迄後日有重修者不得將此譜妄意塗抹刪改增易宜另起稿接續修明

是譜之修也起嘉慶己未正月至辛酉正月告成但據見聞所及約略成編不無錯誤遺失冀日賢能重修者宜詳考以補其闕略是所厚望

家範

宗祠之中五不祧

始遷祖不祧　　開創基業燕翼後人

開房祖不祧　　廣衍本支克昌厥後

賢不祧　　鄉賢名宦忠臣節婦道學之類

功不祧　　責任公事有光前代有益後人

業不祧　　立業為祭祀書田義田或無嗣以業入祠

宗祠之中五不入

滅祖之子不入　廢祭業鬻祭器斬墳木之屬

忘親之子不入　忤逆不孝　不祀先人

乱家之子不入　傀敗倫彝　淫汙宗支

辱先之子不入　僭為不法　身罹刑辟

左道之子不入　專治異端　不遵正教

譜中歷代帝王年號干支附考

元朝

順帝 諱妥懽帖睦爾 號元統 癸酉甲戌二年 號至元 乙亥至庚辰六年

號至正 辛酉至丁未二十七年

明朝

太祖 諱元璋 號洪武 戊申至戊寅三十一年

建文 諱允炆 號建文 己卯至壬午四年

成祖 諱棣 號永樂 癸未至甲辰二十二年

仁宗 諱高熾 號洪熙 乙巳一年

宣宗 諱瞻基　號宣德 丙午至乙卯十年

英宗 諱祁鎮　號正統 丙辰至己巳十四年

景帝 諱祁鈺　號景泰 庚午至丙子七年

英宗 北狩後住　號天順 丁丑至甲申八年

憲宗 諱見濡　號成化 乙酉至丁未廿三年

孝宗 諱祐樘　號弘治 戊申至乙丑十八年

武宗 諱厚照　號正德 丙寅至辛巳十六年

世宗 諱厚熜　號嘉靖 壬午至丙寅四十五年

穆宗 諱載垕　號隆慶 丁卯至壬申六年

神宗諱翊鈞　號萬歷癸酉至庚申四十八年

光宗諱常洛　號泰昌庚申九月在位十月崩

熹宗諱由校　號天啟辛酉至丁卯七年

懷宗諱由檢　號崇禎戊辰至甲申十七年

弘光乙酉偏安京

隆武乙酉偏安福州

我

朝大清定鼎

世祖章皇帝廟諱　號順治甲申至辛丑十八年

聖祖仁皇帝廟諱　號康熙壬寅至壬寅六十一年

世宗憲皇帝廟諱　號雍正癸卯至乙卯十三年

高宗純皇帝廟諱　號乾隆丙辰至乙卯六十年傳政

皇帝聖諱　號嘉慶丙辰至庚辰二十五年

皇帝　號道光辛巳至庚戌三十年

皇帝　號咸豐辛亥至辛酉十一年

皇帝　號同治壬戌至甲戌十三年

皇帝　號光緒乙亥至億萬斯年

奉
天翊運
皇帝詔曰聿追往古之淵源爰覽當今之世係世自河東
允矣閩公之冑徙居漳南寔啟霸漢之孫惟一脈之相
承也悠而遠故裔孫之繼志也俊且賢有開必先克昌
厥後如木之有本支如水之有源委王爵尊崇望累封
于璽著侯命顯秩宜進贈乎先人紀德舉恩論功行賞
不惟大賚于一門蓋亦有推于列眾於戲踐其位行其
禮于以褒舊而從新敬所尊愛所親于以報功而崇德
故隋陳累仁王之曾大父也可追贈為垂休景侯夫
葉氏王之曾大母也可追贈為衍惠貞烈夫人故唐
克翊儒司徒閩國元勳王之大[illegible]也可追贈為英烈
慶侯夫人魏氏王之大母可追贈為濟順夫人故郎
將陳政王之嚴父也可追贈為祚昌開祐侯夫　空

氏王之慈母也故追贈為厚慶啓祐夫人小君懿
氏可追贈為恭懿肅雍夫人側室寅恭甯氏可蔭封
寅恭協肅夫人宗氏可蔭封為寅敬協雍夫人男珣故
明經及第翰林承旨直學士兼守漳州刺史可蔭封為
昭眺通感文英公婦歐氏可蔭封為贊美祐慶夫人長
女懷珠可蔭封為柔姬廣濟夫人壻盧伯道可蔭封為
鈐轄司宗儀使郡馬都元帥以女懷玉可蔭封為慈懿
柔濟夫人壻戴居胄可蔭封為鈐轄司宗儀使郡馬副元
帥　季女懷金可蔭封為柔徽克濟夫人孫男鄧故中
郎將守漳州刺史可蔭封為昭肅襄賢忠政武英侯婦
鄭氏可蔭封為協服靜恭夫人孫女閑愛可蔭封為金
圭福應柔嘉夫人曾孫龢故恩州錄事參軍可蔭封為
昭仁翊德侯婦甘氏可蔭封為福昌嘉德夫人曾孫謨
故中郎將守漳州刺史可蔭封為昭文翊忠侯婦程氏

可蔭封為翊徽嘉應夫人曾孫許故國子監四門博士可蔭封為昭信翊順侯婦甘氏可蔭封為肅雍嘉靖夫人孫女性溫可蔭封為翊嘉福綏夫人醫士[redacted]副故朝奉郎醫學教授可蔭封為大醫正輔安保正真人婦顏氏可蔭封為一天明月夫人前鋒將宣威將軍許天正可蔭封為殿前都統太尉翊忠昭應侯婦姚氏可蔭封為淑節妙惠夫人分營將明威將軍馬仁可蔭封為殿前都點檢威武輔順大將軍婦韓氏可蔭封為妙英夫人定遠將軍李伯瑤可蔭封為殿前點檢威武輔勝將軍婦邵氏可蔭封為全德妙順夫人寧遠將軍歐哲可蔭封為殿前親軍都指揮使威武輔德將軍婦尹氏可蔭封為妙順夫人遊騎將軍張伯紀可蔭封為殿前副指揮使威武輔應上將軍婦徐氏可蔭封為淑德妙惠夫人遊騎將軍沈世紀可蔭封為殿前親軍副指揮

威武輔美上將軍婦劉氏可蔭封為贊德妙嘉夫人其餘黃世紀林孔著鄭時中魏有仁朱秉英等五人故任軍謀祭酒府兵長史行軍司馬營贊善種備主簿可蔭封為竭忠謀國將軍婦吳氏凌氏令狐氏孫氏盧氏可蔭封為秦趙魏韓楚五國夫人咨爾有位體余至懷載錫其光祐我

皇圖于華固益篤其慶保爾血食于萬年

宋紹興二年　月　日誥

肇基環溪始祖宋閩

竭忠謀國將軍諱孔著

二世

次明卿

長雲卿

三深卿

關

文

長彥章

次清甫

三伯德

長志德

次文德

四明德

長海盧

次注盧

長堯觀

次唐觀

如

鳳峙　諱孔蓍　東序

杺

陳氏　將軍第九女

男

長雲卿

次明卿　世係另詳祖譜

三洣卿　世係另詳祖譜

合龍瑞山品

葬字大石下月

翰碑記庚甲

實錄

公原籍河南光州固始縣唐總章元年（按府誌云二年）從陳將軍戍泉潮為軍謀祭酒將軍殁與元光克平廣寇諸蠻戡定漳郡娶將軍第九女先住雲霄貞元二年從州治龍溪因居北溪香江後移環溪初奠仰孟巖蒲陽黃妙應先生扦龍瑞山品字石下喝形渴馬飲泉亦號飛鳳啣書為四喬木之一舊傳四語云十二來龍正午宮四邊贍照有真亦開築小池消焰氣坐倚其偏既濟中 宗

紹興二年追贈為二十八承事（古譜無郎字）

始祖妣為九太孺（古譜無人字蓋宋爵也或添郎人二字者非）

按陳氏宗譜所載 紹興加贈元光及我 祖同列諸公

祖贈竭忠謀國將軍 祖妣凌氏趙國夫人

少異

二世

雲卿 諱龍德 闕

陳氏 或載鄭氏 文

兵火屢經譜牒無存環溪祖譜

亦僅錄二世名號

房派並生卒葬處杳矣難稽考

世 秀章諱翰

祖 莊氏

男

三 伯德 世係另詳

長 志德 世係另詳

次 文德 ○

四 明德 世係另詳

葬 合環溪門邊 其封以文石 伏龜

廿
文德諱修

祖
張氏

男
海盧
注盧世係另詳

葬
亦詳

世

祖

海盧

朱氏

男

尭觀

失嗣

唐觀

壽

未詳

以上三世祖墳惟湖邊僅存餘皆無考緣有充於墳墳碎勒稅索餉至國初海上餘氛祖廟從祀舊主鮮存姑闕以俟後之博洽者補其遺失云

昌齡 諱唐槐 遷喬
生元至正乙巳五月十五午
卒明永樂甲午十一月十三子

顏氏 淑守
生元至正乙巳五月十七未
卒明永樂甲辰十二月十三午

男 積玖 進

合環溪後泊
葬 園中周圍離
園四丈山辛

實錄

公生　至正末年當有定據閩兵陷郡城元社雖屋亡下猶奉正朔我環溪處此實迫兵寇聚散無常有明御興人心靡定皆有思遷之意　永樂初年二世　祖伯避居于蘇厥後基小就不忘故居　祖譜載其賠終遺命歸環溪故雖僻處瑚山而　祖廟奉祀宗孫世係實為我　祖嫡派古所謂仁不忘親義不棄本者也

第二世

積玖 諱瑜 紀道

生洪武戊辰十一月三十辰

卒景泰辛未十一月二十亥

蘇氏 肅清

生洪武己巳五月十一日丑

卒正統己巳七月初二巳

高氏 崴勤

生洪武甲戌二月初六寅

卒景泰庚午三月初七寅

男仕 偉 嘉 載 毅 庠生

葬

荔枝山俗呼闊山甲庚

合后豐石仔基甲庚

第二世

積進 諱淦 生吉卒

某氏 生吉卒

男惟長

葬 未詳 未詳

第三世

仕嘉 諱興 豐齋

生永樂甲辰十月十四辰

卒弘治癸丑十一月二十辰

會氏 淵慈

生宣德丁未五月初十子

卒天順甲申十二月廿五午

蔡氏 順德

生正統辛酉二月十六子

卒正德丁丑又十二月廿六午

男邦仁 謀 溫

貢 玉 希 傳

葬

合后豐山祖兆之左 甲庚

石壁后楓坑庚甲

四世

邦温　諱淵　康寧

生景泰乙亥十月二十午

卒嘉靖丁亥正月初四寅

黄氏　懿德

生景泰乙亥十二月十二卯

卒正德乙亥六月初六丑

男萬鎰〇

萬馥

葬

后豐山　寅申

壯塘林山寅申

第五世

萬鎰 諱錠 生成化丙午八月廿三亥
質慎 卒嘉靖丁巳二月廿七戌

楊氏 順懿 生弘治戊申文正月廿八巳
鉄塘人 卒嘉靖辛亥二月初十申

董氏 慈叔 生正德丙子五月初五巳
生必馥 卒嘉靖辛酉六月初十未

男必 騰 弘
沖○信
冠 馥

丞竹林古内尼姑山巳亥
碑刻桃源隱翁林公墓

葬 丞竹林大墓 巽乾

丞竹林大墓外左邊 巽乾

六世

必冲　諱鸞　佐庵　生正德癸酉四月廿四亥　卒萬歷辛巳正月十五申

陳氏　敬慈　生正德己亥八月廿七亥　卒嘉靖乙卯五月十三巳

何氏　靜安　生　吉　卒

男甫
澤○　植　選　挺

葬　葫蘆山　亥巳

附姑楊氏孟竹林大基　右邊　巽乾

未詳　右瞿烘盤上路下

七

甫澤　諱仁　生嘉靖乙未七月十四子　恩溪　卒嘉靖庚申九月十二亥

某氏　生　吉　卒

止

葬　社塘林　乙辛

未詳

甫植 有槐 祐庭 生嘉靖丙午五月初一申 卒萬曆甲辰五月十七寅

楊氏 碧溪人 生嘉靖己酉十一月十三亥 卒天啓癸亥十二月十八未

男承 輝 吏員 華 章 調○

葬合上章水尾宮 寅申

甫選 有柯 鍾南 生嘉靖乙丑六月十五亥 卒萬曆庚申八月初五丑

陳氏 生嘉靖癸亥四月初四寅 卒萬曆丁未八月十六午

男承 赫 照 勳 烈 煖 默

葬合后豐山 甲庚

甫挺 有椂 生 吉 卒

何氏 生 吉 卒

男承 旺 爣

葬石仔傎坪

未詳

吏員

八世

承輝 諱炯 淵達
生吉
卒吉年　三月廿五吉
男可基
可睦
葬　未

李氏
生吉
卒吉年　七月十九吉

承華 諱灼 桃園
生隆慶壬申十二月初八亥
卒順治戊子五月初一酉
壽七七
男可敬
可載
可封
可在
葬合庵下甲庚

陳氏
生萬曆癸酉三月十七未
卒順治丁亥六月廿七日未
壽七五

承章 諱煥 質誠
生萬曆丙子五月廿五酉
卒崇禎甲戌十二月廿七辰
壽五九
男可陞
可起
可莊
双盤內角坪卯酉

陳氏
生吉
卒
葬　未詳

楊氏
生吉年　十月初八戌
生可莊
卒吉年　六月十七丑

承調　諱燮　質毅
生萬曆乙酉正月廿八子
卒天啓乙丑十月十二未
莊氏　端慈　房州人
生萬曆乙未十二月廿五戌
卒順治乙酉八月十二卯
男可陞　壁　逵　口
葬石鼻内圳上巽乾
葬高車壟家楼仔上石壁仔内田上乾巽

承赫　諱熺　平和
生萬曆乙酉十一月初四卯
卒順治乙酉十二月十二寅
陳氏
生萬曆庚寅十一月初四未
卒順治乙酉十月初九戌
男可安　鵬　連　超
葬合眉仔湖丁癸

承勲
生　吉　卒
某氏
生　吉　卒
往海南文昌縣

承煖
某氏
生
吉
辛
往海南

承照
某氏
生
吉
辛
往海南

承烈
某氏
生
吉
辛
往海南

承默 生 吉 卒

某氏

以上五派俱移海南文昌縣

承旺 諱炎 總明 生 吉 卒

何氏

男可勝 玉

葬 未詳

承讚 生 吉 卒

某氏

止

葬 失誌

九世

可基 弘業

生吉年

卒吉年十月十六日吉

男世鐸 世祿 世足

葬合高畬乾巽

宋氏

生吉年

卒吉年四月廿七日吉

可睦

生吉

卒

移海南文昌縣

某氏

可敎 一侄 智惠

生萬曆癸巳正月十六辰

卒崇禎乙亥十月十一日巳

男世欽 世鍾 世鎮 世釗

葬后豐山乙辛

張氏

生萬曆癸卯十一月初九吉

卒順治戊子十一月十九巳

葬后豐山巽乾

可載
生萬曆丙申五月十一丑
卒崇禎庚午十二月十八戌
止
葬寨山辛乙

鈇

可封
伯興
生吉
卒

某氏
生吉
卒

男世興
典

父子俱殁温州

可在
勤朴
生萬歷丙午十二月廿七辰
卒順治戊戌八月十一巳

葬后豐山甲庚

莊氏
生吉
卒

男世鍾
添

未詳

可陞
生萬曆丙午五月十六戌
卒崇禎丙子十二月三十未
止
葬龍墻山辛乙

缺

可起
生吉
卒
止
葬失誌

缺

可莊
號術菴植
生萬曆庚申三月初十卯
卒康熙辛巳九月十四午
男世鑄 薦
錦 昂 鎬
葬當欣芙塘內亥巳

楊氏
生天啟丁卯
卒康熙戊午五月
葬橫布嶺庚甲
四男昂附右邊

可陞
生吉
卒

許氏
生萬歷庚申十月廿一日巳
卒崇禎庚辰十月十二巳

男世貴

可壁諱反
生吉
卒

缺

可達諱玕 存朴
生天啟甲子九月廿三亥
卒順治辛丑八月十三辰

龔氏慈淑
生崇禎壬申十月初二卯
卒康熙癸亥十一月十五申

男世錡
世鍴

葬未詳

葬寨山古井坂仔土

葬高卓宮仔內大麻下

葬門口林格仔頂畲丁癸

葬門口林尾 坤艮

可安 剛勁
生萬歷己酉六月十四午
卒順治癸巳五月初五未
男 世材 世明
葬 赤塗垅尾丁

何氏
生天啓辛酉五月廿二戌
卒康熙癸卯十一月二十申
葬 員山仔 壬丙

可鵬 敦樸
生萬歷壬子五月初六吉
卒康熙乙巳八月
男 世穀
葬 寨山尾癸丁

何氏
生天啓甲子七月
卒康熙元壬寅十月
葬 寨山 庚甲

可連 諱通
生
卒 吉
止
葬 失誌

缺

可超 諱保 朴素

生天啓丙寅六月初六戌
卒康熙庚辰十二月十二寅

男世懷 茂 泰

葬門口林 申寅

趙氏

生崇禎丙子十二月十七吉
卒康熙丁未八月十八午

葬寨山 甲庚

陳氏

生崇禎己巳九月廿七酉
卒康熙乙酉四月初三辰

葬赤壟墘 辛乙

可滕

生 吉
卒

男世岩

葬 未詳

何氏

可玉

生 吉
卒

止

葬 失記

鉄

第十世

世鐸 諱進 進毅

生天啟癸亥十二月廿九未
卒康熙丁亥正月十六未

男光浦 光闍

葬大湖坪 壬丙

蔡氏

生崇禎乙亥十二月廿二巳
卒康熙壬戌八月十四辰

葬赤金坵 坤艮

李氏

生天啟甲子十二月初九子
卒康熙丁丑六月十九子

赤金坵 丁癸

世祿 葸居

生崇禎戊辰三月初七辰
卒康熙甲寅十月二十卯

男光渭

葬高磜山祖石邊 坤艮

某氏

生 吉
卒

葬未詳

世足

生 吉
卒

止

葬失誌

缺

世欽　佩直

生萬曆丁巳五月廿七丑

卒康熙辛亥七月廿五辰

男光山

葬員山仔　北南

某氏

生吉

卒

葬未詳

世鍾

生吉

卒

止

葬失誌

缺

世鎮　諱協　悌礼

生天啓丁卯十月初三卯

卒康熙壬戌正月廿七酉

男光鑒　光權

葬未詳

莊氏

生崇禎癸未十月十九酉

卒康熙丁亥正月十二酉

葬磨下厝坑甲庚

世釗　峪

生崇禎癸酉十月初六酉
卒康熙丙寅三月廿一卯

男光志

葬員山仔　庚甲

陳氏

生崇禎乙亥八月二十五
卒康熙庚寅十一月初五申

葬　未詳

世鏗

生　卒　吉

止

葬　失誌

缺

世添

生　卒　吉

止

葬　失誌

缺

世鑄 諱妈

生 吉

卒 止

缺

世薦 惟馨

生順治己丑八月十二亥

卒雍正丙午七月初五未

男 先和

先弘 繼子鎬

先運

名

葬 隔仔尖下庚甲

廖氏

生康熙己未十一月廿五卯

卒雍正戊申八月十五辰

葬 村坂磐寺前俗園坪辰戌

世錦

生 吉

卒 止

葬 失誌

缺

葬 失誌

世昂　生康熙庚辰二月初八丑　卒雍正己酉正月十一辰　瀾

葬附十四院菱塘父坟亥巳

缺

世鶴諱尾　生康熙癸丑二月廿一戌　卒乾隆乙未二月廿二午

男光泓　鶩以子繼

葬小山尾菱塘口癸丁

何氏　生康熙己未十月初二申　卒康熙辛丑十月十六未

葬林山尾菱塘內宾坐口艮坤

世貴　生吉　卒

止

葬門前山茶仔樹

缺

世錡 諱禹 董浮 生順治丙申三月二十卯 卒雍正丁未七月初二亥
王氏 生康熙戊申三月初一巳 卒乾隆甲戌五月初一卯
男光 溫 湖 福 春 閔
葬 門前山 未丑 水尾前仔花田上 辰戌

世騰 諱瑋 生順治庚子正月二十未 卒雍正戊申八月初六申
王氏 生康熙壬子十二月廿三辰 卒乾隆戊寅三月十三卯
男光 洲 貢生 池 源 貢生 沛
竹坑 吳南州大墓山辛 葬 吳南州墓仔山辛

世村 生 吉 卒 止
葬 失誌

缺

世明 遠璣
生順治壬辰二月廿七卯
卒亥年　八月十七日戌
男光第 參
發
佑
葬 泰山田墘 辛

張氏
生康熙辛亥十二月初七寅
卒雍正戊申十一月初六戌
葬 州前山庚甲

世穀
生 吉
卒
止
葬 失誌

缺

世茂 秉素
生順治丙申六月廿七寅
卒雍正戊申五月初六丑
葬 杆赤坐埕田中乾巽

鄒氏
生康熙甲辰十二月廿三巳
卒乾隆戊午二月初八戌
男光欽 仁
八
特 惠峯社 七
葬 供居坐 水古滿大埕田后乾巽

莊氏
生康熙乙亥十二月廿四申
卒乾隆乙未六月初十未
葬 員山伯 丙壬

世懷
生吉
卒
止
葬
失誌

缺

世泰
坦平
生康熙癸卯六月廿四未
卒康熙丁酉二月苗亥
葬
塋坑 乾巽

呂氏
生康熙辛亥十一月廿八寅
卒雍正壬子七月初三子
葬
州前山 申寅

男光迎
佑
雅

世岩
生吉
卒
止
葬
失誌

缺

十一

光浦 諱補 仕徵

生順治庚子十二月十三未
卒雍正癸丑六月初六未

男國 果 決 斷

葬 高嶺馬尾湖 壬丙

鄒氏

生順治辛丑三月十二日戌
卒康熙辛巳正月初五午

匡 繼于渭

葬 圻門口林 辛乙

光淵 諱賓 光煥

生康熙己酉四月廿七午
卒康熙辛未十月三十卯

男國 匡 繼四子淵

遺

葬 坑后 丑未

趙氏 銀塘人

生 吉
卒

祔高嶺南房崙坂穴

光渭 諱拾

生 吉
卒

止

奕 失誌

鈇

光山 生吉 卒 止 葬失誌

缺

光鑑 洵仁 生康熙辛亥二月初四申 卒康熙乙未三月十二巳 男國樓 志以字德 葬赤塗坂亥巳

缺

光權 生吉 卒 止 葬失誌

缺

光志 高尚

生康熙甲寅五月初一辰

卒雍正壬子年五月十九酉

男國接、般 繼子賢

葬庵尾社坟邊艮坤

某氏

生

卒

松 子附于和

葬未詳

光和 二 叔煌

生康熙己卯九月廿五戌

卒乾隆庚午十月廿八申

男國松 志二子并繼

葬文交吾崙坤艮

鉄

光運 義斐

生康熙丁亥正月十九亥

卒乾隆戊戌九月十八酉

男國域、塞、忠、潮

葬以磐頂艮坤

孫氏

生康熙庚子六月初十寅

卒乾隆庚戌九月初五亥

葬兩份江潭土地祠內巳亥

光名 㫖猷

生康熙癸巳十月初一寅
卒乾隆甲午七月十五巳
止

葬曾厝田上巳亥

鉄

光泓 諱弦

生康熙辛巳十二月廿九亥
卒乾隆丙戌八月十七寅

男國楟 國緻 國申 國寸 [illegible]

葬小南坑[illegible]石 坐丁

方氏

生康熙庚寅八月廿六子
卒乾隆甲子八月初九辰

葬小南坑[illegible] 巽乾

呂氏

生康熙庚辰十月廿八午
卒乾隆丙午三月初六亥

葬梨仔園田上丙壬

光温 諱臻 懷良

生康熙戊辰十二月初五子
卒雍正庚戌十二月廿九申

男國樓 國認

葬石尖仔甲庚

呂氏 淵洋楼八

生康熙丁丑正月十九午
卒乾隆癸卯正月初八戌

葬后壟山寅

光湖 諱墻 正壇

生康熙庚午十二月十二巳

卒康熙辛丑六月廿五巳時

男國琶 楊岑徙

葬門前山牛角灣坤艮

缺

光福 生吉 卒

未詳

鄭氏

生康熙丁亥九月十七巳

卒乾隆壬申三月廿八酉

男國琶 終于湖

來 水 合 與光科

葬門前山坤艮

光堤 諱塔 豪適

生康熙癸巳六月十二子

卒乾隆己巳八月十三卯時

男國米 胄

葬羊牯嶺 艮坤

呂氏

生康熙甲午正月廿二寅

卒乾隆辛巳二月十九酉

葬門前山種形下坤艮

貢生

光[redacted] 諱健水 皆行崇 生康熙壬申二月廿四申 卒乾隆壬戌十一月初七未

莊氏 淑安 塘頭人 生康熙丙子九月初四戌 卒雍正壬子五月十六未

蘇氏 塞娟 生康熙壬午四月十三日酉 卒乾隆癸未二月廿三子 川

許氏 芹蓮 生康熙丁丑十一月初一申 卒乾隆甲戌十一月初一申

男國材 大學生

國樑 太學生

國柱 太學生

葬 馬岐大石庵仔崙后巳亥

頓仔孫山

在猫田中坑兵

桐子崗 壬丙

光[redacted] 諱泰 仁裕 生康熙辛巳九月十九卯 卒康熙乙未二月初七卯

[redacted]氏 生 吉 卒

男國實

國瑞

葬 赤埕坂湖口乾兵

未詳

貢生[illegible]源 諱子丹 淮德粹 生康熙壬午九月廿四寅 卒乾隆甲戌十一月初八酉

妣蔡氏 肅覺 生康熙庚辰十二月廿三丑 卒乾隆丁丑八月十五午

[illegible] 文山人

蔡氏 勤遜 生康熙乙未正月二十日巳 卒乾隆甲辰十二月二十日酉

李氏 幼貞 生某年 卒雍正庚戌三月十八午

[illegible]氏 靜湘 生康熙辛巳六月廿五日寅 卒乾隆乙未十二月廿六日午

男國[illegible] 棣

棣 模 標 柄

女一 適沙堤鄭

華 合葬狗坪田中壬丙

小石後坑插口

水東乾軌坂田中 丁癸

小石後坑插口與蔡氏合 亥丑

行實 公少習舉業長善理財與先假以貨入南雍鄉族中凡有興作樂于贊成戊辰年改造追來堂則極而大之充祖伍石永為祀蒸庚午年修理孝思堂復興山溪公同修譜系是有合夫古者宗廟為先之義他若建立廟宇造橋修路因時利益之類又其餘裕也已

光沛 諱真 英俊
生康熙辛卯寅月初五亥
卒乾隆壬午十月廿九酉
男國楨
女一適山頂厝鄉
葬羊妹嶺艮坤

陳氏 金沙人
生康熙壬辰九月廿一丙
卒乾隆戊戌八月十四卯
男國鶴
葬山面坑外寅申

陳氏
生雍正戊申九月十四申
卒乾隆乙未八月十九寅
葬杜塘乙辛

光第
生吉
卒
男國助
葬臺中

董氏 黃山人
生康熙癸巳五月十七子
卒乾隆戊午四月初七午
葬門前山坤艮

光箴
生吉
卒
止
葬失誌

缺

光右　如左

生康熙戊戌年正月十七丙

卒乾隆戊戌七月廿三戌

男國埔　佐三子承祀

葬赤塗崛湖辛乙

胡氏

生未年

卒乾隆戊戌十二月廿三未

葬肚塘林艮坤

光鉉

生未

卒

男國抽　國宗　國伴

葬吧中

呂氏

生康熙壬寅三月初四卯

卒乾隆乙未九月廿九未

葬硋頭坪申寅

光傳

生未

卒

男國緯　國陳

葬臺中

陳氏

生康熙壬午十月十六戌

卒乾隆乙未十二月十八丑

葬門口林尖甲庚

光乞

生康熙辛丑正月廿九子

卒乾隆乙亥四月二十午

湖

葬 失誌

缺

光八

生雍正癸卯六月廿三子

卒乾隆甲戌四月廿四巳

止 澌

葬 門前山 申寅

缺

光七 光厚

生雍正丁未七月初七未

卒乾隆己卯二月十三酉

男國蓮 錦三子繼

葬 門口林炭 甲庚

歐氏

生乾隆庚申十月十四午

卒乾隆乙酉七月初六申

葬 寨山 乙辛

光廸
維親
生康熙己巳七月十一午
卒雍正乙卯三月十六申
葬合境垅林路口 壬丙

胡氏
生康熙己卯六月廿四戌
卒乾隆己未五月廿六酉
男國駒
國致

光佑
企嶽
生康熙壬申九月十一辰
卒康熙壬寅七月初五巳
止
葬隔竹夾 辛乙

缺

光雅
非俗
生康熙辛巳十月十九亥
卒乾隆己亥八月廿二未
寨山頂 辰戌

呂氏
杏林人
生康熙丙戌五月初六未
卒雍正庚戌二月初七申
男國田
葬陽竹湖 酉卯

吳氏
生康熙己丑七月初五子
卒乾隆癸卯二月十六未
層竹湖 庚甲

水底派

十二世

國果 彬恪 生康熙庚申七月初七戌 卒雍正乙卯五月廿一午

鄭氏 生康熙庚申五月初十辰 卒乾隆癸亥十二月廿三辰 內去六八

男文康 文龐

葬后壟社老前

未詳

國決 以忠 生康熙癸亥七月廿八午 卒康熙辛卯八月初四亥

葉氏 生 去 卒

男文鳳 晨

葬赤陽口 岳乾

未詳

國斷 以明 生康熙丙寅三月廿二亥 卒雍正乙卯九月初八巳

陳氏 生康熙甲戌五月初四寅 卒乾隆庚午八月廿七午

男文劇 賊 官 附

葬橫布嶺 坤艮

赤坐坵鯉魚崙坤艮

國匡　勅旁　生康熙吉年　卒乾隆丁卯三月初二未　男文濟　文綱　葬杵門口林丁癸

宋氏　生吉年　嘉慶八　卒乾隆甲戌五月十九午　葬大關坪境墩材子午

國遺　樸健　生康熙辛未八月初五寅　卒乾隆甲申八月初七未　男文堪　文聘　詰　傑　壽　葬高磜竹仔坪酉卯

楊氏　生康熙丙子九月初九辰　卒乾隆辛巳九月三十巳　葬高磜南厝崙亥巳

國棲　生吉　卒　止　葬失誌

缺

國般
生
去
卒
住屋
男文雄 松字德
葬 屋中

國松 慕成
生雍正戊申四月十九寅
卒乾隆壬子二月廿九酉
男文 琛 雄 郁 化 德 紹字城
葬 吳南州 卯酉

鄭氏 沙美人
生乾隆戊午十月二十酉
卒乾隆辛丑六月十二巳
芾 出嗣子城
葬 嶺坑林 艮坤

國域
生乾隆庚申九月十七寅
卒吉
未詳

蕭氏
生乾隆乙丑七月初一亥
卒乾隆丙寅二月初十卯
男文 德 松三子继 芾 松六子承继
葬 牛角湖口 丑未

鄭氏
生乾隆庚申十月十二吉
卒乾隆戊申九月廿三酉
陶佑湖酉卯

國寀 寸如
生乾隆癸亥五月初四寅
卒乾隆辛卯十二月廿六巳
男文同 叅
葬内若坑園辰戌

蕭氏
生乾隆辛未八月十二辰
卒乾隆己丑十月廿四申
葬双髻頂大坵角丁癸

國忠
生乾隆丙寅四月十五寅
卒去
男文樓 叅
葬未詳

呂氏 卅大坪人
生乾隆癸亥正月初四卯
卒乾隆乙卯十二月廿四卯
葬寨山古井路上兆南

國湖
生乾隆戊辰八月初八巳
卒去
男文慶
葬未詳

氏 別適

國棒 汉祠
生雍正乙巳七月十三午
卒乾隆甲申六月初二戌
葬 吧中

趙氏 大犯八 卒吉
生雍正庚戌三月初八亥

男文盛 三房無以子孫
文棣 三房丁亥子孫

國繳 號敬
生雍正乙卯九月廿八辰
卒乾隆甲午
葬 竹塔石祖仔嵛 未丑

國申 企詳
生乾隆辛未六月初三戌
卒乾隆丙申五月十二丑
葬 竹塔平仔路 丑未

李氏
生乾隆甲申二月初八亥
卒嘉慶丁巳五月十五寅
葬 未詳

男文牛

國寸

生吉

卒

往臺

國擾

循德

生康熙己亥二月十九未

卒乾隆戊戌五月初七巳

郭氏

大山人

生乾隆丁巳五月廿九巳

卒乾隆甲寅五月十九丑

男文朗

非

奚

葬

林帝柄　庚甲

馬尾湖　乙辛

國認

憶仁

生雍正丙午七月十四戌

卒乾隆丙午九月廿一午

黃氏

生乾隆庚申四月廿五寅

卒吉

男文範

葬

滿佑口　丁癸

未詳

國琶

生吉卒

止

葬失誌

國來

生吉卒

男文本

葬未詳

國合

生吉卒

出外

國榮 英和
生雍正乙卯十一月十四子
卒乾隆乙酉十二月廿九丑
男文有 胄長子繼
葬澗仔口 午子

國胄 賢濟
生乾隆甲子十一月廿五丑
卒乾隆辛丑七月廿六卯
男文有 繼於
文此
葬盧田坡上 巳亥
氏 別適

國材 諱廷 敬修
生康熙庚子九月初二巳
卒乾隆戊寅三月廿九辰 收
男文爍
文炳
葬合山田淡厝仔腳內

楊氏 豐山人
生康熙己亥十二月初二巳
卒乾隆辛巳十一月初二酉
女適張坑源
同埋山腳 亥巳

太學生

國棟 諱汉 英懋

生雍正乙巳五月初六申

卒乾隆癸巳十一月十三申

王氏 覚慎 長泰安人

生雍正乙巳六月初五丑

卒嘉慶丙辰八月廿五未 圳

男文顥 係 鵬 鼎

女一適長泰高長漢

葬合塋嶺浮田中辛乙 枕觀音獨坐

太學生

國柱 諱培 循和

生雍正癸丑六月十八卯

卒乾隆丁丑三月初八午 㠯

黃氏 内林人

生雍正甲寅二月初八未

卒乾隆戊寅三月初十午 㠯

男文圭 典

葬合小田坑葡仔花崙 巽乾

國寶 諱樂 剛直

生康熙丁亥五月十五午

卒乾隆丁亥十一月十七寅

宋氏 芹霞人

生康熙甲申十月十七亥

卒乾隆乙亥十一月初五寅 圳

男文就 題 嫮

葬小田坑麘仔腳 癸丁

双髻山 乙辛

國瑞 諱宥 存正 生康熙壬辰六月廿七申 卒乾隆癸未十二月十五子

蔡氏 勤慈 京頭人 生康熙辛卯九月十四子 卒乾隆乙巳八月十六日巳

男文 啓 謀 春 嘉

福全案脚井河辛乙

葬 樓林大厝二夫脚樣 路下 巽乾

大子生

國樑 諱廣 號界 漢之 生雍正甲辰十二月十二午 卒乾隆戊寅十二月十一辰 出世

蘇氏 衡順 上坪内後人 生雍正丙午十月十八未 卒乾隆戊寅五月十七子

男文 熾 煌

女一適西坡頭陳

山田洸 巳亥

葬 小田洸杉仔林 丙壬 光緒癸未修理對碑丙壬巳亥兼巳亥 分金丹英在後分壽春后

國機 諱秘 恒之 生雍正戊申九月初四酉 卒乾隆辛丑五月初九午

趙氏 大坑人 生雍正己酉七月十二巳 卒嘉慶丙辰正月初四寅

男文 焰 熺 鍾 筆

臺灣南仔坑

葬 竹塔岐州山基仔埔 乙辛

九周秦考　　隻說　一

遠將軍晉安王　祿也後我環溪　始祖八
閩王審知相忠烈侯　請也間有曰　章曰
則又偕我環溪　始祖有廣翁從歸德將軍陳
鎮泉潮以備障者也之致　祖者惟王下邳餘同皆出
州固始人也子孫蕃庶代有名賢雖非伯叔昆弟一本
之親第世遠年湮支分派別屢經兵燹古牒蕩然煨燼
加以有元不道餉稅墳碑不惟世數難稽先兆亦多失
誌比比然矣能獨我林哉勝朝崇禎甲戌裔孫檀繼修
我環溪世係其可考者錄之不可考者闕之上下
年不敢或加私意重誣我先世遺憾　一日是大

國根 諱歆 寂之
生雍正乙卯三月初五丙
卒乾隆丁酉四月十九寅

陳氏 諱貞 金沙人
生雍正癸丑八月十二日亥
卒乾隆辛巳六月初九申

趙氏 亦桑 八九人
生乾隆丙寅九月十八子
卒嘉慶己未十一月十五酉

男文 佛 南 習 烊

女 一適黃澤沫
二適費澤沫
三適大沈姓

葬
上渾嶺頭保路上 乙辛
小西坑蘇竹垅 丙壬

國棣 諱鈗 恩之
生乾隆己未八月廿二午
卒乾隆戊子十月十二巳

韓氏 大里月原人
生乾隆戊午五月十四卯
卒乾隆丁未十月初六丑

男文 焜 韜 邊 覺

葬
上垂原頭塘路下 辰戌
小西坑大夫墓 午子

國模 諱濟 升之
生乾隆甲子十一月初九午
卒乾隆丙申六月十二午

鐘氏 邱城甘保人
卒吉
生乾隆癸亥二月廿九子

男文 邦 鐵 夾

葬
仟州前山祖屋后左邊
未詳

國標 諱休 何之
生乾隆丁卯十一月二十二
卒乾隆庚子五月初六申

陳氏 貞慈 浦西人
生乾隆丙寅六月十九亥
卒嘉慶丙辰十月十二巳

男文參 康 熊 鸞 蟾

葬高礤厝仔湖丁癸
析梳琢嶽癸丁子午
葬桊山坪申寅

國柄 諱翰 名之 慎德
生乾隆辛未十月廿一寅
卒嘉慶戊寅三月初九亥

陳氏 正欣 黃坪人
生乾隆甲戌正月十五子
卒乾隆丙申三月十三午

童氏 溫柔 黃田人
生乾隆戊寅正月二十子
卒道光丙申十一月初十未

男文茂 桔 越 熇

甲申丹壬坐塔貝山仔申寅暨 内加同
○析竹琮冷水仔山 外山癸
葬析黃山魁魚尾山坐亥巳
析竹坑白石窯大坵后陶癸巳亥 再改巳亥兼

國楨 諱永 毅知
生雍正辛亥五月初六午
卒乾隆丙午五月初七戌

王氏 長泰坂尾人
生雍正壬子正月廿六巳
卒乾隆庚子八月初八戌

男文安 吏 台

礤仔墘申寅
葬磁塔山壬丙

國鶴 栖珠
生乾隆壬申年正月初八午
卒道光丁亥二月廿二寅

鄧氏 溫慈 山漢居人
生乾隆癸酉五月初四辰
卒嘉慶己亥三月廿一卯

男文瑤
文視
文捷

葬排岸柄田上中岡坤艮
門前山茶行林背崇庚甲 庚申寅

國勒
生吉
卒

往臺

國埔 固和
生乾隆庚申三月廿三酉
卒嘉慶丙辰正月初六戌

黃氏
生乾隆癸亥九月初五亥
卒失

男文檬
文樟 回徙于園
文寄 徙于桁

葬杜墳山艮向
亦詳

國柚

生 去 卒

止

葬

失誌

國宗

生 去 卒

往臺

國伴

生 去 卒

往臺

國緯

生

辛去

往臺

國陳

生

辛去

往臺

國進

生乾隆癸未正月二十巳

辛去

止

舜

失諱

國駒 篤直
生雍正癸卯吉
卒乾隆乙未二月十二丑
羅氏
生乾隆癸亥十二月初八寅
卒乾隆壬辰十一月廿四巳
男文泉
文世 繼于致
再 寄居省南蘇及
葬俱牛角湖崙 丁癸 坤艮

國致 若明
生雍正辛亥十一月十八申
卒乾隆庚寅二月十四酉
楊氏
生吉
卒
男文世 駒次子繼
葬后壟壬丙
未詳

國由 從程
生雍正戊申十二月十八卯
卒乾隆庚午十一月初七戌
氏 別適
男文吟
葬門前山 丑未

十三世

文廉 和道

生康熙甲申十月十七子

卒乾隆丁酉十月廿九未

男秉懷 名

葬 后壟祖墓前子午

趙氏

生康熙丙戌五月初三丑

卒乾隆戊子二月十六未

葬 高嶺大片田申寅

文龍 其盛

生康熙癸巳五月廿四午

卒雍正己酉十月十一卯

溯

葬 壯塅林卯酉

文鳳 絢質

生康熙丁亥六月十八戌

卒乾隆乙未八月廿二午

男秉快 典

秉出 奉

秉列 妲

葬 水尾鐘形下 丁

鄭氏

生康熙己卯三月初八巳

卒乾隆己亥三月初五寅

葬 磁頭坪 子午

文劇 佞侍

生康熙丙申十月初十酉

卒乾隆丁酉十二月初十戌

男 秉祖 參

秉晚

葬赤坣垅鐘形脚承

王氏

生雍正乙巳七月廿九寅

卒吉

葬未詳

文賊 若貴

生康熙丙戌十二月初七戌

卒乾隆戊申五月廿六卯

男 秉庚

葬赤坣垅鯉魚裔右邊 辰戌

王氏

生乾隆戊午七月初三辰

卒乾隆庚辰十一月廿六亥

葬赤坣垅湖 乾巽

文官

生吉

卒

徃臺

文附 文棧 生雍正癸丑十月初十巳 卒乾隆甲戌二月初三巳 往臺 葬臺中

文齊 剛材 生康熙戊戌四月初六亥 卒乾隆癸酉十月十八卯 葬臺灣水閃

宋氏 莆霞人 生康熙 吉年 卒乾隆丁未八月初六未 男文學 葬赤坣坂岐子午

文綢 明義 生雍正乙巳十二月十二申 卒乾隆癸卯十月廿五巳 葬磨尾山艮坤

趙氏 後坑人 生雍正丙午九月廿五巳 卒乾隆甲戌十月十九丑 男文浩 文波

軒 練 韵

葬寨山學前崙仔

姚氏 山邊人 生雍正癸丑二月初七寅 卒吉 未詳

康熙丁酉十二月初五寅
卒吉

生康熙庚子五月廿八亥
卒乾隆丙申九月初七戌
男秉水
挨

葬横布岭丑未
臺中

文聘
生吉
卒
继臺
葬臺中

文語
出贅
生康熙癸巳六月初六亥
卒乾隆丁亥十二月初三卯

蔡氏
苦竹林
生雍正壬子二月初十未
卒吉

男秉超
碩
月

葬水尾堡形左邊丁癸

文傑 必静
生雍正癸丑二月廿八亥
卒乾隆戊申七月廿五亥

陳氏 長房八
生乾隆戊午十二月廿二辰
卒乾隆庚子十二月十六丑

男秉
池 勞 鵝

葬
赤崖坂岐 坤艮
赤崖坂 辛乙

文專 正誼
生乾隆丁巳七月十九卯
卒乾隆戊申九月二十午

鄧氏 長房八
生乾隆甲子十月初八卯
卒乾隆戊申八月十一卯

男秉
踐 築 閘 力

葬
高磁天片田草路上辛乙
水尾鐘形岐邊寅申

文雄 義成
生乾隆己卯九月十八午
卒嘉慶丁巳又六月初四子

蕭氏
生乾隆丁亥正月初四卯
卒乾隆乙卯二月初五卯

男
釗

葬
吳南洲 卯酉
杉竹嶺山隴仔樹寅

文滌 廷暎 生乾隆乙亥十月廿八日午 卒嘉慶丙辰十月廿二巳 男霖綱 葬 未詳

氏 別適

文化 君元 生乾隆丁亥又七月十二巳 卒嘉慶丙辰十月廿二日卯 闕 葬 吳西洲蔡仔地崙

文郁 生乾隆壬辰十月初五午 卒失 闕 葬 失記

某氏 生 卒

文德

生乾隆壬午七月廿一午
卒乾隆辛亥九月廿三未

嗣止

娶潘仔湖辛乙

文帶

生乾隆己亥三月初五子
卒去

嗣止

娶失誌

文同

生乾隆癸卯三月廿九辰
卒國

嗣止

娶失誌

文接
生乾隆丙午五月初七子
卒失
溺止
葬失誌

文度
生乾隆甲寅正月初六巳
卒失
溺止
葬失誌

文盛
生乾隆戊寅六月廿五午
卒乾隆乙卯十二月三十未
忠直
葬析虎形仔大坵頭壬丙

吳氏
生乾隆辛巳三月廿八巳
卒乾隆癸丑十二月廿九卯
葬曾厝 壽亂

男秉
哼 繼 經 大
經 繼于秋
大 過子益

文楝
生乾隆丁丑十二月十六寅
卒失
男京
卦
磚
施
春
葬水坪

趙氏
大坑人
生乾隆戊子十一月十八子
卒失

文牛
生乾隆癸巳九月初一亥
卒失
嗣止
葬失誌

文朗
生乾隆戊寅二月廿九辰
卒失
嗣止
葬失誌

文非

生乾隆癸未五月初一辰

卒乾隆辛亥五月初十巳

嗣止

葬石尖大坵坪巽乾

文溪

生乾隆癸巳十月廿九酉

卒吉

嗣止

葬失誌

文葩

生乾隆丙戌九月十一丑

卒吉

氏别適

男貴客

葬未詳

文本　生失　卒　止　葬失誌

文有　生乾隆庚寅六月初八酉　卒失　湖止　葬失誌

文浙　生失　卒　止　葬失誌

文燦 諱選 克昭 生乾隆庚申九月廿五申 卒乾隆甲辰十二月初八巳

趙氏 源和 銀塘人 生乾隆庚申九月廿三申 卒嘉慶丁卯十月廿八寅

楊氏 德茂 生乾隆乙丑十月廿六酉 卒嘉慶丙寅十二月初九亥 於

男秉珍 岸 癸三子係

賜

葬 竹塔虎尸

葬 未詳

小田坑 鯉仔栎乙亥 丁巳亥

文炳 諱龍 生乾隆庚午十月十七卯 卒嘉慶丙寅九月初八卯 於

楊氏 生平 豐山人 生乾隆己巳十月十一子 卒道光戊子六月初二辰 卅

男秉倦 賢

脩 揷

探 苞

葬 鯉仔山 乙辛 戊辛 酉卯

葬 未詳

鯉仔山土地公上 丙壬巳亥丁巳 亥

妣 文顥 居仁 生乾隆甲子十二月廿六午 卒乾隆辛丑三月初十戌 祔

呂氏 淑慧 生乾隆癸亥十月廿三午 卒乾隆甲午七月十四未 祔

男秉敦 攡 係丁其

訓 文

國 綽

上章 辰頭亭仔崙 甲庚 卯酉

外溪當中

葬 横林墩 亭仔 巽乾 巳亥

郭氏 貞節 卒吉 生乾隆壬申二月初六午

女一 適黃洋陳

大州 虎仔林 壬丙 子午 辛巳 乙亥

未詳

文條　字新諒
生乾隆戊辰二月十一午
卒乾隆己酉四月十七未刻
男秉榜　閔　彈　洽　攝　繼子圭
葬嶺仔墘頂丑未兼艮坤

陳氏　諱僅　燕浦人
生乾隆辛未十二月十八酉
卒乾隆甲辰九月廿五戌時
葬涌仔口梧仔腳丁癸兼未丑

文鵬　字溫潤
生乾隆甲戌八月廿四辰
卒乾隆甲午十一月十九午時
男秉丕　鴻次子繼
葬双髻山甲庚兼寅申

氏　副適

文鼎　諱昌　字同澤
生乾隆壬午六月十三戌時
卒嘉慶庚申九月初六巳時
男秉璘　丕繼子鵬　見　曉　昶　倉
葬門前山甲寅庚申兼寅申
葬未詳

陳氏　儉德　康山人
生乾隆庚辰十月初八丑
卒道光己亥五月二十酉時
葬高嶺山墓湖尾未丑兼辛癸

文圭 英俊 元符

生乾隆癸酉正月十七午

卒乾隆辛卯三月初四午 戌

男秉壤 森四子继

秉楯 條五子继

葬山后菊仔花崙山辛辰戌

文典 昇標

生乾隆乙亥十一月初九子 时

卒乾隆甲午二月十五酉

男秉構 煜四子继

葬上章府頭廟后乾巽兼戌辰

呂氏 成毅 廿六辭

生乾隆丙子七月二十寅

卒乾隆辛丑五月三十未

葬崁頭亭仔上巳亥丙壬

文就 肇偉

生雍正戊申七月廿一卯

卒乾隆己丑九月初八申 时

男秉良

秉議 煥子继

葬湳仔后山甲庚

氏 刘適

文題 偲正
生雍正庚戌十月廿四日卯
卒乾隆丙午五月十七申
男秉長 君 續子婷
男秉載 賓 興子丞
男秉汲
葬 杜塘林 寅甲
葬 双髻大坵坪下左邊 子午
葬 芝雅龍 乾巽

蔡氏
生雍正乙卯十一月廿九未
卒乾隆丙子七月廿五酉

蔡氏
生乾隆庚申十一月廿二辰
卒乾隆庚寅八月二十丑

文尋 行直
生雍正乙卯十二月廿一戌
卒乾隆癸酉八月十一未
男秉君 超子倬
男秉議 敦子濱
葬 后仔湖 坤艮

文啓 號東
生雍正乙卯六月初三亥
卒嘉慶庚申十一月初四辰

曾氏 貞順
生乾隆丁巳九月十七申
卒道光壬午五月十三戌
男秉續
男秉贊
男秉面
男秉戀
葬 茫林中崙丙壬午 巳亥
葬 大湖坪中心崙頭壬丙子午 辛巳

文課 宏哲 生乾隆庚申四月初八辰 卒嘉慶己巳九月十八申

楊氏 潔貞 本扎八 生乾隆乙丑正月廿四卯 卒嘉慶戊寅二月廿五子

男秉王 填 寨 掞

康金寮改前莫氏真戌合 光緒壬午年改辛戌辰 葬合炉窩坪半山戌辰兼辛酉卯

文春 端陽 生乾隆庚午正月十九卯 卒道光乙酉十二月初一未

蔡氏 靜恭 庚坂八 生乾隆壬申十二月廿一未 卒道光辛卯七月初七丑

男秉仲 偖 偏 佷

葬小山仔大座灯火丁低午子

葬牛角湖中寅坤艮

文嘉 德祿 生乾隆戊寅正月十五丑 卒嘉慶甲戌十二月初一戌

陳氏 端靜 坡鳩八 生乾隆丁丑十一月廿一丑 卒道光乙巳十二月初一亥

男秉繩 玧 涉 呈

葬隔仔口水井坤艮辛未丑

葬二水彭坑山莫龍巳亥兼辰戌

文熾 諱儀

生乾隆丙寅正月十八酉

卒乾隆庚寅四月初一亥

趙氏 貞淑

係塘八

生乾隆乙丑十月廿一丑

卒乾隆癸卯七月十七申

男秉振

葬 竹篙尾崗乾巽

赤塗嶺坡亥巳

文煌 諱傧

永吉

生乾隆庚午四月廿七酉

卒乾隆辛丑九月廿五酉

徐氏 慈惠

洞尾塘人

生乾隆己巳十月廿六酉

卒道光戊戌六月廿九寅

男秉謹 苗 格

係于劍

葬 吳南洲艮坤

葬 南雷公 戊辰辛乙

文熺 諱張

啟惟

生乾隆戊辰八月初九巳

卒乾隆辛卯六月廿一亥

往臺

葬 臺中

文燵 諱劍 順仁
生乾隆庚午十一月十三未
卒嘉慶乙亥九月初一酉 以
男秉梧
傾二子注
葬石碓頭辛山 未詳

文鍾 聲遠
生乾隆壬申十月二十午
卒嘉慶戊午十一月十三戌 於
男添花
葬赤金坑社厝后酉卯

鄧氏 明娘 細目
生乾隆壬午五月十五未
卒道光壬午丈六月廿未
葬 未詳 牛角隴午子丁癸

文筆
生乾隆己卯九月初十子
卒嘉慶庚午七月十五日巳 以
男江海
葬 未詳 上章嶺頭山辛向

楊氏 慈勤 烏岐人
生乾隆癸巳六月初七午
卒乾隆丁未十月十二未 以
男江龍
葬烏岐大畬嶺東西

楊氏 慈儉 茅坪八 卒吉
生乾隆乙酉十二月十二寅
葬 未詳

文佛 住西
生乾隆丁丑正月初十辰
卒嘉慶癸亥二月十五酉
男秉院
葬 隔仔中山 亥巽

蔡氏 幼順
生乾隆丙子八月廿二子
卒乾隆庚寅七月十一戌
葬 門前山丙卯

缺

文甫 瑞吉
生乾隆癸未十月初七巳
卒乾隆乙巳十月十九酉
男秉闈 煬三子承繼
葬 寮山邊崩坳上西東

缺

文習 敏德
生乾隆壬辰八月廿九子
卒道光辛卯六月初五酉 止
葬 失誌
湖王大凹鶴鴣石下 亥巳兼壬丙 辛巳兼

文熚 成仁
生乾隆丁酉六月初六申時
卒嘉慶戊寅七月初八辰 止
葬湳仔口山 戌辰 失誌

文焜 順貞
生乾隆丁丑十一月初四酉
卒乾隆辛亥四月初一丑時
葬門前山班基上左邊 巽乾

陳氏 恭敬 黄汗八
生乾隆庚辰十一月廿五戌
卒乾隆庚戌四月廿六未時
葬門前山 丑未

男秉腥 號次子繼
秉環 覺長子繼

文韜 是興
生乾隆辛巳十一月初五巳
卒嘉慶庚申正月十五戌時
葬大湖坪田久上：：亥（巳）

陳氏 良勤 北坑八
生乾隆癸未八月十四寅
卒道光壬午十一月十五午
葬炭坑大路上外灣 壬丙 子午

男秉咸
居 長子燒

文還 懿順

生乾隆乙酉四月廿一卯

卒嘉慶丙子十二月十九亥

男秉朴 秉禮

葬牛角湖崙頭坐艮 失誌

缺

文覺 頴恰

生乾隆丁亥十月廿二未

卒道光乙未十二月十三巳

男秉環 天 科 朴

葬庵內 坐乾巳亥庚戌辰

蔡氏 溫和 陽坂人

生乾隆己亥十月廿一子

卒道光辛丑九月初二丑

葬某穴 肥蹊山庚甲申寅 丙寅申

文邦 乃昌

生乾隆癸未六月十五酉

卒乾隆丙午八月十四巳

合主

男秉釗 樟 秉禮

葬寨山邊路上庚甲

文錢 正直

生乾隆戊子十月初七申

卒道光甲午六月十二辰

葬赤塗埕酉卯

文錢 生乾隆戊子十月初七申 卒 葬

文爽 步雲 生乾隆辛卯十二月初三卯時 卒道光辛卯十二月十九戌 葬 赤坐頭乩巽兼辰戌丙戌

何氏 甫儀 生乾隆乙丙九月初一子 卒道光辛巳九月十一午於 男秉撐 兼祀于錢 葬 高儆林墓朝乾巽兼亥巳辰戌

文參 存敬 生乾隆丁亥八月十六辰 卒嘉慶乙丑八月十八未 收 男秉纓 兼祀 礼 葬 土頭塘后金山

缺

文廉 仁和

生乾隆庚寅八月十九申

卒嘉慶甲戌八月十九亥

男秉繆 兼祀

葬竹塔大坑门 乾巽

妣

文熊 惠山

生乾隆癸巳八月十七寅

卒道光己丑八月十九寅 於

男秉潘 嫂以子承祧

葬竹塔南雷公明癸丁兼子午

妣

文鷺 世札 世恩

生乾隆丁酉八月廿六戌

卒道光戊申四月十二未

男秉繆 兼祀

葬水東頂坪斗坤艮兼丑未

妣

文蠖 桂秋
生乾隆庚子八月廿八巳
卒道光壬寅正月初一午 二川
男象繆 兼祀于康鸞 參
葬草山嶺坐乙戌辰辛卯丙

陳氏 華英
生乾隆辛亥十二月初五亥
卒道光癸卯正月廿七午 川
男象潘 承繼于盈
葬蔡伯石未丑坤艮丁丑

文茂 瑞山
生乾隆壬辰十一月二十子 川
卒道光辛卯六月初十卯 二
男象德 兼祀
葬朱祥

缺

文桔 懷吉
生乾隆壬寅二月廿七巳 仁
卒乾隆甲寅六月十八子
男象旦 兼祀
葬浦邱城羅山西門外 竹仔脚

缺

文楚 者荻
生乾隆癸丑十月十三未
卒嘉慶丁丑九月廿七申
男秉淵 蒸祀
葬狗沿縣

鈌

文焬 英才
生乾隆乙卯十二月廿二丑
卒咸豐壬子八月廿九未
男秉旦 蒸祀于於
夜 蒸祀于庵
淵 半祀于屠
泉 蒸祀于婴
葬拆分路虎形作壬丙亥巳

陳氏 敏慎 坂鳴人
贅入追來堂小港
生嘉慶甲戌八月初六辰
與同葬巳亥

文安 正直
生乾隆甲戌十一月十六申
卒嘉慶丁巳四月初八午
林男文瑤 蒸祀
淵出
葬陽仔山背

鈌

文吏 能得

生乾隆丁丑八月初八卯

卒嘉慶戊寅六月十三未

以弟文瑤景祀 止

葬 隔仔口丙卯向 失誌

缺、

文台 行三

生乾隆庚辰三月十八巳

卒乾隆乙卯四月廿五午

以弟文瑤景祀 瀾止

葬 隔仔山丙卯 失誌

缺

文瑤 若椿

生乾隆丙申九月初七卯

卒道光丙申三月十六酉

葬 林坑栖中案坤艮丙申寅

陳氏 勤仁 漈下人 某娘

生乾隆乙巳五月初三午

卒咸豐丁巳七月初四卯

男秉約 承繼于桂 撰

葬 大石上艮坤兼丑未辛未

文柷 言志

生乾隆壬寅八月初十辰

卒道光庚戌九月廿九寅

男秉淹

葬採岑柄坤向未丑丁未丑

蔡氏 良慎 諒娘

生乾隆癸丑八月廿九寅

卒嘉慶己卯十月十五卯

葬寨山頂 巽乾辰戌 外兼巳亥

文捷 金榜

生乾隆辛亥八月初九辰

卒同治甲子正月十八巳

男秉約 繼以子承淹

葬赤塗坂岡尾 庚甲申寅

缺

文檬

生乾隆甲午三月廿一亥

卒吉

闕止

葬失誌

某氏

生 吉 卒

文泉 生乾隆己卯五月十二未 卒吉 嗣止 葬 失誌

缺

文世 生乾隆辛巳九月初六子 卒吉 嗣止 葬 失誌

缺

文吟 生乾隆己巳十二月廿一亥 卒吉

吴氏 生乾隆壬寅十月初三寅 卒吉

男秉恩 係三子繼

葬 未詳

祐庭系下[illegible]代

十四世

秉滾　其勤
生乾隆丙辰三月廿四午
卒乾隆庚寅十月十二寅
止
葬大湖坪孔員

秉名
生乾隆庚申八月二十寅
卒吉
淵
葬 失誌

趙氏　長嶺人
生乾隆丙寅吉
卒吉

秉佚
仕瑩

秉到 生辛吉 止 葬失誌

鈇

秉奉 生乾隆丁巳五月十五戌 秉朴子乾隆乙酉五月十八戌 住臺 葬臺中

秉岱 生乾隆癸亥 卒吉 止 葬失誌

秉典　生　卒走　止

娶　失誌

秉妲　生　卒吉　住山城

秉祖　生乾隆乙亥八月十六寅　卒吉　止

娶　失誌

秉晚　晚　生乾隆丙戌三月廿七寅　卒乾隆吉年八月廿四未　止

娶赤崖塘圍仔熊

秉庚　生乾隆乙亥十一月初五未　卒失
男兆菊　學三子繼
葬　失誌

秉學　生乾隆戊午五月初五子　卒乾隆丁亥十二月十八寅
蔡氏　西坑人　卒失　生乾隆甲子十一月初二子
男兆輪　濯　菊　繼子廣
葬　未詳

秉浩　克振　生乾隆庚午八月廿五酉　卒乾隆癸卯五月十三酉
止
葬　失誌

秉波
生乾隆丙子七月廿八巳
卒吉
嗣
葬 未詳

陳氏
黄厝庵人
生乾隆丙戌九月初四申
卒吉

秉軒
生乾隆壬午三月十七辰
卒吉

莊氏
安嶺人
生吉
卒
嗣
葬 未詳

楊氏
生吉
卒

秉練
生乾隆辛卯十月初四未
卒吉
止
葬 失誌

秉豹
生乾隆甲午十月廿三午
東和 卒嘉慶乙亥五月十七午
止
葬赤岺坵畬坎坤艮

秉水
生乾隆丙寅六月十二亥
子原 卒吉
氏別適
男兆伴
隨母往[illegible]仔頭
葬浦仔山

秉猴
生
卒吉
止
葬鯉魚崙

秉鈇 生 去 卒 往臺 葬臺中

秉超 生乾隆乙亥四月十四午 卒失

陳氏 南坑人 生乾隆庚寅六月十七巳 卒失 男兆董 葬未詳

秉碩 仁順 生乾隆壬午八月廿六亥 卒失

蔡氏柔能 湯坂人 生乾隆甲戌十月十六申 卒失 男兆耀 兆嚴 延八子係 兆尚 本係十月

葬大湖坪壬丙

葬石夫仔壟坎

秉月

生乾隆丁未八月十七戌

卒吉

男兆尚

係三子承繼

秉池

生乾隆己卯十二月廿一辰

卒吉

湖

英

失誌

秉勞

生乾隆乙酉正月廿七寅

卒吉

湖

英

失誌

秉鶴
生乾隆甲午十二月初六卯
卒失
闕
葬失誌

秉賤
生乾隆己丑十二月初七寅
卒失
闕
葬失誌

秉策
生乾隆壬辰八月廿二午
卒失
闕
葬失誌

秉闢
生乾隆甲午十一月廿九午
卒失
謝
葬失誌

秉力
生乾隆丁酉九月廿八酉
卒吉
謝
葬失誌

秉纙
生乾隆戊申十月廿九酉
卒
男兆榜 夸
兆船 嗣陞壽
葬

秉呼　福明
生乾隆辛丑七月十一申
卒道光乙巳四月十二丑　以
男　兆狗　兆雅
葬城州山仙宇上巳亥巽乾

郭氏　男入迎來堂小巷
生嘉慶丁巳十二月廿七寅
卒嘉慶乙亥十一月廿五亥　化
葬大房山巳亥丙壬

李氏
生乾隆辛丑十月十日生
卒道光丁酉四月十二戌　化
葬南州羅侍樹　南北

秉縺
生
卒
男
葬

秉卦
生乾隆乙巳六月廿三午
卒
男　兆焉
葬　來辭

某氏
生
卒

秉磚

生乾隆乙卯年十月初十巳

卒吉

止

娶

失誌

秉葩

生

卒吉

止

娶

失誌

秉桂

生

卒吉

止

娶

失誌

秉容
生乾隆甲寅九月廿五辰
卒書
止
葬失誌

秉岸
生乾隆壬午十二月廿七巳
卒嘉慶戊辰正月初六戌
男兆平
葬獅仔岭崙寅申兼甲庚

氏別適

秉珍
並故
生乾隆甲申十二月廿六子
卒嘉慶戊寅十月十七午
男兆紹　滿　栗　雨
葬牛角岐座甲申寅、丙申寅、

呂氏敏順
坑尾八
生乾隆丙戌八月廿八巳
卒嘉慶乙丑十月十一卯
葬獅仔岭崙　後改坑　壬丙子午兼癸丁

秉賜 天福
生乾隆丙申五月十六巳
卒嘉慶乙丑六月初七申
男兆磷 蚜 榕 草
葬臺灣水沙連

蔡氏 和良 庠饭人
生乾隆乙未十一月十一巳
卒道光乙未六月廿未
葬南湖巳亥向壬辛卯

秉倦 非勤
生乾隆辛卯六月二十巳
卒嘉慶癸酉十一月廿六戌
無嗣
葬滿仔口

秉蒲
生乾隆壬辰十一月初四戌
卒乾隆乙卯十一月廿一子
無嗣
葬 [illegible]

秉探
生乾隆甲午十二月初八戌
卒　　　去
止

孫氏
生
卒　　　去

秉賢
生乾隆丁酉七月十七巳
卒　　　去
止

秉權
生
卒　　　去
止

葬
失誌

葬
失誌

葬
失誌

秉苞 生 卒 去 止 葬失誌

秉敦 字礼 生乾隆丙戌十一月初八子 卒道光辛巳八月十六未 男兆閒 葬竹口林丁癸兼子午

湯氏 瑞象 宜倉人 生乾隆辛卯八月廿四酉 卒嘉慶丁丑十一月廿六未 男兆悦 羨继子支 葬竹前山中寅申兼坤艮

秉訓 恂直 生乾隆戊子三月初六未 卒道光壬午八月二十辰 葬竹徐山岗田申寅

陳氏 勤敬 生乾隆癸卯四月初一午 卒嘉慶丁巳正月初九巳 男兆惆 娟 恨 葬竹口林湯竹岗南北

鍾氏 建尾人 生乾隆丁酉 卒道光丁未五月初五巳 葬未詳

秉團　生乾隆庚寅七月廿六卯
卒道光丁亥四月廿四辰　男兆織
葬　土地公崙子午兼癸丁庚子午

趙氏　后房人
生乾隆丁酉二月初五酉
卒去
葬　未詳

秉交　省吉　生乾隆戊戌九月初七子
卒咸豐戊午正月初八寅刻
男兆羨　撥三子繼
葬　漏仔口

陳氏仁慈　黃厝人
生乾隆壬寅十月廿一亥時
卒道光丙午正月廿四巳
葬　坑柄口路上寅申兼艮坤丙寅申

秉緯　生乾隆辛丑十月初七未
卒去
止
葬　失誌

秉榜 生 卒 葬 止 娶 失誌

秉洽 厚德 生乾隆甲午吉 卒道光己丑十月十一申時 男 福全 娶 陳伯口參丁丑永

秉閣 生 卒 葬 止 娶 失誌

秉彈

生

卒去

止

奕

失誌

秉歪

生乾隆甲辰四月初四巳

卒吉

止

奕

失誌

秉誇

生乾隆壬寅七月廿三未

卒吉

止

奕

失

秉見
生乾隆丙午四月十二辰
卒吉
止

娶 失誌

秉嶢
生乾隆戊申十月二十巳
卒吉
止

娶 失誌

秉昶
生乾隆辛亥八月初五丑
卒吉
止

娶 失誌

秉倉　生嘉慶己未十月初五卯時
明庚卒道光戊申七月廿八子
男兆械
葬涌仔口赤土坳長

某氏　生　卒　吉
葬　未詳

秉壞　生　卒　吉
止
葬　失誌

秉眉　生　卒　吉
止
葬　失誌

秉攝 誠道 生乾隆甲午十二月初一辰 卒嘉慶戊辰十一月廿九酉時

男兆悅 歆次子承继

娶 满竹山黄竹坑坤女

秉良 生乾隆丁丑 卒缺

止

娶 失誌

秉長 義道 生乾隆己卯八月廿六午時 卒乾隆乙卯十一月十五申

男兆栅 湮胡性招坡

娶 牛角湖丑朱 氏別適

秉裁　生乾隆壬午八月十四日　卒失年　月廿一日卯

配鄒氏　淑慎　配娘　生乾隆辛卯二月廿一巳　卒嘉慶乙亥五月廿九未時

男兆夏　繼于秉居

燒

葬　滿仔關　卯酉

坟墓田上窩向艮坤

秉汲　生　卒　吉

止

葬　失誌

秉居　裁弟　生乾隆乙酉二月初五酉　卒乾隆辛亥七月初四寅時

男兆夏　裁長子繼

葬　未詳

秉議
生吉
卒

止

葬 失誌

秉續 繼善
生乾隆戊寅十月十二辰
卒道光庚子七月十九申時

男兆秀 恬 柱

葬 牛角湖口未丑丁癸

龔氏 文甫八 加英
生乾隆庚辰五月十七酉
卒道光庚子六月廿二辰時

葬 未定

秉貫 明決
生乾隆癸未四月廿九辰
卒嘉慶丙寅十一月十一未時

男兆撩 牆

葬 竹塔柑仔坑崙安巳亥乾巽

吳氏 下車八 寶娘
生乾隆癸未十月初三吉
卒道光壬寅五月初四未時

葬 竹塔吳厝州山尾乙辛

秉圖 正問
生乾隆乙酉十二月廿七辰
卒道光甲申十一月初二巳

蔡氏 寬娛 福全八妹
生乾隆戊子五月十五子
卒嘉慶庚申三月初八酉

蔡氏 寬柔 猶娘
生乾隆壬辰八月初八辰
卒道光丙申九月初一戌

秉亂 篤恭
生乾隆戊子三月初八辰
卒咸豐甲寅八月十四申

呂氏 元貞
生乾隆癸巳二月廿一巳
卒乾隆甲寅十月十六辰

趙氏 柔靜
生乾隆丁酉十一月初七酉
卒道光辛卯五月初六卯

陳氏 瑞莊
生乾隆丁亥四月廿四申
卒同治乙丑七月十七未 故

男兆 浪 峅 唥 坩

男兆 頔（壹四子繼） 艾 硜 鬃 沃 搵

葬 上黄厝楊梢內巷 內乳甚戌辰 外乳甚亥巳
葬 大湖坪椴仕戌辰向
唐厝尾坂嶺仔辛山酉卯
大湖坪壬丙子午
葬 双髻大坂坪南北
大湖坪壬丙亥巳
双髻山

秉王 藏玉
生乾隆辛巳十一月廿一卯
卒乾隆壬子十一月十三子
葬 洮后苦丘園甲庚卯酉
男兆領

趙氏 恒德 大坑人依娘
生乾隆甲申八月二十巳
卒道光乙亥十一月初二酉
葬 坑仔垅后甲庚卯酉壬寅申

秉璜 璞玉
生乾隆乙酉八月初八未
卒嘉慶己卯三月初二辰
葬 高磜寮外 內用未丑坤艮 外用未丑丁癸
男兆 嫖 朵 堋

鄒氏 伺鞋 廿大坪人
生乾隆戊子七月初四申
卒嘉慶己卯四月十三巳
葬 小田洋蘇竹坑巳亥[illegible]

秉寨 嵩英
生乾隆己丑十一月廿一丑
卒道光癸巳十二月初七戌
葬 磨尾寅申甲庚寅申
男兆 觎 褒 邑 謁 㨗 汲

呂氏 純一 大德人
生乾隆癸巳八月初五午
卒道光丙戌六月二十巳
葬 仝小田洋共穴

秉搸 淳修
生乾隆丙申二月十七午
卒嘉慶丁丑六月廿三子

陳氏 欽慈 北坡人
生乾隆丁酉八月十六子
卒道光乙巳六月十三巳

男 傳 茶 兆穹

秉仲 尊德
生乾隆壬辰九月十九辰
卒嘉慶甲子十二月廿九巳

鄭氏 清吉 打鐵坑人
生乾隆丙申十一月廿九辰
卒咸豐辛亥十一月廿一亥

男 兆儒 兆坎

秉偕 志成
生乾隆戊戌六月初一丑
卒嘉慶癸酉十二月廿一辰

蔡氏 保直 京頭人
生乾隆戊戌四月十二丑
卒嘉慶戊午七月廿八酉

男 兆六 兆樵

小田坑 巽乾巳亥 外巳亥巽乾

葬 父 乾坎前
小田坑 蘇竹坑 巳亥巽乾 山巳亥

赤崟坂 乾巽戌辰 丙戌辰

葬 諒崟坂 亥巳乾巽 丁巳未

牛角硎 庄申 申寅

葬 高屋硎 內壬丙亥巳 巳亥
外亥巳壬丙 辛乙 巳亥

秉備 佩直
生乾隆甲辰五月廿七巳
卒嘉慶戊寅十二月三十酉
男兆藕
兆設 繼子依
葬门前山坤艮甲寅辛未 辛丑

某氏
生去
卒

秉佷 宜稱
生乾隆戊申十一月十四巳
卒道光乙酉二月廿二子 時
男兆設 備次子繼
葬樹仔坑壬丙亥巳丁辛巳

缺

秉緄 仁厚
生乾隆辛丑七月初二寅
卒乾隆丁丑十二月初四亥 時
男兆碣
葬 後櫃仔山兼乾巽巳亥庚戌向

缺

秉玩 仁明

生乾隆丁未六月初五寅

卒嘉慶丁丑十二月初四未 卟

男兆熙 繼子

葬菊仔林庵巳亥向壬午巳亥

楊氏 淑順 后娘

生乾隆戊申十一月十四辰

卒道光丁亥十二月初一亥 行

男兆德 綿

葬 缺

秉涉 濟川

生乾隆乙丙四月二十未

卒嘉慶甲子十一月廿九午 卜

男兆揀 秦三子過

兆鯏 並長子過

迎 玩長子繼

葬水東埕後窩丁癸未丑 庚子

缺 妣

妣

秉呈 方平

生嘉慶丁巳二月初二寅

卒道光辛卯十一月廿八亥 州

男兆鯏 繼子涉

碣 照 梯

葬西前山田中寅申兼艮坤中 寅

趙氏 儀妙 莊娘 銀璉社人

生嘉慶辛酉九月廿一子

卒光緒壬午四月廿八日午 圳

葬烏埏垵鐵灶坑申寅兼庚甲 庚申 寅

秉棖 永德

生乾隆丁亥三月初二丑

卒道光丙戌十月十二午

男兆皆

葬水東腳塘中窠 丙寅

秉苗 英德

生乾隆癸巳二月十四寅

卒咸豐壬子八月初六申

葬茭德礤腳崙外畲

賴氏 敬勤 大坂社八卿娘

生乾隆癸卯七月初一午

卒咸豐辛亥十一月初八酉

男兆求 僯 誥 引

葬城州山巳亥兼乾

秉謹 宗德

生乾隆乙未十月初十寅

卒道光壬寅十二月初二午

男兆抱 踏 璗

李氏 溫和

生乾隆庚子六月廿五寅

卒道光丙申十一月十一人

葬本許

秉梧　英調　生乾隆戊戌八月十四亥　卒咸豐甲寅十月初八卯　男兆燃、泰、鍙

葬　後折穎吳南墩山　山辛向　分丁巳　前海滿坪　内巳亥兼乾　外巽乾巳亥　庚向

趙氏　柔順　生乾隆戊申二月初一丑　卒道光辛卯二月廿四丙

葬　吳南州東存塚　艮坤丑未

鄭氏　貞順　上坪大山人　生乾隆乙酉八月廿八酉　卒咸豐庚申五月廿七巳

葬　前辰戌兼乾　丙戌辰

添花　生　卒　止

葬　失誌

秉天　生　卒

江海　生嘉慶丙辰六月初三亥　卒　止

葬　失誌

鉄

江龍 重化 生嘉慶己未正月十七午 卒道光丁亥正月初九丑 男兆最 葬門口林坪社右窩仰 丁癸午子兼丙壬

某氏

秉三 生卒失 止 居山后寨 葬失誌

缺

秉院 生卒失 止 葬失誌

缺

秉潤 慶昌

生道光癸卯四月十七酉

郭氏閨芳

秉腫

生乾隆壬子九月廿九寅

卒去

男兆楓 咸豐壬子年徙

葬 永祥

葉氏

生

卒去

秉環 鳴珂

生嘉慶丁巳七月十七午

卒道光甲午九月廿三未

止

葬 肥琚山坪竹背里庚向

秉威 英順

生乾隆己酉十月十五卯

卒咸豐乙卯六月十七未

娶入迪朱坐小洋

蔡氏俊德

生

卒同治癸酉正月二十丑

男兆變

楓 半洋千壟

葬 英坑湖坪千午

仝葬竹坪坤艮申寅

秉科

生

卒

止

葬 失誌

缺

秉朴

生

卒

止

葬 失誌

缺

秉到 生辛亥 止 葬失誌

秉樟 英德 生辛亥年六月十九吉 男兆柳 聆 聘 葬赤坐堀畬

李氏勤淑 例娘 生辛亥年十月十九吉 葬壁溝崙頭

秉繆 鎔 寄吉 生嘉慶辛未九月廿八亥 男兆通 葬未詳

李氏英敏 忠娘 生嘉慶己卯十月十五子 卒同治乙丑十二月初四午 葬仔后壁路頭下 坐丙午子午

秉礼 生吉 卒 止 葬失誌

秉潘 號秉英 生道光丙戌六月十二子

蕭氏 充勤 竹坑八份坑 生道光戊子十月十三亥 卒道光乙巳十月初六寅 男兆志

鄒氏 充儉 山後厝祿坑 生道光丙戌三月初三辰

秉旦 慶和 生道光壬辰十一月初四辰

陳氏 閨玉 小溪過來堂祿位 生吉 卒

秉夜　慶順　生道光丁酉九月吉酉時　卒光緒丙戌七月廿七巳時　男兆

買入延禾堂小塔

葬崁頭潦山之　辛卯酉

秉泉　慶盛　生道光丁未七月二十辰

買入追來堂小財祿孫

楊氏閨室　高層人　為娘　生咸豐丙辰八月廿四亥

秉濱　沂水　辛亥　生嘉慶戊寅九月初十午

止

葬　失八

秉撰
生嘉慶庚午五月十二吉
卒同治丁卯六月初九辰

郭氏 恭勤
生嘉慶甲戌又二月初九辰
卒道光己丑八月初八辰

陳氏 懷極 逵娘
生嘉慶己卯十二月廿六午
卒咸豐乙卯四月初五日卯

鄭氏 懷和
生嘉慶壬申十二月初二吉
卒同治丙寅正月十七卯

男兆 槐 荻
槐 約公子承繼

葬
虎尾湖子午兼丙 庚子
壬坐孫箭坑串寅坤艮 丙申寅
滿仔中央 艮坤兼丑未 丁丑未
吳南州大基下賢背乙辛 辛卯

秉約 元德
生嘉慶戊寅七月廿七吉
卒同治丙寅正月十五子

蔡氏 恭儉 諒柳
生道光辛巳吉
卒同治乙丑六月廿六巳

男兆榥 承繼于撰

葬
吳南州大基下賢背甲庚 丁卯
湖仔蔡到行乾子午兼癸 庚子甲午

秉掩 號德

生嘉慶辛未十月十五卯

卒咸豐己未六月廿五未 以

男兆觀 漸

陳氏 元明 謚順八

生嘉慶甲戌十月十八辰

卒同治乙丑十月初四丑 刻

秉恩

生乾隆丙午四月二十未

卒去

止

葬後后龍任興乾巳亥庚戌

葬

仙埭西房後二丙壬巳亥丁未巳

葬 失誌

十五世

兆菊 祐廷亥水金派

生乾隆丁酉十月廿九申

卒吉

止

葬失誌

兆濯

生乾隆戊子十一月十二寅

卒吉

趙氏 大坑人

生乾隆丙戌八月十九午

卒吉

止

葬失誌

兆輪

生乾隆辛卯六月十二辰

卒吉

止

葬失誌

兆董

生嘉慶己未十二月廿二寅
卒吉

男由深
由武 繼子娳

葬 失誌

兆嚴

生嘉慶己未十月十七亥
卒道光 十二月廿一日

男由茂
由議
由看 卒繼子錦
由酒 繼子艾

葬 庵尾艮坤

某氏 漳州城人

生吉
卒吉年 胃和合

葬 赤塗坑鯉魚崙徑 辛乙兼卯

兆躍

生
卒吉

止

葬 失誌

兆尚

生吉

卒

止

葬

失誌

兆傍

生吉

卒

止

葬

失誌

兆船

生

卒

董氏

生道光己丑

男由汶

文

贅出

葬

兆狗　生　卒
男由 向 晗 承継于船
葬

趙氏　生　卒

兆雅　生　卒

陳氏　生道光庚寅　卒
男由 和 晤 狗次子承継
葬

郭氏　生道光乙酉

兆焉　生　吉　卒
止
葬 失誌

兆平

生 卒 吉

止

葬 失誌

兆紹 克振

生乾隆甲辰九月十九巳

卒道光辛丑七月廿六巳

葬 新田山壬丙亥巳丁巳亥

陳氏 良勤

生乾隆己酉六月初八巳

卒道光癸未六月初一丑

葬 新田山癸丁丑未寅午

男 由 閑 秩 寬

兆滿

生乾隆丙午又七月十九午

卒 吉

止

葬 失誌

兆栗

生乾隆辛亥十一月初九戌

卒去

止

葬失誌

兆丙

生乾隆甲寅六月十七子

卒去

止

葬失誌

兆磷

生嘉慶丙辰十一月初三卯

卒去

止

葬失誌

兆頻

生嘉慶己未六月二十寅

卒吉

止

葬 失誌

兆捋

生嘉慶己未十一月十三卯

卒道光壬辰二月初二申

止

葬 楊梅坑手山戊辰辛酉卯

兆草

生

卒吉

止

葬 失誌

缺

兆闢　仁哲　生乾隆甲寅四月十五亥時　卒道光乙酉正月初九酉時　男富省　胡　葬嶺頭山午子丙壬丙午子

氏　別適　生　吉　卒

兆悅　昭宗　生嘉慶戊午八月廿四寅時　卒道光癸卯九月廿一巳時　男由泉　葬滿任口丁癸午子

某氏　生　吉　卒

兆鐧　生　吉　卒　止　葬　失誌

兆坩 茂盛
生嘉慶戊午二月初二巳
卒道光乙巳十月初五巳 作
止
葬滿仔崙后坤丑未

兆粮 林盛
生嘉慶癸酉七月初十酉
卒道光乙巳六月初三未
男由明
葬滿仔口丁癸未丑

某氏
生 十六
卒
葬 未詳

兆織
生嘉慶丙午十二月初三巳
卒吉
止
葬 失誌

兆赤
生
卒 去
止
葬 失誌

兆萇 朱碧
生嘉慶辛未六月初八寅
卒同治乙丑四月廿八亥
未詳

陳氏 淑英
生嘉慶癸酉十一月初一寅
卒道光庚戌七月二十酉
葬 崎崚丙卯兼乙辛酉卯

男四
先
俊
嘖
調

郭氏 亭坪人 士娘
生嘉慶丙子十月初一卯

兆墄
生
卒 去
止
葬 失誌

溪付平二

兆册 崇盛 生乾隆己酉十二月十三吉 卒道光乙巳八月初五寅時 男由 换 檀 葬杏厝蔡垵丁丑未庚分

某氏 生吉 卒 葬未詳

兆夏 生乾隆戊午九月廿七子 卒吉 止 葬失誌

兆燒 達材 生嘉慶壬子九月廿七子 卒道光庚寅十月十三酉 男由報 葬西前山丙卯庚甲分金

某氏 生吉 卒 葬未詳

兆旁 俊彥

生乾隆癸卯十二月初四寅

卒嘉慶甲子十一月初四申

男由伴 兼祀丁桂 怀

葬 牛角湖口坤艮申寅 辛杜

氏 别适

兆恬

生乾隆壬子八月廿九戌

卒道光乙酉五月十六卯 終

男由伴 兼祀

葬 孫長坪中崙子午兼癸丁庚子午

缺

兆桂 百适

生乾隆乙卯十月十九卯

卒道光乙巳五月十一申 引

男由伴 兼祀

葬 徒孫樹甲庚寅申

缺、

兆檥 奎首
生乾隆己酉五月初四巳 以
卒同治壬戌八月十四日丑
男田種
田獻
葬林東交[illegible]隔竿[illegible]坐[illegible]

某氏
生乾隆庚戌正月三十寅
卒咸豐壬子三月十四子 川
葬天宮居崙艮坤兼甲

兆播
生乾隆辛亥四月十七戌
卒嘉慶癸酉六月十八寅 非
男田乞
葬居仔湖赤土坤艮

某氏
生 吉
卒
葬 未詳

兆浪 順德
生乾隆甲寅七月十三午
卒咸豐丁巳十二月廿七未 以
男田跳
田戰
折
葬

氏 別適

兆岬 金山
生嘉慶癸亥八月二十戌
卒同治己巳二月十一日丑
葬大閩山艮坤丑未

王氏
生嘉慶壬申四月初四申

男田 奕 吣 當 森

兆嗾 俊德
生嘉慶乙丑十二月廿七酉
卒同治丁卯四月初一申
葬橫林新路頭巽乾巳亥 庚 ...

陳氏 慈惠
生嘉慶己卯九月初九午
卒同治丙寅四月初七戌
葬前面前山崙仔林坤艮

男田 朗 任 湧 逢

兆蚶 哲明
生嘉慶癸酉七月十七戌
卒咸豐辛卯六月初一日寅
葬莊林山橫蠑巳亥巽乾

陳氏 柔順 五娘
生道光癸未二月十五卯
卒咸豐丙辰十二月廿九卯
葬孫去坪亥巳乾巽丁未 巳

男田 省 高 向 清

兆顒 蒼本
生嘉慶丁巳八月廿六巳
卒同治壬戌七月廿二丑
葬吳南州

陳氏 娴儀
生嘉慶辛酉十月初六亥
卒道光壬寅六月廿六巳
葬水東蔡仔垄

陳氏 英儀 廷尾人容娘
生道光辛巳七月十九戌
卒光緒丙戌年八月廿五申

男 杭 訴 閬

勃 我 令 琫（繼于午）

兆碩 靈傑
生嘉慶癸亥十月十四申
卒咸豐丁巳九月初七寅

鄭氏 慈淑 秋娘
生嘉慶乙丑十月初九亥
卒咸豐庚申正月廿七申
葬大關坪大棧湖辛山戌辰

男 騎 襯 僭

兆汰　瑞正
生嘉慶丁卯十月初六寅
卒同治乙丑八月初六午
莊氏
生嘉慶丁卯
卒咸豐甲寅九月十七吉
陳氏　留人新娘
生嘉慶庚午四月初十亥
男四　田　園　光　淵
大畚
葬和公嶺田中丙壬巳亥

兆艾　吉慶
生嘉慶癸酉八月廿九亥
卒同治丙寅六月十七申
楊氏　惠德　年廿八蚕娘
生嘉慶丙子三月廿一午
卒同治壬申五月廿五未
男四　酒　嚴四子继　撒
葬梘坑淋路口山辛辰戌辛卯
葬佑何口樟佑脚坤艮申寅

兆藂　發輝
生嘉慶丁丑十月二十寅
卒同治乙丑八月廿三申
蔡氏　福柔
生嘉慶戊寅二月廿九未
卒同治甲戌十月十八卯
男四　津　賦　謬　板　行　年後千於
葬牛角湖上丁癸未丑庚午子
葬下烏銃塘垠上山辛卯乙酉丁卯

兆摳 特起

生道光辛巳四月二十未

卒道光乙丙五月初九辰 亥

男由 訢 觀 酒 賦

葬 大關坪壬丙 亥巳

兆頒 保淵

生乾隆庚戌八月廿二日戌

卒道光乙巳正月初二子

鄒氏 保全

生乾隆乙卯十月十三酉

卒咸豐己未四月廿八卯

男由 貫 昶 昜 洒

葬 太口草坂仔丁癸兼丑未庚午

塔仔後外中崙山辛乙兼酉卯丁酉

兆嫖 志良

生乾隆庚戌二月十六亥

卒道光庚戌十二月初八巳

楊氏 溫儉

生嘉慶戊午九月十五午

卒咸豐乙卯十二月廿六亥

男由 鴒 腔 勸

葬 合大房共三老長丁癸午子

沙

兆汆　粵德

生嘉慶丁巳十二月十一卯

卒同治甲子正月初一申

陳氏

生嘉慶壬戌十二月初十酉

卒光緒　　九月廿八戌

男田　宣　左　僞

葬　扦

兆翀　明成

生嘉慶庚申十二月十六巳

卒道光乙巳九月廿六酉

秦氏　勤節

生嘉慶戊辰十二月十四酉

卒同治甲戌十二月初五酉

男田　亨　賞

葬　亮係坤艮未丑

赤松后甲寅庚申庚寅申

兆巋　岷匠

生乾隆壬子十月廿三卯

卒道光乙巳十月十二日酉

趙氏　寬容

生嘉慶壬戌十二月十八卯

卒道光乙亥十月初一未

男田　緎　絞　貭

卒[illegible]

葬　赤崟坵鯉魚安乙未兼丁癸丁未丑

光緒[illegible]

葬張井山　坐上癸丁[illegible]

兆邑 遜讓
生嘉慶丙辰四月廿六寅
卒道光戊寅八月初六申時
男曰 唁
葬黄田搭后石獅仔辛山乙向兼酉卯

陳氏 惠愛 坂高八甘娘
生嘉慶甲子十月十一日亥
卒同治己巳九月十六巳
折

兆褒 恭邑
生嘉慶丁卯二月廿六辰
卒道光丙午六月初七卯
男曰 鍠 畫
葬牛角湖尾辛山乙向卯十七卯

陳氏 溫勤
生嘉慶己巳三月十九酉
卒咸豐壬子三月初五巳
葬赤崖蹄

兆謁 渊泉
生嘉慶壬申十二月初五巳時
卒道光乙巳十月廿二亥時
男曰 貨 號三子 寸 橋
葬赤崖路亥巳壬丙兼亥巳

郭氏 寓娘 文園人
生道光丙戌十二月初四寅

兆汲 錫盛
生嘉慶乙亥二月三十辰
卒道光丙午十二月廿六寅
氏 別適
男由
緣 諧
葬 塞山坪兵 … 戌丙 … 戌

兆傳
生
卒
往吧
葬 吧中

兆茶 光昌
生嘉慶辛未九月初一戌
卒光緒戊寅六月廿三辰
葬 … 林 … 辛 … 戌辰
折 … 林 … 庚
折花林丁 … 年 …
… 林 … 戌 … 庚 … 戌

鄭氏 徒 …
生嘉慶壬申十二月廿九亥
卒道光丙午五月十二卯
男由
蒔 龍 鏞
葬 高塔 … 丙 … 卯

楊氏 前 … 今良婚
生嘉慶甲子十一月十三巳
卒光緒丙戌五月初五日申
葬 … 一 … 申

兆穹 号德
生嘉慶甲戌六月初一戌
卒同治甲子十二月十二戌
男由 鱲 峯 燕 正
葬 居仔湖扁坤艮申寅丁未丑

莊氏 嶺頭人
生道光辛巳六月十五未
卒光緒 正月十二日
葬 厝仔崙尾

兆礑 如直
生嘉慶庚申十二月初四寅
卒道光甲辰九月十六寅
男由 相 坂
葬 霖山迹辛山戌辰辛酉卯

王氏 瑞娘
生 未
卒
葬 未詳

兆六 克赤
生嘉慶甲子十月廿六申
卒道光庚戌三月廿八亥
男由 銓 輝
葬 牛角湖辛山酉卯丁酉卯

蔡氏 和樂
生嘉慶癸酉正月初五午
卒同治甲子七月廿九午
葬 牛角湖申寅坤艮辛未丑

兆撫　生未　卒　止　葬失誌

缺

兆藕（藕）　慈惠　生嘉慶癸酉吉　卒同治乙丑三月廿六巳　止　葬失誌

缺

兆設　如德　生道光辛巳八月初四寅　卒道光丁未七月十六巳

男由　輝　承祀

坂　承祀

葬　海仔中央丑未兼艮坤辛丑水

缺

兆坎 有年

生嘉慶辛酉十二月廿九未

卒道光戊申十月十八卯

男由桐 肖祀

葬赤窟坑酉卯庚甲兼

缺

兆熙 淡明

生嘉慶庚午五月十二巳

卒道光辛卯十二月三十酉

男由恩 承伴乎祀

葬竹蓮田刹后辰戌

氏 别適

兆聽 明齋

生嘉慶辛未十二

卒道光癸未八月初七未

男由慈 出继

葬察伯[illegible]戊辰山辛

丙戌 辰戌 分金

缺

戊辰 乾巽

兆綿 亮泉
生嘉慶庚辰八月初三丙
卒道光庚子二月十七未

陳氏 貞德 蒼娘
生道光乙酉十二月初五
卒道光丙申九月十二戌

男四
看 嚴二子承祧
艷 剩四子承繼

葬 西門山頭前坑頂甲寅庚申
葬 井仔上坪頂甲寅庚申

兆捧 堅朴
生嘉慶庚申五月廿六未
卒道光戊申十二月廿三亥

趙氏 循儉 令娘
生嘉慶甲子十月廿五日酉
卒道光丙戌六月廿四午

男四
籍
拙
煅
橋 卒胜于外

葬 溪仔尾庵乾兼戌辰
葬 桃源林路口
葬 竹林庄

劉氏 謙順 慈娘
生嘉慶己巳四月廿一酉
卒同治庚午七月初四巳

兆劍 亮賓
生嘉慶己卯九月初一日辰
卒同治丙寅六月初三吉

蔡氏 順和 蓉娘
生嘉慶庚辰十月初十辰
卒同治甲子七月初四戌

男四
或 無子承祧
碓
沃
艷 承繼子婦
音

葬 西坑唐后府展宅

兆碼 堅俗
生道光壬午十月初八申
卒道光辛卯七月初三子
男由碓 陣仝蕭祀 茂
葬牛角湖尾申寅
缺

兆醮 松間
生道光丙戌十一月二十卯
卒光緒庚辰十一月初九午
男由元
葬杜塘后辰戌仁辛丙辰戌

陳氏 成玉 拾坡人
生道光丁亥九月初十卯
卒光緒庚辰十一月十五寅
男由羌 茂 半陞于福
葬中央坪甲庚酉

兆梯 文才
生道光己丑六月初八日申
卒同治乙丑十二月廿四寅
男由陣 半陞于碼 表
葬高嶺山尾酉卯庚甲丁酉卯

陳氏 桐坑人树娘
生道光辛卯二月十八辰

兆嘴　生　卒

止

葬　失誌

溪份孚二

兆求　欲德

生嘉慶甲子三月初六子
卒咸豐辛酉九月廿五戌

男田寶

葬　竹篠排份尾丙壬巳亥丁巳

鄭氏　秋鼓　下黄人知娘

生嘉慶丁卯十二月廿五酉
卒咸豐乙卯九月十七辰

葬　大路上壬丙亥巳兼

兆僻　碧山

生嘉慶甲戌四月十五丑
卒光緒壬午六月廿二巳

男田權　倩

葬　旧嶺頭坵用乙辛辛卯酉

鄭氏　謙遜　文園人熒娘

生道光癸未七月廿六申
卒光緒乙亥二月廿二丑

葬　冷水坑上

兆詩 以興
生道光辛巳六月十一未
卒光緒庚辰五月廿四戌
男田 發 深
葬石柱腳辛山乙向卯 丙辛山戊辰辛卯

鄭氏慈惠 內坑人好娘
生道光甲申三月初五子
卒光緒癸未十月廿三子

[illegible]引 五常
生道光癸未十月十九午
卒光緒己寅八月初六巳
塋在礤肚内茶仔林山 坐戌向辰
兼辛乙用丙戌 丙辰坐妻八度
向角十度
男田 俊 育

陳氏快吉 下寺人甜娘
生道光丙戌四月廿三亥
卒咸豐丁巳六月十五午
葬析柯仔潭

鄭氏菲歆 內建人致娘
生道光壬辰二月廿四辰
卒咸豐辛酉十二月初五酉
葬城州山尾滴仔巳亥兼乾

曾氏 廿六坪人滿娘
生道光丙申正月十五酉
卒光緒壬午七月十四未

兆抱 勤懿
生嘉慶甲子六月十八戌
卒道光己亥四月廿九未
男田 朝 俻 位 作 虎
葬望猴崙丁癸午子丙午丁

鄭氏奎勤 後洋社人瑞娘
生嘉慶丁卯九月廿七子
卒同治癸亥十二月初申
葬伽南公坑吳乾辰戌酉戌

兆端 謚勇

生嘉慶壬申六月二十巳
卒道光戊戌六月廿七辰時

男由朝
侄秉祀

葬 旧業崗甲山庚向兼寅申

缺

兆盛 元順

生嘉慶丁丑三月廿六吉
卒同治丙寅十一月廿三戌

葬 崎伯頭凹崇坤艮 內巳缺 外未缺

鄭氏珠有 西洋人錦娘

生道光壬午三月十六巳
卒光緒庚寅六月十三丑

男由芈 卒袞

葬 草山嶺坪辰戌乙辛兼

兆譽 源德

生嘉慶戊辰八月十五午
卒同治乙丑十一月十八未

折

趙氏時勤 大坑人暖娘

生嘉慶壬申五月 五巳
卒同治壬申四月十三辰

男由碇追篚性

葬 成州山牛壁灯笑乾巽兼亥巳 戌辰

兆泰 克昌
生嘉慶丙子二月初三辰
卒光緒戊寅、二月初四丑 殁
男由 梭 妹
葬伽藍公閑甲庚、寅申丙寅
郭氏 适欲
湾橋人連娘
生道光癸未十月十一申
卒光緒戊寅、九月廿七亥
葬嶺頭山亭仔崙甲庚、兼寅申
兆燃 汰山
生嘉慶庚辰十月初五子
卒同治戊辰三月初五未
葬杵溪竹湖坪乙辛兼卯酉
廖氏 椒充
溪橋人宴娘
生道光甲申二月初二寅
卒同治戊辰十月十二亥
男由 荣 意 桃 贱
葬杵
陳氏 温和
生嘉慶甲戌十月十五未
卒同治戊辰十一月初二未
葬焚塘溪湖庚甲申寅、丙申寅
兆最
生吉
卒
止
葬失誌
缺

兆叟 德有 生道光乙未十月初三寅 卒光緒丁丑八月十九辰 男由捋 渾 葬膠塘坡丁丑未庚子午 仟英南洲曹亭 葬倉邨西山辛

馮氏 玉衛 春芳社八啟姊 生道光甲午九月初五午 卒光緒己卯四月二十酉 肴 兼祀子楓 膠塘湧石壬巳亥丁巳亥

兆楓 克明 生道光庚子八月廿二寅 卒咸豐壬午酉九月初二未 男由肴 兼祀 葬石柱嶺房仔逕大路上 壬丙亥巳丁巳亥

鉄

兆柳 生道光壬辰吉 孝吉 止 葬失誌

鉄

兆盼 生壬 辛 止 葬失誌

缺

兆樽 生道光庚子 男由

氏

兆通 莊德 生道光己亥七月初七子 辛同治甲子正月十四戌 小 止 葬 坑内坪兵乩巳亥

缺

兆志　生咸豐辛亥八月廿七子
卒光緒壬辰
男由有　史二子承繼

吳氏勤甫　生咸豐戊午正月廿一巳
謙娘　卒光緒乙酉正月十八巳

兆攬　生道光丙申十月廿三寅

郭氏　之閩人倖娘　生道光辛丑正月初一辰
男由寅　兆梁子承繼

兆嶄　生道光庚戌十二月廿八寅
男由傳　兆三子承繼

兆茯

生辛吉

止

葬失誌

兆槐

生咸豐辛亥三月

氏

男由傳 早逝于浙

賓 早殁于槐

水

由識　生

氏

由縱　生

由潔　生　卒吉

由汶　生　卒

止

葬　失誌

鄭氏　生

男宜

由交　生

由向　生　吉　卒

缺

由唔
生道光癸卯
男宜燬
　　佃

蔡氏
生咸豐丙辰

由和
生道光庚戌

缺

由楧
朴行
生嘉慶丁卯正月初七未
卒道光壬辰六月初六卯
男宜疊
半祀
彝
按行中夭亡

缺

由閑 字札

生嘉慶庚申九月廿六戌

卒道光己酉九月初一辰

男宜甫

登 承祀子獲

斗 承繼子寬

葬水東[illegible]丁〃向

蔡氏 紅李

生嘉慶壬申六月廿二未

卒道光癸丑九月初三酉

葬樣仔中央[illegible]庚辰戌

由寬 如意

生道光辛巳十二月廿八卯

卒咸豐癸丑三月廿五辰

男宜斗 承祀

葬樣仔[illegible]子午丙午子

鈌

由省

生吉

卒

止

葬失誌

由胡 德仁
生道光丙戌九月廿二丑
卒同治癸亥二月十四戌時
男 宜法 宜學
葬西前山來芋癸丁兼丑

蔡氏 西坑八娘娘
生道光癸巳二月十二午

由泉
生吉
卒
止
葬失誌

鉠

由明
生吉
卒
止
歲

鉠

由先 生卒吉 止 葬失誌

氏别適

由俊 美傑 生道光丁酉八月廿二未 卒同治癸亥二月初八丑 吉 男宜補 隨母往竹坂 葬大關土地廟尾艮坤向兼寅申丑未

氏别適

由嘖 生卒吉 止 葬失誌

缺

由詷　生咸豐甲寅，育留午

由棖　生辛亥　止　葬失誌

由橦　生辛亥　止　葬失誌

由報
生

由伴 財金
生嘉慶乙丑七月廿九子
卒光緒丙子三月十五申

陳氏 良玉
生嘉慶戊辰吉
卒嘉慶丙子三月初九卯

江氏 下峯林攬美女
生嘉慶壬申九月二十辰

男宜華
宜經

山西坑葉角廠乙辛
葬牛角湖口石壁上

由種
生吉
卒
止
葬
失誌

由猷

氏別適

生吉

卒

止

葬

失誌

由乞

生吉

卒

止

葬

失誌

鉠

由跳

北海

生嘉慶癸酉吉

卒同治吉年五月二十吉

男宜什

路

继于贫

葬圻

氏別適

由践 生道光癸未三月十四寅

陳氏尚絅 生道光壬辰七月十五申 卒同治甲戌九月初六巳時

男宜鈌

葬滿竹窠山卯外酉丁卯丁酉

由奕 生道光丁酉正月初三寅

康氏 生道光戊戌八月二十亥

男宜柴

由沁 生道光庚子九月廿九子

由畓

生道光癸卯四月十三未

葬赤塗塢湖底

陳氏淑慎

生道光己酉六月十一午

卒同治乙丑十一月初一戌

男宜榮 兼祀

由森 方泰

生道光壬子十月十二酉

卒光緒壬午十二月十一巳

男宜柴 兼祀

葬大關山寅甲兼坤申寅

缺

由朗 長雅

生道光己亥六月十九午

卒同治壬申八月十七日丑

葬松仔中央路上辛山戌辰

陳氏 蛇仔形人頭姑

生道光辛丑十月廿七酉

男宜

由任 水原

生道光乙巳十一月初六午

卒同治壬戌十一月廿一未

男宜智

葬中央山尾未丑丁癸丁未丑

缺

由濟

生吉

卒吉 胃初六吉 止

葬失誌

缺

由逢 鑾

生咸豐乙卯十月十二戌

卒同治戊辰十二月廿八寅 戌 止

葬失誌

缺

由省　生道光乙巳　男宜敬

陳氏貞烈　生道光甲辰五月初五　卒同治甲子二月初六日　葬牛角湖坤艮申寅兼丑未

陳氏

由喬　生道光丁未七月十七吉　向之子半继

由向　生道光己酉　男宜中順　往鶴　葬牛福總

由清 生咸豐甲寅七月初十巳

由杭 汎伯 生道光戊戌八月初四子 卒咸豐丁巳八月初二辰

趙氏 英銳 大紋人弓娘 生道光丙戌九月十五酉 卒同治丁卯三月十九戌

男宜 淼 就 半付于両 昂 承繼于甘勞 快

葬 花林横路長巳亥向壬

附葬虎尾湖子午兼癸丁庚子庚午

由詳 紹美 生道光癸巳正月廿三辰 卒同治丙寅三月初六午

男宜瓢

氏別適

葬 折

由徇　生　男宜

王氏　辛　生

由勃　生道光丙午二月廿九寅　外出

由我　生道光戊申五月初四未　卒民國己卯七月廿七午　男宜墩　力

趙氏　金多後人、廟娘　生咸豐丁巳十二月十六午　卒光緒乙未四月[illegible]

由仝 文德

生咸豐癸丑十二月廿五巳

卒咸豐己未十二月初五巳 、、

男宜甑 蒸祀

葬赤金坑湖

缺

由琫 文刁

生咸豐己未七月廿四丑

卒光緒辛巳七月三十戌

止

葬滿伯口崙巳亥丙壬

缺

由騎 傳成 卒亥

生道光己丑六月吉日

陳氏 后坪八柳娘

生道光癸巳二月初五寅 、

男宜雁

葬番邦

由觀 正直
生道光乙未八月十二子
卒咸豐庚申八月廿六未 小
男宜 敷 象 道 贅出 溪
葬大湖坪

陳氏 桐坑八舍娘
生道光戊戌十月廿四戌

由僭 正直
生道光辛丑十二月廿六寅
卒道光丁未十月初四卯 七
男宜 敦 全蕭社 砥
葬赤堂壢尾崙

鉄

由田 玉南
生道光戊子五月十五辰
卒同治戊辰五月初一子 刈
男宜 決 排
葬杵觀音墻尾

楊氏 丹大坪八尚娘
生道光辛卯十月十九酉

由固
生道光壬辰九月十八酉
男宜
營
蒲
鎗
賚

鄒氏
丹大坪八妹娘
生道光壬辰九月初二寅

由央
百祿
生道光戊戌又四月廿五申
卒同治丙寅九月初五卯
男宜
排
蒲
仝兼祀
葬
赤塗坑湖尾塅辛山向兼卯酉

缺

由瀏
必成
生道光乙酉九月初五吉
卒同治乙丑三月廿七吉
男宜
決
鎗
仝兼祀
葬
未詳

缺

由酒 生道光 卒光緒戊子

陳氏 覺淑 新刹八桑娘 生道光乙巳三月十六辰 卒同治乙丑八月廿三辰

男宜 程 妹

葬 大湖坪竹篙崙尾坐酉向卯 丁酉

由撮 嵩山 生道光甲辰二月十七戌 卒光緒戊子四月二十戌

男宜 程洞半緣 游洞半趣

葬 大湖坪竹篙崙頭、西東

氏 別適

由洋 生

由賦 生道光

由謬 生吉 辛 缺

由扳 生 缺

由行

生
八

由買　長盛

生嘉慶甲戌十月初四寅
卒未

陳氏　和平

生嘉慶丁丑八月廿七寅
卒同治庚午正月廿一未

男宜
芹
蕃

由祖　長排

生道光辛巳二月初十卯
卒咸豐辛酉三月初四酉

陳氏

生道光辛巳八月十四酉

劉　妣勤淑

生道光乙巳二月初八吉
卒同治丁卯十二月廿九午

男宜
詁
仁
鋤

葬
梹佰口坪座甲向卯庚申寅

葬
梹佰中天

坍水東右祖佰嶺斜前尚庚甲寅申
正斜甲寅申旧未源坐土度

葬

梹佰中天

由昜 俊傑
生道光丁亥正月初四寅
卒光緒戊子五月十九日戌
男宜日
葬路仔口虎尾尖 戌辰兼

劉氏 別遇

由酒 俊德
生道光丁酉七月廿一酉
卒同治己巳九月十五戌
男宜就 杭次子承繼
宜和
葬鯉魚崗屋東山 坤艮兼未丑

鄭氏 洛卑
生道光癸未十一月廿二寅
卒光緒庚辰二月初一亥
渫尾八娘娘
葬楊萬柄

由鵝 縱德
生道光戊寅十月廿四寅
卒同治壬申二月二十子
男宜字
宜都
宜右
葬○寺坐琺乾巽戌辰 杆馬仔坳 癸丁丑未

陳氏 敏懿
生道光乙酉三月十六巳
卒光緒乙亥九月初九寅
葬 蝌仔坑 癸丁子午 丙壬子午

由腔　生道光壬午年八月二十卯

男宜蟬

宜兩

宜潑

葬赤塗埕　內乾巽戌辰辛乙

王氏勤淑　生道光乙丑十一月十七寅

卒同治壬申十月廿二辰

由勤忠穆　生道光甲申九月廿三寅

卒道光乙巳九月十五巳

男宜蟬　字全兼祀

宜都

葬潙仔口　坤艮未丑丁癸

由宣文美　生道光癸未四月二十未

卒光緒戊寅七月十七巳

男宜揚

宜浦

宜景

葬潙仔中央　辛乙兼卯酉

妣

陳氏祥陳　祠堂稱人妙娘

生道光丙戌正月廿九午

卒光緒庚辰四月廿五午

葬潙仔

由左

生道光癸巳五月廿二亥

氏別适

由寓蘇德

生道光辛丑二月廿六寅

卒同治癸酉十月十三亥

男宜浦蘇龍

葬赤岺㮾湖尾亦丑年明

缺

由亨永貞

生道光乙[己]丑七月初一未

卒光緒辛巳[巳]又七月十九未

止

葬虎尾坑乾巽兼辰巳

缺

由賞 崇德
生道光辛丑七吉
卒光緒壬午年十二月初四寅時
止
葬中央坪田虎窩中

缺

由織
生道光甲申十二月十一卯
卒六月初八日
葬
折

陳氏 情節
生道光戊子七月初二丑
卒同治辛未十二月初五

男宜敏

由綾 成才
生道光庚寅十月十二寅
卒光緒丁丑五月十三寅時
葬仔小田沿北種崙田下丁癸兼午子丙分
赤崖陵尾窩壬

妻 陳氏 滿嬰牙妹
生道光戊戌四月十九卯
葬

男宜心 參頭

由貨 朴直 生道光甲午六月初七酉 卒同治壬申十二月廿四丑 男宜敏 紙丰丰誌 昌 葬仟花林路下塔仔中央坟墓路上龍真戌穴

陳氏 黄坪圳仔人敏娘 生道光辛丑八月廿一酉 卒光緒辛卯十二月初四卯 葬花林路下巳亥兼乙辛

由嗜 正直 生道光丁亥又五月廿三寅 卒咸豐戊午八月廿一亥 男宜爾 葬打口橋尾甲寅坤申兼寅申

呂氏 勤和 生吉 卒光緒乙亥七月十二吉 葬塔仔中央門口橋尾丑未兼癸丁

由銀 生吉 卒吉 止 葬失誌

由畫

生道光壬寅十二月廿七酉

仁元

卒光緒己卯十月廿六子時

止

葬鯉里崙丙壬午子

缺

由寸

生道光丙辰八月廿二五

由縲

生道光戊戌

由譜　生道光壬寅十月廿六吉

由籍　號章　生道光壬辰六月初十亥　卒咸豐辛酉九月二十辰

陳氏　節儉　生道光壬辰十月初四酉　卒咸豐壬子五月廿二未

男宜電　盛　銅　賢　填

葬梧仔口山未丑坤艮兼未丑

葬蕉仔山打石湖面東

鄭氏　備娘　生道光乙未十一月初二寅　卒光緒乙未二月初四申

葬陽仔中央

由蘺　生道光戊戌二月初九卯　卒同治丁卯十一月初四午　男宜

葬中央尾龍邊亥巳

鉄

由鏻

生道光庚子七月初四寅

卒光緒辛卯十月廿八卯時

男宜填 甲子

葬仔隔仔中央

蘇云子甲戌

由敵

生道光癸卯六月廿三亥

卒光緒　十二月廿

陳氏 貞烈

生道光己酉二月廿八未

卒同治戊辰九月十九寅

葬 虎尾丘

觀音庵西壬

由宰

生咸豐乙卯三月廿六申

卒光緒癸卯十二月初二寅

蔡氏

生同治辛未十月廿六亥戌

男宜安

宜行

葬 赤塗掘乾巽

由燕

生吉

卒

由正

生同治壬戌四月十七日酉

由桐

生道光壬辰吉

吉

卒

止

葬

失誌

鉄

由坂
生吉　卒
止
葬失誌

由銓　淼斯
生道光癸巳九月廿四子
卒咸豐丁巳十二月初三午
男宜燧
葬牛角湖赤土坤山艮向兼未丑

氏

由輝　德福
生道光丙申九月初一寅
卒光緒丙子十二月十九戌
男宜毋
葬滿仔中央宮寅申庚

陳氏　北山人進娘
生道光庚子八月初四寅

由懋 仁德
生道光己丑五月廿七午
卒咸豐辛酉九月廿八寅 作
男宜全
葬

鄒氏
生道光庚寅八月十七酉
卒光緒癸年十二月壬辰 以
葬麥坑畬茶

由看
生道光癸巳九月廿三巳
男宜响
抉 識字手徒

蔡氏 勤儉
生道光甲午十月廿六未
卒同治甲戌十月十一日巳
男宜亮
生
折 葬

由籍 成明
生道光壬辰十月初四午
卒同治壬申二月初一亥 入
男宜琴 纂祀于坂
宜蘇

陳氏 北坑人巧娘
生道光癸巳八月廿一寅
葬
猴桃井 卒乙戌辰 辛酉卯

由猎 順德
生道光戊戌二月十三丑
卒光緒乙亥八月初二巳時
男宜庚 兼祧于煅
葬赤墈陂壬丙子午兼癸己亥

蔡氏 勤志
生道光戊戌十月初九酉
卒同治己巳四月十三丑時
葬深水涌猫亥巳壬丙兼辛亥巳

由煅 端儆
生道光辛丑二月十三酉
卒咸豐辛亥十月初六辰
男宜庚 琴 仝兼祀
葬西前山坤艮兼未丑丁未

鈇

由橋
生道光己酉二月十三辰

氏 別適

由彧 生道光壬寅五月廿四戌

男宜 貢

汗 卒往千癸

彝 葬江縣尾

鄒氏 溪尾八 生道光甲辰 卒光緒癸未二月初十酉

由碓 生道光丙午正月十九未

鄭氏 沙建八月娘 生道光乙[illegible]三月十一午

男宜 沂 旺

萊 興 車

由沃 生道光戊申四月初八丑

蔡氏 庠坑八細娘 生道光庚戌五月初六酉

男宜 賚 勤 載

葬磨仔湖尾

丁癸未丑

由艷 尚

生咸豐辛亥正月十三子

卒乙未十二月廿四日

男宜藩

葬馬岐庵丙癸

鄭氏 四坪枝人 蔡妣

生咸豐辛亥六月十六申

卒光緒壬午十月十七未 川

水口南

墓在水尾

由音

生咸豐丙辰十一月廿七丑

卒于拾貳月二十日

男宜戴 基 藩

沃 文子半繼

尚之子半繼

志之子半繼

趙氏 大坑人

生同治丙寅九月初五午

卒于正月廿三日

由元

生道光己酉十二月初三日 川

卒光緒己卯二月十八未

男宜

葬 面前山 丁癸

氏 別適

由耆
生咸豐丁巳八月廿七丑
卒光緒壬午正月十九辰時
葬（）
止

缺、

由茂
生同治壬戌正月十五寅
男宜馬犬

由陣
生咸豐丙辰二月十三亥
男宜水擀

葬赤堂社尾庚山甲卯

由表　生咸豐辛酉正月初八寅

由寶　椒山

生道光乙未五月初六戌

卒同治癸亥五月初七申

鄒氏珠懿　大明人香娘

生道光丁酉八月十六午

卒光緒庚寅八月廿五午

男宜錢　路　[illegible]　有餘

由權　丹高

生道光辛丑六月初十辰

卒光緒丁丑四月二十午

鄒氏慈懿　度安人宸娘

生道光乙巳八月初三卯

卒同治甲戌十二月廿一卯

男宜昴　[illegible]

析

葬　枕石山作坐午向子丙壬

葬　[illegible]

[illegible]

由脩 明耗

生咸豐辛亥十一月二十日

卒光緒辛巳四月初二申 時

男宜歸 禀祀

鈇

葬塍塆岐艮坤丑未丁丑丁未

由瑩

生道光辛丑七月十二寅

陳氏慈惠

生道光癸卯四月廿二辰

卒同治丙寅十一月十六辰 時

男宜淡 後從子繼

宗隆

葬塍瑱大路保家甲申庚寅 庚申

何氏吧 春芳恭尼鵝娘

生咸豐己酉

由深

生咸豐乙卯七月初十巳

蘇氏 内漢人是娘

生同治癸亥六月初二巳

男宜榜

仲 由俊

生道光戊申六月初二吉

卒光緒辛卯十二月廿七日酉

男宜淡 继子[illegible]

宜撰 [illegible]

宜[illegible]

呼舞川

陳氏

生咸豐辛亥八月十六午

由肖

生咸豐癸丑九月廿九酉

卒光緒壬午十二月廿六吉

男宜撰 係二子承繼

彝

由朝

生

未

卒

黄氏

男宜牧

彝

失誌

由彪 生年去 止 葬失誌

趙氏 生年去

由佰 生年去 止 葬失誌

缺

由位 生年去 止 葬失誌

缺、

由作
生吉
卒
止
葬失誌

鉄

由準
生道光己亥正月二十申
卒光緒六年正月初旨
男宜磋
切
葬掛伯湖樣路下

李氏
生道光己酉十月十六吉
卒光緒戊寅九月廿七日

由磋
生道光庚寅正月初七亥
卒咸豐庚申八月廿五午
男宜喻
只本鄉學大坑
葬腳塘虎大路上癸丁丑未

康氏章懿
生道光癸巳二月十五卯
卒光緒戊寅六月廿四午
長欽號嫁
葬旧蕭坳當中艮坤丙寅申

由追

生道光丙申二月廿二午

卒光緒乙酉二月初九日

男宜豆 半繼于性

嗅 半繼于粟

陳氏森儉 石梯人忙娘

生道光丙申正月二十巳

卒光緒己亥十二月廿六酉

由華 桂花

生道光己亥三月初六亥

卒光緒壬午正月初十日

男宜灕

葬旧蔡坑仔庚甲酉卯庚亥申

楊氏

生道光癸卯亥

卒光緒丁丑八月廿六申 川

葬大路上壬丙亥巳丁巳亥

由性

生道光癸卯二月二十辰

卒光緒壬辰正月廿九日巳

男宜豆 追長子半繼

宜胆

綿治

繼串

葬罗畲谷

呂氏

生道光丁未亥

卒光緒壬午十二月初一酉 卅

由拔順德　生道光壬寅二月十八未
卒光緒丁酉年十月初　男宜坑　葬大路上坐子向午兼壬丙　誌

湯氏　春芳娘
生道光庚子十月十一巳
卒光緒己亥九月十七卯

由妹歐德　生咸豐甲寅

張氏　順淑

由榮　生道光辛丑六月廿六卯

柯氏　慈淑　春娘
生道光丁未吉　十二月十二日卯
卒光緒丁丑（十）二月初十一卯

男宜嗅　迪学手径

宜弄

由意

生道光癸卯

佳鶴

由桃

英淮

生道光丁未八月廿九亥

卒同治甲戌十二月十九亥

時

止

葬

四角坂腳辛山戌辰辛酉卯

缺

由賤

現是

生咸豐癸丑正月廿二巳

卒同治庚午十二月十七卯

時

止

葬

壁溝窩坐向甲庚

缺

由潭　生同治壬戌

由捎　生同治庚午三月十六日午

由有　生同治甲戌育艾畢

由賓

生光緒丁丑八月初八申

由傳

生光緒辛巳

十七世

宜

宜煅

生同治甲戌九月廿五子

宜佃

生光緒辛巳又七月二十寅

宜疊 生未 卒 止

葬 失誌

宜甫 生道光戊戌吉 卒同治壬申十月十二巳 生和 止

葬 倘仔中央酉卯甲庚

宜斗 生道光壬寅

□沄　生咸豐戊午四月初六申

墓在格仔中　坐辰向戌兼巽乾　庚辰庚戌分金

宜學　壽益　生同治乙丑九月初三午　卒于民國乙丑十二月廿二日

墓在山前塔路下　坐巳亥兼巽乾　辛巳辛亥

楊氏　瑞己　生吉年五月初六日　卒于民國乙丑六月初六齊

男　回羅　太山　和尚　天德

宜補　生

隨母往格坡

宜萃 朱順
生道光乙未十二月廿二丙
卒光緒壬午三月廿六亥
男自大 淳 可 傳 藍
葬 龍西巷下 丙辰兼庚戌
光緒庚子改 內向庚甲酉卯 外向酉卯庚甲

趙氏 光緒八法娘
生道光癸卯六月十三辰
卒光緒戊戌九月十六酉
葬 陽仔中央向門 林口

宜徑
生道光庚子十一月廿六戌
男自孔

陳氏 惠綉
生道光戊申十一月初八戌
卒光緒辛巳六月初四未
葬 洞仔中央山崗壬丙亥巳

宜什
生道光癸卯十一月二十酉

陳氏 許崙人
生道光丙午八月十八吉

宜鉄　生同治庚午十一月十五卯

宜栄　生咸豐己未九月十六辰

蔡氏　生同治辛未四月十七日

宜有　生辛吉　止　無　失誌

宜智　生辛未　止　無　失誌

宜敬

生

宜詠

感

生道光丁未六月初三酉

卒光緒己卯十一月廿四寅

止

葬

崎後仔湖丁癸兼子

缺

宜昂

生咸豐壬子八月廿九卯

宜佚
生咸豐丁巳三月初六巳

宜瓢
生咸豐丙辰六月廿九未

宜雁
生咸豐壬子正月十四戌

蔡氏
漳州人水娘
生咸豐甲寅十月十四日生

男自恩興
天送
榮興
繼子陽坂拎

宜敦 歲

生咸豐庚申三月初八寅

卒光緒辛巳八月廿九戌

葬西前山崙坤艮申寅

缺

宜象

生同治己巳正月十六酉

宜道

生同治甲戌二月二十亥

宜溪

生光緒戊寅七月廿六巳

宜决

生咸豐乙卯十一月十九子

宜排

生咸豐戊午七月十七申

宜營 生咸豐丙辰正月十二午

楊氏 石碼人 生

宜蒲 生咸豐己未十一月廿一戌

男自穉

宜鎗 生同治甲子

宜醬　生同治壬申八月廿八日酉

宜程　生

宜躰[illegible]　生

宜芹 朴直

生道光丁酉九月十一巳

卒同治庚午九月初一亥

男自質

自源

葬格竹山菴上辰戌山兼

氏 劉適

宜省

生

往猶厘

宜詁 成文

生道光乙巳又三月廿七巳

卒同治癸亥八月初四卯

葬牛角湖崙丁癸兼丑未

鉄、

宜仁　生道光己酉正月十二酉

莊氏　積欽人　璇娘　生道光辛亥十月初八辰　卒同治辛未五月廿六日巳　男自瑩　葬石柳龍仔山丙壬兼子午

趙氏　光澤人　引娘　生咸豐辛酉三月初八酉

宜鋤　生咸豐甲寅正月十五辰

鄭氏　西真人　勤家　生咸豐丁巳二月廿二日午　卒光緒乙亥十一月三十丑　男自駒　出繼金社本柔丘　厥土　葬門口村尾壬丙子午

鄒氏　丹大坑人　生咸豐辛亥十二月廿六卯

宜日　生

宜就　生道光庚戌正月初四寅

張氏　東門外苦番坑朱姓女　生同治癸亥

男自协　三　乞宫古人

宜和　生咸豐己未十一月廿八卯

宜字　生道光癸卯四月廿八日丑　又番辛同治癸亥五月十五午　止

缺

葬　西前山禾廿丁癸丁丑未

宜都

生道光戊申七月廿二卯

往鶴

宜石

生咸豐癸丑八月廿一辰

依仁

辛同治戊辰七月初十辰

卒在咾岐庚申[illegible]庚申[illegible]申寅

葬

宜祥

生咸豐癸丑十二月初二寅

宜兩

生咸豐丙辰八月十一午

住鵝田家

男自孩生

宜漲

生同治己巳十一月十八酉

宜揚

生咸豐辛亥九月初七戌

男自典

妣

蔡氏

庠坂人甜妹

生咸豐乙卯八月廿二辰

侄之珍半繼

宜浦

生咸豐己未十一月十六卯
卒光緒癸卯八月初九巳

葬赤塗埕

宜景

生同治壬戌十二月十六酉

宜敏

生咸豐乙卯十月初八戌
卒光緒丙申十月二十辰

葬榕仔中央東西

陳氏

嘛娘

生咸豐丁巳四月十九酉
卒同治癸酉又六月十四卯

鄭氏

林大坪人斷娘

生咸豐庚申又三月廿七巳

葬赤埕堀崙墘

男

自海

自洲

宜心

生同治己巳十月廿八酉

宜頭

生同治癸酉十一月廿七巳

宜昌

生同治辛未九月初六辰

宜爾　生　吉　卒　止　葬失誌

宜雹　生同治乙丑四月十六辰時　卒光緒辛卯十月廿八亥時　葬隔仔中央頂奥埔上

宜盛　生同治己巳十二月初九寅　卒光緒辛丑年七月廿九巳時　葬赤塗堀　乾巽

宜安　生光緒丙申十二月廿二巳時

宜銅　生同治壬申二月廿日丑
卒中華[illegible]三月初二日未

蔡氏　生光緒庚辰年六月十七寅
卒中華民國戊午四月初四日子

宜賢　塡　生光緒戊寅八月二十日未
卒民國癸丑年六月初九丑
葬赤塗坵癸丁

宜燈　生

宜行　生光緒己亥四月十二未

宜毋　生同治庚午五月三十辰

蔡氏 小娘　生光緒乙亥二月廿九寅

宜全 卅　生咸豐癸丑[illegible]月十一申　卒光緒[illegible]月[illegible]寅　葬居長崎[illegible]
男自江水
男自振
油

陳氏 居糕人 琉娘　生咸豐乙卯十二月初一巳　卒光緒[illegible]年[illegible]月[illegible]　葬牛講嶺[illegible]祭山吳乾

吳氏 娘密　生同治癸亥年

宜晌　生咸豐戊午七月廿八巳
男自納　葬赤塗屜

趙氏 光渡人老娘　生同治甲子

行二
宜靖池　生咸豐戊午七月十八日未　卒同治丙寅九月初三丑 九　葬花布嶺卯 石碑[illegible] 向辰戌乙辛　重取外[illegible]乙辛[illegible]

宜虎

生咸豐庚申十月十五丑

男自納

變良之子鮮

葬赤涂壬丙

宜決

生

宜生 文才

生同治戊辰十二月廿五丑

亡光緒己卯二月二十午

男

葬赤塗梅湖壬丙

宜琴 在家

生咸豐乙卯十二月初十辰
卒光緒丙子八月廿五午

葬赤塗坪湖坤艮向兼

宜蔴

生咸豐辛酉九月十二辰

宜庚

生去
卒

止

葬失誌

宜櫕

生去
卒

沂水 碧玉

生同治丁卯十月三十申
卒同治癸酉十月初六辰

葬 折中夾尾 辛山
員山仔崙

宜旺

生同治庚午十月初九酉
卒光緒戊寅十二月十二日

葬 赤塗坑 壬丙

宜萊

生同治癸酉十月廿一卯

宜興　生光緒丙子十月初六午

宜車　生光緒辛巳十月廿酉

宜養　生光緒辛巳九月初八子

秋
宜勤　生光緒

宜藹 生光緒乙亥八月十八巳 十月廿六日辛 男自西遷 葬在西前山橋上

莊氏 生光緒己九月廿八巳

溪口金鳥娘 卒民國丁卯正月初三日巳 葬在赤格山入首

宜[illegible] 生 卒 吉 葬 未詳 龍砂向

宜路 生咸豐甲寅四月廿九酉 卒光緒 葬在秦棋內 瑤上

王殘 玉瑋
生同治壬戌七月廿四日丑
卒同治癸亥六月十一亥

葬龍沙崙尾午子向壬

有餘
生光緒戊寅十月初二寅

郭氏 員橋尾娘
生光緒辛巳八月十三酉

[redacted]
生[redacted]四月廿二寅

宜得水
生光緒丁亥四月廿二寅

宜昂
卒
生同治辛未七月十九丑

宜淡　生同治癸酉十二月初二亥　卒四月廿三日巳時

宗隆　生光緒戊寅九月廿七日午　男自綿結

在晉加鵝戴氏恒周娘　生光緒庚辰

宗容　生光緒壬午六月初八日亥

宜榜　生光緒庚辰七月廿寅

宜洋水　生光緒己丑十二月廿三子

宜異　生同治庚午八月廿一辰
卒宣統壬子十二月初七巳時
趙氏
代卿人美娘
生光緒戊寅二月廿八日亥
卒民國壬午年八月廿五日吉
男　開水　長江

（批）
宜撰
生光緒戊寅四月二十卯
卒民國癸酉六月十八巳
葬在交坊腳山坐北向南
鄭氏
光橋人美娘
生光緒庚辰七月十七寅
卒民國壬戌八月初四巳
男　其才　要
自樹　躍龍
鄧氏
上坪人
生光緒丙戌年八月十二辰
卒宣統庚戌三月廿七酉
葬在崎路長
坐申向寅兼坤艮
用丙申丙寅分金

宜呼
鄧氏
生光緒庚辰十月初六辰
卒民國庚申十二月廿五丑
生光緒乙未七月十三巳時
卒民國戊午十月十五寅時
公墓在下寮森
坐申向寅兼坤艮
用庚申庚寅分金
男　自樹　八偷
長江
媽墓在小坑治村蒙仙林

宜舞
生光緒癸未六月初十巳
卒光緒壬子十二月十六酉
男　開水　勤
其才　長江

宜川
生光緒丙戌八月初七巳
卒民國戊午二月十二申
男　自勤
什細
鄒氏
添娘
生光緒辛卯年吉日
卒民國甲辰四月初十申時
葬加拔崙千條小坑治

宜發 生 卒失

继鹤

宜磋 存 生同治壬申十二月十一寅

楊氏 春芳人款娘 卒光緒巳亥四月初旬 葬在大路上丁癸兼丑

宜切 生 卒失

宜喻　生咸豐辛亥六月廿九吉　往粵

宜只　生同治辛未

宜亘　生同治庚午正月廿二巳

郭氏　生同治戊辰

涂內人璉娘

男自長　杉

宜嗅

生同治甲戌七月十二辰

卒光緒丙申

宜滌

生同治壬申三月十七日巳

卒光緒乙未

宜坑

生同治辛未五月初九巳

莊氏

生同治甲戌年四月十四日亥時生

汰口人 烈娘

宜悄　生光緒壬午五月廿六日巳

宜潛　生光緒丁亥

宜載　生光緒

趟諱穎佳　生道光戊戌七月廿九卯
卒光緒甲午十一月廿五丑

男慶星　葬婁崩翔土丙午向

得冰　葬塹午子向壬

鄒氏瑞喜　生
卒　吉年月

宜安

宜行

十八世

自大 代

生咸豐辛酉八月十二巳

自浮

生同治甲子十一月十二申

自可

生同治癸酉又六月廿一巳

自悻 生光緒己卯十一月廿八丑

自孔 生同治戊辰八月廿四巳

天送 匝多 生光緒乙亥四月廿三戌 卒光緒壬午十月十八丑

葬 面前山辰戌山辛

宏

恩典 成玉 生光緒戊寅五月廿三辰 民國丁卯十月十四辰

蔡氏 元美 生光緒乙酉十一月十九未 九月十九未

榮興 生光緒庚辰九月初五寅

自質 益有 生同治壬戌四月初十丑 卒光緒己卯四月初二戌

葬牛稿后 巳亥

自海 生于光緒己丑九月廿八寅

自漂　生同治癸亥十一月十四卯

厥土　生光緒壬午十二月十二申

長
自江水　生光緒庚辰三月初一酉

合婚
鄒氏　溪尾人　生光緒庚辰十月廿二寅
卒光緒[illegible]十一月十五辰
150

后延娶
許氏　論塔人　生光緒癸未年十月廿九午

男力成

張

葬[illegible]花布嶺[illegible]形　水逆山　辛乙戌

水東頂寮派

十八世

自綿結　生光緒戊戌弍月廿一日戌時
往望叻嶋

二
自振　生光緒戊子十月初八日午時
卒民國己未八月初二酉時

三
自由　生光緒癸巳七月十八日辰時
卒民國庚申十二月十二日酉時　男金應
鄒氏　半嶺人

長
成張　生光緒庚子五月廿一午

自西漢　生光緒壬寅六月十六日寅
卒民國戊寅九月十八日巳時　男秉端
楊氏　生光緒辛丑八月十七日午
西坑人
卒民国壬申八月十六日申
繼娶湯氏

妣金鳳

生民國丁卯十二月廿五亥時

林
鄭成秉瑞

生戊寅閏七月廿五日子時

十八世

其財　生于[illegible]　[illegible]

　[illegible]

自樹　生于光緒[illegible]　卒于民國[illegible]年二月廿三日午時

郭氏本娘　生于光緒己巳二月廿六未　卒于民國辛未四月廿三亥

男漢濤　[illegible]

陳氏　生于　卒于

自嬰　生于民國癸丑五月廿六辰　卒于

郭氏[illegible]　生于民國　卒于

[illegible]

自耀 生于民国丁卯十月廿三酉
卒
民国廿六
男 洵仁 金明
仲食

自毅 生于民国戊午九月十七丑
陳氏 豆娟生于民国己丑十一月初二巳
卒于民国壬午三月廿日吉時
男鑄 过房于金輝
童氏 文娘 生于民国庚申五月初八辰時

以後凡移居外省及外府州縣者俱未獲詳脩備錄仍
遵舊譜附載以俟續脩
移居廣東惠州府歸善縣新村鯉魚嶺一派世系乃
二世祖積玖公四子仕穀之後邦燦之孫奇亨奇良
奇明是也燦生四子廷贊廷鬪廷猷廷富鬪猷早故
贊生奇亨奇良富生奇明初亨移住華蔣良明即移
住平山驛新村鯉魚嶺後亨亦往從焉

仕穀 諱宏　　男邦燦

邦燦 諱工　　男廷贊　廷鬪　廷猷　廷富

廷贊 諱助　　男奇亨　奇良

廷闕

廷猷

廷富 諱禮

男奇明 經歷

第六世

奇亨

男有蘭

奇良

男有蒲 有藻 有菱 有艾

經歷

奇明 字桃峰

男日燈 庠生 應昌 庠生 有芍 庠生

第七世

有蘭

有蒲

有藻

有愛

有艾

四娘

生庠 月登

男華 焜 熀

男舜

男選

男爵 選 建 四

男愉 三娘 四娘

庠生 應昌 字瑩　男 翔鳳

庠生 有荀 字虛白　男 來鳳

第八世 華　男 止

焜　男 士聰 士明 士會

熀　男 止

舜　男 止

暹 字烈漢

爵

遷 字朏西

愉

三娘 諱夢龍 字階甫

四娘

男 位中 其中

男 止

男 應祥 吉祥

男 樓漢 泰

男 槩 易

男 止

第九世

翔鳳 字蘭馥　男 阿妹 阿棒 祖生

來鳳 字桂馥　男 阿快 阿達 阿達

建 字懷西　男 志高

四 字格西　男 申

士聰　男 連 旺 阿奏

士明　男 阿李 阿暢 遂

士會　男長　親　三　元

位中　男謂　使

其中　男首　寬　和

應祥　男慶　性　情

吉祥　男孟　英　泰

椄漢　男誥　管　隨

粲　男 仁 義 智 遠

昌　往南灣鎮

阿妹 字淑泳　男 肇祥 肇賢 朝秀 朝茂

阿棒　男 亡

祖生　男 木春

阿快 字淑彥

阿達

阿逵 字淑欽　男 耀倫 耀清

志高

申　男 止

連

旺

阿奏

阿李

阿暢

遂

長

親

男阿宗

三　元　謂　使　首　寬

和　慶　性　惜　孟　英

詰　管　隨　仁　義　智

遠
韋祥
韋賢
朝秀
朝茂
木

耀倫

耀清

阿宗

移居廣東惠州府歸善縣三州青塘舖一派世系乃是積玖公次子仕嘉之孫萬標之子必潔是也初遁平山驛新村鯉魚嶺葬及桃峰同住迨卒葬于員山仔配莊氏葬于尖角水凤門四馬頸山之西生三子有橋有樬有椿復移于三州青塘舖後胞兄必脩之子有栢胞弟必達之子田亦往從焉傳及心恒家業頗饒嗣至康熙户立籍矣

第伍世

萬標 諱逸

男必脩 必潔 必達

必脩 諱清 住湖山

男有樹 住湖山 有栢

第六世

必潔 諱渭

男有橋 有樬 有椿

第七世

必達

有柏

有橋 字振東

有橙 字金山

有椿 字良山

田 字甫英

男田 園 住蝴山

男昴 昊 鼎 結

男心恒 五姐 六姐 七姐

男兩倉

男阿妹 阿二 阿三

男暹 昇

第八世

昂　男　阿信　阿石

昊

鼎

結

恒心　男　伯亮

五姐　男　永懋　永秀　永盛

六姐　男阿福　阿祿　阿保

七姐　男阿外

兩倉　男阿甫

阿妹　男嬰

阿二

阿三

暹 字邁六

昇 字居一

太學 十 諱一貫 字起凡

景海

宴海

求生

男阿標

男永鵬

男二妹

男長 長二

神祐

當壽

阿添

廷

陞

十三世

桐
略
碑
田
連房
望

男丁首

胆

鳥帳

苗 字秀基

戳 字良基

川 字淵基

坎 字乾基

男恩欽

男倫欽

圭 字玉基

塲 字履基

坦

儲

涵

三聘

職　字紹初

般　字紹猷

然

太學　開成　諱中行　字贊初

垂初

齐

男　阿必　阿岳

男　阿好

男　大盛　大興

翰 撰 初 丙 辰 嵗

四端

潤清

献清

玉賜

玉理

玉金

建　訂　權　霞　開　程

嘇

珠謨

武展

武論

驅

囂

戰　臨　彪　象　繫　奏

桴　粲　自強　標　春　夏

夜

[illegible]

翕

冕

虎

丁首

恩欽

命欽

阿必

阿岳

阿好

大盛

大興

移居浙江温州一派世系始一沐字梅山乃積玖公長派汝長之子也時遇來逢遠適温州後孫大富胞兄弟永漣一伴從兄弟一棣一桂一棵一桓及其子若姪皆從焉時地阻隔昭穆可考

第七世

汝長 諱孟　　男永漣　永淑住瑚山　一沐　一泗上　一伴

汝弟 諱仲　　男森一汭　永照住瑚山

汝參 諱季　　男永注　一渭

京福 諱陶　　男永濯俱住瑚山

可五

可六

可四

王春

王進

向陽 諱茂

啓陽諱敏

可三諱全

可四諱嬰

可楊

可結

可嬰

男瑗

可森

可開

可聰

可括 字略陽

十一 字旭陽

十二 字富陽

積居[redacted]一派世系二房五派九世　者生長
家貧性吧生滿載而歸時當擾攘慮有將弃暫
環保宅地三片復營築洲頭田產倉屋歸祖念切
[illegible]理入泮勵志成名後窺耿儒有異志遂挈家階往
[illegible]蘇州而胞從兄弟相齊同住者尚有餘人

第八世

承澤 諱宗庇 字安吾　男 忠 惠 恕 思

承決 諱宗賜　男 貫 汎 聯 椪 環 滿

承洽 諱賍　男 慰 住湖山

承渥 諱宗枯 字吾茂　男 聰 億 三 四

第九世

承肅 諱宗和 字製度

承奎 諱宗聚 字星斗

可忠

可惠

可恕

可恩

男森 奎四子繼

男懋 態 住湖山 寅山 住湖山 森 出

男外 内 三春

男次

男弼 鼎

可賞　男　大妹　二妹　三妹　五妹

可次　男　九

可聯

可眩

可環　男　日煌　庠生

可滿　男　鸞鳳

可聰

可億

可三

可四

可森

可懋

第十世

世外

世內

三春

世次

世弼

世鼎

廿大妹

廿二妹

廿三妹

廿五妹

廿九

十一世　龍溪　日煌　諱唫　庠生

光鸞

光鳳

長房雲鄉一派世系　志德　擬前止

文德　酒盧　注盧

第二十一世　伯德　光遠止　光禄止　未荣止　光顯止

明德　光澤　光興　光潤　光澤　光滿

彥章　男　志德子一　文德二子　伯德四子　明德五子

清甫　男　應德二子　光德二子　顯德二十　聖德一子　祥德二子

次房　文德生酒盧二子　酒盧生昌齡二子　昌齡移居沃內後坑世系另詳

聖德生子仁四子　子仁生統生六人　統生移居沃內坡頭世系另詳

顯德生茂椿二子　茂椿生如古　如古移居橫馬頭世系另詳

四房　明德生光澤三子　光澤生宗復　宗復生欽顯　欽顯移居長泰交來墘二子

光澤生宗陽　宗陽生浮山　浮山移居平和縣南勝坑園

次房　文德生注盧二子　注盧生茂成　茂成生永居　永居生仕光

仕光生尊範　尊範生庭芳五子　庭芳移居長泰南門世系另詳

二房 文德生佳靈 生茂賓 光斧 茂賓生則璇 則璇生二庭結
生茂成
庭結生伯裔 伯裔生萬珊 萬珊 移居大蘆 葫世系另譜

二房 文德 佳靈 茂賓 永居 仕文 景節
庭瑞 移居長泰壽頭
庭輔 移居大鵝 世系另譜

移居長泰南門 六支
移居長泰寨頭
移居 大蘆獅
移居 大鵝

四派五房晉公次子二房 文德派遷移

四房 明德 廿一世
光朗 廿二世
本宏 廿四世
寬裕 廿五世
喬岳 廿六世
尊寔 廿七世
庭泰 廿八世 德卿
尊弘
庭俊 廿九世 道卿
獨麟
道孚

庭泰 移居園坑 另譜
庭俊 移居東坑 另譜

明德　光濟　本宏　寬裕（三子）

喬秘　尊雄　國助　移居當（？）　另詳

尊弘　庭俊

寬明（一子）　喬選　尊仁　庭璐　理卿　移後坑住

寬裕　喬瑞（庠生）　尊貴（庠生）　庭傑　大哲　移居惠來石州

寬明　喬選　尊權　庭瑾　仲卿

孟卿　東振　移居雷州徐聞縣

季卿　時景　移居潮陽

彥章公次房文德派移居後坑呂齡公　積玖　積進

明德（十五）　光濟（十二）　本宏（十二）　寬裕（十三）　喬岳　國坑　尊學　庭泰公

德卿（四子）　尚勉　尚遠　日璨　日環

德璘　日表　日昇

彥章公四房明德派移居

喬岳　東坑　尊弘　庭俊公　道卿止

道孚　尚秀　如嵩　如萬

移居坡頭

第二十四世

統生　字積一　改號喜官

廉賛　昂川　昂廷

第二十四世

廉賛

正元　正纖

昂川

正敏

住山前

昂廷

正陽　正珍

住山前

次房明卿公一派世系

第二十一世

用和　均德　敬德　維德　彥廷　舜德

祖發　德仁

第二十二世

均德　伯忠　伯俫

敬德　香蔔

維德　仙濟止　仙俫

彥廷　允忠止　啟忠

舜德　孟麟止　仲鳳

德仁　明玉　洪斌止

第二十三世　從尚壬二　容德

程居晉甫壹心識

第二十八世 英相 男道宗 移居章[illegible]山

光蔭 諱左川 男守園 興園 移居南平汜林坂

守謙 男居瑞 居泰 居智 移居梅田巖 移居仙桃岩 移居東[illegible]窰

嘉賓 號汶江 男大柱 達上 趑 父子移居惠州[illegible]

二十九世 道新 楚上 正全 象全 俱移居不編

道謙 以珠 以璞 以不 俱移居惠州[illegible]

三十世 以正 伯可 叔可 季可 俱移居平和[illegible]

以賓 愛泰 長茂 長森 俱移居許[illegible]

三十一世 良賢 尊進 尊倫 尊進 東宗 東秀 東大 尊倫 東俊 移[illegible] 俱移居東林[illegible]

宗信 祥進 孫崇茂 崇祝 [illegible] 俱移居平和[illegible]

宗傳　男明　瑞安　長茂　長富　俱移居浦浦馬山[illegible]

宗記　彰致　彰智　彰鞋　彰勇　俱移居廿八都山頭

二十四世　大桂　以祥　以順　以忠

三房深卿處德一派世系

二十五世　汝長　朝正　朝俊

汝恭　君信　君用　俱移居南州州頭

子茂　國美

二十六　敦愛　君緯　君正　君平　俱移居高層

國重　天年　天寶　天進　俱住長泰西門外

國耕　天裕　四仔　天欽　俱移居欽州

國美　大崇　大直　俱移居平和高寨山

附寨坂後園一派世系

世

按寨坂之迁也世遠久失其序况户異别事又不同但彼我相以故居其地亦名後園至稽其譜有曰則敬則世奇同時兄弟也世隔不相往來至崇禎九年起立始祖叔侄始肅然矣

〔福建南靖〕梅林北龍社魏氏族譜不分卷

〔清〕佚名纂修

［福建南靖］《梅林北龍社魏氏族譜》不分卷，清佚名纂修。梅林北龍魏氏居福建南靖。梅林北龍社開基祖進興，元末因避海寇，由福建汀州寧化石壁溪徙居南靖縣梅林，至今已傳二十餘世。是譜載序言、祠堂誌、世系、傳記、祭田、祭祖等。派下子孫分佈各地，多遷居臺灣員林，亦有往緬甸謀生者。據抄本影印。

梅林北龍社魏氏族譜序

蓋聞水有源木有本人有祖宗水流萬派不離於源
本木榮萬葉皆由乎本是知祖宗雖遠而派下昭穆
不可不修也稽魏氏鉅鹿宗派本文王第十五子
畢公高之裔至萬公始封於魏遂以國為姓歷朝以來
人文輩出名賢鵲起而唐魏徵公封鄭國公謚文貞而
宋魏鶴山端明學士自元而明而清科甲蟬聯歷
閱諸史所載誰不欣羨魏氏宗派哉至問始祖何
自則世遠代湮實難稽考上孜安陽始祖　長賢公
二世　魏徵公三世　叔玉公傳至吾祖　進興公係汀
州寧化縣石壁溪因海寇氛亂徙居梅林為吾族　開
基之始祖也至今傳下十九代支派將近數萬人矣倘無
譜牒紀載但恐昭穆失次等叔侄如雁行者紊將
光裕堂派下詳問各房耆老又細查各房丁簿又將
顯祖神主盡名析閱將生死卒塟細心抄錄修成一

譜續如復續補而又補裨後世子孫覩斯譜而皆知水源木本長幼有序昭穆有別庶不致情子姓如路人轉眼君不相識也君有缺畧猶望後人以參究再爲補入所厚望焉是爲序

光裕堂誌

我二世肇祠堂　祖考均銘公住居北龍社建祠光裕堂其龍
自西方千里白岩寨而来金水行度亥龍過峡樵落坪洋
結出癸山丁向兼子午庚子庚午分金左砂灣抱直接
長生水到堂前山双峯聳立如蝴蝶双飛坂上洋丁為案
下關收水有力堂局端正蓋秀乃六兩傍有[illegible]
喝蟳蠏盤湖形圍水是㘴下辰方墓庫出口乃係水
局宜右水到左納下坂塅申方長生水來受前向丁未
養水上堂經云生水上堂蠢斯千古蓋祖祠其初原係
單堂追至介臣公身居康生家富萬金嫌其祠宇狹
小甚不雅觀改做双堂補出前坪後有地師來探親
感嫌其高大不合局式宜去下[illegible]如古[illegible]然時雖創
堂改作其花台秀土不敢輕易至康熙辛卯年請苦行
闕亘坤先生重修説祠宇高大右土之腦大細補大后腦
增高尚覇丘兩邊花台角特大施長以此造作不合蠏形

數年以來財退丁損至己亥年大利請懇州曹坳匠先生
豎箬崩土三分去一假是俗師修整未見其美倘龍運
復興遇名師到堂改作照古為沙花台援下有老地皮
存于來筆誌之留於後人鑒諸

魏氏安陽派下

始祖長賢公 北齊時官屯留令

二世祖 徵公 唐司空太子太師 封鄭國公謚文貞

三世祖叔玉公 官光祿卿

四世祖 殷公 官汝陽令

五世祖 明公 官潭州令

六世祖 馮公 官献陵台令

七世祖 謨公 官右僕射封 開國公

八世祖 虞公 官光州守多賢遺愛 卒後民立廟祀之

九世祖 肇公 留居光州固始縣

十世祖 永公 為陝西州華州 後徙居華州

十一世祖 權公 官右文殿修撰 中散大夫

十二世祖 立公 官吏部考功

十三世祖 朔公 官太常寺少卿

傳生序次

生二子 長叙 次徵

生四子 長叔玉 次叔琬 三叔瑜 四叔璘

生二子 長膺 次殷

生一子 明

生一子 馮

生一子 謨

生三子 長讃 次濤 三虞

生一子 肇

生一子 永

生一子 權

生一子 立

生一子 朔

生一子 鴻

十四祖鴻公字君序妣范氏生二子長綱 次絳
宋宣和八年行科官崇邑令品行第一入朝不阿權貴謫泉州
德化尉使學莆田楓林西埔此莆田開基始祖也後徙居城
北十五里地名魏塘後因海寇氛亂居廬被賊毀壞當
時四十餘里房撒居各州縣社不可勝紀
十五世祖綱公字行常官大孝士贈大理寺評事 妣吳氏生二子長吉甫 次吉安
十六世祖吉甫公字元嘉宋紹興甲午年進士官吏部左侍郎贈太師 生二子長夢松 次夢竹
十七世祖夢松公字公則官國子博士 妣 氏生二子長卞 次義
十八世祖 卞公字敬德慶元監舉 妣孫氏生五子長祥 次福三祿 四禎五祉
長大八分居或徙居福興或徙居延建或徙居汀州寍化縣
石壁溪傳至吾 祖進興公因海寇氛亂徙居梅林
社為吾族開基始祖也

魏姓散居各州縣社詳録於左

乚派分居福州省
乚派分居泉州莆田
乚派分居龍溪縣港内
乚派分居僊遊縣
乚派分居海澄縣金沙
乚派分居泄棣
乚派分居董杭
乚派分居晋江縣棣福城東
乚派分居南安縣大厝荊山
乚派分居東安縣爐前
乚派分居安溪縣盧田賀厝
乚派分居惠安縣
乚派分居詔安縣

乚派分居福清縣
乚派分居漳浦縣
乚派分居長泰縣
乚派分居東坂烏礁
乚派分居晋江縣雪村
乚派分居南安縣四都
乚派分居東安縣劉五居馬厝巷
乚派分居龍巖州西門
乚派分居永春州[illegible]崎[illegible]
乚派分居永定黄竹煙
乚派分居龍山霞閣

光裕堂祖祠双堂地圖今改為单堂地盤打底二寸

花台上坎高一尺三寸　花台坎中心高三尺

簷墘下至花台坎脚一尺八寸半　簷墘二尺三寸五八分

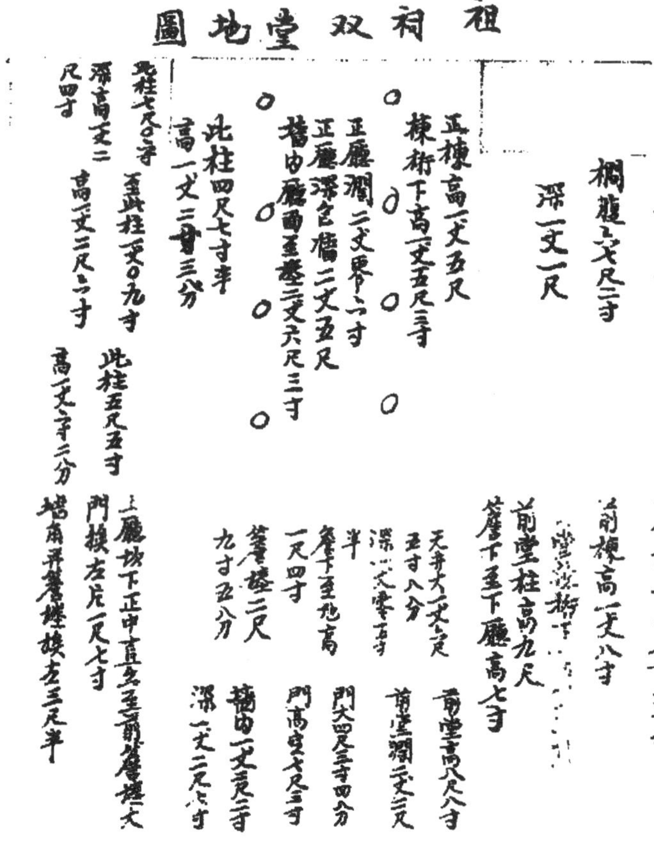

后枋下高八尺　簷墘下開肩九尺又一寸

花台開肩二丈五尺半　唇亡簷墘二尺

鉅鹿郡北龍社

開基一派族譜

開基始祖

○進興公念五十七郎
妣盧氏
生四子

二世

長房 均祥 乳保子 妣曾氏 頒土

次房 均銘 乳福子 妣龔氏

三房 均惠 乳福太 妣藍氏 十角

四房 均信 乳康子 妣曾氏 云曾

三世

伍公

邦政

驢子

盛子

路子

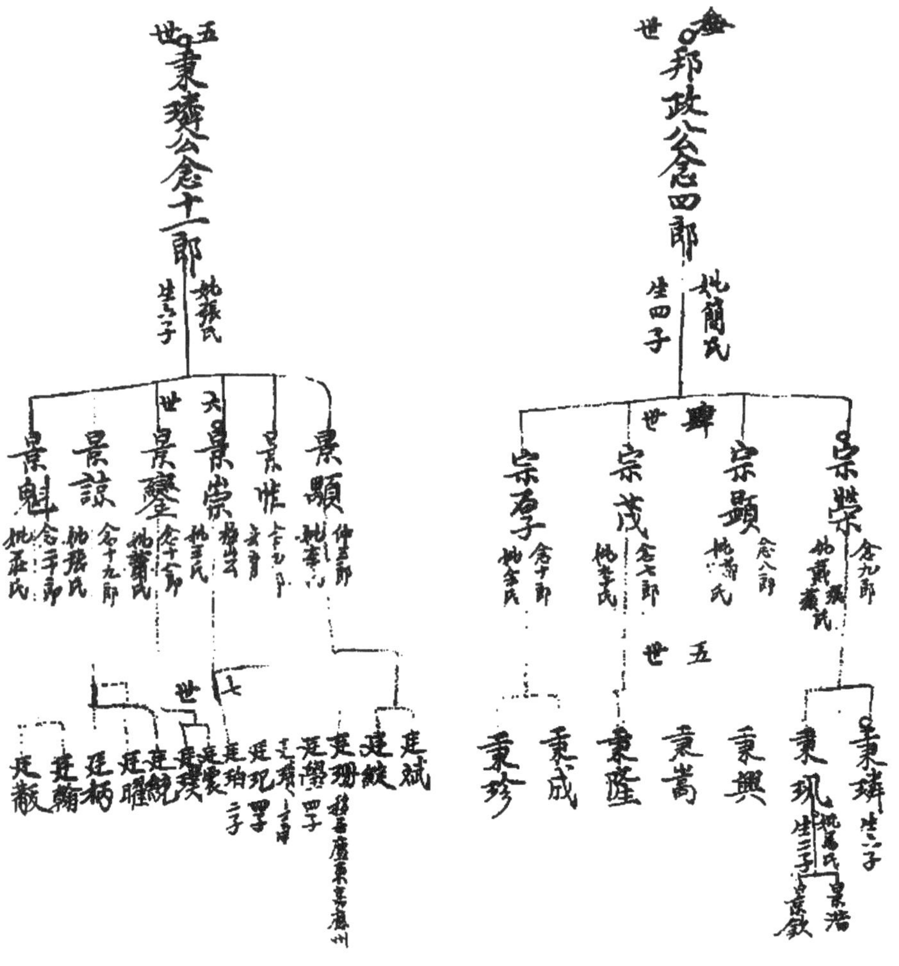
世
邦政公念四郎
妣簡氏
生四子
世
宗嶫
念九郎
宗顯
念八郎
宗茂
念七郎
宗孝
念十郎
五
世
秉琫
生二子
秉珮
生三子
景浩
景欽
秉興
秉嵩
秉隆
秉成
秉珍
五
世
秉琦公念十一郎
妣張氏
生六子
六
世
景顯
景惟
景崇
景鑾
景諒
念十九郎
妣張氏
景魁
七
世
廷斌
廷鋋
廷珊
廷樂
四子
廷玑
廷珀
二子
廷霙
廷銳
廷矅
廷柄
廷翰
廷瀚

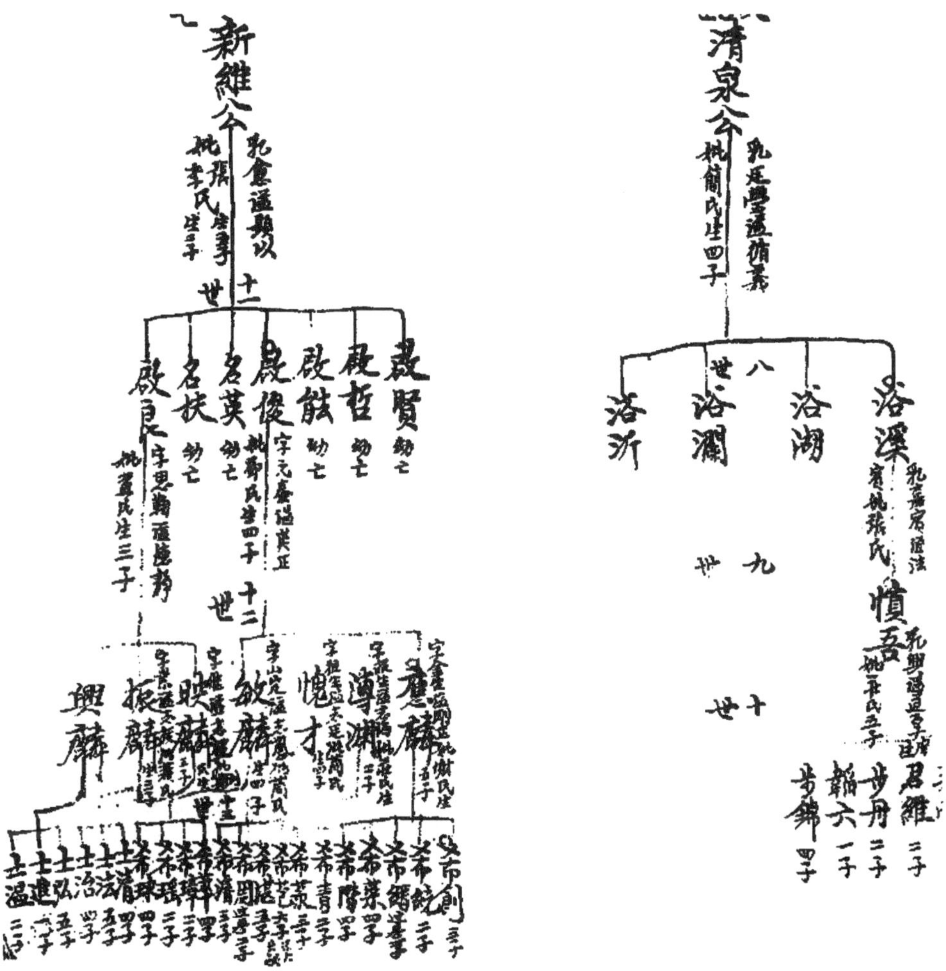
清泉公
八世
洛溪
洛湖
洛瀾
洛沂
九世
愼吾
十世
君維 二子
步丹 二子
龢六 一子
步錦 四子
新維公
十一世
啟賢 殀亡
啟哲 殀亡
啟觥 殀亡
啟俊
名英 殀亡
名扶 殀亡
啟良
十二世
愧才
敘麟
映麟
振麟
興麟

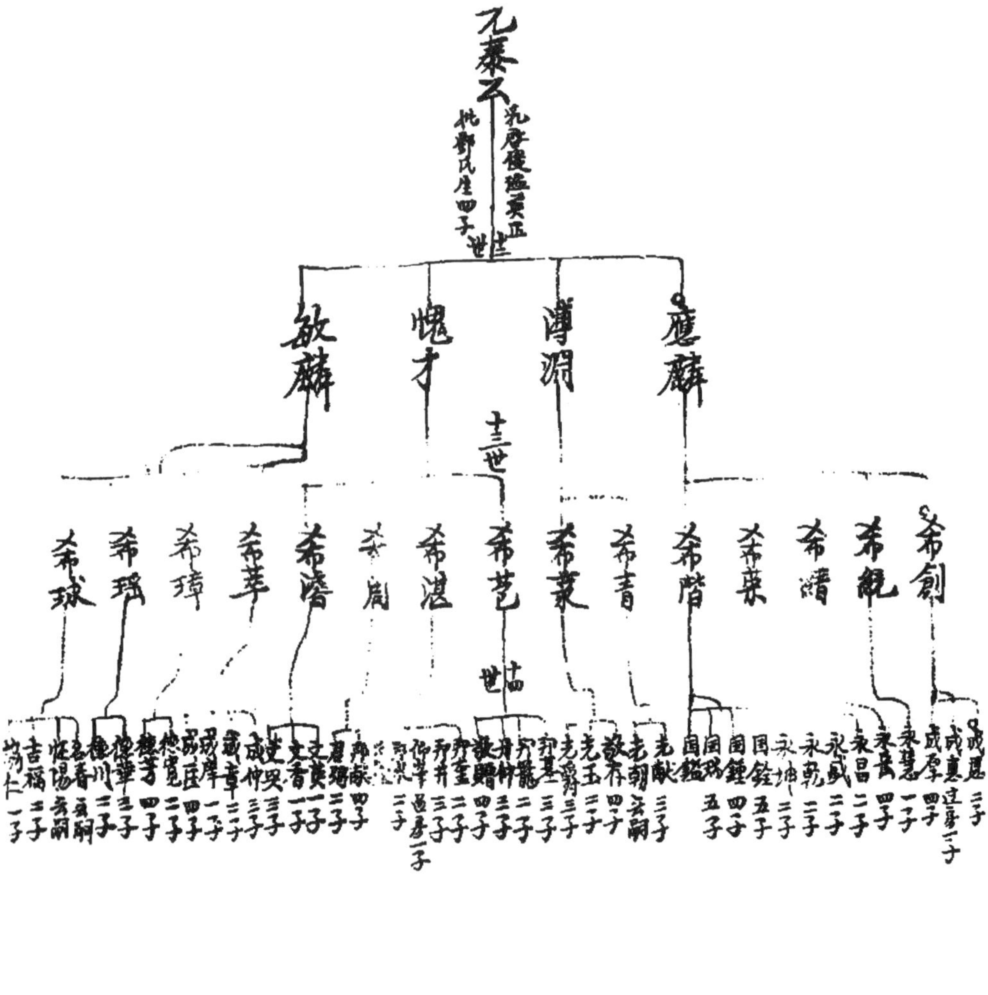
乙泰丕
十二世
應麟
愧才
敏麟
十三世
希創
希譜
希階
希青
希芑
希湛
希周
希華
希瑋
希球
十四世

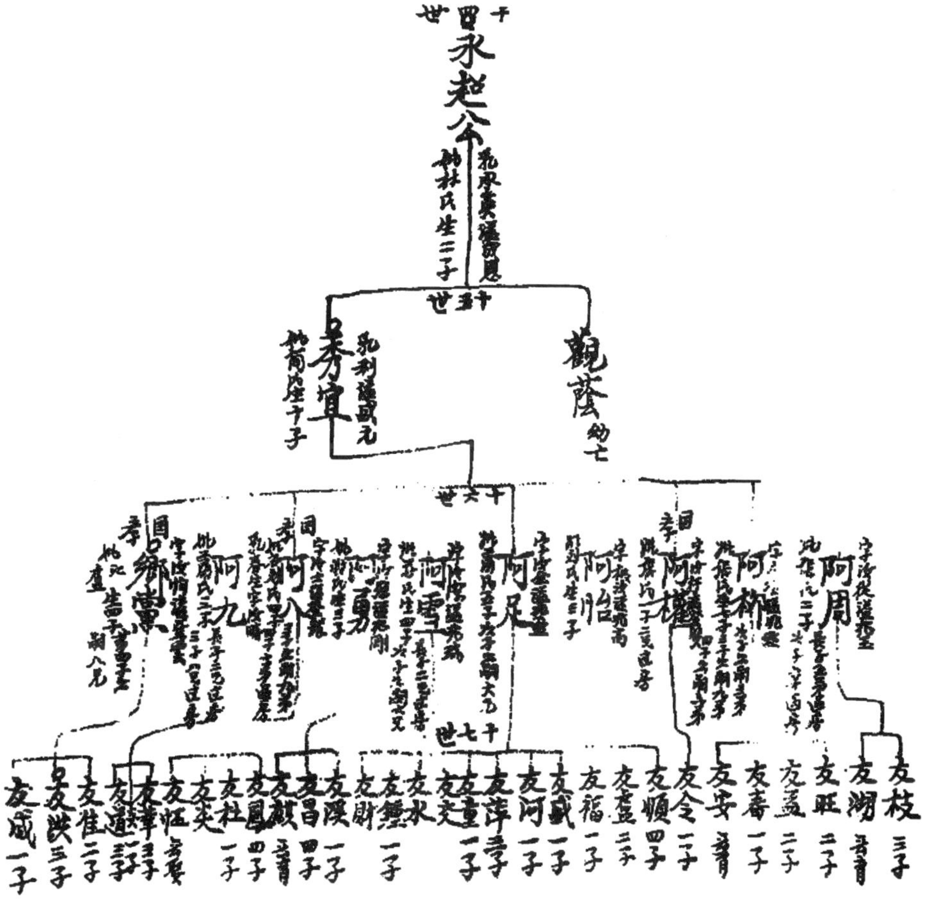
十四世
永起
十五世
秀直
觀蔭
幼亡
十六世
阿九
阿雪
阿足
阿周
十七世
友咸
一子
友洪
三子
友佳
二子
友杜
友昌
友河
友福
友順
友令
友安
友壽
友旺
友湖
友枝

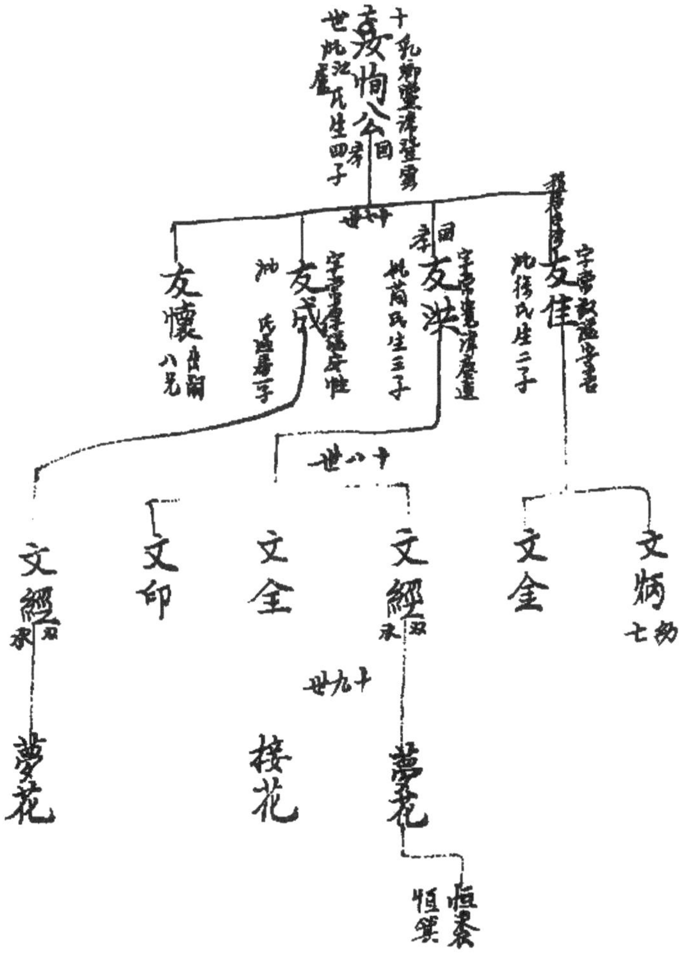
友懷
友洪
友佳
十八世
文經
文印
文全
文經
文全
文炳
十九世
夢花
接花
夢花

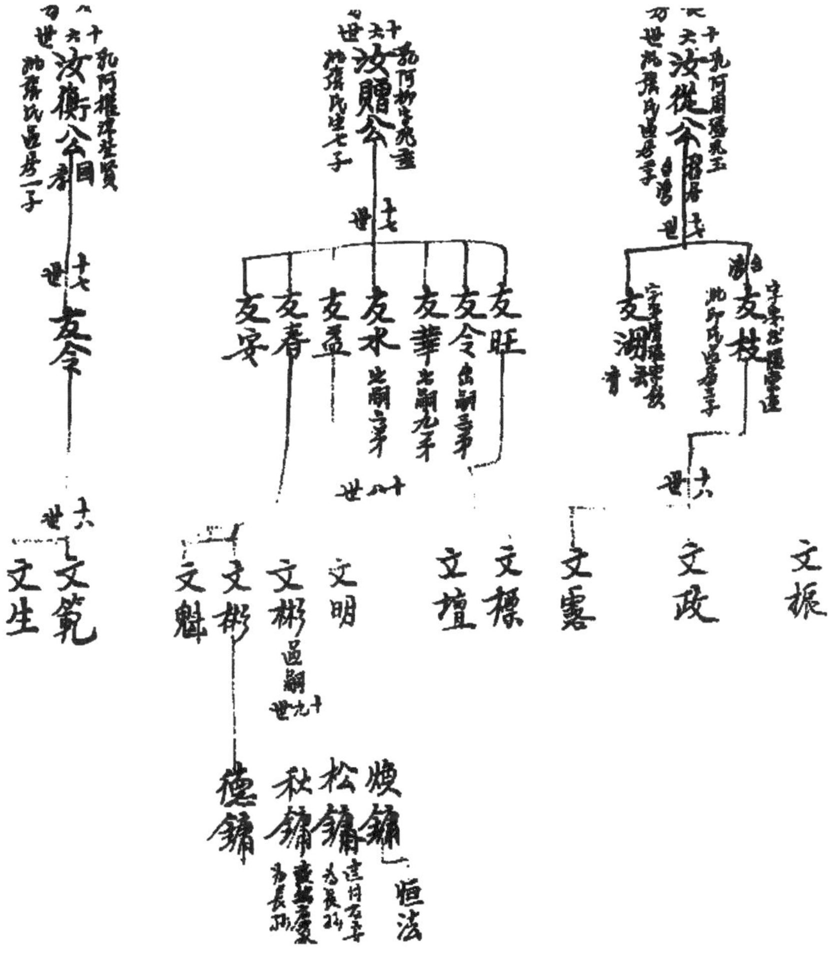
十六世
汝衡公
汝贈公
汝從公
十七世
友令
友安
友春
友求
友華
友令
友旺
友湖
友枝
十八世
文生
文魁
文彬
文彬
文明
文標
文政
文振
十九世
德鏞
秋鏞
松鏞
煥鏞

肆房　十六世　汝和公　乳阿怡謚兆高　潘台　妣刘氏生三子

十七世

友順　友爐　友福

十八世

文傳　文虎　文珠　文印　文梳　文畊

伍房　十六世　汝全公　乳阿昊謚兆盈　潘台　妣蕭氏生六子

十七世

友戚　友枝（出嗣）　友河（長見）　友萍　友童　友交

十八世

文波　文章　文奎　文零　文　文奎

陸房　十六世　汝潔公　乳阿璽謚兆瑞　妣龐氏生四子

十七世

友水　友湖（出嗣　大見）　友鍾　友財

十八世

文錦　文添

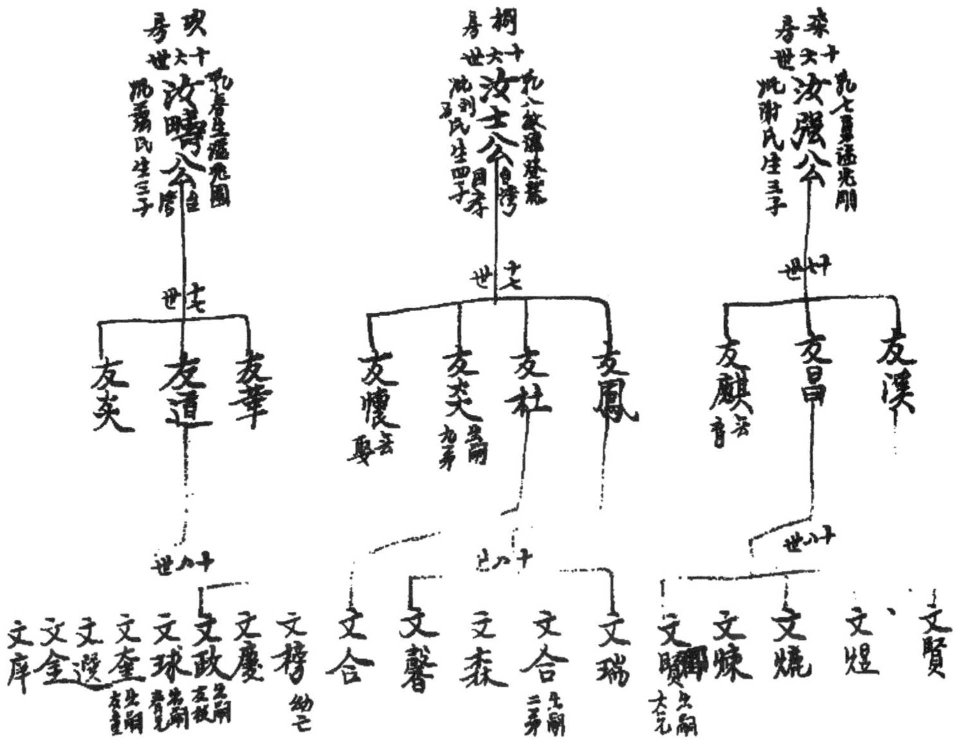

汝强公
汝士公
汝畴公
十六世
十七世
十八世
友漢
友昌
友麒
友鳳
友杜
友炎
友懷
友華
友道
友夾
文賢
文煜
文燒
文煉
文瑞
文合
文森
文馨
文合
文慶
文政
文球
文奎
文選
文全
文庠

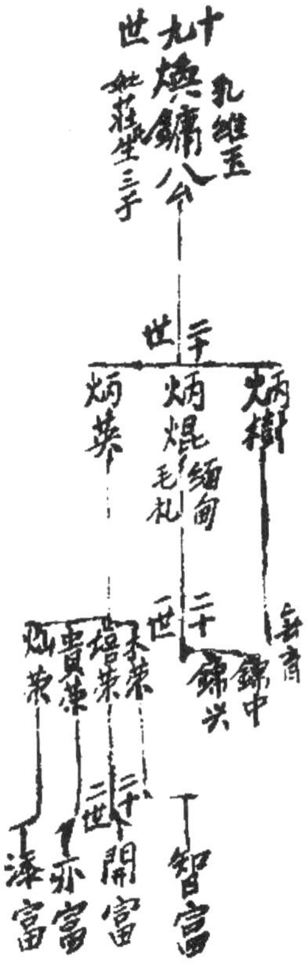
十九世
煥鏞八公
乳名維玉
娶莊氏生三子
二十世
炳樹
炳焜
緬甸
毛札
炳葵
二十一世
錦青
錦中
錦興
禾萊
培萊
貴萊
灿萊
二十二世
智富
開富
亦富
添富

開基始祖進興公念五十七郎 妣 盧氏 生四子 長均祥 次均銘 三均惠 四均信

公葬在本里留田厝後山坐午向子兼丁癸原葬血棺自元季至今四百餘年

雍正丁未年四月吉日再葬標銀牌神主安在瓦棺内

妣葬在田坑寮下溪仔邊上求龜形坐巽向乾分金

二世祖均銘公乃福子念三郎 妣 石氏九娘 無育

黄氏十娘生一子 邦政

公乃進興公次子葬在本里寫墩坐酉向卯分金丙辛壬金盆 妣石氏與公合葬墩

妣黄氏葬在双坑下壩岸田中央坐乾向巽兼辛亥巳庚戌庚辰分金 乾隆八年癸

亥山崇民故豎碑與双坑詹家控告双坑詹 廣東鎮翰林來閩判是夜投店姓

田崇屋二層豎旗掛匾二家從控清訴 縣王到双坑視勘將屋拆平地斷還詹家

三世祖邦政公念四郎 妣 簡氏一娘 生四子 長宗榮 次宗顯 三宗茂 四宗孟

公乃均銘公之子葬在本里竹菌仔墩坐未向丑兼丁癸辛丑辛未分金

妣葬在本里坪城山腳田中央坐辛向乙兼酉卯丁酉丁卯分金故後樹林内安右

穴墩二穴右角一穴道光乙巳年被山塊張姓搆占據土開獻阻擋不止經投宗親又

公宅姜後將張姓祖媽棺柩起扛回藏在積善樓二家經控四五年經宗親

向前和息將棺柩交還計費用數千銀

四世宗榮公念九郎妣 戴氏五娘 繼張氏四娘 三繼蘇氏一娘生二子 重璘 重璵

公乃邦政公長子葬在上双坑竹園頭坐

張妣葬在本里楮樹角

戴妣葬五鳳山門望崗獅仔形

蘇妣葬在溪柄猛虎跳江形

五世祖重璘公念十一郎妣 張氏一娘 生六子 長景顯 次景惟 三景崇 四景臺 五景源 六景魁

公乃宗榮公長子葬在廈隴坑坐甲向寅兼庚甲分金康熙五十年七月廿三日辰時穿故豎碑孩兒攀欄形龍脈直上棟頂害壞一穴右肋害壞二穴右手一穴

妣葬在双坑福壇前坐亥向巳兼亥巳庚寅庚辰分金蒼龍形又金字穴雍正七年八月十日巳時復更改二字向分金照原於

六世祖梅山公乳名景崇 謚英武 妣 王氏生五子 長廷珊 次廷璽 三廷璸 四廷玘 五廷珀

公乃重璘公第三子生于正德戊辰十月十七日戌時卒于萬曆三年乙亥五月十一日丑時享壽六旬加八歲葬于萬曆十六年戊子十月初五日丑時葬在下大窠頭坐寅向申虎咬尾形右肋害壞一穴

妣王氏生于正德五年庚午十月十九日亥時卒于萬曆七年己卯十月初三日申時享壽七旬萬曆八年庚辰十月廿四日丑時葬在伯公崖竹仔頭坐申向寅兼庚坤艮丙申丙寅分金龍脈直上背坡一穴又右肋一穴

七世祖清泉公 乳廷璺 謚循義 妣簡氏生四子 長洛溪 次洛瀾 三洛湖 四洛沂

公乃梅山公第二子生于嘉靖十四年乙未二月十七日未時卒于萬曆十二年甲申二月初十日戌時享壽五旬加四歲妣卒于萬曆十六年戊子九月十二日丑時葬在双坑尾面馬坐辛向乙兼戌辰辛酉辛卯分金虎形

妣簡氏葬在刘屋長埼坐巽向乾兼巽辰戌丙辰丙戌分金龍脈真土窩坟一穴

八世祖洛溪公 乳嘉賓 謚法賓 妣張氏生一子 慎吾

公乃清泉公長子生于嘉靖四十一年癸亥六月初三日辰時卒于萬曆二十年辛卯十二月廿二日申時廿九歲葬于萬曆廿三年甲午歲公同妣坐庚向甲兼酉卯分金

妣張氏生于嘉靖四十四年丙寅十二月十四日丑時卒于萬曆廿一年壬辰二月初五日申廿七歲葬在萬曆三十二年癸卯十一月初二日辰時葬在本里坑口角大坪頂坐寅向申兼甲寅庚申分金蓋傘伏獅形

九世祖慎吾公 乳興 謚道厚 妣莊氏生五子 長新惟 次居睢 三瑞舟 四福六 五秀錦

公乃洛溪公之子生于萬曆十四年丙戌二月十二日未時卒于順治十一年甲午五月廿六日丑時享壽六旬加九歲葬于康熙己丑年葬在刘屋大湖坐乾巽向丁分金

妣莊氏謚淑惠生于萬曆十三年乙酉六月廿四日丑時康熙丁酉年葬在灯炤坪上寮坑五月初一日建歿坐午向子丁癸丙子丙午分金卒于順治庚午五月初九日申時享壽六旬加六歲

十世祖新惟公 乳愈 謚顯以 妣 張氏生五子 長啓賢 二啓哲 三啓儼 四啓俊
李氏生二子 五啓英 六啓共 七啓良

公乃傾吾公長子，生于萬曆十九年辛卯閏三月十九日辰時，卒于順治十年癸巳十二月廿五日吉時，享壽五旬加二〻，葬在大坪頭，移世康熙庚午年十一月十五日午時葬于奎豐里古竹坑坑書堂寨口禾坪崗，坐艮向坤兼庚甲，辛丑辛未分金。

妣元配張氏，生于萬曆十九年壬寅九月十二日巳時，卒于順治十八年辛丑二月二十日酉時，壽六旬，乾隆四十三年戊戌五月十九日午時葬在刹厝嵩磜坪，坐乾向巽八分金。

李妣生于天啟二年壬戌正月十二日戌時，卒于康熙癸未年四月廿四日卯時，享壽八旬加二歲，乾隆四十三年戊戌五月十九日午時葬在刹厝崗頭湖蔦磜坪，坐乾向巽兼戌辰，丙戌丙辰分金。

十一世祖元泰公 乳啓俊 謚莫正 妣 鄧氏生四子 長應麟 次源湖 三魁才 四啟麟

公乃新惟公第四子，生于崇禎十四年辛巳正月三日子時，卒于康熙廿九年庚午正月二十日，享壽五旬，雍正十二年甲寅五月廿七日巳時葬在科嶺盧坑青峽，坐坤向艮兼未丑，丁丑丁未分金。

妣鄧氏謚端嚴，生于崇禎十六年癸未二月廿四日辰時，卒于康熙丙申年八月十二日戌時，享壽七旬加四歲，康熙壬寅年十一月初九日辰時葬在書坪大洞，坐寅向申分金。

十二世應麟公 字金生 謚志龍 諱剛正 妣 謝氏生五子 長希創 次希魏 三希聖 四希葉 五希階

公乃元泰公長子，生于康熙甲寅年九月十八日戌時，卒于雍正庚戌年六月廿六日午時，享壽五旬加二歲，乾隆三年戊午年八月廿六日葬在大坪山彭坑子青娘，坐戌向辰兼辛乙，丙戌丙辰分金。

妣謝氏謚德順，生于康熙乙卯年九月初九日亥時，卒于乾隆庚辰年五月初六日辰時，享壽八旬加六歲，乾隆甲辰年三月廿七日子時葬在陽凌蕭湖，坐申向寅兼坤艮，三分之丙申丙寅分金。

十三世祖希創公 諱士纘 謚醇直 妣江氏生一子 黃氏生二子 長成恩 次成思 三成厚

公乃應麟公之次子生于康熙三十六年丁丑六月十四日申時卒于乾隆十四年己巳四月初二日未時與黃江妣合葬在竹篙圻 在光緒己亥年十一月遷葬在本里水井窠原與江妣合葬坐丁向癸兼午子丙午丙子分金

妣元配江氏生于康熙丙子年十月廿二日吉時卒于乾隆二年丁巳十月初三日酉時享壽四旬加二歲與公合葬在本里水井窠

妣黃氏生于康熙己丑年十一月十五日巳時卒于乾隆四十五年庚子三月十一日午時享壽七旬加二歲葬在九龍埔坐乾向巽兼亥巳庚戌庚辰分金

十四世祖永超公 乳承英 謚成恩 妣林氏生二子 長觀蒼 次秀宜

公乃希創公之長子生于雍正五年丁未十一月十四日辰時卒于乾隆卌七年壬寅二月廿一日午時享年五十六歲葬在九龍埔坐乾向巽分金

妣生于雍正八年庚戌五月十八日巳時卒于嘉慶廿一年丙子五月十二日丑時享壽八旬加七歲葬在下角洋磨角

十五世祖秀宜公 乳利 謚盛元 妣簡氏生十子 長阿周 二阿祈 三阿權 四阿怡 五阿足 六阿豐 七阿勇 八阿八 九阿九 十阿望

公乃永超公之次子生于乾隆十七年壬申四月初一日戌時享壽　旬　歲卒于道光四年甲申十月廿二日卯時葬在上馬揚腿仔坐艮向坤兼丑未丁丑丁未分金

妣簡氏生于乾隆廿一年丙子八月初八日巳時生卒于道光二十年庚子十一月十九日酉時享壽八旬加五歲葬在周屋八世祖公山

十六世伯祖汝稅公 乳 阿周 諱兆玉 妣 張氏 過房二子 友技 友湖
公乃秀宜公之長子 生于乾隆三十九年甲午二月廿九日申時 卒于咸豐八年戊午
十月初四日申時 享壽八旬加五 卜葬在台灣員林街東山王厝宅內坐東
妣生于乾隆丁酉年十一月初十日酉時 卒于嘉慶 年 月 日 時 享壽 旬
有 卜葬在九龍墳

十六世伯祖汝贈公 乳 阿柳 諱兆垂 妣 張氏 生七子 友旺 友來 友令 友益 友華 友壽 友安
公乃秀宜公之二子 生于乾隆四十四年己亥五月廿九日未時 卒于咸豐四年
甲寅五月十七日子時 享壽七旬 葬在老山坑 横嶺腳今墓
妣女名剩 生于乾隆甲寅年十月廿六子時 卒于同治八年己巳十月廿二日時
享壽七旬外六 與公合葬在老山坑頂

十六世伯祖汝能公 國學生 乳 權 諱登賢 妣 張氏 繼一子 友令
公乃秀宜公之三子 生于乾隆四十六年辛丑九月初九寅時 卒于咸豐九年十月
廿四日戌時 享壽七旬外九 卜葬在台灣員林街東山大路園內
妣乃台灣張 之女 生于乾隆庚戌年八月廿五日戌時 卒于咸豐八年正月十
三日申時 享壽六旬外九 卜葬在台灣員林街東山大路園內

十六世伯祖汝和公乳名恰 謚兆高 妣劉氏 生三子 友順 友盧 友福
公乃秀宜公之四子 生于乾隆四十九年甲辰六月十二日亥時 卒于同治四年乙丑
十月廿二日寅時 享壽八旬加二 葬在
妣乃白潭劉 之女 生于嘉慶丁巳年十二月初四日酉時 卒于道光戊子年十二
月廿五日寅時 享壽七旬 葬在本鄉後厝林埔仔崙尾埔

十六世伯祖汝金公乳名尾 謚兆盈 妣蕭氏 生五子 友達 友盛 友枝 友萍 友河 友變
公乃秀宜公之五子 生于乾隆丙午年十月初五日亥時 卒于咸豐辛酉年六月三十日
戌時 享壽七旬加六 葬在本鄉後厝林埔頭
妣乃白潭蕭 之女 生于嘉慶己卯年閏九月十六日未時 卒于道光乙巳年四月
初二日未時 享壽五旬 葬在本鄉後厝林街崙厝左

十六世伯祖汝溪公乳名雪 謚兆瑞 妣莊氏 生四子 友來 友湖 友鐘 友財
公乃秀宜公之六子 生于乾隆戊申年十一月初八日亥時 卒于道光戊申年五月初
一日 時 享壽六旬加一 葬在本鄉埔
妣生于嘉慶癸亥年三月初八日寅時 卒于

十六世伯祖汝猴公 乳勇 諱兆剛 妣 謝氏生三子 友溪 友昌 友麒

公乃秀崑公之七子 生于乾隆庚戌年八月廿八日未時 卒于道光乙酉年十一月廿六日丑時 享壽三十六歲 葬在九龍埔

妣乃上坪人 生于嘉慶六年辛酉七月十三日子時 享壽六十有五歲 同治乙丑年三月初八日夜晏娥樓 記不知辭世在何方

十六世伯祖汝士公 乳欽 國學生 諱登龍 妣 石 劉 氏生三子 友鳳 友桂 友美

公乃秀崑公之八子 生于乾隆壬子年十月十八日亥時 卒于道光庚戌年六月二十日寅時 享壽五十九歲 塟在台灣員林街杉橋田中

妣劉氏生于嘉慶元年丙辰八月初三日寅時 卒于道光己亥年七月初十日酉時 享壽四十四歲 塟在台灣員林街杉橋田中

妣石氏生于嘉慶十年乙丑八月二十日丑時 卒于咸豐戊午年正月初七日未時 塟在台灣員林街東山紅碑

十六世伯祖汝疇公 乳春生 諱兆園 妣 蕭氏生三子 友華 友道 友美

公乃秀崑公之九子 生于嘉慶丁巳年十二月二十日巳時 卒于道光庚寅年八月廿日寅時 享年三十四歲 塟在台灣員林街東山

妣生于嘉慶八年癸亥閏二月廿三日卯時 卒于道光廿一年辛丑三月初六日酉時 享年三十九歲 塟在　碑仔頭

十六世祖汝恂 公國學生 諱 登雲 號 鄉堂 妣 江 盧 氏生四子 友在 友淡 友盛 友懷

公乃秀宜公之三十子 生于嘉慶己未年十二月初四日亥時 卒于咸豐丙辰年
正月廿八日未時 享壽五十有八歲 葬台灣林仔街肆年光緒 年文經文全
光緒甲申年取骨骸回家葬在長坑頂大窩頂坐坤向艮兼寅申辛未分金 光緒丙午年十二月十三 午時葬
妣江氏生于嘉慶辛酉年十月十七日戌時 卒于道光丁亥年五月初五日吉時
享年二十七歲 葬在九龍坑坐乾向巽兼亥巳分金
妣盧氏生于嘉慶辛酉年 月 日 時 卒于同治乙丑年 月 日 時 享
壽六十五歲 葬在長興下秀仔 坐卯向酉兼甲庚丁卯丁酉分金

十七世伯祖 諱 友枝 字 常蓮 謚 安然 妣 邱氏 抱一子文振 繼一子文露 維一子文政

公乃汝全公之次子 過房為汝從公之長子 生于嘉慶戊寅年四月十三日寅時 卒于咸豐
十年庚申五月十五日巳時 享年四十三歲 葬在台灣員林街三塊厝埔
妣生于道光壬午年十月廿五日辰時 卒于咸豐十庚申年五月初五日 享年三十九
歲 葬在台灣員林街牛埔頭

十七世伯祖 諱 友湖 字 常欽 謚 安清 　 無育

公乃汝濡公之二子 過房繼汝從公之次子 生于道光丙戌年七月初六日卯時 卒
于道光廿六年丙午六月廿四日 　 時 享年二十一歲 葬在

十七世伯祖乳友旺字常美謚安興妣簡氏生二子 文標 文壇
乃汝賜公三長子生于嘉慶丁丑年二月初十日丑時卒于同治十一年癸酉[illegible]
五十七歲十一月十七日葬世塋左白塔東山鯉魚山
妣生于道光元年辛巳七月十七日酉時因長髮擾亂母子携出[illegible]

十七世伯祖乳友孟字常進謚安謙妣簡氏生二子 文明 文彬
乃汝賜公五子生于道光七年丁亥十一月初一日丑時卒于　　年
月　日　時享壽七十　歲葬本周厝塔溪公之五山貴墳丁山癸兼未丑分金
妣生于道光十年庚寅九月初六日巳時卒于民國七年戊午八月初一日
辰時享壽八十九歲葬在周厝塔溪公之五山公墳合塋

十七世伯祖乳友春字常發謚安翰妣邱氏繼一子文彬
乃汝賜公六子生于道光癸巳年九月十五日戌時卒于　　年　　月
日　時葬在
妣生于道光壬寅年十一月初一日卯時卒于　　年　　月　　日　　時葬在

十七世伯祖乳友安字常均謚安仁妣　　氏無育 繼一孫 松鏞
乃汝賜公七子生于道光十六年丙申五月初五日寅時卒于　　年　　月
日葬在九龍埔

十七世伯祖考友全字常紀謚安德妣賴氏生一子 文觀
乃阿耀公之三子秀宜公之孫生于嘉慶廿四年己卯七月廿九日辰時卒于同治四年乙丑
七月初二日戌時享年四旬又七歲葬在員林街東
妣賴氏名美生于道光二年壬午六月十五日午時卒于咸豐十一年十二月初五日未時
享年四十歲葬在員林街東山

十七世伯祖考友順字常培謚安良妣陳氏生四子 文傳 文亮 文珠 文印
乃阿恪公之季子秀宜公之孫生于嘉慶廿四年己卯十月廿五日丑時
妣陳氏名教乃嘉陵公之女生于道光四年甲申十月廿二日卯時

十七世伯祖考友爐字常山謚安泰妣陳氏生二子 文挹 文册
乃阿恪公之二子秀宜公之孫生于道光元年辛巳七月十六日寅時
妣名 乃吉坑員林內陳 公之女生于道光二年壬午十月十三日 時

十七世伯祖考友福字常禧謚安祿妣賴氏生 子
乃阿恪公之三子秀宜公之孫生于道光四年甲申四月十三日卯時
妣名 乃吉坑 公之女生于道光十二年壬辰年十月廿二日寅時

十七世伯祖考友盛字常興謚安茂妣石簡氏生一女 桂貞
生一子 文波

考乃阿呈公之長子 秀廷公之孫也 生于嘉慶丙子年十月初十日申時 卒于道光甲辰年正月初一日亥時 享年二十九歲 葬在鷺島賈林街壽房莊上 元母墓穴之右邊

妣石氏生于嘉慶廿二年丁丑十月廿三日未時 卒于道光十八年 月 日 時 享年二十二歲 葬

繼妣簡氏嫁出

十七世伯祖考友河字常晏謚安傑妣李氏生一子 文章

考乃阿呈公之三子 秀廷公之孫也 生于嘉慶庚辰年十一月十五日辰時 卒于道光廿三年八月廿二日 時 享年二十四歲 葬在鷺島賈林街華埔頭

妣名亞生于嘉慶庚辰 嫁出

十七世伯祖考友泙字常潔謚安錦妣賴氏生三子 文遠 文 之

考乃阿呈公之四子 秀廷公之孫也 生于道光閏□年九月初十日寅時

妣名澱乃鷺島賈林東大社人 賴公之女 生于道光戊子年三月廿七日丑時

十七世伯祖考友童字常本謚安国妣江氏繼一子 文奎

考乃阿呈公之五子 秀廷公之孫也 生于道光甲申年八月初十日丑時

妣名猜乃鷺島賈林街東山社 江公之女 生于道光十九年丙戌正月廿一日巳時 享年四十九歲 卒于同治十三年甲戌十一月四日申時

十七世伯祖考友交字常友謚安易妣　氏

萬貞阿昰公之三子生于道光戊子年十月廿二日辰時卒廿一歲二十二年于道光戊申年正月九日申時葬土名港唇與母葬仝塋

十七世伯祖考友水字常潤謚安瀾妣簡氏生一子文錦

萬貞阿御公之四子無嗣為阿雪公之長子生于道光乙酉年四月十二日辰時卒于咸豐甲寅年七月十一日午時享年三十歲葬土名東山紅蓮坪　妣簡出

十七世伯祖考友鍾字常鳴謚安樂妣劉氏生一子文濠

萬貞阿雪公之三子秀直公之孫生于道光癸巳年十月二十日寅時　妣劉出

十七世伯祖考友才字常招謚安能妣　氏

萬貞阿雪公之四子生于道光戊戌年四月初五日酉時

十七世伯祖考友溪字常恭謚安智妣云娶 唯一子文賢

系月七房第三之長子秀宜公之孫生于嘉慶廿四年己卯十一月初三日申時卒于同治八年己巳

年十一月初十三日葬左車路口樓圳岸

十七世伯祖考友昌字常吉謚安盛妣陳氏生四子 文煋 文[illegible] 文煉 文郎

系月七房第三二子秀宜公之孫生于道光三年癸未十月廿三日寅時

妣系鄭乃[illegible][illegible]化县[illegible][illegible]林[illegible]陳公之女生于道光辛卯十一月十五日午時卒于咸[illegible]年

丁卯十月廿二日寅時葬左車路口樓圳岸脯

十七世伯祖考友麒字常異謚安麟妣江氏無育

系月七房第三子秀宜公之孫生于道光六年丙戌七月廿三日午時卒于同治六年[illegible]

五月初十日午時享壽四十二歲葬左車路口 妣[illegible]

十七世伯祖考友鳳字常昇謚安儀妣游氏生四子 文瑞 文合 文森 文磐

系月房八房三長子秀宜公之孫生于道光元年辛巳二月初六日未時卒于咸豐三年癸丑三月

初二日寅時享壽三十三歲葬本鄉山腳頂蓋[illegible][illegible]

妣系[illegible]乃[illegible][illegible][illegible]公之女生于道光壬午年二月廿四日丑時

十七世伯祖考友杜字常建謚安邦妣林氏生繼一子文合

乃貞阿八公三子 生于道光癸未年八月廿六日寅時 卒于咸豐己未年十月初七巳時

享年三十七歲葬在黃林衛牛埔頭

妣名壽娘乃高港林琛公之女生于道光癸未年四月十二日午時

十七世伯祖考友懷字常道謚安寶無娶

乃貞房榮公之四子過繼阿八公為三子 生于道光壬寅年二月廿二日辰時 卒于同治

壬戌年葬在美溪柄竹山老寮中崎

十七世伯祖考友華字常雅謚安禮妣曹氏生三子文樽 文慶 文政

乃貞阿初公三子過房阿九公之長子生于道光辛巳十月初五日戌時

妣名娘 生于道光壬午年十二月十八日巳時

十七世伯祖考友道字常修謚安信妣曹氏生三子文球 文奎 文選

乃貞阿九公三子二房生三子孫 生于道光庚寅年四月廿七午時

妣葉氏

十七世伯祖乳友奕字安雄謚常榮 妣云青 繼 二子 文全 文球

公乃可尤公之三子生于道光辛卯年二月六日寿

十七世伯祖乳友佳字常敬謚安善 妣徐氏生二子 文騎 文全

公乃汝响公之長子生于道光壬午年十月十二日寅時卒于同治乙丑年五月

初二日酉時享年四十四歲葬在台灣員林街來慈山埔

妣生于道光丙戌年十月十九日戌時卒于同治乙丑年閏五月十三未時享

年四十歲葬在台灣員林街東勢埔

十七世祖國學生乳慶運 諱 乳友洪字常寬 妣簡氏生三子文經 文全 文印

公乃汝响公之次子生于道光庚寅年九月十三日午時卒于同治丁卯

年十二月初一日申時享寿三十有七歲葬在九龍埔 至光緒二十二

年丙申十二月十八日酉時起葬遷葬在周厝后與媽合葬坐庚向甲兼酉卯庚申分金

妣何氏女名畏娘乃長教厝 公之女生于道光庚寅年九月初六

日巳時光緒壬寅年十二月十八日未時享寿七旬加二葬在周厝坐酉向卯

兼庚甲丁卯酉分金吉慶

十七世祖考諱友成 字常享 謚安性 妣云娶 继一子文經
公乃次恂公之三子生于道光癸巳年六月十七日酉時卒于咸豐癸
丑年十二月廿二日戌時葬在台湾員林街東山紅塗坪

十八世伯考諱文振 字仁聲 謚定全 妣　氏 生　子
公乃友教公之子阿周之孫生于道光庚戌年　月廿　日　時

十八世伯考諱文政 字仁輔 謚定邦
公乃友義公之三子過房友成公為二子生于咸豐元年己未六月十二日子時

十八世伯考諱文露 字仁雲 謚定悟 妣蕭氏 生一子 德月
公乃友泮公之三子過房友教公之三子生于咸豐壬戌年五月初四日丑時卒于
光緒四年戊寅十一月十二日辰時葬在東坑埔
妣蕭氏名謚生于咸豐己未年　月廿六日申時

十八世伯考乳文標字仁香諡定莽　妣蕭氏生一子
公乃友旺公之子生于道光壬寅年八月初三日未時

十八世伯考乳文壇字仁杏諡定敎　妣陳氏
公乃友旺公三子生于咸豐四年甲寅三月廿四日丑時
妣陳氏名居廣生于同治丁卯十二月十七日

十八世伯考乳文明字仁成諡定顯　妣謝氏生三子　煥鏞　松鏞　秋鏞
公乃友益公之子生于咸豐戊午年九月廿七日卯時享壽五十一秋
旬葬周屋田腳土名乾山巽向兼亥一線分金媽葬在老山奇路面上
公近移石樸圩入葉石較椅公路面上

十八世伯考乳文彬字仁勝諡定賢　妣朱氏生一子德鏞
公乃友益公之子過房友壽公為長子生咸豐己未年正月廿二日巳時
妣朱氏名碧容生于咸豐戊午年正月二十日戌時

[redacted]考諱文翻字仁梅謚以乂百
系乃友孝公三子 生于光緒乙亥年七月正月十九日亥時

十八世伯考諱文範字仁渋謚定禹妣曾氏生　子
系友全公之長子 生于道光庚子十一月廿日卯時

十八世偕考諱文生字仁繼謚定承妣陳氏

十八世伯考諱文傳字仁受謚定增妣　氏
系乃友順公之長子 生于道光己酉年正月十一日午時
妣陳氏名帶 生于道光丙午年十月廿七日寅時

十八世伯考乳文亮字仁氷謚[illegible]光妣　氏

公乃友碩公三子 生于咸豐五年乙卯十二月廿九辰時

十八世伯考乳文珠字仁攝謚定重妣　氏

公乃友順公之三子 生于同治元年十月廿三日午時

十八世伯考乳文印字仁圖謚定信妣　氏

公乃友順公之四子 生于同治己巳年六月廿五日巳時

十八世伯考乳文抱字仁　謚定　妣謝氏

公乃友游公三子 生于光緒廿六年庚子七月初九丑時

十八世伯考諱文畊字仁 諡定 妣 氏早故
乃友炉公之二子生年

十八世伯考諱文波字仁 諡定 妣 氏

十八世伯考諱文章字仁文 諡定 煥妣 氏早故
乃友豪公之三子生于道光己亥年三月初十日卯時

十八世伯考諱文奎字仁璧 諡定 玉妣張氏生 子
乃友遠公之子過房友彙為子生于咸豐元年辛亥十二月二十日子時

十八世伯考乳文靈字仁 謚定 妣氏 幼亡
乃友彥公之子生于咸豐元年辛亥八月廿五日午時

十八世伯考乳文錦字仁葉 謚定國 妣氏
乃友求公之三子生于道光丁未年二月初八日戌時卒于同治乙丑年

十八世伯考乳文源字仁 謚定 妣氏
乃友樞公之子

十八世伯考乳文賢字仁思 謚定色 妣氏
乃友昌公之子出嗣友厚公生于同治四年乙丑七月初八日酉時

十八世伯考乳文煋字仁爛 謚定耿 早故

十八世伯考乳文煋字仁爛　謚宗耿　妣早故

系乃友昌公之長子大房公之孫生于咸豐壬子年正月初八亥時卒于咸豐三年寅月十八日在本鄉乃障外出房前井中溺故

十八世伯考乳文爐字仁　謚定　妣早故

系乃友昌公之次子生于咸豐三年癸丑八月初八日巳時

十八世伯考乳文煉字仁　謚定　妣早故

系乃友昌公三子与文爐双生生于咸豐三年八月初八酉時

十八世伯考乳文郡字仁　謚定　妣早亡

系乃友昌公之四子生于同治壬戌年四月初六未時

十八世伯考乳文瑞字仁祥謚定睿妣張氏生三子德懋 德宗 德蔭
考乃友民公之長子生于道光甲辰十月廿五日子时
妣張氏生于道光廿八年戊申正月廿九日子时卒于光緒丙子年十月初七日未
时葬水碓铺

十八世伯考乳文合字仁平謚定和妣賴氏生子德瑟 德琴
考乃友民公次子出嗣友杜公生于道光丁未十一月十三日辰时
妣賴氏名銳生于咸豐之年辛亥四月二十日寅时

十八世伯考乳文穆字仁　謚定　妣　氏
考乃友寿公之子生于道光戊申年十月初二日亥时卒于咸豐乙亥年九月廿日未
二十日未时葬東坑鹅舖墓

十八世伯考乳文森字仁甘謚定霖妣賴氏生子德珠
考乃友民公之三子生于道光廿九年己酉七月廿四日生
妣賴氏名退生于道光廿八年戊申十月十八日子时

十八世伯考乳文賚字仁 謚定芳妣林氏生一子德音

生乃友凡公三四子生于民重乙亥年十一月初二日未時 卒于同治癸酉十一月初四日戌時 葬在鯉魚山

十八世伯考乳文慶字仁善謚定嘉妣洪氏

生乃友壽公之子 生于乾隆甲寅六月廿八日巳時

十八世伯考乳文球字仁析謚定鹿妣 氏

生乃友進公之子 過房友善公為子 生于乾隆三十年乙亥四月廿一日子時

十八世伯考乳文選字仁 謚 心 妣 氏 早歿

生乃友道公之子 生于乾隆己未十二月初四日戌時

十八世伯考乳文金字仁壯謚定積妣顏氏

公乃友嘉公之子西房友賡公生于咸豐二壬子三月初五日戌時

十八世伯考乳文庠字仁　謚定　妣　氏

公乃友素公之子生年

十八世伯考乳文炳字仁　謚定　妣　氏幼亡

十八世伯考乳文金字仁壽謚定實妣張氏即下文金

公乃友麟公之子出嗣友賡公生于咸豐壬子三月初五日戌時

十八世顯考乳文經字仁綸謚定國妣蕭氏生一子夢花 一女彼娘嫁□

公乃友洪公之長子過房友成公為双承子生于咸豐辛亥（庚戌）年八九月初五日戌時卒于光緒二十八年壬寅正月初八日酉時享壽五旬加二歲葬在本里鴨母窩坐乾向巽兼亥巳用庚戌庚辰分金

妣蕭氏女名照娘乃書洋洋角蕭公之女生于咸豐十年庚申十月十七日未時光緒壬寅年十一月十三日午時享壽四旬加二葬在老山坐辛向兼酉卯正針丁卯分金

十八世叔考乳文全字仁壽謚定寶國學生佛龍章妣張氏

公乃友洪公之次子生于咸豐十年庚申六月廿四日巳時

十八世叔考乳文印字仁圖謚定　妣　氏早故

公乃友洪公之三子生于

十九世顯考乳夢花字兆祥　謚　妣莊氏生　子恒宋　恒笛
乃刀文陞乃之長子生于光緒四年戊寅十月初七日卯時
妣名想乃上厝莊先段乃之女生于光緒七年辛巳七月廿六日卯時

十九世顯考乳接花字　謚　妣　氏生　子
乃刀文全　之長子生于光緒二十六年庚子　月　日　時

十九世叔考乳煥鏞字維玉　謚　妣莊氏生　一炳煇　二炳樹　三炳煥
乃乃文明乃之長子生于光緒八年癸未十一月十二日申時生
妣乃上厝人生于莊女光緒十三年戊子四月初二日辰時
父墓在本里禾尚塘涼亭背江古石墩頂
母墓在本里下賀尖入錢杵林坐癸山丁向
卒於民國三十七年戊子年十二月

母葬[illegible]民國三十七年戊子[illegible]十二月

十九世叔考訊松鐘字　謚　妣　氏生　子

公乃文明公之次男爲友安公之長孫生于光緒十五年己丑十一月初五日酉時生

十九世叔考訊秋鐘字　謚　妣蕭氏生　子長誠桂　[illegible]誠[illegible]　[illegible]誠輝

公乃文明公之三子繼爲慶水公之長孫生于光緒十八年壬辰十月初四日申時生

十九世叔考訊德鐘字　謚　妣　氏生　子

公乃文術公之長子生于光緒

二十世叔耆　乳恒求　字　妣氏生　子
公乃夢花公之長子生于光緒乙巳年十二月廿五日子時生

二十世叔耆　乳恒翼　字　妣盧氏生　子　正森　長
滔春　次
金土　三
公乃馨花公之次子生于光緒戊申年三月廿日　子時生

二十世　乳炳炮　字桃煌　謚　妣莊氏生　子　開鳳　幼
二　錦中
三　錦湖
公乃燦碑　之長子生于民國元年壬子年十一月廿一日　丑时生
妣莊氏生于民國元年壬子年九月初七日　卯时生
公寄存在緬甸毛礼阿牌三十八号

兆祥存會股登記 吊田段山林

一存綿福季 支洪公 壹股 每年做三次 正月初十日 一月初二日 十二月十五日

一存綿福季 文經公 壹股 仝上

一存汝恂公光裕堂老花燈會 壹股 逢八月秋社祭分胙

一存汝恂公長潭河下早先載稅 川石

一存梦花 錫惠 奕卿 合共置買漢柄淺坑山一片

一存兆祥臨淵閣 天上聖母會 壹股 三月廿二日小飲福

一存梦花松竹樓 天上聖母會 壹股 三月廿二日飲福

一存梦花花盤閣 小心福會 壹股 三月 分胙

一存梦花 大年松竹樓樣粗欏 壹股 三月廿三大小飲福

應麟公祭租田段開記

山段坐址甲圳坑口早允税　些石大

山段坐址本處墻背墟早允税　壯石大　此段係元泰公肆四房祿照白存存　後應麟公續回全曾為祭租

秀宜公祭租田段開記

山段坐址下角庵前早允税　六石大　此田係時陽玄慶分今歸　付秀宜公為祭祖

逐年七月十五中元節處備銀錁条

八世高祖考浴溪魏公妣張老孺人　領受銀頴壹仟錠

九世太祖考愼吾魏公妣莊老孺人　領受銀頴壹仟錠

十世伯叔祖考庠生君維、韜六魏甫君公妣莊、張老孺人　仝領受銀頴壹仟錠

十世太祖考新維魏公妣張、李老孺人　領受銀頴壹仟錠

十一世伯叔祖啟哲、能賢魏公妣謝氏孺人　仝領受銀頴壹仟錠

十一世曾祖考元泰魏公妣鄧老孺人　領受銀頴弍仟錠

十二世伯叔祖溥淵、槐才魏公妣莊氏、妣簡氏、卓氏孺人派下　仝領受銀頴壹仟錠

十二世曾祖考應麟魏公妣謝氏孺人　領受銀頴壹仟錠

以上諸銀頴俱是公理

逐年七月十五日中元節陽上嗣孫〇〇等奉上銀顆

十三世高祖希創魏公妣黃江老孺人　領受銀顆叁佰錠

十四世高祖永超魏公妣林老孺人　領受銀顆肆佰錠

十五世曾祖秀宜魏公妣簡老孺人　領受銀顆肆佰錠

十六世伯祖七勇魏公妣謝老孺人　領受銀顆弍佰錠

十六世祖考國學生登雲魏府君妣盧江老孺人受銀顆伍佰錠

十七世祖考國學生慶連魏府君妣簡老孺人受銀顆肆佰錠

十七世祖考友成魏公　親身領受銀顆弍佰錠

十八世顯考定國魏公妣蕭氏孺人領受銀顆肆佰錠

圖書在版編目（CIP）數據

海上絲綢之路文獻集成．民間譜牒編．第二輯／林楓主編．-- 福州：福建人民出版社，2024.7.
ISBN 978-7-211-09478-3

Ⅰ. K203

中國國家版本館CIP數據核字第2024AA2614號

海上絲綢之路文獻集成·民間譜牒編（第二輯）

主　　編　林　楓
責任編輯　宋一明
助理編輯　李　科
美術編輯　白　玫
出版發行　福建人民出版社
電　　話　0591-87533169（發行部）
電子郵箱　fjpph7221@126.com
地　　址　福建省福州市東水路 76 號
經　　銷　福建新華發行（集團）有限責任公司
印刷裝訂　上海中華印刷有限公司
地　　址　上海市青浦區匯金路 889 號
電　　話　021-69213456
開　　本　787 毫米 ×1092 毫米　1/16
印　　張　181
版　　次　2024 年 7 月第 1 版第 1 次印刷
書　　號　ISBN 978-7-211-09478-3
定　　價　2400.00 元（共 6 冊）

国家出版基金项目
NATIONAL PUBLICATION FOUNDATION

海上絲綢之路文獻集成

總主編 陳支平 陳春聲

民間譜牒編 12

主編 林楓

福建人民出版社
海峽出版發行集團
THE STRAITS PUBLISHING & DISTRIBUTING GROUP

本册目次

〔福建晋江〕塔江劉氏重修族譜不分卷〔四〕

〔清〕劉雲路纂修

塔江劉氏北里分派五世譜圖

三房三后巷分支派

一世

始祖令史公 子三

二世

一郎 長房

二郎 二房

三郎 三房 子四

三世

誌伯 三房長房分

誌仲 三房二[illegible]下分

誌叔 子三

誌季 三房四房分

四世

素軒 子二

樸軒 子一

三軒 子三

五世

勝元 子一

中順 子一

永繼 [illegible] 劉[illegible]附在譜後

永禮 子三

永智 子一

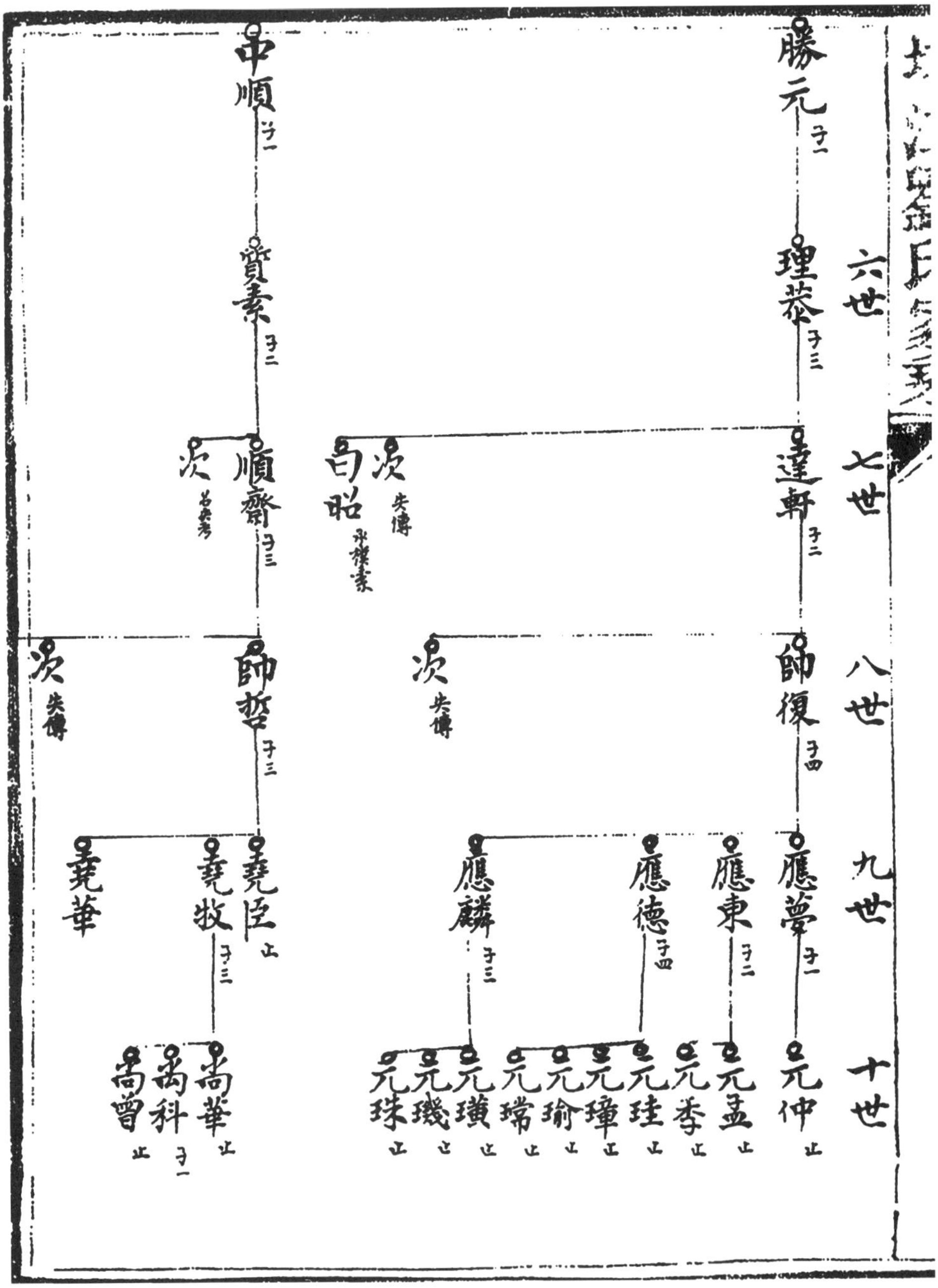
六世
七世
八世
九世
十世
勝元 子二
理菘 子三
達軒 子二
師復 子四
應夢 子二
元仲 止
應東 子二
元孟 止
元季 止
應德 子四
元珪 止
元瑋 止
元瑜 止
元端 止
應麟 子三
元瓚 止
元璣 止
元珠 止
次 失傳
次 失傳
白昭 承禩家
中順 子二
賁素 子二
順齋 子三
次 名要考
師哲 子三
次 失傳
堯臣 止
堯牧 子三
堯華
尚華 止
尚科 子一
尚曾 止

帥譽 子四

堯宗 止

堯國 止

堯瑜 子一

堯典 止

尚赤 子二

永禮 子三

六世　實軒 子一　毅軒 子二　剛毅 子三

七世　呼山 子一　曰芳 子一　曰脩 止　東溪 子二　次 失傳

八世　帥鄒 子一　可度 子二　帥益 子二　帥籌 子二

九世　廷才 子二　閶鼎 止　閶璽 止　宣明 子五　宣吾 子三　宣用 子二　宣約 止

十世　良寅　良酉 娶住泉人　元二　元三 出承樓遷外祖柯家　元四　元五　元載 子一　元弼 子一　元森 子一　元惠 子三　元德 子二　元貞 子二

永智

千三郎 止

日觀 子二

奇郎 子一

奇應 子二

建寅 止

覺寅 子一

嶨寅 子一

枝殿

枝發 子一

	十一世	十二世	十三世	十四世	十五世
尚科 子一	仲爍 子一	成忠 子一	莊旺 養子四	遂送 子一	進拱 幼殤 嗣子一
				遂按 止	
				遂欽 出承海下莊熙	
				遂齊 莊乞丘子承	進羅 遂熙次子承 子五
尚亦 子一	先春 莫考				
元載 子一	先添 嗣子一	成讓 子五	莊贅 子一	遂南 子二	進周 幼殤
					進摺 嗣子一
			莊興 子一	遂科 止	
			莊赤 止		
			莊輔 止		
			莊來 止		
元弼 子一	先達 子五	成文 子五	莊耦 子三	遂賓 子二	進成 止
					進祖 止
				遂燕 子四	進順
					進功

塔江劉氏家族

仕坦 子一
遂生 子四 住居滄州
進揚 幼殤
進□
進品
進政

遂崧 子一
進念 分出

進遠 子二俱住台
進傒

莊鵬 子二
遂賜 子五
進禀 嗣子一
進舉 子五
進蓮 分出石蔦
進入 分出石簡
進前 承遂衆

遂衆 子二
進甲 嗣子一
進前 子一 遂賜五子承

莊弁 止

莊吉 子三
遂興 子二
進企 子二 遂仕長子承
遂和 子一
進那 遂仕次子承
遂仕 子
進企 承遂興

成韜 子一

莊椒 養 子五

遂壽 子四

遂佛 子四

遂菊 子二

遂墳 子一

遂莵 子一

成武 子三

莊琅 子七

遂聯 子三

進那 子一 承遂知

進浩 子一

進寵 分出澳山

進董 子五

進貢 幼殤

進瑯 子一

進鷄 承遂莵

進妹 幼殤

進這 子二

進河 幼殤

進江 承遂菊

進江 子四 遂佛四子承

進鵝 養 子一

進鷄 子五 遂壽四子承

進郴 子二

進標 子二

進正 子二

莊璋 子四

遂貴 子三
- 進明 子三
- 進矜 承遂餘
- 進智 子一

遂元 子五
- 進思 承遂益
- 進志 分出水字
- 進炳 承遂助
- 進長 子六
- 進心 分出東石

遂導 殤

遂郡 子一
- 進建 住台

遂助 子一
- 進炳 遂元三子承

遂餘 子一
- 進矜 子四 遂貴次子承

遂大 子四
- 進棻 子三
- 進品 嗣子一
- 進卿 嗣子一
- 進主 止

遂賀 子六
- 進勵 子二

成畧 子四

莊喜 子一
莊春 子一
莊夏 子三

遂煇 子一
遂淑 子一
遂佑 子二
遂佐 子一 莊夏長子承
遂佐 承莊春
遂操 子三
遂八 子一

進粗 止
進法 止
進道 止
進浮 止
進姣 止
進丁 子一 住台
進治 止
進因 幼殤
進晋 子四 游金 遂佑次子承
進端 遂操長子承
進端 承遂佐
進蘭 子一 住台
進洲 幼殤
進两 子一

成五 子二

- 莊寬 子三
  - 遂珪 子四
    - 進出 幼殤
    - 進炎 子六
    - 進銅 承遂愛
    - 進抄 幼殤
  - 遂愛 子四
    - 進親 殤
    - 進銅 子五 遂珪三子承
    - 進玉 殤
    - 進胤 殤
  - 遂貌 子一
    - 進强 嗣子二
- 莊冬 子五
  - 遂百 住台
  - 遂萬
  - 遂貯
  - 遂埔 承莊秋
  - 遂眈 子一
    - 進銀 養 子二
- 莊利 養
  - 遂埔

莊鎮　子四

遂玩　子一
遂安　子一
遂贈　子四
遂存　子一

進金　子四
進椿　子二　遂贈次子承
進兒　幼殤
進椿　承遂安
進孫　子二　養
進高　承遂存
進高　遂贈四子承

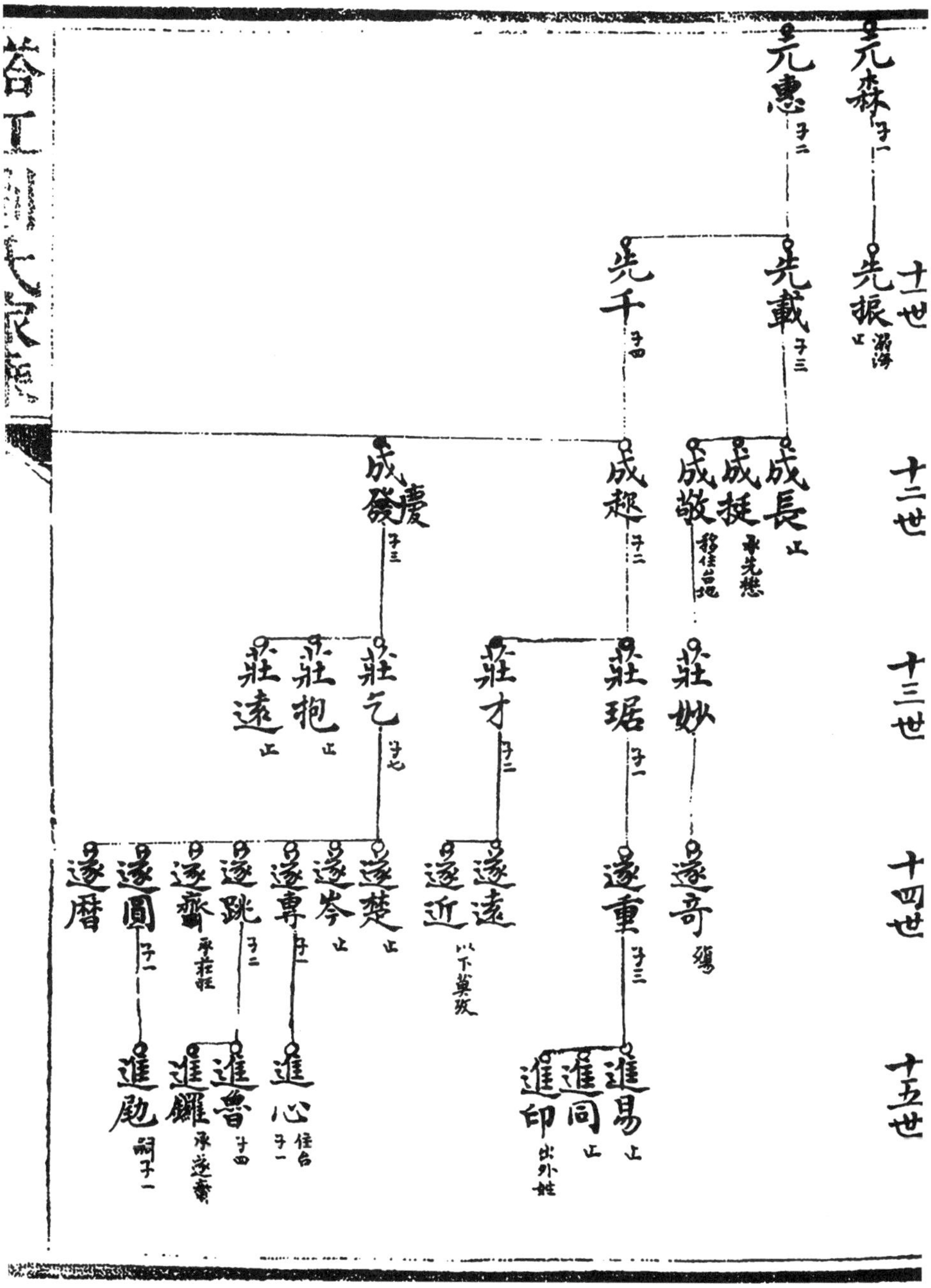
塔江劉氏族譜
十一世
十二世
十三世
十四世
十五世
元森 子一
元惠 子二
先振 溯海 止
先載 子三
先千 子四
成長 止
成挺 承先懋
成敬 移住台地
成趣 子二
成慶
成發 子三
莊妙
莊琚 子一
莊才 子二
莊乞 子七
莊抱 止
莊遠 止
遂奇 殤
遂重 子三
遂遠
遂近 以下莫考
遂楚 止
遂岑 止
遂專 子一
遂跳 子二
遂齋 承莊旺
遂圓 子一
遂曆
進易 止
進同 止
進印 出外姓
進心 子一 住台
進曾 子四
進羅 承遂齋
進勵 嗣子一

成世 子四
成達 殤

莊安 子四
莊禮 子三
莊文 子一
莊我 子三

遂壹 子四
遂旅 子一
遂呈
遂綏
遂孝 子二
遂偏 承莊文
二 [illegible]
遂偏 莊礼次子承
遂摺
遂題 子三
遂魚 子一

進泰 子一
進陽 承遂旅
進瑶
進雜
進陽 遂泰次子承
進司 承遂偏
進則 嗣子一
進司 遂孝長子承
進返
進泰
進薯
進發 [illegible]

元德 子二
先勝 子一
次 夭亡
成尉 子三
莊扶
莊碧 子四
莊提 子一
遂健 莊碧次子承
遂益 子一
遂健 承莊扶
遂青 承莊提
遂段 子二
遂青 莊碧三子承
進恩 遂元長子承 嗣子一
友朋
進端

元貞 子二
先晚 春五子 止
先榮 子三
成享 子台
成睿 子一
成儻 止
莊勇

枝發 子二
先懋 子一
成提 子四 先戴次子承
莊袍 殤
莊騰 子四
遂傳 子三
進民 子一 住台
進懷
進鑒

莊祿 承女丙改名重
莊旁 子三
遂皃
遂参
遂姣 住台麻粒甲

遂開 子四 住嵒峴層
遂曉 止
遂綽 子四

進樍 子四
進鰻 子一
進志 子四
進霖 嗣子一

進務 嗣子二
進晃 子二
進隐 分出漳州
進澳 子三

十六世　十七世　十八世　十九世　二十世

- 進拱　幼殁　嗣子一
  - 迪乳　進鑼次子承
- 進鑼　子五
  - 迪漳　子四
    - 兹梗　迪坂次子承
    - 兹煌　迪拱次子承
    - 兹利　迪呈長子承
    - 兹灶　迪坎四子承
  - 迪乳　承進拱
  - 迪燦
  - 迪呈　子二
    - 兹利　迪坎三子承　轉承迪漳
    - 兹坪　承迪盤
  - 迪盤　子一
    - 兹坪　迪呈次子承
- 進摺　嗣子一
  - 迪石　進蒙三子承
- 進成　子一
  - 迪貯　住台
- 進遠　子二
  - 迪俊傑
  - 迪海水　俱住台

進廩　嗣子一
進舉　子五
進甲　嗣子一
進前　嗣子一
進傘　子二

迪岸　子一　進舉長子承
迪岸　承進廩
迪栖　幼殤
迪考　承進甲
迪宿　嗣子一
迪箸　承進前
迪考　進舉三子承　殤
迪箸　子四　進舉五子承
迪章　子三
迪篇　子一

茲深
茲浪　子一　迪箸長子承
茲浪　承迪宿
茲湯　殤
茲鐿　夭
茲擔　殤
茲乳　子一
茲聽　殤
茲彩　殤
茲爍

唐譜
唐彬

進瑯 子一
- 廸逃

進董 子五
- 廸榮 承進琊
- 廸山 子七
  - 玆倹 幼殤
  - 玆要 殤
  - 玆寂 子一
    - 唐倫 玆鋤長子半承
  - 玆翕
  - 玆認
  - 玆淩 俱出承東石周姊丈家
  - 玆瓚 承廸掩
- 廸卞 幼殤
- 廸掩 子三
  - 玆瓚 廸山七子承
  - 玆欉 幼殤
  - 玆越 幼妹之子承
- 廸柙 承進逞

進琊 嗣子一
- 廸榮 子一 進董長子承
  - 玆鋤 子一
    - 唐倫 半承玆寂

進這 子三
廸墻 養 子三
兹述 子三
唐寮 子三
廷愷
廷燁
廷噠 幼亡
唐醜
廷憩
唐擧 幼亡

兹吅 承廸柙
兹湯 幼殤

廸柙 進壵長子承 嗣子一
兹吅 廸墻次子承 子六
唐視 幼亡
唐研 幼亡
唐棖 子二
廷贇 幼亡
廷胎 幼亡
唐鉄 殤
唐啟 殤
唐爍 殤

進江 子四
廸培 業儒 子五
兹蚌 子二
唐煌 半承子
唐妗

進穗 嗣子一

廸欽 殤
廸堅 子四
廸泮 承進穗
廸泮 子四 進江三子承

茲禎 子二
茲定
茲炒
茲薇 承廸堅
茲薇 子三 廸培五子承
茲衢 子一
茲美 子二
茲欣 子二
茲鞭 幼亡
茲禨
茲奏
茲錦

唐默 茲薇次子承
唐容 茲薇三子承
唐興
唐默 承茲禎
唐容 承茲定
唐撈 茲欣次子承
唐趾 幼亡
唐曲
唐才 幼亡
唐撈 承茲衢

進鷄 子五

廸對 嗣子二

廸學 承宮后進潤

廸唱 子七

玆淺
玆爐 俱廸唱子承

玆淺
玆爐 俱承廸對

玆床 承海下廸夏

玆蒂 承宮后廸學

玆舞
玆鎖 俱承廸針

玆口

進柳 子二

廸針 嗣子二

廸客 幼殤

廸穛 子五

廸盍 承進標

玆舞
玆鎖 俱廸唱子承

玆秘 子一

玆更 幼殤

玆買 幼亡

玆闔 土殤

玆鶯 承廸盍

唐滋 玆學三子承

進標 子二

迪孟 子一 進郎次子承
迪信 進正長子承 殤
茲鶯 迪穗五子承

進平 子二

迪信 承進標
迪能 嗣子一
茲孛 子五 迪聰次子承
唐倹 殤
唐報
唐滋 承茲松
唐諒
唐海 俱合出

進明 子三

迪灘 嗣子一
茲操 子二 迪泉長子承
唐潘
唐協 承茲邦

迪聰 子三
茲攃 幼殤
茲孛 承迪能
茲富

迪泉 子四 進聆次子承
茲操 承迪灘
茲忝 子二
唐切 承茲伐
唐定
茲趣

- 進智 子一
  - 廸嶺 子七
    - 茲頭 承廸書
    - 茲芳 幼殤
    - 茲野 子一
      - 唐欲
    - 茲榜 幼殤
    - 茲只 子三
      - 唐[?]
      - 唐體
      - 唐姜
    - 茲炭 殤
    - 茲音
    - 茲亭 幼亡
- 進長 子六
  - 廸守 嗣子一 幼殤
    - 茲樹 廸浹之子承
  - 廸身 幼殤
  - 廸趨 承進炳
  - 廸浹 子一
    - 茲樹 承廸守
  - 廸遜 承進墨
  - 廸顯 嗣子二
    - 茲鍘 廸趨長子承
    - 茲湍 廸遜長子承 殤

進炳 嗣子一
- 通趠 子二 進長三子承
  - 茲蒯 承通賤
  - 茲館 通遠四子承

進矜 子四
- 通擬 嗣子一
  - 茲邦 子二 通秩次子承
    - 唐協 茲祿次子承
- 通泉 承進明
- 通秩 子三
  - 茲伐 子一
    - 唐切 茲養子承
  - 茲邦 承通擬
  - 茲馬 分出
- 通蓄 嗣子一
  - 茲頭 通泉四子承

進恭 子三
- 通葛 殤
- 通河 承進品
- 通老 承進卿

進品 嗣子一
- 通河 進恭次子承 子二
  - 茲煨 子二 通中長子承
    - 唐接
    - 唐璃

進卿 嗣子一
- 通老 子一 進恭三子承
  - 茲夥 子一
    - 唐篚 養

進勵 養子二
- 通洋 養 殤
- 通牛 子二
  - 茲煨 承通河
  - 茲箕

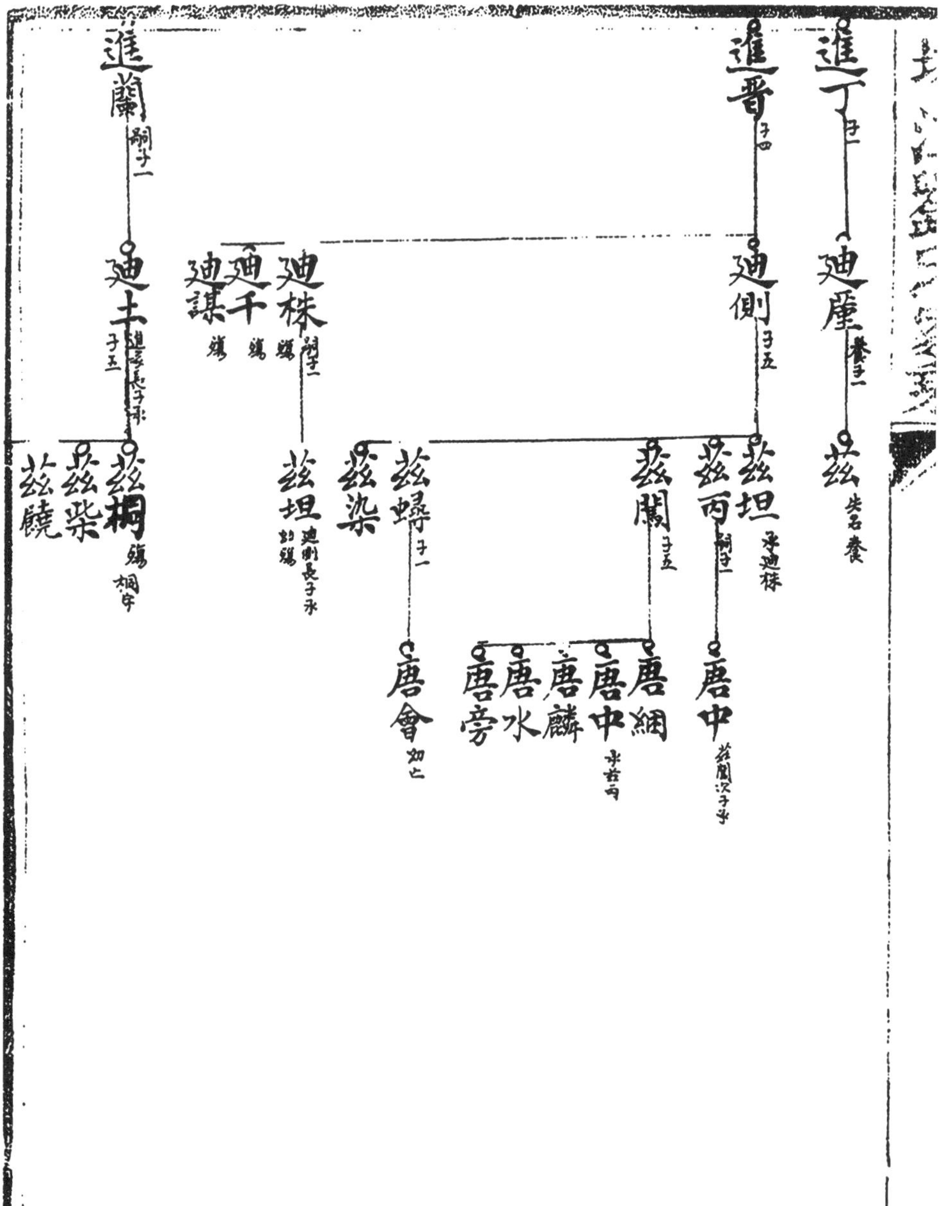
進丁 子一
廸壓 養子一
兹 失名 養
進晉 子四
廸側 子五
兹坦 承廸株
兹丙 嗣子一
唐中 兹闖次子承
兹闖 子五
唐綑
唐中 承兹丙
唐麟
唐水
唐旁
兹蟳 子一
唐會 如亡
兹染
廸株 嗣子一 殤
兹坦 廸側長子承 幼殤
廸千 殤
廸謀 殤
進蘭 嗣子一
廸士 子五 廸長子承
兹椆 殤 椆守
兹柴
兹饒

塔江劉氏家譜

進兩 子一
通漢 住台

進象 子六
通土 承進蘭
通帽 子一
茲穴 繼 進士五子承
通石 承進招
通鼎 承進銀
通登
通科

茲福
茲穴 承進清

進銀 子二
通燒 出嗣
通鼎 進表四子承

進炎 子六
通甲 子八
茲地 無嗣 子一
唐杭 茲櫟長子承
茲錫 子四
唐燕 承茲宋
唐斛 出嗣
唐咻 無嗣
唐還

迪團 改名衆 承進𤲞
迪隨 子四
迪滿 改名茯 承進綱
迪漆 幼殤 嗣子一
迪嗁 幼殤

茲橙 子二
茲朱 子一
茲省 承迪隨
茲𠌫 子二
茲入 承迪漆
茲磅 承迪遠
茲省 迪畱五子承 嗣子二
茲磅 迪畱八子承 子二
茲洗 幼亡
茲爬
茲入 迪畱九子承

唐杌 茲承茲心
唐闓 承茲省
唐燕 茲磅長子承
唐鎗 殤
唐慶 茲磅次子承
唐闓 茲橙次子承
唐藝 茲磅長子承
唐藝 承茲省
唐慶 承[illegible]茲[illegible]

塔江劉氏家

進[illegible]
迪扶 殤
迪席 子三
茲虎 承迪圍
茲改
茲語 殤
迪圍 承進強
迪籌 殤
迪在 承海下進駒

進強 子二
迪冢 子六 進炭次子承
茲煎 殤
茲鞋
茲清
茲勒 幼殤
茲耿
迪圍 進銅三子承 嗣子一
茲虎 殤 迪席長子承

進金 子四
迪甜 子四
茲豬 承迪泳
茲嚗
茲鏗 幼殤
茲頡

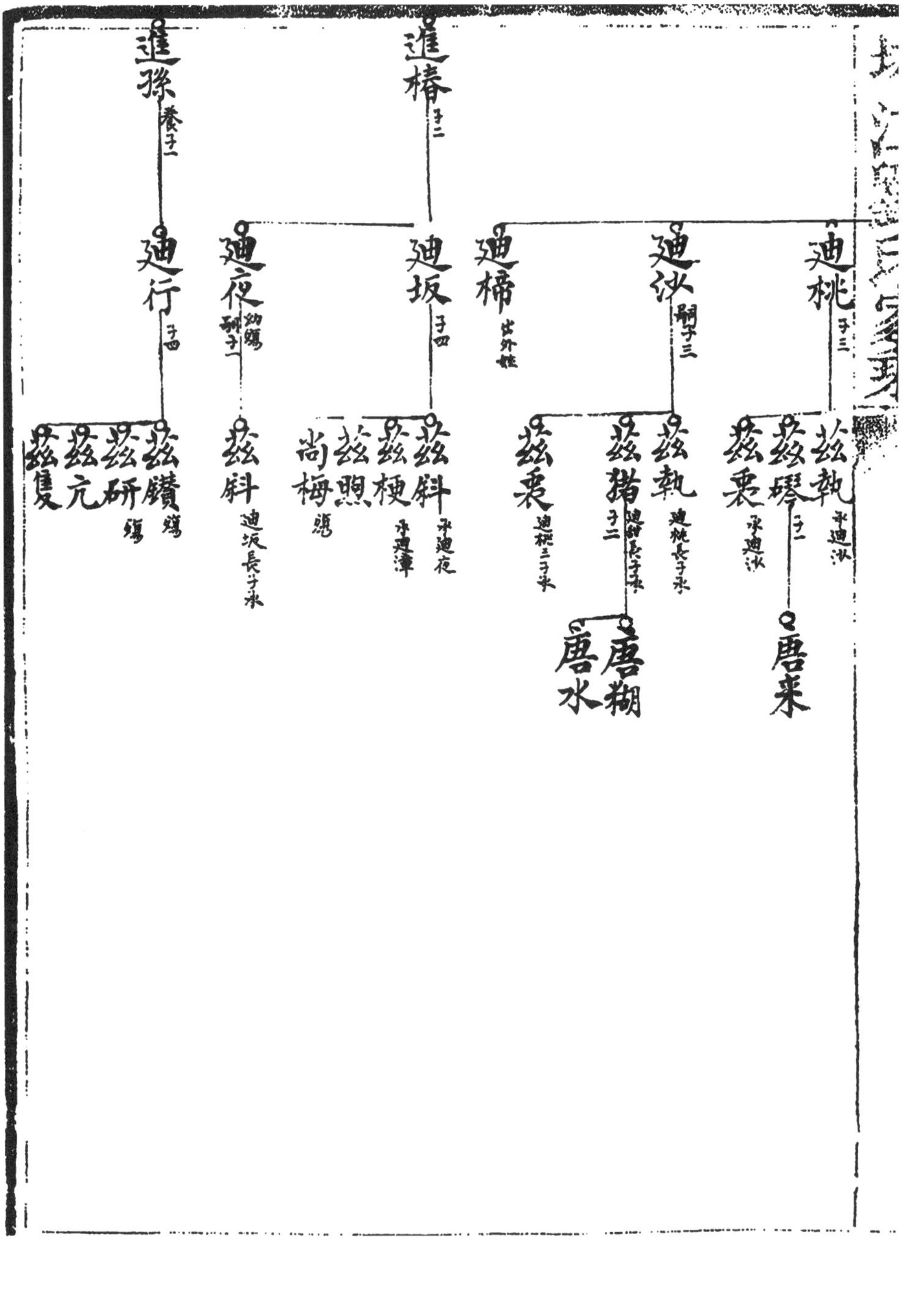
進孫 養子一
進椿 子二
迪行 子四
迪夜
迪坂 子四
迪棉 出外姓
迪泚 嗣子三
迪桃 子三
兹贊 殤
兹研 殤
兹亢
兹斛 迪坂長子承
兹斛 承迪夜
兹梗
兹煦
尚梅 殤
兹裒 迪桃三子承
兹猪 子二
兹執 迪桃長子承
兹裒 承迪泚
兹璆 子二
兹執 承迪泚
唐糊
唐水
唐来

進心 侄台 嗣子一
- 廸望 進魯子半承 子一
  - 玆度 進心之孫

進魯 子四
- 廸望 半承進心 子四
  - 玆鑿 承廸坎
  - 玆度 承進心為孫
  - 玆驛 承廸銚
  - 玆廚 幼亡
- 廸坎 承進勵
- 廸粕
- 廸銚 子一
  - 玆驛 廸望三子承

進勵 嗣子一
- 廸坎 進魯次子承 子四
  - 玆鑿 廸望長子承
  - 玆煌 承廸漳
  - 玆利 承廸星
  - 玆灶 承廸漳

進泰 子一
- 廸橋 兼承進則

進則 嗣子一
- 廸橋 進泰子兼承

進思 嗣子一
廸遮 子四 進長五子承
茲満 承廸顕
茲顧
茲凍 殤
茲館 承廸趁

進民 嗣子一
廸奏 進灣三子承

進植 住台 子四
廸喜 嗣孫一
㢢
唐羅 係女子名笓娘招贅黄忠所生之子摘承
廸晏 承進鰻
廸 失名 幼亡
廸註 幼亡

進鰻 住台 嗣子一
廸晏 進植次子承 子二
茲九 幼亡
茲賀

進志 子四
廸番 子六
茲鴉 幼亡
茲吹 幼亡
得勝
茲才

進霖 嗣子一
廸扶 子二 進志三子承
玆安 七歲而亡
玆福 幼亡

廸晉 出承六房進著
順治 承廸晉
玆紫 幼亡
廸扶 承進霖
廸緩 出承三房二進著

進務 嗣子二
廸璧 子一 進晃次子承
玆田 承廸察
廸詔 子一 進湧長子兼承
玆錦 幼亡

進晃 子二
廸察 子一 養
玆田 廸璧長子承
廸璧 承進務

進湧 子三
廸詔 兼承進務
玆錦 幼亡
廸捋 幼亡

廸奏 承進民

塔江劉氏族譜

三房三後卷分世次

第一世

始祖令史公

宣敎公次子諱拓於宗中排行一百二十九故呼之曰九哥公仕宋爲朝散大夫行軍令史信國公督府參佐塋本鄉西邊埭墘

妣蘓氏

子三　一郎　二郎　三郎

第二世

一郎公

世次分載長房譜中

二郎公

世次分載二房譜中

三郎公

令史公三子爲三房開基之祖生年舊譜無記卒元

年五月廿二日吉時

妣

氏生年無載卒　年七月十六日塟西邊潭墘

子四　誌伯　誌仲　誌叔　誌季

第三世

誌伯

世次分載三房長宮後分譜中

誌仲 世次分載三房二譜中

誌叔 三郎公三子爲三房三後巷分房祖塋山坪後竪大月碑無鐫字另西畔一堆係尚科公祖墳

妣 氏

子三 素軒 樸軒 三軒

誌季 世次分載三房四海會分譜中

第四世

生卒塋配舊譜有鐫者錄之無鐫者一仍其缺

素軒　誌叔公長子　塋山坪頂

妣柯氏　子一　勝元　塋山坪頂

樸軒　誌叔公次子　塋本山溝前

妣　氏　子一　中順

三軒　誌叔公三子　塋本山山坪頂

妣陳氏　子三　永繼養　永禮　永智

第五世

勝元 素軒公長子
妣鮑氏
子一 理恭

中順 樸軒公長子
妣 氏
子一 質素

永繼 三軒公養子 長

妣　氏
支派載在圖末

永禮　三軒公長（次）子
妣楊氏
子三　實軒　毅軒　剛毅

永智　三軒公三子
妣　氏
子一　十三郎

第六世

理菾　勝元公之子謚慤軒

妣　氏

子三　達軒　次移居東關　曰昭承樸素

葬本山山坪後

質素　中順公之子

妣　氏

子二　順齋　次失名無傳

實軒　永禮公長子

妣　氏

子一　呼山

毅軒　永禮公次子

妣鮑氏

子二　曰芳　曰備

塋本山埔邊面坐西向東

剛毅　永禮公三子

妣張氏

子三　東溪　次失名無傳　曰觀

十三郎 永智公之子

妣　氏

子未詳

第七世

達軒 理蔡公長子

妣蔡氏

子二 帥復 次失名無傳

合塟本山亦荒下

次 理蔡公次子移居永春東關男名字失記生四子長喬桃次喬源三喬榔四養叔喬榔又有五叔從戎揚叔出居江西廣

信府延山紫溪縣旁芳鄉越省支派未詳現有子孫
雅叔　芥叔　芳叔　養叔生娘叔居同安縣東橋　喬
源名四叔現居永春公婆坑　喬桃固籍本鄉繼帥弼公
又載子五長一春次養叔三陽叔四四叔五五叔　養叔
二子一名娘叔居同安東橋次失名揚叔子三一名雅一
名芥一名芳任江西省

日昭
理恭公三子出承樸素

順齋
質素公長子

妣　氏
子三　帥哲　次失名無傳帥譽

帥鄠 呼山公長子
妣沈氏
子一 廷才

可度 日芳公之子字帥鵬即四九叔
妣 氏
子二 問鶚 問璽

帥益 東溪公長子謚蓋松生未詳卒 年三月初弍日
妣許氏生未詳卒 年六月十八日塟後堀頭坐北向南

子二　宣明　宣吾

按主牌上有載東周公妣勤慈許氏未知即為蓋松公抑別有其人姑祔于此以便稽察

帥籌

東溪公次子謚東泉生未詳卒　年二月十九日

妣　王氏生隆慶戊辰年二月初九日　時卒崇禎壬午年二月廿五日辰時享年七十五歲塟本山石路頭

子二　宣用　宣約

奇郎

曰觀公長子字帥異謚茂松生未詳卒　年十月十三日　時

妣　呂氏生未詳卒　年四月初七日

側室呂氏　塟山坪下坐東向西

子一　建寅側室出

奇應　曰觀公次子字帥舉謚拔宇生未詳卒　年二月廿七日

妣曾氏生未詳卒　年十月初二日塋

子二　覺寅　慰寅

第九世

應夢　帥復公長子字子熊謚少江

妣黃氏

繼妣　氏　生卒塋俱未詳

子一　元仲黃氏出

應東　帥復公次子字子貞謚懷江
妣洪氏生卒俱莫攷塋本山赤荒下
子二　元盂　元季

應德　帥復公三子字子福
妣黄氏生卒塋俱莫攷
子四　元珪　元璋　元瑜　元瑞

應麟　帥復公四子字子瑞謚逸江
妣蔡氏生卒塋俱莫攷

子三　元璜　元璣　元珠

堯臣

帥哲公長子字子忠

妣蔡氏

繼妣鍾氏生卒塋俱莫攷

堯牧

帥哲公次子字子養生萬曆己未年九月廿日午時卒康熙庚戌年七月廿八日辰時享年五十二歲

妣李氏生天啟壬戌年十月初七日卯時卒順治癸巳年四月廿四日寅時塋石室宮穴癸丁

子三　尚華　尚科　尚曾

按公妣此生卒塋處與功姪尚赤公一字不差細查之確是尚赤公的且查龕中有尚赤之主亦無堯牧之主諒因

前世修譜失於檢點故復錯載在此

堯華　帥哲公三子字子勲

妣蔡氏生卒塋俱莫攷

堯宗　帥譽公長子字子穆

妣王氏

繼妣黄氏生卒塋俱莫攷

堯國　帥譽公次子字子民

妣李氏生卒塋俱未詳

堯瑜

帥譽公三子名瑜諱堯諭字子茂號迪澤元一五九六生萬曆丙申年七月廿四午時卒順治庚寅年二月廿七日亥時享年五十五歲殁于廣塋未詳

妣林氏謚慈儉生萬曆己亥年六月初九日吉時卒康熙甲辰年四月初八日吉時高年六十六歲原逢遷都塋在小浯塘癸亥三月十八日拾回與子婦合塋本鄉埕邊面穴癸丁

子一　尚赤

堯典

帥譽公四子生卒塋配俱未詳子亦無傳

廷才

帥鄒公長子字子然移居泉城

妣王氏

繼妣陳氏生卒塋俱莫攷

子二　良寅　良酉

問昂　可度公長子字子登小名果叔諱瑞宇生未詳卒　年十一月初三日

妣歐陽氏名驚娘生萬曆壬辰年　月　日　時卒康熙癸卯年四月初二日辰時享年七十二塋本山卯仔潭上

問璽　可度公次子生卒塋配俱未詳

宣明　帥益公長子字子昭生未詳卒康熙年三月廿三日塋本山赤墓後坐東向西

妣柯氏生卒未詳墓與宣吾妣鄭氏姑媳合塋山坪頂向北
繼妣傅氏生未詳卒康熙年三月廿一日墓合子元載併下
厝墻仝塋厚（高）面溝仔口
子五　元二　元三（出承埕邊外祖柯家）　元四　元五（俱柯氏出）　元載（傅氏出）

宣吾　帥益公次子字子執謚榮宇生萬曆乙未年十二月廿五
日午時卒康熙甲辰年六月初六日吉時享年七十歲塋
埕邊面坐西向東
妣鄭氏柯倉人生萬曆　年六月十九日卒　年正月
廿三日與嫂柯氏俱塋山坪頂坐南向北
繼妣曾氏生萬曆　年十二月廿二日卒　年八月廿
六日塋坂墻外向西與功姪元德婦王氏祔
子三　元瑯　元森（俱鄭氏出）　元惠（曾氏出）

宣用
帥籌公長子字子賓謚及泉生萬曆辛卯年二月十九日
辰時卒順治己亥年正月廿日辰時
妣陳氏生萬曆丙申年五月初六日吉時卒順治丁亥年五
月初十日辰時合塋山坪頂坐東向西
子二　元德　元貞

宣約
帥籌公次子生卒塋配俱莫攷

建寅
奇郎公之子字子泰
妣許氏　生卒塋未詳

覺寅　奇慶公長子小名卯字子正謚子政生萬曆丙午年五月廿七日卯時卒康熙丁未年二月初四日辰時

妣　楊氏生萬曆　年二月初一日　時卒　年二月廿三日　時公妣及弟魁寅併子枝殿合塟本山新塘橋上禮老地內坐西向東

子一　枝殿

魁寅　奇應公次子小名戍叔字子初生萬曆壬子年十二月十九日戍時卒康熙壬寅年正月十一日寅時與兄及侄塋仝

妣　張氏謚慈德生萬曆癸丑年三月卅日卯時卒康熙己巳年二月十九日戍時享年七十七歲塟本山埕邊面潭仔上穴坐乾向巽

子一　枝發

第十世

按十世諸人遭亂播遷或流散四方或遊商于粵遂致世系無攷

元仲　應夢公之子

配　氏

元孟　應東公長子

妣　氏

元季　應東公次子字籓卿

妣邵氏

元珪 應德公長子

妣 氏

元璋 應德公次子

妣 氏

元瑜 應德公三子

妣 氏

元瑺 應德公四子

妣　氏

元璜　應麟公長子

妣　氏

元璣　應麟公次子

妣　氏

元珠　應麟公三子

妣　氏

已上諸人皆遭遷流散不知分住何方

尚華 堯牧公長子生卒葬配俱莫攷子亦未詳

尚科 堯牧公次子謚藩剡生萬曆丁未年（公元一五九七年 一六〇七）十一月十二日申時卒順治戊子年六月十五日寅時葬在安海

妣蔡氏謚勤儉生萬曆甲寅年四月廿五日酉時卒康熙甲寅年七月十六日巳時葬在城外

子一 仲燦

尚曾 堯牧公三子生卒葬配俱莫詳

尚赤 堯瑜公之子謚我明生萬曆己未年（公元一六一八）九月廿日午時卒康熙庚戌年七月廿八日辰時

妣陳氏謚勤順生天啓壬戌年十月初七日卯時卒順治癸巳年四月廿四日寅時拾塟在埕邊面與母林氏三壙墊

子一　先春

另公主內有一位伯光元公神位生崇禎己亥年正月初四日午時卒康熙二十一年八月十一日戌時享年四十四塟本山坑後坐西向東細查舊譜似無是公姑并錄之以存祀

良寅

廷才公長子住泉城生卒塟配莫攷

良酉

廷才公次子住泉城生卒塟配莫攷

次 失名 質素公次子

呼山 寶軒公長子

妣李氏

子一 帥鄒

日芳 毅軒公長子謚東坡

妣郭氏

繼妣許氏

子一 可度

曰備
毅軒公次子生卒塋配莫考後亦無傳

東溪
剛毅公長子
妣陳氏
子二　師益　師籌

次
失名
剛毅公次子

曰觀
剛毅公三子謚朧松墓與十世孫茂芳公合塋本山五斗
上向南
妣張氏

二二 吾前 吾應

第八世

師復 達軒公長子諡泉江
妣孫氏
繼妣許氏
合葬在坑前
子四 應夢孫氏出 應東 應德 應麟俱許氏出

次 失名 達軒公次子

師哲 順齋公長子

妣謝氏

子三　堯臣　堯牧　堯華

次

失名

順齋公次子

師譽

順齋公三子諱興試號桂山生嘉靖戊午年（公元一五五八）十月廿六日寅時卒萬曆辛亥年五月十六日卯時享年五十四歲舊譜誤以妣生庚為公生庚

妣　湖頭黃氏謚德慈生嘉靖甲子年十一月初十日亥時卒崇禎辛巳年五月初七日卯時享年七十八歲葬坑後坐黃[illegible]

子四、堯宗　堯國　堯俞　堯典

按師譽公主腹內有書三伯公神位十一月十六日忌辰三姆婆九月十五日忌辰係十二世孫成忠所填錄以存祀

元二 宣明公長子生卒無殁考并葬宣明公墓坤西

配東埔吳氏改

元三 宣明公次子出繼外祖埕邊柯家

元四 宣明公三子商廣無回

元五 宣明公四子商廣不棣

元載　宣明公五子乳名章觀謚文廷生崇禎丙子年七月初六
日吉時卒康熙丁卯年七月廿五日酉時塟本山施厝墓
下坐北向南

妣　高厚王氏遭遷分散生卒未詳與姑傅氏併下厝嬸合塟
高厚溝仔口

繼　妣林口李氏謚慈德生崇禎癸未年六月初九日辰時卒
康熙癸巳年八月十九日巳時塟大堵荒坐西向東

子一　先添李出

按李氏前有一子名喚安伯係南安黄寧黄家鼎官之子
隨母來住於此甘心莫娶照顧繼弟先添完婚成人享年
七十五移塟在五斗頭坐北向南

元弼　宣吾公長小名辰淑生萬曆戊午十二月廿一日吉時卒
崇禎癸未年二月十七日巳時塟其仔潭上地內東西享年二十六

妣石鄉黃氏生天啟辛酉年二月廿三日子時卒康熙壬戌年正月十九日巳時享年六十二歲葬其仔潭地角坐東北西南

子一 先達

妣黃氏年廿三即喪所天孤子週歲僅有地六升又值國初鄭藩在海邊民播遷困迫交加矢志堅貞撫養孤兒俾克成立今子孫蕃衍亦天之償厥節也

元森

宣吾公次子名治叔生未詳卒　年三月初一日葬埕邊山面坐西向東

妣洋宅楊氏生未詳卒　年三月廿五日葬后堀頭坐東酉

繼配洋宅蔡氏改

子一 先振　女一適祥芝陳家 俱楊出

按先達公所塡大牌上有元森劉公母謝氏查譜無謝氏之妣然亦不敢泯沒姑錄之以俟稽察

元惠 宣吾公三子名寅叔謚藹亭生崇禎癸酉年九月初三日寅時卒康熙丁酉年正月初二日巳時享年八十五

妣 東皋吳氏名招娘謚德順生崇禎丙子年四月廿二日寅時卒康熙庚子年正月廿六日丑時享年八十五合公塋本山施厝墓穴坐癸向丁兼子午

子二　先登　先科

元德 宣用公長子名烏叔生萬曆己未年二月十五日辰時卒康熙乙巳年十一月卅日吉時塋前薛面穴壬丙亥巳

配 坑前王氏名六娘生天啟癸亥年　月　日　時卒順治乙未年二月初二日戌時塋坂墻外與大功嬸曾氏（係宣吾公繼妣仝塋）

繼妣　氏

子二　先勝　次（遭遷離散失名）

元貞

宣用公次二子名元貞號瀾軒生崇禎癸酉年十二月初三日寅時卒康熙丙子年正月初二日丑時

妣前埔蔡氏名怨娘生崇禎庚辰年十月廿八日未時卒康熙乙酉年十月廿三日子時與公合塋本山橋仔頭張厝墓南穴內壬丙亥巳外亥巳壬丙

子二　先晚　先榮係葛州房十四世孫入承

其長名先晚係春五子入承但生卒塋配俱莫攷

枝殿　覺寅公之子

妣　氏

枝發

魁寅公之子名老淑謚茂芳生順治壬辰年正月初七日寅時卒康熙辛卯年五月卅日辰時塋五斗上東畔坐北

向南仝七世祖朧松公張妣合塋

妣白石徐氏生　年五月初十日卒康熙　年十二月十九日　時

繼妣曾氏謚謹厚生康熙丁未年六月十四日戌時卒康熙丙申年九月廿四日戌時仝前妣合塋本山新塘橋坐西向東

子一　先懋徐出

第十一世

仲燦

尚科公之子名燦叔謚光輝生崇禎癸未公元一六四三年十月廿五日亥時卒康熙壬寅年正月廿六日卯時享年八十

妣溜石朱氏謚勤慈生崇禎壬午年七月十八日巳時卒康熙壬寅年四月初十日亥時享年八十一合公塋石室宮穴坐西向東

先春

尚赤公之子遭遷生卒塟配俱莫攷

先添

元載公之子名添字爾籌生道光（康熙）乙丑年七月十五日申時卒乾隆戊寅年十二月十八日亥時高年七十四塟赤墓後坐東向西在宣明公南畔第二堆

妣

覆坂蔡氏名玉娘謚慈淑生康熙丁卯年三月廿三日寅時卒乾隆甲子年十一月廿八日午時塟赤墓後與公並列北畔

嗣子一　成讓 公藻三子承

先達

元嫲公之子名丑諱先達字爾三謚復尊生崇禎辛巳年十月卅日丑時卒康熙乙未年二月初五日寅時享年七十

五塋大堵荒穴坐乾向巽
妣白沙周氏名戍娘謚勤儉生順治丙戌年十月廿六日戌
時卒康熙辛巳年三月卅日丑時塋後窟頭坐東北向西南
子五　成文　成韜　成武　成晷　成五

先振元森公之子名振生未詳康熙戊午年十一月初八日巳
時在船被水溺海

先載元惠公長子名載諱先登字爾高謚先遠生康熙丁未年
十一月廿七日丑時卒康熙丁酉年二月廿八日戌時塋與妣合
妣新市蔡氏名招娘謚柔順生康熙庚戌年九月十九日酉
時卒乾隆癸亥年三月初五日申時塋五斗頭穴坐癸丁丑未
子三　成長　成挺出家先懋　成敬

先千　元懃公次子名千諱先和字爾甲生康熙己未年四月廿一日未時卒乾隆己未年七月初六日巳時塟五斗頭坐北向南

妣　可慕許氏名酉娘謚勤儉生康熙癸亥年十一月廿二日酉時卒乾隆己丑年十二月十七日丑時塟新塘內坐東向西

子四　成趣　成慶　成世　成達

公存心重厚族情款洽與公謦欬協力搆祠亦吾宗之望也

先勝　元德公長子名勝諱先逵字仲會謚復哥生順治戊子年十一月初三日午時卒康熙乙亥年二月廿七日巳時塟埕邊面坐西向東（主內又葬陳厝未詳）

妣　中舍王氏名京娘（謚順德）生康熙壬寅年二月初十日戌時卒乾隆乙丑年正月十二日巳時塟施厝墓穴壬丙亥巳

子一　成魁

次　失名
元德公次子遭遷離散

先晚
元貞公長子春五子承生卒塋配莫攷

先榮
元貞公次子名嵩州房振嶽次子入承榮諱先俊謚志德生康熙戊午年五月十
三日巳時卒乾隆辛酉年三月初三日子時

妣
洒洲王氏名勸娘生康熙丙寅年九月十一日寅時卒乾
隆癸酉年五月十四日亥時與公合塋和尚仔墓穴丑未癸丁

子三　成亨　成膺　成儻

先懋 材榭公之子名彥懋諱先懋字爾勳生康熙丙寅年　月
日　時卒康熙癸巳年八月廿九日　時葬坑後東西

妣 塘邊張氏生康熙　年　月　日卒康熙　年七
月廿九日與媳婦周氏合葬五斗頭坐北向南

繼 妣東石蔡氏名珍娘生康熙　年　月　日卒康熙
年正月十八日葬大泉埔坐西向東大譜書向西

嗣子一　成挺 先載次子泳

公丰姿雅韻性敏夙達遇事剖決筆翰如流蓋下帷功深
文壇中素擅雄聲造物忌才早赴玉樓惜哉

第十二世

成忠 仲燦公之子名忠字公誨諡思和生康熙丁卯年三月初
二日申時卒乾隆丙寅年二月初一日酉時葬石室宮光
輝公墓南畔

妣坑前王氏名宜娘謚慈諒生康熙乙亥年二月初八日亥時卒乾隆甲子年正月廿六日子時塟石室宮光輝公墓北

子一　莊旺養

成讓　先添公嗣子公藻三子承名讓諱成恭字業侯生康熙甲午年十二月十九日亥時卒乾隆戊申年九月廿八日未時

妣溪邊許氏名衔娘謚勤儉生康熙甲午年七月十三日酉時卒乾隆戊申年正月廿三日酉時合塟埕邊面

子五　莊贊　莊興　莊赤　莊輔　莊來

成文　先達公長子名文字成業一字公基謚思脩生康熙丁未年十一月初七日亥時卒雍正甲辰年二月初九日舊譜誤書康熙甲辰塟某仔潭坐東向西

妣滬厝垵柯氏名二娘謚順惠生康熙辛亥年七月初六日

時卒康熙癸酉年正月初四日寅時塟施厝墓穴 壬丙

子五　莊偶　莊坦　莊鵬　莊弁　莊吉

成鞱

先達公次子名鞱字公蘊謚思營生康熙辛亥年六月十九日寅時卒乾隆壬戌年二月廿九日卯時塟埕邊面在宣吾公墓南畔穴壬丙亥巳

妣東皐吳氏名寶娘謚勤順生康熙乙卯年十月初一日亥時卒乾隆庚辰年二月廿日未時塟（與成五妣周氏仝）淇仔潭穴甲庚寅申

子一　莊檄 養

成武

先達公三子名武字公奮謚恩烈生康熙癸丑年七月廿十九日丑時卒乾隆壬申年二月初五日巳時塟埔邊面穴坐乾向巽兼戌辰與繼妣合塋

先妣埔頭顏氏名謹娘謚慈德生康熙壬戌年八月廿五日

戌時卒康熙辛卯年十二月廿九日未時塟其仔潭東西

繼妣石蘭洪氏名衍娘謚柔順生康熙戊辰年正月十七日戌時卒乾隆庚子年七月十三日未時合公塟埔邊面

子三　莊琅顏出　莊璋　莊喜俱洪氏出

成畧

先達公四子小名畧字公潤謚思功生康熙乙丑年正月廿三日已時卒乾隆甲戌年十一月廿四日辰時

妣小浯塘李氏名戍娘謚柔順生康熙丙寅年八月廿二日酉時卒康熙乙未年三月廿七日已時合公併繼妣三壙並塟埕邊面坐西向東

繼妣內厝李氏名進娘謚和美生康熙癸酉年正月初一日辰時卒乾隆乙亥年四月初九日辰時塟仝公及先妣

子四　莊春　莊夏前妣出　莊秋　莊冬后妣出

成五 先達公五子名金科成熙字公史謚思德生康熙丁卯年五月十九日丑時卒雍正乙巳年十一月初六日巳時塋坑後潭墘坐東向西

妣白沙周氏名守娘謚遂緘生康熙辛未年七月十八日寅時卒乾隆丙戌年六月廿一日吉時塋（與成紹妣吳氏合）其仔潭穴甲庚幀

子二　莊寬　莊鎮

成長 先載公長子名長使諱成玉生康熙戊辰年八月十一日巳時卒康熙　年八月十四日吉時塋施厝墓元惠公墓西向南

聘埭邊許氏改

成挺 先載公次子出承先懋

成敬

先載公三子名敬諱成立字公建生康熙丁亥年正月十九日寅時移任臺之溪洲官林內卒

妣可慕許氏名閣娘謚勤儉生康熙辛卯年七月初七日申時卒乾隆壬戌年正月初一日酉時塟西沙岗南

子一　莊㚬

成趣

先千公長子小名趣諱成時字公駕生康熙壬午年二月十八日戌時卒乾隆丙寅年四月初九日　時殁于臺之浪嶠

妣本鄉孫氏名惠娘生康熙甲申年五月初五日　時卒雍正癸卯年五月初三日巳時

繼妣洪塘張氏名大娘生康熙丁亥年十一月十二日丑時卒乾隆己未年五月十一日巳時合孫妣仝塟西沙岗南

子二　莊琚　莊才俱張出

成慶

先千公次子名慶諱成宴字公新謚思賀生康熙己丑年九月十八日丑時卒乾隆癸酉年五月初七日戌時塋五斗頭穴癸丁丑未

妣

東皐吳氏名懸娘謚貞節生康熙丁酉年二月十一日戌時卒嘉慶庚申年十二月初四日未時塋新塘內坐乙辛向

子三　莊乞　莊抱（幼殤）　莊遠（幼殤）

成世

先千公三子名世諱成祿字公秩生康熙癸巳年七月初一日戌時卒乾隆甲辰年三月初五日巳時與妣合塋

妣

石菌黃氏名恁娘謚慈愛生康熙壬寅年二月初六日申時卒乾隆甲午年四月廿日未時塋新塘內穴坐乙向辛兼辰戌

子四　莊安　莊禮　莊文　莊我

成達　先千公四子名達生康熙丁酉年二月初九日未時卒雍正己酉年七月廿三日　時殤塟西沙

成魁　先勝公長子名魁諱成憲字公元謚思恩生康熙庚申年閏八月十五日辰時卒康熙己亥年十二月廿四日辰時

妣　坑前王氏名謹娘謚慈德生康熙乙丑年五月廿七日戌時卒康熙乙酉年七月初六日亥時與公合塟和尚仔墓坐東向西

繼妣曾氏湖美人名催娘生康熙戊辰年四月十九日巳時卒雍正癸丑年七月廿四辰時塟在海沙

子三　莊扶王出　莊碧　莊提俱曾出

成亨　先榮公長子名亨諱成佐生康熙癸未年九月廿一日寅時卒雍正庚戌年八月十九日戌時殁于臺塟未詳

配高厝王氏改

成睿 先榮公次子名睿諱成烈生康熙辛卯年十月廿六日亥時卒乾隆戊寅年十月往臺不知踪跡

妣 坑園吳氏生康熙戊戌年十月十九日丑時卒乾隆庚寅年八月初三日午時塟曾垵塚地

子一 莊勇

成儻 先榮公三子名儻良諱成儔生康熙乙未年十一月初四日寅時卒于臺年月日塟俱未詳

妣 柯坑張氏名春娘生雍正年　月　日卒乾隆癸酉年　月　日　時塟西沙

成挺 先懋公嗣子先載次子承名挺諱成瑛字公振生康熙壬申年十一月初一日申時卒乾隆癸亥年七月初二日寅時歿于臺拾回與妣仝塟

妣西宅周氏名險娘謚勤儉生康熙癸未年六月初七日巳時卒乾隆己丑年十一月初三日巳時合公塋五斗頭坐北向南與姑張氏仝塋

子四　莊袍（殤）　莊騰　莊祿（出承文丙改為莊蕫）　莊房

第十三世

莊旺

成忠公養子名旺字明侯謚莊興號興侯生康熙庚子年十二月廿七日申時卒乾隆丙戌年四月十三日寅時塋官山坐東向西

妣坑前王氏名腰娘謚柔順生雍正甲辰年三月十三日巳時塋官山塚

子四　遂送　遂按　遂欽（出承海下莊興）　莊齊（莊乙五子承）

莊贊

成讓公長子名贊諱莊襄字成侯號匡侯生雍正乙卯年十一月初六日酉時卒嘉慶己巳年正月廿八日丑時塟前蘇面坐西向東

妣 陳山陳氏名法娘謚慈惠生乾隆戊午年十月初五日己時卒乾隆乙未年五月十八日未時塟施厝墓潭仔墘坐

子一 遂男

莊興

成讓公次子名興諱莊賓字隆侯一字周侯生乾隆丁巳年十一月十四日巳時

妣 洋宅蔡氏名靜娘謚勤儉生乾隆丙寅（大譜書乙丑）年三月初一日未時卒乾隆戊戌年四月初三日午時塟官山坐西向東

子一 遂科

莊赤 成讓公三子名赤字繹侯諡莊芾生乾隆丁卯年八月十四日亥時卒乾隆辛卯年七月廿四日未時歿于臺拾塋施厝墓下與安伯並列向南

聘本鄉孫氏改

莊輔 成讓公四子名輔諱莊弼字賚侯生乾隆壬申年五月初四日辰時卒莫攷

莊來 成讓公五子名春來諱莊賀諡莊來生乾隆庚辰年二月初三日（舊譜作初十）亥時卒乾隆辛亥（旧載壬子）年五月初六日卯時塋施厝墓潭仔墘與三兄莊赤仝塋

聘洪塘張氏改

莊耦

成文公長子名耦諱莊瑞字禎侯諡克科生康熙庚午年七月廿二日未時卒乾隆己巳年十月廿日巳時塋坑後坐東向西

妣

陳山陳氏名麗娘謚靜順生康熙甲戌年四月廿三日未時卒乾隆甲戌年二月廿一日午時塋坑後與公並列𡁡

子三　遂賓　遂燕　遂鬆

莊坦

成文公次名坦諱莊珠字靄侯生康熙丁丑年十一月初七日辰時雍正戊申年八月十一日往臺遭風溺水

妣

呂厝呂氏名端娘生康熙乙酉年十二月初二日辰時卒不知往臺

子一　遂生往台

莊鵬

成文公三子名鵬諱莊寶字敦侯謚克程生康熙辛巳年二月廿日酉時卒乾隆庚午十一月十七日午時

妣

周坑曾氏名閒娘謚靜容生康熙甲申年十一月廿三日午時卒乾隆癸巳年六月十五日辰時塟坑後坐甲向庚

次子遂衆祔

子二　遂賜　遂衆

莊弁

成文公四子名弁諱莊纓生康熙丁亥年正月十九日辰時雍正戊申年八月十一日與次兄莊坦往臺同溺海

莊吉

成文公五子名吉諱莊珍字席侯謚克昌生康熙甲午年七月十六日丑時卒乾隆辛未年五月初三日未時

妣

陳山洪氏名閒娘謚惟謹生康熙己亥年正月初一日申時卒乾隆己未年八月廿二日巳時

繼

妣石蕃蔡氏名岩娘謚懿儉生康熙丁酉年九月初八日
未時卒乾隆甲寅年三月初六日酉時合三壙塋大泉頂
子三　遂與　遂和　遂仕　俱蔡出

莊椒

成翰公養子名椒諱莊彩字翼[翠]侯謚貽弓生康熙丙戌年
十一月十二日酉時乾隆戊寅年九月初七日巳時往漳
回棹溺於內河

妣

東皐吳氏名晏娘謚立節生康熙丁亥年三月十二日丑
時卒乾隆戊申年五月廿日寅時享年八十二塋和尚仔
墓坐巽向乾兼巳亥
子五　遂壽　遂佛　遂菊　遂墳　遂麂

嗚呼難憑者天道不昧者人心自古吉人遇疾為人世之
所悼痛誠以其人之品行可欽其人之歸宿最慘使人疑
福善禍淫之天為無定而品端性徽之儕為徒然吾於翠

侯之死不能不搔首而莫解於天矣蓋天者理也理宜死而如是死之則死者甘受生者鼓掌理不應如是死而刻而死之且不得比於強惡之牖下則死者抱恨終天生者痛傷無地長使江濤時起號怒之聲天乎胡死我翠侯如是之酷而果報之說顛倒如斯耶翠侯存心平恕存以事親慈以撫弟季叔父公史公分異復合叔嫂婚嫁弟妹怡怡之情孚於羣從恂恂之行洽於族黨輯睦排解大者平之小者化之莫不以其言為從違之準咸曰翠侯道如是爾也吾見宗族稱之鄉黨善之都人士亦莫不欣欣然以其古道可仰可風無他處心積慮偏陂胥泯而忠恕之情洋溢於周旋身世間隆師厚友之誼流露於情文款洽內所以言出而人悦服無異者由素所蓄積然也孰意己卯歲荒營供慈膳往潼田掉竟為石尤所害公無渡河空遺恨不留軀殼在人間痛傷之聲達于遠邇迄今鄉族聚談

裕守雅會猶爾若秀才置身可矣其為人矣所幸哉裕詩
理輩能理父風箕工裘良庶幾一慰予修譜至此不覺潛
然爰述其概并所哭之詞約括其行誼附録于此以見数
定於天身雖莫挽理還在世口猶生碑也云爾　詞曰人
生何最苦離別兩般情生離已動魄死別更心驚當此痛長
往豈徒涕交横友朋尚慼慼况在於弟兄憶吾與君好締
結在髫髪（齡）塔江從師教共矢友恭盟嗣後復延余晤言憑
一誠相喻亦相勗共坐亦共行嗟世多猜刻存恕以持衡
于今頭垂白漸次躋耆英何期天降割陽侯敬下迎叔数
難逃避挽月以長征湫湫長江水和我淚瀉傾悠悠江頭
月濯君魂魄瑩華嶽高且凡此恨實壓平吁嗟乎吾弟胡
為促其程吁嗟乎造物胡不鑒其生温厚標性格孝友實
天成鄉族高行誼視言為重輕能使强者屈能使昧者明
凡事經區處無復有異鳴睦婣與任卹隆（譽）動鄉評吾閩陳

太卯平心以率物吾閩王彥方遠近咸屈服維弟之丰裁
庶幾可髣髴吉人相自天胡為如是歿々矣有何言道途
咸咄々我向塔江來衷腸共誰說躁率吾性偏應酬吾性
拙樂石望君攻從茲以永訣長夜月三更杜鵑頻泣血矯
首望長空愁雲慘鬱結江流日以深江殼不斷綫觸我感
哀傷代吾嗚嗚咽音容宛在想像間惆悵江頭江水發
兄際侯書

莊琅　妣

成武公長子名琅諱莊斗字慶侯謚克柄生康熙甲申年
九月初三日申時卒乾隆癸酉年五月十二日未時
安海后庫陳氏名髦娘謚勤順生康熙己丑年八月廿五
日戌時卒乾隆癸酉年五月初六日未時與公合塋埕邊
面穴壬丙亥巳
子七　遂睽　遂貴　遂元　遂導　遂鄙任臺

遂[illegible] 遂[illegible]

莊瑋

成武公次子名瑋諱莊珪字介侯生康熙癸巳年六月初十日巳時卒乾隆戊申年正月廿九日酉時

妣本鄉孫氏名麗娘謚慎德生康熙乙未年正月廿九日卯時卒嘉慶癸亥年九月十九日酉時考妣與四子遂淑仝塋赤墓坐乙向辛

子四 遂大 遂賀 遂輝 遂淑

莊喜

成武公三子名喜諱莊欽字若侯謚克仰生康熙丙申年二月十三日戌時卒乾隆庚午年十一月卅日寅時移塋在官山

妣前竿柄蔡氏名悅娘謚貞和生康熙庚子年六月十四日寅時卒嘉慶己未年九月卅日辰時塋埕邊西坐西向東

子一　遂佑

莊春　成晷公長子名春光諱莊輝生康熙丙戌年十月廿一日丑時雍正戊申年八月十一日往臺溺水

嗣子一　遂佐莊夏長子承

莊夏　成晷公次子名夏諱莊永字言倹生康熙壬辰年八月廿六日亥時卒乾隆丁未年二月初八日未時塟官山

妣　下蔡吳氏名玉娘謚柔順生康熙甲午年七月十一日巳時卒乾隆戊戌年九月十四日辰時塟官山

子三　遂佐出承莊春　遂操　遂八

莊秋　成晷公三子名秋字莊義生康熙己亥年六月初三日酉時卒乾隆己未年五月廿七日午時塟在海沃

嗣子一　遂埔莊冬四子來

莊冬

成碁公四子名冬諱莊蒸字薰侯生雍正癸卯年二月十三日巳時卒乾隆丙子年九月十五日申時塟坑后坐東向西與胞叔思德公仝塋

妣

埕邊張氏名宜娘謚柔順生雍正庚戌年十一月十七日子時卒嘉慶甲子年二月廿六日未時塟官山

子五　遂百　遂萬　遂貯　遂埔出承莊秋　遂耽

莊寬

成五公長子名寬字顏侯謚莊栗生康熙癸巳年二月廿一日丑時卒乾隆戊申年六月十一日午時塟官山頂與長子三子仝穴坐壬向丙

妣

白沙蕭氏名好娘謚素儉生康熙庚子年六月廿六日未時卒乾隆庚午年十一月十三日丑時塟后窟頭坐甲向庚

子三　遂珪　遂愛　遂貌

莊鎮

成五公次子名鎮字監侯謚莊臨生康熙己亥年三月初六日辰時卒乾隆戊申年七月十七日辰時塟坑後穴（乙辛辰戌）

妣石蘭洪氏名東娘謚慈德生雍正癸卯年六月十九日寅時卒乾隆癸酉年十一月初六日丑時塟官山頂

繼妣歐厝歐陽氏名娘官謚慈順生雍正癸卯年六月十七日未時卒嘉慶辛未年七月初六日未時塟官山

子四　遂玩（洪出）　遂安　遂贈　遂存（俱歐出）

莊妙

成敬公之子名妙仝父任臺生雍正甲寅年三月十一日寅時

妣湖尾蘇名俞娘

子一　遂哥（殤）

莊琚

成趣公長子名媽琚諱莊知字珮侯生雍正辛亥年十二月廿二日丑時卒嘉慶　年十月十二日酉時

妣

柯坑柯氏名爾娘生乾隆己未年十一（舊譜十月）月廿一日酉時卒乾隆庚子年九月廿日酉時光緒庚辰再查神主內書先妣柯氏生雍（正）乙卯年三月廿一日亥時未知孰是

繼

妣赤店曾氏名紫娘生乾隆己未年十月廿日酉時卒乾隆丁亥年三月初二日子時

三

妣呂厝呂氏名勸娘生乾隆戊午年二月初二日子時卒嘉慶甲子年三月初九日午時

子一　遂重（柯出）

莊才

成趣公次子名才諱莊美字能侯謚莊能生乾隆丙辰年六月十四日戌時卒于臺年月日塋俱未詳

妣坑前王氏名益娘謚柔順生乾隆乙丑年八月廿日午時
卒乾隆丁未年十一月初五日酉時塟官山坐北向南
子二　遂遠　遂近

莊乞
成發慶公長子名乞字德侯謚莊求生乾隆辛酉年十月廿
六日申時卒嘉慶甲戌年正月廿七日丑時塟官山
妣可慕許氏名素娘謚柔順生乾隆乙丑年二月初九日戌
時卒道光辛卯年五月廿五日午時塟官山
子七　遂楚　遂答　遂專　遂跳　遂齊承莊旺
遂圖　遂曆

莊抱鵰
成慶公次子

莊遠鴉
成慶公三子

莊安

成世公長子名鞍字靜侯謚莊寧生乾隆癸亥年十二月初一日巳時卒乾隆戊申年五月廿三日未時公與侄遂孝及侄孫進則合塋官山下埔坐丙向壬

妣

埭邊許氏名勤娘謚溫柔生乾隆壬申年正月初三日午時卒道光壬午年正月廿一日寅時與莊禮妣妯娌合塋官山下埔坐丙向壬

子四　遂壹　遂旅　遂呈　遂綏

莊禮

成世公次子名禮諱莊履字和侯謚莊美生乾隆壬申年三月十六日丑時卒嘉慶庚辰年八月初九日酉時塋崦官

妣

石蘭張氏名素娘謚勤儉生乾隆乙酉年正月十一日酉時卒嘉慶甲戌年五月廿三日辰時與莊安妣許氏妯娌合塋官山下埔坐丙向壬

子三　遂孝　遂偏（承莊文）　三（幼頹失名）

莊文

成世公三子名文字佳傍謚莊肴生乾隆乙亥年十二月初一日丑時卒乾隆戊申年九月廿二日吉時塟臺海（埔厝塚內）

妣埕邊謝氏名雅娘謚柔淑生乾隆己丑年十月廿日亥時卒乾隆戊申年五月初九日未時塟官山塚內坐西向東

嗣子一　遂偏（莊禮次子承）

莊我

成世公四子名我移任臺海埔厝生乾隆壬午年十一月廿八日卒道光乙未年五月廿二日戌時塟畚箕湖

聘本里孫氏名勸娘未笄而殤

繼妣臺灣顏厝黃氏名法娘生乾壬寅年八月初二日卯時卒道光丁酉年二月廿八日子時塟畚箕湖

子三　遂櫊　遂題　遂魚

莊扶

成魁公長子小名扶生康熙甲申年正月廿六日亥時雍正戊申年八月十一日遭往臺遭風溺水

聘坑園吳氏改

嗣子一 遂健莊碧次子承

莊碧

成魁公次子名碧諱莊璧字珪侯生康熙丙申年三月初二日辰時卒乾隆壬辰年六月十八日戌時塟和尚仔墓穴乙辛卯酉

妣小坑園吳氏名子娘謚儉淑生雍正癸卯年十月十七日子時卒乾隆丁未年十二月初六日酉時塟官山坐北朝

子四 遂益 遂健扶承莊 遂青提承莊 遂段

莊提
成魁公三子小名提生康熙己亥年十二月十三日辰時
卒乾隆己卯年三月廿五日巳時歿于臺之溪洲官林內
嗣子一　遂青莊[illegible]三子承

莊勇
成睿公之子名勇戊寅歲荒隨母改任桂林許家後般母
田生乾隆壬申年　月　日　時卒　年　月　日

莊袍
成挺公長子名袍謚莊匏生康熙辛丑年六月廿八日寅
時卒乾隆甲戌年二月廿日卯時塋五斗頭與父仝塋

莊騰
成挺公次子名騰諱莊雲字致侯生雍正甲辰年二月廿
日亥時卒嘉慶乙丑年正月初一日未時塋五斗頭坐北向南

妣
窒厝蔡氏名欣娘謚柔欣生乾隆己未年十二月十六日
子時卒嘉慶乙亥年十月廿八日巳時塋埕邊面坐壬向丙

子四　遂偉　遂靡　遂瞶　遂緯

莊祿　成挺公三子出承文丙改名莊垂

莊房　成挺公四子小名旁生雍正癸丑年九月廿四日亥時
妣東舉吳氏名宜娘生乾隆甲子年四月十七日卯時
子三　遂晃殤　遂參　遂姣

第十四世

遂送

莊旺公長子名送生乾隆戊辰年十月初十日（舊譜書初九）寅時卒乾隆戊申年四月十三日巳時塟海沙内

妣溪邊許氏名預娘謚引恬生乾隆甲申年二月初六日辰時卒乾隆丁未年十二月廿一日酉時塟官山坐北向南

子一　進拱（幼亡）　嗣孫廸乳（進鑼次子承幼殤）

遂按

莊旺公次子名按生乾隆戊寅年五月廿日辰時卒年十二月十六日　時

遂欽

莊旺公三子出承海下份莊興

遂齊

莊旺嗣四子莊乞五子入承名齊字謀脩諱遂偶生乾隆庚子年九月十五日辰時卒同治壬戌年又六月初八日

已時塟官山

妣

埭邊許氏名聽娘謚儉德生乾隆己酉年十月初十日寅
時卒咸豐辛酉年八月十二日寅時
嗣子一　進鑼 遂跳次子承
君羅字寬洪待人忠厚自少辛勤粒積雖未克臻於豐隆
然遇貧窮稱貸每不吝其辭推賓客到門務必款其歡洽
且能尊禮儒士雖慕斯文舉凡師之設教於其地者無不
沾其恩惠至於和鄰里睦宗族則尤遐邇之所共推似無
待余之贅〻矣

遂男

莊贊公之子名男字兆熊謚謀方一書遂南生乾隆壬午
年七月初六日辰時卒道光甲申年五月十七日吉時塟
臺灣麻六甲

原

配柯坑張氏名疼娘 別出

繼妣埕邊黃氏名禔娘謚謙和生乾隆壬辰年三月廿二日戌時卒道光乙未年十二月初十日未時塟埕邊面坐北向南

子二　進周（出亡）　進摺

遂科

殤

莊興公之子名科生乾隆辛卯年五月十三日亥時卒失

遂實

莊偶公長子名實字謀桂謚遂家生康熙乙未年八月初九日巳時卒乾隆戊申年三月十七日吉時塟臺

妣周坑曾氏名居娘生雍正癸卯年十月十一日吉時卒乾隆庚申年六月初五日巳時未笄而歿塟周坑山

繼妣西湖許氏名祝娘謚儉順生雍正乙巳年四月十九日巳時卒乾隆戊申年七月十三日寅時塟官山

子二　進成　進祖

遂燕 莊偶公次子名燕諱遂芳字謀菲任臺生康熙丁酉年十二月廿七日丑時卒
妣石蘭王氏名同娘任臺生雍正戊申年九月十六日卯時卒
子四 進順住台 進功 進侯 進遠住臺

遂鬆 莊偶公三子名鬆諱遂止字謀艮任臺生雍正乙巳年四月初六日丑時
妣本鄉孫氏名可娘任臺生雍正庚戌年五月廿六日午時
子一 進念出承梅林

遂生 莊坦公之子名生諱遂性字謀復任臺溪洲生雍正乙巳年正月廿一日戌時卒不知

妣本鄉許氏名悔娘生雍正乙卯年四月初十日戌時

子四　進揚錫　進言　進品　進政

遂賜

莊鵬公長子名賜諱遂祿字謀錫生乾隆戊午年正月初五日巳時卒乾隆戊申年六月初四日未時塟官山

妣東皋吳氏名束娘謚柔順生乾隆庚申年五月初一日子時卒嘉慶壬戌年六月初八日卯時塟官山

子五　進廉　進舉　進蓮出承石蘭　進入出承石蘭　進前承遂衆

遂衆

莊鵬公次子名衆字謀察生乾隆辛酉年七月廿五日巳時卒乾隆丁酉年七月廿五日午時仝父克程公塟坑後

妣柯坑柯氏名牽娘謚勤儉生乾隆庚申年十二月廿二日巳時卒乾隆戊申年六月初一日午時塟官山

子二　進鳥　進前遂賜五子承

遂興

莊吉公長子名天與字謀諄任臺南路生乾隆壬戌年十一月十五日丑時卒乾隆己丑年十月十六日酉時塟臺南路溪洲

嗣子一　進仝遂仕長子承

遂和

莊吉公次子名家和字謀平生乾隆丙寅年正月初九日子時歿于臺年月日塟俱未詳

嗣子一　進那遂仕次子承

遂仕

莊吉公三子名仕字謀進生乾隆戊辰年九月十五日巳時卒嘉慶戊寅年五月十五日巳時歿臺塟湖仔内新厝

妣東石葉氏名雙娘謚慈愛生乾隆丁亥年正月廿一日未

時卒嘉慶戊辰年閏五月廿三日卯時塟官山頂坐西軥

子四　進金（出承遂與）　進那（出承遂和）　進浩　進窕（出承陳山外姓）

遂壽

莊椒公長子名得壽號遂萬字謀福生雍正甲寅年九月廿八日午時卒乾隆戊申年五月廿一日巳時合母仝塟和尚仔墓穴坐巽向乾兼巳亥

妣

本鄉孫氏名罕娘謚柔婉生雍正甲寅年四月廿九日巳時卒乾隆戊申年四月廿八日巳時仝公及姑合塟和尚斲

子四　進董　進貢（幼殤）　進瑯　進鷄（出承遂箎）

遂佛　皇恩寵錫

莊椒公次子名佛助諱遂心字謀理謚貞明生乾隆丁巳年十一月廿一日未時卒嘉慶丁丑年二月初一日子時享年八十一塟和尚仔墓坐巳向亥兼巽乾

妣何倉阿氏名慶娘謚惠柔生乾隆己未年八月十二日亥

時卒道光辛巳年八月十四日子時享年八十三改塋官
山坐東向西
子四　進妹殤　進這　進河幼殤　進江出承遂蒴
昔范文正公有曰不能為名相當為名醫誠以醫者之救
人甚多興異於相之參贊化育也公自習醫業以来只以
救人為心未嘗計其禮之豐儉故醫愈久而道愈行名譽
亦愈著矣然回念其父忠恕道深不得不終老於牖下三
位弟昆友于情篤俱佛獲享其天年所以益加惕勵大播
陰隲冀成継乎吾父行善之志此不徒入庭闈之中祇
盡悅親敬兄之道即出屋鄉閭之内亦不愆乎衆睦族之
情且能尊敬賢士結納賓朋而於一脉書香尤所獨嗜因
思未得培植於其子者乃欲培植於其孫爰是不惜修脯延
聘嚴師十餘年間無一日之偶懈非心明義理量擬汪洋
者能若是乎至於廣田宅建新居以遺子孫者特餘事耳

宜乎椿萱並茂於八十餘春二子賢能箕裘克肖諸孫雅秀頭角峥嶸家門之内肅肅雍雍或承歡於堂上或繞膝於階前似為晚景之奇逢然而天之報施善人其福豈易量哉并敬録

鄉進士文林郎揀選儒學正堂寔授福州府學訓導劉公諱大業贊　公行樂圖序

謀理先生者余宗家叔行也少豪爽不俗長益慷慨自命自得歧黄術以醫藥救世矢念未嘗不在范文正公也今茲年近古稀都人士咸德而頌之而公方以晚景自娱目覩玉樹臨風森森比立其樂不知何極也敢序

遂萄

莊椒公三子名萄諱遂佳字謀景生乾隆甲子年七月廿二日卯時卒乾隆癸未年十二月廿日未時與弟遂墳遂筦仝葬和尚仔墓

遂塤

莊椒公四子名塤諱遂伯生乾隆戊辰年閏七月初二日未時卒乾隆戊子年十二月廿九日未時塟與兄遂菊弟遂篪仝塋

養子一　進鵝

遂篪

莊椒公五子名篪諱遂仲生乾隆戊辰年又七月初二日未時卒乾隆乙酉年二月十三日未時塟與三兄四兄塋

嗣子一　進鷄　遂壽公四子承

遂聯

莊琅公長子名聯㧑字謀議號遂禮生雍正己酉年十一月初六日子時卒乾隆戊申年四月廿九日酉時

妣潘徑張氏名雪娘謚慈順生雍正辛亥年正月廿六日未

時卒乾隆丙申年二月廿日辰時合公仝塋官山

子三　進栁　進標殤　進正

遂貴　莊琅公次子名貴字諆高號遂崇生雍正壬子年四月初二日戌時卒嘉慶戊辰年九月初二日酉時塋官山與二妣仝塋

妣　潘徑張氏名越娘謚慈惠生乾隆丁巳年七月十四日舊譜書十三未時卒乾隆癸未年六月十六日巳時塋官山坐北向南與公仝塋

繼　妣窪前姚氏名益娘謚勤儉生乾隆丁巳年七月廿六日吉時卒嘉慶丙子年七月十七日巳時塋坑後坐東向西

子三　進明　進矜承遂餘　進智俱姚出

遂元　莊琅公三子名三元字諆及號諆體生雍正舊譜誤書乾隆乙卯年正月初六日酉時卒乾隆戊申年六月廿一日丑時塋臺蘇畎

配周坑曾氏名裕娘改

二十五　進思益　進志章　進炳遂助　進長　進

遂導　莊琅公四子名導生乾隆丙辰年十二月初二日卒乾隆
甲子年六月　日殤塟西沘

遂郡　莊琅公五子名郡諱遂望字謀儼生乾隆己未年十一月
廿六日丑時卒于臺
配　氏
子一　進建

遂助　莊琅公六子名來助諱遂正字謀中生乾隆乙丑年十一
月十八日未時卒乾隆　年二月十八日吉時
嗣子一　進炳　遂元三子承

遂餘

莊琅公七子名餘諱遂慶字謀善生乾隆丙寅年十一月十一日未時卒乾隆甲辰年九月十四日吉時塟臺蘇畈（主內嘗十二年未知孰是）

嗣子一　進矜　遂貴次子承

遂大

莊瑋公長子名大諱遂廣字謀精生乾隆戊午年八月廿六日辰時卒嘉慶辛未年九月十四日丑時塟官山

妣高厚王氏名賽娘謚慈德生乾隆辛酉年十月（舊譜誤書六月）十四日巳時辛嘉慶癸酉年八月初八日戌時塟官山

子四　進恭　進品　殤　進卿　進王

遂賀

莊瑋公次子名賀諱遂來字謀方生乾隆丙寅年二月初十日辰時卒乾隆乙卯年十月初八日巳時沉亡生羊角山脚澚

妣茂亭陳氏名椒娘謚義信生乾隆癸酉年九月初九日戌

時卒道光壬寅年九月初二日寅時葬官山頂

子六 進勵 進粗殤 進法 進道 進浮幼亡 進姣

遂輝

莊瑋公三子名輝字謀光謚遂德生乾隆己巳年二月初三日午時卒嘉慶壬戌年正月廿日午時葬官山塚地內

妣石菌洪氏名攀娘生乾隆辛未年十一月十七日卯時卒乾隆丁未年六月初十日未時葬官山

繼配茂亭陳氏名亥娘改

子一 進丁洪出

遂淑

莊瑋公四子名淑諱遂星字謀敏謚遂艾生乾隆乙亥年三月十三日酉時卒嘉慶辛酉年十一月廿六日酉時與父母仝塋赤墓坐乙向辛

妣赤店曾氏名變娘謚恬慈生乾隆壬午年二月初八日

時卒道光己酉年三月卅日戌時
子一　進治

遂佑

莊喜公之子名佑諱遂保字謀定生乾隆乙丑年八月初六日戌時卒嘉慶癸酉年二月十四日卯時塟官山南北

妣　梅林蔡氏名三娘謚慈愛生乾隆丁卯年九月十三日亥時卒乾隆辛卯年六月十一日酉時塟官山坐北向南

繼　石蒼洪氏名佑娘謚淑慎生乾隆辛未年五月廿八日子時卒道光壬午年七月初四日丑時塟官山頂西東

嗣子二　進因幼亡　進晋海倉伶遂佑子承

遂佐

莊春公長子莊夏長子承名佐諱遂輔字謀友任臺生乾隆丙辰年七月初二日申時卒乾隆　年七月廿日

妣　臺灣陳氏名在娘謚勤節生乾隆辛未年四月初一日吉

時卒乾隆戊戌年七月卅日戌時
嗣子一　進端遂操長子承幼殤

遂佐
莊夏長子出承莊春

遂操
莊夏公次子名操諱遂存字謀持生乾隆庚申年正月初九日亥時卒乾隆戊申年六月十四日戌時塟官山

妣
漳州龍溪蔡氏名亭娘生乾隆庚午年五月十七日午時卒乾隆戊申年六月初三日吉時塟官山
子三　進端出承遂佐　進蘭　進州幼殤

遂八
莊夏公三子名八諱遂元字謀愷任臺麻六甲　生乾隆庚午年七月初一日巳時

妣臺灣顏氏名雪娘
子一　進兩

遂埔
莊秋公嗣子莊冬四子承名埔守謀[美]謚遂揚生乾隆甲申
年三月廿七日午時卒道光壬午年七月廿二日亥時塟
官山頂
妣本鄉蔡氏名旬娘謚恬靜生乾隆丁酉年三月初三日卯
時卒嘉慶己未年正月廿九日丑時塟官山
繼妣山内王氏名良娘謚順直生乾隆己丑年十一月廿四
日辰時卒道光庚寅年十一月廿八日酉時塟官山
子一　進篆

遂百
莊冬公長子名百謚遂佰生乾隆庚午年九月廿一日未[舊譜書十一]
時卒乾隆壬寅年七月十四日　時塟臺麻六甲

遂萬
莊冬公次子小名萬

遂貯
莊冬公三子小名貯生乾隆辛巳年十月廿日丑時

遂埔
莊冬公四子出承莊秋

遂晥
莊冬公五子名晥字謀成謚謀琴生乾隆辛卯年四月廿三日亥時卒道光戊子年正月初四日丑時塟官山埔麵

妣
山内楊氏名蔭娘謚恬静生乾隆壬寅年二月十四日寅時卒嘉慶癸酉年九月廿日巳時塟官山坐乾向巽

繼

妣埭邊吳氏名滿娘謚專靜生乾隆庚寅年七月初六日寅時卒道光丙午年三月十七日巳時塟官山頂

子一　進銀 隨吳氏来

遂珪

莊寬公長子名圭諱遂白字謀玉生乾隆辛酉年五月十六日辰時卒乾隆戊申年七月廿二日辰時塟官山與父及三弟仝塋

妣東埔吳氏名枣娘謚食樂生乾隆甲戌年三月十六日戌時卒乾隆戊申年六月廿二日寅時塟官山與公之弟婦孫氏仝塋

子四　進出 殤　進炎　進銅 出承遂愛　進抄 幼殤

遂愛

莊寬公次子名愛諱遂仁字謀博生乾隆甲子年十月初十日午時卒乾庚戌年六月廿九日卯時塟官山

妣[illegible]
卒乾隆庚戌年正月廿六日戌時塋官山
子四　進親　進銅（遂璉三子承）　進玉（出嗣）　進胤（幼亡）

遂貌
莊寬公三子名貌諱遂恭字謀容生乾隆丁卯年九月初九日亥時卒乾隆戊申年六月十九日午時與父及長兄仝塋官山
妣
本鄉孫氏名乃娘謚和順生乾隆辛巳年八月初五日巳時卒乾隆戊申年八月廿日辰時仝嫂吳氏合塋官山
子一　進強

遂玩
莊鎮公長子名玩諱遂盈字謀賞謚謹慎生乾隆甲子年十一月初四日子時卒乾隆甲寅年五月初九日丑時合三妣俱塋官山

妣
坑邊吳氏名段娘謚慈惠生乾隆庚辰年七月廿六日子
時卒乾隆己亥年六月廿日未時塟仝公
繼
妣伍堡童氏名論娘謚慈愛生乾隆壬午年正月初七日
戌時卒乾隆戊申年五月初四日寅時塟仝公
本里孫氏名受娘謚柔順生乾隆丁丑年七月廿二日巳
時卒嘉慶壬申年七月初二日未時俱仝公塋官山
三
子一　進金 童出

遂安
莊鎮公次子名樂安字謀榮生乾隆丙子年十月廿八日
辰時卒乾隆己亥年四月廿二日戌時塟大泉下西東
配
坑園吳氏無娶
嗣子一　進椿 遂贈次子承

遂贈 莊鎮公三子名贈諱遂贈字謂獻謚貞宣生乾隆辛巳年二月廿一日酉時卒道光己亥年正月十七日酉時葬在官山埔

妣棣邊許氏名耳娘謚慈順生乾隆丁亥年十一月廿一日寅時卒道光癸巳年六月十九日辰時葬官山埔

子四 進兒出鎮 進椿承遂安 進孫 進高出承遂存

遂存 莊鎮公四子名存字謀心生乾隆甲申年十二月十一日子時卒乾隆戊申年七月廿五日未時葬官山

妣白沙周氏名濺娘改

嗣子一 進高遂贈四子承

遂奇殤 莊姒公之子生卒葬配未詳

遂重　莊琚公之子名重諱遂任字謀遠生乾隆辛巳年四月十三日酉時卒乾隆壬子年六月十七日未時塟臺灣竹塹北門外

妣　西坑林氏（主書施氏）名海娘生乾隆　年正月十一日吉時卒嘉慶甲子年二月初三日未時

子三　進易　進同　進印（出継外姓）

遂遠　莊才公長子

遂近　莊才公次子

遂楚 莊乞公長子名楚生乾隆乙酉年八月初二日申時卒乾隆戊申年十二月初九日丑時塟臺

聘東埠吳氏無娶改

遂岑 莊乞公次子名岑未婚而歿生乾隆丁亥年八月廿六日寅時卒未詳

遂專 莊乞公三子名專諱遂靜字謀一生乾隆己丑年十二月初十日酉時卒 年四月廿二日 時塟臺麻六甲

妣 石菌黃氏名還娘生乾隆戊戌年十月初二日辰時卒嘉慶己未年七月十四日丑時塟官山

子一 進心

遂跳　莊乞公四子名跳諱遂躍字謀超生乾隆壬辰年五月初十
日寅時卒嘉慶乙亥年九月廿五日丑時塟官山
妣　周宅陳氏名晏娘生乾隆甲辰年正月初八日　時卒咸
豐丁巳年五月廿七日　時塟官山
子二　進魯　進羅出承遂齊

遂齊　莊乞公五子出繼莊旺

遂圓　莊乞公六子名圓諱遂圓字謀成生乾隆癸卯年十一月廿
七日申時卒咸豐丁巳年七月初二日丑時塟官山
配　本鄉孫氏改
子一　進勵

遂曆 莊安公[illegible]子名曆生卒塟配俱未詳

遂壹 莊安公長子名壹諱遂氣字謀純謚謀志生乾隆丁酉年三月廿九日子時卒道光乙未年八月廿八日酉時與三子進熖合塟官山下塚坐丙向壬

妣 埭邊許氏名大娘生乾隆壬子年九月初一日酉時卒同治庚午年三月廿七日戌時塟官山東面溝墘坐乾向巽

子四　進秦　進隅（旅承遂）　進瑙　進雜

遂旅 莊安公次子名旅諱遂商生乾隆辛丑年五月初一日寅時卒道光已亥年二月十九日　時

嗣子一　進隅（遂壹次子承）

遂呈 莊安公三子名呈諱遂芳生乾隆甲辰年正月十五日午時

遂綏 莊安公四子名綏生卒未詳

遂孝 莊禮公長子名孝諱遂悌字謀忠生乾隆甲辰年六月十七日戌時卒道光戊申年四月初九日酉時與叔莊安及子進則合塋官山下埔坐丙向壬

妣 後湖蔡氏名犕娘謚惠保生嘉慶己未年九月初九日酉時卒道光乙未年六月初十日亥時塋官山下塚坐丙向壬

子二　進司（出彔遂備）　進則

遂偏 莊禮公次子生子莊文

遂失名 莊禮公三子

遂偏 莊徽公嗣子莊禮次子承名偏諱遂鮮字謀正生乾隆甲寅年二月初九日巳時卒嘉慶戊寅年七月十二日戌時

葬官山下塚坐丙向壬

嗣子一 進司 遂孝長子承

遂揖 莊我公長子

遂題

莊我公次子一名錠生字忠信生嘉慶辛未年九月初五日卒同治癸亥年八月廿七日未時塟畚箕湖

妣福興庄藴氏名購娘生道光甲申年七月初七日卒咸豐己未年三月初三日辰時塋畚箕湖

子三　進返　進泰　進著

遂魚

莊我公三子生嘉慶乙亥年五月初十日卒咸豐乙卯年十月初四日酉時塟畚箕湖

妣鹿港施氏名每娘生道光丁亥年十二月廿七日辰時卒道光己酉年三月十四日未時塟畚箕湖

繼妣　氏

子一　進發

遂健 莊掛哥子莊碧次子承名健諱遂行字謀周生乾隆甲子年四月廿二日巳時卒乾隆丙午年四月初六日亥時塟宮山塚地内有石為記

遂益 莊碧公長子名益諱遂謙字謀受生乾隆辛酉年六月初十日午時卒乾隆乙未年七月初十日未時塟施厝墓坐北向南與曾祖母合壙在西畔

配 漳州府 氏名春喜 改

嗣子一 進恩 遂元長子承

遂健 莊碧公次子出承莊扶

遂青　莊碧公三子出承莊提

遂段　莊碧公四子名段諱遂條字謀理生乾隆辛巳年八月十六日未時卒乾隆辛亥年三月初一日寅時塟官山

妣　窒眉蔡氏名草娘謚勤謹生乾隆辛卯年正月廿九日吉時卒嘉慶丁卯年二月初三日戌時塟官山

子二　友朋　進端

遂青　莊提公嗣子莊碧三子承名青諱遂錢字謀選生乾隆壬申年十二月初八日亥時卒乾隆丁酉年正月十六日巳時塟西沙尾坐北向南

遂傳 十一月初四日亥時卒道光辛丑年八月十二日巳時公
與妣合塟官山坡東西濤墘坐乾巽亥巳
妣 窰厝蔡氏名岸娘謚惠和生乾隆丁酉年二月初七日
時卒道光辛丑年七月廿四日巳時
子三 進民 進懷 進鑒

遂開 莊騰公次子名開住臺四塊厝生乾隆丁亥年正月十三
日未時卒道光己丑年十月廿一日酉時塟四塊厝門前
田內
妣 臺灣姚氏名姝娘生乾隆辛丑年十月廿八日寅時卒道
光辛巳年正月十一日寅時與考合塟
子四 進植（出繼同宗雲淑爲嫁） 進鰻 進志 進霖

遂曉殤 莊騰公三子

遂綽 莊騰公四子名綽諱遂裕字謀寬謚謀林生乾隆壬辰年正月十三日吉時卒道光癸卯年六月十八日未時與子進務合葬官山埔坐辛乙酉卯

妣石蘭黃氏名帖娘生乾隆丙午年七月廿五日吉時卒咸豐辛亥年七月初九日未時葬官山埔東面溝墘坐壬丙亥巳

子四 進務 進晃 進隱出繼漳州 進漗

遂晃殤 莊房公長子

遂參 殤

遂姣 莊房公三子任名姣任臺麻六甲

第十五世

進拱 遂送公之子 殤

嗣子一 迪乳 進躍次子承

進鑼 遂齊公之子遂跳次子承名鑼字及章生嘉慶戊辰年九月十三日未時

妣 前埔蔡氏名痛娘謚貞節生嘉慶丁丑年七月初二日卯時卒道光庚子年八月初六日未時塟官山塚

繼 妣東埔吳氏名勻娘生嘉慶丁丑年十一月初五日酉時卒咸豐己未年二月初七日午時

三 娶曾厝曾氏名欉娘生嘉慶乙亥年正月十五日　時

子五 廸漳 廸藪（一名廸亂俱蔡出承進拱） 廸燥 廸呈 廸盤（俱吳出）

進周 遂南長子 幼亡

進揖
[illegible]
配漳州　氏名品娘生道光 歿
嗣子一　廸石 進家三子承

進成
遂賓長子名成 住臺生乾隆己卯年七月初三日酉時
配南安　氏名意娘
子一　廸貯 住台

進祖
遂賓次子名祖生乾隆壬午年年三月初七日寅時

進順　遂燕長子名順任臺生乾隆己巳年三月初四日寅時
配臺　氏
子

進功　遂燕次子名功生乾隆庚辰年四月初三日戌時

進傒　遂燕三子名傒生乾隆壬午年年五月十八日卯時

進遠　遂燕四子名遠
配臺　氏

進念 遂義之子分出外姓

進揚 遂生長子名揚住臺溪洲 殤

進言 遂生次子名言生軏 住臺

進品 遂生三子名品

進政
遂生四子名政兄弟全父往臺溪洲

進廩
遂賜長子名廩字及倉生乾隆癸未年九月廿三日子時
卒乾隆戊申年六月十六日午時塟官山
嗣子一　廸岸 進舉長子承

進舉
遂賜次子名舉字及揚號同生乾隆甲申年十一月廿九
日辰時卒嘉慶丁卯年五月十三日子時塟官山
配柯倉柯氏名嬿娘生乾隆戊戌年八月十三日　時
子五　廸岸 承進廩　廸樓 幼殤　廸考 承進鷗　廸宿　廸著 承進前

進蓮

進入 遂賜四子分出外姓

進前 遂賜五子出承遂衆

進鴿 遂衆長子名甲字及飛生乾隆壬辰年八月初四日酉時卒乾隆戊申年五月十五日子時塟官山

嗣子一 廸考 進舉三子承幼亡

進前　遂衆嗣次子遂賜五子承名前字及程生乾隆癸卯年二月十四日　時卒咸豐辛亥年二月卅日巳時塋官山

嗣子一　廸著　進舉五子承

進企　遂與嗣子遂仕長子承名企字及望生乾隆乙巳年七月卅日巳時卒道光庚戌年四月廿七日卯時

配東埔吳氏名樣娘号恬　生乾隆庚戌年四月廿九日　時卒道光　年九月初七日　時考妣拾合塋官山埔

子二　廸疊　廸篇

進那　遂和嗣子遂仕次子承名那生乾隆己酉年七月初十日巳時卒咸豐丁巳年七月廿五日子時塋臺

配臺蕭氏名凉娘生乾隆辛亥年八月初十日巳時卒不知塋于臺

進企 遂仕長子出承遂與

進那 遂仕次子出承遂和

進浩 臺 遂仕三子名浩生乾隆壬子年七月初四日丑時卒塟于

進寇 遂仕四子出承外姓

進董

遂壽長子名董諱進佁字及正號及昌生乾隆辛巳年三月廿八日申時卒嘉慶戊寅年十二月廿八日卯時塟山官

妣本鄉孫氏名閒娘號温恭生乾隆己丑年七月廿二日時卒道光甲申年八月初七日辰時塟官山埔穴庚甲卯酉

子五　廸榮承進琊　廸山　廸卞幼殤　廸撿　廸柙出承進這

進貢

遂壽次子幼殤

進琊

遂壽三子名琊字及琊生乾隆庚寅年九月十九日子時卒乾隆戊申年五月廿二日辰時仝母塟和尚仔墓

配石蘭黃氏名順娘未婚改

嗣子一　廸榮進董長子承

進鷄

進妹 遂佛長子 幼殤

皇恩寵錫

進這 遂佛次子名這號及文業醫生乾隆己丑年五月初五日子時卒道光戊戌年五月十四日午時享壽七十塟圍角改塟官山

妣坑園吳氏名足娘謚柔順生乾隆癸巳年七月廿四日卯時卒嘉慶己巳年四月初六日巳時塟本山圍岸穴坐壬向丙兼亥巳

繼妣柯坑洪氏名鷄娘生乾隆甲辰年八月十二日未時卒咸豐癸丑年九月十六日辰時塟官山塚

子二　廸墻　廸柙進董五子承

公自少穎悟未弱冠即通岐黄之術凡父有視疑難之症未敢攻治者悉令他往無不一二劑立見功效其精决如神故醫道愈歷而愈精延治之人亦彌久而彌衆此晋南諸大家巨族争以聘至為榮雖古所稱三折肱不足過矣而且襟懷豪爽器量高超鄰里鄉黨之是非經其目者咸洞澈而靡遺故宗族之事情悉賴操持而莫敢異同者非無謂也所以昔年族羅巨禍縣主李公到鄉族之耆老儒士出接者咸被斥辱惟公一見與語縣主旋大悦而返彌俾族中之長幼得以安然無恐者非公之胆識高出於族衆者能如是乎雖於癸己年間鄉遭疫疾二子相繼云亡使人疑天道為無定報應有或乖然而難憑者數也可信者理也公之境遇縱不能與數争而公之名譽斷不因境遇而稍損也其壽躋古稀身嘗　恩寵宜為理之應然〻此

姻家姪楊承錦拜序

進河 殤 遂佛三子

進江 遂佛四子出承遂菊

進江 遂菊嗣子遂佛四子承名江字及宗號進淮生乾隆甲午年四月初四日子時卒道光己酉年二月廿五日巳時塟本山施厝墓移葬宫山

妣 本鄉孫氏名趕娘諡嗣徽生乾隆丙申年十二月廿四子時卒道光癸巳年五月廿四日未時享壽五十八歲塟至

道光戊申年移瘞在和尚仔墓穴坐乙辛辰戌

子四　迪培　迪飲出鶏　迪堅　迪洋承進鵝

君稟性温和居衷醇厚一舉一動悉循於情理之中未嘗絲毫偶乖縱人猝以横逆相加君亦笑受而不怒其謙巽之風實加人一等故自襲父兄之業博覧針灸全書亦久以醫道行世矣舉凡受病之家無論貧富聞命即至贄見謝儀有無皆所不計況多寡乎即有一二困窮之輩無力辦藥君出貲以助之所以名雖未得比於其兄之遠播而德則高出其兄萬萬矣至若篤嗜書香尊禮儒士一本乎真誠之流露夫豈浮夸者之所能行彿奈何天不獲善竟奪長郎君之壽算之蚤不知境遇之難全雖聖賢亦當聽命於天似未足為君病也況今君年已過古稀而身益康健且三男迪堅舉止英豪待人忠信能率諸孫輩經營於商賈之中少男迪洋醇謹朴實能盡力於稼穡之内兒婦

伸其報也哉

承錦拜序

進鵝

遂墳長子名鵝字及鳴生乾隆壬寅年四月十九日　時卒道光壬午年又三月初九日亥時塟西滘尾坐東向西（移塟官山）

配柯舍柯氏名間娘跋

嗣子一　廸洋（進江四子承）

進鷄

遂麗嗣子遂壽四子學名鷄號及靈生乾隆甲午年二月廿四日戌時卒咸豐癸丑年九月十八日子時塟官山

妣洋宅蔡氏名將娘生乾隆壬寅年七月初八日　時卒道光己酉年十一月初三日巳時塟官山

子五　廸對　廸學（出繼宮后份進潤）　廸唱　廸針　廸容（幼殤）

進柳

遂睽長子名柳字及青號及惠諱進揚生乾隆丁丑年七月初八日寅時卒道光庚寅年十二月廿六日寅時享壽七十四塋官山坐南向北

妣

潘徑張氏名匏娘謚慈柔生乾隆丙戌年九月十一日酉時卒道光丁酉年十月廿二日丑時享壽七十二歲塋官山埔坐北向南

子二 廸藴 廸命承進標

進標

遂睽次子名標字及準生乾隆戊子年正月十五日未時卒乾隆丁未年九月十四日辰時塋官山

嗣子二 廸命進柳次子承 廸信進正長子承

進正

遂勝三子名正字及頭號及中生乾隆壬辰年八月初八日卯時卒道光甲辰年正月廿三日酉時葬官山坐東西

妣 埕邊蔡氏名丑娘號勤儉生乾隆甲辰年十月廿四日丑時卒嘉慶甲戌年七月初十日辰時葬官山

子二　廸信承進標　廸能

進明

遂貴長子名明字及高號及峻諱進哲生乾隆戊子年四月十九日寅時卒道光甲申年五月初二日辰時葬后邊溝仔坐乙辛辰戌

妣 滄塔林氏名鴛娘號惠愛生乾隆辛丑年三月十五日辰時卒道光丙午年七月初六日酉時葬官山埔頂

子三　廸灘　廸聰　廸泉進矜次子承

進羚　遂貴次子出承遂餘

進智　遂貴三子名智字及睿號順源生乾隆甲午十二月廿日巳時卒道光丁酉年十一月廿九日戌時塟官山埔北南
妣馬坪林氏名玷娘謚勤儉生乾隆丙午年五月十一日未時卒嘉慶戊辰年三月十二日辰時塟官山
子一　廸嶺

進恩　遂元長子出承遂益

進志　遂元次子出承永寧

進炳　遂元三子出承遂朋

進長　遂元四子名長號及遠生乾隆丙申年五月廿日酉時卒
道光丁丑酉年十月廿二日辰時葬官山埔坐艮向坤

妣　溝墘蔡氏名痛娘生乾隆甲寅年十一月廿一日巳時卒
同治丙寅年正月卅日巳時葬官山埔坐坤向艮
子六　廸守殤　廸身幼殤　廸趫承進炳　廸決　廸濂承進恩　廸顗

進心　遂元五子分出東石

進建　遂郡之子名建住臺

進炳　遂助嗣子遂元三子承名炳生乾隆　　年十月十二日
卒乾隆　年七月初十日　時塟官山
嗣子一　廸趫 進長三子承

進矜　遂餘嗣子遂貴次子承名矜字及持號及仰生乾隆辛卯
年正月初五日辰時卒道光辛丑年五月初七日戌時享
年七十一塟官山坐南向北

妣　鈔厝蔡氏名配娘號德合生乾隆庚子年十一月初八日
子時卒道光甲辰年十月初七日戌時塟坑後坐東向西
子四　廸擬　廸泉 承進明　廸秋　廸蓄

進恭　遂大長子名字恭及謙號及樸生乾隆壬午年二月初十日
巳時卒嘉慶甲子年五月廿二日巳時塟臺大垵線頭

妣　藴厝曾氏名儀娘號靜德生乾隆乙酉年三月廿七日亥

時卒乾隆丁未年八月廿日未時塟官山

繼

妣埭邊許氏名嘗娘號順情生乾隆丁亥年八月初五日辰時卒嘉慶戊辰年十月初六日酉時塟官山

子三　廸葛　廸河（承進品）　廸老（承進鄉）

進品

遂大次子名品生乾隆己丑年四月廿八日寅時卒乾隆丁未年七月十八日酉時塟官山

聘張厝王氏（改）

嗣子一　廸河（進綦次子承）

進鄉

遂大三子名鄉生乾隆乙丑（未）年八月十八日戌時卒嘉慶乙丑年十月十六日子時塟官山

妣清覺張氏名娘官號恬靜生乾隆己亥年三月初四日酉時卒嘉慶乙丑年又六月十七日未時塟官山

嗣子一　廸老 進恭三子承

進主

遂大四子名主字及信號進忠生乾隆己亥年四月十五日亥時卒乾隆乙卯年十月初八日未時溺臺牛角山脚

聘洋宅蔡氏 改

進勵

遂賀長子名勵字及勉生乾隆癸巳年七月廿日戌時卒咸豐癸丑年四月十六日酉時享壽八十一塋官山坐南北

妣東埔吳氏名笑娘號順敏生乾隆丙申年六月初三日子時卒道光癸巳年四月廿八日未時塋官山埔坐北向南

子二　廸洋 養幼亡　廸牛

進粗

遂賀次子名粗生乾隆丙申年二月初一日申時卒不知

進法

遂賀三子名法字及度號及荊生乾隆己亥年三月十一日子時卒道光癸卯年八月初六日寅時塟官山

配本里孫氏改

進道

遂賀四子名道生乾隆己酉年六月初八日丑時卒嘉慶甲戌年十一月初十日戌時塟官山

聘觀頭林氏未婚而改

進浮

遂賀五子名浮生乾隆癸丑年七月十九日巳時

幼殤

進姣　遂賀六子名姣號及志生乾隆乙卯年八月初六日亥時卒道光壬寅年七月十三日巳時塋海沙墘

進丁　遂輝之子名丁往臺新埔竹圍仔生乾隆乙未年十一月十二日酉時卒未詳

妣清兜張氏名間娘號柔順生乾隆辛丑年八月廿一日午時卒嘉慶丙寅年八月廿二日酉時塋官山

子一　廸壓仝父往臺

進治　遂淑之子名治字及平生乾隆甲寅年十月初十日申時卒同治乙丑年八月初三日酉時塋官山

進因　遂佑長子　幼殤

進晋
乾隆庚子年七月初六日亥時卒道光丙午年二月初四
日丑時葬官山
妣柯舍柯氏名圭娘號慈愛生乾隆壬寅年十二月初五日
酉時卒道光辛卯年十月廿三日亥時葬官山埔坐南北
子四　廸側　廸株　廸千幼殤　廸謀

進端殤
遂佐嗣子遂操長子承

進端
遂操長子承遂佐

進蘭　遂操次子名蘭號荆明生乾隆壬寅年九月十六日酉時
卒嘉慶丁丑年八月十七日午時拾塟官山坐西北東南
嗣子一　廼士　進象長子泳

進州　遂操三子
幼殤

進兩　遂八之子名兩生乾隆年
全父往臺麻粒甲
配　氏
子一　廼漢

進象　遂埔之子名篆字及書生嘉慶丙寅年六月十七日丑時
卒同治丙寅年四月十五日辰時塟官山

配埭邊許氏名女娘生嘉慶戊寅年八月初三日申時

子六　迪土承進嗣　迪帽　迪石承進招　迪鼎承進銀　迪登　迪科

進銀

遂皖養子名銀字及漢生嘉慶己巳年六月十一日卯時

卒同治乙丑年七月十一日未時

妣洋宅楊氏名花娘生嘉慶己卯年九月廿一日辰時卒道

光己酉年十月初一日午時塟官山頂挖内坐西向東

子二　迪燒幼殤　迪鼎進豪四子泳

進出

遂珪長子幼殤

進炎

遂琏次子名字及光號及崑生乾隆丙申年十一月廿八日　時卒道光戊戌年正月十四日巳時塟官山頂

妣　東埔吳氏名程娘號柔順生乾隆己亥年九月十六日戌時卒嘉慶丙子年十月十八日子時塟官山

繼　妣小坑園吳氏名雖娘號懿德生乾隆丙午年十一月廿一日酉時卒同治甲戌年二月廿二日午時享壽八十九歲塟官山埔

子六　廸甲　廸團（承進強改名豪）　廸隨　廸潘（承進銅改名扶俱前妣出）　廸漆（殤）　廸嘵（后妣出殤）

公秉性剛方為人正直義之所在見無不為言之既宣期於必踐此豈徒家中之事咸賴維持即遇人有紛難者亦不僅殷勤樂出排解宜乎孫曹蕃衍有綿綿瓜瓞之象殆亦天之欲報其報於身後焉耳

進銅 遂珪三子出承遂愛

進抄 遂珪四子 幼殤

進親 遂愛長子名親 殤

進銅 遂愛嗣次子遂珪三子承名銅字及明號及印生乾隆癸卯年二月初四日辰時卒道光戊戌年二月初四日戌時 塋官山頂

妣 石蘭黃氏名濺娘號温柔生乾隆癸丑年正月十一日 時卒道光庚寅年九月廿八日寅時塋官山頂坐東向西

子五　廸扶進炎四子承　廸席　廸園承進強　廸簿　廸在承進騎

進玉　遂愛三子　殤

進胤　遂愛四子　殤

進強　遂貌之子名強字及剛生乾隆丁未年七月十五日午時卒嘉慶辛未年又三月十八日巳時塟官山

聘本里孫氏未婚而歿

嗣子二　廸寰進炎三子承　廸園進綱三子承幼亡

進金 遂玩之子名金字進玉號及聲生乾隆乙巳年六月廿三日未時卒道光丁酉年十月卅日戌時塋官山埔坐南北

妣 東石葉氏名惠娘號柔德生乾隆丙午年二月十九日未時卒道光癸未年六月廿一日寅時塋官山埔坐北向南

子四 廸甜 廸桃 廸泑 廸桸 分出陳山洪

進椿 遂安嗣子遂贈次子承名椿字及靈生乾隆庚戌年三月初七日子時卒道光丁酉年八月十三日午時塋海沙內

妣 林厝柯氏名引娘號淑慎生乾隆癸丑年六月廿一日午時卒同治甲子年三月卅日未時塋官山

子二 廸坂 廸夜 幼殤

進兒 幼殤 遂贈長子名兜生乾隆乙巳年九月廿八日寅時

進椿　遂贈次子出承遂安

進孫　遂贈三子名孫字及蘭生乾隆乙卯年九月廿三日酉時
卒同治己巳年八月初九日未時塟官山

妣　南安坂尾莊氏名出娘號恬靜生嘉慶己巳年九月十四
日酉時卒道光己酉年十二月十七日申時
子一　迪行養

進高　遂贈四子出承遂存

進高
遂存第子遂賜四子承名高生嘉慶己未年十一月廿二日酉時卒道光壬午年十一月十一日丑時葬官山埔生東向西

進易
遂重長子小名易生乾隆壬寅年十月廿二日酉時卒嘉慶甲戌年八月初八日未時葬十都后湖后湫洞内
配后湖蔡氏改

進同
遂重次子名同生乾隆丁未年正月初十日巳時卒嘉慶丙寅年十二月廿九日巳時

進印
遂重三子分出外姓

進心

遂專之子名心生嘉慶己未年正月初一日午時卒咸豐壬子年七月十二日葬臺

嗣子　廸望（進魯長子兼承）

進魯

遂跳長子名魯字及敦生嘉慶乙丑年六月初五日戌時卒咸豐丁巳年十二月十七日戌時葬官山下埔東西

妣本里孫氏名半娘生嘉慶庚辰年七月十四日　時卒咸豐戊午年正月十二日寅時葬官山下埔坐北向南

子四　廸望（兼承進心）　廸坎（承進題）　廸粕　廸銚（殤）

進鑼

遂跳次子出承遂齊

進勵

遂圓之子名勵號進虎生嘉慶甲戌年二月廿五日寅時
卒道光癸卯年八月初十日午時塋官山埔
嗣子一　迪拔 進晉次子承

進泰

遂壹長子名泰字及邦生嘉慶戊寅年四月初二日寅時
卒咸豐丁巳年八月十四日巳時
妣　東埔吳氏名慈娘謚順儉生道光甲午年十一月初一日
巳時卒咸豐庚申年六月十八日寅時合塋官山下塚坪
子一　迪橋 兼承進則

進陽

遂壹次子出繼遂旅

進惱
遂壹三子名惱生道光丁亥年八月初一日亥時卒咸豐
庚申年十二月十七日巳時與父合塟官山下塚坐丙鈉

進雜
遂壹四子名雜生道光辛卯年六月十五日丑時卒咸豐
丁巳年八月十六日吉時塟臺海埔厝

進隔
遂旅嗣子遂壹次子承名隔生嘉慶庚辰年九月廿六日
子時往臺卒不知塟海墘厝
配
柯前柯氏名岸娘

進司
遂孝長子出承遂偏

進則 庚午年二月初一日酉時與父及叔祖莊安公合塋官山
下塚坐丙向壬
嗣子一 迪橋 進泰之兼祧

進司 遂偏嗣子遂孝長子承名恩生嘉慶己卯年七月初一日
酉時卒 年六月廿一日塋臺海墘厝

進返 遂題長子名水返生道光乙巳年十月初五日
配本庄施氏名稔娘生咸豐丙辰年二月初五日戌時卒光
緒戊寅年十月廿一日戌時塋畚箕湖

進泰 遂題次子名清泰生咸豐辛亥年八月初七日

配竹圍仔許氏名溜娘生咸豐甲寅年五月初四日巳時

進著 遂題三子名番薯生咸豐乙卯年八月初四日

進發 遂魚之子

幼亡

進恩 遂益嗣子遂元長子承名恩字及德生乾隆癸未年正月初五日酉時卒道光丁酉年十二月廿一日辰時塟官埔山

嗣子一 迪遮 進長五子承

進朋 [illegible]

進端 遂段次子名端往臺

進民 遂傳長子名民號及時生嘉慶己未年十一月廿八日酉時卒道光壬午年七月十六日 時塟臺新埔竹圍仔庄
嗣子一 廸奏 進湣三子承

進懷 遂傳次子名懷字及雅生嘉慶乙丑年六月初一日巳時卒臺彰化白沙坑

進鑿 遂傳三子名鑿字及淵生嘉慶乙亥年九月廿三日午時
卒臺彰化白沙坑

進楂 遂開長子出承莊雲為孫名先楂生嘉慶辛酉年十一月
初十日　時卒咸豐甲寅年十月十九日寅時

妣黄氏名朗娘生嘉慶甲子年十月廿九日寅時卒道光丁
未年六月初十日巳時考妣合塋四塊厝埔

子四　廸喜　廸晏（承進鰻）　廸（失名幼亡）　廸註（幼亡）

進鰻 遂開次子名烏鰻生嘉慶乙丑年二月廿日亥時卒嘉慶
丙子年正月廿八日巳時塋四塊厝埔

嗣子一　廸晏（進楂次子承）

進志 遂開三子名烏志生嘉慶戊辰年二月廿日辰時卒道光丁未年十月十一日辰時葬四堁厝埔坐北向南

妣 本座黃氏名嬿娘生嘉慶甲戌年九月初五日寅時

子四　迪番　迪晋（出承下海下進晋）　迪扶（承進霖）　迪綏（出承下海下進晉）

進霖（殤） 遂開四子名霖仝父兄往臺四堁厝

嗣子一　迪扶（進志三子承）

進務 遂綽長子名務字及本生嘉慶戊辰年六月廿二日未時卒同治壬戌年九月廿一日未時與父遂綽公合葬官山埔坐辛乙酉卯

嗣子二　迪璧（進覓次子承）　迪詔（進溤長子兼承）

進晃

遂綽次子名晃大名進烔生嘉慶庚午年二月廿九日丑時

配下尾鐘氏名搭娘生道光庚寅年九月十六日辰時

子二　廸寮養　廸壁出祧進務

進隱

遂綽三子分出外姓

進澚

遂綽四子名澚字及南生道光乙酉年九月廿四日寅時

配窰厝蔡氏名香娘生道光戊戌年五月初九日未時

子三　廸詔兼承進務　廸淘幼亡　廸奏承進民

第十六世

廸乳 殤

進拱嗣子進鑼次子承名乳

廸漳

進鑼長子名漳字子明生道光丙申年二月初二日亥時卒同治壬戌年七月十六日寅時塋官山

妣

東埔吳氏名濺娘號静素生道光丁酉年七月廿五日申時卒同治乙丑年十月廿一日未時塋海沙墘

子四 玆梗 廸埴次子承 玆煌 廸坎長子承 玆利 廸程嗣子承 玆灶 廸坎四子承

迪乳　進鑼次子出承進拱

迪爍　進鑼三子名爍生道光甲辰年八月初五日酉時卒道光丁未年六月十二日申時

迪呈　進鑼四子名程大名迪鵬生咸豐辛亥年正月初八日亥時

配柯坑張氏名般娘生道光卅年庚戌九月十六日申時

子二　菘利迪坎三子承龔泳廼渾　菘坪承迪盤

迪盤　進鑼五子名盤生咸豐丙辰年三月十二日未時卒咸豐辛酉年八月初六日巳時塟官山

嗣子一　兹坪　廸呈次子承

廸石　進淵嗣子進炎三子承名石大名介生咸豐辛亥年四月十五日丑時

配東埔吳氏名問娘生同治三年甲子四月十四日巳時

廸貯　進成之子名貯任臺

廸俊　進遠長子名俊任臺

廸水　進遠次子名海水任臺

廸岸　進廩嗣子進舉長子承名岸字廸高號子峻生嘉慶丁巳年八月十四日寅時卒道光辛丑年又三月十四日戌時
塟官山埔坐北向南

妣　周坑曾氏名彩娘號恬慈生嘉慶壬申年十月十六日時卒道光戊申年十月初七日丑時
子一　茲深

廸岸　進舉長子出承廩

廸樓
幼殤

廸考
進舉三子出承進甲

廸宿
進舉四子名宿生嘉慶壬申年七月初一日申時卒道光癸卯年八月廿三日　時塟海沙内坐東向西
嗣子一　滋浪 廸箸長子承

廸箸
進舉五子出承廸前

廸考 殤
進甲嗣子進舉三子承

廸箸 進前嗣子進舉五子承名箸字子籌生嘉慶戊寅年三月
初六日酉時卒咸豐庚午年三月初八日酉時塟官山
配 泗州王氏名箱娘生道光丙戌年九月廿三日　時
子四　兹浪 宿 承迪　兹湯 殤　兹繐　兹撍 殤

廸疊 進金長子名疊生嘉嘉庚辰年二月十三日酉時卒同治
庚午年十月廿六日巳時塟官山
聘 西安洪氏名姜娘生鈌卒　年三月廿五日
繼配路東蔡氏名葉娘生道光十三年癸巳三月初九日卯
時

廸篇 進企次子名篇生道光癸未年十一月初七日巳時卒同治甲戌年二月廿八日午時

配　氏

子一　玆爍

廸逃 進邠之子名天逃號淵慶生道光己丑年八月　日　時卒同治癸酉年九月廿三日寅時塟臺

廸瑩 進董長子出承進瑯

廸山

進董次子名山字子雲號廸林生乾隆癸丑年十一月廿四日辰時卒同治丁卯年八月初十日巳時享壽七十五塋官山埔

妣　柯倉柯氏名緞娘生乾隆乙卯年四月廿二日　時卒道光戊戌年四月十八日戌時塋官山坐西向東

子七　兹儉幼殤　兹要殤　兹家　兹翕　兹認出承東石妹夫周家

兹淺出承東石妹夫周家　兹瓊承廸掩

君自少謹恭持家勤儉事父母以孝著處宗族以和稱庭闈之內雍雍如也固不特侍兄惟謹而撫弟姪亦時見温和雁行雖有四惟君兆多男之占荊壽縱已分惟君成復茂之瑞由是而推之於上則念功叙及文公單養一兒而以四弟廸柙繼之暨之於下則念三弟廸掩晚子而以末男兹瓊先嗣之即至外而胞妹義屬從人見其連喪二男痛哭欲絕復以二子兹認兹淺双承之非篤於親親之誼

[illegible]

立家業現今門閭重整輪奂更新過其墻者恒深羨其才
能而君則曰非胞妹之功不及此正所謂受恩勿忘焉耳

承錦拜序

廸下

頭 進董三子

廸掩

進董四子名掩字子映生嘉慶甲子年三月廿六日戌時

配 柯坑張氏名鶴娘生嘉慶丙子年六月廿八日亥時

子三 兹瓊廸山七子承 兹樸七世殤 兹越石崗功妹夫之子入承

廸柙　進董五子出承進這

廸榮　進瑯嗣子進董長子承名榮字及昌號廸顯生乾隆庚戌
年九月廿日未時卒道光辛巳年十二月廿日酉時

妣　四石柱林氏名兩娘號節義生乾隆癸丑年七月廿一日
時卒道光戊戌年五月十二日丑時合葬瀨厝山土名
柯西埔坐乙向辛兼辰戌
子一　谿鋤
按氏年登廿九即喪所天值家中零落衣食難週孤子年
幾五歲氏甘心苦守義撫遺孤俾克成立節義之謚誠無
愧焉

承錦敬序

[illegible]

迪墻 初九日丑時卒道光癸巳年三月十四日未時

先 聘洋宅蔡氏名嬌娘生乾隆　年十一月廿五日　時

卒嘉慶　年十一月廿六日　時塋本山灟內曾祖貽

弓公西畔

繼 妣埭邊吳氏名妹娘生乾隆甲寅年六月初二日申時卒

道光乙未年正月廿一日未時與考合塋官山埔

子三　茲述　茲吽 押（承迪） 茲湯 初七

迪押 進這嗣次子進董五子承名柙字廸五號子燈生嘉慶己

巳年九月十六日午時卒道光癸巳年三月十七日未時

塋官山埔

聘 埕邊黃氏未婚而歿

嗣子一　茲吽 迪墻次子承

塔江劉氏家乘

廸培

進江長子名培字子養號明神業儒生道光[乾隆]甲寅年十月初二日子時卒道光乙巳年五月初三日午時葬官山

妣

燒灰洪氏名棚娘號恬靜生嘉慶己未年七月廿九日卯時卒咸豐壬子年四月初五日戌時葬官山下挖

子五　茲蚌　茲頻　茲定　茲炒　茲薇 承廸堅

君生長醫家父伯祖先皆精岐黃之術君能奮勵詩書攻習儒業志尚定超於庸衆矣後見艱於應試家口復繁遂少通於商以供家計道光癸巳伯父及文公二子遭瘦相繼歿君懼伯父痛傷每多方勸慰務悦其心舉凡所欲需之物雖道里孔長亦必親趨買奉故伯父於臨終之際凡有秘法良方亦漸傳授奈何伯父棄世未久而君遂遭重疾竟成不起之症使醫道不得大行於世殊足深惜至於事親撫弟交友接物皆無一不出於至誠余與君交最久故知君之事最詳且受君尊翁之醫恩亦最深今既膺

[illegible]

[illegible]之耶

承錦謹誌

迪飲 進江次子 殤

迪堅 進江三子名堅字子貞生嘉慶壬申年十一月廿三日己時

配滄塔林氏名梅娘生道光辛己年七月初四日酉時卒同治乙丑年六月廿四日未時塋官山

子四 茲薇（迪塔五子承） 茲衢 茲美 茲欣

且人生世上如白駒過隙爭名爭利者何可勝數徒增羊生之勞擾耳若迪堅豈其然居心磊落浮雲富貴藉粬枕糟老而彌篤故能畔渙爾游優悠爾幽今也年登古稀兒

孫滿眼日新月盛繼繼繩繩斯固人生之大快事也是為
序

姻家弟王汝寬拜序

廸洋

進江四子出承進鵝

廸洋

進鵝嗣子進江四子承名洋字子氷生道光辛巳年五月
十一日寅時

配梅林蔡氏名相娘生道光戊子年七月廿三日　時

子四　茲鏈出亡　茲襪　茲美　茲錦

迪對

進鷄長子名對號子答生嘉慶丙寅年十二月十一日卯時卒道光戊戌年七月初六日午時塋官山坐西向東

嗣子二　茲淺　茲爐俱迪唱之子承

迪學

進鷄次子出承宮后份進潤

迪唱

進鷄三子名唱字子滐生嘉慶甲戌年十月十七日午時卒同治庚午年五月十七日未時塋官山埔

配埕邊謝氏名匏娘生道光辛己年正月初七日　時

子七　兹淩　兹爐(俱承迪對)　兹庥(承迪夏熖)　兹蒂(出承宮后份迪學)　兹舞　兹鎖(俱承迪針)

兹口

迪針

進鶴四子名針生道光壬午年十二月十六日酉時卒咸豐癸丑年四月十九日未時在福州梅宇嶺身故

嗣子二　兹舞　兹鎖(俱迪唱五子六子承)

迪容

進鶴五子

殤

迪蘓

進椰長子名蘓字子來號迪鳳生乾隆己酉年十一月廿八日　時卒咸豐壬子年六月初一日申時葬官山東西

妣

周宅陳氏名段娘謚敦厚生乾隆辛亥年十月十五日午時卒道光辛卯年七月廿日卯時葬官山墳坐南向北

子五　茲秘　茲更幼殤　茲買幼殤　茲闖殤　茲鶯承廸命

廸命
進柳次子出承進標

廸命
進標嗣子長進柳次子承名命字子性號廸孟生嘉慶戊午年正月初十日卯時卒道光辛巳年七月初六日巳時塟西邊海沙
嗣子一　茲鶯廸藴五子承

廸信
進標嗣次子進正長子承生嘉慶乙丑年九月廿六日辰時殤

廸信　進正長子出承進標

廸能　進正次子名能號廸言生嘉慶丁卯年十一月十四日酉時卒咸豐丁巳年又五月初二日未時葬官山
嗣子一　茲学　廸德次子承

廸灘　進明長子名灘字子流生乾隆壬子年八月十一日酉時卒嘉慶丙子年又六月廿八日子時葬官山
聘竹樹下李氏名勸娘謚恬靜生乾隆癸丑年十二月初六日時卒嘉慶辛未年四月十九日辰時葬官山
繼配伍堡楊氏　改
嗣子一　茲揉　廸泉長子承

[illegible]

迪聽

[illegible]甲時卒道光丙戌年六月十六日辰時葬官山

娶[illegible]氏名[illegible]娘諡慈順生嘉慶丙寅年三月廿五日辰時卒道光壬午年五月十九日酉時葬港塔山

繼

妣湖尾蘇氏名懇娘諡慈恬生嘉慶己巳年十二月初六日丑時卒同治戊辰年四月廿六日巳時葬官山

子三　茲擴幼殤　茲亭承迪能　茲富

迪泉

進明嗣三子進矜次子承名泉字子清生嘉慶戊辰年正月初九日酉時

聘柯倉柯氏名員娘諡勤灑生嘉慶丙子年八月廿九日戌時卒道光丙戌年十一月廿日巳時拾葬官山埔

繼

妣滄厝垵柯氏名妹娘號勤慎生嘉慶辛未年正月十一日卯時卒咸豐辛酉年正月初九日酉時葬官山埔

子四　茲搽（承迪繼）　茲泰　茲趣　茲頭（承迪蓄）

迪嶺

進智之子名嶺字子岩生嘉慶甲子年正月初一日午時

妣本鄉蔡氏名却娘謚婉容生嘉慶己巳年二月初九日卯時卒道光癸卯年七月廿九日午時塋海沙坐北向南

繼妣柯倉（主原從武鄉移居）陳氏名庄娘謚淑慎生嘉慶丁丑年十一月十九日寅時卒同治丙寅年十二月廿二日午時

子七　茲芳（蔡出 幼亡）　茲野（養）　茲榜（幼亡）　茲只　茲炭（幼亡）　茲音　茲亭（幼亡）

迪守

進長冢子早殤生　年四月初八日卒年七月初十日

嗣子一　茲樹（迪決子承）

廸身 進長六子
沁媽

廸⿺走僉 進長三子出承進炳

廸決 進長四子名決字子揚生道光戊子年正月十一日未時

配 埭邊許氏名彷娘號貞順生道光壬寅年九月初八日卯
時卒同治庚午年三月初二日未時塋官山坐乾巽亥巳
子一 菘樹 承廸守

廸⿺辶展 進長五子出承進恩

廸顯　進長六子名顯生道光甲午年十二月廿五日戌時卒咸豐己未年八月十三日酉時塟官山坐乾巽亥已

嗣子二　玆釗廸趫子承　玆湍廸進長子承殤

廸趫　進炳嗣子進長三子承名趫號廸雲生嘉慶己卯年六月十四日亥時卒同治壬申年二月廿五日辰時塟官山乾巽亥已

妣柯倉坑柯氏名伴娘謚勤儉生道光癸已年三月初八日丑時卒咸豐庚申年六月初九日已時塟官山乾巽亥已

子二　玆釗承廸顯　玆館廸遮四子承

廸擬　進矜長子名擬字子議生嘉慶辛酉年十一月廿二日亥時卒臺七月廿八日

妣臺粘氏名救娘謚淑慎生缺卒臺八月初四日

嗣子一　玆邦廸秩次子承殤

廸泉 [illegible]

廸秩 進矜三子名秩字子禮生嘉慶壬申年九月廿九日酉時

配 滬厝按柯氏名綢娘謚勤慈生道光乙酉年六月廿日巳時卒同治乙丑年九月初九日酉時

子三　兹伐　兹邦（丞廸擬）兹馬（出撫還柯家）

君諳曉大義篤親九族有功兄廸老往臺謀娶子尚遺腹不幸身故君適在臺地恐功嫂變志遂不吝貲財常到其家周卹後見生是男竟給其衣食令功嫂撫孤守節至欸歸時始將功嫂幼侄一概携挈全回以奉功伯等一派忌辰祭祀且於私房內譜牒一事尤最留心輯錄追延余秉筆資雖出自衆人而能不惜功程朝夕侍師以備詢問者

則惟君之才居多焉然均是子孫也何人皆逸而彼獨勞
非尊祖之念有以交迫於中而不能自已者乎
承錦謹誌

廸蓄

進矜四子名蓄字子德生嘉慶丁丑年三月初一日卯時
配湖尾蘇氏名花娘謚慈德生道光庚寅年二月十三日未
時卒咸豐癸丑年五月十四日巳時塋官山
嗣子一　崧頭廸泉四子承

廸葛

進恭長子名葛字子締生乾隆己酉年十一月初二日未
時卒嘉慶辛未年三月十四日辰時往臺溺海

廸河 進蔡次子出承進品

廸老 進蔡三子出承進卿

廸河 進品嗣子進蔡次子承名河號子溪生嘉慶丙辰年七月廿一日巳時卒道光庚寅年九月廿日未時葬官山埔[illegible]

嗣子一 茲煨 廸牛長子承

廸老 進卿嗣子進蔡三子承名老字子實號忠信生嘉慶壬戌年四月十九日巳時卒道光癸巳年九月十八日未時葬臺竹園仔山脚拾回塋

妣 臺泉州曆張名桃娘號德順生嘉慶戊辰年五月十二日

巳時卒道光戊戌年十二月初四日未時葬官山埔

子一　茲敷

廸洋

進勵養長子　殤

廸牛

進勵養次子名牛字子羔生嘉慶甲戌年二月十四日丑時

配高厚王氏名俊娘謚恬順生道光辛巳年四月十六日卒道光丙申年正月初八日

繼配梅林顏氏名卜娘謚淑慎生道光庚寅年九月廿六日辰時卒同治丙寅年十一月十一日巳時

子二　茲煨承廸河　茲簣

廸履 廸一之三子名履字任臺生嘉慶庚申年正月初五日卒

[illegible]新埔

嗣子一 茲[illegible]

廸側 進晉長子名側字子隱生嘉慶壬戌年四月廿三日酉時

配山兜吳氏名靜娘生嘉慶庚午年十月十三日巳時

子五 茲坦（承廸株） 茲餅 茲闖 茲尋 茲染

廸株 進晉次子名株生嘉慶戊辰年八月初三日午時卒道光癸未年八月廿四日辰時

嗣子一 茲坦（廸側長子承 幼亡）

廸千　進晉三子　殤

廸謀　進晉四子名謀生嘉慶丁丑年九月　殤

廸土　進蘭嗣子進家長子承名土字子厚生道光甲午年九月十二日子時

配東埔吳氏名縕娘生道光甲辰年十一正月初九日巳時

子四五　兹桐殤　兹紫　兹饒　兹福　兹穴承廸帽

廸漢　進兩之子任臺

廸土 進家長子出承進蘭

廸帽 進家次子名帽生道光乙巳年十二月廿四日亥時

配周坑曾氏名影娘生咸豐己未年十一月十八日子時

嗣子 茲穴（廸土五子承）

廸石 進家三子出承進摺

廸鼎 進家四子出承進銀

廸登
進象五子名登生咸豐丙辰年五月廿四日申時

廸科
進象六子名科生咸豐辛酉年九月廿四日申時

廸燒
進銀長子
𢆯殤

廸鼎

[illegible]正月初二日丑時

[illegible]氏嘉靜娘生同治丙寅年九月十二日　時

廸甲

進炎長子名甲字子庚生嘉慶庚申年二月十七日巳時
卒光緒丙戌年六月廿二日午時葬官山坐西向東

妣

洋宅蔡氏名外娘生嘉慶甲子年七月初十日酉時卒光
緒己卯年六月廿九日酉時葬埕邊面穴壬丙亥巳

子八

玆地殤　玆錫　玆橙　玆朱　玆省承廸隨　玆溜
玆入承廸漆　玆磅承廸隨

廸寰　進炎次子出承進強

廸隨　進炎三子名隨字子追生嘉慶壬申年四月十七日丑時

配伍堡謝氏名絨娘生道光癸未二月十五日　時

子四　茲省（廸甲五子承）　茲磅（廸甲八子承）　茲洸（出嗣）　茲爬

廸扶　進炎四子出承進鋼

廸溙　進炎五子名溙生　年六月廿一日卒　年六月廿四日　時

嗣子一　孫入[illegible]

迪唍　殤
進炎六子

迪扶　幼殤
進銅嗣長子進炎四子詠名扶

迪席
進銅次子名席字子卷生嘉慶己卯年六月十七日午時
卒咸豐己未年七月十七日在外閩海關身故

配
溝墘蔡氏名妙娘生道光庚寅年八月初四日寅時卒光
緒庚辰年十月初十日午時塟官山下塚向西

子三　玆虎 圖 承迪　玆改　玆語 [illegible]

迪圖
進銅三子出承進強

迪簿
進銅四子名簿生道光戊子年八月初一日丑時卒道光
戊戌年二月初六日未時塟官山埔

迪在
進銅五子出承海下份進騆

迪褒
進強嗣長子進炎次子承名褒字子守生嘉慶戊辰年四
月初四日戌時卒臺碑頭

如

道光丁未年十一月十三日申時塋官山

子四　茲煎　茲清　茲勍　茲耿

廸

園

進強嗣次子進銅三子承名園字子西生道光辛巳年十二月初六日未時卒道光戊戌年二月初九日未時塋海墘

嗣子一　茲虎 廸席長子承

廸

甜

進金長子名甜字子飴生嘉慶丁卯年七月廿三日巳時卒同治辛未年五月十七日塋臺

配高厚王氏名罷娘生道光壬午年六月廿一日巳時

子四　茲猪　茲啞　茲鑾　茲頓

廸桃　進金次子名桃字子碧生嘉慶辛未年正月廿二日子時

配　埭邊許氏名詮娘生嘉慶辛未年七月十三日子時

子三　茲執（承廸沙）　茲磱　茲衷（承廸沙）

廸沙　進金三子名沙字子玉生嘉慶甲戌年九月十四日寅時

卒道光辛丑年五月十七日未時葬臺南路東港埔

嗣子三　茲執（承廸桃長子）　茲猪（承廸甜長子）　茲衷（承廸桃三子）

廸棉　進金四子出繼外姓

廸坂 進椿長二子名扳字二樹生道光甲申年十月廿一日酉時
卒同治甲戌年三月十六日酉時
配 副宅陳氏名蝦娘生道光十九年己亥十一月廿四日己
時
子四 兹斛（料）承廸夜 兹梗承廸漳 兹雩殀 尚梅殤

廸夜 殤 進椿次子
嗣子一 兹斛 廸坂長子承

廸行 進孫養子名行字子旅生道光癸巳年八月十六日午時
卒同治辛未年六月廿六日巳時
聘 柯倉柯氏名乖娘改
妣 東埔吳氏名担娘號惠愛生道光戊戌年四月廿一日卒

塔江劉氏七房

光緒丁丑年十二月廿二日午時葬官山
子四　兹鑽　兹研（俱殤）　兹元　兹夏

迪望
進心羋承子進魯長子兼承名望字子觀生道光戊戌年
十二月初十日巳時
配　伍堡楊氏名護娘生道光辛丑年六月廿七日卯時
子一　兹度

迪望
進魯長子羋承進心名望字子觀生道光戊戌年十二月
初十日巳時
配　伍堡楊氏名護娘生道光辛丑年六月廿七日卯時
子四　兹鑿（承建坎）　兹度（承進心為孫）　兹鐸（承建桃）　兹廚（幼亡）

廸坎 [illegible]

廸粕 進魯三子幼亡

廸銚 進魯四子名銚生咸豐癸丑年十一月初五日 時卒同治壬戌年七月十十五日 嗣子一 兹鐸 廸望三子承

廸坎 進慂嗣子進魯次子承名坎字子習生道光癸卯年九月廿三日子時

配 呂厝許氏名好娘生道光丁未年十月初二日酉時

子四　滋鎣迪望長子承　滋煌承迪漳　滋利承迪呈　滋灶承迪漳

迪橋進秦之子兼承進則名橋大名迪虹生咸豐丁巳年正月廿五日寅時
聘東塘邊張氏名洒娘生同治九年庚午十一月初六日辰時

迪橋進則嗣子進秦之子兼承生咸豐七年丁巳正月廿五日寅時
聘東塘邊張氏名洒娘生同治庚午年十一月初六日辰時

迪遮進恩嗣子進長五子承名遮字子肅生道光辛卯年九月廿四日戌時

配杜坑蔡氏名寶娘生道丙午年五月十三日寅時

子四　滋滿承迪、顯謨　滋韻　滋瀍嗣　滋錧出迪遠

廸奏

進民嗣子進傳三子承名奏生同治癸酉年五月十七日巳時

廸喜

進樁長子名喜生道光癸未年十一月初三日寅時卒光緒戊寅年十月廿五日寅時塟臺四塊厝埔

配臺施氏名教娘生道光乙未年十月初二日午時

嗣孫　唐羅贅婿黄、慈長子承

廸晏進樍次子出承進鏝

廸　失名　進樍三子　幼亡

廸註　進樍四子　幼亡

廸晏　進鏝嗣子進樍次子承名晏生道光乙酉年十一月初一日亥時

贅臺林氏名接娘生道光庚辰年

子二　兹九　㘸　兹賀

廸畨 進志長子名畨生道光癸巳年八月初五日巳時

配倪氏名蕋娘生道光己亥年六月十二日申時

子六 玆鵠早亡 玆吹早亡 得勝 玆才 玆紫早亡 順治承廸晋

廸晋 進志次子出承下海下進眷

廸扶 進志三子出承進霖

廸綏 進志四子出承三房二進眷

廸扶　進霖嗣子進志三子承名扶生道光壬寅年十一月初一日未時

配王氏名故娘生道光己酉年九月初三日申時

子二　玆安七歲而亡　玆福幼亡

廸壁　進務嗣長子進晃次子承名壁大名廸東生咸豐五年乙卯二月廿二日未時

配衛内洪氏名韮娘生咸豐戊午年七月十九日巳時

子一　玆田承廸察嗣

廸詔　進務嗣次子進滘長子半承名詔大名廸待生咸豐乙卯年五月廿七日戌時

配柿林蔡氏名干娘生咸豐丁巳年四月十一日亥時

子一　茲錦出

廸察

進晃養長子名察字子安生道光廿九年己酉正月初七日辰時

先配石兜許氏名担娘謚恬靜生道光辛亥年二月初三日未時卒同治壬申年七月廿三日未時葬官山頂東西溝墘穴乾巽亥巳

繼配柯坑張氏名曲娘生咸豐辛酉年正月初一日卯時

嗣子　茲田廸壁之子承

廸璧 進晃次子出承進務

廸詒 進灣長子半承進務生咸豐乙卯年五月廿七日戌時

配梅林蔡氏名千娘生咸豐丁巳年四月十一日亥時

子一　茲錦[illegible]

廸浖 進灣次子小名浖幼亡

廸奏 進灣三子出承進民

第十七世

兹梗

廸漳嗣長子廸坂次子承名梗大名兹萍生同治五年丙寅正月初八日

聘洋宅蔡氏名乃娘生同治十年辛未八月十四日辰時

兹煌

廸漳嗣次子廸坎次子承名煌大名兹輝生同治十三年甲戌二月廿六日子時

聘埭邊許氏名溆娘生光緒四年戊寅正月初九日申時

茲利

廸湋嗣三子廸程長子承小名利生同治十三年甲戌二月廿六日子時

聘本里孫氏名花娘生光緒四年戊寅八月初七日申時

茲灶

廸湋嗣四子廸坎四子承名灶生光緒庚辰年七月廿八日丑時

茲利

廸呈長子養廸坎子後出承廸湋

茲坪 迺呈次子出嗣迺盤

茲坪 迺盤嗣子迺呈次子承名坪生光緒二年丙子四月廿六日巳時

茲深 迺岸之子小名深深字孫潤生道光十九年己亥四月廿日丑時

聘 柯坑柯氏名鈕娘生道光廿一年辛丑五月十三日　時卒同治三年甲子十月十九日

玆浪　廸宿嗣子廸箸長子承名浪字孫波生道光廿八年戊申十二月初五日丑時

娶柯村柯氏名瞈娘生咸豐十年庚申七月廿九日丑時

子一　唐譜

玆浪　廸箸長子出承廸宿

玆湯　廸箸次子　殤

玆戇　廸箸三子小名戇生咸豐五年乙卯六月初五日子時卒光緒三年丁丑三月十八日丑時葬官山

茲擔 迪箸四子
殤

茲乳 迪疊長子小名乳生咸豐四年甲寅六月十九日未時卒
光緒六年庚辰八月十九日丑時葬官山乾巽亥巳
娶前埔蔡氏名春娘生咸豐十年庚申三月初一日酉時

子一 唐彬

茲聽 迪疊次子
殤

茲彩 廸疊三子 殤

茲燦 廸篇之子名燦生同治十一年壬申二月廿八日未時

茲儉 廸山長子 幼殤

茲耍 廸山次子名耍生嘉慶廿五年庚辰十月十三日丑時卒道光十九年己亥四月廿三日巳時塟官山頂坐酉向卯

茲寂 廸山三子小名寂字詵青生道光三年癸未七月十八日
己時卒同治十三年甲戌十一月初九日戌時葬官山
配石菌黄氏名鸞娘生道光　年十一月廿九日　時卒
道光　年八月廿九日葬石菌東山塚
繼妣東埔吳氏名梅娘謚慈順生道光五年乙酉八月十九
日酉時卒同治三年癸亥二月初一日寅時葬官山埔
嗣子　唐綸 茲卿子半承

茲翁 廸山四子名翁字孫和生道光六年丙戌七月廿七日丑
時卒咸豐十一年辛酉七月廿六日溺洋
聘清兜張氏名罷娘生道光七年丁亥十月初八日卒道光
廿三年癸卯七月廿八日未時葬清兜山
繼妣東埔吳氏名金娘謚恬静生道光十四年甲午十月十
二日卒咸豐二年壬子十一月廿六日

塔江劉氏家乘

三娶石菌黃氏名腰娘改

玆認　廸山五子出承東石周家

玆淺　廸山六子出承東石周家

玆瓊　廸山七子出承廸掩

玆瓊　廸掩嗣長子廸山七子承名瓊字孫瑤生道光十六年丙申十月廿二日亥時卒于臺

妣洒洲王氏名勸娘謚素惠生道光廿年庚子八月初三日

寅時卒同治七年戊辰二月十九日申時塋宫山

玆檥

廸梅次子幼殤

玆越

廸梅嗣三子名越（功妹之子承）字孫規生道光廿一年辛丑四月廿八日丑時

玆鋤

廸榮之子名鋤字孫揮生嘉慶廿二年丁丑十月廿二日午時卒咸豐四年甲寅七月十九日酉時殁塋福州港口尉斗山

配大白山楊氏名妹娘攺

子一　唐倫羊承茲敍

茲述

廼墻長子名述字孫善生嘉慶廿四年己卯十二月初五日寅時

配本鄉孫氏名留娘謚孝儉生道光二年壬午八月初八日辰時卒同治二年癸亥四月初三日辰時塟官山埔

子三　唐寮　唐醜　唐攀塑

茲吽

廼墻次子出承廼柙

茲湯

廼墻三子幼殤

茲吽

廸柙嗣子廸墻次子承名吽字孫宣生道光八年戊子八月十一日戌時

娶中舍王氏名樣娘生道光八年戊子九月十二日　時

子六　唐視幼亡　唐研幼亡　唐振　唐鉃殤　唐啟殤　唐爍殤

昔范文正公有云不為良相當為良醫蓋謂治世與救世其事雖殊其功則一也如塔江茲吽先生世代業醫皆稱國手而彼尤得枕中之秘所以到處回春活人無數是其箕裘克紹真不愧為名醫之後者也他如處已接物不卑不亢事上使下無非無刺家資頗足無求於人一堂三代重慶齊眉子婦孝順美孫自怡亦人中之錚錚者焉得不序

姻家弟王汝寬拜撰

茲蚌

迪培長子名蚌字孫珠生嘉慶廿五年庚辰八月廿七日子時卒同治壬申年八月初五日酉時塟福州

配 柯倉柯氏名甲娘號勤順生道光八年戊子正月初五日卒咸豐八年戊午十二月十五日子時塟官山

繼 配泉城林氏名　娘生道光乙未年九月初四日　時卒同治戊辰年四月初九日巳時塟官山

子二　唐煌（隨母嫁出承陳家）　唐妗（柯出）

茲頻

迪培次子名頻字孫維生道光八年乙酉十二月十六日申時卒臺南路

妣 清覺張氏名庄娘號柔慈生道光十年庚寅八月初一日巳時卒咸豐二年壬子三月十二日亥時塟官山

嗣子　唐默（茲薇次子承）

玆定 迪培三子名定字孫安生道光九年己丑正月初四日未
時卒于寧波
嗣子一 唐容 玆薇三子承

玆炒 迪培四子名炒生道光十年庚寅十一月十六日辰時卒
于實浦

玆薇 迪培五子出承迪堅

玆薇 迪堅嗣長子迪培五子承名緊薇生道光十七年丁酉七
月廿五日午時
娶港塔林氏名問娘生道光廿八年戊申十月十五日

子三　唐興　唐默承茲頊　唐容承茲定

茲衢

廸堅次子名衢字孫龍生道光廿五年乙巳七月廿五日
午時卒同治十年辛未四月十八日　時塟官山坡

嗣子　唐撈茲欣次子承

茲美

廸堅三子名美生道光廿八年戊申五月初七日巳時

娶港塔林氏名鸞娘生咸豐七年丁巳八月廿日寅時

子二　唐蓝幼亡　唐曲

玆欣廼堅四子名欣字孫喜生咸豐四年甲寅七月廿四日亥時

娶蘇厝曾氏名望娘生咸豐四年甲寅十二月十九日

子二　唐才幼亡　唐撈承玆衢

玆鞭廼洋長子幼亡

玆禨廼洋次子名禨生咸豐七年丁巳五月廿日丑時卒光緒四年戊寅四月初五日丑時塟官山埔

聘梅林蔡氏名恨娘改

茲美 迪佯三子名美生同治七年戊辰四月初二日卯時

配英林洪氏名浪娘生同治庚午年十一月初四日丑時

茲錦 迪佯四子名錦生同治七年戊辰四月初三日卯時

茲淺 迪對嗣長子迪唱長子承名淺字孫深生道光廿一年辛丑七月廿日午時卒咸豐十年庚申九月初二日辰時葬崰

妣潘徑張氏名銀娘生道光己酉年卒道光庚戌年三月十九日

兹爐 廼對嗣次子廼唱次子承名爐字孫香生道光癸卯年六月初六日丑時

配柯坑蔡氏生卒不知

兹淩 廼唱長子出承廼對

兹爐 廼唱次子出承廼對

兹床 廼唱三子出承海下四甲廼夏

茲蒂　廸唱四子出承宮后廸學

茲舞　廸唱五子出承廸針

茲鑽　廸唱六子出承廸針

茲口　廸唱七子名口生咸豐八年戊午四月廿二日酉時

茲舞 迺銓長□子□□名舞字孫趣生咸豐辛亥年正廿五日巳時

聘曾厝曾氏名鑾娘生卒未詳

茲鎖 迺針嗣次子迺唱六子承名鎖生咸豐乙卯年八月廿二日未時

茲秘 迺蘊長子名秘字孫傳生嘉慶廿一年丙子十一月十二日子時卒道光己酉年九月廿三日戌時

妣 伍堡姚氏名甘娘謚淑德生道光丁亥年正月廿一日酉時卒道光庚戌年九月初二日酉時塟官山

嗣子 唐滋 茲孚三子承

茲更　廸蘊次子幼殤

茲買　廸蘊三子幼殤

茲闔　廸蘊四子十一歲殤九月初六日忌辰

茲鶯　廸蘊五子出承廸孟

兹鶯 廸蚕三子廸薌五子承名鶯生道光己丑年十一月十二日戌時卒臺阿里㳘

兹学 廸能嗣子廸聽次子承名学字孫絺生道光甲午年二月十六日未時

娶柯坑柯氏名梅娘生道光己亥年十月卅日寅時卒光緒丙子年十二月廿七日子時塟官山

子五 唐儉 唐報殤 唐滋 唐諒分出 唐海分出

兹搡 廸灘嗣子廸泉長子承名搡諱兹賤生道光甲午年七月初四日丑時卒光緒戊寅年三月初六日申時塟官山

娶石菌黄氏名惜娘生道光丁酉年十月廿三日卯時

子二　唐潘　唐恊　承茲邦

茲擦　廸聰長子幼殤

茲学　廸聰次子出承廸能

茲富　廸聰三子名富生道光丁酉年七月十五日午時

茲掾　廸泉長子出承廸灘

茲泰 廸泉次子小名夸字孫贊生道光辛丑年正月廿二日丑時

娶埭邊許氏名莺娘生咸豐癸丑年八月初十日巳時

子二 唐切 承茲伐 唐定

茲趣 廸泉三子名趣字孫霞生道光甲辰年九月廿八日寅時

聘埕邊蔡氏名朮娘生同治甲子年四月初四日午時

茲頭 廸泉四子出承廸蓄

茲劳　廸嶺長子殤

茲野　廸嶺養次子名野字孫曠生道光壬辰年四月十八日寅時

配滬厝垵柯氏名熟娘生道光己亥年十二月初八日辰時

子一　唐潋

茲榜　廸嶺三子幼殤

茲只　廸嶺四子名只字孫盈生道光丁未年十二月初八日酉時

娶[illegible]氏[illegible]生道光丁未年二月初二日

廿三　唐熙　唐體　唐姜

茲炭　廸嶺五子　殤

茲音　廸嶺六子名音生道光庚戌年八月廿二日亥時

茲亭　廸嶺七子幼亡

玆樹　廸守嗣子廸決之子承名樹生同治己巳年六月初十日寅時

玆樹　廸決長子出承廸守

玆鍘　廸顯嗣長子廸趦長子承名鍘大名玆鐕生咸豐丙辰年三月初七日　時
聘梅林蔡氏名雪娘生同治丁卯年二月十四日子時

玆端　廸顯嗣次子廸遞長子承名端生同治乙丑年六月廿二日　時卒同治丁卯年又三月廿九日　時

茲錫 [illegible][illegible][illegible]子出承[illegible][illegible]

茲舘 廸趋嗣次子廸遮四子承名舘生光緒庚辰年五月廿八
日卯時

茲邦 廸擬嗣子廸秩次子承名邦生咸豐元年辛亥
卒同治丙寅年六月十六日午時塟官山埔
配東坡吴氏名寶娘生同治癸亥年十二月廿二日　時卒
同治庚午年六月廿三日戌時塟后邊

嗣子　唐協　茲樣次子承

茲伐　廸秩長子名伐生道光丙午年七月十七日亥時

嗣子　唐切　茲參長子承

茲邦　廸秩次子出承廸擬

茲頭　廸蓄嗣子廸泉四子承名頭大名茲鳌生道光丁未年十二月十五日酉時

聘埭邊許氏名不娘生同治乙丑年七月十五日酉時

茲煨　迪河嗣子迪牛長子承名煨字孫暖生咸豐癸丑年二月十五日午時

娶本鄉蔡氏名早娘生咸豐甲寅年五月初一日酉時

子二　唐接　唐瑞

茲毀　迪老之子名毀字孫多生道光癸巳年九月初十日

娶伍堡林氏名迎娘生道光壬寅年九月廿九日

養子　唐箎

茲煨　迪牛長子承迪河

茲篔
廸牛次子名篔生咸豐庚申年四月廿一日酉時
配
衙内洪氏名霏妹娘生同治戊辰年十月初四日亥時

茲
失名
廸壓養子

茲坦
廸側長子出承廸株

茲餅
廸側次子名餅字孫會生道光乙未年九月初七日戌時
卒光緒己卯十月十三日申時
聘
本鄉孫氏名窓娘生　年四月初五日　時卒
年八月初五日申時考妣俱葬官山

繼妣西坑林氏名劇娘謚貞勤生道光戊戌年八月初四日辰時卒同治癸亥年六月十一日午時塟官山

子一　唐中茲闖次子承

茲闖

廼側三子名闖生道光庚子年正月十七日卯時

娶柯倉柯氏名莫娘生道光辛丑年十一月廿一日丑時

子五　唐綑　唐中承茲耕　唐麟　唐水幼亡　唐旁幼亡

茲蟳

廼側四子名蟳大名茲螯生道光癸卯年七月十八日子時

娶石下施氏名覓娘生道光庚戌年九月廿六日巳時

子一　唐會幼亡

茲染

廸側五子名染大名茲漸生道光丙午年六月十一日酉時

娶埕邊黃氏名絹娘生咸豐乙卯年三月十六日卯時

茲坦

廸株嗣子廸側長子承小名坦幼殤

茲桐

廸土長子小名桐殤

茲紫 廸土次子小名紫生同治辛未年十月十九日亥時

茲饒 廸土三子名饒生同治甲戌年十二月十九日卯時

茲福 廸土四子名福生光緒丁丑年九月初五日亥時

茲穴 廸土五子出承廸帽

茲穴

迪帽嗣子迪土五子承名穴生光緒庚辰年四月十五日辰時

茲地

廸甲長子名地謚茲厚生道光癸未年正月廿一日未時卒道光壬寅年五月十九日丑時塟官山

嗣子　唐杌（茲橙長子兼承）

茲錫

廸甲次子名錫字孫賴生道光乙酉年六月廿六日申時

娶東埔吳氏名蘇娘號淑慎生道光乙未年四月廿四日午時卒同治甲子年四月廿九日未時塟官山埔

繼娶窖厝蔡氏名粽娘生道光壬寅年七月廿八日卯時

子四 唐燕朱 唐斜 唐啡 唐還

茲橙

廼甲三子名橙字孫香生道光戊子五月初十日辰時
娶高厚王氏名吽娘謚惠愛生道光庚寅年十月十八日寅
時卒同治甲戌年八月十三日卯時塋官山坐南向北
子二 唐杌兼承茲地 唐錫出承茲省

茲朱

廼甲四子名朱字孫珍號茲珍生道光庚寅年十一月廿
五日丑時卒咸豐己未年四月初一日未時塋官山埔與茲
地茲省同穴
嗣子 唐燕茲錫長子承

玆省　廸甲五子出承廸隨

玆溜　廸甲六子名溜字孫進生道光己亥年正月初一日未時
卒同治癸酉年十一月十九日午時塟官山
娶柯坑柯氏名件娘　改
子二　唐瞻　㛐　唐慶　玆磅之子承

玆入　廸甲七子出承廸漆

玆磅　廸甲八子出承廸隨

茲省

廼隨嗣長子廼甲五子承名省諡茲寀生道光癸巳年十一月初一日丑時卒咸豐戊午年九[illegible]辰時葬官山與茲地茲朱仝穴

嗣子二　唐麟（茲檜次子承）　唐藝（茲磅長子承嗣）

茲磅

廼隨嗣次子廼甲八子承名磅生道光甲辰年六月初七日辰時

娶窑厝蔡氏名勸娘生咸豐三年癸丑十月

子二　唐藝（出承茲省嗣）　唐慶（出承茲溜）

茲洸

廼隨三子幼亡

玆爬

迪隨四子名爬大名玆剔生同治壬戌年十二月廿日

娶本鄉蔡氏名甘娘生咸豐辛酉年二月十四日

玆入

迪漆嗣子迪甲七子承名入字孫量生道光辛丑年九月十六日未時

娶周宅吳氏名險娘生咸豐丁巳年十一月初三日卯時

玆虎

迪席長子出承玆園

兹改 廸席次子名改生咸豐乙卯年七月十三日未時卒光緒丙子年九月初八日卯時塟官山

兹語 廸席三子殤

兹煎 廸褰長子名煎生道光癸已年八月廿一日午時卒道光戊申年六月廿四日午時

配陳山洪氏名便娘生道光甲辰年十月廿三日

茲鞋 廸褏次子分出陳山

茲清 廸褏三子名清字茲潔生道光丁酉年八月初九日酉時

茲 失名廸褏四子分出石蔺

茲勃 廸褏五子名勃生道光己亥年九月廿三日丑時卒道光甲辰年七月初八日巳時塋西泌尾

兹耿 廸家六子名耿生道光壬寅年正月初三日辰時往臺卒 不知

兹虎 廸園嗣子廸席長子承名虎殤

兹猪 廸甜長子出承廸沙

兹繯 廸甜次子名繯生咸豐丙寅年五月廿六日寅時

聘埕邊張氏名練娘生同治戊辰十一月廿日酉時

茲鏗　廸甜三子名鏗生咸豐丙辰年五月初五日寅時幼殤

茲頡　廸甜四子名頡生同治乙丑年九月廿四日辰時

茲執　廸桃長子出承廸沙

茲⿰石琴　廸桃次子名⿰石琴生道光甲辰年正月初二日辰時卒光緒丁丑年六月廿三日午時

娶埕邊黃氏名禩娘改
子一　磨來

茲衷
廸桃三子出承廸沙

茲執
廸沙嗣長子廸桃長子承名執生道光庚子年八月廿六日巳時卒咸豐庚申年四月十七日塋臺

茲豬
廸沙嗣次子廸甜長子承名豬字孫牧生道光乙巳年正月初四日戌時
娶加塘蔡氏名汾娘生道光庚戌年八月初四日辰時

子二　唐糊　唐水

茲裘　廼沙嗣三子廼桃三子承名裘字孫宸生咸豐癸丑年十一月初六日巳時

娶伍堡林氏名莧娘生咸豐庚申年十一月十五日　時卒同治壬申年十月初七日卯時

繼娶梅林蔡氏名庚娘生同治丁卯年七月十一日卯時

茲斜　廼坂長子出承廼庖

茲梗　廸坂次子出承廸㦗

茲煦　廸坂三子名煦生同治戊辰年十二月廿七日酉時

茲梅　廸坂四子名尚梅生同治辛未年十二月初七日酉時殤

茲斛　廸夜嗣子廸坂長子承名斛生同治壬戌年正月廿一日丑時

聘本鄉孫氏名益娘生光緒丙子年七月十四日辰時

茲鑽　廸行長子殤

茲研　廸行次子殤

茲元　廸行三子名元生同治壬戌年四月初五日

茲隻　廸行四子名隻生同治戊辰年二月初十日巳時

兹度
迪望之子名度進心支派生同治癸酉年八月廿七日辰時

兹鏊
迪望長子出承迪坎

兹度
迪望次子撥承進心支派

兹鐸
迪望三子出承迪銚

茲廚　迪望四子幼亡

茲鐸　迪銚嗣子迪望三子承名鐸生光緒乙亥年十二月廿二日亥時

茲鑾　迪坎嗣長子迪望長子承名鑾生同治戊辰年十一月十五日戌時

茲煌　迪坎次子出承迪漳

茲利 廸坎三子出承廸瀍

茲灶 廸坎四子出承廸瀍

茲湍 廸遜長子出承廸顯

茲鐀 廸遜次子名鐀生同治己巳年九月十一日寅時

茲濂　廸遽三子名濂生光緒己卯年又三月十六日丑時卒光緒己卯年五月十八日幼亡

茲館　廸遽四子出承廸趲

闕　廸喜嗣孫

嗣子　唐羅　婿黃蕉之子入承

茲九 廸晏長子幼亡 住臺

茲賀 廸晏次子名賀生同治壬戌年十一月初一日寅時 住臺

茲鴉 廸番長子幼亡 住臺

茲吹 廸番次子幼亡

得勝
迪番三子名得勝生同治乙丑年十二月十七日丑時
配浸水庄黃氏名巧娘生同治己巳年三月初五日酉時

茲才
迪番四子名才生同治戊辰年九月十七日巳時

茲紫
迪番五子幼亡

順治
迪番六子出承迪晉

茲安 廸扶長子七歲而亡

茲福 廸扶次子幼亡 皆任臺

茲田 廸璧之子出承廸察

茲錦 廸詔之子幼亡 進務派

玆田　廸察嗣子廸壁之子承名田生光緒己卯年九月初二日丑時幼亡

玆錦　廸詔之子幼亡　進溤派

第十八世

唐譜
兹浪之子名譜生光緒五年己卯正月初一日未時
聘型厝蔡氏名蒙娘生光緒庚辰年七月廿五日巳時

唐彬
兹乳之子名彬生光緒五年己卯正月十一日未時

唐倫
兹寂嗣子兹鋤之子兼承名倫生道光戊申年二月廿五日辰時

唐研　玆呌次子名研幼亡

唐棖　玆呌三子名棖字懋甲生咸豐四年甲寅五月十二日巳時

娶前坡蔡氏名蝦娘生咸豐七年丁巳八月十二日辰時

子　廷賛幼亡　廷貽幼殤

唐鈇　玆呌四子殤

唐啓　玆呌五子殤

唐爍 兹吽六子殤

唐煌 兹蚌半嗣長子兼承陳家名鴻字懋高生咸豐癸丑年十二月十五日子時

聘型厝蔡氏名

唐妗 兹蚌次子小名妗生咸豐甲寅年九月十七日酉時

唐默　茲頍嗣子茲薇次子承小名默大名唐德生同治壬申年九月十八日巳時

唐客　茲定嗣長子茲薇三子承小名客生光緒乙亥年十月廿六日亥時

唐興　茲薇長子小名興大名唐隆生同治己巳年十二月廿六日巳時

唐默　茲薇次子出承茲頍

唐客 兹黻三子小名客生光緒元年乙亥十月廿六日亥時
出承兹定

唐憦 兹衢嗣子兹欣次子承小名憦生光緒五年己卯十二月初九日巳時

唐蓝 兹美長子幼亡

唐曲 兹美次子小名曲生光緒六年庚辰二月初九日丑時

唐才
兹欣長子幼亡

唐憦
兹欣次子出承兹僩

唐滋
兹秘之子兹学三子承小名滋生同治丙寅年十二月廿日辰時

唐儉　兹学長子小名儉生咸豐辛酉年八月十八日午時

養　配柯坑張氏名埒娘生光緒乙亥年八月初八日　時卒

光緒丙子年五月廿二日

聘　柯坑柯氏名面娘生同治戊辰年三月廿六日辰時

唐報　兹学次子幼亡

唐滋　兹学三子出承兹秘

唐諒 茲学四子分出

唐海 茲学五子分出

唐潘 茲搽長子小名潘生同治戊辰年三月廿六日辰時

聘埕邊張氏名箂娘生同治戊辰年四月十五日巳時

唐協 茲孫次子出承茲邦

唐切 茲恭長子出承茲伐

唐定 茲恭次子名定生光緒庚辰年六月廿八日卯時

唐瀕 茲野之子小名瀕生同治壬申年五月廿二日　時

唐魆
茲只長子小名魆生同治辛未年六月初四日未時

唐體
茲只次子小名體生同治甲戌年十一月十六日辰時

唐姜
茲只三子小名姜生光緒戊寅年正月初三日辰時

唐協

兹邦嗣子兹滐次子承小名協生同治辛未年九月廿一日辰時

唐切

兹伐嗣子兹泰長子承小名切生同治甲戌年十二月廿二日未時

唐接

兹煨長子小名接生同治甲戌年十月卅日辰時

唐璹
兹烺次子小名璹生光緒庚辰年八月廿一日酉時

唐箠
兹夥養子小名箠生同治戊辰年六月十四日卯時
聘洋宅蔡氏名揪娘生同治辛未年正月廿七日寅時

唐中
兹丙嗣子兹闖次子承小名中生同治戊辰年十二月廿六日辰時

唐綑

茲闖長子小名綑生同治二年癸亥二月初二日卯時

唐中

茲闖次子出承茲丙嗣

唐麟

茲闖三子小名麟生同治癸酉年十一月初八日酉時

唐水 茲閩四子小名水幼亡

唐旁 茲閩五子小名旁生光緒五年己卯九月廿日未時

唐會 茲蟳之子幼亡

唐杌 玆地嗣子玆燈長二子兼祧名杌生同治元年壬戌十一月十三日丑時

聘埭邊許氏名愛娘生同治三年甲子十二月廿一日酉時

唐燕 玆錫長子出承玆朱

唐鈄 玆錫次子殤

唐啡 玆錫三子殤

唐還 玆錫四子小名還生光緒庚辰年二月十六日酉時

唐杌 兹橙長子兼承兹地名杌生同治壬戌年十一月十三日丑時

聘埭邊許氏名愛娘生同治甲子年十二月廿一日酉時

唐閶 兹橙次子出承兹省

唐燕 兹朱嗣子兹錫長子承名燕生同治丁卯年七月十八日未時

唐鎗 玆溜之子殤

唐慶 玆溜嗣次子玆磅次子承乳名慶生光緒辛巳年二月十六日亥時

唐閣 玆省嗣長子玆橙次子承名閣生同治乙丑年五月廿九日

聘柯坑柯氏名惜娘生同治九年庚午年二月十八日酉時

唐藝 玆省嗣次子玆磅長子承名藝生光緒戊寅年九月卅日辰時卒光緒己卯年六月　塟石邊

唐藝　茲磅長子出承茲省

唐慶　茲磅次子出承茲溜

唐來　茲𥗼之子小名來生光緒戊寅年三月廿日子時

唐糊　茲豬長子小名糊生同治丙寅年九月廿二日未時

唐水　茲豬次子小名水生光緒庚辰年十月十七日酉時

唐羅
迺喜嗣孫婿黃憝之子承名羅任臺生光緒丙子年正月十八日寅時

第十九世

廷愷
唐寮長子小名愷生同治丙寅年十月十三日午時

廷燁

唐寮次子名燁生同治辛未年十月廿日寅時

廷嗹

幼亡

唐寮三子生光緒己卯年二月十七日亥時

廷戇

唐醜長子小名戇生同治甲戌年五月初一日酉時

廷賛
唐棖長子小名賛幼亡

廷胎
唐棖次子小名胎生光緒四年戊寅十月廿五日寅時卒光緒庚辰年十一月廿二日辰時幼殤

塔江劉氏北里分派五世譜圖

三房四海會分支派

一世 始祖令史公 子三

二世 一郎 長房 二郎 二房 三郎 三房 子四

三世 誌伯 三房長宮后 誌仲 三房二海下 誌叔 三房三巷 誌季 三房四海會 子一

四世 存性 子一

五世 履元 子一

- 復元 子二
- 六世：純樸 子二
- 七世：復泉 子二；宜淳 世次另載下層
- 八世：廣漢；師阜 子四
- 九世：子揮；喬楠 子五；喬森 世次另載下柱；喬林 子一
- 十世：應良；蕃築；藩耀 子一；藩畧 嗣子一；藩顛；應春 子一

潘耀 子一

十一世 儲元 子三

十二世 成禄 子三

十三世
莊巧 子三
莊憲 子三

十四世
遂茂 子一
遂相 子四
遂宰 子五
遂運 殤
遂的 子五

十五世
進桃 嗣子一
進集 子七
進瑗 嗣子一
進鼎 承遂宰
進猜 子二
進裘 嗣子一
進河 殤
進鼎 承遂相三子 子四
進質
進要
進戀 子二
進賴 子二
進遷 子四
進瑾 子四
進團 殤

成賜 子三

莊盼 子二　莊會 子四

遂岩 子三　遂奏 子一　遂報 子二　遂賞 殤　遂喬 子二　遂穆 子四　遂琦 子七

進店 子三　進儀 子一　進縣 子五　進君 子四　進見 殤　進憐 子三　進勸 子六　進慨 子四　進國 嗣子一　進輯 子二　進茹　進璣 子三　進次 子一　進軒 嗣子一　進樵 殤　進鋪 子二　進闌 子五

成寶 子三
- 莊福 養子一
  - 遂長 子二
    - 進力 殤
    - 進熾 子六
- 莊德 子三
  - 遂詩 養子一
    - 進組 子二
  - 遂轉 嗣子一
    - 進固
  - 遂隕 子一
    - 進師
- 莊晚 子三
  - 遂外 養子一
    - 進出 子二
  - 遂玖 殤
  - 遂鉄 子四
    - 進料 子二
    - 進極
    - 進菌 殤
    - 進熊

莊田 子三
- 遂照 子一
  - 進蔭 子五 遂來四子承
- 遂積
- 遂邦 子一
  - 進靚 子二

進溪

進哲 子六

藩畧 子一

十一世

贊元 子一

十二世

成球 子三

十三世

莊賢 子四

莊殿 子三

莊忽

十四世

遂字 子三

遂 失名

遂投 承莊殿

遂佑 子二

遂投 子四 莊賢三子承

遂壹

遂淑 俱長殤

十五世

進部 子三

進坦 嗣子一

進恊 嗣子一

進均 子六

進晋 承遂佑

進因 子二

進茅 殤

進用 子二

進美 嗣

十一世 十二世 十三世 十四世 十五世

應春 子二

舉元 子二（十一世）

成萬 子六（十二世）

大彬 子一　大朗 子二　肇提　肇盛　肇元　賢觀（十三世）

天觀　福觀　祿觀（十四世）

此圖移往福省南臺水卷

十六世　十七世　十八世　十九世　二十世

- 進桃 子一
  - 廸侯 進集次子承
    - 兹輕 廸堆次子承
- 進集 子七
  - 廸連 殤
  - 廸侯 承進桃
  - 廸摭 子二
    - 兹草 出贅鮑厝林
    - 兹勒 承廸尾
  - 廸堆 承進瑗
  - 廸生
  - 廸尾 嗣子一
    - 兹勒 廸摭次子承
      - 唐港 係堂外甥入承
  - 廸溜 承進最
- 進瑗
  - 廸堆 進集四子承
    - 兹克
      - 唐平
      - 唐文
      - 唐昇 幼亡
    - 兹輕 承廸侯
- 進猜 子二
  - 廸月 子一
    - 兹彭 子一
      - 唐賢
  - 廸迴 殤

進裘 子二
進鼎 子四
進戀 子二
進頹 子二

廸白 進鼎次子承
廸香 子二
廸白 承進長
廸寵 出廈門
廸溜 進集七子承 子一
廸梅 子三
廸衢
廸棄 嗣
廸文 子四

茲茅 文積承嗣
茲蒲 嗣
茲猪 妙嗣
茲馬
茲閭
茲麵
茲梗 嗣
茲剃 嗣
茲瓚
茲及 東塘過入承

進邊 子四
- 廼楓 子七
  - 茲拐 殤
  - 茲榜
  - 茲草
  - 茲打
  - 茲注 承廼倩
  - 茲跌 承廼倩
  - 茲甫 承廼倩
- 廼倩 子三
  - 茲注
  - 茲跌 殤
  - 茲甫 殤 復廼楓子承
- 廼蹇
- 廼交 子三
  - 茲澤
  - 茲肇 殤
  - 茲容 殤

進璉 子四
- 廼此 子二
  - 茲鬃
  - 茲糊
- 廼函
- 廼詎
- 廼端

進店 子二
- 廸鏡 子一
  - 玆訖 迪鉻三子承
- 廸鉻
  - 玆厎 幼亡
  - 玆箸
  - 玆訖 承迪鏡
  - 玆湖
  - 玆纜 承迪周
  - 玆藝

進像 子一
- 廸周 子二
  - 玆纜 迪鉻五子承
  - 玆給 迪莚四子承

進縣 子五
- 廸喊 殤
- 廸繒 子一
  - 玆塩 迪莚次子承 殤
- 廸莚 子四
  - 玆洴
  - 玆塩 承迪繒
  - 玆蛉 出承梅林世芳
  - 玆給 承迪周
- 廸悄 出外娃
- 廸瓦 出外娃

進君 子四

進憐 子三

廸綏 子一

廸直 子三

廸厚 子一

廸塔

廸挺

廸彬 子二

廸諭 出嗣安

兹策 子一

兹巢 子一

兹犁

兹攺

兹桂 子六

兹扯 子五

兹齊

唐爬 兹桂次子承 廷种

唐彥 兹桂四子承

唐汪 承兹扱

唐爬 承兹巢

唐怕 承兹績

唐彥 承兹果

唐駡 殤

唐丹

唐九

唐尚

唐花

唐述

唐七

進勸 子六

廸住 嗣子一

廸廳 殤

廸應 殤

廸蔣 子五

玆州 嗣子一 廸蔣長子承

玆州 承廸住

玆扱 子九

唐萬 入泮子一 東塔還宗派

唐羣 子一 玆舵長子兼承

唐嶢 玆扱八子承

唐彩 殤

唐汗 子四 玆桯長子承

唐却 殤

唐鞭 養

唐掇 殤

唐蘄

唐畨

唐蟯 承玆州

唐晩

廷癖

廷賓

廷阜

廷乜

廷假

廷巍

兹舵 子九

唐韋 子二 兼承兹州

建實 承兹州支派

建鍼

唐禘 殤

唐質 子一

建評 改名重

唐透 兼承兹續

唐柳

唐糍 幼殤

唐恆

唐科

唐市

兹續 子九

唐營 兹標次子承

唐怕 兹桂三子承

唐透 兹舵四子兼承

唐蕰

唐廣

唐賁

唐荼

進慨 子四

廸滚 子四

廸回 嗣子一

廸水

廸沛

廸輅 絕

玆肥 子六

玆晒 承廸回

玆拾 子一

玆立

玆正 絕

玆晒 子二 廸滚長子承

唐義

唐巧

唐攀

唐楨

唐煦

唐蚶

唐淦

唐珮

唐丁 玆晒次子承

唐三 幼亡

唐丁 承玆拾

進國 子一
進輯 子二
進璣 子三
進次 子一

廸吁
廸蒼 進璣長子承
廸陽 殤
廸庚 殤
廸卷 承進國
廸坪 子一
廸灣 子十一
廸餒 子四

玆王
玆磕 張搏外甥入承
玆淞 子六

唐燒
唐笑
唐樢
唐撰
唐砯 出承東坡舍第
唐勊

塔江劉氏家譜

- 進軒 嗣子一
  - 迪偶 子四
    - 玆豢
    - 玆佽
    - 玆菌 承迪浜
    - 玆般
- 玆辰 子一
  - 唐妍
- 玆配 子一
  - 唐喝
- 玆更 子二
  - 唐絨 殤
  - 唐附
- 進鋪 子二
  - 迪錬 子二
    - 玆喊 子三
      - 唐皈
      - 唐炒 殤
      - 唐虎 承天眷
    - 天眷 子一
      - 唐虎 玆喊三子承
  - 迪族
    - 文垣

恭華

進膩　子五
- 迪涉　子二
  - 兹蘭　迪稿三子承
  - 兹贊
- 迪坻　子一
  - 兹冬　迪物長子承
- 迪稿　承迪靚
- 迪特　子一
  - 兹壁
- 迪物　子四
  - 兹冬　承迪坻
  - 兹悦
  - 兹藝　殤
  - 兹拋　出外姓

進溪　子四
- 迪梭　子三
  - 兹匹　迪萍長子承
  - 兹孌　迪萷長子承
  - 兹擉　迪萷四子承
- 迪萍　子三
  - 兹匹　承迪梭
  - 兹茬
  - 兹荅

通剪 子四
- 茲燮 承通複
- 茲是 出外姓
- 茲局
- 茲擉 承通稷

通箭 子三
- 茲篋 殤
- 茲粘
- 茲欠 出外姓

進哲 子六
- 通蔚 殤
- 通綌 子二
  - 茲敝
  - 茲雍
- 通臉 殤
- 通豫 子一
  - 茲篙 養
- 通活 殤
- 通整

進蔭 子五
- 通賛
- 通良 殤

進靚 子二
進熾 子六

迪和 殤
迪井 承進惜
迪園 殤
迪淺 殤
迪稿 進靚三子承
迪朗 子七
迪趙 子四

玆瓈 子一
玆水
玆教 嗣子一
玆佛 承迪共
玆倚 迪趙四子承
玆儀 迪椋四子承
玆垵 迪魚四子承
玆瞒 子一
玆合 承迪不
玆杳 承迪共
玆倚 承迪朗

唐痰
唐棠 玆陳之子承
唐昱

- 迪共 子四
  - 茲保 迪棕長子承 子二
    - 唐珍
    - 唐却
  - 茲佛 迪朗五子承
  - 茲杳 迪趙三子承 子一
    - 唐淂 茲合子承
  - 茲欒 迪魚長子承
- 迪棕 子四
  - 茲保 承迪共
  - 茲琴
  - 茲秋
  - 茲儀 承迪朗
- 迪不 子二
  - 茲合 迪趙次子承
    - 唐淂 承茲杳
- 迪魚 子五
  - 茲欒 承迪共
  - 茲佮 承進園為孫
  - 茲陳 子一
    - 唐棠 承茲敎
  - 茲垵 承迪朗
  - 茲認

進組 子二

廸湖 子一

兹朝 佳台

廸相 殤

進固 嗣孫一

闕

兹佮 子二 廸魚次子承

唐趕 殤

唐柿

進出 子二

廸流 子四

兹梢

兹楝 幼亡

兹砦 分出

兹痛

廸塞 子四

兹笠

兹掌 出承東坡母舅

兹譴

兹琛

進料 子二

廸[石區] 承進熊

廸鄉

進熊 嗣子一

迪砸 子一 進料長子承

玆炒 [illegible]

進部 子三

迪神 子一

玆螺 子一

唐梅

迪談 承進坦

迪㧊 承進協

進坦 嗣子一

迪談 進部次子承

進協 嗣子一

迪抄 進部三子承

進均 子六

迪傲 子二

玆快

玆景

迪漏 子二

玆邵 養殤

玆㲄

迪凌 子三

玆倩 承迪查

玆嘸

茲蛛 幼亡

通查 嗣子一

茲倩 通淩長子承

通栿 子四

茲嚷 幼亡

茲掌 幼亡

茲烘

茲畔

通線 子二

茲絿

茲類

進因 子三

通洋 殤

通卦 子三

茲恥 子一

唐甚 茲蠏子承

茲蠏 子一

唐甚 承茲恥

茲項

通錠

進用 子二
通鉗 子二
茲印
茲朋
通寫 殤

進弄 嗣子一
通錠 子一 進因三子秋
茲鋲

塔江劉氏北里分派族譜

三房四海倉分世次

第一世

始祖令史公

宣教公次子諱拓於宗中排行一百二十九故呼之曰九哥公仕宋爲朝散大夫行軍令史信國公督府叅佐有行軍令史在圖書在塋本鄉西邊埭墘

妣蕭氏

子三　一郎　二郎　三郎

第二世

一郎公

令史公長子世次分載長房譜中

二郎公

令史公次子世次分載二房譜中

三郎公

令史公三子謚克丕三房分基之祖生　年　月日　時卒　年五月廿二日　時

妣　氏生　年　月　日　時卒　年七月十六日

時塋西邉潭墘

子四　誌伯　誌仲　誌叔　誌季

第三世

誌伯公

三郎公長子世次分載三房長宮後分譜中

誌仲公 三郎公次子世次分載三房二海下分譜中

誌叔公 三郎公三子世次分載三房三后巷分譜中

誌季公 三郎公四子海倉分分基之祖

妣 氏 生卒葬配舊譜失載因之而已

子一 存性

第四世

存性公 誌季公長子

妣　氏

子一　履元

第五世

履元公

存性公長子

妣　氏

子一　紇樸

第六世

紇樸公

履元公長子

妣葉氏十二月廿九日忌辰合塋衙口穴舊譜失載

子二　復泉　宜淳

第七世

復泉公

紀樸公長子

妣黃氏

子二　廣漢　帥卓

公歸自海倉先時貿寓得貲黃金千兩故里塔江也當是時築居於里濬田限堤於海宗有事子姓追隨領命焉公不憚為之費今雖耗損而子孫服勤謹守繁衍必昌其後

宜淳公

按公與復泉公塤篪復泉公居長公居次今曰下海倉者即公之後裔也子孫支派載在譜中

妣李氏

第八世

廣漢公　復泉公長子號雙洲

妣　氏

子無

帥卓公　復泉公次子謚東洲

妣楊氏謚謹德合塋姚厝山今為內厝山

子四　子揮　喬楠　喬森　喬林

第九世

子揮 帥卓公長子

妣　氏

子無

喬楠 帥卓公次子字子靈二月初四日忌辰

妣李氏 合塋後堀頭穴乙辛卯酉

子五 應良 藩築 藩耀 藩畧 藩鎮

喬森 帥卓公三子字子烈子孫支派載在譜中

妣吳氏

裔

林

帥卓公四子字子羆謚耀洲生萬曆辛巳年九月初六日巳時卒順治丙申年五月廿八日辰時

妣

黃氏謚慈德生萬曆丙戌年二月廿七日寅時卒順治丁酉年正月十五日酉時合塋本山後堀頭穴艮坤丑未又三寶墓前墳一首穴丑未癸丁埕邊面墳一首穴壬丙子午衝口墳三堆俱係福州舉元叔分下附錄於此庶不湮沒

子一　應春

公一派於順治年間擯棄海濱遷民內地凡我族人流離失所舉元叔與母移居福省南臺水巷先時綸國叔到省鄉試曾造其家大彬伯伴回謁祖越一二年又自來任後緣路途遠涉是故寢之庶因庚辰年族中義舉纂修譜牒於是携譜抵省確查不得其詳惆悵空回口占七律一則尚冀後稽

遭遷避亂各星移，派衍宗分宅厥基。寄寓南臺傳匪錯，安居水巷牒堪披。庚辰重纂稽源委，壬午抵查

溯本支誼想無踪空悵恨揮鞭策馬咏歸詩

侄孫及廡謹誌

第十世

應良　裔楠公長子號藩理

妣吳氏

子無

藩築　裔楠公次子

藩耀　裔楠公三子塋本山公王邊穴巽乾巳亥

妣塘霞蔡氏

子一　儲元

藩畧　喬楠公四子名四觀號寄泉生萬曆丙午年九月十六日

辰時卒康熙壬寅年九月十一日巳時

妣　姚厝蔡氏生萬曆丙午年二月初三日　時卒

年七月初三日　時合塋新塘橋與藩揚公仝穴癸丁

嗣子一　贊元藩揚公長子繼

藩鎮　喬楠公五子生失載卒　年五月初十日　時

妣　氏生失載卒　年正月廿六日　時塋失載

子無

應春 喬林公長子諱藩景生萬曆壬子年正月卅日申時卒順治辛丑年九月廿一日戌時塟本山埕邊面穴壬丙子午

妣許氏生萬曆甲寅年十二月初八日丑時卒康熙丙辰年二月初一日辰時因遷與子避亂福州塟福州

子一 舉元

第十一世

儲元 藩耀公長子名季溆字仲碧謚瞻海生崇禎癸酉年三月初六日酉時卒康熙辛未年十一月初五日酉時

妣赤店葉氏謚慈德生崇禎乙亥年三月十二日卯時卒康熙戊寅年三月（舊譜誤書二月）初四日辰時合塟本山塘仔頭即今后水坑穴庚甲申寅

子三 成祿 成賜 成寶

按公墳係西方來龍西畔一坵地倘有人妄想築墳三派
子孫須當力阻不可泛視

贊元

藩畧公嗣藩揚長子泳名治淑諱贊元字爾參謚端長生崇禎庚辰年十月廿八日　時卒康熙戊戌年十月初八日　時

妣　大埔頂林氏名酉娘生崇禎癸未年三月初八日酉時卒雍正甲辰年五月十九日酉時合塋本山坑後穴卯酉乙辛南推

子一　成球養

舉元

應春公長子名舉淑謚仲權生崇禎乙亥年十月初五日申時卒康熙癸亥年六月初一日子時移居福州南臺水巷塋福州

妣李氏名子姐生年六月初一日子時卒康熙壬辰年二月十四日未時
子一　成萬

第十二世

成禄 儲元公長子名禄淑諱成德謚達業生康熙丙午年七月廿六日辰時卒康熙丙申年五月廿六日巳時
妣浣前埔蔡氏名庚娘謚淑恬生康熙庚戌年五月十四日寅時卒雍正戊申年十二月初二日丑時合塟後水坑穴庚甲酉卯
子二　莊巧　莊憲

成賜

儲元公次子名賜淑諱成美謚達實生康熙庚戌年四月
廿一日辰時卒康熙庚子年十一月十六日亥時

妣埕邊陳氏名三娘謚勤懿生康熙癸丑年八月廿四日寅
時卒雍正乙卯年七月初六日戌時合葬本山三寶墓前
穴癸丁丑未

子三　莊盼　莊會　莊田

按公塋三寶墓前墓坡濶大恐後世子孫妄想從旁添塋
切當力阻為要

成寶

儲元公三子名保淑諱成玉謚達珍生康熙乙卯年二月
初二日戌時卒雍正乙巳年十一月初六日卯時

妣山兜李氏名愛娘謚宜和生康熙丁巳年七月初一日寅
時卒雍正己酉年七月初九日酉時合塋本山大泉頂穴
酉卯庚甲長男莊福祔

子三　莊福　莊德　莊晩

成球

贊元公養子名球淑字公實謚達輝生康熙丙辰年九月十九日子時卒乾隆戊寅年九月廿七日子時塟新塘橋穴庚甲酉卯

妣

大白山楊氏名担娘生康熙辛酉年六月初十日寅時卒乾隆庚午年十二月初二日巳時塟后水坑穴坤艮未丑

子三　莊賢　莊殿　莊忍

成萬

舉元公長子名萬淑諱正文字廷模住省垣生康熙乙卯年二月初五日辰時

妣

黃氏名衎娘生康熙乙卯年十月十四日戌時卒康熙癸巳年十一月初五日寅時

繼妣俞氏名羨娘生康熙丁卯年十月十三日申時

子六　大彬　大朗　肇捷　肇盛　肇元　賢觀俱住福省南臺水巷

第十二世

莊巧　成祿公長子名巧溆諱莊嘉字猷侯謚克敏生康熙己巳年十二月廿四日寅時卒雍正卒戌申年十二月十二日艸時

妣　澇塔林氏名蔭娘謚靜勤生康熙丁丑年五月廿一日未時卒乾隆辛巳年三月廿二日寅時合塟本山坑後遂相考妣祔穴

子三　遂茂　遂相　遂寀

莊憲　成祿公次子名憲溆諱莊修字簡侯謚植章生康熙戊寅年六月十五日辰時卒乾隆乙未年六月廿九日午時與張妣李妣合塟本山衝頂

妣 [illegible]

時卒雍正壬子年五月（舊譜誤書十八）十七日酉時與公併李妣合塋（本山衡頂）

繼

妣前店李氏名（舊譜誤作櫨）孅娘謚靜懿生康熙乙酉年二月（舊譜誤書十一）十八日

時卒乾隆乙亥年八月初九日午時與公併張妣合塋

本山衡頂穴巽乾已亥

子三　遂運（張出）遂的　遂巖（俱李出）

莊盼

成賜公長子名盼淑諱莊睿字智俟謚精勤生康熙庚午

年十月廿日巳時卒雍正戊申年十二月初二日子時祔

祖墳併吳妣偕男遂報合塋鈔厝地穴

妣

東埔吳氏名盛娘謚儉素生康熙辛未年十二月十二日

酉時卒雍正戊申年十一月廿六日丑時祔祖墳合塋鈔

厝地次男遂報亦祔穴

子二　遂奏　遂報

莊會

成賜公次子名會溆諱莊會字嘉傒一字文傒禮部三代册名植芳生康熙庚辰年四月十六日巳時卒乾隆丙申年十二月十六日酉時葬埔邊面地穴乾巽戌辰壽七十七歲

妣

赤店曾氏名榮娘謚靜厚生康熙甲申年五月廿三日申時卒乾隆丙戌年三月廿四日午時葬埔邊面地穴乾巽戌辰壽六十三公媽未合堆

子四　遂賞殤　遂喬　遂穆　遂琦

嘉翁伯臺讚

胡為乎露頂兀坐飄然自適胡為乎臨風把扇卓爾不羣逍遥乎樓閣之外盤桓乎山水之濱花陰柳緑桂馥蘭馨慶天倫之樂事協太和之氤氲不減浴沂風景直是羲皇以上人壬子孟冬安溪舉人宗姪鵬霄拜題

莊田

成賜公三子名田淑諱莊偉字應侯一字玉侯生康熙乙未年三月廿二日卯時（葉譜誤書廿三）卒乾隆丁未年六月廿四日辰時

妣 石崗洪氏名寅娘謚慈賢生康熙丁酉年十二月十二日寅時卒乾隆壬午年七月十九日丑時

繼 妣莊氏謚順儉生康熙甲午年三月十八日　時卒乾隆甲午年六月十九日未時

繼 妣石崗黃氏名勸娘謚慈忍生雍正己酉年八月十七日酉時卒嘉慶辛未年二月初八日酉時合塟埔邊面地內穴乾巽戌辰

子三　遂熙　遂積　遂邦 俱洪出

莊福

成寶公長子名福伯諱莊端字康侯謚克拱生康熙戊寅年七月初二日申時卒雍正己酉年正月十三日午時塟本山大泉頂與父母仝塋

妣

陳山蔡氏名焉娘謚蒜節生康熙丙戌年二月初六日戌時卒乾隆庚戌年四月初八日戌時塟后水坑穴

子一　遂長 養

嘗讀史至程嬰杵臼立孤之事未嘗不掩卷三嘆以為人臣事君當為良臣無為忠臣々而忠其艱危交困百折不回然則婦人之事夫亦當為佳婦無為節婦々而節其困心衡慮萬苦備嘗更有倍焉者矣況乎家徒四壁立無淑之孤撫幼穉之夫弟郎翼調護慰公姑于冥中寬所天於地下如康侯弟婦其人者婦為陳山蔡諱德淑公長女于歸四載公姑與夫相繼淪歿一女呱々二夫弟一小姑稚少誰為經營誨養庇之無虞以臻成立乎乃毅然肩任撤環珥冒艱辛茹荼飲蘖春來日事南山畝寒至時尋指上衣夜紅朝耕刻々不休旋乃婚嫁夫之弟妹復抱孤遂遂長以繼夫後堅貞之操始終不渝是時當其蹇世之所難

者未亡人處之而怡然矣夫吾聞仁者不以盛衰改節婦其仁者歟義者不以存亡易心婦其義者歟不然何以成公姑之職事而繼良人之似續而衍世澤於綿遠乎一節凌霄炳如日星其有功於名教增耀於族里者為何如乎余不文以族長命且思其事之或湮也錄之以俟之觀風者採其事而表章之庶與晉史立孫之事可參觀云

際侯謹序

莊德

成實公次子名德淑諱莊本字明侯號炳昌生康熙丁酉年十一月廿三日丑時卒乾隆癸巳年九月廿日　時塋臺圳頭厝客仔墓

聘布林葉氏生雍正甲辰年四月十四日戌時卒莫攷塋𣏌

配赤店曾氏名坤娘謚勤順生康熙壬寅年八月廿三日午時卒乾隆丙戌年十二月初六日酉時塋石路頭

子三　遂詩　遂轉　遂賢舊大譜又名本

莊晚　成寶公三子名晚淑字景倿謚招勤生雍正癸卯年五月
廿一日酉時卒乾隆己丑年八月十四日辰時
妣東埔吳氏名可娘謚淑愛生雍正癸丑年九月初二日子
時卒乾隆甲午年二月廿三日卯時合塟石路頭穴巽乾
子三　遂外　遂玖殤　遂鉄

莊賢　成球公長子名賢淑字達倿一字聖倿謚德能生康熙甲
申年正月初一日辰時卒乾隆乙巳年八月十九日辰時
妣楊宅楊氏名衎娘生康熙壬辰年正月初三日亥時卒嘉
慶丙辰年四月十四日未時合塟埔仔頂穴乾巽戌辰
子四　遂宇　遂名前譜失查殤　遂投出繼莊嚴　遂佑

莊殿 成球公次子名殿淑諱莊階字升侯生康熙己丑年十一月廿日子時（舊譜誤書十月）卒乾隆己卯年閏六月廿一日巳時

妣 埧頭王氏名理娘生康熙丁酉年正月廿五日辰時（舊譜誤書十二月）卒乾隆辛巳年四月廿九日 時合塋坑後拱西中堆穴

子三 遂授（莊賢三子冰） 遂壹 遂淑

莊忍 成球公三子名忍淑諱莊耐謚強毅生康熙甲午年十月十日丑時卒乾隆庚申年正月廿九日酉時塋官山頂

大彬 成萬公長子諱肇閑任福州生康熙乙亥年十二月初四日未時

妣 高氏名順使生康熙甲戌年十二月初四日子時

子一 天觀

大朗　成萬公次子諱肇光任福州生康熙丁丑年八月十四日辰時

配翁氏名秀使生康熙戊寅年三月十九日巳時

子二　福觀　禄觀

肇捷　成萬公三子任福州生康熙己丑年十月初九日巳時

肇盛　成萬公四子任福州生康熙乙未年九月廿六日酉時

肇元　成萬公五子任福州生康熙戊戌年正月初十日酉時

賢觀 成萬公六子任福州生康熙己亥年十一月初八日午時

第十四世

遂茂 莊巧公長子名茂伯字謀松謚秉耀生康熙己亥年九月
廿八日巳時卒乾隆戊寅年七月十三日午時葬本山衡
頂穴巽乾辰戌
妣 路東陳氏名冷娘生雍正丁未年正月廿日午時卒乾隆
壬申年正月初十日丑時葬水城下穴巽乾辰戌時
繼配梅林蔡氏歿
子一 進桃陳出

遂相

莊巧公次子名相佾字謀輔謚端正生康熙壬寅年六月廿五日巳時卒乾隆丁未年六月初十日未時

妣林格楊氏名瓊娘謚靜懿生雍正辛亥年五月初一日午時卒乾隆戊子年八月十四日寅時合塋坑後與父母塋公

子四　進集　進瑗　進鼎（出承遂寧）　進猜

遂寧

莊巧公三子名寧伯諱遂顯字謀榮（衡）謚文素生雍正甲辰年十二月初七日亥時卒乾隆辛丑年六月初六日與子進箕進耍泛漳州船全溺海

妣赤厝曾氏名皆娘謚勤靜生雍正壬子年八月廿五日時卒乾隆己卯年三月初六日（舊譜誤二月初七）塟西沙尾

繼妣塘邊張氏名旦娘謚勤順生雍正庚戌年三月廿六日戌時卒乾隆戊申年五月廿八日　時塟西沙尾

子五　進衷　進河（曾出）　進鼎（遂相三子承）　進箕　進耍（張出）

遂運 殤

莊愿公長子名運淑前譜失查修

遂的

莊愿公次子名的伯諱遂中字謀正生雍正甲寅年八月初五日巳時卒乾隆戊申年五月十六日辰時葬官山頂長子進戀祔

妣柯坑張氏名質娘舊譜誤寫名姿諡佳專靜生乾隆癸亥年六月初一日酉時卒道光甲申年五月十一日卯時葬官山頂次子進賴次婦蔡氏祔穴申寅庚甲

子五 進戀 進賴 進遏 進瑾 進團殤

遂巖

莊愿公三子名岩伯諱遂泰字謀來一字謀開生乾隆乙丑年十月初九日卯時卒道光甲午年正月初五日巳時葬官山頂

妣東埔吳氏名苑娘謚德順生乾隆　年　月　日　時
卒乾隆癸巳年五月初九日卯時塟西沙尾
繼妣埕邊張氏名伴（寳）娘謚儉（柔順）德生乾隆壬午年十一月廿五
日丑時卒嘉慶癸亥年五月十九日巳時塟官山頂
繼妣張塘蔡氏名伴娘謚儉德生乾隆戊寅年正月十七日
時卒嘉慶甲戌年二月初八日卯時塟官山頂
子三　進店　進像　進縣（俱張出）

遂奏

莊盼公長子名奏伯諱遂啓字謀陳生康熙丁酉年二月
廿五日酉時卒乾隆乙卯年九月十一日寅時
妣本鄉蔡氏名美娘謚效懿生雍正癸卯年六月初十日酉
時卒乾隆丙戌年十二月十三日酉時合塟本山大泉頂
繼針穴庚甲酉卯
子一　進君

遂報

韶明公次子名韶伯諱遂瑤字謀琨謚直順生康熙庚子年八月廿一日（舊譜誤書廿三）巳時卒乾隆己丑年七月初二日酉時葬鈔厝地祔祖墳併父母壙内

配　溪邊許氏名定娘　改

子二　進兒　進憐（俱許出）

遂賞

莊會公長子名賞伯殤　前譜失查修

遂喬

莊會公次子名喬伯諱遂松字謀山生雍正癸丑年三月初八日亥時卒乾隆丙戌年五月廿五日申時

妣　東埔吳氏名儉娘謚勤儉生雍正癸丑年三月初十日卯時卒乾隆癸未年五月初九日子時合葬本山水堀（頭穴壬丙亥巳）

子二　進勸　進慨

遂穆　莊會公三子名穆伯諱遂緝字謀遠生乾隆丙辰年三月初七日亥時卒嘉慶戊辰年七月十八日未時塟官山埔頂與許妣合塋長子進國附

妣　梅林蔡氏名柩娘謚順道生乾隆辛酉年十二月十八日（舊譜誤書十九）巳時卒乾隆戊申年五月初九日卯時塟官山埔頂

繼　妣西塔張氏名喜娘謚淑德生乾隆丁巳年二月廿二日時卒乾隆壬子年閏四月廿五日戌時塟官山埔頂

繼　妣埭邊許氏名旦娘謚慈愛生乾隆甲子年九月初二日時卒嘉慶癸酉年十二月廿七日午時改塟官山埔與公併長子合堆

子四　進國　進輯　進茹　進璣

遂琦　莊會公四子名琦淑諱遂珍字謀析禮部三代册名貞毅例貤贈文林郎生乾隆丙寅年正月廿四日辰時卒嘉慶

戊寅年正月初一日辰時享壽七十三歲

妣東埕蔡氏名認娘謚慈愛例貤贈太孺人生乾隆丁卯年
七月廿二日辰時卒乾隆戊申年五月十四日辰時

繼妣石菌黃氏名對娘謚慈懿例貤贈太孺人生乾隆己卯
年四月十六日卯時卒道光丙午年正月十四日巳時合
塟本山大堵荒穴庚甲酉卯加二分縫針分金庚寅甲申壽八十八

子七　進次　進軒　進樵殤蔡出　進脯　進闕
　　　進溪　進哲黃出

易曰積善之家必有餘慶乃今而始信焉　路以寒士困窮
不堪幾將廢業竟能於數月中芹桂疊香今又得挑選儒
學而大功兄弟間雖皆食貧而人丁蕃衍非席祖父之遺
德曷以至此哉余生晚不及侍先王父憶髫年受經時先
君訓曰爾王父有厚德子孫必有興者吾老矣其勤於學
吾於汝是望每為述其懿行於趨庭王父始僅分一畝之

業以勤儉起家先王妣助於前繼王妣助於後遂日有贏餘先是鄉之權子母者利甚重至王父始設為輕後家益裕置業不較其值以故人爭樂歸之遂於無意中得大增坊之吉穴焉侍宗族極篤厚義舉之費恒以身先葛洲一派緣祭費之故數年不與助祭力為周旋乃得烝嘗時至今謁祖必主吾家人不知其系出長房也視姪如子伯祖夫婦歿及勉伯幼撫養成立未冠即為之授室教子義方而書香之志又最篤延師課先君讀必誠必敬又泉俗強悍睚眦輒相械鬥死傷不悔恒出為調停經其排解而息禍端者十有一次此尤陰德之大者也其他行事惜闇諸年幼不復記憶至若買良田建夏屋使子孫得以安貧而食力者猶為貽謀之小焉者愧無潘岳之文采作詩以述家風復少陸機之詞華為賦以陳祖德然有德而使湮沒亦為人子孫者之恥也茲因家乘重修附載於後非敢故為

傍陳也亦欲使子孫賢者觀之而思則傚愚者觀之不越
範圍焉

孫雲路謹誌

遂照

莊田公長子名照伯諱遂直生乾隆庚申年十月十六日
酉時卒乾隆乙卯年三月十七日巳時葬臺圳頭厝頂塚內南
妣楊宅蔡氏名偏娘生乾隆年無考卒乾隆戊申年二月初
六日葬官山塚頂
子一　進蔭下厝遂宗四子承

遂積

莊田公次子名積敏諱遂慶生乾隆丁卯年九月初五日
巳時卒葬臺

遂邦

莊田公三子名邦溆諱遂家字謀光生乾隆辛未年三月十八日戌時卒乾隆戊申年二月十九日巳時

妣張塘蔡氏名勸娘謚節義生乾隆辛巳年十一月初二日時卒嘉慶己卯年十月廿四日巳時合塟官山塚頂穴乾巽戌辰

子一　進靚

遂長

莊福公養子名長伯諱遂體字謀善生雍正丁未年二月廿日酉時卒嘉慶辛未年正月十四日辰時

妣內厝李氏名腰娘謚謹順生雍正乙卯年七月十五日丑時卒嘉慶丙子年八月廿一日巳時合塟埔邊面南瑛叔地頭穴艮坤丑未

子二　進力殤　進熾

遂詩

莊德公長子名詩淑諱遂興字謀起謚榮順生乾隆丁卯年三月初四日戌時卒嘉慶辛未年六月卅日巳時塟臺圳頭厝牛埔頭拱南

妣臺灣鹿場吳氏名大娘謚慈德生乾隆乙酉年十月初二日酉時卒道光癸未年九月初三日酉時塟臺圳頭厝客仔墓

子一　進組

遂轉

莊德公次子名轉淑諱遂直生乾隆乙亥年正月廿七日亥時卒嘉慶丙子年閏六月初三日巳時塟臺四塊埔

妣臺灣牛拨灣黃氏名艮娘謚勤儉生乾隆己丑年十二月十一日辰時卒道光辛丑年七月十二日未時塟臺塋四塊厝埔

子一　進園　長房遂全三子承

遂隕　莊德公三子名隕淑一名本生乾隆己卯年四月十六日子時卒嘉慶丙辰年正月廿五日未時葬臺圳頭厝客仔墓揖西

配　臺灣吳氏　改

子一　進師　吳出

遂外　莊晚公長子名外淑諱遂義生乾隆丁丑年十一月十七日丑時卒嘉慶辛未年正月初八日未時葬后水坑穴

聘　東埔吳氏名晟娘生卒俱闕未娶而歿葬東埔山

妣　梅林顏氏名勸娘謚恩愛生乾隆壬辰年十月初一日丑時卒道光壬午年七月十四日巳時葬官山埔頂

子一　進出　養

遂玖

殤

莊晚公次子名玖淑

遂鉄

莊晚公三子名鉄淑字謀石生乾隆甲申年二月廿三日丑時卒道光丙戌年七月十五日辰時葬石路頭

妣柯坑洪氏名要娘生乾隆戊戌年五月廿二日亥時卒道光丁酉年五月十一日巳時葬西汰尾

子四　進料　進極　進蘭殤　進熊

遂宇

莊賢公長子名宇伯諱遂鴻字謀儀生雍正辛亥年十二月初六日寅時卒嘉慶庚午年三月廿五日未時

妣英林洪氏名大娘生乾隆辛酉年十二月廿九日未時卒乾隆庚子年四月十一日卯時合葬官山埔頂長子雝祔

子三　進部　進坦　進恊

次
失名莊賢公次子
殤
庚辰譜牒重修確查遂字以下一弟三四戢而殤先時修譜名字闕畧今依其居次而存之

遂投
莊賢公三子出繼莊殿

遂佑
莊賢公四子名佑伯諱遂慰字謀鰲生乾隆辛酉年舊譜誤書壬戌九月十九日卯時卒乾隆甲辰年十一月十七日未時葬官山頂

妣
埭邊許氏名春娘生乾隆丁丑年八月十四日巳時卒乾隆癸巳年八月十六日辰時葬西沙尾

繼
妣東埕蔡氏名莬娘生乾隆癸酉年十月十一日辰時卒道光戊子年五月廿日辰時葬官山頂

子二 進均 進昝俱蔡出出繼后巷遂佑

遂投

莊殿公嗣子莊賢公三子承名投伯諱遂瓊字謀瑶生乾隆已未年三月卅日戌時卒嘉慶癸酉年十一月廿日時丑

妣柯坑張氏名勸娘生乾隆壬申年十二月廿五日戌時卒嘉慶壬戌年三月十一日已時合塟坑後穴乙辛卯酉坵北

子四 進因 進茅宮欲遂興六子承 進用 進弄

遂壹

莊殿公次子名壹淑生乾隆壬申年十月十七日戌時

長殤卒塟俱無考

遂淑

莊殿公三子名淑觀生乾隆丙子年三月初四日已時

長殤卒塟俱無考

天觀　大彬公長子任福州生康熙辛丑年閏六月初三日戌時

福觀　大朗公長子任福州生康熙己亥年九月廿四日丑時

祿觀　大朗公次子任福州生康熙壬寅年四月初五日巳時

第十五世

進桃　遂茂公長子名桃觀諱進源生乾隆己巳年十二月廿日戌時卒嘉慶丁丑年五月初五日時塟臺之東螺北頭勢

嗣子一　廸侯　進集次子承

進集　遂相公長子名集觀諱進聚字及安生乾隆壬申年二月初六日戌時卒道光辛巳年十月廿九日酉時葬官山內挖

妣　埭邊吳氏名為娘謚惠慈生乾隆丁亥年七月初一日酉時卒道光甲午年四月廿四三日戌時葬官山埔頂

子七　廸連殤　廸侯出繼進桃　廸擬　廸堆出繼進瑗　廸坐

廸尾　廸溜出繼進昌

進瑗　遂相公次子名瑗觀諱進徐生乾隆丙子年八月初九日亥時卒道光丁亥年四月十五日　時葬臺海埔厝畚灘

聘　潘徑　氏生卒莫攷未娶而歿葬潘徑山

妣　湖尾傅氏名辛娘謚桑順生乾隆己丑年三月初三日申時卒嘉慶辛酉年五月十二日巳時葬官山埔頂

嗣子一　廸堆進集四子承

進昜 遂相三子出繼遂寀

進猜 遂相公四子名猜觀諱進浰生乾隆甲申年十一月初十日　時卒道光丁酉年十一月十七日巳時塟臺海埔厝畚箕湖

配湖尾蘇氏名讓娘 攷

子二 廸月 廸迫 殤

進衷 遂寀公長子名衷觀生乾隆乙亥年二月初十日辰時乾隆辛丑年卒于臺塟臺灣

妣歐厝歐陽氏名愛娘生乾隆庚辰年三月廿六日寅時卒塟俱無攷

嗣子一 廸旬 進昜次子承

進河
遂寧公次子名河觀生卒塋俱無玫

進昺
遂寧公三子遂相三子嗣名鼎觀諱進列生乾隆庚辰年十月十七日巳時卒道光庚寅年四月十四日戌時塋官山埔頂

妣
梅林顏氏名勸娘謚慎德生乾隆癸巳年八月十三日戌時卒咸豐壬子年四月十六日丑時塋官山頂

子四 廸香 廸白出家進虎 廸籠出家履爵 廸溜進集七子承

進質
遂寧公四子名質觀生乾隆年六月廿五日時乾隆辛丑年六月初六日與父併胞弟進要行漳州船全溺海

聘
慕亭陳氏改

進要

遂寀公五子名要觀生乾隆年無攷乾隆辛丑年六月初六日與父併胞兄進箕行漳州船仝溺海

進戀

遂的公長子名戀觀字及箋生乾隆戊子年二月廿二日戌時卒嘉慶庚午年七月初八日巳時葬官山頂祔父諱正公壙內

妣

梅林蔡氏名好娘生乾隆戊戌年十一月十九日子時卒道光癸卯年閏七月初十日未時葬西沙尾

子二　廸梅　廸衛

庚午本族緣海利被仝鄉孫姓霸佔兄與族人理較力爭勇往弗懈不能敵其強悍致斃厥軀是誠可矜憫也爰為誌之

弟及康謹識

進賴

遂的公次子名賴觀諱進倚生乾隆壬辰年正月初四日亥時卒嘉慶辛未年正月十二日酉時

妣南安蔡氏名旦娘謚義儉生乾隆丙午年七月初十日酉時卒嘉慶辛未年三月廿七日巳時合塟官山頂祔母張氏壙内

子二　廸葉殤　廸文

進邊

遂的公三子名邊觀諱進雲生乾隆甲午年十一月初七日子時卒道光庚寅年五月卅日酉時塟官山埔頂

妣柯坑張氏名賤娘謚惠愛生乾隆己酉年八月廿日子時卒咸豐壬子年十一月廿三日戌時塟官山埔頂

子四　廸楓　廸倩　廸蹇　廸交

進瑾

遂的公四子名瑾觀諱進瑜字及愈生乾隆戊戌年五月初八日辰時卒道光己丑年十月初八日辰時塟官山埔頂與妣仝塋

妣柯坑張氏名伴娘謚勤順生乾隆辛亥年正月廿七日辰時卒道光　年十一月初七日寅時合塋官山埔頂

子四　廸兆　廸函　廸謳　廸墘

進團

遂的公五子名團觀生乾隆甲辰年二月十七日卒乾隆辛亥年　塟西沙尾

進店

遂嵒公長子名店觀諱進堅生乾隆甲辰年十月初八日寅時卒咸豐癸丑年二月廿五日　時塟官山頂

妣本鄉孫氏名夜娘謚勤慈生乾隆壬子年八月廿六日亥時卒道光己丑年正月廿日　時塟西沙尾苦苓脚

子二　廸鏡　廸谿

進像

遂嵓公次子名像觀諱進圖生乾隆戊申年十月十三日丑時卒嘉慶戊寅年十一月初三日巳時塟西沙地內

配東埔吳氏名却娘 改

子一 廸周 吳出

進縣

遂嵓公三子名縣觀諱進郡生嘉慶丁巳年九月初七日戌時卒同治甲戌年三月廿六日辰時享年七十八塟在官小埔

妣張塘蔡氏名丢娘謚慎德生嘉慶癸亥年二月廿九日未時卒道光辛丑年八月廿三日丑時塟官山頂次子廸袝

子五 廸嘁 緦 廸繪 廸莚 廸悄 出外姓 廸瓦 出外姓

進君

遂奏公長子名君觀諱進錫字及恩生乾隆戊寅年三月廿六日亥時卒道光甲午年正月初一日辰時塟官山頂埔

妣埕邊陳氏名省娘謚惠愛生乾隆壬午年九月初十日

時卒道光癸巳年十二月廿九日卯時塟官山埔頂
子四　廸綏　廸直　廸厚　廸掄

進兒

遂報公長子名兒觀生乾隆庚辰年五月廿九日子時卒
塟俱無攷

進憐

遂報公次子名天憐諱進里生乾隆癸未年四月初八日
酉時卒嘉慶丙子年台稿乙亥正月十七日寅時塟官山頂

妣柯倉李氏名員娘生乾隆辛卯年十一月廿七日午時與
二子挈眷移居臺之鹿港海埔厝卒道光乙巳年八月十
七日塟臺之海埔厝畚箕湖
子三　廸挺　廸彬　廸諭出継南安

進勸

遂喬公長子名勸觀諱進謙字及魁生乾隆乙亥年七月初四日午時卒道光戊子年五月廿一日辰時葬官山頂穴庚甲寅申享壽七十四

妣

埭邊吳氏名乃娘謚靜翕生乾隆丁丑年四月十八日子時卒道光戊子年四月廿八日未時葬大堵荒穴庚甲申寅富年七十二

子六　廸任　廸廳殤　廸應殤　廸蔣　廸濱　廸田

進慨

遂喬公次子名慨觀諱進慷謚忠信生乾隆戊寅年八月廿二日未時卒嘉慶丁卯年六月十六日子時

妣

臺灣北橋頭張氏名足娘謚勤儉生乾隆丁亥年九月十六日　時卒嘉慶庚申年十一月卅日戌時合葬官山埔頂穴丑未癸丁

子四　廸水　廸沛　廸輅殤　廸叶

進國

遂穆公長子名國觀諱進祿生乾隆癸未年十月初十日
巳時卒嘉慶丙寅年七月廿九日辰時葬官山埔頂附父
遂穆公毋許氏壙內

配柯坑洪氏名夜娘改

嗣子一　廸菴　進璣長子継

進輯

遂穆公次子名輯觀諱進顏字及洽生乾隆庚寅年十月
廿八日戌時卒嘉慶辛未年閏三月十四日巳時溺海

妣陳山洪氏名凡娘謚惠受生乾隆乙巳年十月廿四日巳
時卒與公併二子挈眷往臺仝溺海

子二　廸隅　廸庚

進茹

遂穆公三子名茹觀生乾隆乙未年
卒乾隆戊申年四月廿一日　時葬西沙尾

進璣 遂穆公四子名璣觀諱進珠字及衡號篤信生乾隆甲辰年九月廿一日酉時卒咸豐壬子年七月十七日歿塟對

配 塘霞蔡氏名片娘生乾隆辛亥年二月初六日 時

子三 廸蒼（出繼進國） 廸抨 廸澚

進次 遂琦公長子名次觀諱進序字及倫生乾隆壬辰年十月初十日子時卒道光壬寅年四月廿九戌時塟官山頂

聘 四石柱邵氏名棗娘謚慎德生乾隆丙申年十二月廿一日時卒乾隆戊申年五月初三日 時未登劉門而歿塟四石柱山

妣 東埔吳氏名鶴娘謚慎淑生乾隆己亥年二月初五日酉時卒咸豐壬子年八月初十日未時塟官山頂

子一　廸殷 吳出

進軒

遂琦公次子名軒觀諱進舉字及昂生乾隆戊戌年八月廿四日酉時卒道光癸巳年六月初一日未時塟官山頂埔

配本鄉孫氏名謹娘 改

嗣子一　廸偶 三房二進儀三子嗣

進樵

遂琦公三子名樵觀生莫攷戊申年幼殤

進

鋪　遂琦公四子乳名鋪觀諱進揚字及廉禮部三代册名懿
菴又號正菴業儒例贈文林郎生乾隆庚戌年十月十四
日未時卒同治癸亥年四月廿八日午時壽七十四歲寄
塋官山頂坡地內未丑丁癸

妣　梅林蔡氏名儆娘謚端德例贈太孺人生乾隆癸丑年十
二月十九日辰時卒道光乙酉年五月廿八日巳時

繼　妣張塘蔡氏名要娘謚端容例贈太孺人生乾隆乙卯年
三月廿七日辰時卒道光壬寅年四月十四日卯時二妣
合塋官山頂

子二　廸鍊前蔡出　廸族後蔡出

清

例贈文林郎處士懿菴劉府君暨先配蔡太孺人繼配蔡
太孺人墓誌銘

鄉進士例授奉政大夫欽加五品陞銜截選縣正堂乙卯科舉人

通家弟南安鄭起英頓首拜撰文

同治六年及門劉雲路舉於鄉其明年偕余上春官報罷後旋里一日以其尊人韜菴府君狀造門而請曰先君子之亡也溽暑草草權厝今欲改卜而其生平行事惟夫子為知之詳乞揮椽筆以為泉壤光憶乙卯設帳於東石時君貧且老身坐蒙塾而虔備脩脯使兒負笈焉余憫君之志盡心為啟之廸而劉生亦力於學決其必售以無負君之望及今劉生果芹桂聯香而君亡已五易寒暑矣然君不惟向學之足尚而其懿行亦多有可風發潛德之幽光儒者之事也余雖不文故不辭而為之銘謹按君姓劉氏名進揚字及廉號韜菴始祖賜謚忠烈公世居福清之北里仕宋為招撫使元兵由永福向福清練鄉兵興戰殉節開基祖諱拓宗行軍令史避元乃徙晉江之埯江居焉傳十四世而至貞毅公先配蔡氏舉丈夫子三繼配黃氏舉丈夫子

四君其第四子也貞毅公有隱德嗜書香使治舉子業君克體親心遜志時敏族叔孝廉諱大業見其文恒深器之而文章憎命試輒不售嗣以衣食于奔走遂不復應試以舌耕為業生平篤內行重義氣事二親色養備至疾病躬侍湯藥跬步不出門喪塟盡禮祭祀必躬親備物每々戒子姪述及父母之勤勞未嘗不流涕孺慕以終其身友于兄弟視姪如子三兄早殤餘俱生齒浩繁及謀析居君慮其有不給焉也雖不欲而難違其議後七弟最窶及其病也飲食醫藥一出於君亡頻恤其家又為之養其少子二兄之子亡遺孤皆幼亦時有資助焉其他或有抱恙者早夜造門多方調護必至於瘳而後已然君雖愛育諸姪而教誨甚嚴六弟之子未冠而傭力他鄉以微隙搆怨而往盜其牛人無知者與弟相與箠楚幾殆親送還諸其家人多稱之其於堂從之親亦未嘗異視功兄進慨夫婦歿於臺為之

歸其骨從姪廸鉗已聘而遊於臺樂不返女家迫退婚力沮其謀而多方央人要其歸娶至今諸子成立矣君又嘗言人生一世上焉者顯榮乎祖宗其次亦當篤厚於宗族下此則不足齒於人故自其弱冠有同安張姓賈於鄉與族人角口而以搶船架陷又有同鄉蔡姓妬人丁之蕃也恃附近皆其族強掘井於祠堂後反誣控以毀其祖祠嗣是而叨鄰之欺凌者復踵相接也重重外侮君皆不計利害憤質公庭歷官八任始得相繼寃伸又以族譜之久而不修也慮其湮沒後難為繼躬自續修數易其藁而未曾受一錢即至疎族如陶文淼禁樹木修族譜建祠堂亦皆君身為之倡而事為之董也君又復輕財好義篤於交遊安海陳希彬故家之後貧不能養母私鬻子於其友蔡某既母知之號哭覓死陳泣陳欵贖出門告貸而貧士無交誰為傾囊之助歸又恐促母之死祇得糊口於各書塾至

丟虜者不謂也緣寢食之以嘆詰得其情毅然為營謀得四五十金盡以付之與柯子良善柯以事得罪於邑主李令被鍛鍊解省例當遣戍不憚跋涉與其弟進省力為營救後卒得釋者君之力為多也其他安貧守分排難解紛厚親戚而恒為解憂知刑名而不啖人之訟亦均有可紀焉嗚呼可不謂卓行子夫人之無良者無論矣其或庭闈雖無大過而骨月較及錙銖見義雖知必為而顧慮仍復退縮即相知之契落陷阱而不下石焉已足多矣又安望其引手援(耶)乎求如君之困苦終身孝友可述厚其宗而不顧其身篤於友而能急其難義氣干雲慮介持己者曾有幾人哉其所以及身未享厚報者天正欲磨勵其身以昭其行義於人之所難為使之積之厚而流之光以大昌於厥(後)厚也君於幾々旬時曾夜行墜巉岩下體膚無損亦不自知何以得出即此可以知有厚德者之有神相矣君之

亡也以無疾終而亦先自知之暮年兄弟中惟一妹在遠隔十餘里數日不面必招之來將亡前十餘日值歸省將返扶杖送之泣曰妹〻相見惟此會耳相向涕零有不忍遽別者噫亦異矣哉君卒於同治癸亥年四月廿八日午時距生於乾隆庚戌年十月十四日未時春秋七十有四先配蔡氏繼配蔡氏俱有賢淑之稱先君卒子二長廸聲前蔡出次雲路丁卯科舉人後蔡出女一亦前蔡出適王家長媳婦黃氏次媳婦蔡氏郡庠生崢嶸君堂妹孫某〻以年月日合塋於官山之陽銘曰難乎者遇之困共仰者德之純嗚呼劉君趨義履仁雖與其壽未榮其身積善餘慶應感甚神不于其躬昌于後人

庠生　蔡德輝　蔡膺文　蔡洪樵　國學生　蔡世芳

黃則賢等公祭文

嗚呼梁木竟摧梓里之流風安在鄰春永閟榆林之晞露

[illegible]

率之天而倚馬才華彤減芙蓉之㬌者也如我韜菴劉老先生其人者蕭踈逸性活潑天機年已邁於古稀學早探夫秘篋素有烟霞之癖絶無塵俗之心貧不自存請浪翻能笑鬼義然後取硯田藉以治生又復見義勇為行善不倦任俠脱冶長於獄路歷千程（柯子良事）揮金贖趙氏之孤交無一面（陳希彬事）鸖鴒折翼代全身後之家宗族含寃憤（賞）公庭之上傳堪登夫篤行世誰及其高風故雖吐氣無堦徒稱義士猶幸克家有子能讀父書同敲和伯喈之絃問字拜康成之座抒詩情以懷古探驪得珠騰劍氣以摩空聞鷄起舞洵清聲之雛鳳推振翼之搏鵬胡乃子未成名翁先辭世修德不獲報其嘆造物之無知一老不憖遺安禁人心之於邑然而報施有定遲速有時論五福閑先壽已鄰於大耋幸二難競爽積終見其流光　輝等誼屬通家分凛父執

弍賦高軒之過弍親操杖之從閭卜玉埋節已過於端午
卿陳仄奠醆用荐乎五辛逝嘆陸機魂招宋玉嗚呼乘虬
客去識緣合之非真化鶴人歸悟浮生之盡幻用是望風
洒涕盡盼嚮以遥臨度其騎箕端臻鑒恪誠而是享

進關

遂琦公五子名關觀諱進庭字及瑶生乾隆癸丑年九月
十一日未時卒道光丁酉年四月初一日子時塟官山頂
與妣改合塟於官山頂坡地內長子廸淡祔穴未丑坤艮

妣

東埕蔡氏名玷娘謚端莊生嘉慶丁巳年三月廿八日巳
時卒咸豐壬子年五月初八日巳時塟官山頂
子五　廸淡　廸坻　廸稿（出承進觀）　廸特　廸物

進溪

遂琦公六子名溪觀諱進深字及清生嘉慶丙辰年七月
廿三日未時卒同治壬戌年九月十三日巳時塟官山頂

妣柯坑張氏名梅娘謚淑慎生嘉慶癸亥年十月十三日時卒道光戊戌年四月初六日巳時塟官山埔頂
子四　廸棪　廸萍　廸萴　廸箭

進哲
遂琦公七子名哲觀諱進彥字及明生嘉慶己未年八月十八日寅時卒道光丁未年十二月十八日午時塟官山埔頂
配石菌黃氏名尾娘生嘉慶丙寅年九月初一日午時
子六　廸蔚殤　廸紹　廸臉殤　廸豫　廸活殤　廸整

進蔭
遂照公嗣子遂宗四子繼名蔭觀生乾隆丁酉年五月十二日巳時卒道光丙午年十月初九日戌時塟臺滗下
妣臺灣鹿滗黃氏名錦娘生乾辛亥年三月十七日巳時卒

咸豐辛亥年七月初九日未時塟于臺
子五　廸贊　廸良殤　廸和殤　廸井出繼進懵　廸團

進靚

遂邦公長子名僆光諱進意生乾隆甲辰年六月初五日
未時卒道光壬辰年十二月廿五日戌時與妣合塟官山
埔頂主墓邊長女摺娘衬穴未丑坤艮

妣石蘭蔡氏名京娘生嘉慶戊午年五月廿七日　時卒道
光已酉年六月廿四日巳時與公仝塟
子二　廸淺殤　養廸稿進闗三子嗣

進力

遂長公長子名媽力生乾隆壬午年十一月初七日午時
卒塟莫攷

進爔 廿一日酉時卒嘉慶丁丑年十一月卅日酉時塟官山頂

妣梅林蔡氏名皃娘謚節烈生乾隆丁酉年三月廿三日丑時卒道光乙酉年六月十九日辰時塟官山埔頂

子六 廸朗 廸趙 廸共 廸椋 廸不殤 廸魚

進組 遂詩公長子名組觀諱進綏住臺圳頭厝生乾隆丙午年九月廿三日 時卒道光辛巳年六月初八日卯時卒塟于臺之萬丹

配臺灣蕭氏名凉娘 改

子二 廸湖 廸相

進固 遂轉公嗣子長房遂全三子承名固觀諱進鞏生嘉慶戊午年七月十四日未時卒于臺之南路蔴六甲

嗣孫一　茲佮 廸魚次子承

進飾 遂隕公長子名飾觀諱進文生乾隆乙卯年九月廿四日卯時卒道光丁亥年月日不知塟于臺之圳頭厝塚

配 臺灣莊氏名救娘 改

進出 遂外公養子名出發諱進秀生乾隆癸丑年八月十八日寅時卒道光甲辰年十一月廿九日申時塟官山頂

妣 埭邊許氏名竹娘謚恬靜生乾隆癸丑年八月十七日午時卒嘉慶庚辰年十月十四日未時塟官山埔頂

繼 妣梅林蔡氏名嬿娘生嘉慶己未年十一月初三日巳時卒道光庚子年正月廿六日　時塟西沙尾

子二　廸流　廸塞 俱蔡出

進料

遂鉄公長子名料觀諱進識生嘉慶己未年三月廿二日巳時卒咸豐戊午年九月初二日辰時寄塟官山埔

妣東埔吳氏名水娘謚懿安生嘉慶丁卯年六月十八日巳時卒同治戊辰年六月十三日酉時寄塟官山埔

子二　廸[石區]出承進煕　廸鄉

進極

遂鉄公次子名北極諱進樞生嘉慶甲子年九月十八日酉時卒于臺蔴六甲

進蘭

遂鉄公三子小名蘭生嘉慶辛未年正月廿日戌時卒嘉慶癸酉年八月十三日卯時塟西沙尾

進熊

遂鉄公四子小名鑲熊諡生進掌生嘉慶乙亥年十月十八日丑時卒光緒乙亥年正月初七日辰時塟官山

妣鮑厝林氏名喜娘生嘉慶庚辰年正月初四日申時卒道光癸卯年六月廿二日巳時塟西沙尾

嗣子　廸樞（進料長子承）

進部

遂宇公長子名部觀諱進豐生乾隆丁亥年四月廿七日午時卒嘉慶庚午年二月初一日巳時祔父母塟官山頂埔

妣横山内厝林氏名嬿娘謚節儉生乾隆丙申年九月廿六日辰時卒道光丙申年十二月初五日未時塟官山頂

子三　廸神　廸談（出繼進坦）　廸抄（出繼進恊）

進坦

遂宇公次子名坦觀諱進道字及平生乾隆辛卯年十一月初四日亥時卒嘉慶丁丑年十一月十三日戌時塟官山埔頂

妣英林洪氏名省娘生乾隆乙巳年十二月十一日辰時卒
嘉慶辛酉年七月十七日辰時塟官山埔頂
嗣子一　廸談 進部次子承

進協
遂宇公三子名協觀諱進寅字及蔘生乾隆甲午年十月
廿二日　時卒道光辛巳年五月廿五日午時塟官山埔頂
嗣子一　廸抄 進部三子承

進均
遂佔公長子名均觀諱進東字及和生乾隆丁酉年十一
月初二日辰時卒道光乙未年十一月廿日未時塟官山埔頂
妣英磨施氏名實娘生乾隆己酉年七月廿一日酉時卒同
治戊辰年五月初十日未時寄塟官山埔
子六　廸儌　廸徧　廸淩　廸渣　廸栿　廸線

進晉

遂佑公次子出繼后巷遂佑

進因

遂投公長子名因觀諱進緄字及循生乾隆癸卯年五月廿二日子時卒道光壬辰年八月廿七日酉時葬官山廍

聘内厝林氏名叚娘未娶而卒生卒葬俱無攷

配湖尾蘊氏名珸娘號懿德生乾隆癸卯年九月十三日午時卒咸豐癸丑年六月卅日午時葬官山塚頂

子三　廸泮殤　廸卦　廸錠出繼進弄

進茅

遂投公次子宮后遂爽六子嗣小名茅生卒葬俱無攷

幼殤

塔江劉氏家譜

進用
遂投公三子名[illegible]觀諱[illegible]
已時卒嘉慶己卯年正月廿八日未時塟官山埔頂
聘埭邊吳氏未娶而卒
繼聘東埔吳氏未娶而歿
繼配柯坑張氏名旦娘 改
子二 廸甜 廸寫 殤 俱張出

進弄
遂投公四子名奕觀諱進璋生嘉慶丙辰年六月廿四日
戌時卒道光辛巳年三月廿二日寅時塟官山埔頂
配前埔蔡氏 改
子一 廸旋 進因三子承

第十六世

廸侯　進桃公長子進集次子嗣名侯觀諱廸旅生乾隆丙午年四月廿八日丑時卒道光癸未年三月十五日戌時塟官山埔頂

妣　逮邊許氏名足娘號肅靜生乾隆癸丑年八月廿一日巳時卒嘉慶丁丑年五月廿五日酉時塟官山埔頂

子一　茲輕　廸推次子承

廸連　進集公長子小名連　幼殤

廸侯　進集公次子出繼進桃

廸揺

進集公三子名酧蘿諱廸鐘號廸多生乾隆己酉年七月廿七日酉時卒咸豐乙卯年二月廿六日戌時塟官山埔

妣柯坑張氏名做娘謚節儉生嘉慶庚申年二月十六日卯時卒嘉慶庚午年七月初七日未時未登劉門塟柯坑山

繼妣岑張張氏名程娘謚勤謹生嘉慶戊午年五月十一日寅時卒道光甲申年十二月初五日申時塟官山頂

繼妣潘徑塘邊張氏名悔娘生嘉慶庚申年十一月廿一日 時卒咸豐壬子年三月十二日 時塟官山埔頂

子二 茲草 茲勤 俱後張出 出繼廸尾

廸堆

進集公四子出繼進瑗

廸坐

進集公五子小名坐諱廸作生嘉慶壬戌年九月初九日時卒道光癸未年六月初五日戌時塟宫山埔頂

廸尾

進集公六子小名尾諱廸結生嘉慶戊辰年九月初五日丑時卒道光庚子年七月十九日　時塟宫山埔頂

子一　谿勒廸捶次子承

廸溜

進集七子出繼進昂

廸堆

進瑗長子進集四子繼名堆覲諱廸金生乾隆壬子年六月十九日未時卒咸豐丁巳年八月十四日申時塟畚箕湖

妣梅林蔡氏名珠娘謚惠愛生嘉慶乙丑年七月十一日辰

時卒道光乙巳年十月初一日未時塟官山
子二　茲克　茲輕出繼廸侯

廸月
進猜長子名秋月諱廸晧生嘉慶戊午年十二月廿七日
午時卒同治丁卯年九月十一日寅時塟臺通霄觀音山
妣鹿港北頭白沙坑翁氏名波娘生嘉慶癸亥年十一月廿
二日酉時卒同治己巳年十月廿九日卯時塟大安山
子一　茲彭

廸廻
進猜次子小名廻
幼殤

廸白
進衷長子進壽次子承小名白諱廸五生嘉慶癸亥年六
月廿七日辰時卒道光丙申年十一月十二日　時塟子

塔江劉氏家譜

臺之蘇六甲

廸香

進愚長子名秋香諱廸茗生嘉慶己未年二月廿六日辰時卒道光壬寅年四月十九日巳時塟西洲尾

聘柯坑張氏名昆娘謚謹恬生嘉慶壬申年十月廿八日未時卒道光丁亥年十二月廿日　時臨嫁而歿塟柯坑山

繼配瓦窑垵陳氏名返娘　段

子二　茲茅　陳出　茲滿　主上寫泳勇

廸白

進愚次子出承　進衷

廸籠

進愚三子出繼廈門

廸溜

進畧四子進集七子承小名溜生嘉慶庚午年八月廿三日丑時卒咸豐壬子年七月　日　時葬臺蘇六甲

配陳氏改

子一　茲猪陳出

廸梅

進戀長子小名梅諱廸雪生嘉慶戊午年十二月廿二日丑時卒道光　年　月　日　時葬官山埔頂

配潘徑塘邊張氏名灣娘改

子三　茲馬殤　茲閭　茲麵

廸衛

進戀次子小名衛諱廸護生嘉慶壬戌年九月十六日丑時卒道光癸卯年閏七月初四日午時葬西沙尾

廸葉 進賴長子小名葉 幼殤

廸文 進賴次子小名文大名廸彖一名廸情生嘉慶戊辰年八月廿七日午時

配塘邊歐陽氏名柿娘謚柔姿生道光乙酉年十月初一日卯時卒咸豐乙卯年三月初三日辰時葬官山埔

子四 茲梗殤 茲剃殤 茲瓚 茲及東塘邊本族入承

廸楓 進邊長子小名楓大名廸林字子陽生嘉慶戊辰年八月廿日丑時

配坑邊黃氏名叢娘謚慈德生嘉慶庚辰年八月初四日丑時卒光緒丁丑年九月初五日巳時葬官山

子七 茲拐殤 茲搒 茲酌改名章 茲打 茲注承廸倩

兹影倩殤　兹康[illegible]

迪倩
進邊次子小名倩諱迪美生嘉慶甲戌年十月初一日未
時卒道光甲辰年五月初八日　時塟官山埔頂
嗣子三　兹注五　兹跌六　兹甫七　俍迪楓之子來

迪蹇
進邊三子小名蹇諱迪謌生嘉慶丁丑年九月初三日
時卒道光丙申年七月十二日　時塟臺之香山

迪交
進邊四子小名交大名迪朋生道光庚寅年三月廿一日
戌時

配
滗塔林氏名坤娘生道光丙申年八月十九日辰時
子三　兹澤　兹輦殤　兹容殤

廸兆 進瑾長子小名兆諱廸若生嘉慶甲戌年二月初十日丑時卒咸豐辛酉年八月初十日亥時塟官山埔

配 伍堡張氏名吉娘生道光丁亥年十月初四日巳時

子二　兹鬃　兹糊殤

廸函 進瑾次子小名函諱廸封生道光辛巳年十一月廿八日時住臺麻六甲

配 臺灣　氏

子

廸謳 進瑾三子小名謳諱廸歌生道光甲午年十一月初二日寅時任臺麻六甲
配 臺灣 氏

子

廸墘 進瑾四子小名墘任臺彰化生道光戊子年六月卅日午時卒光緒丁丑年十一月初五日卯時塟彰化山
配 臺灣 氏改

廸鏡 進店長子小名鏡諱廸鑑生嘉慶己卯年正月初一日寅時卒同治戊辰年十二月初四日巳時塟官山下埔

聘張塘蔡氏名係娘謚惠愛生道光己丑年二月初八日卯時卒道光癸卯年七月廿八日申時未登劉門而歿塟在張塘山

繼許西坑許氏名設娘謚惠愛生道光辛卯年三月十六日時卒咸豐癸丑年十月初七日未時塟官山頂

繼配內坑後山朱氏名不娘生道光己亥年十二月廿八日酉時

嗣子　茲詵廸谿三子泳

廸谿

進店次子小名谿大名廸然生道光乙酉年十月卅日時

配英林洪氏名卞娘生道光辛丑年十二月初四日　時

子六　茲灰幼亡　茲箬　茲詵承廸鏡　茲湖幼亡　茲纜承廸岡　茲藝

廸罔

卒道光庚子年四月十三日瑩臺蘇六甲

嗣子二　燚纜（廸鋊五子承）　燚給（廸蓰四子承）

廸嘁

進縣長子小名嘁生道光癸未年十二月初四日

幼殤

廸繒

進縣次子小名繒生道光庚寅年四月十四日時卒道光丁未年七月十二日時瑩官山埔頂祔母蔡氏壙內

嗣子一　燚㙐（廸蓰次子承）殤

廸蓰

進縣三子小名蓰大名廸樹生道光乙未年三月十七日丑時

配

型厝蔡氏名守娘生道光壬寅年七月初八日辰時

子四　茲洴　茲塩 承迪嗣　茲聆 分出梅林甘蔦　茲給 承迪周

迪悄

進縣四子小名悄

出外姓

迪瓦

進縣五子小名瓦

出外姓

迪綏

進君長子名綏觀諱迪和生乾隆辛丑年九月初十日午時嘉慶己巳年八月十七日寅時卒于臺之八里分拾 田葬在官嶺

配埕邊張氏名動娘號儉順生乾隆癸卯年正月初二日亥時卒嘉慶戊辰年正月十六日戌時塟官山埔頂

子一　茲策

廸直 進君次子名直觀諱廸正生乾隆甲辰年八月初五日戌時道光癸巳年六月初五日寅時卒于臺之海埔厝

妣 梅林顏氏名惜娘謚勤儉生乾隆己酉年五月廿二日亥時卒道光丁亥年十月廿九日　時塟西沙尾

子三　兹巢　兹犁　兹改

廸厚 進君三子名厚觀諱廸德生乾隆丁未年十二月廿四日寅時卒嘉慶己卯年九月廿七日辰時塟官山埔頂

聘 埕邊張氏名痛娘生乾隆庚戌年五月初四日　時卒嘉慶戊午年十月初三日丑時未登劉門而歿塟埕邊山

繼 配高厚王氏名佰娘 改

子一　兹柱 王出

廸埨

進君四子名塔觀諱廸峯生乾隆乙卯年九月廿二日巳時

廸挺

進憐長子小名挺諱廸才生嘉慶戊午年七月廿五日巳時卒道光乙酉年八月初九日　時葬臺

廸彬

進憐次子小名彬諱廸雅生嘉慶壬戌年四月初七日巳時卒道光丙午年五月十六日亥時葬臺海埔厝畚箕湖

配臺灣楊氏　改

子二　茲扯　茲齊

廸諭

進憐三子小名諭出南安

廸任

進勸長子名任觀諱廸祇生乾隆甲辰年正月卅日卯時卒嘉慶癸酉年九月十三日酉時

配

埕邊黃氏名曄娘謚勤慎生乾隆辛亥年十月十二日時卒嘉慶辛未年十一月十二日酉時合塟官山頂穴𧰼

子一　兹州廸蔣長子承

廸祇侄性行肫厚和鄰睦族見義必為畏難苟安之事平生未嘗有也惜乎天不與以壽癸酉年族中因英林洪姓侵欺緣故冒刃力敵致殞其軀誠為可傷而今廸掄侄以長子兹州繼承支分宜乎克昌厥後可謂天之報應於無窮也矣

叔及廉序

廸廳

進勸次子小名廳生乾隆丁未年正月十六日　時卒乾隆庚戌年

塟西沙尾

廸應　進勸三子小名應生乾隆庚戌年十月十一日　時卒乾
隆壬子年正月廿日　時塟西沙尾

廸蔣　進勸四子名蔣光諱廸振字子蘭生乾隆壬子年九月廿
三日酉時卒咸豐甲寅年正月廿八日巳時塟大堵坊穴
庚甲卯酉享年六十三

妣　東埔吳氏名時娘謚淑德生乾隆乙卯年六月初六日酉
時卒咸豐丙辰年十一月十六日巳時塟前薛甸穴癸丁
子午享年六十二

子五　茲州出承廸佳　茲扱　茲舵　茲續　茲舥

鄉進士例授奉政大夫欽加五品壆銜截選縣正堂乙卯科舉人

通家弟南安鄭起英拜題

大儲封子蘭劉翁遺照　吾聞埨江有　翁劉氏排難解紛惠施都里今瞻遺照黔而凭几畫橋碧陰垂楊臨水進爵堂隅藝蓀塔紀秋入風箏歡臚童雅　翁諱欒公字蘭冠子配　吳孺人家齊而理五桂聯芬孫枝蔚起俾爾曾元千秝享祀

大鸞封淑德吳孺人遺照　梧桐日麗金閨肅雝惟　吳孺人四德率從終温且惠含飴追踪諸婦晨起笄總戒慵蘭蓀桂子芬馥香濃蓮池蕉砌花萼重重允脩内則主饋尸饔潔脩蘋荇齋敬斯宗

子蘭兄固德望之最優者也成家白手而見義勇為於時鄉閭有貴恒以身先之宗族未和則以德化之咸豐年間祠堂南畔壁壞先捐資而獨修無一毫之德色以至急人

之有急禁人之為非弟貧而衂其家弟亡而養其子至今人猶稱之當其授室後父即析使食力以信義為貿易以和厚為性情蘊智則甚深藏神而不露故雖不藉家資而經紀日隆終有大昌之慶雖亦權子母而錙銖不較人無刻薄之譏而且好義能輕財排難解紛事每傾囊經身到者釁恆氷解待人無倦色有能負望來相接踵座滿者酒不樽空所以鄉鄰之事羣聽其言切己之憂人樂為用及身之世以至於今富甲一鄉年歷數紀未嘗有无妄之災大耗之費又復孫曾林立如椒聊之蕃衍焉即此可以知其種德多而貽謀遠也

弟雲路謹誌

且自尚書稱五福華封祝三多世人所難兼有者而公若獨享其全焉遡厥生平少貧困善經營握算持籌億而必中所以富有日新家大進亦曰苟合苟完而苟美矣夫人

生七十稱古稀公年六十有四語其典則已杖鄉而杖國
論其齒堪爲三老與五更身雖邁兮氣猶壯盛也老當益壯
舍公其誰與歸然猶兢兢業業不自暇逸其他如捐資興
祠宇唱義修宮廟恤孤憐貧以及鄉里遠近遇盤根錯節
之事他人不能為力公一到無不迎刃而解種種盛舉不
惜黃白非好德能如是乎今也夫妻偕老善終正寢五子
奇立厥孫最多或讀或耕或商各事其事人謂公之福是
以多子多壽吾謂公之有是德而宜有是福也大雅云俾
爾熾而昌俾爾壽而藏臧又曰俾爾昌而大俾爾耆而艾
詩言可為公咏也予本不文特舉一二以垂不朽至於事
親交友處己接物鄉中嘖嘖稱道不待予贅也爰為之序

通家侄頓王汝寬頓首拜撰

迪滚
進勸五子名滚觀諱迪職字迪華生嘉慶丙辰年八月廿七日午時卒道光戊申年三月初四日　時塟官山埔頂
妣
湖尾曾氏名尾娘號惠受生嘉慶辛未年六月十一日寅時卒咸豐壬子年七月廿七日　時塟官山埔頂
子四　兹晒出承迪回　兹拾　兹立　兹正殤

迪回
進勸六子名回觀諱迪轉字迪錦生嘉慶庚申年四月初八日卯時卒道光丙午年七月廿四日塟官山埔頂
子一　兹晒迪滚長子承

迪水
進慨長子小名水諱迪泌生乾隆己酉年十月廿日　時卒于臺之大安

廸沛

進慨次子小名沛諱廸澤生乾隆壬子年八月十五日巳時卒于臺之承天府地面

廸輅

進慨三子小名輅幼殤于臺之海埔厝

廸呌

進慨四子小名呌生嘉慶戊午年八月十一日　時卒道光丙午年年五月初五日　時塟臺之沙轆大庄

廸巷

進國長子進璣長子嗣小名巷諱廸遇生嘉慶乙亥年十一月廿四日辰時卒道光乙巳年四月初三日　時塟官山埔頂

廸隔　進輯長子小名隔生嘉慶丙寅年八月初四日巳時嘉慶辛未年四月與父母併胞弟廸庚往臺仝溺海

廸庚　進輯次子小名庚生嘉慶戊辰年十一月十六日丑時卒嘉慶辛未年四月與父母併胞兄廸隔往臺仝溺海

廸巷　進璣長子出繼進國

廸坪　進璣次子小名坪生嘉慶己卯年三月初二日　時卒同治丙寅年十二月初三日戌時塟鹿港塚仔山

配臺許氏改

子一　兹王

廸澩 進瓊三子小名澩大名廸澩字子南生道光乙酉年十月廿四日　時

嗣子一　茲碚（係張塘外甥入承）

廸餕 進次長子名餕觀諱廸畬（字子義）生嘉慶戊午年六月廿九日酉時卒同治庚午年二月廿三日辰時葬官山埔

妣 路東陳氏名比娘謚敦懿生嘉慶乙丑年十月初十日子時卒道光戊申年四月初十日巳時葬官山埔頂

子四　茲淞　茲瓜　茲配　茲更

廸偶 進軒長子三房二進岱三子嗣小名偶諱廸佳生嘉慶戊寅年八月初八日酉時卒咸豐丁巳年八月十一日午時

寄葬官山埔

配 東埕蔡氏名審娘　改

子四　茲象　茲低　茲蔄（出承迪浹）　茲般

迪鍊

進鋪長子名釧觀大名迪聲字子金號質軒生道光癸未年正月廿七日辰時

配坑邊黃氏名好娘生道光戊子年八月廿四日子時卒咸豐辛酉年二月廿七日午時塟官山埔

子二　茲喊（迪匼三子入承）　天眷

迪族

進鋪次子乳名公族官名雲路字子成號升階又號蓉江曹文宗曹濬（東）科試取入晉江學中同治丁卯舉人房師進士桐城馬騰駿主考侍讀學士蒲州鄂芳大理寺少卿天津王維珍庚辰挑取儒學教諭生道光甲午年七月初二日午時卒　年九月廿九日

妣配塘下蔡氏名佯娘蔡諱則桃公長女邑庠生諱崢嶸堂妹

生道光甲辰年三月初四日巳時卒 年九月

繼妣吳氏 名排樣 樣德之 生 卒 年 年十二月 月十六日 日時

子 文垣 榮華 後卷入承

廸涉

進闕長子名涉水諱廸澄字子春生道光辛巳年七月廿七日巳時卒咸豐甲寅年十二月初三日 時祔父母塋

官山頂坡地內

配前埔蔡氏名益娘 改

子二 茲蘭 廸偶三子承 茲贊

廸坵
進闕次子小名坵諱廸開生道光甲申年十月廿二日午
時卒咸豐癸丑年正月廿三日巳時與胞弟廸稿合塟官
山埔頂主墓邊
嗣子一　崧冬 廸物長子泳

廸稿
進闕三子出繼進靚

廸特
進闕四子小名特諱廸授字子峻生道光癸巳年三月十
四日　時卒同治丁卯年五月十八日辰時塟官山埔
配埭邊吳氏名嫌娘生道光壬寅年正月初八日　時
子一　崧鏗

為人寡言笑沉[illegible]本誠勇於任事待[illegible]其材質[illegible]以
至宗族之事亦未肯落他人後惜不永其年余以為失一
左臂每一思之無不淚下今幸嫂氏青年守志俾六歲女
得以長成出閣兩歲遺孤今亦年已成童成立可望差可
為九京之慰焉

弟雲路謹誌

廸物

進關五子小名物大名廸品字子景生道光丙申年三月
初四日巳時

配

埭邊許氏名伴娘謚修儀生道光戊申年五月廿一日未
時卒光緒丙子年十一月十三日酉時塟官山埔

子四　兹冬（出承廸玩）　兹悅　兹藝（殤）　兹拋（出外姓）

廸梭

進溪長子名光梭諱廸鶯生道光甲申年八月初五日寅時卒道光癸卯年閏七月初三日寅時瘞官山埔頂

嗣子三　茲匹（廸萍長子承）　茲燮（廸剪長子承）　茲獨（廸剪四子承）

廸萍

進溪次子名萍水大名廸逢字子踪生道光丙戌年六月初十日寅時

配周宅陳氏名妹生道光乙未年九月初四日戌時

子三　茲匹（出承廸梭）　茲篧　茲砉

廸剪

進溪三子小名剪大名廸秀字子棠生道光己丑年七月十三日寅時

配埭邊許氏名蕪娘生道光辛丑年十一月初五日寅時

二十四　茲瓊（迪稜）　茲[illegible]（姓）　茲[illegible]　茲[illegible]

迪箭

進溪四子小名箭大名迪筍字子山生道光壬辰年五月初十日　時
配蘇厝曾氏名救娘生道光丙午年九月十四日申時
子　茲皈（殤）　茲粘　茲欠（出外姓）

迪蔚

進哲長子名文蔚生道光丙戌年十二月初十日未時卒道光癸巳年十一月廿二日午時葬官山埔頂與胞伯及昂公並生

迪紹

進哲次子小名紹大名迪堯字子治生道光庚寅年十月初六日　時

配四石桂林氏名卻娘生道光戊戌年十二月廿二日亥時

卒道光丙午年八月十八日　時塟西汊尾

繼娶石菌王氏名綢娘生道光己酉年三月廿三日酉時

子二　兹蔽　兹雍

廸臉

進哲三子小名臉生道光癸巳年四月十八日卒道光甲

午年七月廿三日亥時塟西汊尾

廸豫

進哲四子小名豫大名廸建字子順生道光乙未年六月

廿二日申時

娶后坑洪氏名妹娘生道光乙巳年七月廿四日子時

廸活
進哲五子小名活
幼殤

廸整
進哲六子小名井大名廸頓生道光庚子年十一月十六日寅時
娶臺灣新厝邱氏名發娘生同治乙丑年四月初一日酉時

廸贊
進蔭長子小名贊生嘉慶戊辰年十一月十四日酉時
配臺灣黄氏名妹娘生嘉慶壬申年正月初一日巳時卒嘉

慶乙亥年十二月初四日塟臺四塊厝埔

廸良

進蔭次子小名良生嘉慶辛未年十一月十六日巳時
殤卒塟無攷

廸和

進蔭三子小名和生嘉慶甲戌年五月廿二日申時卒嘉
慶己卯年正月初七日塟臺四塊厝埔

廸井

進蔭四子出承下厝進愔

廸團

進蔭五子小名團生嘉慶庚辰年十二月十二日丑時卒
道光己丑年五月初九日辰時塟臺四塊厝埔

廸淺 進靚養子小名淺生嘉慶戊寅年十二月初二日午時 幼殤

廸稿 進靚次子進闕三子嗣名文稿諱廸課生道光己丑年五月廿五日酉時卒咸豐癸丑年正月廿四日卯時與胞兄廸坭合塋官山埔頂主墓邊

廸朗 進熾長子名朗觀諱廸清謚廸誦生嘉慶丁巳年十二月十七日寅時卒光緒丁丑年七月廿日巳時塋官山坡

妣 前林蔡氏名花娘謚端靜生嘉慶甲戌年十月初三日時卒道光庚戌年十月初十日 時塋官山埔頂

子七 玆瑤 玆水 玆敎 玆佛承廸共 玆疑廸棕四子承 玆堎廸魚四子承 玆倚廸趙四子承

迪趙 進熾次子名趙觀諱迪璧生嘉慶庚申年正月初八日己
時
配石菌張氏名月娘諡端淑生嘉慶己卯年八月初二日
時卒道光丙申年二月十四日酉時塟西沙尾苦柃脚
繼配呂厝黄氏名緞娘諡慈愛生嘉慶辛未年十一月十九
日時卒光緒己卯年九月廿七日未時寄塟官山坡
子四　玆瞞　玆合（出承迪丕）　玆香（出承迪共）　玆倚（出承迪朗）

迪共 進熾三子名共觀諱迪興生嘉慶壬戌年十一月廿七日
寅時卒道光乙巳年八月初四日酉時塟官山頂
配黄氏 改
子四　玆保（迪棕長子承）　玆佛（迪朗五子承嗣）　玆香（迪趙三子承）　玆欒（迪魚長子承）

廸棕 進熾四子名棕觀大名廸錦生嘉慶己巳年十二月初一
日辰時

配 窰厝蔡氏名益娘生道光丙戌年十月十五日酉時

子 兹保（出承廸共） 兹琴 兹秋 兹儀（承廸朗）

廸不 進熾五子小名不生嘉慶壬申年九月廿九日戌時卒嘉
慶丁丑年八月十八日葬西洑尾

子一 兹合（廸趙次子承）

廸魚 進熾六子小名魚大名廸書字子嘉生嘉慶乙亥年六月
廿二日酉時

配 埕邊黃氏名閒娘生道光庚寅年八月初八日　時

塔江劉氏家譜

子五　兹檗出承迪共　兹佮承退園為孫　兹陳　兹垵承迪朗　兹認

子嘉兄於雁序最少未冠即助諸兄勤勞習會計為人司質庫事維謹甚得東人歡授室後諸兄以生齒之繁析爨計資為費有餘少權子母後東家中落而囊橐亦自稍裕矣乃自設肆經營而舊東有時反周恤之其厚誼更為不可及自其少年至今習知艱苦未嘗鮮衣美食一準諸儉而待諸兄諸侄則又不吝能貫者授之資不給者周之急喪塟婚娶無有不助嘗有姪不肖累其喪資幾百金未嘗怨言依遝待之如初而其他親黨亦有沾其餘潤焉可謂篤於至親矣宜乎身享多男家日益裕膝下有弄孫之樂而將來卜厥後之昌也

弟雲路謹誌

廸湖 進組長子小名瀕生嘉慶甲戌年八月十二日巳時往臺卒塟未詳

配吳氏名灘娘生嘉慶己卯年八月十八日寅時卒道光丙申年六月廿二日午時塟臺

子一 玆朝

廸相 進組次子小名相殤

闕 進固派

子一 玆佮 廸魚次子承

廸流　進出長子名流水字子政生道光丙戌年六月初十日丑
時卒同治癸亥年七月十二日申時塟官山
配柯舍柯氏名伴娘謚柔惠生道光癸巳年二月初二日酉
時卒咸豐癸丑年十月十四日丑時塟官山頂
繼配伍堡張氏名梅娘生道光丁亥年八月廿三日酉時
子四　兹梢　兹悚出亡　兹砦分出　兹痛

廸塞　進出次子小名塞大名廸充生道光乙未年三月廿四日
辰時卒　八月初三日
配東坡吳氏名秋娘生道光丙午年十月十七日丑時
卒四月十二日
子四　兹笠　兹掌出承東坡廿房　兹譴　兹琛

廸碅 進料長子出嗣進態

廸鄉 進料次子小名鄉大名廸奎生道光丁未年十一月初十日酉時

配蘇厝曾氏名蒜娘生同治壬戌年十一月初六日寅時

子 蒜穀殤

廸碅 進態嗣長子進料長子承小名甌大名廸碧生道光甲午年五月廿四日辰時

配鮑厝林氏名趁娘生道光丙午年四月廿二日辰時

子 茲炏

廸神
進部長子名光神諱廸存生嘉慶丁已年十二月廿八日
己時卒咸豐癸丑年二月十一日卯時塟官山埔頂
配賴氏
賴厝賴氏名哖娘謚嘉惠生嘉慶丁卯年十一月十一日
辰時卒咸豐癸丑年三月十一日戌時塟官山埔頂
子一　茲螺

廸談
進部次子出繼進坦

廸抄
進部三子出繼進協

廸談

進坦長子進部次子嗣小名談諱廸佩生嘉慶乙丑年四月廿二日戌時卒嘉慶己卯年九月廿日未時塟同安縣羅溪社

廸抄

進協長子進部三子嗣小名抄諱廸録生嘉慶己巳年三月廿七日酉時卒道光己丑年八月初九日丑時塟官山埔頂

廸儆

進均長子小名儆諱廸寄生嘉慶己巳年十月初四日午時卒光緒己卯年八月初七日未時塟官山坡

配 洪塘張氏名式娘謚懿德生嘉慶（主內書生七月廿一日寅時）丁丑年十月初六日酉時卒道光己酉年五正月十二日酉時

子二 茲怏 茲景

廸漏　進均次子小名漏大名廸待生嘉慶甲戌年六月初八日未時

配石蓢王氏名孚娘謚恬素生道光丁亥年十一月廿二日丑時卒道光己酉年三月初四日辰時葬官山

繼配前埔蔡氏名罩娘謚恬靜生道光丙戌年九月十四日午時卒同治癸亥年三月廿九日巳時

三娶滿徑張氏名菊娘生道光壬午年十一月廿日巳時

子二　茲卲養　茲穀蔡出

廸凌　進均三子小名凌諱廸霄生嘉慶庚辰年五月初五日未時卒同治甲戌年五月廿二日巳時

配英厝施氏名㸃娘生道光甲午年五月廿日

子三　玆倩查　玆嘿　玆鱗幼亡

廸查
進均四子小名查諱廸斗生道光癸未年正月廿日　時
卒咸豐辛亥年又八月十太日　時塟臺蔴六甲
嗣子一　玆倩廸凌長子承

廸杙
進均五子小名杙字子堅生道光丙戌年五月初三日戌時
配伍堡姚氏名絹娘生道光己亥年七月廿七日丑時
子四　玆嚷幼亡　玆掌幼亡　玆烘　玆畔

廸線
進均六子小名線諱廸慈生道光辛卯年十一月十五日
時卒同治甲戌年四月初五日寅時

配　英林洪氏生道光甲辰年七月初一日

子二　茲絿　茲類

廸泮　進因長子小名泮生嘉慶辛酉年十二月廿六日　時卒嘉慶甲子年三子十九日　時塟西沙尾

廸卦　進因次子小名卦諱廸成生嘉慶己巳年十二月卅日巳時卒道光乙巳年七月卅日　時塟官山埔頂

配　柯坑張氏名西娘生嘉慶丙子年八月初八日丑時

子三　茲聦　茲蠏　茲項

廸錠

進因三子出繼進美

廸鉗

進用長子小名鉗諱廸客生嘉慶乙亥年三月初九日酉時卒同治丁卯年八月十六日寅時

配湖尾藴氏名樣娘生道光甲申年十月十四日酉時

子二　玆印　玆朋

廸寫

進用次子小名寫生嘉慶己卯年二月十六日幼殤

廸錠

進美長子進因三子嗣小名錠諱廸玉生嘉慶丙子年四月初六日戌時卒咸豐戊午年九月初四日辰時寄瑩西

配沙尾氏

子一　茲鋘

第十七世

茲輕　廼侯長子廼堆次子嗣小名輕生道光辛丑年十月初九日卯時卒于臺不知年月

茲草　廼摇長子小名草生道光甲午年二月十九日寅時出贅鮑厝林家

茲勒　廼挺次子出承廼尾

茲勒　廼尾嗣子廼挺次子承小名勒大名茲顏生道光己亥年四月十一日寅時

子一　唐港伍望外甥入承

茲克　廼堆長子小名克大名茲礼生道光壬辰年十一月十二日丑時住臺海埔厝

娶鹿港郭氏名螺娘生道光乙未年二月

子三　唐平　唐文　唐昇幼亡

茲輕　廸拄次子出承廸俟

茲彭　廸月之子小名澎大名茲城生道光丙申年四月十二日卯時
娶　氏
子一　唐賢

茲茅　廸香長子幼殤

茲蒲　廸香次子主上填承男殤

兹猪 廸溜之子 幼殤

兹馬 廸梅長子小名馬生道光己丑年七月初一日午時卒道光癸巳年四月初五日戌時塟西沙尾

兹閏 廸梅次子小名閏生道光辛卯年十二月廿二日 時卒臺蘇六甲

兹麵 廸梅三子小名麵生道光丙申年正月十五日申時卒塟坑園山

兹梗 廸爻長子小名梗生道光丙午年二月十六日 幼殤

茲剃 殤 廸文次子

茲瓚 廸文三子小名瓚生咸豐癸丑年七月十七日巳時卒同治甲戌年八月初六日戌時瘞官山埔

配石蘭黃氏名笑娘 改

茲及 廸文四子東塘邊本宗入承小名及生同治癸亥年六月廿一日午時

聘柯坑張氏名糊娘生同治庚午年七月廿四日午時卒光緒己卯年十二月初十日未時瘞柯坑山

繼聘塘邊歐陽氏

茲拐
迺楓長子小名拐生道光辛丑年十一月十六日卯時卒
道光甲辰年二　月十四日酉時塟西沙尾

茲榜
迺楓次子小名櫎榜生道光甲辰年九月初一日寅時卒光
緒丁丑年七月初六日戌時塟官山埔

茲草
迺楓三子小名草生道光己酉年正月十一日子時
聘山兜吳氏名亜娘生同治丁卯年二月十三日午時

茲打
迺楓四子小名打生咸豐甲寅年十二月初七日　時
子　唐歸　唐腳並承亦讓

茲汪　廸楓五子出承廸倩

茲跌　廸楓六子出承廸倩

茲甫　廸楓七子出承廸倩

茲汪　廸倩嗣長子廸楓五子承小名汪生咸豐己未年三月廿二日亥時

兹跌 廸倩嗣次子廸楓六子承小名跌生同治壬戌年九月十四日卯時卒同治癸亥年五月廿三日午時塟西沙尾

兹甫 廸倩嗣三子廸楓七子承小名甫生同治乙丑年四月初三日辰時卒同治戊辰年六月十七日未時塟西沙尾

兹澤 廸交長子小名澤生同治壬戌年九月十四日寅時

卒　五月　初三日

兼承子　唐脚　唐華次子

茲輂 廸交次子小名輂生同治丁卯年五月初九日辰時卒同
治己巳年六月十八日　時

茲容 廸交三子小名容生同治癸酉年正月十七日辰時卒光
緒己卯年十月十八日　時

茲鬃 廸此長子小名鬃大名茲高生咸豐辛亥年十一月初三
日辰時
娶本鄉孫氏名槿娘生同治癸亥年十二月初九日卯時
子　唐　瑚

茲糊 廸此次子
殤

兹訖 廸鏡嗣子廸谿三子承小名訖生同治戊辰年三月十六日卯時

兹灰 廸谿長子小名灰生咸豐庚申年四月初一日未時 幼亡

兹箬 廸谿次子小名箬生同治壬戌年九月廿四日酉時

聘山兜吳氏名惜娘生同治辛未年二月十五日巳時

茲訖

廸谿三子出承廸鏡

茲湖

廸谿四子小名湖生同治癸酉年三月初四日

幼亡

茲纘

廸谿五子出承廸图

茲藝

廸谿六子小名藝生光緒庚辰年六月十一日丑時

兹纜 廸周嗣長子廸谿五子承小名纜生同治甲戌年十一月初一日未時 卒□□□初三日

妣黄氏 生□□ 名蘭□

子 唐送 □□□□ 次適□□□

兹給 廸周嗣次子廸蔻四子承小名給生光緒戊寅年六月廿七日未時

兹盐 廸繒嗣子廸蔻次子承小名盐生同治己巳年七月廿五日辰時 殤

兹汫 廸蔻長子小名汫生同治丙寅年十月初十日未時

公自小耆讀，無遺周母童痘在床，偽天叩禱，應祈母安，□□□□

母逝之後，無志出家，淨修南院，數年之間，脈氣給其文學□□

往福州古山寺削髮成佛

茲盐

廸茳次子出承廸繒

茲蛉

廸茳三子出承梅林蔡家母舅

妣　氏　生辛　生辛

子　唐近　唐武

茲給

廸茳四子出承廸周

茲策

廸綏之子小名策諱茲史生嘉慶癸亥年十一月初六日寅時卒同治甲戌年八月初六日巳時塟官山埔

嗣子一　唐爬　茲桂次子承

玆巢 廸直長子小名巢諱玆居生嘉慶甲戌年九月廿八日
卒臺蘇六甲
嗣子一 唐彥 玆柱四子承

玆犁 廸直次子小名犁生嘉慶己卯年九月初四日巳時卒道
光丁酉七月初六日塟西沙尾

玆改 廸直三子

玆柱 廸厚之子小名柱諱玆石生嘉慶丙子年正月十九日亥
時
聘埭邊許氏名申娘謚勤懿生道光壬午年六月初二日未
婚而歿塟埭邊山

繼配湖尾蘊氏名撳娘謚慈惠生道光乙酉年十二月初八
日　時卒同治癸酉年十二月十八日丑時塟官山
子六　唐汪承茲扱　唐爬承茲箕　唐怕承茲續　唐孝承茲業　唐罵殤　唐丹

茲扯
廸彬長子小名扯任臺海埔厝生道光丙申年　月　日
配臺灣海埔厝竹圍仔林氏名灘娘生道光丙申年五月
日　時卒光緒丙子年七月十四日　時
子五　唐九　唐尚　唐花　唐述　唐七

茲齊殤
廸彬次子小名齊任臺海埔厝

塔江劉氏族譜

茲州 迪任長子迪蔣長子承小名州諱茲晃謚繼世生嘉慶丙子年七月十五日午時卒道光丙申年七月初六日丑時與林氏合塟大堵坊穴庚甲酉卯

聘 埭邊柯氏名梅娘謚怡柔生道光甲申年三月初一日午時卒道光辛卯年九月十二日未婚而歿塟埭邊山

繼 妣鮑厝林氏名煨娘謚節順生嘉慶丁丑年七月十五日巳時卒道光癸卯年四月廿二日子時與公合塟大堵坊穴庚甲酉卯

嗣子三 唐萬（東塘邊本宗承） 唐犀（茲舵長子蕃承） 唐蟯（茲扱八子承）

茲州 迪蔣長子出承迪任

茲扱

廸蔣次子小名扱大名茲向字孫舉號繼功生道光元年辛巳十一月初一日酉時

娶洪塘張氏名七娘生道光六年丙戌正月廿七日寅時

側室東坡吳氏名甘娘生道光壬寅年五月初五日酉時

子九

唐彩殤　唐汪茲桂長子承　唐却殤　唐鞭養　唐掇殤　唐靳吳出

唐畨張出又承覺　唐蟯吳出承茲州　唐晚吳出

兹舵

廸蕃三子小名舵大名兹蓬字孫遠號繼善生道光三年癸未十二月初三日戌時卒　年九月初五

配 洋宅蔡氏名礐娘謚惠慈蔡諱從隆公長女也生道光十年庚寅十一月十四日辰時卒同治元年壬戌三月廿五日亥時塋本山坑后穴坤艮寅申

繼 娶東石蔡氏名揀娘生道光廿年庚子六月初九日辰時卒　七月十三日

子 唐群（兼承兹州前出）　唐禘（殤前出）　唐質（前出）　唐透（兼承兹靖前出）　唐榔　唐糍（幼殤）

唐恆　唐科　唐市（以上俱后蔡出）

茲續　迪蔣四子小名續諱茲聯字孫繹號繼業生道光八年戊子六月廿六日未時卒光緒三年丁丑六月初五日丑時

塟官山埔穴亥巳乾巽

配　英林洪氏名謹娘生道光十一年辛卯十二月初四日辰時　卒

側室沙塘王氏名痛娘生道光廿二年壬寅八月十五日巳時　卒

子九　唐營茲標次子承　唐怕茲柱三子承　唐透茲舵四子兼承　唐盌王出　唐廣洪出　唐賁王出

唐蔡洪出　唐義洪出　唐巧王出

庠生　柯槐黄暨　歐陽伯亭　許祖壎等公祭文升階撰

嗚呼無死則古人之樂高壽原難浮生受大塊之勞有形終息達人而視萬期故等於須臾隨化所遭一生安能無修短無如年方曰艾禮謂始衰王孫之家業方昌向平之嫁婚未畢一朝風燭偏竟傳薤露之歌萬古塵埃能無動

人琴之慨也哉維繼業君卯金華胄乙火家觳比五桂於燕山齒居第四植三槐於王氏德本無雙鑄硯不終緣成家之草劉習珠自握異後嗣之椒聊念灌園亦有高人力耕何辱恩殖貨非無賢士服賈菓營故析箸於諸昆並勞薪以勵己以厚資開質庫常寓慈仁以餘積貸急人少權子母而果也田連阡陌慶叶倉箱富甲一鄉腰纏萬貫君復始艱嗣息繼聘旁妻獅吼無聞麟趾踵咏譽兒成癖九人数合乎周才教子有方一具授諸唐相長子原為主罷稼穡使知三郎忍聽打毬詩書是勗固可為隱君之厚德好學之典型矣胡為乃齒居服官竟來巫陽之召時當溽暑遽為庾亮之埋闇話別於彌留憫身後之藐孤皆穉想棲神於冥漠將地下之抱憾難消嗚呼痛哉彥方之德里化爭傳文舉之交客來常滿卑以自牧富又能仁乃一老之不遺信九天難之問黃等或挹樹家寶樹或接孟氏芳鄰痛杖

履之追陪已成往事覩山卯之零落莫不酸心無復接手
芳型敢有關於拜奠茲者華表而棲化鶴魂歸大招荒塚
而覩眠狐涕皆既隕西臺大慟共為楚些之聲北面陳詞
敬献魯邦之酒誼均至切用敢蘋藻荐君靈若有知幸勿
馨香吐我

茲
舥　廸蔣五子小名舥大名茲玉字孫書號繼志生道光十二
年壬辰八月十[illegible]日辰時　卒
配　瑞安林氏名恕娘林釃公嫡出長女也生道光十四年甲
午正月廿七日辰時　卒
子　唐攀　唐櫝　唐煦　唐蚪　唐淦　唐珮

兹晒

廸滚長子出承廸囘

兹拾

廸滚次子小名拾生道光壬寅年七月十八日丑時卒咸豐丁巳年十一月初三日子時塟官山埔

嗣子一　唐丁（兹晒次子承）

兹立　廸滚三子小名立大名兹方生道光乙巳年九月廿四日酉時
娶丙洲王氏名讓娘生同治癸亥年三月廿三日辰時

兹正　廸滚四子小名正生道光戊申年九月初六日　時　卒咸豐壬子年
塟西沙尾

兹晒　廸回嗣子廸滚長子承小名晒大名兹光生道光戊戌年六月廿一日戌時　卒　年十二月十八日
娶大房許氏名進娘生咸豐甲寅年八月十九日寅時　卒　年四月十四日
子三　唐三幼亡　唐丁出承兹拾　唐鉊

兹王

廸坪長子住臺港内生同治甲子年八月廿九日酉時

配臺灣顏氏名嬿娘生同治戊辰年九月廿六日寅時

兹硈

廸濼嗣子張墉外甥入承小名硈生同治庚午年四月十二日辰時

兹⿰氵彬

廸餧長子小名餧⿰氵彬諱兹詩字孫泓生道光乙酉年五月廿一日午時卒同治戊辰年九月廿六日亥時葬官山

配東坡吳氏名妹娘生道光丙戌年五月廿六日丑時

子六　唐燒　唐笑　唐楀　唐撰　唐砵出永東埔世冑　唐勉

茲瓜

廸餒次子小名𠂢諱茲瓜字孫綿生道光戊子年正月初七日　時卒光緒戊寅年八月初九日歿在暹羅程養

配路東陳氏名脫娘生道光乙未年十一月廿二日丑時卒咸豐丙辰年四月初七日　時

繼配深滬侯氏名惜娘生道光戊子年十月廿四日午時

子一　唐妍

茲

廸餒三子小名配大名茲道生道光壬辰年九月廿日午時

配東埔吳氏名紊娘謚淑儀生道光乙巳年正月十五日午時卒同治乙丑年二月初十日戌時塋官山埔

子一　唐唱

茲更　廸餒四子小名更大名茲甚生道光甲午年十一月十一日
酉時卒光緒庚辰年十月廿三日巳時塟官山埔

配　洋宅蔡氏名鱸娘生道光乙巳年八月十九日巳時

子二　唐絨鴉　唐附

茲象　廸偶長子名萬象字茲祥生道光癸卯年十一月初一日
酉時卒同治辛未年十月廿二日未時塟官山

茲低　廸偶次子小名低生道光戊申年九月初九日卯時卒同
治癸亥年七月廿六日戌時塟官山埔

茲蘭 廸偶三子出承廸淡

茲般 廸偶四子小名般生咸豐丙辰年八月廿日　時

茲喊 廸鍊嗣長子宮後份廸遥三子承小名喊大名茲震字孫齊生道光癸巳年十月初五日　時
娶柯舍柯氏名乃娘生道光丙午年九月十五日辰時
子　唐飯　唐炒頭　唐虎承茲春　唐友　唐深

兹眷　廸錬次子名天眷大名兹佑生咸豐五年乙卯七月初二日申時卒同治十年辛未九月廿九日未時塟官山埔
嗣子　唐虎　兹峸三子承

兹垣　廸族長子名文垣生光緒元年乙亥十月十四日亥時
卒　年　月初　日　時
妣黄氏　名杉娘　名蘭女　生　年　三月十九日　時
卒　年
子　唐走

兹榮　華　廸族公承次子唐文人承　卒　生　年　三月廿六日　時
承子　唐送

兹蘭　廸涉嗣長子廸偶三子承小名蘭生咸豐癸丑年十一月初一日　時卒咸豐戊午年正月廿五日辰時塟西沙尾

茲贊　廸淡次子小名贊生咸豐甲寅年七月廿五日戌時卒咸豐乙卯年正月初一日辰時

茲冬　廸坭嗣子廸物長子承小名冬大名茲烘生同治戊辰年九月初一日戌時

聘埕邊黃氏名芸娘生同治癸酉年十二月十一日午時

茲鑿　廸特之子小名鑿大名茲鏘生同治丙寅年九月廿六日卯時

妣　氏

子

唐楠　生辛未渼

兹冬 迪物長子出承迪坻

兹悦 迪物次子小名悦生同治庚午年十月初九日申時

兹藝 殤 迪物三子

兹抛 迪物四子分出外姓

茲匹　廸椒嗣長子廸萍長子承小名匹大名茲諒生咸豐丙辰年七月初三日丑時

聘山兜吳氏名　娘生同治辛未年八月廿四日辰時

茲變　廸椒嗣次子廸剪長子承小名變大名茲化生同治壬戌年十二月初一日午時　往漳州娶子居覆捡骸安

茲獨　廸椒嗣三子廸剪四子承小名獨生光緒丙子年八月初十日辰時　移居漳州其後亦未知

兹匹 迪萍長子出承迪梭

兹筐 迪萍次子小名筐大名兹斛生同治癸亥年三月廿九日丑時卒光緒庚辰年八月初三日辰時塟官山埔

聘鶴頭林氏名濛娘幼亡

兹岩 迪萍三子小名岩生同治丁卯年十一月廿九日戌時

聘柯倉柯氏名悔娘生光緒丁丑年五月十三日丑時

兹變 迪剪長子出承迪梭

茲皇　廸前次子分出外姓

茲局　廸前三子小名局生同治甲戌年二月廿四日子時
卒民國辛未年六月十三日未時

妣蔡氏　名蓮娇　劉厝女
生光緒乙亥年正月十五日亥時
卒民國丙午年十一月初八日巳時

子四　唐庯　唐垠　唐瓶　唐坦

茲擉　廸前四子出承廸梭

茲鈑　廸箭長子
殤

茲粘
廸箭次子小名粘生同治甲戌年四月初八日亥時

茲欠
廸箭三子出承蘇厝母舅

茲蔽
廸紹長子小名蔽生同治癸酉年六月十二日未時

茲雍
廸紹次子小名雍生光緒己卯年五月初八日子時

兹篇

廸豫養子小名篇生光緒庚辰年三月廿六日巳時

兹瑤

廸朗養長子小名瑤諱兹盤生道光甲午年九月十一日時卒同治己巳年十一月廿九日未時寄塟官山埔

妣柯坑張氏名褒娘生道光丁未年二月初八日亥時卒咸豐庚申年九月廿九日丑時塟官山埔

繼妣林氏名盈娘號惠儉生道光甲辰年八月初二日　時卒光緒戊寅年二月初六日未時

子一　唐疼

兹水

廸朗次子小名水生道光己亥年正月十五日辰時卒道光壬寅年五月初十日巳時塟西沙尾

茲教　廸朗三子小名教字茲益生道光癸卯年七月初六日巳時卒咸豐丁巳年九月廿五日　時塟官山

嗣子一　唐棠茲潓子承

茲佛　廸朗四子出承廸共

茲倚　廸朗嗣五子廸趙四子承小名倚大名茲中生咸豐壬子年七月廿九日巳時

茲儀　廸朗嗣六子廸椂四子承小名儀大名茲棣生咸豐己未年十一月廿七日酉時

玆垵　廸朗嗣七子廸魚四子泳小名垵大名玆平生咸豐辛酉年九月十七日子時

聘　前埔蔡氏名絨娘生同治丙寅年十一月初九日辰時

玆瞞　廸趙長子小名瞞諱玆珊生道光戊戌年五月廿八日巳時卒同治甲戌年六月廿八日未時塟官山埔

聘　埭邊許氏名慶娘生道光戊申年六月初九日殤

配　高厝王氏名彊娘生道光癸卯年六月廿四日丑時

子一　唐阜

兹合 廸趙次子出承廸不

兹杳 廸趙三子出承廸共

兹倚 廸趙四子出承廸朗

兹保 廸共嗣長子廸棕長子承小名保諱兹懷生道光甲辰年九月十三日巳時卒光緒庚辰年七月廿四日申時塟在官山埔

配 前埔蔡氏名針娘號淑德生道光丙午年九月初一日丑時卒同治癸酉年九月十六日申時塟官山埔

子二 唐珍幼殤 唐却

玆佛
殤　廸共嗣次子廸朗五子承小名佛

玆沓
廸共嗣三子廸趙三子承小名沓生道光己酉年七月十
六日辰時卒光緒丁丑年十一月十七日歿在暹羅
嗣子一　唐淂玆合子承

玆樊
廸共嗣四子廸魚長子承小名樊大名玆樹生道光己酉
年八月十八日亥時
娶埕邊黃氏名寬娘生道光戊申年五月十三日丑時卒光
緒戊寅年五月十八日寅時塟官山
繼娶東石蔡氏名還娘生咸豐戊午年十二月初十日子時

茲保
廸棕長子出承廸共

茲琴
廸棕次子小名槑大名茲操生道光丁未年七月初六日巳時
配柯坑張氏名响娘生咸豐戊午年七月初六日未時
子
唐
車

茲秋
廸棕三子小名烋大名茲春生咸豐丁巳年正月十八日戌時
聘東埔吳氏名乜娘生同治丁卯年十一月十六日寅時

茲儀　廸棕四子出承廸朗

茲合　廸不嗣子廸趙次子承小名合大名茲志生道光癸卯年十一月十一日午時
娶前埔蔡氏名有娘生咸豐丙辰年五月十三日午時
子一　唐淂承茲杳

茲欒　廸魚長子出承廸共

茲佮　廸魚次子承進國為孫

玆陳
廼魚三子小名陳大名玆編生咸豐戊午年十二月初七日巳時
娶蘇厝曾氏萸娘生同治癸亥年八月初三日丑時
子 唐崇承玆敘 唐灶往南洋 唐求

玆垵
廼魚四子出承廼朗

玆認
廼魚五子小名認生同治乙丑年十二月十八日子時
聘埕邊黃氏名移娘生同治己巳年正月廿三日辰時卒光緒己卯年十月初九日寅時

茲朝
廸湖之子小名天朝
住臺漳化白沙坑

茲佮
進固嗣孫廸魚次子泳小名佮大名茲取生咸豐乙卯年十月初十日子時
娶柯倉柯氏名哰娘生咸豐戊午年十二月十三日卯時
子　唐趕殤　唐柿

茲梢
廸流長子小名梢字茲松生咸豐乙卯年二月初四日卯時
娶許西坑許氏名問娘生咸豐丙辰年十一月十八日酉時

茲棟 廸流次子 幼亡

茲沯 廸流三子分出外姓

茲痛 廸流四子 幼亡

茲笠 廸塞長子小名笠生同治丙寅年六月十二日辰時 卒 五月三十日

妣許氏 名雪琚 葬道亥

子 唐明 唐騫 出承茲琛 唐孟 唐蘭 嗣

生五月十一日

卒十二月十五日

茲掌 廸塞次子出承東坡母舅

茲譴 廸塞三子小名譴生同治癸酉年二月十一日巳時

茲琛 廸塞四子小名琛生光緒丙子年三月十七日子時 卒七月初三日

承子 唐騫 茲笠次子入

[illegible]夢 迺碾之子生同治丁卯年二月初二日酉時 卅七

茲螺 迺神之子小名螺大名茲江生道光乙未年十二月廿七日午時

娶灵水吳氏名綢娘生道光辛丑年五月初十日　時

子　唐梅

茲快 迺傲長子小名快大名茲愉生道光乙未年十二月十八日亥時

茲景　廸儌次子小名景生道光丙午年八月廿六日酉時卒在番邦

茲邵　廸漏養長子小名邵生咸豐甲寅年八月十三日　時卒咸豐己未年九月初五日　時

茲轂　廸漏次子小名轂生咸豐庚申年四月初三日申時

茲倩　廸凌長子出承廸查

茲嗎 廸淩次子小名嗎生同治壬戌年七月廿九日辰時

茲⿰虫兆 廸淩三子 幼殤

茲倩 廸查嗣子廸淩長子承小名倩生咸豐乙卯年二月廿日戌時

茲嚷　廸杙長子
幼亡

茲掌　廸杙次子
幼亡

茲烘　廸杙三子養小名烘大名茲騰生同治戊辰年九月十二日
午時
養柯倉柯氏名閒娘生光緒丁丑年四月廿六日申時

茲畔　廸杙四子小名畔生同治甲戌年四月廿一日未時

兹絿 廸線長子小名絿生同治乙丑年五月十五日丑時
妣蔡氏 名□ 缺完女
卒民國辛巳年又六月十六日
生光緒丙午年正月廿六日子時
繼妣王氏 塘頭吳女
卒宣統己酉年四月廿六日午時
生同治年七月十二日巳時
卒世和庚子年六月廿八日巳時

兹類 廸線次子小名類生同治戊辰年十二月十三日酉時
子 唐捌 唐監
卒年七月十七日
妣 氏 名烟娘
生年十二月初二日
卒年四月廿六日

兹順 廸瀛三子
子 唐安 兹聰承順
生
卒 光緒丙辰二月十八日

兹聰 廸卦長子小名聰大名兹格生道光丁酉年正月十五日辰時卒咸豐癸丑年二月十六日酉時塟官山埔頂
兹順承子 唐安
嗣子一 唐甚 兹𡿨長子承

茲蠏　廸卦次子小名蠏大名茲芒生道光辛丑年二月廿五日酉時

娶柯坑張氏名惜娘生咸豐癸丑年十一月初一日申時

子　唐甚（出洋無恥）

茲項　廸卦三子小名項生道光甲辰年十月廿七日寅時卒咸豐癸丑年正月廿六日塟西沙尾

茲印　廸鉗長子小名印大名茲綬生道光庚戌年四月十九日巳時卒民國己巳年四月廿六日

娶柯坑張氏名謹娘生咸豐丁巳年八月十五日申時
卒民國丁丑年七月初六日
子四 唐石 唐飛[illegible] 唐朝 唐仕

茲朋 迪鉗次子小名朋大名茲信生咸豐癸丑年八日廿日寅時卒
聘湖尾蘇氏名留娘生同治乙丑年三月初六日卒同治丁卯年八月初三日巳時塟湖尾山
娶梅林蔡氏名縺娘生同治乙丑年五月廿一日辰時

茲鋲 迪鍵長子小名鋲大名茲音生咸豐甲寅年二月十九日酉時
聘前埔蔡氏名美娘生同治丁卯年十一月十八日巳時

子　唐貽

第十八世

茲勒嗣子伍堡外甥入承小名潽生同治戊辰年四月廿

唐潽三日　時卒　年五月廿一日

聘鮑厝林氏名闖娘生同治己巳年正月十六日巳時

繼鈗厝林氏名柔娘生光緒丙戌年十二月十九

卒廿和甲戌年五月十四

承嗣子廷[illegible]

承子廷赤

唐平 玆克長子小名平生同治壬戌年十一月十四日寅時 住臺海埔厝

唐文 玆克次子小名文生同治丙寅年十月十六日辰時 住臺

唐昇 玆克三子小名昇 住臺 幼亡

唐賢

茲彭之子小名賢生咸豐戊午年七月初三日亥時卒光緒戊寅年六月十九日巳時塟彰化山

唐爬

茲策嗣子茲桂次子承小名爬大名唐羅生咸豐辛亥年七月十六日寅時

娶棣邊許氏名般娘生咸豐丙辰年正月十七日戌時

子　廷秞

唐彥

茲策嗣子茲桂四子承小名彥大名唐俊生咸豐戊午年四月廿日辰時

聘東埔吳氏名送娘生同治戊辰年正月十七日巳時

唐汪
茲桂長子出承茲扳

唐爬
茲桂次子出承茲策

唐怕
茲桂三子出承茲牘

唐彥 茲桂四子出承茲巢

唐篤 暘 茲桂五子

唐丹 茲桂六子小名丹大名唐篆生同治壬戌年十二月十九日戌時

聘埭邊許氏名梛娘生同治癸酉年十五一月初四日酉時

唐九 茲扯長子小名九生同治壬戌年正月初五日亥時

兄弟俱住臺海埔厝竹圍仔

唐尚
兹扯次子小名尚生同治甲子年五月初一日巳時
配鹿港吴氏名月娘生同治戊辰年

唐花
兹扯三子小名花生同治丙寅年六月廿三日酉時
配楊仔厝葉氏名富娘幼亡

唐述
兹扯四子小名述生同治庚午年八月廿九日戌時

唐七

菸杠五子小名七生同治甲戌年正月十二日亥時

唐萬

菸州嗣長子東塘邊本宗入承小名萬金大名唐盈生道光戊戌年三月初七日　時卒

娶前埔蔡氏名梅娘生道光辛丑年十一月十七日酉時卒

同治庚午年七月十三日未時塟官山埔

子一　廷癖

唐[redacted]茲州嗣次子茲舵長子兼承小名羣英生道光廿八年戊[redacted]卒 五月初二日

娶石蘭洪氏名儒秦生道光廿九年己酉又四月十九日寅時 卒 五月廿七日

子 廷賓

唐蟯茲州嗣三子茲扱八子承小名蟯大名唐枝生同治七年戊辰八月初二日寅時 卒

妣 氏名 生 卒

子 廷加 廷命 廷模

唐彩茲扱長子 幼亡

唐汪 茲扱嗣次子茲桂長子承小名汪大名唐洪字懋詩生道光廿八年戊申八月初四日丑時卒五月廿六日

聘埭邊許氏名歟娘幼殤忌辰八月廿二日

繼娶東塘邊歐陽氏名好娘生道光廿八年戊申十二月初五日子時卒十一月十九日

子　廷阜　廷乜　廷假　廷巍　廷鮑　廷建 出承宗參

唐却 茲扱三子

幼亡

唐鞭 茲扱養四子小名鞭字懋揚業儒生咸豐八年戊午九月十二日未時卒四月初一日

娶英林洪氏名節娘生同治元年壬戌五月初四日辰時卒二月廿三日

子四　廷壽　廷珏　廷琦　廷撓 [illegible]

唐掇　茲扱五子　幼殤

唐蕲　茲扱六子小名蕲大名唐滕生咸豐十一年辛酉八月廿六日酉時
聘大房許氏名鸞娘生同治四年乙丑十一月十二日寅時

唐蕃　茲扱七子小名蕃又名寬大名唐裕生同治四年乙丑又五月卅日未時

唐蟯　茲扱八子出承茲州

唐晚　茲扱九子小名晚大名唐山生同治十年辛未十月十九日酉時

唐羣　茲舥長子兼承茲州小名群大名唐超字懋英生道光廿八年戊申五月廿七日亥時卒正月初二日

娶石蘭洪氏名鴛鴦生道光廿九年己酉又四月十九日寅時卒正月廿七日

子　廷寶承茲州支派　廷鍼　廷崴　廷逵出承唐逵

且人苟有一長可取一善足錄皆可舉以風世而況其在

水源木本之大乎若唐韡者少年英銳世故練達事理淹
通本年重修族譜董理其事井井有條舉凡譜中有欠闕
之處無不兢兢業業盡心究察俱此尊祖敬宗之心可謂
見義必為矣異日鄉中運籌帷幄決勝千里者即其人也
姻家弟王汝寬拜序

唐締 兹舵次子 殤

唐質 兹舵三子小名質大名唐尚字懋華生咸豐七年丁巳正
月初七日酉時卒 年の月十二日
娶東石蔡氏名坊娘生同治二年癸亥正月初三日子時卒辛丑
年六月廿三日卒民國十三年十二月廿五日
繼娶柯坑張氏名針娘生
子 廷評改名重 廷滬出仰唐科 廷翠

唐透　玆舵四子萬出承玆續小名透字懋通業儒生咸豐辛酉年七月初九日丑時　卒
妣許氏　名益娘　據廷文　生咸豐十一年辛酉十一月廿六酉時　卒
承子　廷達　唐潮六子入嗣

唐榔　玆舵五子小名榔大名唐桄生同治二年癸亥五月十六日午時　卒　年六月初二
聘衙內洪氏　名萬娘生同治七年戊辰正月廿六日子時　卒　年四月初二
長幼子　廷琳

唐糍　玆舵六子　幼殤

唐恒　玆舵七子小名恒大名唐亨生同治八年己巳十月初三日寅時　卒　年九月十二日
聘陳山洪氏名行娘生同治十壹年壬申十一月十七日卯

時

子　廷震　卒　年九月初十日

　　廷聲　出繼唐市

唐科　慈舵八子小名科大名唐第生同治十二年癸酉四月十八日酉時

卒　年十一月十八日

承子　廷境　唐賢次子入

唐市　慈舵九子小名市大名唐商生光緒元年乙亥十一月初四日卯時

卒光緒　年　十二月廿二日

妣林氏　名舵娘　瑞安女

生光緒　年　十二月二十日

卒

承子　廷聲　唐市三子入

唐營

茲續長子茲標次子承小名營字懋經生咸豐元年辛亥

十一月十二日戌時卒　年　正月初七日

娶梅林蔡氏名恬娘生道光卅年庚戌十月初七日卯時卒

同治九年庚午六月廿七日卯時塟官山埔

繼娶東埔吳氏名位娘生咸豐五年乙卯二月初八日　時

卒　年　八月十二日

子三　廷擬　廷頂　廷天

唐怕

茲續次子茲桂三子承小名怕字懋明生咸豐乙卯五年

二月初八日辰時於同治八年往他方杳無踪跡

唐透

茲續三子茲舵四子兼承小名透字懋通業儒生咸豐十

一年辛酉七月初九日丑時

娶埭邊許氏名芒娘生咸豐十一年辛酉十一月廿六日酉

時

承子 廷達

茲續四子小名塩火名唐池生同治三年甲子七月十六日酉時

唐鹽

娉油車寮内洪氏名糖娘生同治五年丙寅四月十三日午時

子 廷秀 壽 廷義 [illegible]

唐廣

茲續五子小名廣大名唐業勤生同治六年丁卯七月初七日巳時

卒 年八月十五日

妣 娉英林洪氏名乖娘生同治六年丁卯七月十九日申時

卒

子 廷情 出承泰 廷柚

唐貢　茲續六子小名貢生同治七年戊辰正月廿三日戌時　卒

妣孫氏　名擬娘　東村女　生　卒　失

繼許氏　名玉排　生　卒　失

三蔡氏　名遣娘　東邊村女　生　卒　年　六月初五日

承嗣子　廷書

唐恭　茲續七子小名恭生同治九年庚午正月廿九日戌時　卒

承子　廷情　廣東人

唐義　茲續八子小名義生同治十一年壬申四月初二日子時　卒

妣王氏　名　生　卒

子　廷河

唐巧　茲續九子小名巧生光緒元年乙亥六月廿三日戌時　卒民國庚申年十一月初三日

妣孫氏　名關娘　本村女　生光緒元年　辰月　日

子 廷義 出承唐盛 廷書 並承唐賀 廷色 廷俫

唐攀 茲龜長子名攀桂字懋登業儒生咸豐八年戊午四月廿三日巳時 卒年七月二十日

娶潘徑張氏名勸娘生咸豐七年丁巳十二月十二日子時 卒年十二月十一日

承子 廷芳 唐櫴長子兼承 廷達 唐江分入

唐櫴 茲龜次子小名櫴大名唐首生咸豐十年庚申八月廿七日辰時 卒

娶四石柱林氏名恨娘生同治元年壬戌正月初七日亥時 卒

子 廷芳 嗣承唐攀 廷頭 廷賡

唐眗

兹舥三子小名眗大名唐仁生同治癸亥二年二月廿四日子時　卒民國九年庚申七月初五　葬椰埔外厝格頂田尾寮山內

妣聘園邊洪氏名買娘邑庠生洪夢佳孫女生同治丁卯年九月十九日寅時　卒光緒廿八年壬寅四月初一日卯時　葬格頂尾寮山內

繼妣吳氏　東墩女　名大娘　生光緒七年辛巳七月初四　卒　和　戊戌三月初十日

子六　廷岩　入　廷我　廷葶　廷鶴　廷然　廷綏

唐蚶

兹舥四子小名蚶生同治五年丙寅正月廿一日丑時　卒十月初三日

妣聘東石周氏名蒲娘生同治八年己巳二月初十日亥時　卒四月廿九日

子　廷聰　養子　廷然　唐然五下兼入

唐淦

兹舥五子小名淦生同治十年辛未十月十八日卯時　卒光緒八年壬午年九月廿四日

妣蔡氏　名蝶娘　宅西女　生同治　年　月　日　卒　年　月　日

繼許氏　生同治　年　月　日　卒　年五月二十日

子　廷修　廷籌　出嗣唐琛

塔江劉氏家譜

唐珮 茲肥六子小名珮生光緒元年乙亥正月初一日寅時 卒　年十二月廿三日

妣蔡氏 曾團鄉 [illegible]女 生　年八月十一日 卒　年三月廿九日

繼蔡氏 石蟳鄉 [illegible]女 生　年　月　日 卒　年十一月初七日

永子 建等

唐三 茲晒長子小名三生同治十三年甲戌十二月廿八日時 卒光緒二年丙子三月十二日　時

無永子 建祝

唐丁　兹晒次子出承兹拾

唐燒　兹淋長子小名燒大名唐檢生道光卅年庚戌八月廿八日辰時

娶東埔吳氏名順娘生咸豐十年庚申八月十五日丑時卒光緒五年己卯五月十九日未時葬官山埔

子　廷遠　廷鉛

唐笑　兹淋次子小名笑大名唐欣生咸豐三年癸丑十月廿五日巳時卒

妣聘洋宅楊氏名蕉娘生同治五年丙寅十一月初五日午時

繼妣施氏名瓊娘　諱英洋

子　廷企

塔江劉氏家譜

唐榪　然淞三子，小名榪，大名唐甲，生咸豐丙辰年八月十六日巳時，卒

妣　聘柯坑柯氏，名寶娘，生同治己巳年八月十四日卯時，卒

繼妣　西埔洪氏，名[illegible]，生　卒

三妣　安溪王氏，名[illegible]，生　卒

子　廷曲　廷梁　廷恐　廷勇

唐撰　然淞四子，小名撰，大名唐巽，生咸豐九年己未十二月廿一日巳時，卒　年八月廿八日

妣　覓美蘇氏，名[illegible]京娘，生　卒　年　二月初二日

子　廷天　廷九五　廷蕊　廷福明

唐[illegible]友長子　英[illegible]

唐砵　然淞五子，出承東埔母舅

唐匏　兹彬六子小名匏生同治四年乙丑四月十九日未時　卒

妣　氏名　生　卒

子　廷志

唐姸　兹瓜之子小名姸大名唐紆生咸豐四年甲寅正月十一日　時

聘藴厝曾氏　曾炭坑　生

唐唱　兹配之子小名唱生同治三年甲子正月初九日巳時　殁于暹羅

妣　暹羅女　生　殁于暹羅莫考　卒

子　廷福　廷明　立番唐繼

唐緎 殤

茲更長子小名緎生同治三年甲子正月廿五日丑時

唐附

茲更次子小名附生同治九年庚午七月十五日辰時 卒九月初六日

唐皈

茲嘁長子小名皈生同治六年丁卯正月十九日未時

唐炒

茲嘁次子小名炒生同治庚午年八月廿五日寅時卒光緒乙亥年六月初三日　時

承子 廷土

唐虎 兹喊三子出承天眷

唐虎 兹眷嗣子兹喊三子承小名虎生同治十三年甲戌九月初十日子時

兼承子　廷兹

唐瘆 兹璣長子名瘆大名唐痛生同治四年乙丑八月初四日酉時卒

妣聘本鄉孫氏名罔娘生同治丙寅年九月初五日巳時卒八月初八

唐棠 兹敎嗣子兹陳之子承生光緒庚辰年十月初四日戌時 幼亡

唐㝵 兹瞞長子小名㝵生同治十二年癸酉正月廿二日亥時

聘本鄉孫氏名欲娘生光緒庚辰年四月十六日午時

唐珍 兹保長子小名珍生同治七年戊辰正月初八日卯時 幼殤

唐却 兹保次子小名却生同治九年庚午五月十一日辰時

唐淂　茲杳嗣子茲合長子承小名淂生光緒三年丁丑七月廿四日寅時

唐潯　茲合長子出承茲杳

唐棠　茲陳長子小名棠生光緒六年庚辰出承茲教

唐趧　茲佮長子殤

唐柿 玆佮次子小名水柿生光緒六年六月初九日辰時

唐梅 玆螺之子小名梅生同治七年戊辰三月廿三日卯時

養 本鄉孫氏名却娘生光緒庚辰年十一月十六日卯時

唐甚 玆恥嗣子玆蝌長子承小名甚生光緒三年丁丑十二月十一日亥時

唐甚

兹蛘長子出承兹応

廷秤

唐𤜁之子小名秤生光緒三年丁丑正月廿日亥時

第十九世

廷澼 唐萬之子小名澼生咸豐十年庚申六月十一日　時

崧州派
廷實 唐羣長子小名實生同治八年己巳九月廿九日亥時
聘柯坑柯氏名紊娘生同治十三年甲戌七月初八日辰時

廷阜 唐汪長子小名阜生同治六年丁卯十一月廿日酉時
聘塘邊歐陽氏名閨娘生同治十年辛未正月初九日子時

廷乜
唐汪次子小名乜生同治十年辛未正月卅日丑時

廷假
唐汪三子小名假生同治十三年甲戌七月廿四日卯時

廷巍
唐汪四子小名巍生光緒五年己卯九月十二日巳時

廷實 唐犖長子出承兹州支派

廷鍼 唐犖次子小名鍼生光緒三年丁丑十一月十九日午時

廷評

唐賀長子小名評（改名重）生光緒辛巳年八月十九日巳時

国家出版基金项目
NATIONAL PUBLICATION FOUNDATION

海上絲綢之路文獻集成

總主编 陳支平 陳春聲

民間譜牒編 11

主編 林楓

海峽出版發行集團
THE STRAITS PUBLISHING & DISTRIBUTING GROUP
福建人民出版社

本册目次

〔福建晉江〕塔江劉氏重修族譜不分卷〔三〕

〔清〕劉雲路纂修

塔江劉氏廿三各派五世譜圖

三房二海下公支派

一世 始祖令史公

二世 一郎 長房；二郎 二房；三郎 三房 子四

三世 誌伯 三房長 宮后分；誌仲 三房二 海下分；誌叔 三房三 后巷分；誌季 三房四 海倉分

四世 旭齋 子一 頂四甲從此分柱；省齋 子二 下四甲從此分柱

五世 大郎 子四；有齋 子三；隱齋 子二

友齋 下八甲

六世
懋平 子一

七世
東亭 子二

八世
容富 子六
興漢 子四

九世
喬桂 子一
喬松 子三
喬楓
喬槐
喬欃 子二
喬榮
喬櫆 子一
喬檝 子三
喬柯 子一
喬果

十世
應辰
應天 子一
應祿
應卜 子三
應御
炎昌
炎星
炎瞳
炎暉
炎元
七叔 不知來歷
恩叔 不知來歷

紓餘（子二）

邦遂（子一）

師弼（子二）

喬桃（子三）

德春（子五）

陽夏（子六）

德茂（子四）

三祖（子三）

星甫

星耀

星遺

剛素（子二）

邦禹（子三）

繩漢（子二）

喬桂（子一）

應居（子一）

喬檜

經漢（子一）

喬樹

隱齋 子二

六世
剛直 子二
樸素 子一

七世
邦齡 子三
次 移居南安西莊
白昭 子一

八世
建案 子二
建實 子三
建宜 子一
帥全 子四

九世
良佐
良實
良文 子一
良華 子一
良瑗 子六
良貴 子二
仁襄
仁晃 子一
仁閘 子三
仁安 子四

十世
聖昉
聖蝶
聖時
和觀
惕觀
睦觀
統觀
莊觀
未觀
升觀
思叔
陽淨 子二
陽儀 子一
陽岩 子二

- 文雅（子一）
  - 兆登
- 卿徽（子三）
  - 鋐
  - 釗
  - 錡
- 任楷（子二）
  - 煥
  - 琰
- 卿選
  - 鑷
  - 鑠（子一）
    - 信夫
  - 鉉
  - 鍔

十一世
- 我隱 子二
- 亨喜 子二

十二世
- 文佑 子三

十三世
- 莊超
- 莊琛 子五
- 莊諏 子三

十四世
- 遂騫 子三
- 遂桐 子一
- 遂默 子二
- 遂達 子一
- 遂好 子四
- 遂顒 子二
- 遂肯 止
- 遂御 子二

十五世
- 進猛 子四
- 進素 承遂默
- 進栽 幼殤
- 進甘 養子三
- 進素 子四 遂騫次子承
- 進黨 子四 遂好三子承
- 進朕
- 進玉 子五
- 進黨 承遂達
- 進連
- 進揀
- 進養 子一 遂御次子承
- 進摘 嗣子一

塔江劉氏族譜

文助 子二

莊定 子五
莊伍 子四

遂鳳
遂武 子五
遂從
遂寬 子四
遂臏
遂悅
遂江
遂晚 子五

進看
進槐
進敦 子二
進嚴 幼殤
進敷 子四
進艮 子二
進設
進淵 子六
進聰 幼殤
進拱 嗣子一
進奪 子四
進馳 幼殤
進駒 幼殤

敬甫

亨庚 子一
亨騏 子六

文珍 子四
文啟 子三

莊仰 子四
莊景
莊使 子一
莊焉 承文登
莊月 子一
莊回 子二

遂斗 子二
遂琴 子一
遂生
遂萃
遂湄 子二
遂廉
遂纘
遂諂 子一 莊彩次子承
遂楓

進本 嗣子二
進彪 幼殤
進騶 子三
進吻 子四
進歆 子二
進宅 養子二
進間 子四
進劇 子一

文惟 子五
莊品 出
莊彩 子三
遂詢 子二
進發 子一
遂詣 承莊田
莊燦 嗣孫一
顧
進赫 遂順三子承
莊列 子一
遂順 養 子五
進惹 子二
進凝 子五
進赫 承莊燦為孫
進催 子二
進詎 養子二
莊華 子三
遂諒 養子一
進蔭 子三
遂和
遂茲 子二
進座 子二
進厚

文登 子四
莊焘 子二 文蒜罗子承
遂芽
遂水

文彪
文福
文科 子三

莊口
莊邈

莊跨 子一
莊雲 子一
莊盾 子三

遂沛 子一 莊盾三子承
遂抱 子二
遂髻 子二
遂沛 承莊跨
遂旦

進做 子四 養
進希 子二
進禀 嗣子一
進河 子三 入承
進偕 入承

敬澈 子一

亨朝 子三

文祥 子五　文階 子三

十三世　莊乞　莊對 嗣子一　莊弭 子二　莊瑕 子二　莊善 子一　莊陳 子二　莊蕊 子二

十四世　遂柳 子一 莊弭長子承　遂柳 承莊對　遂璣 子四　遂按　遂炎　遂作 子一 莊福六子承　遂義 子五　遂闖 承莊海　遂八 承莊海　遂笑

十五世　進先 遂義五子承　天載 子三　進信　進康　進悔　進巍 承遂碍　進謹　進垣 承遂八　進興　進德 分居漳州　進先 承遂柳

文愈 子三

莊海 子二
莊瑗 子二
莊謙 子三
莊撮 子六

遂八 子二 莊總長子承
遂闖 子一 莊陳次子承
遂壇 莊謙長子承
遂謝 子三
遂壇 承莊瑗
遂蘗
遂寢 子三
遂寢 承莊謙
遂球 子六

進垣 子二 遂義次子承
進泰 后養遂顯次子 半承
進及
進鵬 承遂寢
進箱
進鵬 子二 遂謝次子承
進寵 子二
進帳 遂球長子承
進帳 承遂寢
進庵 承遂㝷
進輿 幼殤
進糖 承遂寧

塔江劉氏族譜

遂寧 子一

遂碍 子三

遂炳

遂作 承莊善

進冠 嗣子一

進糖 遂球四子承 嗣子一

進庵 遂球次子承 嗣子一

進鵰 幼殤

進巍 遂作長子承

[illegible]

十一世

敬泰 子一

亨遺 子三

十二世

文應 子二

文樹

文寀 子三

十三世

莊快 子二

莊意 子一

莊白 子一

莊聘 子二

莊日 子二

十四世

遂語 子一

遂雲 子二

遂塔

遂力

遂肴 子五

遂撰

遂揩

十五世

進交 遂雲長子承

進交 承遂語

進璧

進贍 分出

進嶺

進查

進河 承遂[illegible]

進借 承遂[illegible]

塔江劉氏家族

嶸公 子二

亨雄 陽夏五子承

亨質 子一

文周 子三

文標 子一

莊榮

莊正 子二

莊云

莊心

遂水

遂明

後佑 十三

十一世　亨勇 子三

十二世　文保 子二　文璽 子二　文仍 子二

十三世　莊鉛 子五　莊錫　莊錢　莊合 子三　莊初　莊照

十四世　遂腰　遂浩　遂周　遂崎　遂卧　遂巽　遂勤 子五

十五世　進聽　進元　進聯　進盆　進心 俱住台

塔江劉氏家乘

文都 子三
莊却 子二
遂創
遂瓶 莊雅三子承
莊雅 子三
遂廳
遂雪 承文鸞爲後
遂瓶 承莊却

文鸞
闕
遂雪 子一 莊雅次子承
進蜂

下四甲派
應天
廷 子一
文聡 子一
莊發

應卜 子三

贊伯

演 子二

德敘 止

文賞 子三

文習 子五

莊偏

莊正

莊京 子三

莊羣 子五

遂梅

遂桔 廿二

遂椿

遂廣 子一

遂彥 子三

遂殊

遂仲

遂約 子四

進叢

進炭 外贅

進勲 子七

進班

進醒 幼殤

進枳

進鶯 幼殤

進波 遂被五子之次

進衆 仕謀

進程

莊傢 子二
　遂鞏 子二
　　進為 住台
　遂璉

莊儲 子三
　遂天
　遂默 子一
　　進扶 子二
　遂魏

莊京 叔文賞

莊文

下四

春公 子五

十一世

亨初 子三

十二世

文圭 子三

文第 子五

十三世

莊宗 子二

莊瑯 子二

莊助

莊布

莊將

莊勝 子三

莊曹 子?

莊操 子二

十四世

遂佑

遂因 子二

遂送

遂鬮

遂鶕 子一

遂燊 子三

遂狠 子一

遂坫

遂麑 撫子一

遂來 子一

十五世

進傳

進諒

進買

進未

進犂 乃子為後遂麑

進犂 遂燊次子承

進犂 遂燊次子承

進東

亨漸 子二
亨信 子二
亨廷 子三
亨晚 止

文棟
文鶯 子一
文燕
文再 子三
文添
文從 子二
文甫 子二
文秉

莊論 子二
莊進 子一
莊雙 子一
莊邁 子二
莊朗
莊長
莊朝

遂葛
遂畨
遂開
遂遷
遂富
遂來

下四

夏公 子六

十一世
亨都
亨順 子三

十二世
文燮 子三

十三世
莊瑚 子四
莊念 子三
莊法 三

十四世
遂趕
遂縕 子一
遂粹 子五
遂卑 子三
遂超
遂寶
遂清 子三

十五世
進旦 子三 遂趕長子孫
進旦 承遂縕
進墻
進富 幼七
進踝 子二
進盆
進陶 子四
進向 子五
進紡
進王
進月
進座

- 亨天
- 亨全
- 亨雄
- 亨寬

- 文成 子一
  - 莊才 子四
    - 遂耦 子二
      - 進謀 遂仁四子承 子七
      - 進慷 遂近三子承 子五
    - 遂仁 子六
      - 進擇 子二
      - 進屋 子二
      - 進吻 承遂斗
      - 進謀 承遂耦
      - 進殿 子五
      - 進員 子七
    - 遂近 子三
      - 進配
      - 進驅 子三
      - 進慷 承遂耦
    - 遂運

下西

十一世　十二世　十三世　十四世　十五世

- 德茂 子四
  - 亨贇 子二
    - 文鎮
    - 文聆
  - 亨健 子一
    - 文賜
  - 亨厚 子一
    - 阿僑 子三
      - 莊良 子二
        - 遂天
        - 遂俊 養出二房
      - 莊侃
      - 莊千
  - 亨京
- 應居 子一
  - 亨安 子三
    - 文洪 子一
      - 莊蓮
    - 文光
    - 文祖
- 聖昉 子一
  - 甲覾
- 聖⿰目業 子二
  - 亨琰 子一
    - 阿保
- 暒覾 子□
  - 阿庇

塔江劉氏族譜

月澤

亭紙　亭友 止

文肇 子四

莊使 子四　莊紫 子二　莊三 子四

遂高　遂明　遂猷　遂尾　遂宗 子二　遂望 子二　遂歲 子四　遂乞 子三　遂請 止　遂謀 子一

進聽 妣七　進愛 子六　進魏　進讓　進贈 子三　進奪 幼亡　進孰 承遂謀　進幸 分出石蒲　進丕 子四　進務 分出石蒲　進佐 子一　進孰 承遂歲四子承嗣子一

下四

文卯 子二　文妙 止

莊芳 子三　莊諸 子六

遂藩 子三　遂依 子四　遂昭 子二　遂煥 子六　遂情 子四

進越 養　進訓 遂保長子承 子三　進訓 承遂藩　進別　進汝 子四　進堪 嗣子一　進實 莊命次子承　進下 遂情次子承 嗣子一　進外 子三　進奁 子二　進袍 子二　進桃　進提　進脆 承遂鳳　進怎 子二　進芸 承遂理　進下 承遂昭　進治

塔江劉氏家乘

- 莊俊 子六
  - 遂理 子三
    - 進芸 遂情次子承 子三
  - 遂萬
  - 遂安 嗣孫一
    - 膕
  - 遂統 子五
    - 進幹 子二
    - 進廷 承遂賀
    - 進造 子一
    - 進裁
    - 進波 承遂剡
  - 遂龐 子四
    - 進紆 子三
    - 進搩
    - 進晟 子七
    - 進質
  - 遂賀 子一
    - 進廷 子二 遂統次子承
  - 遂殊 子一
    - 進趕 子一 遂六五子承
  - 遂鳳 子一
    - 進脕 子一 遂煥六子承
  - 遂六 子十一
    - 進鋪 子五

進韋　分出石菌

進飭　廿二

進是

進超　承從殊

進具

進謨　子五

進兜　廿二

進名

進聲　嗣廿一

進拾　幼亡

陽儀

亭章 子五

十二世 文顯 子五

十三世 莊齊 子二　莊昆 子四　莊讓 承后卷　莊欣 子三

十四世 遂典 子三　遂全 子一　遂雄 子四　遂潛 止　遂瑯 止　遂慈 子一　遂滿 止　遂汀 子一　遂昇 止

十五世 綸音　卜畫　勵肖　進由 子三　進窕 止　進挑 子四　進梗 子二　進艾 止　進剡　進曆 子三

莊保 子三

遂求 止

遂麟 止

遂美 子三

進能 子三 候任台灣佐

進纘

進格

遂汪 子三

進袋 子五

進郡 子三

進體

遂面 子一

進滾 養嗣子二

遂銘

遂想

莊顏 子四

莊恰

莊衛

文耀 子二

文榮 止

文增 子二

文嘉 止

下山

陽巖 子二

十一世
亨天 子一
亨豸 子三

十二世
文長 子三
文起 子二
文丙 子三

十三世
莊恭 子一
莊興 子二
莊藻 子二
莊春 子一
莊秋 子三
莊垂 子三

十四世
遂禎
遂專 養
遂欽 由登莊旺三子承
遂棣
遂花 莊建次子承
遂初 子四
遂執
遂森 子一
遂泮
遂等 子三

十五世
進聆
進浮
進楷
進低
進悔 子二
進坪 子七
進美
進呈 子一

下山

莊選 子二

遂灘 子六

進送 子一

進灣

進看 子三

進勵 子一

進逝

進信 子一

進永 子一

進九

莊健 子二

遂語 子二

遂瓊

遂花 承莊葉

塔江劉氏族譜

十七世　十八世　十九世　二十世

進猛 子四
通張
通鍇
通靚
通箕 子二
茲莊 溝槐祭汾之子 如承兩家 子一
唐帙
茲硯 通簫三子承

進甘 子三
通彼 幼殤
通栩 子一
茲錐
通紿

進素 子四
通艙 子一
茲位 通簫長子承
通臏
通簫 子四
茲位 承通艙
茲菓
茲硯 承通箕
茲擇 承通隙
通隙 子一
茲擇 通簫四子承

進黨 子四

- 通廟
- 通尺 分出洪塘頭
- 通寸
- 四 分出積居曾

進壬 子五

- 通棹 子二
  - 茲番 養幼亡
  - 茲昭
- 通艾 子三
  - 茲橫
  - 茲葉 承迪栩
  - 茲柑
- 迪窓 子三
  - 茲戎 幼殤
  - 茲揷
  - 茲濯
- 迪楚 子四
  - 茲丁
  - 茲寶 幼亡
  - 茲稿
  - 茲納
- 迪栩 出承淮攝

塔江劉氏家族

進（殘）
進摘 子二
進敦 子二
進敷 子四

廸（殘）
廸栩 子一
廸齒 子三
廸蔺 承進騶
廸買
廸探
廸慈 子五
廸強

茲葉 廸文次子承
茲曷 子四
茲纂 子二
茲買 幼殤
茲摽 幼亡
茲不
茲琢 幼亡
茲彬
茲景

唐遥 承茲纂
唐毛
唐市
唐雌
唐遥 茲曷長子承

林氏家譜

進良 子二
通宗
通浸

進淵 子六
通志 子二
茲擋
茲等 承通漢
通漢 子一
茲等 通志次子承
通奏 幼殤
通開 子一
茲談 永寧禾家澳老子黨承
通平
通虔 承進拱

進拱 子一
通虔 進淵次子承

進奪 子四
通修
通早 子三
茲鏊 幼殤
茲悄
茲通
通度 未娶
通奎 幼殤

進本 子一
進縞 子三
進吻 子四

廸度 子四 進[illegible]三子承
廸格 子二
廸菌 進敦次子承
廸在 子二 長房進綱次子承
廸覩 子四
廸廁 子四
廸鋏 承進[illegible]
廸碣

玆賢
玆銓
玆度
玆楚
玆竪
玆檻
玆胥 廸廁長子承
玆趾 廸覩四子承
玆偕
玆鼓
玆渠
玆趾 承廸在
玆脣 承廸在
玆先
玆力
玆嘮

進欽 子二

- 通浩 字君進根三子承
  - 茲夾 通衍長子承
    - 唐虎 茲灘長子承
- 通衍 養 子二
  - 茲夾 承通浩
  - 茲灘 子三
    - 唐虎 承茲夾
    - 唐着
    - 唐添

進宅 子二

- 通篤 子四
  - 茲潭 子三
    - 唐敏
    - 唐仍 幼亡
    - 唐委
    - 唐綏
  - 茲論
  - 茲洗
  - 茲冷
- 通悻 子四
  - 茲鬃
  - 茲碗
  - 茲閩
  - 茲紋

進問 子四

迪斟 子四

迪服 嗣

迪陶 嗣

迪冥 嗣子一

茲僜 嗣

茲鳩 承迪淡

茲水

茲閩 承迪判

茲鳩 迪斟次子承

進劏 子一

迪徘 子四

茲埕 子八

茲警 幼亡

茲燒 幼亡

茲古

唐帛

進發 子一

迪篗 子四

茲鈇 承迪洋

茲盤

茲海

茲帆 幼亡

茲燭

茲麥

進赫 嗣子一

進慈 子二

迪迓 子一 進慈次子承

迪契 子一

迪迓 承進赫

進凝 子五

廸垟 子三

玆鉄 廸賀長子承

玆綈 廸利長子承

玆籠 廸鴉次子承

廸坦 幼殤

廸判 子三

玆綈 承廸垟

玆閩 廸嵩四子承

廸掌 幼殤

廸托 分出柯村

進僬 子二

廸峇

廸棶 幼亡

玆嗏 廸鴉長子承

進詎 子二

廸都 養

廸鴉 子三

玆踶

玆嗏 承廸峇

玆籠 承廸杜

玆黨

- 進蘭 [illegible]
  - 通伴 子[illegible]
    - 茲慨 [illegible]
    - 茲那
  - 通勅 子二
    - 茲慨 通伴長子承
    - 茲紡 通睽長子承
  - 通睽 二[illegible]
    - 茲紡 承通勅
    - 茲鮑 長殤
    - 茲鋑 分出深沪英家
    - 茲憹
    - 茲董
- 進座 子二
  - 通廊 [illegible]
    - 茲拱
    - 茲來 [illegible]
    - 茲松
  - 通忖 [illegible]
    - 茲拐
- 進做 [illegible]
  - 通沃 承進河
  - 通畨
  - 通魚 承進河

埭江盛氏家乘

西 分出張家

進希 子二
廸秎 承進稟
廸粉

進稟 子一
廸秎 進希長子承

進河 子二
廸沃 俱進做子承
廸魚 幼亡

進載 子三 住呂
廸仁和
廸囬
廸妹

進垣 子二
廸復 子四
玆宅
玆綵
玆毀
玆約
廸欄

塔江劉氏家乘

進[illegible]
　廸慧 [illegible]
　廸双

進籠 子二
　廸嚴 養
　　孫囉
　廸威

進寒 子二
　廸已 出承進澹
　廸澹 双承進冠進庵

進冠
　廸澹 進寒次子承

進糖
　廸已 進寒長子承

進庵
　廸澹 進寒次子承

進蜂
　廸籔
　廸𥑮

下四甲派

進勳　子七

廸沛　殤
廸梢
廸好
廸柳　出承廸參爲派
廸思　殤
廸返　子三

玆攬
玆挨
玆故　廸花長子承

進扶　子三

廸講
廸閭　出嗣
廸

進末　子二

廸洇
廸遯

進且　子三

廸埕
廸沱
廸江

玆故　承廸沱

進踝 子二
- 廸型
- 廸鞋

進閩 子四
- 廸路
- 廸雁
- 廸院
- 廸崴

進向 子五
- 廸䑋
- 廸幫
- 廸標
- 廸膵
- 廸醬

進庢
- 廸排

進謀 子七
- 廸響
- 廸櫳 承進驄
- 廸喝

- 進慊 子五
  - 通月 承進驅
  - 通却
  - 通揰
  - 通思
  - 通牙
- 通飯
- 通昧
- 通糊 殤
- 通從 出繼塘邊
- 進擇 子二
  - 通寓 子四
    - 玆咬
    - 玆音
    - 玆燥 承通鄉
    - 玆勝
  - 通肘
- 進屢 子三
  - 通乾
  - 通容 來歸家
  - 通欽 進坟三子承

進厝

通朋
通貫
通覧
通湅
通度

進員 子七

通寬
通美
通擇
通珍 分出東坂
通葦
通肚
通抱

進驅 子二

通櫳 進謀次子承
通月 進慎長子承

莊良

闕

茲蒲
茲旋

塔江劉氏族譜

進愛 子六

迪利
迪毅
迪潭
迪返 分出石蘭
迪瞞
迪若

進贈 子三

迪赤
迪溪
迪萍 出承進飘

滋九 住台府六田

進丕 子四

迪甜
迪兒
迪立
迪滲

天星 養

進佐

迪迪

進飘

迪萍 進贈三子承

進[illegible]
- 通[illegible]
- 通竹 子三
  - 茲嫖 幼亡
  - 茲砌 養
  - 茲傕
- 通夏 子一
  - 茲床 出養通[illegible]三子承
    - 唐徹 幼亡

進弜 子一
- 通營 進弜長子承

進汝 子四
- 通跂
  - 茲莉 養
    - 唐擦
    - 唐鎗
    - 唐贊
- 通事 養
  - 茲底 通甚長子承
- 通甚
  - 茲底 承通事
  - 茲跨
- 通來 承進堪

進堪 子一
- 通來 進汝四子承

進下 子一
通詳 進怎次子承

進外 子三
通水
通都
通月 分出同安

進套 子二
廸洪
廸葶
兹甸

進袍 子二
廸句
廸学

進惪 子二
廸生
廸祥 承進下

進芸 子三
廸奢
廸他
廸帆

廟 遷安溪
廸柳 進数四子承

塔江劉氏宗譜

進

廸

茲閂

唐跐 承茲媚

唐檜 幼七

唐儀

唐冉

唐邂 幼七

唐顕

唐寵 承茲媚

唐顮

次 出外姑

茲媚 承廸榛

廸榛 嗣子一

茲媚 子二 廸歡三子承

唐檜 俱孫鳴子承

唐顮 幼七

進造 子一

廸緣 子一 兼出贅東埔

茲淵

進紆 子三

廸旺

廸糾

廸愐

進晟 子七
廸元
廸亥 出繼進質
廸益 子二
廸勸
廸超
廸救
廸斗
玆邦
玆進 幼亡
玆舌
玆端 幼亡
玆珍

進質 子一
廸亥 進晟次子承

進廷 子二
廸渣 子一
廸程 子三
玆談 殤 廸程次子承
玆昔 殤
玆談 承廸渣
玆種
唐榲

進趕 子二

廸城 子二 長子承

茲煤

進脆 子一

廸撇 子三

茲韮 外甥入承

茲驍 螞

茲錦 廸熠子承

進舖 子五

廸城 承進趕

廸扶 子三

茲閩 螞

茲樣

廸轉 子四

茲礫 承廸燦

茲驍

茲挺 養

茲彪

廸懋 子五

茲双 幼乞

茲權 幼乞

茲分

茲暫

茲萱

廸山

進飭 子三

進謨 子五

廸作 子八

廸掌 子三 陳氏出

廸 幼亡

廸墺

廸道 出繼進猷

廸濩 子二

廸頷 子二

廸[illegible] [illegible]

玆樹

玆欉

玆根

玆厲

玆接

玆 幼亡

玆萬 幼亡

玆九 幼亡

玆桃

玆裕

玆日 出嗣

玆布

玆豊 [illegible]

玆[illegible] 子二

玆家

- 進[illegible]
  - 迪[illegible]
    - 玆[illegible]
  - 迪熇
    - 玆歸 承迪撖
- 進聲 子一
  - 迪道 進踐次子承
    - 玆鐸
    - 玆厨 俱殤
    - 玆農 迪瘦次子承
- 進卜 子四
  - 迪掘
    - 玆為 迪買子承
  - 迪厘
  - 迪買
    - 玆為 承迪掘
  - 迪選
- 進由 子三
  - 迪梯
  - 迪肥 子四
    - 玆梯
    - 玆不
    - 玆托
    - 玆綢 幼亡
  - 迪研
    - 漏吉 住台

埔江盧氏家乘

進挑 子四

廸呂 子四

玆鏗

玆核

玆串

玆者 養倶幼殤

廸鋆

廸邑 子四

玆湯 幼亡

玆毎 幼亡

玆皮 幼亡

玆嶠

廸滴

進梗 子二

廸田 子二

玆鈔 子二

唐粕 幼亡

唐助 倶蒸侯子承

玆候 子三

唐粕

唐助 倶承玆鈔

唐歪 幼亡

廸阿

進磨 子三

廸拿 三

玆窮

廸欺

玆褱

茲康
茲利
茲鏗
茲居

廸屈 子二
茲蚨
茲猜

進袋 子五
廸抄
廸棹 出承長汰
廸耦 承消洊舍進軒
廸候 分出石崗
廸粕 承進滾

進郡 子二
廸祁 子二
茲嶢
茲鴿

進滾 嗣子二
廸有 承進滾
廸有 進郡次子承
廸粕 進袋五子承

進悔 子二 僅厦

廸汲

廸昨 子一

玆耒

進坪 子二

廸鶱 子一

玆推 廸聰四子承

廸菌 子一

由岸

進呈 子一

廸絧

進送 子一

廸晚 子三 兼承進勳

玆獅

玆漢 承廸晉

玆情 承接進勳支派

進看 子二

廸晉 子五 后兼進志次子承

玆漢 廸晚次子承

玆蘭

順治

定地

天根

廸綏

塔江劉氏族

進勵 無子

通晚 子一 [illegible]

玆情

進信 子一

通成 養

玆牽 外甥入承

進永 子一

通達 中殤

塔江劉氏北里分派族譜

三房二海下分世次

第一世

始祖令史公

宣教公次子諱拓於宗中排行一百二十九故

國公呼之曰九哥公仕宋為朝散大夫行軍令史信公督府叅佐塋本鄉西邊埭墘

妣藴氏

子三 一郎 二郎 三郎

第二世

一郎公

世次分載長房譜中

二郎公　世次分載二房譜中

三郎公　世次分為三房令史公三子是三房開基之祖生年月舊譜無載卒元年五月廿二日吉時

妣　氏生年月無載卒元年七月十六日塟西邊潭墘

子四　誌伯　誌仲　誌叔　誌季

第三世

誌伯　世次分載三房長宫後分譜中

誌仲[illegible]

妣　氏

子二　旭齋　省齋

誌叔世次分載三房三從巷分譜中

誌季世次分載三房四海倉分譜中

三房譜帙頗繁分房另脩便於檢閱譜付族長收藏無故不許混閱譜底各房收管以便登錄亦以崇祖宗禁簡褻也

第四世

旭齋　誌仲公長子　合塋後邊毅齋公墓後土名官墓

妣張氏

繼妣柯氏

子一　大郎

省齋　誌仲公次子

妣　氏

子二　友齋　隱齋

生卒塋配舊譜多不及載今惟因之而已

第五世

大郎 旭齋公長子　塟本鄉魚池上

妣王氏

子四　體義（仁卿祖教居南安）　體恩　體實　叙軒（和尚公）

友齋 省齋公長子

妣蔡氏

子三　懸平　紆餘　剛素

隱齋 省齋公次子

妣洪氏
子二　剛直　樸素

第六世

體義大郎公長子
妣　氏
男失名傳四世至仁卿移居南安

體恩大郎公次子　塋後堀頭
諡善齋
妣温氏
子二　顯　坦易

體實 大郎公三子謚恒寂

妣謝氏 子二 繼貞 椿

寂軒 大郎公四子歸和尚公塋大路後

妣氏 子二 掊 邦素

愍平 友齋公長子 合塋和尚仔墓

妣許氏

繼妣吳氏
子一 東亭許出

紆餘 友齋公次子
妣陳氏
子一 邦遂養

剛素 友齋公三子
妣陳氏
子一 邦禹

剛直 隱齋公長子

妣蔡氏

子二 邦齡 次

移居南安石井街下足跡未嘗往來

樸素 隱齋公次子

妣 氏

子一 日昭 嗣係拔抱懸軒公第三子寓居洪塘鄉今已回籍

第七世

顯 體愚公長子字國春謚善齋寓居安平埅石路頭長子琚公

祔在壙內

妣梁氏

子二　琚　存窰

坦易　體愚公次子塋十都石佛山

妣蔡氏

子一　帥第

繼貞　體實公長子

妣蔡氏

子二　甫建　帥能

[illegible]
妣 氏
子

寂軒公長子
哲
妣 氏
子

寂軒公次子謚東山塋東過坑拱北
邦素
妣林氏
子一 帥育

東亭

懋平公長子諱垣字邦器卒年九十七塋山坪頂

妣蔡氏　塋山坪北面

繼妣蔡氏　合公塋山坪頂

子二　容富　興漢 俱前蔡出

公享年幾百號百歲翁少遊浦邑市珍珠大著賈叡當全盛時搆堂營產孫子振振盈眸造物之忌即不能長盛滿而家風猶守其舊

陳有叡曰予讀東亭公小傳知其德邵年高可與東園洛耆輩相頡頏雖然公以賈顯者也抑何其擇術甚雅深澤甚奢豈公政欲以賈隱耶今觀其挾策市珍往來晉浦之衢束衣冠而遨遊假奇貨以充叡計不屑乎錙銖足不出于鄉國而物色公者幾遍域中且為公後者實樹蚌珠蓄

然砥起頭造物忌完不無遺采於平陂然玉韞而輝珠沉而媚舊風猶存新猷可煥噫嘻席珍隱跡種玉貽謀自植衰旺之際若東亭公者君子正未可深忽也

邦遂 紆餘公養子
妣蔡氏
子一 帥弼

邦禹 剛素公長子諱次亭
妣鄭氏
子二 繩漢 經漢

邦齡　剛直公長子號立吾生無載卒　年四月初二日吉時與妣合塟本山后邊碑碣立吾劉公妣素閨李氏

妣李氏（諡素閨）生無載卒　年四月十六日塟本鄉後邊西面

子三　廷宗　廷賓　廷宜

次　剛直公次子移居南安石井街下

曰昭　樸素公嗣子　孩抱懲軒公三子嗣

妣　氏

子一　帥全

第八世

琚

顯公長子字甫成號毅齋 祔父母壙內塟在本山右路頭

妣

李氏謚嚴慈按誌銘 妣生正德辛巳年五月廿七日卒萬
曆壬寅年七月廿一日塟象嶺山首甲趾寅曾孫鏘祔
子二 宗春 宗明

明劉大母嚴慈李氏墓誌銘
賜進士第南京通政使司右參議前浙江道監察御史巡按
浙江廣西兩省禮部儀制清吏司主事中書科舍典試廣
東眷生呂圖南撰文
賜進士出身觀兵部政通家眷晚生陳大對篆額
鄉進士奉政訓大夫河南南陽府裕州知州通家眷晚生侯世
臣書丹

余為諸生時李生甲震從余遊篤行無蕩言後震卒業海上與劉君卿選兄弟交善稍通堪輿家法為予言海上土厚水深環拱丽奇厥産多文學士閑習計然之策者賈齊魯揚越閩多起家素封其閨中人亦習内則勤儉自將或無幸多矢志能衛兒子成立使無失士商之恒蓋亦其風土俗尚然也卿選之祖母李氏媪初塋南安五房萬曆甲辰改塋十一都塔頭鄉糖園山甲震嘗言其改兆非吉按沿壙當水卿選等疑信重違父命久之丁壯折損父旋殁諸法家皆以為言迺於伯父決意啓眎之水浸棺腐亟改棺卜今地時甲震已亡卿選嘵其言之驗商所以不朽媪着乞銘於余按舊誌李媪歸毅齋公公世居塔江擇處安平鎮稍稍贏餘乃逐什一媪勤佐以女紅家用稍起年三十六稱未亡人甘荼習蓼善處貧富之間卒能代夫未就以嚴慈翼二孤宗春宗明矜成而宗明卒致千金媪之功

之三十年子既塟之又改塟之若而年而其孫曾日安於士若商亦可以重遷爲解何一旦竟起遺骸於泥水中而厝之吉壤哉此見天之克相善人造劉子孫世世福未有艾也毅齋公附其父母塟塔江石路頭世系年月具載志中媪卒萬曆壬辰年七月二十一日距正德辛巳年五月二十七日亯年七十有二子二長宗春娶蔡次宗明娶吳孫男六自春出者文雅娶陳妖文奎病不娶卿徵娶楊自明出者仕楷國子生娶吳繼娶林卿選娶陳卿振邑庠生娶鄭女孫一適林茂春出曾孫十欽聘宗早夭雅出煥琰俱未聘楷出鏢娶葉夭鑠文學駿發聘余門人李甲震女鉉聘邑庠生張鏡女鍔未聘選出鋐釗俱未聘徵出曾孫女五楷出者未許選出者許余甥陳仕憲一未許振出者許邑庠生蔡鼎寅子瞬熛徵出者許楊日英子腹官茲卜

泰昌改元十二月二十七日丑時安塋媪于十二都象頌山首申趾寅皆鄉選出私貲襄事孝已選於諸兄弟中能脩父祖業而息之廉賈齊魯閭又復恬篤若儒者蓋鍾海上海深厚之氣且睽蕤麗祥為李生夙所景慕者也惟傷錄之踵夭迺延名地師改營李媪而以錫之柩祔侍于右李媪去生百年茲復重扦其亦德之煥發者與銘曰賢哉李媪德佐劉門昔塋於兮今改于孫惟茲吉兆宜尓後昆

孝孫士楷鄉選鄉振鄉徵稽立石

存寚

顯公次子名存寚號濱湖

妣蘓氏　合塋東過坑向南今號海下墓

側室藍氏

子一　宗辰藍出

帥第 坦宗公長二、號至山

妣利氏

子三 喬梓 喬模 喬栻

甫建 繼貞長子

妣 氏

帥能 繼貞次子號後山

妣許氏

子一 喬木

師育

邦素長子諱公養謚毅齋生嘉靖壬子年十月廿四日

時卒崇禎乙亥年八月廿四日　時

妣柯氏生嘉靖壬戌年十一月初六日　時卒順治甲申年

三月初七日　時塟(合)後邊魚池上面酉

子七　喬榕(長殤)　喬樞　喬榛　喬椿

喬桓　喬檉　喬榜　有

容富

東亭公長子字帥裕號寬海

妣黃氏

子六　喬桂　喬松　喬楓(長殤)　喬槐　喬欞　喬榮

興漢

乙卒

東亭公次子字帥朝諱宗海卒年六十三塟衙口地内穴

繼妣蔡氏
子四 喬桄 喬檝 喬柯俱前蔡出 喬果後蔡出

公席父遺貲內政亦賢游於都之豪者都有事聽其處分性稍喜飲飲必舉觴政劇談終日酩酊恍惚羲皇以上陳有聲曰塔江有隱君子曰宗海劉公予邀葭莩視公為丈人行得聞公慨公垂髫受書博聞強記一時無右者長而豪爽不羈遂棄舉子業代父兄理班交每從都人酒博飲劇談雅有竹林遺況性慷慨幹辦遇事善擘畫當否而挾義激昂諸都人士雅相推重事無鉅纖必待公片言而決昔人有言為人排難改紛為天下士其殆公之謂乎迄今知宗海公者因知有塔江嗚呼公重塔江耶抑塔江以公重耶則公真能沒世不忘也已

君仁　邦遂公長子字帥弼號濱海　合塟衙口地內

妣蕭氏

子二　喬桃（后巷理恭之次子之子嗣）　三祖

縄漢　邦禹長子字帥法號遵海生　年十二月十二日未時

卒　年十一月十九日午時

妣張氏

子二　喬柱　喬檜

經漢　邦禹次子字帥直

妣藴氏

子一　喬樹

塔江劉氏家譜

廷身

妣吳氏　塟本山後邊地

子二　良佐長殤　良實

按聖曄在廣囑咐所書與譜不符
伯靜吾媽張氏生一子名四叔無
嗣一女名崔姑適郭門伯及祖揚
吾三叔珍元俱塟後邊地

廷賓

邦齡公次子字帥聘號揚吾生　年九月廿五日　時
卒　年十月廿三日　時

妣吳氏生　年十一月初七日　時卒　年七月十一
日　時塟本山後邊地

子三　良文　良華　良瑗　一女適龜湖李門

廷宜

邦齡公三子字帥則號鑒臺鑑　聖曄囑咐廷宜叔又名
珍元兄弟俱塟後邊地

妣王氏

子一　良貴　女名三姑適山內

帥全　曰昭公長子

妣　氏

子四　仁曩　仁晃　仁曷　仁晏

第九世

宗春　琚公長子字仁賓號安泉享年八十

妣蔡氏　合塋十都松栢山拱南

子三　文雅無嗣　文奎病不娶　卿徽

妣吳氏

子三　仕楷國學生　卿選　卿振邑庠生

滄海公祖父居安平安平賈藪也公少時豪於賈走齊魯燕越家駸駸起壯年而素封矣迨諸子出若士若商謝意湖江逍遥不關世事生平雅好儒術而動中矩節云

王先生璧光曰誰謂公賈也乎哉有賈而賈者有賈而儒者公少負不羈有大志恂恂然儒也迨公父以壯年背廼暫托跡齊魯間許衛有言儒者以治生為先務其公之謂耶端木貨殖不以其故貶賢公豈以賈名掩儒行哉況年未五十退而脩行不復尚口言商事其端木闇性天之時乎故人謂公賈我謂公儒公舉丈夫子三儒者儒賈者賈儒

者以文學顯貫者以素封稱皆公之貽燕翼篤也其茲孫林立而際彥君之子而翹尤其楚〻者際彥君貫名儒行有乃翁風而而翹發憤詞林屢為當道物色所以竟公之志大公之門者其在斯乎其在斯乎

星伯曰予于塔江獲覩際彥君温恭君子蓋貫而儒者也至覩其長公而翹君雋秀韶令美姿容能文章有子有孫福澤未艾況孟季彬〻哉若論公素封則公之餘力之報未既公福澤而翹君少年硎發以大公後予謂忠烈鍾毓其在斯與其在斯與

宗辰

存客之子字仁庚謚御龍

妣　王氏

子三　中易　中敬　中慎

喬梓 帥第公長子
妣 氏

喬模 帥第公次子字仁範謚及袠
妣 蔡氏
子一 瑋

喬栻 帥第公三子字仁橋
妣 黃氏

喬木　師能長子字仁植
妣張氏

喬榕　師育公長子
長殤

喬樞　師育公次子字仁應
妣吳氏
繼妣張氏

喬榛　師育公三子字仁勃生無攷卒　年五月初十日　時

子一 寅

喬椿

帥育公四子字仁歷謚榮宇生萬曆己丑年八月初九日

時卒順治丙戌年十一月廿三日子時

妣 西埔李氏生萬曆己亥年九月十四日 時卒順治丙申

年二月初七日酉時合塟埕邊面穴子午壬丙

子四 我隱 際惠 敬甫 敬澈

喬桓

帥育公五子字仁康往廣無回生萬曆 卒

年七月初五日 時

妣 楊氏生萬曆 卒 年三月廿日塟失記

子一 炳

喬檉　師育公六子
長殤

喬榜　師育公七子字仁集謚褧宇生萬曆辛丑年二月廿九日丑時卒順治壬辰年十二月十三日申時墓壄和尚仔墓向西

妣柯倉李氏生萬曆乙巳年八月廿一日　時卒康熙庚午年十月初五日酉時壄后堀頭向西

子三　燦　燎　焺

喬桂　容富公長子字崇謦號集亭

妣柯氏

側室鄭氏

子一 應辰鄭出幼殤

公狀貌魁梧豪氣自負少遊粵至某年市珍歸抵偉而病抵家而亡遺言囑其孤善護而孤竟不育也田畝之遺朋貝之授今亦不知為何如否卒年三十二

喬松 容富公次子字崇萬號遐亭

妣李氏

子二 應天 應祿

喬楓 容富公次三子

長殤

喬槐 容富公四子

妣　氏

喬欔　容富公五子字崇高號鳳亭

妣葉氏

子二　應卜　應御

合葬埕邊面穴乾巽

喬榮　容富公六子字崇仁

妣林氏

喬樵　興漢公長子小名興傚字崇伯謚會亭

妣本鄉孫氏

子一　炎鼎

喬熾 興漢公次子字崇秉謚翀濟生萬曆　卒
年二月廿九日　時塟衙口地墘穴乙辛卯酉
妣陳氏　塟大房許厝山聯泉地內
子三　炎星　炎曈　炎暉

喬柯 興漢公三子字崇柄號翀斗　公商遊殁廣塟北門義庄
時年三十三
妣蔡氏　塟梅林鄉不二庵山門內右
子一　炎元 聚居廣省　查有福江南江二派現住潮之揭陽縣

喬果 興漢公四子
妣　氏

喬桃

埔

師獅嗣子生失記卒　年六月廿九日　時塋坑邊塚

妣廖氏生失載卒　年正月初五日　時塋後畬頂向西

子三　春　夏　茂

三祖

師獅公次子字仁質號振濱

妣黃氏

子三　星甫　星耀　星遺遺腹子

喬柱

縄漢公長子小名緩溵生　年十月廿一日申時卒

年五月廿九日辰時

娶　氏改

子一　應居

喬檜 繩漢公次子

妣 氏

喬樹 經漢公長子

妣 氏

良佐 廷寀公長子 長殤

良實 廷寀次子字仁因謚宗曉

妣楊氏

良文　廷賓公長子字仁隱謚知楚　公商遊歿廣時年三十一
歲柩歸塟本山埕邊面
妣　吳氏　塟赤坊山
子一　聖昉 建居海澄三都　女二 一適潘裡張家 一適吳內蔡家

良華　廷賓公次子小名三觀字仁凝謚慈曉生萬曆壬辰年八
月初十日　時卒　年九月十二日　時
妣　許氏 錢 舊譜鐫許氏辰叔囑咐書錢氏兩存之　生萬曆戊申年十二月廿六日　時
卒　年九月廿一日　時合塟廣
東河南窰頭白山前
子一　聖曗
后邊一塚碑鐫勢立公乃聖曗公派內祖墳莫知
其来歷之以俟查

良瑗　廷賓公三子字仁輝謚慈旭

繼妣蔡氏　葬廣東窰頭
繼妣　氏　葬廣東西村
子六　聖時(繼出)　和　悌　睚　純　壯(俱後娶出)　一女(適蔡埭蔡桂觀)

良貴　廷宜公長子字仁萃謚慈益　葬廣東河南寶崗
妣王氏
子二　未觀　升觀(俱早殤)

仁曩　帥全公長子
妣　氏

查神牌有填祖考懷溪祖妣張氏故考睽溪故妣陳氏又引伯二伯引姆二姆係是為仁曩仁晃但經遷移詢之子孫不知其詳丙午年脩譜失於稽究茲老成彫謝更莫知其由又後邊祖墳碑鐫覺立公亦不知其系附錄于此

仁晃　帥全公次子
姚　氏
子一　怨叔

仁昺　帥全公三子生莫攷卒　年二月廿三日　時塟本山
新塘内向南
姚　氏生失記卒　年六月初六日　時塟洪塘山田乾拱地
子三　陽净　陽儀　陽岩

仁晏　帥全公四子　與兄仁曩逃亂歿于釁爸釁母山
姚　氏

第十世

文雅　宗春公長子字際和謚挺褒
妣　陳氏
子一　兆登

文奎　宗春公次子
病不娶

卿徵　宗春公三子諱際祥謚堯雲
妣　楊氏
子三　鋐　釗　錡

仕
楷　宗明公長子國學生字際彩謚瑞陽
妣　吳氏
繼妣　林氏
子二　煥　琰俱林出

鄉
選　宗明公次子諱際彥謚錦褱
妣　陳氏
子四　鍋　鑠　鉉　鍔

王先生璧光曰予辛酉之春始知安平有際彥君其貌恫恫其言吶吶蓋硜硜退讓君子也至或遇不平則義形於色不少假借其視族人猶家人也視族中公事猶家之私事也即此族譜一事自其遊粤時已首議及此矣志豈須臾忘

祖先前及今延首指屋贊共修之而謀延成盛舉之重大本類如此君之克承先志也不在素封而在嚴督兒曹以圖不朽大業以故而翹治經生言手握玄舌吐青蓮異日名就業成雖而翹之有以子哉實際彥君之有以父也

鄉振 宗明公三子邑庠生字際會謚升陽

妣鄭氏 側室 氏

中易 宗辰公長子

妣王氏

中敬　宗扆公次子　殤

中慎　宗扆公三子

妣　氏

瑋　喬模公長子

妣　氏

寅　喬榛公長子

妣　氏

[illegible]際時卒康熙甲辰年六月初七日寅時葬埕邊面清北穴乾
巽亥巳孫公確附

妣 石蘭黃氏生天啓辛酉年十二月廿日寅時卒順治丙申
年六月十六日酉時葬本山埕邊面溝南穴亥巳壬丙長
孫文佑附

子一 亨昌

查舊譜書公生崇禎庚午雖距亨昌公生順治甲申僅十五
年不符又妣生天啓癸酉天啓無有辛酉無癸酉舊譜謬

際惠

喬椿公次子名卯叙生天啓甲子年三月廿三日卯時卒
舊譜誤書生崇禎甲戌卒康熙癸卯年正月廿六日　時

妣 許氏名鶴娘生崇禎癸酉年　月　日　時卒康熙癸卯
年正月廿六日　時與公遭兵同溺水葬大路後向西乳

敬甫
喬椿公三子名五淑諱煌生崇禎乙亥年十月初四日巳
時卒康熙丁亥年十二月初六日亥時
妣許湖許氏名丑娘生順治乙酉年七月廿九日丑時卒康
熙癸巳年六月十一日午時合塋前薛面子午壬丙
子二　亨庚　亨驥

敬淑
喬椿公四子名六叔諱曄生崇禎庚辰年三月十八日寅
時卒康熙丙申年十月初九日亥時
妣
蓮厝林氏名子娘謚勤慎生順治庚寅年正月十五日子
時卒雍正戊申年十二月初五日丑時合塋後崙頂穴乙辛辰戌
子一　亨朝

敬泰
喬桓公長子名酉叔諱炳生天啓丙寅年　月　日　時
卒　年八月廿四日丑時塋海沙坐北向南

養子一　亨遺

燦

喬榜公長子名進叔謚彰著生崇禎壬申年八月廿八日
巳時卒康熙辛丑年七月十七日巳時塟和尚仔墓穴東南西北

妣

柯倉李氏名五娘生崇禎壬申年十月十四日　時卒康
熙壬午年十二月初七日巳時塟和尚仔墓坐東向西
子二　亨雄（陽夏五子嗣）　亨質養

益　後

喬榜公次子名贈叔諱燧生崇禎乙亥年二月廿六日丑
時卒康熙己亥年二月十八日辰時
嗣孫必璽
公送侄尔齡讀書不娶尔齡以次子璽承嗣

後佑

喬榜公三子名季叔諱焆生崇禎癸未年三月初一日丑時卒康熙乙未年八月十四日午時

妣小浯塘李氏名省娘生順治辛卯年十一月十八日未時卒雍正戊申年七月初六日酉時合塟本山和尚仔墓穴乙辛辰戌

子二　亨豸　亨國

應辰

喬桂公長子

幼殤

應天

喬松公長子字拔賢謚茂泉生萬曆庚子年九月廿五日時卒康熙壬寅年九月廿五日子時

妣吳氏生萬曆癸卯年五月十四日　時卒康熙乙酉年六月廿五日丑時合塟衙口三壙穴乙辛卯酉繼婦吳氏附

子一 延

應錄 喬松公次子
妣 氏

應卜 喬欆公長子謚懷泉生萬曆 年正月十五日 時卒
年八月十一日 時塟新塘橋穴乙辛卯酉長男朝
穎祔
妣 松栢山張氏生萬曆 年三月廿七日 時卒 年
五月十九日 時塟吳內山埔面東三男朝顯祔
子三 贊 演 德

應御 喬欆公次子
遭遷流離不知始末

炎咢　喬櫆公長子名子伯謚尚賢生萬曆　年十月十二日
忌辰　五月初一日忌辰合塟衙口向西
妣黄氏
子一　遭遷流散

炎星　喬檝公長子　查主有思叔謚新泉生萬曆庚申年八月
初四日　時卒順治丙申年三月十二日　時
妣　氏　思嬸蔡氏謚謹儉生天啓丙寅年九月廿八日
時卒順治丙申年六月初五日　時合塟埕邊面
胞侄孫恍公奉祀

炎睴　喬檝公次子　查主有七叔生萬曆乙酉年正月十一日辰時卒天啓
辛酉年四月十四日辰時七嬸生萬曆丙戌年十二月廿
四日午時卒崇禎癸未年三月廿日時係友字行遭
遷散亂不知何系存之以奉祭祀

炎明

炎元

喬柯公長子遭遷流散住居揭陽不知所終

德春

喬桃公長子名春諱德耀生崇禎癸酉年二月廿六日巳時卒康熙辛酉正月初六日戌時

妣

曾氏名寅娘生崇禎庚辰年五月十七日寅時卒康熙壬戌年十月廿二日酉時合塟埕邊面西 查族譜書向東

子五　亨初　亨漸　亨信　亨騰　亨晚 出承元貞

陽夏

喬桃公次子名夏諱德禹生崇禎乙亥年五月廿五日寅時卒康熙辛未年四月初二日巳時

妣林氏名二娘生順治丙戌年四月廿四日亥時卒康熙甲申年八月十一日酉時塟本山海下墓又移塟後崙頭坐北向南次婦月娘附穴居東畔

子六　亨都　亨順　亨天岩承陽　亨全　亨雄出承傑公　亨寬

德茂

喬桃公三子名茂諱伯茂生順治戊子年十月初四日酉時卒康熙辛丑年五月廿四日午時

妣廖氏生順治辛卯年十月初十日申時卒雍正己酉年三月初十日卯時合塟九都坑邊山塚埔穴丁癸未丑

子四　亨贇　亨建　亨厚　亨京

星甫

三祖公長子字啓振謚東海

妣蔡氏

星耀 三祖公次子字啓曙

妣李氏

星遺 三祖公三子兄弟遭遷流散不知所終

妣　氏

應居 裔柱公長子名媽居叔生　年四月初四日　時卒康熙年十二月廿八日　時

妣許氏 改

子一 亨守

聖昉　良文公長子名孫觀字德詢在廣

妣張氏　俱塟在廣寧縣永泰山

子一　甲觀　女二一名卯娘適張家
一名意娘適洪家

聖璞　良華公長子名辰字德協謚端翰生崇禎辛未年十二月廿五日未時卒康熙庚寅年十二月十二日戌時在廣宮年八十

妣吳氏生崇禎乙亥年九八月初七日　時卒　年十月初一日　時祔塟窰頭村白山前

側室王氏生　丑年九月十九日　時卒康熙庚寅年七月十五日辰時塟

子一　珐　吳生二女一適鄭一適蔡　王生二女一適倪一適柯

聖時 良瑗公長子生崇禎壬申年 卒順治丁酉年
聘井尾吳氏 改

和觀 良瑗公次子
娶蘇氏

悌觀 良瑗公三子 未婚早夭

睦觀 良瑗公四子生無載卒康熙甲申年十一月初四日 時
塟義山地
妣馮氏生卒無載 塟西村

子一　阿庇　　一女名長適林門外甥

紕觀　良瑗公五子　　未婚早故

壯觀　良瑗公六子　　未婚早夭

未觀　良貴公長子

升觀　良貴公次子

良文　良華　良瑗　良貴　支派皆在廣

然涓日祭祀……月初一日開擇就是

陽淨

仁昺公長子名烏叔字德友謚清泉生萬曆戊申年三月十二日　時卒康熙壬寅年四月十一日未時葬本山菅山項拱東

妣

郭氏坤順生萬曆庚申年　月　日　時卒康熙甲辰年六月初二日　時葬西邊潭仔墘向西

子二　亨純　亨友

陽儀

仁昺公次子名八叔字德用謚良泉生萬曆丙辰年六月十三日巳時卒康熙癸酉年十二月十七日申時葬（[illegible]大[illegible]坮坐[illegible]）東向西

妣

潘徑葉氏名斗娘生天啓丙寅年三月初二日酉時卒己丑年正月初五日申時葬後堀内溝路上坐東北向西南

子一　亨章

陽巖

仁曷公三子名英叔字德寬生崇禎戊辰年三月十一日戌時卒康熙戊寅年四月十三日未時

妣石蘭王氏生崇禎壬申年七月十八日卯時卒康熙甲申年四月廿七日巳時合葬埕邊面穴乾巽戌辰

子二　亨天（陽夏三子承）　亨豸

第十一世

兆登

文雅公長子諱欽

妣　氏

[illegible][illegible]公長子

鋐

妣　氏

卿徽公次子

釗

妣　氏

卿徽公三子

錡

妣　氏

仕楷公長子

煥

妣　氏

琰

仕楷公次子

妣　氏

錕

鄉選公長子字鑄斯

商歿潮洲年二十二柩歸祔塋

妣葉氏

曾祖母于象嶺山

鑠

鄉選公次子字而翹留住晉江東門外

妣李氏

子一　信夫

銿

妣　氏

鄉還公四子

鍔

妣　氏

亨喜

我隱公長子名喜敘字亨昌謚長泰生順治甲申年正月十五日丑時卒雍正乙巳年八月廿八日丑時葬埕邊面溝南穴乾巽亥巳

妣

西門楊氏名鶯娘謚慈慎生康熙癸卯年九月十七日寅時卒乾隆辛酉年七月卅日巳時葬埕邊面過溝北與我隱公同墓欄穴乾巽亥巳

子二　文佑　文助

亨賡　敬甫公長子名賡諱亨嘉生康熙壬子年十月初七日子時卒康熙己卯年六月廿八日未時塟前薛面坐南向北

妣鄧氏　改

養子一　文珍　女二　長適洒洲王家　次適洪坑郭家

亨驥　敬甫公次子名驥諱亨哲字爾濬號文園生康熙戊午年二月十六日酉時卒乾隆甲申年正月廿二日卯時

妣洪坑郭氏名肴娘生康熙己未年七月初七日戌時卒乾隆戊午年五月廿一日卯時合塟前薛面穴壬丙亥巳

繼室蔡氏生康熙丁酉年十月廿一日卯時卒乾隆戊申年四月廿日丑時

子六　文路養　文愷　文登郭出　文魁　文福　文科俱蔡出

爾嘉早逝次爾濬勤力經營致成家計爾濬弟為人醇厚簡默局度寬洪厚族情尊師友逋負多不責償尤懷水源木本之思嘗念舊譜幾湮當為修輯于此丙午夏會我族人良辰告祖稽查譜牒重新名字昭穆不乱枝葉易曉譜費之需相助畢給月餘譜成涓七月六日奉
令史公及各房主入奠奏樂慶譜俾族中咸知塔江肇基之所自又知北里舊家之世澤綿長其功亦豈淺鮮哉予言不文姑表而出之

功兄爾齡序

亨朝
敬淑公長子名朝字爾爵謚亨廷生康熙辛酉年六月十二日酉時卒乾隆甲子年十二月十三日酉時
妣
東埕蔡氏名尾娘謚質儉生康熙己巳年八月初七日戌

時卒乾隆丁亥年九月初六日巳時合塟後崙頭穴乙辛辰戌

子三　文祥　文階　文愈

亨遺

敬泰公養子名遺謚亨範生康熙壬子年二月十二日酉

時卒乾隆辛未年四月十七日辰時

妣鄧厝鄧氏名玉娘生康熙丙辰年四月初九日未時卒乾

隆辛酉年三月初七日辰時合塟後圳坐北向南

子三　文應　文樹　文容

亨雄

燦公嗣子陽夏五子承名雅雄叔字亨元生康熙丙辰年八

月初二日丑時康熙己卯年九月初三日申時塟海沙

娶吳氏歿

一女名瑷娘適柯坑張家

亨賢

二日寅時卒乾隆庚午年五月十四日未時

妣小塘語吳氏名順娘生康熙丁巳年三月廿五日子時卒乾隆戊寅年正月十四日戌時合塋本山大堵荒向東

子二　文周　文標

亨豸

後佑公長子名豸觀字爾齡生康熙丙辰年十二月十八日戌時卒雍正庚戌年八月廿一日子時

妣前埔蔡氏名撰娘生康熙庚申年二月初三日辰時卒乾隆丙辰年三月十二日寅時合塋新塘內北勢頭穴甲卯庚酉

子三　文保　文爾璽出繼茲徵公為嗣孫　文仍

亨國

後佑公次子名國老字家爾家生康熙己未年八月十九日宗冊誤作廿九戌時卒雍正乙巳年四月廿三日辰時改塋官山與孫莊都合堆

妣石蘭洪氏名晏娘生康熙癸亥年四月十九日子時卒雍
正戊申年三月十六日　時塟海泌
子二　文郁　文鸞

延

妣應天公長子名四伯謚朝儲生崇禎甲戌年四月卅日巳
時卒康熙壬午年十一月初二日酉時
吳氏生崇禎甲戌年六月廿三日巳時卒康熙乙亥年八
月初九日巳時合塟石室宫坐西北向東南
繼妣吳氏生　年五月十三日　時卒康熙　年
六月初三日　時塟衙口附應天公
子一　文聰後吳出

贊伯

應卜公長子謚朝穎生崇禎壬申年三月初三日　時卒
康熙丙午年十月初三日　時與父同塟新塘橋坐東北向西南

甲戌年十一月廿二

氵

妣

日丑卒康熙壬申年七月初七日午時

窰厝蔡氏名柬娘生崇禎辛巳年二月初六日巳時卒康

熙壬申年十一月十四日未時合塋衛口穴辰戌石碑鶴

朝順

子二　文賞　文習

德叔

應卜公三子謚朝顯生順治辛卯年六月廿八日　時卒

康熙甲寅年十月初二日　時與母合塋五都浯崙鄉吳

內山埔穴坐乙向辛

亨初

春公長子名初叔謚肇玉生順治丁酉年九月十六日午

時卒雍正己酉年正月初三日辰時

妣

蔡氏名末娘生康熙癸卯年二月初八日未時卒雍正戊

申年十二月廿六日丑時合塟新塘內拱西
子三　文圭　文第　文棟

亨漸

春公次子小名漸叔生康熙乙巳年七月初六日　時卒
年十一月初八日　時殁塟在臺灣

妣山兜李氏名定娘生康熙壬子年六月十二日　時卒康
熙己亥年十二月初九日　時塟西邊
子二　文鶯　文燕

亨信

春公三子住臺嵌頂社口生康熙壬子年十一月初三日
酉時卒　年九月初八日　時塟臺灣嵌頂茄籐
社口園內

妣臺灣潘氏生失載卒　年正月初二日　時塟茄籐園內
子二　文再　文添

亨廷　春公四子名廷老字爾評生康熙乙卯年九月廿六日卯時卒乾隆丙寅年三月廿九日巳時塋新塘內向西
配樟井李氏名閭娘生康熙丁卯年正月廿日辰時
子三　文從　文甫　文秉

亨晚　春公五子出承元貞

亨都　夏公長子　卒于臺

亨順　夏公次子名順叔謚亨順生康熙丙午年七月廿四日巳時卒乾隆辛未年九月廿六日巳時

妣磁灶井邊蘇氏名月娘生康熙乙卯年九月十八日巳時
卒雍正己酉年五月初三日子時合塟后崙頭德禹公墓東內南
子二　文變　文成

亨天夏公三子出承陽巖

亨全夏公四子生康熙壬子年　月　日　時卒康熙　年
月　日　時塟西邊　無娶

亨雄夏公五子出繼爍公

亨[illegible]　[illegible]初一日　時卒康熙
年五月廿一日卯時塟西沙尾　無娶

亨贊　德茂公長子名贊字爾襄生康熙戊午年十一月廿四日
辰時卒　年六月廿一日　時殁塟庄臺灣
妣謝店後邊陳氏名益娘生康熙己巳年五月初十日戌時
卒雍正己酉年三月十四日　時塟海沙
子二　文鎮　文聆 俱殤

亨健　德茂公次子諱亨健字爾剛謚亨乾生康熙辛酉年八月
十二日午時卒雍正戊申年四月十三日　時與弟亨厚
同溺在海
娶湯氏 改
子一　文賜

亨厚

德茂公三子小名厚字爾遠生康熙乙丑年九月廿三日卯時卒雍正戊申年四月十三日　時與兄亨健同溺海

妣謝壇蔡氏名辰娘生康熙乙亥年五月初五日辰時卒乾隆庚午年四月廿五日巳時塟海沙

養子　阿備

亨京

德茂公四子

長殤

查亨初公所奉神主有侃直齋諱天倫字廷重生正德十年乙亥十月十九日酉時卒嘉靖卅一年壬子八月十五日午時嘉靖四十三年甲子十月塟永春下帳東林屋後田裡坐寅向申男一春奉祀又一主字蹟磨滅惟劉君公二字及孝男萊養依稀可影主內書生於己酉年十二月初七日丑時卒於乙巳年九月廿七日寅時因移居東關巳

譜理恭公次子移居永春東關記其大畧丙午重脩不甚
分明玆去丙午又三十餘年故老盡彫奠可稽查不敢遺
落貽譏惟存其概而已

亨守

應居公長子諱亨守字爾執謚朝端生康熙辛未年十二
月廿日寅時卒乾隆庚午年八月廿五日寅時塟埕邊面
乾巽戌辰

妣

蔡厝楊氏名恰娘生康熙戊寅年九月初二日辰時卒乾
隆甲戌年十月十七日未時塟臺鳳山縣麻六甲內南族譜書向西
子三　文洪　文光　文祖

甲觀

聖昉公長子

亨友 [illegible]

亨章 陽儀公長子名其叔謚肇敏生順治乙未年九月十五日辰時卒康熙癸巳年四月廿四日戌時葬後堀頭坐北向南

妣 磁灶朱氏名恬娘生康熙癸卯年十一月初五日卯時卒雍正壬子年七月廿五日酉時葬新塘內坐東向西

子五 文顯 文耀 文榮 文增 文嘉

亨天 陽巖嗣子陽夏三子承名天叔謚肇禎生康熙戊申年七月十一日亥時卒康熙丁亥年正月初三日亥時

妣 潘徑柯氏名酉娘生康熙辛亥年十月十二日酉時卒康熙丙戌年八月初二日辰時合葬埕邊面向東

養子 文長

亨豸

陽巖養子名豸老諱亨文字爾猷謚温慤生康熙乙卯年閏六月廿六日卯時卒乾隆壬午年五月十七日酉時與繼妣許氏合塋本山石室宮穴坐西北向東南

妣　埕邊陳氏名女娘生康熙丙辰三月廿日辰時卒康熙己卯年七月初八日未時塟本山後堀頭長婦王氏附

繼　妣龍湖墘許氏名金娘生康熙丙辰年五月廿三日酉時卒乾隆己卯年正月廿二日亥時與公同塋在石室宮

子二　文起陳出　文丙許出

第十二世

信夫　騄公長子

……佑諱文秀字公研諱達祈生康熙丁卯年

文佑

四月廿六日寅時卒雍正丁未年十二月十四日酉時與
祖我隱公同塟埕邊面穴乾巽亥巳

妣　石菌黃氏名益娘生康熙壬申年十一月廿六日卯時卒
乾隆庚寅年八月卅日酉時塟本山荒內穴艮坤寅申次
婦陳氏附

子三　莊超　莊琛　莊鄒

文助

亨喜公次子名助字公理諡達山生康熙庚辰年十月十
七日戌時卒乾隆乙未年十二月廿一日申時

妣　柯坑張氏名金娘諡婉從生康熙乙酉年五月初五日酉
時卒乾隆癸巳年四月十七日戌時合塟埕邊面南畔穴
亥巳兼巽乾

子二　莊定　莊五

文珍

亨嘉公養子諱必欽字公鄰謚達珠生康熙甲戌年正月十三日辰時卒乾隆辛卯年十一月廿九日午時塟埕邊面坐北向南

妣

深滬楊氏名素娘生康熙戊寅年六月初十日午時卒乾隆辛酉年四月初八日戌時塟官山頂向北

子四　莊仰　莊景　莊使　莊烝 出承文登

文啓

亨驥公養長子小名啟諱必謙字公籥謚上明生康熙丁亥年六月廿一日午時卒乾隆癸酉年六月初五日巳時塟大堵荒南向又移塟前薛面

妣

本鄉孫氏名寶娘生康熙庚寅年十二月初八日戌時卒乾隆戊申年四月廿六日巳時合塟前薛面坐北向南

子三　莊月　莊圓　莊品 殤

文情

[illegible]公[illegible]生康熙庚寅年八月初一日寅時卒乾隆庚辰年三月十六日辰時塟官山頂

妣　本鄉孫氏名銜娘係邑庠生諱士潤公孫女生康熙庚寅年七月廿日午時卒乾隆丁丑年五月廿三日辰時塟本山前薛面坐北向南

子四　莊彩　莊爍　莊烈　莊華

文登

亨驥公三子名登觀諱必高字公膚諡公山生康熙乙未年九月十四日丑時卒乾隆己丑年三月廿七日巳時塟埔邊面

妣　崙上洪氏名服娘生康熙丙申年二月初十日未時卒乾隆壬申年五月廿日申時塟埔邊面大譜書辛未

繼妣　石兜許氏名黙娘生雍正乙巳年三月十七日未時卒乾隆戊申年四月初七日戌時塟埔邊面

文[illegible] [illegible]公且諱其猷生康熙丙戌

年七月初九日亥時卒乾隆癸未年三月十一日未時塋

後崙頭與祖父同穴乙辛辰戌

妣 鄧厝林氏名孌娘謚淑嫺生康熙己丑年九月初九日辰

時卒乾隆丙辰年二月初八日辰時

繼妣張厝王氏名兑娘謚淑慎生康熙壬辰年正月初八日

寅時卒乾隆辛卯年七月初二日辰時合塋在後崙頭穴

乙辛辰戌

子五 莊乞（禁殤） 莊對 莊珥 莊瑕 莊善（俱王出）

文階 亨朝公次子諱必該謚公括生康熙丙申年閏三月初六

日未時卒乾隆丙午年四月初八日戌時

妣 西門楊氏名濯娘生康熙丙申年三月廿六日酉時卒乾

隆乙巳年三月十四日戌時合塋後水坑在欄山（頂穴壬丙兼子午）

子三　莊陳　莊蒞　莊海

文愈

亨朝公三子諱必愈字公勝生雍正癸卯年七月初七日未時卒乾隆戊申年三月廿六日辰時

妣洒洲王氏名轉娘謚勤儉生雍正丁未年二月初十日巳時卒乾隆丁酉年七月廿八日未時合葬後水坑穴（壬丙子午）

子三　莊瑗　莊謙　莊撮

文應

亨遺公長子諱必應字公夔謚必魁生康熙辛巳年十月十九（大譜書初九日）日辰時卒乾隆丙子年四月初六日未時

妣鄧厝鄧氏名瑾娘生康熙戊子年九月廿（大譜書廿一）三日未時卒乾隆甲午年三月初一日亥時合葬官山頂坐西向東

子二　莊快　莊意

文桓

[illegible]公桓生康熙甲申年十二月初四日丑時卒雍正戊申年八月十一日　時溺在海

文寮

亨遺公三子諱必寮字公緽謚必會生康熙丁亥年九月廿日子時卒乾隆甲戌年十月十一日申時

妣

梨坑林氏名勸娘生康熙辛卯年八月初一日子時卒乾隆丙午年閏七月廿日巳時合葬和尚仔墓坐東向西與公同墓欄穴居北畔

子三　莊白　莊聘（分出洪坑郭家）　莊日

文周

亨質公長子諱必周字公受生康熙甲申年十一月廿六日巳時卒　年三月廿日　時殁葬在臺灣

妣

柯坑張氏名瑾娘生康熙壬辰年十一月廿日辰時卒乾隆乙卯年十二月初三日戌時葬官山頂坐北向南

子三　莊榮　莊正　莊云

文標

亨質公次子名標老諱必標字公錦生康熙辛卯年十一月初八日子時卒無載

妣柯坑張氏名素娘生康熙乙未年十一月初十日辰時卒乾隆壬申年十月十五日戌時塟新塘内坐東向西

繼妣本鄉孫氏名椒娘生卒塟俱無載

子一　莊心　遯出　戊寅己卯叠荒與母孫氏外出無踪已卯冬尋回

文寶

亨豸公長子諱必忠字公沃謚必寶生康熙壬午年五月初十日午時大譜書四月十四未知孰是歿在呂宋卒無攷

妣蔡埭蔡氏名益娘生康熙壬辰年三月廿日辰時卒乾隆丁未年正月廿三日戌時塟官山頂南北向

子二　莊鉛　莊鍚

文亘 [illegible]公爲嗣孫名重諱必信字公言戊寅
歲荒往臺居住生康熙甲申年三月廿八日午時卒乾隆
庚寅年十一月初十日寅時塟
妣 埕邊黃氏名壬娘生康熙戊戌年三月廿六日酉時卒乾
隆丙子年九月廿一日巳時塟海沙又改塟和尚仔墓
子二 莊錢 莊合

文仍 亨參公三子諱必敬字公尊 住臺南路嵌頂瓦窰溝茄東
社生康熙戊子年八月十三日辰時卒塟莫攷
妣 柯倉柯氏名完娘生康熙乙未年十月廿一日戌時卒塟
無載
子二 莊初 莊照

文郁 亨國公長子諱必芳字公襯謚必封生康熙丙戌年十二
月十九日子時卒乾隆丙子年又九月十八日亥時
妣 山兜吳氏名靜娘生康熙丁酉年十月十二日（臺湾書十三）未時卒乾
隆癸巳年五月廿七日戌時合塋和尚仔墓穴居中央
子二　莊却　莊雅

文鸞 亨國公次子小名鸞字公鳳生康熙甲午年四月廿五日
酉時卒年六月十七日塋臺樹仔脚
嗣孫　遂雪（莊雅次子承）

文聡 延公長子名聡叙謚正直生康熙乙卯年六月廿二日子
時卒康熙辛卯年二月初二日辰時塋石室宮面東南
配 張氏（改）
子一　莊發

[illegible]文剛字公毅諡惠榮生康熙甲寅二

[illegible]

月廿二日巳時卒雍正癸卯年四月廿日辰時

妣

清兜施氏名戊娘諡勤慈生康熙丁巳年三月廿三日戌時

卒乾隆癸酉年八月十五日申時合塋埕邊面穴亥巳酙

子三　莊偏殤　莊正長殤　莊京文習四子承

公生平可惜者二可欽者二甫年弱冠屺岵空悲獨與弟經營壽未及杖鄉竟爾徂落可惜也平日謀事心胸迥與人異乃跋前疐後動輒得咎可惜也第為人慷慨好施最憫夫貧乏之無措者使勢得為安知不如文正公之於宗族乎可欽也其又最者吾族祠宇前人已建二次奈海濱遷移所在兵火燼者燼圮者圮祖宗歷年未有寧居至壬辰春公購地始倡議建立鳩工庀材必經一人之之手日夜焦思無非為祠宇計可欽也予以為人當為其可欽已徹之神輿亦豈不靈公建祠一節族議立位俾享千秋惜之

生前反羨之身後內佐之賢中饋娛賓毋亦有古媛風云

侄安傒謹識

文習

演公次子名習觀諱文達字公上謚惠泉生康熙己未年五月初一日亥時卒乾隆乙亥年四月十二日未時

妣　東埔吳氏名瑞娘生康熙乙丑年正月十三日申時卒雍正乙巳年十二月廿六日子時大譜書甲辰

繼　泉城內陳氏名越娘生雍正乙丑年四月廿七日未時卒乾隆乙丑年十一月十八日巳時合塟埕邊面穴乾巽兼巳亥

子五　莊韋　莊傺　莊儲　莊京（俱吳出　承文賁）　莊文（陳出）

公亦都族之望者豪概翩翩亟於伯兄購地倡構祠宇於前公議進主脩譜於後可謂弟兄濟美

[illegible]住臺嶺頂生康熙辛酉年八

月初八日戌時卒乾隆

妣塘邊歐氏名喜娘生康熙辛未年十一月初十日未時卒

乾隆

繼妣臺灣生卒塋俱失載

子三 莊安（養） 莊瑯 莊助（俱臺出）

文第 亨初公次子諱文讀字公勤謚必讀生康熙癸酉年七月

廿二日戌時卒乾隆庚辰年四月初二日巳時

妣湖尾蘇氏名轉娘生康熙庚辰年八月十二日未時卒雍

正戊申年十二月十一日辰時

繼妣呂厝呂氏名玉娘生康熙乙酉年六月廿一日巳時卒

乾隆壬辰年八月十四日辰時合塋后崙頭坐東向西

子五 莊布（蘇出） 莊將（蘇出） 莊勝 莊曹 莊操（俱呂出）

文棟 亨初公三子字公宇謚成才生康熙庚辰年三月初七日戌時卒雍正庚戌年六月初八日申時

妣 浯塘（大埔墓浯墚）吳氏名換娘生康熙丁亥年九月十六日亥時卒雍正庚戌年三月十二日未時

文鶯 亨漸公長子字公越生康熙丙子年正月廿日丑時卒失載殁在臺

妣 赤店曾氏名東娘生康熙　年　月　日　時卒康熙辛丑年四月十七日　時塟

子一　莊論

文燕 亨漸公次子字公瓊生康熙乙酉年五月廿日亥時卒雍正己酉年六月十七日　時殁在臺

文[illegible]
[illegible]住臺[illegible]頂瓦窰溝
配臺灣王氏名椒娘
子三　莊進　莊雙　莊邁

文添
亨信公次子諱文煥字公彰住臺瓦窰溝

文從
亨廷公長子諱必從字公彥住臺瓦窰溝生康熙庚寅年
三月初九日辰時
配竹樹下李氏名催娘　四月十八日忌神
繼配路東陳氏名南娘　二月十八日忌神
繼配浮橋吳氏名腰娘生雍正甲辰年十月十三日　時
子二　莊朗　莊長俱吳出

文甫

亨廷公次子小名甫字公端生康熙庚子年六月十七日
戌時

妣　鍾坑許氏名勤娘生雍正庚戌年八月十四日酉時卒
年二月廿六日　時

子一　莊朝養

文秉

亨廷公三子生雍正乙巳年十二月初六日戌時卒
殤　葬海沙

文變

亨順公長子字公育謚必化生康熙丙戌年九月十三日
子時卒乾隆壬辰年十月初六日丑時葬后畲頭與弟文
成合坐東向西

妣　石菌王氏名妹娘生康熙己丑年正月廿五日子時卒乾
隆甲午年四月廿三日午時葬後畲頭與妯娌吳氏合穴坐北向南

子三　莊琠　莊念　莊法

文成亨順公次子諱必卓字公鮻謚文成生康熙己丑年四月初四日午時卒乾隆癸巳年八月初八日巳時與胞兄合壟在後崙頭

妣埭邊吳氏名攀娘生康熙壬辰年正月十二日辰時卒乾隆戊申年四月初十日酉時壟後崙頭與妯娌王氏仝穴

子一　莊才

文贑亨贊公長子小名贑老生康熙戊子年八月初二日卯時長殤

文聆亨贊公次子名聆老生康熙庚子年八月廿二日巳時

文賜

亨便公長子名天賜生雍正乙巳年七月十九日戌時

文備

亨厚公養子名備老謚必備生康熙己丑年十一月初四日午時卒乾隆丙午年十月十三日午時葬官山內坐西向東

妣

后蘭蔡氏名湊娘謚德孝生康熙丁酉年正月初九日寅時卒乾隆癸未年二月十七日戌時

子三　莊良　莊侃　莊千

文洪

亨守公長子住臺麻六甲生康熙戊戌年四月廿七日寅時

配

楊林王氏名梅娘生雍正癸丑年十一月廿一日戌時

子一　莊蓮

[illegible]生康熙[illegible]年十一月廿四

[illegible]日戌時卒乾隆丙子年七月十七日酉時殁塋在臺麻㸃

文祖 亨守公三子小名祖生雍正丁未年三月初十日酉時任臺蔴六甲

阿保 亨琰公長子隨母嫁漳州府李家

文犖 亨紀公長子名犖叔字公志謚惠斌生康熙甲寅年八月廿七日未時卒乾隆戊辰年五月初八日辰時

妣 石菌黄氏名貴娘生康熙乙卯年三月十八日卯時卒雍正丁未年五月十五日巳時合塋後邊二姆墓側揚吾伯墓北畔乾巽辰戌

子四　莊使　莊紫　莊三　莊芳

文卯

亨紙公次子諱文登字公山謚惠山生康熙壬戌年十月初二日卯時卒乾隆乙丑年七月初七日巳時塟本山大堵荒穴乾巽亥巳

妣　石蘭洪氏名論娘生康熙巳巳年閏三月初六日寅時卒乾隆己卯年八月廿四日寅時塟埕邊面穴乾巽亥巳

子二　莊諸　莊俊

文妙

亨紙公三子諱文奮字公中生康熙乙丑年十一月廿日亥時卒康熙庚寅年正月初九日寅時塟海沙

配　潘徑張氏改

有蠓石二百硃土名第五壞門東為祀業

文[illegible] [illegible]公[illegible]生康熙乙[illegible]六月
初三日午時卒乾隆乙酉年十月初八日卯時塟衝口坐
巽向乾兼巳亥
妣 塘東蔡氏名大娘生康熙乙丑年十月初四日亥時卒乾
隆庚寅年十二月卅日巳時合塟衝口地内穴坐丙向壬兼巳亥
子五 莊齊 莊昆 莊讓出繼后巷先派 莊欣 莊保

文耀 穹章公次子諱文輝字公炫 生康熙丁卯年十月十二日
未時卒乾隆庚申年十二月十八日卯時塟公王邊
妣 潘徑塘邊張氏名惜娘生康熙丁卯年六月廿六日酉時
卒乾隆丁亥年八月初一日辰時塟和尚仔墓坐東向西
子一 莊願

文榮 亨章公三子字公茂生康熙庚午年四月廿六日未時外出不還

文增 亨章公四子諱文光字公明謚惠新生康熙庚辰年九月十一日午時卒乾隆己巳年五月十二日戌時歿于廣南東埔寨港口

妣 甯眉蔡氏名守娘生康熙己丑年七月初一日未時卒乾隆甲子年九月廿日午時塟和尚仔墓向西

子二　莊恰　莊衛

文嘉 亨章公五子小名嘉字公秀生康熙癸未年正月十九日酉時卒乾隆乙丑年五月初七日　時大譜書初一歿在臺灣

文長 [illegible][illegible]子諱必元字公惇謚惠諒生康熙甲戌年十一月廿三日丑時卒乾隆戊寅年十一月十七日辰時葬埕邊面向東

妣 潘徑鄭氏名坤娘生康熙乙亥年九月初六日丑時卒乾隆丁酉年十一月初十日酉時葬灶仔墓坐北向南

子三　莊荼　莊興　莊藻

文起 亨豸公長子諱必成字公就謚質樸生康熙戊寅年七月十七日辰時卒乾隆戊戌年五月初六日寅時葬石室宮坐西向東

妣 石藺王氏名　娘謚凝懿生康熙戊寅年七月十七日卯時卒乾隆癸酉年三月廿五日辰時葬後堀頭與祖姑陳氏仝穴艮坤丑未

子二　莊春　莊秋

文两 亨爹公次子諱必儀字公象生康熙乙酉年十一月十四日亥時卒乾隆戊申年正月卅日　時塟泉城東嶽背東向西

妣 石菌王氏名員娘生康熙己丑年五月初十日巳時卒乾隆乙巳年正月初六日辰時塟埕邊面拱西南

側室康氏

子三　莊垂后巷成挺三子承　莊選嗣　莊建康出

第十三世

莊超 文佑公長子生康熙乙未年十一月初十日酉時卒乾隆己未年三月廿二日亥時塟海沙乾

……生康熙戊戌年七月廿五日

莊玥 未時卒嘉慶癸亥年九月初十日午時塋荒內穴艮坤[車寅]

妣 林尾陳氏名和娘生雍正甲辰年四月廿六日（舊譜書廿八）卯時卒嘉慶壬辰年十一月廿八日巳時與姑合塋荒內穴艮坤[車寅]

子五　遂騫　遂桐　遂默　遂達　遂好

莊諏 文佑公三子字詢侯謚莊鄒生雍正丙午年正月初七日辰時卒乾隆壬辰年四月廿五日　時塋荒內穴艮坤[車寅]

妣 本鄉孫氏名晟娘生雍正甲寅年五月（舊譜作初二）初三日辰時卒道光癸未年正月初七日酉時塋官山埔頂

子三　遂顒　遂肯（幼殤）　遂御

莊定 文助公長子諱莊正字中侯謚乃文生雍正丁未年八月十六日亥時卒乾隆甲辰年閏三月十二日丑時塋和尚

仔墓坐乙向辛兼辰戌繼妣巧娘仝穴

妣潘徑張氏名蜜娘謚靜順生雍正庚戌年十月（舊譜作九月）十八日辰時卒乾隆丁丑年七月十三日辰時塟官山頂拱南

繼妣龍霞吳氏名巧娘生雍正丁未年十一月廿九日亥時卒乾隆戊戌年四月初八日亥時與公合塟在和尚仔墓

繼妣洪塘吳氏名恁娘生雍正辛亥年二月初十日午時卒嘉慶壬戌年正月十五日辰時塟和尚仔墓祔公墓側穴居南畔

子五　遂鳳　遂武　遂從　遂寬　遂臚

莊伍

文助公次子諱莊桂字攀侯謚乃厚生雍正辛亥年十二月廿五日戌時卒嘉慶戊辰年正月廿八日丑時塟和尚仔墓穴乙辛辰戌

妣洒洲王氏名二娘謚節制生雍正辛亥年十月初九日（舊譜書初十）酉

[illegible]年五月初三日寅時塟坑后

子四　遂悦　遂江　遂晚　遂斗

莊仰

文珍公長子諱莊高字望侯謚莊望生康熙庚子年九月初十日酉時卒乾隆戊申年四月初七日寅時

妣窒曆蔡氏名怨娘生雍正辛亥年正月廿九日午時卒嘉慶庚午年四月廿三日午時合塟和尚仔墓穴居南畔子遂酒祔

子四　遂琴　遂生　遂萃　遂酒

莊景

文珍公次子字致侯謚莊景生雍正庚戌年十一月十八日戌時卒乾隆丁未年十月初十日　時歿于臺

配草洪塘湯氏名末娘生乾隆丙辰年十二月　日未時

莊使　文珍公三子字命侯謚莊君生雍正乙卯年正月十五日未時卒乾隆丁酉年六月初二日子時
妣洪坑郭氏名腰娘生乾隆己未年七月廿五日巳時卒乾隆丙申年十二月初二日巳時合塟埔邊西穴丁癸未丑
子一　遂廉

莊毛　文珍公四子出継　文登

莊月　文啟公長子名月老字明侯生雍正壬子年五月初五日戌時卒乾隆丁未年十月　日　時塟莊官山
妣陳厝陳氏名棗娘生雍正壬子年正月十六日亥時卒乾隆癸未年四月初十日辰時塟官山
子一　遂纘

莊日[illegible]字[illegible]偵生雍正乙卯年八月十八日寅時卒乾隆戊申年四月十三日亥時葬海沙墘

妣西湖藕氏名銀娘生乾隆辛未年四月初八日卯時卒乾隆戊申年四月廿八日未時葬海沙墘

子二 遂詣（莊彩次子承） 遂楓

莊品 文啟公三子名品老生乾隆丁卯年十二月十五日子時卒乾隆己卯年八月初三日申時葬海沙墘

莊彩 文愷公長子諱莊元字五侯（謚必元）生雍正己酉年十月廿四日（查大譜書廿二）戊時卒乾隆戊申年五月廿八日未時

妣石菌洪氏名罔娘生雍正庚戌年三月（查譜書正）廿二日亥時卒嘉慶辛酉年正月廿四日酉時合葬前薛面第三堆坐北向南

子二 遂詢 遂詣（出承莊日）

莊燦

文愷公次子名燦光叔字光侯謚莊耀生雍正乙卯年十月初十日辰時卒嘉慶丁卯年九月初五日己時塋官山下塚坐西北向東南

嗣孫　進赫　遂順三子承

莊烈

文愷公三子諱莊文字辟侯謚莊炎錦　炎生乾隆辛酉年正月初四日己時卒嘉慶甲戌年閏二月十二日辰時塋官山埔頂坐西向東子遂順婦孫氏附向西

妣柯舍柯氏名隨娘生乾隆壬戌年四月十二日戌時卒道光癸未年九月十三日未時塋官山埔頂

養子　遂順

莊華

文愷公四子字仁侯謚莊榮生乾隆丁卯年七月十一日丑時卒嘉慶辛未年十月初五日酉時塋前薛面第四堆坐北向南

妣[illegible]娘生乾隆丁卯年七月廿七日申時卒嘉
慶甲戌年九月初七日酉時塟前薛面
子三　遂諒　遂和　遂益養

莊⿱毛灬

文登公長子文珍四子嗣字岳侯謚莊重生乾隆庚申年
正月初三日亥時卒乾隆戊申年正月初三日酉時塟埔邊面

妣　龍源施氏名順娘生乾隆庚申年二月十五日辰時卒乾
隆癸未年十月廿五日　時塟埔邊面

繼　妣漳洲張氏名河娘生乾隆辛酉年八月初一日　時卒
乾隆戊申年三月十二日未時塟埔邊面

子二　遂芽　遂水

莊跨

文登公次子字揚侯謚莊美生乾隆庚午年六月十四日
寅時卒乾隆戊申年三月初五日戌時塟埔邊面

妣
後林許氏名鸞娘生乾隆丙子年十二月廿六日　時卒
乾隆戊申年六月初六日未時塋埔邊面
嗣子　遂沛莊盾次子嗣

莊雲
文登公三子字瑞侯謚莊青生乾隆甲戌年十一月十八
日丑時卒乾隆戊申年四月廿六日未時塋官山埔
妣
柯倉柯氏名紕娘生卒塋俱無攷
繼
配埕邊陳氏名冬娘攷
子一　遂抱陳出

莊盾
文登公四子字執侯謚莊追生乾隆庚辰年十月十七日
寅時卒嘉慶庚午年三月廿九日未時塋官山下塚

妣茂陳陳氏名辰娘生乾隆癸巳年　月　日　時卒嘉慶乙丑年二月廿四日子時塟官山埔

繼配柯坑張氏改

子三　遂謦　遂沛出繼莊跨　遂亘

莊口

文科公長子字可侯生乾隆壬子年五月廿日未時卒嘉慶壬戌年八月十一日戌時長殤

莊邈

文科公次子字綿侯出贅清兜張家生嘉慶戊午年三月初二日未時

莊乞

文祥公長子生卒塟俱失載

莊對　文祥公次子諱莊墀字策侯謚莊遲生乾隆己未年三月廿四日卯時卒乾隆壬辰年十月廿一日申時塟官山塚

妣　東石黃氏名定娘謚勤慈生乾隆壬戌年四月初十日未時卒乾隆己丑年五月廿三日未時塟海沙墘

嗣子　遂椰莊珥次子承

莊珥　文祥公三子諱莊瑞字輯侯住臺蔴六甲生乾隆癸亥年六月十九日卯時卒嘉慶丙寅年二月初十日酉時

妣　大宅陳氏名曲娘生乾隆戊寅年十二月廿一日　時卒道光甲午年五月初三日戌時塟臺麻六甲

子二　遂椰出繼莊對　遂璣

莊瑕　文祥公四子諱莊瑜字瑾侯生乾隆丙寅年十月初一日子時卒乾隆甲寅年十二月廿九日　時塟臺下漉塌內塚地拱前

子二 遂按 遂炎

莊善 文祥公五子字篤侯謚莊慶生乾隆庚午年七月十一日卯時卒乾隆戊申年四月廿六日未時塟赤塋頂與功弟莊瑗仝穴壬丙亥巳

配 窒厝蔡氏名儀娘 改

嗣子 遂作 莊摄六子承

莊陳 文該公長子字莊侯謚莊陳生乾隆戊午年八月初十日丑時卒乾隆戊申年二月初一日寅時

妣 南安下尾蔡氏名恬娘謚静順生乾隆咸(乙)丑年十月十五[illegible]日午時卒乾隆戊申年二月廿日申時合塟後水坑穴壬丙子午

子二 遂義 遂鬭 出繼莊海

莊懿 文該公次子諱莊花生乾隆辛酉年五月初五日子時卒

乾隆　年九月十五日　時塋臺灣蘇六甲埔

妣滬厝垵柯氏名悅娘生乾隆甲子年三月十四日戌時卒

乾隆戊申年正月廿七日　時塋官山穴壬丙與莊海並坐在中央

子二　遂八（出繼莊海）　遂笑（幼殤）

莊海 文該公三子名海叔謚莊深生乾隆丁丑年七月初一日

子時卒乾隆壬寅年四月廿九日巳時塋官山穴壬丙與[illegible]並坐北堆

聘高后王氏　改

嗣子　遂八（莊懿長子入承）　遂闖（莊陳次子承）

莊瑗 文愈公長子名瑗叔謚莊瑗生乾隆戊寅年十月初二日

子時卒乾隆庚子年十一月卅日巳時塋赤墓頂坐壬丙

兼亥巳又移塋官山頂

子二 遂壇莊謙長子承幼殤 遂謝養

莊謙

文愈公次子名謙叔謚莊受生乾隆壬午年閏五月初二日酉時卒乾隆戊申年九月初十日午時殁在臺海埔厝至道光甲申年拾田塋在官山頂

配港塔林氏名間娘改

子三 遂壇出繼莊瑗 遂葉幼殤 遂寢莊撮長子嗣

莊撮

文愈公三子名撮叔字要侯號賢侯生乾隆丙戌年十月十七日子時卒道光戊戌年正月初三日戌時塋官山埔穴庚甲申寅

妣滬厝垵柯氏名洒娘謚懿德生乾隆庚寅年六月十三日巳時卒乾隆己酉年正月初九日巳時塋赤墓頂穴壬丙亥巳

繼妣清兜張氏搆娘謚慈惠生乾隆戊子年七月廿八日未

時卒嘉慶癸酉年六月十四日未時塟官山埔
子六　遂寢（出承莊韡）　遂球　遂寧　遂碍　遂炳　遂作（出繼莊善　俱張出）

莊快

文應公長子字慊侯謚莊慊生雍正辛亥年八月十一日酉時卒乾隆辛丑年十月十九日午時塟官山坐北向南
配潘徑鄭氏名玉娘改
子二　遂語　遂雲養

莊意

文應公次子名意老字心侯住臺蔴六甲生乾隆丁丑年正月初三日（舊譜作初四）子時
養子　遂塔

莊白

文容公長子字玉侯住臺蔴六甲生雍正甲寅年正月十五日申時

子一　遂力

莊聘　文密公次子字朝侯謚莊文生乾隆乙丑年五月初九日丑時卒嘉慶甲戌年二月初一日巳時塟官山埔

妣　路塘蔡氏名妹娘生乾隆丙子年七月初七日午時卒乾隆甲寅年正月初八日未時塟和尚仔墓坐乙向辛穴居中央

繼　妣象頭許氏名　娘生乾隆癸酉年三月廿七日申時卒嘉慶癸酉年八月十一日未時塟官山埔

子一　遂看 蔡出

莊日　文密公三子字升侯（一字賓侯）謚莊毅生乾隆辛未年三月初三日子時卒　年八月廿六日巳時塟和尚仔墓

妣　西坑林氏名專娘生乾隆庚寅年　月　日　時卒道光

壬辰年九月初六日巳時塟西沙尾坐東向西

子二　遂換　遂揩

莊榮　文周公長子字尊侯住臺麻六甲生乾隆己未年七月十二日巳時

配

莊正　文周公次子字德侯生乾隆乙丑年六月初七日巳時卒于臺不知所之

妣　檗谷唐氏名敎娘生乾隆戊寅年十二月廿六日辰時卒嘉慶辛未年十月十四日卯時塟官山下挖坐北向南

子二　遂水　遂明

莊心　文標公長子生乾隆丁丑年八月廿五日子時戊己疊荒與母外出無踪已卯冬尋回無娶

莊鉊　文寶公長子字石侯生雍正庚戌年九月廿九日卯時卒乾隆戊申年四月廿三日　時塟海沙墘

妣　埭邊蔡氏名所娘生失載卒乾隆戊申年十二月卅日時塟海沙墘

子五　遂腰（長殤）　遂浩　遂困　遂嶠　遂卧（俱幼殤）

莊錫　文寶公次子字福侯生雍正壬子年十月十八日亥時

住臺

莊錢　文亶公長子長殤生乾隆己未年五月十八日卯時卒乾
隆戊寅年十二月　日　時歿葬在臺

莊合　文亶公次子往臺
配
子二　遂巽　遂勤

莊初　往臺　文仍公長子生乾隆辛酉年三月廿五日　時

莊照　往臺　文仍公次子

乾隆辛□年三月初八日

莊扌

寅時卒乾隆戊申年五月初五日卯時塋海沙又移塋官

山與祖亨國合堆

妣

石蘭張氏名引娘謚勤順生乾隆壬申年十月初九日寅

時卒乾隆戊申年五月初九日辰時塋海沙墘

子二

遂劇 隨母来養 遂瓶 莊雅三子承

莊雅

文郁公次子字頌俟生乾隆辛未年四月十八日寅時卒

道光丁亥年二月十一日未時塋鴨外又移塋官山

妣

大坑園吳氏名專娘謚恬德生乾隆丙戌年四月初六日

午時卒咸豐辛亥年二月廿三日未時塋官山埔

子三

遂廳 養 遂雪 出繼文鸞公為嗣孫 遂瓶 出繼莊卸

闕

文鸞公派

嗣子　遂雪（莊雅次子承）

莊發

文聰公長子字祥侯生康熙庚辰年正月十九日　時卒雍正　年二月初二日辰時塟石室宮向東

配柯倉柯氏（改）

莊偏

文賞公長子諱莊麗生康熙甲申年　月　日　時卒康熙　年　月　日　時塟海沙

莊正

文賞公次子諱莊嚴字威侯生康熙壬辰年八月廿四日申時卒雍正癸丑年十月廿一日　時塟海沙

莊[illegible]　[illegible]子晉字青侯謚莊選生康熙壬寅年七月廿一日子時卒乾隆己丑年五月十一日午時葬海沙墘坐北向南

妣草洪塘黃氏名月娘生雍正丁未年七月初二日（舊譜書初四）丑時卒嘉慶庚申年閏四月初三日子時葬官山埔

子三　遂梅　遂桔　遂椿

莊羣文習公長子字超侯謚莊才生康熙甲申年十一月廿五日巳時卒乾隆己巳年八月廿日子時葬埕邊面穴亥巳丙

妣英林洪氏名勸娘生康熙丙戌年二月初一日戌時卒乾隆甲寅年十月廿一日戌時葬埕邊面坐西向東

子五　遂廣　遂彥　遂殊（出承陳家姑丈）　遂仲　遂約

莊僚　文習公次子諱莊百謚師侯生康熙庚寅年三月十七日申時卒乾隆庚辰年正月廿二日未時

妣　本鄉蔡氏名蔭娘生康熙癸巳年十二月十六日亥時卒乾隆庚辰年三月十三日辰時合塋埕邊面穴乾巽巳（塋父墓側南畔）

子二　遂鰲　遂璉

莊儲　文習公三子諱莊鋭字毓侯生康熙丙申年十一月卅日戌時卒乾隆乙巳年四月廿六日巳時塋圳頭厝牛埔内

妣　石菌洪氏名意娘生雍正甲辰年八月初五日戌時卒嘉慶甲子年八月卅日丑時塋圳頭厝

子三　遂天　遂然　遂魏

莊京　文習四子出繼文賞

莊文
文習公五子名斯文長殤生雍正戊申年七月初十日
時卒乾隆己巳年正月廿一日　時塋海沙

莊宗
文圭公長子住臺生卒失載
妣卓氏名意娘生卒莫攷
子二　遂佑　遂因

莊瑯
文圭公次子住臺
妣張氏名次娘
子二　遂送　遂團

莊助
文圭公三子住臺

莊布　文第公長子
幼殤

莊將　文第公次子
幼殤

莊勝　文第公三子字彬侯謚莊貞生雍正乙卯年十二月廿二日寅時卒嘉慶戊午年五月初八日亥時歿塟在臺海埔厝

妣　石蘭黃氏名衛娘謚惠和生乾隆戊午年五月初八日亥時卒道光乙酉年三月初九日午時塟在官山

子三　遂藹　遂葵　遂狠

莊曹　文第公四子字爾侯謚莊部生乾隆戊午年六月初十日戌時卒乾隆甲午年八月初四日酉時歿在臺灣海埔厝

[illegible]閏乙丑年

子一　遂拓 幼亡

莊𡒄　文第公五子，字節侯，任臺海埔厝，生乾隆庚午年十二月十一日丑時，卒嘉慶辛未年十一月初三日巳時

妣　臺灣林氏，名熟官，生乾隆己丑年五月初四日巳時，卒道光戊申年十月十一日子時，塟臺地藏王塚

子二　天慶　天來

莊論　文鶯公長子，字護侯，任臺嵌頂瓦窯溝，生康熙辛丑年正月初七日　時

妣　蕭下蕭氏，名衆娘

子二　遂蔦　遂畨

莊進 文再公長子字朝侯任臺
配李氏名
子一 遂開殤

莊雙 文再公次子字晁侯任臺
配 氏
子一 遂遜

莊邁 文再公三子字行侯任臺
配陳氏改
子二 遂富 遂來養

莊〔〕任臺　〔〕生乾隆戊辰年七月初四日辰時

莊長　文從公次子

莊朝　文甫公養子生乾隆己巳年九月廿九日寅時

莊瑚　文變公長子諱莊𤧚字器倏謚莊瑚生雍正乙卯年四月初五日亥時卒嘉慶丙辰年正月十六日巳時塟官山𡽗

妣　曾厝曾氏名示娘生乾隆庚申年七月初二日卯時卒嘉慶癸酉年十一月初七日酉時塟官山𡽗内

子四　遂𨑳　遂縕　遂粒　遂卑

莊念

文燮公次子諱莊懷字思侯謚莊念生乾隆辛酉年二月初六日子時卒乾隆甲午年十二月廿六日子時塟官山埔坐西向東

妣石蘭黄氏名宜娘生乾隆壬戌年十月廿三日酉時卒乾隆己丑年二月廿七日戌時塟官山埔坐北向南

子二　遂超　遂賓

莊法

文燮公三子諱莊語字從侯任臺生乾隆甲子年八月廿日亥時卒嘉慶甲戌年二月廿五日巳時塟臺四堁厝埔

享年七十一

妣　氏

子一　遂清

莊才

[illegible]子名娟才諱莊德謚俊侯生乾隆庚申年十二月初七日戌時卒嘉慶乙丑年五月廿五日丑時葬后崙頭坐北向南穴居西畔

妣東埔吳氏名大娘生乾隆甲子年十一月十九日午時卒嘉慶丁丑年七月廿日巳時葬官山埔

子四　遂耦　遂仁　遂近　遂運

莊良

文僃長子字善侯謚莊良生乾隆丁巳年十二月十四日申時卒嘉慶丙寅年正月十五日辰時葬官山埔

妣湖尾傅氏名專娘生乾隆辛酉年三月廿一日亥時卒乾隆戊申年十月廿三日未時葬海沙墘

繼妣

子二　遂天　遂俊養嗣支孫茲蒲　茲旋二房廻俊子承

莊侃　文備公次子字直侯生乾隆乙丑年五月初三日寅時

莊千　文備公三子字化侯生乾隆戊辰年十一月初九日卯時

莊蓮　文洪公長子諱莊金任臺麻六甲生乾隆壬申年十一月初一日午時

莊使　文犖公長子名一使諱莊宜字式侯謚宜侯生康熙丙子年十二月初一日酉時卒乾隆丁丑年九月廿九日戌時
塟官山頂向南

妣　鮑厝黃氏名引娘生康熙丁丑年四月十二日寅時卒雍正乙巳年五月十八日申時塟後邊向西

生康熙辛巳年四月十九日辰時卒
乾隆庚辰年七月初一日申時塟官山頂與公並列南畔
子四　遂高殤　遂明殤　遂猷　遂尾俱陳出 出承孫遵　黄生一女名聘娘 適東埔吳家

莊紫

文聲公次子名紫叔諱莊華謚英侯生康熙壬午年閏六
月初三日子時卒乾隆庚辰年五月初三日未時

妣　本鄉孫氏名末娘生康熙甲申年三月十四日卯時卒雍
正戊申年十月十九日巳時

繼　妣張厝王氏名快娘生康熙丁亥年八月十八日未時卒
乾隆庚申年十月十九日辰時合塟坑后穴甲庚卯酉
子二　遂宗孫出　遂望王出

莊三

文聲公三子諱莊輔字相侯謚成侯生康熙乙酉年六月
十四日辰時卒乾隆壬寅年二月十八日寅時塟本山大

堉荒坐西向東分金乾巽戌辰

妣石菌洪氏名夏娘生康熙丁亥年四月初四日亥時卒雍正己酉年閏七月初十日辰時塋西沙向西

繼妣謝厝街謝氏名踐娘生康熙庚寅年九月十六日未時卒乾隆庚辰年二月廿一日戌時塋埕邊面坐西向東

子四　遂葳　遂乞　遂請　遂謀 俱謝出

莊芳 文聲公四子諱莊立字植侯謚靜軒生康熙己丑年四月廿四日丑時卒乾隆丙戌年十一月初三日巳時塋官山溝坐西向東

妣石菌黃氏名二娘生康熙癸巳年十二月十五日丑時卒乾隆庚戌年四月初四日卯時塋官山溝坐乾向巽

子二　遂瀟　遂依

子諱莊書字錫侯諡德侯生康熙丙申年五月

莊書 初十日酉時卒乾隆癸未年十月廿五日酉時

妣 張厝王氏名海娘生康熙乙未年四月廿六日卯時卒乾隆戊申年三月廿日酉時合塋埕邊面坐西南向東北三子遂情祔

子六 遂昭 遂煥 遂情 遂理 遂萬 遂安

莊俊 文卯公次子諱莊振字萃侯諡乃信生雍正甲辰年十二月廿四日申時卒嘉慶丙寅年十一月廿三日酉時

妣 柯倉柯氏名換娘生雍正丁未年閏三月（舊譜書正三月）廿日寅時卒嘉慶乙丑年七月十八日寅時合塋和尚仔墓坐乙向辛兼辰戌

子六 遂統 遂龐 遂賀 遂殊 遂鳳 遂六

莊齊 文顯公長子字宣候謚克家生康熙戊子年八月初五日
未時卒乾隆戊申年正月廿九日辰時
妣 窒厝蔡氏名寶娘謚節孝生康熙甲午年二月初二日亥
時卒乾隆戊申年二月十三日未時合塟大堉荒坐辛向
乙兼戌辰
子二　遂典　遂全

莊昆 文顯公次子字仲候謚克玉生康熙壬辰年正月初五日
子時卒乾隆丁未年九月廿四日子時
妣 埕邊陳氏名姿娘生康熙庚子年六月十六日酉時卒乾
隆丙午年正月廿一日戌時合塟大堉荒坐乾向巽兼巳亥
子四　遂雄　遂潛　遂瑯（出繼滌叡）　遂慈

莊訥

三子 出刹后巷先添

莊欣

文顯公四子字喜侯謚克然生康熙戊戌年正月廿六日辰時卒

合塟大阻坊坐辛向乙兼酉

妣坂頭蔡氏名巧娘生雍正辛亥年五月初三日寅時卒乾隆丁酉年五月初八日午時

子三 遂潘 遂汀 遂昇

莊保

文顯公五子諱莊助字佑侯謚貽長生雍正甲辰年閏四月廿五日酉時卒嘉慶丙辰年正月初二日辰時

妣柯坑張氏名二娘生二女生雍正戊申年十二月十六日卯時卒乾隆戊寅年九月初十日巳時塟大堵荒泉上坐西向東

繼妣高厚王氏名珠娘生雍正庚戌年七月廿七日巳時卒

嘉慶　年五月廿五日未時塟臺灣漳化山

子三　遂求　遂麟　遂美俱抱養

莊頤　文耀公長子諱莊行字志候謚維謹生雍正乙巳年四月初九日申時卒嘉慶壬戌年二月初三日辰時塟清口坐東向西

妣　潘從涂氏名姿娘生雍正辛亥年正月十二日辰時卒嘉慶丁卯年十二月廿二日子時塟官山坐北向南

子四　遂任　遂面　遂銘　遂想

莊恰　文增公長子諱莊任字奭候生雍正戊申年九月十九日戌時卒乾隆甲戌年五月初九日寅時在臺教讀塟臺之蓮池潭小新營廍外小埔

配　槃谷黃氏改

莊衛

[illegible][illegible]公次子字護侯生乾隆戊午年九月十七日戌時

莊恭

文長公長子諱莊定字敬侯生康熙丁酉年正月初五日未時卒乾隆癸酉年五月廿七日丑時塟西沙尾

配石菌洪氏名菊娘生康熙壬寅年二月廿八日卯時

子　遂禎

莊興

文長公次子諱莊旺字盛侯生雍正丁未年六月十四日戌時

配埕邊陳氏名漸娘生雍正辛亥年二月廿七日寅時

子二　遂專 養　遂欽 后卷莊旺三子嗣

莊藻　文長公三子字薦侯謚莊道生雍正壬子年正月初十日
子時卒乾隆己卯年五（有譜書六月）月廿六日寅時殁于臺灣南路麻
六甲
子二　遂棣　遂花　莊健次子承

莊春　文起公長子名春桂諱（字莊志）莊香字熙侯生雍正庚戌年正月
十五日申時卒乾隆壬午年閏五月初六日　時葬西（汱）向西
配　本鄉蔡氏名嫒娘改
子一　遂初

莊秋　文起公次子名秋桂諱（字睽侯）莊芳謚芬侯生雍正癸丑年八月
初五日亥時卒嘉慶戊寅年二月廿七日午時葬海墘
妣　洈厝垵柯氏名丑娘生乾隆庚申年二月十五日辰時卒
嘉慶己巳年十二月廿五日寅時葬海墘

子二　遂執　遂森

莊垂

文两公長子后巷成挺三子承諱莊顧字得侯生雍正丙午年十一月初二日午時

妣

石菌洪氏名懇娘生雍正丙午年四月初四日寅時卒乾隆丁亥年九月初七日丑時塟海沙

子二　遂泮　遂等

莊選

文两公次子諱莊拔字遠侯生雍正壬子年十二月十二日辰時卒乾隆丁酉年四月十六日巳時塟海沙

妣

滬厝垵柯氏名罕娘生雍正乙卯年十二月廿二日巳時卒嘉慶甲戌年八月廿四日亥時塟臺四塊厝埔

子二　遂灘　遂語

莊健文兩公三子名見光諱莊業謚達侯生乾隆己巳年九月初三日辰時

妣前坡蔡氏名順娘生乾隆辛巳年六月初四日亥時卒乾隆己亥年四月初六日午時塟海沙

繼妣滄塔林氏名親娘生乾隆丁丑年十月廿日寅時卒臺

子二　遂瓊　遂花出繼莊漢俱林出

第十四世

遂騫莊琛公長子字遂虧謚謀玉生乾隆壬戌年十月初二日未時卒嘉慶丙子年五月廿一日巳時塟官山埔

妣埭邊許氏名片娘生乾隆丙子年十二月十一日未時卒道光丁亥年六月廿三日亥時塟

進[illegible]　進素　遂進裁

遂桐　莊琛公次子字謀梓謚遂桐生乾隆己巳年六月廿九日戌時卒乾隆辛酉年十二月十八日辰時塟官山頂

妣　室厝蔡氏名聘娘謚勤儉生乾隆甲申年四月十二日丑時卒道光癸卯年七月初五日丑時塟官山

養子　進甘

遂默　莊琛公三子字謀識謚遂默生乾隆壬申年正月十一日酉時卒乾隆庚子年四月十三日午時塟官山

妣　湖尾蘇氏

嗣子一　進素遂騫次子承

塔江劉氏家譜

遂達

莊琛公四子小名達謚遂通生乾隆乙亥年五月十一日辰時卒嘉慶戊申年五月初五日酉時

妣　本鄉蔡氏名足娘謚順德生乾隆丁亥年十一月卅日酉時卒乾隆丁未年四月廿四日酉時合塋官山頂

繼　配柯倉柯氏改

嗣子　進黨 遂好三子承

遂好

莊琛公五子字謀會謚遂好生乾隆辛巳年十月初九日戌時卒嘉慶辛未年三月初十日辰時塋官山坡

妣　石菌王氏名族娘謚端靜生乾隆己丑年九月廿三日未時卒道光辛巳年五月廿五日午時塋官山埔

子四　進朕 幼亡　進壬　進黨 出嗣遂達　進眹 幼殤

遂[illegible]

[illegible]諏公長子諱遂若字謀聖生乾隆癸酉年七月十四日戌時卒嘉慶己巳年六月初六日巳時歿葬在臺海埔厝

至道光甲申年閏七月拾回塋官山埔

子二　進捒養幼亡　進養遂御次子承

遂肯

莊諏公次子

幼殤

遂御

莊諏公三子諱遂侍字謀治生乾隆壬午年三月十八日午時卒道光癸巳年十月廿一日辰時葬埕邊面穴乾巽亥巳

妣

湖尾李氏名鬆娘謚慈德生乾隆庚寅年七月初十日己時卒咸豐壬子年七月初四日丑時塋官山埔

子二　進摘　進養出繼遂顒

遂鳳 殤 莊定公長子

遂武 莊定公次子諱遂烈字謀城生乾隆癸酉年二月十五日寅時卒道光辛卯年十月十八日午時移塟官山埔穴乾巽亥巳

妣潘徑張氏名賢娘謚謙益生乾隆甲戌年七月十五日丑時卒道光乙未年八月初五日戌時移塟官山

子五　進懷殤　進敦　進龥殤　進敷　進艮

遂從 莊定公三子諱遂心生乾隆庚辰年八月廿八日巳時

遂寬 莊定公四子諱遂容字謀裕生乾隆壬午年十一月廿六日亥時卒道光丙申年十二月廿四日巳時塟官山頂坐甲向寅兼庚申

妣

上還孫氏名審娘生乾隆壬午年七月廿日丑時卒道光己亥年十一月初二日戌時塋官山頂

子四　進設幼殤　進淵　進聰幼亡　進拱長殤

祖考之於孫子固甚願其振〻繩〻蕃衍而勿替也孫子之於祖考尤當念其穆〻洋〻富祀而無疆也故支分派別族繫頗繁代遠年湮報本易怠此為子孫者所以有不知所自出之虞而為祖宗者所以有不享其子孫之憾也我族　寬叔者前嘉慶戊寅年建議脩理宗祠庚辰年建議脩輯譜繫鼎力招集不吝功夫由是而祖考肅廟宇之觀瞻子孫無散落之名字矣此非念祖考之心之至愛族人之意之切何以若斯哉人咸曰此吾鄉得望人也吾以為孝心所致

族侄子寔謹識

遂臏　莊定公五子　幼殤

遂恍　莊伍公長子　幼殤

遂江　莊伍公次子生乾隆己卯年七月初七日亥時　幼亡

遂晩　莊伍公三子字謀景謚遂榆生乾隆辛巳年三月廿七日子時卒嘉慶己巳年十二月十五日卯時塟官山頂

妣　赤庴曾氏名卯娘謚節儉生乾隆壬午年七月廿九日卯時卒道光辛巳年正月廿二日未時塟官山頂

子五　進奪　進馳殤　進鍘殤　進本往臺不知所之　進彪幼亡

遂斗 莊伍公次子名斗諱遂玉謚謀德生乾隆辛卯年七月十六日戌時卒嘉慶庚辰年十月初一日戌時

妣 清浼張氏名恩娘生乾隆辛卯年九月廿六日亥時卒乾隆己酉年七月初九日未時塟清兜山

繼 妣小坑園吳氏名未娘謚温柔生乾隆乙未年十月初三日己時卒咸豐壬子年四月廿四日未時塟埕邊面與公仝穴男進騧附

子二 進騧 吳出 進吻 遂仁三子承

遂琴 莊仰公長子字謀平謚遂和溺水生乾隆辛未年六月廿三日亥時卒乾隆辛丑年三月初八日戌時塟官山下塚坐北向南

配 窒厝蔡氏名大娘 改

子一 進飲

遂生

莊仰公次子字謀道謚遂生生乾隆丙子年八月廿七日子時卒乾隆戊申年四月廿一日未時塟官山

配 高厚王石氏名亥娘改

遂萃

莊仰公三子字謀拔謚遂欺生乾隆辛巳年五月初四戌時卒乾隆戊申四月初四日丑時塟官山

妣 山兜吳氏名卯娘謚勤順生乾隆乙酉年正月初三日卯時卒乾隆戊申年三月十二月日午時塟官山

遂酒

莊仰公四子名酒叔諱遂音號謀音生乾隆丙申年正月廿五日寅時卒嘉慶庚午年四月初三日午時塟

妣 窯厝蔡氏名恠娘謚懿德生乾隆丁酉年正月初一日　時卒同治壬戌年正月廿三日申時合塟和尚仔墓穴居南畔乙辛辰戌

子二 進宅蔡出 進閤 養

遂康 莊使公長子溯海生卒失記

遂纘 莊月公長子名纘字謀繼生乾隆庚辰年七月廿六日辰時卒乾隆戊申年三月　日　時歿在臺灣

遂詣 莊回公長子莊彩次子嗣字謀品謚遂詣生乾隆丙子年十月十七日巳時卒嘉慶丙子年十月廿二日申時塟官山

妣 大房許氏名靜娘生乾隆己丑年八月十七日酉時卒嘉慶丙辰年九月十四日辰時塟官山塚坐東向西

繼 妣東石蔡氏名欣娘生乾隆己丑年二月十七日巳時卒嘉慶辛酉年二月廿一日酉時塟官山坐南向北

繼 妣洪塘張氏名示娘謚貞順生乾隆己卯年六月初六日時卒道光辛卯年九月十一日酉時塟官山

子一　進創（許出）

遂楓　莊回公次子（殤）

遂詢　莊彩公長子諱遂洛字謀賢謚遂詢生乾隆甲戌年閏四月十二日寅時卒乾隆辛亥年三月初一日辰時塟

妣伍堡王氏名美娘生乾隆己丑年十二月初二日卯時卒乾隆戊申年四月廿六日亥時塟官山埔考妣仝塋子進發（仝僩）

繼妣清兜張氏名巧娘生乾隆乙酉年十一月初八日戌時卒乾隆辛亥年十月初六日午時塟

子一　進發（張出）

遂諧　莊彩次子出承莊回

嗣孫一　進赫　遂順三子承

遂順

莊烈公養子名光順諱遂泉字諒源謚遂章生乾隆庚寅年四月初十日子時卒道光庚戌年四月廿八日未時同治己巳年拾月移塋在官山埔頂祔父母壙內

妣

本鄉孫氏名呠娘謚靜翕生乾隆辛卯年正月初五日卯時卒咸豐壬子年六月初六日未時塋官山埔頂（考妣與父合塋官山向西）

子五　進惹　進凝　進赫（出繼莊燦公為嗣孫）　進催　進詎

遂諒

莊華公長子諱遂信字諒貞生乾隆丁酉年五月廿一日午時卒道光丁酉年九月初十日酉時塋官山

妣

埭邊吳氏名持娘生乾隆乙巳年七月廿四日申時卒道

光乙未年九月初十日寅時塟官山
養子一　進蔭

遂和
莊華公次子
殤

遂益
莊華公養三子名媽益諱遂增字謀加生乾隆戊申年二月初二日巳時卒道光庚子年二月初五日巳時塟官山
妣
馬坪林氏名艮娘生乾隆庚戌年九月十三日戌時卒道光壬午年五月廿七日午時塟在宮山
子二　進座　進厚

遂芽
莊焉公長子名文芽諱遂萌任臺生乾隆乙未年四月廿三日巳時卒　年七月十八日　時歿在臺南路

遂水

殤 [illegible]公次子名雖水

遂沛

莊跨公嗣子莊眉次子承 小名沛字謀然生嘉慶丙辰年 月 日 時卒道光戊戌年四月初三日亥時歿在臺

麻六甲拾田塋在官山

妣石梵許氏名花娘 改

養子 進做

遂抱

莊雲公長子諱遂懷生乾隆丁未年六月廿七日寅時卒道光乙未年四月十一日卯時塋官山埔

妣湖尾蘇氏名草娘生嘉慶庚申八月卅日 時卒同治己巳年五月廿七日卯時

子二 進希 進稟

遂謩
莊盾公長子名謩諱遂美生乾隆壬子年正月廿四日
時卒道光丁酉年六月十三日申時塟官山
妣曾厝曾氏名趕娘謚勤慈生嘉慶己未年八月十四日
時卒同治癸亥年四月十一日巳時塟官山
嗣子　進河遂睿四子承　進偕遂睿五子承

遂沛
莊盾次子出承莊跨

遂旦
莊盾三子
幼殤

遂梆
莊對嗣子莊珥長子承諱遂絜　住臺麻六甲

嗣子　進先　進義 [illegible]

遂榔

莊珥長子出承莊對

遂璣

莊珥公次子名文璣諱遂璇　住臺麻六甲生乾隆丁酉年四月廿四日寅時卒道光辛卯年七月十三日巳時

妣

臺灣林氏名腰娘生乾隆壬寅年二月初九日酉時

子　天載　進信　進康　進悔

遂按

莊瑕公長子諱遂圖住臺墟塲內

遂炎　莊瑕公次子住臺墘塲內

遂作　莊善公嗣子莊撮六子承名作叔字謀佳生嘉慶辛未年
五月廿五日丑時卒同治己巳年二月廿一日酉時塟在官山埔

妣　洋宅蔡氏名此娘生道光甲申年正月初五日巳時卒咸
豐辛亥年正月十六日酉時塟官山埔與子仝堆
子一　進巍

遂義　莊陳公長子諱遂理字謀情生乾隆丙戌年四月初二日
亥時卒道光壬寅年正月初十日　時塟官山埔坐南北內

妣　坑園吳氏名金娘謚溆慎生乾隆庚子年正月初九日亥
時卒咸豐辛亥年正月十四日　時塟海沙塚
子五　進謹　進垣出承遂八　進興幼亡　進德出繼漳洲　進先出繼遂柳

遂閩 莊溙公次子出承莊海

遂八 莊蓝公長子出承莊海

遂笑 莊蓝公次子 幼殤

遂八 莊海公長子莊蓝長子承生乾隆　年七月廿八日 時

嗣子　進垣 遂義次子承

遂闖　莊海次子莊陳次子嗣生乾隆庚子年五月十一日巳時
卒咸豐甲寅年二月廿六日巳時
半嗣子　進泰（后苍遂題次子半承）

遂壇　莊瑗嗣子莊謙長子承
幼殤

遂謝　莊瑗養子諱遂辭字謀達生乾隆戊申年十一月初七日
時卒道光庚戌年十月廿九日酉時塟在臺拾回塟[山官]埔
妣　洋宅楊氏名呟娘生乾隆癸丑年九月廿四日　時卒光
緒己卯年二月十三日未時寄塟赤墓
子三　進及　進鵬（出承遂寢）　進箱

遂墳 莊謙長子出承莊瑗

遂葉 莊謙次子
幼殤

遂寢 莊謙公三子莊撮長子承祧諱遂安字謀詩號謀戴生嘉慶
丙辰年九月十三日戌時卒咸豐癸丑年五月十九日未
時葬官山與子進鵬進籠仝欄

妣 本鄉孫氏名勸娘謚儉德生嘉慶丁巳年三月十六日巳
時卒同治甲子年十月初三日子時寄葬官山埔

子三 進鵬 遂謝次子承 進籠 孫出 進帳 遂球長子承

遂寢
莊攝公長子出承莊謙

遂球
莊攝公次子名天球叔字謀琳生嘉慶戊午年十一月初十日子時卒光緒戊寅年三月初一日丑時寄塋官山埔
妣 清兜張氏名集娘謚淑儉生嘉慶癸亥年八月廿七日丑時卒同治己巳年六月廿三日丑時
子六 進帳（出承遂寢） 進廢（出承遂碍） 進輿（幼亡） 進糖（出承遂靈） 進寒 進冠

遂靈
莊攝公三子名靈叔字謀心生嘉慶庚申年十月十五日戌時卒光緒乙亥年八月初四日巳時寄塋官山埔
妣 英林洪氏名香娘生嘉慶庚午年二月廿二日未時卒道光辛卯年六月廿七日未時塋官山埔
嗣子一 進糖（遂球四子承）

遂碍

莊捐臣二子名碍亦字請有生嘉慶壬戌年九月廿九日子時卒道光丁酉年十一月初十日巳時塟官山埔東畔

配李氏名時娘孜

子三 進龐子承遂球次 進鶤李出 進巍遂作長子承

遂炳

莊撮公五子 幼殤

遂作

莊撮公六子出承莊善

遂語

莊快公長子名語諱遂法謚遂語生乾隆辛卯年九月初五日巳時卒乾隆乙卯年十月初八日未時歿在臺灣牛角山灣

配　潘徑鄭氏改

嗣子　進交　遂雲長子承

遂雲

莊快公次子小名雲諱遂青生乾隆辛卯年卒嘉慶辛未年五月十五日戌時塟臺麻六甲埔尾拱南

妣　潘徑鄭氏名甘娘生乾隆乙未年十月初六日巳時卒嘉慶丁卯年十一月初五日辰時塟官山溝

子二　進交出承遂語　進壁

遂塔

莊意養子

遂力

莊白公長子

[illegible]字[illegible]生乾隆癸卯年四月十六日

遂[illegible] 巳時卒道光庚寅年五月初七日辰時塟海沙墘

配本鄉孫氏名孰娘改

子五　進瞻出承畬　進嶺　進查　進河出承遂謩　進借出承遂謩

遂換 莊日公長子生乾隆辛亥年正月初一日寅時

妣石菌王氏名妹娘謚懿範生嘉慶辛酉年六月十九日

時卒道光丁亥年五月初一日巳時

遂揩 莊日公次子字謀舉生嘉慶庚申年二月十五日亥時卒

年十月初一日　時歿在臺麻六甲拾回與父

仝塋和尚仔墓

遂水 莊正公長子名天水諱遂成字謀源生乾隆丙申年卒嘉慶辛未年九月廿一日　時殁塋在臺甲麻埔穴

妣 柯坑張氏名堆娘生乾隆己酉年八月廿八日酉時卒嘉慶己巳年十月初九日午時塋官山埔

遂明 莊正公次子

遂腰 莊鉛公長子 長殤

遂浩 莊鉛公次子 幼殤

遂图 莊鋁公三子
幼殤

遂嵜 莊鋁公四子
幼殤

遂卧 莊鋁公五子
幼殤

遂巽 莊合公長子諱遂與
配臺灣

遂勤　莊合公次子諱遂謹生乾隆

配臺灣船堵内

子五　進驄　進元　進睽　進盆　進心

遂劌　莊却公養子

長殤

遂瓶　莊却公嗣子莊雅三子承名大瓶生嘉慶辛酉年八月廿

五日未時

遂廳　莊雅公養子諱遂堂生乾隆丁未年四月初一日未時卒

道光戊申年五月初二日　時歿葬在臺麻六甲

遂雪 [illegible]公次子 承文鸞為孫

遂瓶 莊雅公三子出承莊郡

遂雪 文鸞公嗣孫莊雅次子承名雪叔諱遂梅生嘉慶戊午年六月十七日卯時卒同治辛未年十月十二日巳時

妣 南安後垻許氏名草娘生嘉慶丙子年七月廿七日卯時卒光緒戊寅年五月廿二日卯時俱葬官山

子一 進蜂

遂梅 莊京公長子諱遂占字謀魁生乾隆辛未年正月初四日申時

遂桂
莊京公次子名懷桂字謀惠生乾隆己卯年八月十五日
戌時卒嘉慶乙丑年七月初二日酉時塟官山
妣埭邊柯氏名悅娘生乾隆甲午年十月廿日巳時卒嘉慶
丁卯年十月十三日巳時塟官山
子二　進叢　進炭

遂椿
莊京公三子字謀榮生乾隆壬午年八月十五日申時

遂廣
莊韋公長子字謀大（一字遂天）謚遂德生雍正辛亥年七月初八日
戌時卒乾隆庚寅年六月初一日　時殁塟在臺灣
妣蜜厝蔡氏名玉娘生乾隆丙辰年三月廿八日戌時卒乾
隆戊子年七月十三日未時塟埕邊面坐東向西
子一　進勳

遂彥 莊肁公次子諱遂俊字謀碩謚遂晉生乾隆丁巳年七月十六日丑時卒乾隆戊申年八月十二日酉時歿塟在臺

配滄厝垵柯氏名銀娘生乾隆壬申年十月初五日寅時卒乾隆庚戌年五月初八日未時塟官山

子三 進班幼殤 進醒幼殤 進枳

遂殊 莊肁公三子出繼陳家

遂仲 莊肁公四子字謀友生乾隆乙丑年十二月廿五日戌時

遂約 莊肁公五子名儉約諱遂禮字謀畧生乾隆己巳年十一月初二日亥時卒嘉慶甲子年六月廿日辰時塟官山

妣

湖尾傅氏名金娘生乾隆丁丑年二月十八日亥時卒道

光辛巳年二月初二日寅時塟官山埔

子四　進鶯　進波遂統五子承　進來養　進程

遂鰲

莊僚公長子名恭老諱遂龍字謀雲生乾隆壬戌年正月

初一日亥時卒乾隆甲辰年二月十九日未時歿塟在臺

麻六甲

配

内厝李氏名信娘改

養子　進爲

遂璉

莊僚公次子諱遂商字謀瑚生乾隆丙寅年十月初八日

酉時卒乾隆庚寅年四月初二日　時歿塟在臺麻六甲

遂天 [illegible]公長子諱遂尊生乾隆乙亥年十一月初三日午時

遂然 莊儲公次子諱遂諾生乾隆戊寅年二月十二日午時卒
年七月十四日 葬臺營畚箕湖

妣 臺灣侯氏名省娘生 年十二月初六日 時卒
年九月初五日 時葬臺鹿港大衆廟口

子一 進扶

遂魏 莊儲公三子生乾隆辛巳年七月廿八日卯時

遂佑 莊宋公長子 任臺

遂因　莊宋公次子

配　氏

子二　進傳　進諒

遂送　莊瑯公長子

遂團　莊瑯公次子

遂謁　莊勝公長子字謀吉謚遂謙生乾隆壬午年三月初一日丑時卒嘉慶辛未年閏三月十四日巳時與子往臺同溺在海

子一 進買

[illegible]娘改

遂葵

莊勝公次子諱遂向字謀日謚遂花生乾隆丁酉年十一月初七日丑時卒道光甲辰年三月初二日戌時葬官埔山

妣本鄉滁氏名和娘生乾隆己酉年十月初九日酉時卒道光戊午年十月廿八日午時殁在臺

子二 進末 進犂承遂狠又承天慶

遂狠

莊勝公三子諱遂好字謀勇生乾隆辛丑年七月廿二日未時卒道光辛丑年三月初一日卯時葬在五分內與母仝穴丑未兼癸丁

妣內厝張氏名贶娘謚慈儉生嘉慶丙辰年十一月十一日戌時卒嘉慶戊寅年十一月廿二日巳時葬海沙五分坐北向南

子一　進犁 遂𧸘次子承 又承天慶

遂圻　莊曹公長子
幼殤

天慶　莊操公長子生　　年五月廿日　時卒
年五月廿四日
嗣子　進犁 遂葵次子承 又承遂猳

天來　莊操公次子謚忠直生乾隆辛巳年三月初十日未時卒
道光乙未年七月廿五日戌時
嗣子　進東

遂葛 莊論公長子

遂番 莊論公次子

遂開 殤 莊進公長子

遂遜 莊雙公長子

遂富 莊邁公長子

遂來　莊邁公次子

遂趕　幼殤

莊瑚公長子生乾隆壬午年十月廿日申時

遂蘊　莊瑚公次子諱遂藏生乾隆己丑年八月十九日未時卒嘉慶己未年三月初二日巳時葬官山埔坐南向北

嗣子　進且　遂粒長子承

遂粒　莊瑚公三子諱遂積字謀寔生乾隆乙未年八月廿九日亥時卒道光癸巳年四月廿三日未時葬在埔頂坐南向北

妣　鮑厝林氏名趁娘謚孝和生乾隆己酉年七月廿一日卯時卒同治癸亥年七月廿六日寅時

子五　進□遂□　進墻　進富　進□　進盆

遂卑　莊瑚公四子諱遂踰謚質業生乾隆辛丑年十月十二日酉時卒道光癸卯年又七月初一日午時葬在官山

妣　呂厝呂氏名嫌娘謚恬慈生乾隆癸丑年二月十二日巳時卒同治癸酉年五月十四日丑時葬官山

子三　進陶　進向　進紡

遂超　莊念公長子名媽超諱遂凡

遂賓　莊念公次子出承遂昭　昭穆紊亂

遂清　莊法公之子生乾隆己亥年八月廿八日辰時卒道光辛
卯年十月初一日辰時
妣　黃氏名蔭娘生乾隆己酉年十二月初一日酉時卒道光
丙午年八月十二日寅時
子三　進王　進月　進庄

遂耦　莊才公長子諱遂佳謚遂嘉生乾隆丁亥年十一月十二
日未時卒乾隆丁未年九月廿七日巳時塟官山頂
聘　埭邊許氏
嗣子　進謀遂仁四子承　進慊遂近三子承

遂仁　莊才公次子名仁貴諱遂當號謀讓生乾隆辛卯年八月
廿四日亥時卒道光癸卯年六月廿二日未時塟在官山
妣　本鄉孫氏名玉娘生乾隆丙申年五月廿三日午時卒咸

[illegible]庚申年六月初五日未時塟在官山埔

子六　進擇　進屋　進吻出承遂斗　進謀出承遂耦　進殿　進員

遂近

莊才公三子名近叔諱遂悅生乾隆乙未年一七七五年十二月十月廿五日酉時卒道光丁酉年九月初四日未時塟官山坐南向北

妣石菌黃氏名趂娘生乾隆庚子年十二月廿八日午時卒咸豐庚申年八月十二日丑時塟官山

子三　進配　進驅　進慊出承遂耦

遂運

莊才公四子生乾隆乙巳年十一月十九日酉時

遂天

莊良公長子

遂俊 莊良養子出承二房

遂高 莊使公長子名高叔字謀厚生雍正己酉年又七月十四日丑時

遂明 莊使公次子名明叔字謀昭生雍正壬子年五月十二日未時卒乾隆庚午年九月初七日時塟海沙宍居祖叔文妙公身東向南

遂猷 莊使公三子諱遂勲字謀嘉生乾隆庚申年九月十八日巳時

遂尾丰有公四子出繼埭邊玉姑

遂宗 莊紫公長子字謀仁諱遂德生雍正丙午年八月初七日戌時卒乾隆戊申年五月初二日午時

妣東塘邊張氏名月娘生雍正己酉年七月初七日巳時卒嘉慶丙辰年十二月卅日酉時合塋坑後

子二 進聰殤 進愛

遂望 莊紫公次子諱遂儀字謀瞻謚遂望生雍正甲寅年十一月廿二日巳時卒乾隆戊申年五月初二日巳時塋

妣梅林蔡氏名辰娘謚勤儉生乾隆庚申年二月初四日卯時卒乾隆甲辰年十二月廿四日丑時塋

繼妣本鄉孫氏名炁娘謚直儉生乾隆丁卯年　月　日　時

卒乾隆癸卯年二月初二日寅時塟

繼妣白沙周氏名恐娘謚靜謹生乾隆乙丑年十月十七日申時卒乾隆戊申年五月初四日卯時塟

子一　進魏（孫出）

遂歲

莊三公長子字謀翼謚遂于生雍正辛亥年九月十三日戌時卒乾隆戊申年五月廿二日未時塟官山

妣藾厝曾氏名佑娘生雍正乙卯年二月十五日卯時卒乾隆甲辰年六月初二日丑時塟在本山

子四　進護（又名祐）　進贈　進奪（幼殤）　進孰（出承遂謀）

遂乞

莊三公次子諱遂巧字謀機謚遂乞生乾隆庚申年七月廿三〔二〕日申時歿在臺年月日無攷

妣塘邊歐氏名女娘謚柔順生乾隆乙丑年十二月初六日（大譜書十一月初七）

卒乾隆戊申年四月十二日卯時塟官山

子三　進幸出承石菌　進丕　進務出承石菌

遂請

莊三公三子諱遂問字謀詢生乾隆丙寅年十二月十六
日巳時卒于臺

配

臺灣

子　進佐

遂謀

莊三公四子諱遂忠生乾隆丙子年八月初五日辰時卒
乾隆丙申年九月廿九日　時

嗣子　進漷遂嵗四子承

遂藩

莊芳公長子諱遂垣字謀翰謚誠篤生雍正癸丑年十一
月十六日申時卒乾隆戊戌年五月廿八日巳時塟官山

坐西向東

妣大白山許氏名益娘生乾隆乙丑年十一月廿二日酉時卒乾隆庚戌年正月初九日午時塟官山坐西向東

子二　進越（隨許氏來）　進訓（遂依長子承）

遂依　莊芳公次子名依叔諱遂憑謚謀輝生乾隆甲子年七月廿八日寅時卒道光甲申年正月初一日子時塟官山埔坐庚向甲兼申寅

妣本鄉孫氏名祗娘生乾隆癸未年九月初一日辰時卒道光壬辰年閏九月初九日午時拾塟在官山

子四　進訓（出承遂滋）　進別　進汝　進堪

遂昭　莊諸公長子諱遂炳字謀文謚其明生乾隆丙辰年十二月初二日戌時卒嘉慶丙寅年十二月初九日子時塟埕

……向東

妣湖尾傅氏名定娘生乾隆丁巳年二月廿八日（大譜廿六）卯時卒嘉慶丁卯年七月廿九日寅時塟官山頂坐南向北

嗣子　進寳（莊念次子承昭稗叅亂）　進下（遂情三子承）

遂煥　莊諸公次子諱遂彩字謀章生乾隆己未年二月初五日戌時卒嘉慶己卯年八月初七日酉時塟官山頂坐北向南

妣謝厝街謝氏名戍娘生乾隆戊辰年七月初一日戌時卒道光甲申年十月初四日辰時塟官山

子六　進外　進夻　進袍　進桃（出承埕邊）　進提（出承山内）　進朧（出承遂鳳）

遂情　莊諸公三子諱遂心字謀思謚遂義生乾隆甲子年八月廿日卯時卒嘉慶己未年五月初三日酉時塟埕邊面（坐西向東）

妣滬厝垵柯氏名腰娘生乾隆戊寅年四月廿七日卯時卒

道光壬午年四月廿二日辰時塟黃總墓南穴乾巽戌辰
分金丙戌丙辰
子四　進恖　進芸出承遂理　進下出承遂韶　進治

遂理
莊諸公四子名理諱遂道生乾隆丁卯年四月廿二日辰
時卒嘉慶己卯年四月廿七日巳時塟官山坐西向東
嗣子　進芸遂情次子承

遂萬
莊諸公五子生乾隆辛未年四月初三日巳時卒乾隆庚
辰年正月初十日戌時塟西沙長殤

遂安
莊諸公六子名安老生乾隆戊寅年正月十四日亥時
子闕　嗣孫廸榔進勲四子承

遂[illegible]

[illegible]子諱遂官字謀百謚遂緒生乾隆丙寅年十一月十二日卯時卒嘉慶丙子年八月廿四日丑時塋官山頂坐甲向寅兼庚甲

妣柯詹柯氏名偏娘生乾隆辛未年十月十一日酉時卒乾隆戊申年八月初八日午時塋埕邊面坐亥向巳兼壬丙

繼妣中舍王氏名儉娘生乾隆丙子年七月十七日寅時卒嘉慶丙子年四月廿三日丑時塋官山頂坐庚向甲兼寅申

子五　進軫　進廷（出承遂韶）　進造　進裁　進波（出承遂約）俱柯出

遂龐

莊俊公次子諱遂端字謀莊謚謀忠生乾隆己巳年八月初二日午時卒道光己丑年十二月廿五日戌時塋官埔山

妣中舍王氏名煥娘謚勤慈生乾隆癸酉年三月初七日巳時卒乾隆癸卯年四月十七日丑時塋埕邊面地坐乾向巽

繼妣湖尾龔氏名報娘謚恬順生乾隆丁丑年五月初五日

辰時卒嘉慶庚辰年十一月十八日戌時葬官山頂

子四　進紆　進葉堡出　進晟　進賀

遂賀

莊俊公三子名賀叔諱遂贈生乾隆壬申年十月十八日

丑時卒乾隆乙未年三月廿八日辰時葬和尚仔墓坐東向西

配　湖尾蘶氏名專娘孜

嗣子　進廷遂統次子承

遂殊

莊俊公四子諱遂耦謚遂丕生乾隆丙子年二月初十日

辰時卒乾隆庚子年五月廿八日卯時葬埕邊面坐亥向巳兼壬丙

妣　潘徑路下張氏名罷娘孜

嗣子　進趕遂六五子承

遂圓

[illegible]公五子諱遂儀謚謀輝生乾隆庚辰年二月十九日巳時卒道光辛卯年三月初一日亥時葬官山埔穴丑未艮坤

妣　大坑園吳氏名恍娘生乾隆甲申年十二月初一日申時卒道光庚子年十一月廿一日巳時葬官山穴庚甲申寅

嗣子　進脆　遂煥六子承

遂六

莊倹公六子諱遂數號謀勝謚謀榮生乾隆壬午年七月初一日辰時卒道光己丑年九月十一日午時葬官山

妣　埕邊黃氏名緞娘謚懿德生乾隆己丑年十一月十六日巳時卒咸豐癸丑年二月廿一日卯時葬埕邊面

子十一　進鋪　進草分出石獅　進飭　進是幼亡　進趕出承遂綠　進具
進謨　進兜　進名幼亡　進聲　進什

遂典

莊齊公長子諱遂典字謀于謚直義業儒生乾隆丁卯年八月廿三日辰時卒嘉慶癸酉年六月廿八日午時葬大

泉頂

妣山兜蕭氏名取娘謚義忍生乾隆庚午年正月十五日辰時卒乾隆戊申年正月十九日辰時塟大泉頂

繼妣潭洲府林氏名留娘謚純謹生乾隆乙亥年四月初二日巳時卒嘉慶壬申年五月廿七日酉時塟官山頂

子三　綸音幼殤　卜畫俱蕭出　鋤眉林出幼亡

遂全

莊齋公次子名全叔諱遂字謀達文謚遂源生乾隆壬申年八月初七日卯時卒嘉慶己巳年六月十九日午時塟官山頂

妣陳厝陳氏名詢娘生乾隆丁丑年十月初三日亥時卒乾隆壬寅年十二月初二日午時塟官山

子一　進油

遂尅

[illegible]子諱遂克字謙順謚貞直生乾隆己巳年十月十一日寅時卒嘉慶戊寅年三月十二日戌時葬大堵荒坐西向東

妣埕邊黃氏名涘娘謚淑德生乾隆己巳年二月初三日亥時卒嘉慶戊寅年四月初二日午時葬新塘內坐東向西

子四　進寬　進挑　進梗　進艾

遂潛

莊昆公次子諱遂伏字謀龍生乾隆壬申十二月初三日申時卒乾隆　年七月初六日　時殁在臺灣海埔厝

遂瑯

莊昆公三子出承孫家

遂慈

莊昆公四子諱遂仁字謀愛生乾隆戊寅年七月十九日

午時卒乾隆　年十月十二日　時塋

配本鄉許氏名謹娘 改

子一　進烈

遂潘

莊欣公長子生乾隆壬申年十月初五日辰時

配夲鄉孫氏名珠娘生乾隆甲戌年

遂汀

莊欣公次子諱遂平生乾隆辛巳年四月初九日丑時卒

嘉慶庚辰年四月廿七日午時塋大堵荒坐西向東

妣

埕邊黃氏名白娘生乾隆辛卯年九月廿日酉時卒嘉慶

丁巳年五月十一日亥時塋官山頂向東子進曆附

子一　進曆

遂昇 莊欣公三子生乾隆　卒嘉慶　塋

遂求 莊保公養子

遂麟 莊保公養子

遂美 莊保公養子諱遂成生乾隆癸巳年三月十八日丑時卒　塋

妣 工邊孫氏名熙娘生乾隆癸巳年八月初九日午時卒

子三　進能　進鑽　進格

遂汪

莊願公長子諱遂滿謚謀得生乾隆癸酉年九月廿一日辰時卒嘉慶丙子年五月廿四日巳時塟官山頂坐西嚮

妣

山兜李氏名煥娘（按大譜陳氏名晟娘誤）謚端惠生乾隆乙亥年八月廿一日午時卒道光乙酉年八月十九日未時塟官山埔坐北向南

子三　進袋　進郡　進體

遂面

莊願公次子名面叔字號謀南生乾隆庚辰四月十六日寅時卒道光甲午年十月廿一日戌時塟官山埔坐辛乙兼戌辰

妣

伍堡張氏名⿱毛灬娘生乾隆丁亥年八月廿三日酉時卒乾隆辛亥年六月卅日未時塟五分內坐東向西

繼

妣塘東吳氏名晟娘生乾隆壬午年九月初十日辰時卒道光丙申年九月廿六日辰時塟官山埔

養子一　進滾

遂銘 莊顒公三子

遂想 莊顒公四子

遂旋 莊蔡公長子名文旋諱遂旂生乾隆己巳年十二月初四日子時

遂專 莊興公養子諱遂壹生乾隆
配陳山洪氏名聘娘

遂欽　莊興公嗣子后卷莊旺三子承諱遂敬

遂棣　莊藻公長子諱遂唐生卒莫攷

遂花　莊藻公嗣次子莊健次子承生卒莫攷

遂初　莊春公長子諱遂發生乾隆乙亥年十二月初一日寅時
卒嘉慶庚午年二月初六日午時塟西沙尾

妣　溪邊許氏名罕娘生乾隆　卒塟失載

繼妣山内高氏名玉娘生乾隆辛巳年十月初一日卒道光
乙酉年十二月初十日寅時塟臺崙箕湖

子四　進聆　進浮　進楷　進併分出外姓

遂執

莊秋公長子諱遂禮生乾隆

遂森

莊秋公次子諱遂茂生乾隆　卒塟不知

配

山內　氏

子一　進悔

遂洋

莊垂公長子任臺生乾隆庚午年十二月初九日子時卒

嘉慶丙辰年九月十一日未時塟舊塜坐東向西

遂等

莊垂公次子生乾隆丙子年十月十八日亥時卒道光戊戌年九月廿五日辰時塟臺畚箕湖

妣 蕭氏名皆娘生乾隆甲午年三月初三日　時卒嘉慶庚辰年七月廿三日巳時塟臺畚箕湖

子三　進坪　進弄　進呈

遂灘

莊選公長子住臺四堀厝生乾隆戊子年十月初十日戌時卒道光辛巳年十月廿三日辰時塟四堀厝埔坐丙丁丑未

妣 臺灣滬港施氏名甘娘生乾隆辛丑年十一月廿七日辰時卒道光乙巳年九月廿七日寅時與公合塟

子六　進送　進湧　進看　進勵　進趟　進信

遂誥

莊選公次子生乾隆癸巳年十一月十四日寅時卒道光癸卯年十二月十四日酉時塟四堀厝坐乙辛卯酉分金丁卯丁酉

妣秀氏名双娘生乾隆甲辰年三月初六日午時卒嘉慶己卯年又四月初四日卯時葬臺山塊厝埔

子二　進永　進九主名十

遂瓆

莊健公長子生乾隆

遂花

莊健公次子出承莊藻生

第十五世

進猛 遂騫公長子諱進醒號及嚴生乾隆庚子年十月廿三日午時卒道光丙戌年九月十六日戌時葬官山埔

妣 埭邊許氏名銀娘生乾隆甲辰年三月初三日辰時卒嘉慶癸亥年六月廿六日卯時葬官山埔

繼妣 潘徑吳氏名鶴娘生乾隆甲辰年三月十三日辰時卒咸豐辛亥年正月廿二日戌時葬官山埔

子四 廸張 廸腊 廸覲 廸箕 俱吳出

進素 遂騫公次子 出承遂黜

進裁

遂騫公三子生乾隆乙卯年十一月初一日戌時

幼殤

進甘

遂桐公養子名甘心生乾隆壬寅年九月廿一日亥時卒道

光丁酉年六月初九日午時葬官山

妣高厝王氏名矜娘謚儉慈生乾隆丁未年二月初三日卯時卒咸豐己未年二月初四日亥時塋在官山

子三　廸彼幼殤　廸相　廸紹

進素

遂黙嗣子遂騫次子承名梅素謚進香生乾隆己酉年五月初八日辰時卒同治癸亥年十一月十六日亥時塋官山埔

妣埕邊陳氏名救娘生乾隆辛亥年五月初十日酉時卒同治己未年三月廿六日巳時

子四　廸鎗　廸臏　廸簫　廸隙

進黨

遂達嗣子遂好三子承名老黨謚進里生嘉慶辛酉年八月卅日寅時卒咸豐辛亥年五月廿八日巳時塋官山埔

妣洪塘張氏名寅娘謚勤儉生嘉慶辛未年正月廿一日寅

時卒同治丙寅年十二月初十日酉時塋官山

子四　廸廟　廸尺（分出洪塘張家）　廸寸　四（分出蘓厝曾家）

進朕

遂好公長子生乾隆壬子年二月初二日戌時卒

幼殤

進壬

遂好公次子字及懷生乾隆癸丑年五月廿七日子時卒

同治戊辰年六月廿五日酉時寄塋官山埔

妣　逮邊柯氏名珥娘謚紀德生乾隆乙卯年十一月十二日

丑時卒同治元年壬戌七月廿五日己時塋官山埔

子五　廸棹　廸艾　廸窓　廸楚　廸栩（出繼進摘）

進黨

遂好公三子出承遂達

進聯
遂好公四子生嘉慶辛未年二月十五日戌時卒嘉慶

進揀
遂顒公養子生乾隆癸丑年十一月十五日　時卒嘉慶
庚申年九月十一日　時塟西沙尾

進養
遂顒公嗣子遂御次子承生嘉慶甲子年五月初三日辰
時卒咸豐癸丑年五月廿三日酉時塟官山
妣
梅林蔡氏名唱娘生嘉慶辛未年十一月十九日　時卒
咸豐癸丑年五月十六日酉時塟官山
子一　廸掌

進摛
遂御公長子生嘉慶己未年六月廿八日卯時卒光緒戊
寅年二月初四日未時

妣南安洪邦鄉蔡氏名法娘生嘉慶乙丑年九月廿八日申
時卒道光乙巳年九月初四日丑時塟官山
嗣子　廸栩 進壬五子承

進養 遂御公次子出承遂顯

進槐 幼殤 遂武公長子生乾隆丁酉年九月十一日未時

進敦 遂武公次子名敦仁諱進睦生乾隆壬寅年十二月十一
日卯時卒道光戊戌年十月廿一日午時歿塟在臺至咸
豐庚申拾回塟在官山頂
妣潘徑吳氏名淙娘謚謹恬生乾隆壬寅年四月十九日巳

時卒嘉慶甲子年九月廿日申時塟官山埔
繼妣嶺兜趙氏名蓮娘謚慈德生乾隆壬子年
卒道光甲　年正月初八日未時塟海沙墘
子二　迪蕊吴出　迪蔄趙出承繼進騶

進瓛

遂武公三子生乾隆乙巳年八月十五日巳時
幼殤

進敷

遂武公四子名光敷諱進佈生乾隆辛亥年十二月初七
日亥時卒道光乙巳年七月十一日未時塟畚箕湖
妣洋宅蔡氏名蒲娘生嘉慶丙辰年十月十八日酉時卒道
光癸巳年三月廿三日子時塟官山
子四　迪罝　迪探　迪葱　迪強

進艮

遂武公五子名艮叔諱進山謚進時生乾隆乙卯年二月初七日巳時卒道光丁酉年三月廿四日酉時葬官山埔

妣湖尾傅氏名趕娘生嘉慶己未年六月廿一日　時卒道光壬辰年三月廿七日酉時葬官山埔

子二　廸宗　廸侵

進設

遂寬公長子生乾隆己酉年十二月初九日亥時卒乾隆己卯年七月廿日辰時葬官山本地角與弟進拱仝坐

進淵

遂寬公次子名淵春諱進泉生乾隆癸丑年十二月十一日未時卒道光戊申年九月廿一日酉時葬官山埔

妣潘徑李氏名樹娘生嘉慶戊午年年十一月十六日　時卒同治戊辰年七月廿七日子時

子六　廸志　廸慶　出承進拱 廸漢　廸奉　廸閑　廸平

進聰 殀殤

進拱 遂寬公四子名拱照生嘉慶甲子年十月廿八日戌時卒嘉慶壬申年九月十六日未時塟官山本地角與兄進設仝坐

嗣子一 廸慶 進淵次子承

進奪 遂晩公長子名奪魁諱進元生乾隆壬寅年十二月初七日戌時卒道光癸卯年七月廿日卯時塟官山埔

妣 清兜張氏名陳娘謚婉明生乾隆甲辰年七月廿六日卯時卒道光甲辰年十二月十五日巳時塟官山埔

子四 廸脩 殀殤 廸早 廸慶 出承進本 廸盞

進馳

遂晚公次子生乾隆乙巳年六月廿六日午時卒乾隆戊申年六月初六日酉時塟

幼殤

進鈎

遂晚公三子生乾隆戊申年四月十四日巳時卒乾隆己酉年十一月廿四日酉時塟

幼殤

進本

遂晚公四子名此本謚進立生乾隆庚戌年二月十一日卯時往臺不知所之

妣洒洲王氏歿

嗣子一　廸慶進奪三子承

進彪

幼殤

遂晚公五子生嘉慶壬戌年五月十九日申時

進騧 遂斗公長子名老騧字進昂謚及協生嘉慶丁巳年十二月廿四日亥時卒嘉慶庚辰年十月初一日申時移塋在埋邊而

妣 潘徑張氏名懇娘生嘉慶庚申年七月十四日巳時𥠁卒咸豐乙卯年五月廿日午時塋在官山

子三　迪格養　迪蘭進敦次子承　迪在后巷進銅四子承

進吻 遂斗公次子遂仁三子承名徙吻諱進崙生嘉慶丁卯年七月廿九日寅時

妣 蘊厝曾氏名丑娘生嘉慶戊寅年四月廿二日辰時卒道光庚寅年八月初六日吉時塋蘊厝山

繼 交𢮦蔡氏名初娘生嘉慶戊寅年八月廿六日巳時卒光緒乙亥年十二月廿日亥時寄塋坑后宂坐丑向未兼丁癸

子四　迪覲　迪砌　迪鋏承進屋　迪碼蔡出

進飲

遂琴公長子諱進卄生卒塋失記

嗣子二　廸浩宝后進脉三子入承　廸衍養

進宅

遂酒公長子諱進安生嘉慶乙丑年正月廿日辰時卒道

光癸未年九月初一日寅時塋官山

配窰曆蔡氏改

養子二　廸篤　廸悻俱許甥入承

進問

遂酒公次子諱進審生嘉慶壬申年十二月初七日卯時

妣潘徑吳氏名香娘謚恬靜生嘉慶丁丑年三月初三日辰

時卒同治己巳年十月廿五日午時

子四　廸斟　廸服殤　廸淘殤　廸突殤

進劉
[illegible]公長子諱進[illegible]生乾隆辛亥年四月廿六日　時卒
咸豐甲寅年六月十八日丑時塟官山頂
妣本鄉許氏名鴛娘謚儉素生嘉慶己未年三月初六日
時卒道光丁亥年六月初八日巳時塟海沙墘
子一　廸緋

進發
遂詢公長子名媽發諱進祥謚進成生乾隆庚戌年正月
初六日戌時卒咸豐庚申年八月十七日酉時塟官山頂
妣柯坑柯氏名京娘謚貞順生嘉慶戊午年六月十八日亥
時卒道光壬辰年八月廿五日午時塟官山頂下搃考妣合塟
子一　廸籰

進赫
莊燦嗣孫遂順三子承生嘉慶壬戌年十一月廿三日丑
時卒道光甲午年十一月廿二日　時塟官山埔
嗣子　廸迓進慈子承泳

進惹

遂順公長子名光惹字及詩生乾隆辛亥年十月廿七日午時卒同治癸酉年八月初四日子時葬官山埔

妣柯倉李氏名劉娘謚端莊生乾隆壬子年五月十一日午時卒嘉慶辛未年閏三月十五日巳時葬官山埔

繼妣伍堡張氏名勸娘生嘉慶庚申年十月初九日申時卒同治甲子年五月廿六日卯時葬官山頂

子二　廸契　廸迓半承進蘇

進凝

遂順公次子諱進堅謚進祥生嘉慶丁巳年七月廿五日卯時卒道光甲辰年五月十一日　時移葬在官山頂

妣柯倉柯氏名心娘謚勤儉生嘉慶壬戌年十月初八日午時卒同治癸酉年五月初七日辰時葬官山

子五　廸垟　廸坦　廸判　廸掌　廸托分出柯倉

進赫

遂順公三子承弟燦為嗣[illegible]

進催

遂順公四子名理催謚進推生嘉慶戊辰年正月初一日
巳時卒咸豐壬子年六月十二日　時塟西沙

配塘邊歐氏名冇娘 改

子二　廸奢　廸硃

進詎

遂順公五子名理詎生嘉慶庚午年八月十八日巳時

配潘徑張氏名見娘謚淑德生嘉慶戊寅年正月廿一日卯
時卒光緒丁丑年七月初一日酉時塟官山

養子二　廸都　廸鵠

進詎為人秉性剛方不畏強禦至老而不衰家事苟合而

苟完年壽杖鄉而杖國雖艱於嗣息而孫曾鵲起森森竹立實有昌熾之象然猶兢兢業業沾體塗足不自暇逸室於處鄉黨則徑情不諱待親友則愛敬無欺詩云邦之司直舍斯人其誰與歸

眷弟王汝寬拜撰

進蔭

遂諒養子名蔭廣敍生嘉慶壬戌年十二月初九日酉時卒同治壬申年三月廿九日巳時

妣石菌黄氏名留娘謚勤德生嘉慶丁卯年九月初二日巳時卒道光甲午年三月初七日戌時移塟在官山

繼配塢坪林氏名狠娘生嘉慶丙辰年四月十九日辰時

子三　廸伴　廸勅　廸聯

進座
遂益公長子名佛座字及章生嘉慶甲戌年二月初九日亥時卒道光辛丑年二月廿七日未時塟海沙墘
配高厚王氏名甲娘生嘉慶丙子年八月十三日申時
子二 廸廊 廸忖

進厚
遂益公次子諱進地生嘉慶甲戌年二月初九日亥時卒
子臺
聘柯倉柯氏名罕娘未婚而縊

進做
遂沛公養子諱進成生道光癸巳年十一月廿四日 時
配柯坑張氏名鶯娘生道光戊戌年四月十七日亥時

子四　廸沃（出承進河）　廸畨　廸魚（承進河 幼亡）　四（分出孫家）

進希

遂抱公長子名康熙生嘉慶丁丑年五月十六日辰時卒
同治丁卯年六月初二日巳時
妣洋宅蔡氏名等娘謚儉順生嘉慶癸己年六月廿四日申
時卒咸豐戊午年七月初一日子時葬官山埔
繼配湖尾蘊氏名甜娘生道光己丑年十一月十三日巳時
子二　廸務（蔡出承進稟）　廸粉（蘊出）

進稟

遂抱公次子名天稟號及威生道光己丑年十一月初二
日未時卒咸豐庚申年十二月廿九日亥時葬在湖尾山
嗣子　廸務（進希長子承）

進河 [illegible]遂看四子承生道光庚戌年　月　日　時
卒咸豐甲寅年四月廿八日　時歿在臺麻六甲拾回葬在官山

妣交襍蔡氏名典娘生道光甲午年十一月　日　時卒咸
豐乙卯年二月廿日巳時葬官山

子二　廸沃進傚長子承　廸魚進傚三子承殤

進偕 遂髻嗣次子遂看五子承生

進先 遂柳嗣子遂義五子承謚進仙號及飛生嘉慶己卯年七
月初一日丑時卒道光辛丑年二月廿七日　時葬海沙塚坐北向南

進載 遂戣公長子名天載生嘉慶癸亥年六月廿五日亥時

配臺灣陳氏名良娘生
子三　仁和　廸田　廸妹

進信
遂幾公次子生嘉慶庚午年十一月廿八日巳時

進康
遂幾公三子生嘉慶甲戌年六月廿日亥時

進悔
遂幾公四子生嘉慶己卯年七月廿日辰時

進巍
遂作公長子出承遂碍

塔江劉氏家

進謹 遂義公長子諱進恢 生嘉慶戊午年五月廿四日戌時卒咸豐癸丑年三月廿五日寅時葬在官山埔

配柯倉柯氏名灘娘生嘉慶丙寅年　月　日　時

繼妣漳洲府謝氏名來娘謚恬素生道光壬申年三月廿一日　時卒道光丁未年五月廿九日巳時葬官山埔坐北向南

進垣 遂義公次子出承遂八

進興 遂義公三子

進德
遂義公四子出承漳州府林家

進先
遂義公五子出承遂柳

進垣
遂八公嗣子遂義次子承諱進玉生嘉慶乙丑年正月初六日亥時卒同治庚午年二月廿一日辰時
妣臺灣草港黃氏名濺娘生道光戊戌年　月　日　時卒咸豐戊午年七月廿二日辰時俱塟畚箕湖
子二　廸復　廸欄

進泰
遂闖半嗣子后巷遂題次子半承生咸豐辛亥年八月初七日　時

……月初四日巳時

進及 遂謝公長子諱進時生嘉慶乙亥年九月廿九日卯時卒道光甲午年六月廿一日　時葬官山頂坐北向南

進鵬 遂謝公次子出承遂寢

進箱 遂謝公三子名金箱生道光乙酉年八月十八日卯時

配上邊孫氏名獺娘生　年六月廿九日正月初十日忌

繼配前埔蔡氏名娘娘生道光庚子年五月初六日巳時

進鵬　遂寢公嗣子遂謝次子承諱進騰生嘉慶己卯年正月十
八日寅時卒咸豐癸丑年三月廿六日寅時塟官山與父
與弟仝欄
配　佯宅蔡氏名玉娘　改
子二　廸戇　幼亡　廸雙　蔡出

進籠　遂寢公次子生道光丙戌年八月廿三日卯時卒咸豐甲
寅年閏七月廿二日丑時塟官山埔
配　埭邊吳氏名乃娘生道光癸巳年十二月廿九未時
子二　廸嚴　養　廸威

進帳　遂寢公三子遂球長子承生道光丁亥年七月初一日酉
時

劉氏

進帳 遂球公長子出承遂寑

進庵 遂球公次子出承遂碍

進奥 遂球公三子 幼殤

進糖 遂球公四子出承遂霊

進寒 遂球公五子諱進天生道光壬寅年正月初八日未時

配燒灰許氏名忍娘生道光庚戌卅年五月廿一日吉時

子二 廸已 出承進糖 廸澮 双承進冠進廢

進冠 遂球公六子諱進奚生道光乙巳年八月初五日巳時卒同治庚午年七月十三日吉時歿在臺灣

嗣子一 廸澮 兼承進廢 進寒次子承

進糖 遂靈嗣子遂球四子承諱進珍又字進品生道光庚子年三月初十日酉時卒同治甲子年七月廿一日巳時 塟官山埔

聘埭邊許氏名嫌娘 繳

嗣子一 廸已 進寒長子承

進庵 遂碍公長子遂球次子承 生道光庚寅年正月十二日酉時卒同治庚午年三月十四日吉時歿在臺灣

嗣子 廸澹 進寒次子承 兼承進冠

進鷴 遂碍公次子 幼殤

進巍 遂碍公三子遂作長子承諱進視生道光戊申年三月十八日巳時卒咸豐甲寅年八月廿八日午時塟官山 與生母仝堆

進文 遂語公嗣子遂雲長子承生嘉慶

進交　遂雲公長子出承遂語

進壁　遂雲公次子生嘉慶壬戌年

進瞻　遂看公長子出承石崗黃家

進嶺　遂看公次子生嘉慶乙亥年　月　日　時卒

配　高后王氏　歿

進查遂肴公三子生嘉慶己卯年正月十三日壬時

進河遂肴公四子出承遂髫

進偕遂肴公五子出承遂髫

進戇遂勤公長子住臺

進元遂勤公次子住臺

進聯
遂勤公三子任臺

進盆
遂勤公四子任臺

進心
遂勤公五子任臺

進蜂
遂雪公長子生道光乙未年十月初七日巳時卒光緒丁丑年正月初九日午時塟官山埔
配前埔蔡氏名蔭娘生道光丁未年十一月十一日酉時
子二　廸簸　廸硎

進叢　遂桔公長子生嘉慶丙辰年九月廿六日　時

進炭　遂桔公次子出贅臺灣呵猴番社生嘉慶己未年十月十八日　時

進勳　遂廣公長子諱進猷任臺與三子全溺在海生乾隆丁丑年四月初十日卯時卒嘉慶辛未年三月十四日巳時

配埕邊黃氏名聆娘生乾隆己丑年四月初十日辰時卒道光丁酉年正月初三日巳時塋

子七　廸沛殤　廸梢　廸好　廸榔出承遂安　廸恩殤　廸返　廸講

進班　遂彥公長子諱進睽生乾隆庚寅年十月初五日　時

進醒
遂彥公次子
幼殤

進枳
遂彥公三子諱進櫟生乾隆乙巳年十月初四日午時卒
嘉慶壬申年五月　日　時歿塟在臺灣麻六甲
聘埭邊許氏改

進鶯
遂約公長子生乾隆癸卯年十月廿日巳時
幼殤

進波
遂約公次子遂統五子嗣
幼殤

進來 遂約養三子名汶來生乾隆己酉年三月十五日　時

配上邊孫氏名柳娘 戕荒改

進程 遂約公四子

幼殤

進爲 遂鰲公長子養侄臺

進扶 遂煕公長子諱進持生　九月十五日　卒

年五月初五日塟鹿港大眾廟口

妣臺灣漉港黃氏名五娘生嘉慶丙辰年十月廿八日

卒　年三月廿七日塟漉港大眾廟口

子二　廸閨　廸 出嗣

進傳　遂因公長子諱進習

進諒　遂因公次子諱進貞

進買　遂謪公長子往臺與父同溺在海生乾隆乙卯年十二月廿三日巳時卒嘉慶辛未年閏三月十四日巳時

進未　遂癸公長子諱進能生嘉　年二月初八日　時

配臺灣　氏

子二 廼泅 廼遜

進犂 遂癸次子出承遂狠双承天慶諱進文

進犂 遂狠嗣子遂癸次子承

進犂 天慶嗣子遂癸次子兼承

進東 天來嗣子

進旦
遂蘊嗣子遂粒長子承諱進奉生嘉慶戊辰年正月十七日亥時卒光緒丁丑年三月初五日未時寄塋官山埔
妣石薗黄氏名金娘謚懿順生嘉慶乙亥年四月廿日未時卒同治甲子年十月卅日寅時寄塋在官山埔
子三　廸堡　廸花　廸江

進且
遂粒公長子出承遂蘊

進墻
遂粒公次子諱進正生嘉慶丁丑年九月十九日酉時
聘邵厝邵氏歿

進富
遂粒公三子
幼殤

進踝
遂粒公四子諱進禮謚進踝生嘉慶庚辰年十一月十一日戌時卒道光丁未年十月廿五日巳時塟官山埔
妣高厚王氏名宜娘生嘉慶甲申年正月十九日 時卒咸豐丙辰年十月廿五日戌時塟官山埔
子二 廸型 廸鞋

進盆
遂粒公五子字及成謚進盆生道光己丑年九月初五日子時卒道光癸卯年四月十二日辰時塟官山埔坐南向北

進陶
遂卑公長子諱進唐生嘉慶戊寅年十二月初五日未時

配洪塘張氏名好娘生道光甲午年五月廿日酉時

子四　廸踏鶴　廸藝雁　廸院　廸歲

進向

遂卑公次子諱進相生道光壬午年三月初八日未時

配東埔吳氏名勺娘生道光辛丑年十月廿九日酉時

子五　廸櫳　廸幫　廸標　廸膵　廸醬

進紡

遂卑公三子生道光戊子年六月十三日　時卒道光戊子年七月廿三日　時

進王

遂清公長子生嘉慶庚午年二月十六日戌時卒道光甲

辰年七月廿三日未時塋臺四堁厝埔

進月

遂清公次子生道光甲申年五月十三日巳時卒光緒己

卯年十一月十六日寅時塋臺四堁厝埔

妣 吳氏名心娘

進庒

遂清公三子生道光己丑年二月廿五日酉時卒咸豐辛

酉年正月初三日子時塋西勢湖

妣 氏

子一 廸排

進謀

遂耦嗣子遂仁四子承諱進道生嘉慶辛未年閏三月初

一日巳時卒同治癸亥年七月廿日午時

配西行蔡氏名錠娘生道光辛巳年八月十九日　時

子七　廸嚮　廸鑣承進驅　廸喝　廸駿　廸昧　廸糊殤

廸徙出繼埕邊

進慊

遂耦公嗣子遂近三子承諱進心生嘉慶己卯年八月廿

三日丑時

配西垵洪氏名鷄娘生道光辛卯年八月十二日午時

子五　廸月承進驅　廸却　廸擡　廸思　廸牙

進擇

遂仁公長子名擇選諱進處號及選生乾隆乙卯年七月

十九日戌時卒咸豐己未年三月十八日　時塟官山

配周坑邵氏名痡娘生嘉慶癸亥年閏二月十九日午時卒

咸豐庚申年六月十二日丑時葬官山埔

子二　迪寓　迪肘

進屋

遂仁公次子名淣屋生嘉慶辛酉年七月廿一日巳時

配埭邊吳氏名時娘生嘉慶庚午年十月十九日酉時

子三　迪乾　迪宋養歸宗　迪鋏進蚊三子承

進吻

遂仁公三子出承遂斗

進謀

遂仁公四子出承遂耦

進殿　遂仁公五子名殿司生嘉慶癸酉年十一月廿九日子時

配斗籃柯坑洪氏名佺娘生道光已丑年六月十六日　時

子五　廸鎊　廸貫　廸覽　廸溱　廸度

進員　遂仁公六子生嘉慶戊寅年正月廿八日酉時

配本鄉孫氏名廉娘生道光甲午年十二月廿四日子時

子七　廸巒　廸美　廸擧　廸珍（分出東渡）　廸輦　廸肚

廸抱

進配　遂近公長子

幼殤

進驅

遂近公次子名九驅字及範生嘉慶丙子年二月初五日巳時卒道光辛丑年七月廿七日午時塋

嗣子二 廸龘 進謀次子承 下殤 廸月 進慊長子承

進慊

遂近公三子出承遂耦

進聽

遂宗公長子 幼殤

進愛

遂宗公次子名光愛生乾隆戊寅年六月初五日巳時卒 塋

配

洪塘張氏名香娘生乾隆

子六　廸利　廸毅　廸潭　廸返出嗣　廸瞞　廸若

進魏
遂望公長子

進護
遂葳公長子諡進國生乾隆壬午年七月十八日寅時卒乾隆戊申年五月初六日辰時塟官山埔
聘四石柽邵厝

進贈
遂葳公次子
配臺灣
子三　廸赤　廸溪　廸萍出承進執

進奪　遂崴公三子　幼殤

進孰　遂崴公四子出承遂謀

進幸　遂乞公長子出承石菌

進丕　遂乞公次子諱進顕生乾隆癸亥年　月　日　時卒嘉慶丁亥年七月廿四日卯時塟鹿港福興庄蛇仔崙
配鹿港北頭吳氏名桂娘生乾隆辛亥年正月十八日
子四　廸钳　廸兎　廸立　廸滲

進務　遂乞公三子出承石菌

進佐　遂請公長子任臺福興庄生乾隆

配臺灣

子一　廸廸

進孰　遂謀嗣子遂崴四子承諱進忍生乾隆

配臺灣

嗣子一　廸萍進贈三子承

進

進訓

遂藩公嗣子遂依長子承號進諾生乾隆乙巳年八月十一日丑時卒道光甲午年四月十二日酉時塟官山埔

配伍堡張氏名讓娘謚益謙生乾隆乙巳年七月初八日巳時卒咸豐甲寅年二月初三日未時塟官山埔坐西東向東西

三子廸夏附

子三　廸營出進別　廸竹　廸夏

進訓

遂依公長子出承遂藩

進別

遂依公次子諱進以生乾隆辛亥年二月廿三日巳時卒嘉慶癸酉年十二月十六日　時歿在臺麻六甲至道光

年拾回塋在官山埔

配周宅陳氏名灑娘改

嗣子一　迪營 進訓長子承

進汝

遂依公三子名干汝號及臨生嘉慶戊午年正月廿六日

寅時卒咸豐辛亥年正月十九日　時塋官山埔

配坑園吳氏名恃娘生嘉慶己巳年正月初一日艮時

子四　迪改　迪泗 養　迪甚 養　迪來 吳出承進堪

進堪

遂依公四子諱進稱謚進羨生嘉慶庚申年十二月廿一

日丑時卒道光乙巳年十一月初一日酉時歿在臺麻六

甲至道光年拾回塋在官山埔

嗣子一　迪來 進汝四子承

塔江劉氏家譜

進賓 [illegible]子係雍念次子入承昭穆蔡亂生乾隆丁亥年正月十五日未時卒乾隆戊申年四月初四日酉時塟官山坐西向東

配石菌洪氏名勤娘未婚而歿

進下 遂昭嗣子遂情三子承諱進地生乾隆己酉年十月初四日亥時卒嘉慶庚辰年四月初八日亥時塟官山塚

配湖尾傅氏名灑娘改

嗣子一 廸祥進忌次子承

進外 遂煥公長子諱進貌謚進本生乾隆庚寅年九月廿五日巳時卒道光甲辰年正月廿九日未時塟官山埔

配洪塘張氏名珠娘生乾隆己亥年十一月十七日卯時

子三 廸水 廸郁 廸月出繼同安

進奩

遂煥公次子諱進語謚及開生乾隆戊戌年四月十四日
寅時卒咸豐壬子年四月十六日巳時塟官山
配周宅陳氏名玉娘生乾隆丙午年十月十九日　時卒嘉
慶　年七月十六日　時塟周宅山
繼配張塘蔡氏名粉娘生乾隆壬子年八月廿日辰時卒道
光甲申年又七月廿九日亥時塟在海沙
子二　廸洪　廸寧

進袍

遂煥公三子諱進緼謚及羽生乾隆辛丑年十一月初十
日子時卒咸豐壬子年四月初七日丑時塟
配洋宅蔡氏名問娘生乾隆壬子年正月初二日丑時卒道
光壬辰年七月十七日卯時塟在官山
子二　廸勻　廸学

進梘［illegible］

進提 遂煥公五子出承山内

進脆 遂煥公六子出承遂鳳

進恁 遂情公長子諱進耐謚及和生乾隆癸夘年五月初六日戌時卒道光己丑年九月廿四日申時塟臺牛欄頭庄

配東埔吳氏名鸞娘謚節順生乾隆丙辰年八月十一日辰時卒同治壬戌年八月廿六日辰時

子二 廼生 廼祥出承進下

進芸　遂情公次子出承遂理

進下　遂情公三子出承遂昭

進治　遂情公四子諱進民生乾隆癸丑年七月廿三日戌時卒

進芸　遂理公嗣子遂情次子承諱進杖生乾隆丙午年三月廿八日寅時

配　埭邊吳氏名銀娘諡勤慈生嘉慶戊午年三月初五日巳時卒道光癸巳年十月廿七日辰時葬官山埔

闕

遂安派

嗣子一　廸梛　進勲四子承

進軫

遂統公長子諱進輪謚進業生乾隆癸巳年八月卅日辰時卒道光己丑年二月初九日巳時塟官山埔坐壬丙兼巳亥

配中舍王氏名預謚貞順生乾隆乙未年十月十三日寅時卒嘉慶丙子年六月十二日寅時塟官山坐庚甲兼申寅

子二　廸歡　廸養

進廷

遂統公次子出承遂賀

進造

遂統公三子諱進起謚及千生乾隆庚子年十月十九日卯時卒道光壬辰年十二月十五日子時葬

配埭邊許氏名蜂娘生乾隆戊申年正月十六日卯時卒嘉慶己卯年四月廿八日亥時葬官山穴乾巽亥巳

子一　廸緣

進裁

遂統公四子諱進成生乾隆丙午年二月初九日巳時卒

配前埔蔡氏名香娘生乾隆癸丑年六月十七日卯時卒道光乙酉年正月十八日酉時葬

進波

遂統公五子出承遂約

進紆 遂龐公長子諱進廻謚進德生乾隆乙未年九月十六日
寅時卒道光丁亥年九月廿五日丑時塟官山埔
配埭邊許氏名錦娘生乾隆庚子年八月初九日亥時卒嘉
慶壬申年三月廿一日巳時塟在官山
子三 廸旺 廸紃 廸慍

進葉 遂龐公次子生乾隆甲戌七月廿五日 時卒乾隆乙亥
年五月廿二日午時幼殤

進晟 遂龐公三子諱進定謚及周生乾隆庚戌年十一月初五
日巳時卒道光丁酉年六月廿四日午時塟在官山埔
配埭邊許氏名乃娘謚孝德生乾隆甲寅年三月十二日未
時卒同治壬戌年九月十八日巳時塟官山埔坐東北向西南
子七 廸元 廸亥出嗣進賓 廸益 廸勸 廸趍 廸救 廸斗

進質 遂龎公四子諱進文生乾隆甲寅年十一月十三日子時
卒同治辛酉年六月初四日未時塟臺畚箕湖
妣 埕邊張氏名晉娘生嘉慶癸亥年三月廿四日午時卒嘉
慶辛未年二月廿日辰時塟埕邊山深溝內
嗣子　廸亥 進晟次子承

進廷 遂賀嗣子遂統次子承諱進朝謚及尉生乾隆戊戌年七
月十七日丑時卒道光丁未年四月初四日丑時塟官埔山
妣 大坑園吳氏名乖娘謚孝順生乾隆丙午年三月十二日
未時卒同治癸亥年七月廿六日丑時
子二　廸渣　廸程

進趕 遂殊嗣子遂六五子承諱進到生乾隆壬子年八月廿七
日申時卒嘉慶壬申年十月初九日申時殁塟在臺海埔

嗣子 廸城 進舖長子承

進脆 遂鳳公嗣子遂煥六子承諱進甜謚及歸生乾隆庚戌年正月初二日子時卒道光乙巳年十一月初十日 時歿在臺南路麻六甲

配 前埔蔡氏名謹娘生乾隆癸丑年七月十四日卯時卒嘉慶甲戌年十月初二日酉時塟官山

繼 配洋宅蔡氏名乘娘生嘉慶丙辰年八月初八日巳時卒道光辛卯年六月初八日午時塟在官山埔

子一 廸揪 後蔡出

進舖 遂六公長子諱進乘字及雲生乾隆丁未年六月廿五日未時卒同治庚午年正月十八日辰時寄塟官山埔

妣柯坑張氏名麟娘謚慈範生乾隆辛亥年十月初九日午時卒同治乙亥年正月初六日辰時寄塟官山埔

子五　廸城出承進遷　廸扶　廸轉　廸墾　廸山

進章

遂六公次子出承石崗

進飭

遂六公三子諱進生乾隆己酉年八月十三日未時卒光緒丙子年三月初五日卯時

妣臺灣滬港陳氏名碧娘生嘉慶癸亥年八月十八日午時卒道光辛卯年九月廿一日寅時塟臺畚箕湖考妣合塟軜

繼妣施氏生闕卒年十二月十六日

子三　廸作　廸掌前出廸[illegible]

塔江劉氏家乘

進是 幼殤

進趧 遂六公五子出承遂殊

進具 遂六公六子諱進臣生嘉慶丙辰年九月初五日卯時

進謨 遂六公七子諱進楷生嘉慶戊午年七月廿七日子時卒同治癸酉年十一月廿六日巳時葬埕邊面穴坐壬丙兼亥巳

妣埭邊許氏名氣娘生嘉慶甲戌年十月廿四日時卒光緒丙子年十月初九日辰時葬本山和尚仔墓穴坐卯酉兼乙辛

子五 廸堧 廸道出承進發 廸瘦 廸顫 廸碟出承埕邊黄

進墍　遂六公八子諱進零生嘉慶辛酉年八月十一日未時卒光緒庚辰年十二月初六日子時

配山前王氏名益娘生道光辛巳年十一月初八日午時

子二　廸聯　廸熖

進名　遂六公九子生嘉慶癸亥年十二月初八日酉時卒嘉慶丁卯年八月廿六日酉時塟海沙墘

進聲　遂六公十子諱進揚謚及音生嘉慶丙寅年正月十六日酉時卒道光丁酉年六月十二日午時塟官山埔改坐壬向丙兼亥巳

嗣子　廸道進謨次子承

進拔 幼殤

進音 遂典公長子名綸音生乾隆乙未年正月初十日 時卒
乾隆 年五月廿一日 時

進卜 遂典公次子名卜晝謚及文生乾隆乙巳年十二月十六
日辰時卒道光丁酉年五月廿六日丑時從埜在大泉坐北向南
妣 柯坑張氏名庭娘謚順德生乾隆癸丑年六月十八日
時卒同治辛未年九月廿六日卯時
子四 廸掘 廸厘 廸買 廸選

進眉 遂典公三子名鋤眉生嘉慶丙辰年八月廿五日 時卒
埜

進由　遂全公長子名茶油諱進清生乾隆庚子年九月十八日未時卒嘉慶己卯年七月廿八日巳時塟官山穴乾巽陔

配上邊孫氏名樣娘改

子三　迪柿　迪肥　迪研

進宠　遂雄公長子字及徼生乾隆壬辰年

進挑　遂雄公次子諱進剔諡進巽生乾隆乙未年正月廿日丑時卒嘉慶戊寅年九月廿九日寅時塟官山

妣伍堡張氏名燮娘諡徽棻生乾隆癸卯年正月初三日卯時卒道光丁酉年五月初一日戌時塟官山埔坐南向北

子四　迪呂　迪鑒　迪邑　迪滴

進梗

遂雄公三子諱進概謚及德生乾隆丁酉年五月初一日未時卒道光庚寅年八月初一日午時葬大堵荒坐西向東

妣東埔吳氏名讓娘生乾隆壬寅年正月初六日卯時卒嘉慶戊寅年三月初二日巳時葬大堵荒坐西向東

子二　廸田　廸阿

進艾

遂雄公四子

幼殤

進剡

遂慈公長子

進曆

遂汀公長子諱進数謚進力生嘉慶丙辰年正月初九日時卒道光丁酉年五月廿九日巳時與母黃氏合葬在官山埔坐乾向巽兼[illegible]

配埕邊黃氏名蒲娘生嘉慶壬戌年五月廿日未時

子三　廸拿　廸欺　廸屈

進能

遂美公長子住臺漳化

進鑽

遂美公次子住臺漳化生嘉慶甲子年正月初三日申時

進格

遂美公三子生嘉慶戊辰年四月十五日酉時

進[illegible]
[illegible]生乾隆庚子年十一月廿一日丑時卒道光丁酉年六月初五日午時塟海埭五分內

妣潘徑涂氏名靜娘謚慈節生乾隆庚戌年七月十七日卯時卒光緒戊寅年十一月初二日寅時塟官山

子五　廸抄　廸棹分出長泰　廸耦出承頂海倉進軒　廸候分出石菌　廸粕承進滾

進郡
遂汪公次子名光郡謚進泉生乾隆乙巳年五月初三日寅時卒道丙午年六月廿日吉時塟官山縣后

妣石蘭黃氏名睽娘謚慈德生嘉慶戊午年九月初九日吉時卒道光戊戌年十二月廿五日巳時塟官山埔

子二　廸衫　廸有出承進滾

進體
遂汪公三子名序體生乾隆　年　月　日　時卒　歿塟在臺

進褱　遂面公養子諱進職生乾隆庚子年三月十三日巳時卒
嘉慶己卯年七月廿七日未時塟官山頂穴乾巽亥巳
嗣子二　廸有進郡次子承　廸粕進袋五子承

進聆　遂初長子生乾隆　卒
聘柯倉柯氏改

進浮　遂初公次子生

進楮　遂初公三子生

進低
遂初公四子生

進悔
遂初森公長子住居厦門生嘉慶丁卯年二月廿三日午時
配南安廿八都呂鑑柯氏名賞娘生嘉慶乙丑年十月卅日申時
子二　廸汲　廸昨

進坪
遂等公長子生乾隆壬子年十月廿二日　時卒道光甲午年正月廿七日丑時葬臺㟁箕湖
妣蕭氏名素娘生乾隆甲寅年十二月廿九日戌時卒道光庚子年正月十七日丑時葬㟁箕湖
子二　廸鶱　廸蔺

進弄

遂等公次子生嘉慶戊午年六月十八日　時卒咸豐丁
己年十月卅日未時塟畚箕湖

妣陳氏名富娘生嘉慶壬戌年　月　日　時卒道光癸卯
年正月十二日丑時塟畚箕湖

繼妣黃氏名雖娘生嘉慶乙丑年四月廿九日　時卒嘉慶
戊辰年

進呈

遂等公三子生嘉慶戊辰年正月廿八日辰時卒道光丁
酉年七月廿日戌時塟畚箕湖

妣　氏 改

子一 廸綱

進邇 [illegible]申年十二月初三日辰時卒咸豐
甲寅年三月十三日　時塋臺竹塹
配吳氏名甚娘生嘉慶丁丑年正月廿三日子時
子一　廸晚 兼承進勉

進灣 遂灘公次子生嘉慶甲子年三月廿日未時
配許氏名真娘生嘉慶丙寅（乙丑）年十（四）月十二（七）日戌（寅）時卒道光乙
巳年六月十二日未時塋臺四堀厝庄尾

進看 遂灘公三子生嘉慶丙寅年十月十二日戌時卒光緒丁
丑年十二月十二日巳時塋四堀厝后園內
嗣子二　廸晉 后巷進志次子承　廸綏 進志子承

進勵

遂灘公四子生嘉慶己巳年七月初三日丑時卒道光己丑年九月初二日未時塟四塊厝埔與父仝列

嗣子　廸晚 進送之子半承

進赾歎

遂灘公五子字進成生嘉慶壬申年六月十三日辰時卒道光丁未年十月廿四日酉時塟四塊厝埔

進信

遂灘公六子生嘉慶丙子年二月初一日辰時卒同治戊辰年十二月十二日卯時塟四塊厝埔后園內

配施氏名乖娘生嘉慶戊寅年六月十五日卯時

子一　廸成 養

進永 遂詒公長子生嘉慶甲戌年十二月十九日丑時卒道光丙午年六月廿五日未時葬四堀厝埔

妣 葉氏名竹娘生嘉慶壬午年年八月卅日午時卒同治辛未年七月廿三日辰時葬四堀厝埔

子一 廸達十三歲殤

進九 遂詒公次子主內名十生嘉慶戊辰年八月十五日子時卒道光庚寅年八月初六日卯時葬四堀厝埔

第十六世

廸張　進猛公長子
幼殤

廸錯　進猛公次子諱廸炘生嘉慶己巳年十月初九日寅時卒
道光丁未年七月初八日巳時歿在臺南路麻六甲

廸觀　進猛公三子諱廸明生嘉慶壬申年九月十三日寅時卒
道光丙申年九月初十日巳時歿在臺海埔厝

廸算　進猛公四子諱廸斗生道光癸未年十二月廿四日未時
卒同治甲戌年七月廿九日戌時

配潘徑張氏名尾娘生道光庚寅年三月十八日辰時卒同
治壬申年九月十八日未時塟官山埔

迪彼 進廿公長子生嘉慶乙丑年十月初一日戌時 幼殤

迪相 進廿公次子諱迪樹生嘉慶己卯年五月初三日卯時

配 蘓厝曾氏名鴛娘生嘉慶辛巳年正月廿日酉時卒咸豐癸丑年九月廿日寅時殁塟在大白山

子一 茲錐

迪紹 進廿公三子諱迪祖生道光壬午(干)年九月廿三日酉時卒咸豐乙卯年三月廿一日酉時塟在官山

配 洪塘張氏名碖娘 改

廸鎗 進素公長子名金鎗生嘉慶丙子年十二月十九日戌時
卒道光丙午年十月十三日巳時歿在臺海埔厝
嗣子　茲位 廸簫長子承

廸臏 進素公次子生嘉慶己卯年七月十一日巳時
幼殤

廸簫 進素公三子諱廸吹生道光丙戌年六月初一日巳時卒
同治五年丙寅九月廿五日未時
配大房許氏名却娘生道光壬寅年
子四　茲位出系廸鎗　茲菓　茲現承萁　茲攀承廸隙

廸隙 進素公四子諱廸成生道光己丑年正月廿九日丑時

嗣子 玆擇廸簫四子承

廸廟 進黨公長子諱廸宗生道光戊戌年八月十一日酉時

廸尺 進黨公次子出承洪塘張家

廸寸 進黨公三子諱廸茇生道光丁未年十二月初二日寅時

配柯坑張氏名莉娘生同治甲子年十一月廿四日丑時

四

進薰公四子出承蘸厝曾家

廸棹

進任公長子諱廸縱生嘉慶己卯年八月十四日亥時卒同治甲戌年八月廿四日巳時

配埭邊許氏名梅娘生道光癸巳年十一月初六日　時

子二　玆畨（養幼殤）　玆昭

廸艾

進任公次子諱廸求謚子治生道光壬午年六月初七日巳時卒同治壬戌年九月廿六日未時塋官山埔

配洪塘張氏名蕉娘生道光丙申年十一月廿五日　時

子三　玆橫　玆葉（出承廸棚）　玆蚶

廸窓

進任公三子諱廸芸生道光甲申年十二月廿一日戌時

卒同治辛未年八月廿一日卯時

配湖尾藴氏名量娘生道光己亥年

子三　茲戎幼殤　茲揀　茲濯

廸楚

進任公四子諱廸書生道光戊子年二月十八日巳時卒

光緒戊寅年九月初三日辰時

配周坑曾氏名便娘生道光庚子年十二月廿三日午時

子四　茲丁　茲寶幼亡　茲槁　茲納

廸栩

進任公五子出承進摘

迪掌 進養公長子

迪栩 進摛公嗣子進任五子承諱迪騰生道光甲午年十月廿三日子時卒咸豐壬子年五月廿三日　時殁在臺南路麻六甲

嗣子　茲葉 迪艾次子承

迪齒 進敦公長子諱進年謚迪吉生嘉慶甲子年正月十一日寅時卒咸豐丁巳年十月廿八日酉時塟在官山

配 周坑蔡氏名鰲娘謚慈德生嘉慶癸酉年五月廿日寅時卒道光己酉年六月廿六日　時塟在官山

子三　茲昌　茲纂　茲買

廸菌 進敦公次子出承進駟

廸囂 進敷敫公長子諱廸然生嘉慶戊寅年十二月初五日午時

廸探 進敷公次子出承石菌

廸葱 進敷公三子生道光丁亥年正月十四日 時
配臺灣草港黃氏名質娘生道光己亥年五月初五日未時
子五 茲標幼亡 茲不 茲琢幼亡 茲淞 茲景

廸強

進敷公四子生道光庚寅年　月　日　時卒咸豐乙卯年十月廿九日未時塟臺畚箕湖

廸宋

進良公長子名天宋生道光辛巳年八月廿四日寅時卒咸豐乙卯年五月初四日申時塟官山

廸浸

進良公次子名水浸生道光甲申年七月廿日丑時卒道光己酉年五月廿四日亥時塟海沙墘坐北向南

廸志

進淵公長子名天志謚廸道生嘉慶丁丑年十二月十四日丑時卒道光丙午年年五月十九日戌時塟官山頂

配

潘徑張氏名近娘改

子二　玆檔　玆等出承廸漢

廸慶 進淵公次子出承進拱

廸漢 進淵公三子生道光戊子年八月十七日巳時卒咸豐丁巳年六月十五日酉時塟在官山

嗣子 茲等廸志次子承

廸奉 進淵公四子

幼殤

廸開 進淵公五子諱廸泰生道光癸巳年十月廿日寅時

子一 茲談永寧本家溢官之子兼承

廸平

進淵公六子諱廸音生道光己亥年七月十七日辰時卒
臺海埔厝當境擇十月初八日忌辰

廸虔

進拱公嗣子進淵次子承諱廸誠生道光癸未年五月廿
九日　時卒臺海埔厝當境擇十月初八日忌辰

廸脩

進奪公長子生嘉慶乙丑年九月初二日酉時卒嘉慶壬
申年五月初三日卯時塋

廸早

進奪公次子諱廸年生嘉慶戊辰年十一月初一日辰時
卒光緒乙亥年七月初九日巳時寄塋官山埔

配清境溫氏名挑娘生道光辛巳年十二月十七日卯時卒
道光丁未年八月十七日寅時塋官山埔

繼配前埔蔡氏名惣娘生道光丙子年三月十四日未時

子三 茲鑿 茲悄溫出 茲逼蔡出

廸度 進奪公三子出承進本

廸盞 進奪公四子 幼殤

廸度 進本公嗣子進奪三子承諱廸焉生嘉慶己卯年十月十五日卯時

配臺灣王氏生闕卒 年三月十五日忌辰

繼配臺灣海墘厝潘氏名娘娘生道光壬辰年九月十五日

子四　兹賢　兹銓　兹度　兹楚 俱潘出

廸格　進騶公養子諱廸正生嘉慶壬申年十一月十九日丑時

卒咸豐癸丑年十月十二日子時塟在官山

妣伍堡張氏名洒娘生嘉慶丁丑年十一月廿九日　時卒

道光乙巳年九月廿二日午時塟官山

子二　兹監　兹檻

廸蘭　進騶公嗣子進敦次子承諱廸盈生

廸在　進騶嗣子後卷進銅四子承生道光庚寅年九月廿七日

寅時往臺卒

配高后王氏名好娘生道光甲午年七月十一日巳時卒咸豐丙辰年五月初二日巳時塟官山埔

嗣子二　茲膂迪廁長子承　茲慰迪覯四子承

迪覯

進吻公長子諱迪旿生道光丁酉年十二月十九日酉時

配洋宅蔡氏名品娘生道光辛丑年五月十四日丑時

子四　茲借　茲魃　茲渠　茲慰出承迪在

迪廁

進吻公次子諱迪階生道光庚子年八月初六日未時

聘蕪厝曾氏名寏娘生道光丙午年十一月十七日午時

子四　茲胥　茲先　茲力　茲嘮

廸鋏
進吻公三子出繼進屋

廸碼
進吻公四子諱廸打生咸豐戊午年八月初七日酉時
配西埔洪氏名籠娘生同治七年戊辰四月廿三日午時

廸浩
進飲公嗣子宮后進眼四子承諱廸氣生乾隆甲寅年六月初六日午時卒道光辛已年八月初七日酉時塋在官山坐西向東
妣埭邊吳氏名女娘謚節儉生嘉慶壬戌年十一月十四日

時卒光緒丁丑年二月初四日巳時寄瑩官山埔

子一 玆央 迪衍長子承

迪衍

進歆公次子名衍圖謚敦厚生乾隆丙午年十月初六日辰時卒道光癸卯年十一月初十日巳時瑩在官山

妣 氏

子二 玆央 承迪浩 玆灘

迪篤

進宅公養子係外甥入承名篤元諱廸信字子敬生嘉慶丁丑年十一月初八日巳時卒光緒丙子年八月廿日寅時瑩和尚仔墓乙辛辰戌

配 鐘坑林氏名鳳娘生道光壬午年十一月廿日丑時

子四 玆潭 玆論 玆洸 玆冷

余於宗族中其品行之純而才識之優所最心折者惟於
子敬兄有焉兄以外甥入繼事祖母盡孝友于兩家之弟
昆多方周恤未嘗使家人知待親戚亦極厚宗族有事無
論鉅細力共維持必至於完美而後已有所費恒先以身
倡之鄰鄉之事每出為調停因人勸觧即至愚頑亦無不
樂從故所至雖婦孺亦皆起敬而交遊又最廣投止必納
客至恒無虛日凡夫推食觧衣為謀必忠忠告善道亦莫
不備具焉蓋其為人見理甚明而當幾能剖不與人爭能
亦不使人歸咎有恩於已者念之必期有以報有犯於已
者絕之而不出惡聲處友不使我負人臨財不敢利忘義
少習經紀貿易者退無後言晚有餘資告貸者償不較直
雖不習儒者業而所謂讀書明理能如是者吾見亦罕矣
故及其亡也遠近聞之皆為惋惜會塟者人以百計皆念
其善於不置者也宜乎身後家計益豐而諸子能恪遵遺

弟雲路誌

廸悻

進宅公養子諱廸煕生道光壬午年七月十八日亥時

配石菌黄氏名卻娘謚恬素生道光丙戌年十一月十四日辰時卒咸豐乙卯年五月初十日午時塋官山埔

繼配衙口西殳施氏名側娘生道光丙戌年四月十九日子時

子四　茲鬘　茲碗　茲闖　茲紘

廸⿰口斟

進問公長子諱廸酌生道光甲辰年六月初五日子時

聘塔西坑許氏名恍娘生道光癸卯年十一月十四日子辰時

子四　玆愷 殤　玆鳩 承迪突　玆水　玆闓 承迪刹

迪服

進問公養子諱迪衣生道光甲辰年六月廿五日　時

迪淘

進問公三子

幼殤

迪突

進問公四子生道光己酉年六月十二日　時卒咸豐乙卯年四月廿五日申時拾在金內埊官山頂

嗣子　玆鳩 迪斷次子承

廸徘 進創公長子諱廸安生嘉慶庚辰年二月初六日巳時

配洪塘張氏名佑娘生道光戊子年八月初十日丑時

子四 茲埕 茲瞥 茲燒 茲占

廸籆 進發公長子諱廸然生道光甲申年六月廿一日丑時

配石崗洪氏名糖娘生道光丁酉年十二月初十日申時

子四 茲鐵 茲盤 茲海 茲帆没

廸迓 進蘊[赫]公嗣子諱廸奉進蔥公次子承生道光乙未年九月廿八日寅時

配張墖蔡氏名欵娘生道光丁未年三月初三日卯時

子一　茲瀾

廸契　進慈公長子諱廸文生道光壬辰年九月十六日辰時卒同

治甲子年九月初一日申時

配　石蘭黃氏名甘娘改

子一　茲麥

廸迓　進慈公次子出承進赫

廸垟　進凝公長子諱廸提號廸平生道光癸未年十二月初三

日辰時卒咸豐壬子年七月初八日巳時塟西洲

配　本鄉孫氏名冬娘謚慈德生不知卒年三月十四日時

嗣子三　茲鉠廸贊長子承　茲絺廸判次子承嗣　茲籠廸鵬次子承

廸坦

進凝公次子
幼殤

廸判

進凝公三子諱廸斷生道光己丑年九月廿九日巳時
配柯倉柯氏名約娘生道光甲辰年十一月十九日未時卒
咸豐壬子年十二月廿七日酉時
繼配下洒蔡氏名朗娘生道光己亥年十一月十七日戌時
子二　茲締承廸拌養　茲閫廸喇四子承幼亡

廸掌

進凝公四子
幼殤

廸托
進凝公五子出承柯倉柯家

廸吝
進僱公長子生道光乙巳年二月廿一日吉時卒同治癸亥年五月廿七日時塟官山
嗣子　玆嗏 廸鵰出承

廸硃
進僱公次子
幼殤

廸都
進詎公養子生道光十五年乙未八月廿日
配山前王氏名客娘謚素靜生道光廿二年壬寅十二月廿二日寅時卒同治四年乙丑八月廿五日酉時塟在石佛

子一　茲題

迪鶴

進詎養次子諱迪騰生道光癸卯年六月廿三日　時

配石菌洪氏名色娘謚懿範生道光丁未年十一月初八日

酉時卒光緒丁丑年七月十七日巳時

繼配梅林蔡氏名發娘生道光廿三年癸卯六月初六日巳

時

子三　茲嗪（出承迪營）　茲籠（承迪坪）　茲當（歸蔡出）

迪伴

進蔭公長子諱迪行生道光丙戌年正月初十日　時

先養大房許氏名猢娘生　年四月十八日卒正月初三

日忌辰

繼石蘭王氏名捲娘生道光戊子年正月初三日　時卒咸
豐壬子年四月十八日戌時塟官山
繼配謝厝街謝氏名寬娘生道光乙未年八月初九日　時
子二　慈慨承迪勅　慈卯

迪勅
進蔭公次子生道光己丑年三月初五日寅時卒咸豐甲
寅年五月十二日　時歿在臺麻六甲
嗣子二　慈慨承迪撑　慈紡迪連子承

迪聯
進蔭公三子名荷聯諱迪聽生道光辛卯年十一月初九
日　時
配東埔吳氏名好娘生道光癸卯年十一月十七日　時

子五　茲紡承廸嗣　茲勳　茲鏤分出洋戶吳　茲撈　茲董

廸廊

進座公長子諱廸跡生道光丙申年四月初三日酉時

聘洋宅蔡氏名欉娘未婚而歿

繼娶東埔吳氏名枣娘生咸豐甲寅年八月廿七日未時改

繼配許墓庄施氏名麵娘生道光廿七年丁未年七月十四日午時

子三　茲拱　茲來幼亡　茲松

廸忖

進座公次子諱廸踏生道光庚子年六月初七日午時

娶柯坑柯氏名選娘生咸豐甲寅年七月十七日辰時

子一　兹拐

廸沃　進做公長子出承進河

廸番　進做公次子生同治八年己巳年十二月十八日未時

廸魚　進做公三子出承進河　幼亡

廸　分出上邊孫家

廸䅄 進希公長子出承進稟

廸粉 進希公次子生同治四年乙丑年二月十五日丑時

廸䅄 進稟公嗣子進希長子承生咸豐丁己年十一月初九日申時

聘埭邊吳氏名須娘生同治四年乙丑正月十一日亥時

廸沃 進河公嗣長子進做長子承生同治五年丙寅十月初二日辰時

廸魚　進河嗣次子進做三子承鴞

仁和　天載公長子　住臺

廸回　天載公次子　住臺

廸妹　天載公三子　往臺

廸復　進垣公長子住臺生道光丙午年九月廿三日　時卒光緒己卯年八月初十日酉時塟臺畚箕湖

配新埔陳氏名双娘生道光庚戌年正月初六日辰時

子四 兹宅 兹綀 兹殿 兹約

廸欄

進垣公次子生咸豐癸丑年七月十三日

廸戇

進鵬公長子

幼殤

廸雙

進鵬公次子生咸豐癸丑年五月廿四日酉時

聘前埔蔡氏名勺娘生咸豐十一年辛酉　月　日　時卒

同治八年己巳年七月初二日　時

繼娶石蘭黃氏名捶娘生同治三年甲子五月十七日巳時

廸嚴

進籠公養長子生道光庚戌年六月初五日巳時

配西埔洪氏名丑娘生道光己酉年四月廿八日丑時

子一　玆囉

廸威

進籠公次子生咸豐乙卯年正月初四戌時

聘前埔蔡氏名鶴娘生咸豐己未年八月初一日丑時

廸

廸澹 進寒次子兼承進冠進庵

廸澹 進冠嗣子進寒次子兼承生同治辛未年四月十一日午時

廸已 進糖嗣子進寒長子承生同治六年丁卯七月廿二日巳時

廸澹 進庵嗣子進寒次子兼承生同治十年辛未四月十一日午時

廸簸 進蜂長子生同治五年丙寅八月廿八日戌時
聘前埔蔡氏名葉娘生光緒二年丙子九月初五日亥時

廸硎 進蜂次子生同治十一年壬申十二月十六日寅時

廸沛 殤 進勲長子

廸梢 進勲次子生乾隆壬子年三月廿四日辰時

廸好 進勲三子生乾隆甲寅年二月廿七日亥時卒嘉慶辛未年三月十四日巳時與父往臺同溺在海

廸榔 進勲四子出承遂安

廸思 進勲五子殤

廸返 進勲六子小名返謚子歸生嘉慶乙丑年十二月廿日辰時卒咸豐辛酉年六月初十日戌時塟官山埔

配許墓許氏名節娘生嘉慶戊寅年七月十八日酉時卒道光丁未年七月廿一日巳時塟在官山埔

子三　玆攬　玆挨　玆故 廸花長子成

廸講　進勳七子 幼殤

廸閭　進扶長子生道光己丑年七月初八日

廸 失名　進扶次子分出

廸烟　進耒長子住壆

迪遨 進未次子

迪埕 進且長子

迪花 進且次子諱迪柳生道光甲辰年十二月卅日申時
娶洋宅楊氏名雪娘生同治三年甲子十一月廿四日寅時
子一 玆故 承進延返

迪江 進且三諱迪槐生道光咸豐辛亥年七月初九日 時

迪型
進踝長子諱迪型生道光癸卯年十二月初四日　時
娶石楼林氏名珍娘生咸豐庚申六月十七日酉時

迪鞋
進踝次子諱迪鞋生道光丁未年八月十三日　時

迪踏
進陶長子生同治壬戌年二月廿四日巳時
殤

廸眉 進陶[illegible]子生同治四年乙丑八月廿八日辰時

廸院 進陶三子生同治六年丁卯十二月十八日申時

廸嵗 進陶四子生光緒元年乙亥十二月廿八日寅時

廸櫳 進向長子生咸豐辛酉年八月廿日巳時

廸幫 進向次子生同治九年庚午十一月初九日子時

廸標 進向三子生同治十二年癸酉又六月廿四日子時

廸膝 進向四子生光緒二年丙子十月卅日午時

廸醬 進向五子生光緒六年庚辰正月廿一日卯時

廸排
進座之子生同治丙辰年六月廿八日午時

廸響
進謀長子生道光壬寅年十一月廿一日子時卒道光己酉年十二月十七日 時幼殤

廸櫳
進謀次子出承進驅
幼殤

廸唱
進謀三子生道光丙午年三月初十日寅時卒道光己酉年十月初十日 時幼殤

廸皷

進謀四子生道光丁未年十二月初一日　時卒道光己
酉年十二月初一日　時 幼殤

廸昧

進謀五子諱廸明生咸豐辛亥年二月廿九日酉時
聘高后王氏名鸞娘生同治六年丁卯四月十七日申時

廸糊

進謀六子諱廸飯生咸豐己未年正月初七日巳時卒同
治癸亥年七月十六日　時

廸從 進謨七二子出承塤進

廸月 進慊長子出承進驅

廸邰 進慊次子諱廸顧生咸豐壬子年三月初三日午時

聘高后王氏名赤娘生同治七年戊辰三月十七日子時

廸擅 進慊三子 幼殤

廸恩　進慷四子生同治三年甲子十二月十五日辰時
聘玉坂洪氏名愆娘生光緒二年丙子正月十九日丑時

廸牙　進慷五子生同治七年戊辰十一月初三日丑時

廸寓　進擇長子諱廸居生道光己丑年五月初五日午時
娶埭邊吳氏名石娘生道光丁酉年六月十五日　時卒同
治己巳年八月廿三日戌時
繼娶石蘭洪氏名梅娘生道光丁酉十二月十六日

廸肘

子四　茲咬　茲音　茲爍（出嗣吳[illegible]）　茲勝

進擇次子諱廸脈生道光辛卯年十一月十九日戌時

廸乾

進屋長子名乾甯生道光乙未年十一月十八日丑時卒咸豐丁巳年四月廿四日卯時塋官山埔頂

廸宗

進屋養子諱廸徵生道光壬寅年十月廿九日丑時

歸宗

配梅林蔡氏名採娘生道光庚戌年七月十二日酉時

廸䑝

進屋嗣子生咸豐三年癸丑八月十四日子時

進蚊三子承

娶東埔吳氏名劉娘生咸豐六年丙辰年八月初十日丑時

廸艕

進殿長子諱廸舟生道光丁未年七月初十日寅時

娶斗籃柯坑洪氏名巧娘生咸豐戊午年年十一月十六日卒

同治丙寅年十二月十三日

繼娶前埔蔡氏名莉娘生同治四年乙丑六月十九日　時

迪賈

進殿次子諱迪狡生咸豐丙辰年八月廿七日寅時

迪覽

進殿三子生同治二年癸亥八月初十日酉時

迪凍

進殿四子生同治六年丁卯六月初六日辰時

迪度

進殿五子生同治八年己巳十月初六日巳時

廸鑾

進員長子生咸豐元年辛亥四月初九日酉時

聘遷國洪氏名來娘生同治四年乙丑十二月廿八日殤

廸弄

進員次子生咸豐三年癸丑十一月十七日辰時

配呂厝許氏名石娘生同治六年丁卯四月初二日辰時

廸擧

進員三子生咸豐六年丙辰二月初七日寅時

廸珍 分出東坡
進員四子生同治四年乙丑三月廿七日午時

廸輦
進員五子生同治六年丁卯九月廿二日辰時
聘高厝王氏名預娘生光緒己卯年九月十二日卯時

廸肚
進員六子生同治八年己巳十月廿一日丑時

廸抱
進員七子生同治十一年壬申三月十三日巳時

廸

櫳　進驅嗣子長進謀次子承生道光甲辰年八月初七日戌時

卒咸豐辛亥年二月十八日　時

廸

月　進驅嗣次子進慊長子承生道光己酉年十一月十四日

丑時

娶柯村柯氏名恬娘生咸豐八年戊午六月廿六日亥時

闕

莊良派

嗣子　茲蒲　茲旋二房廸俊子承

廸利 進愛長子生

廸毅 進愛次子生

廸潭 進愛三子生

廸返 進愛四子出承石蘭

廸瞄 進愛五子

廸若　進愛六子

廸赤　進贈長子任臺

廸溪　進贈次子任臺生卒俱闕

配鹿港施氏名痛娘

子一　茲九

廸萍 進贈三子出承進就

廸鉗 進丕長子生嘉慶己巳年正月 日 時卒同治庚午年
月 日 時葬臺南路麻粒甲
妣洪氏名泉娘生缺卒 年九月初九日葬福興庄
蛇仔崙
繼配臺 氏
養子一 天星

廸兎 進丕次子生嘉慶己卯年四月 日 時卒道光丙午年
十月初四日辰時葬福興庄蛇仔崙

迪立
進丕三子生道光丁亥年九月廿三日午時
配鹿港菜園內黃氏名衍娘生道光丙戌年十月十二日辰時

迪滲
進丕四子生道光己丑年七月十一日　時卒
塋蘇粒甲

迪迪
進佐長子

迪萍
進孰嗣子進贈三子承名萍水生
配臺灣

廸營 進訓長子出承進別

廸竹 進訓次子名奢竹諱廸林生嘉慶乙亥年十月十一日卯時卒光緒庚辰年正月十五日丑時

妣 伍堡張氏名痛娘生道光丁亥年四月廿八日　時卒道光　年七月十二日　時

繼 配柯坑張氏名点娘生道光乙酉年五月初十日卯時

子三　茲嫖　茲砌　養茲傕

廸夏　進訓三子諡廸春生道光辛巳年十月初四日丑時卒咸豐丙辰年十月十四日申時塟官山與母仝塋

配　柯坑張氏名燕娘改

嗣子一　茲庥后巻廸唱三子承

廸營　進別嗣子進訓長子承生嘉慶癸酉年正月初十日丑時卒道光辛巳年三月　日　時塟

廸改　進汝長子生　　卒

養子　茲莉

廸事　進汝養次子生

配臺灣　氏名有娘
嗣子一　玆底迪甚長子承

迪甚
進汝養三子諱迪何生道光丙戌年七月初六日子時卒
塋柯坑山
配臺灣陳氏名有娘生道光己亥年十二月廿八日申時
子二　玆底承迪事　玆跨

迪來
進汝四子出承進堪

迪來
進堪嗣子進汝四子承生道光甲辰年五月初八日酉時

廸詳

進下嗣子進怎次子承生道光辛巳年五月初四日寅時

廸水

進外長子生嘉慶辛酉年十二月初三日　時卒道光戊戌年又四月初四日　時瘞官山

廸都

進外次子生嘉慶丙寅年四月初三日巳時卒道光年五月十二日　時歿在臺

廸月

進外三子出承同安

廸浩 進祀長子生嘉慶戊寅年十二月十七日 時卒咸豐壬子年十一月廿一日未時塟官山埔

配大坑園吳氏名奚娘生道光庚寅年十二月十二日 時卒咸豐戊午年七月十二日戌時塟在官山埔

子一 茲翊

廸薴 進奩次子生道光壬午年十二月十六日 時卒咸豐辛亥年八月十四日未時塟官山埔

廸勺 進祀長子生嘉慶丙子年九月廿八日卯時卒道光己亥年七月廿一日午時塟官山埔坐西北向東南

聘洋宅蔡氏 改

廸学 進袍次子生嘉慶　年二月十三日　時卒
年正月初一日　時塟官山埔幼殤

廸生 進悳長子諱廸財生嘉慶丁丑年十一月十八日巳時卒
光緒丙子年二月十二日巳時塟官山
配東埔吳氏名鳳娘生道光辛卯年　月　日　時

廸祥 進悳次子出継進下

廸畬 進芸長子生嘉慶戊寅年正月十一日　時卒不知殁在
臺灣香山

廸他 進芸次子生道光乙酉年十一月十五日吉時

廸帆 進芸三子生道光己丑年七月廿七日卒臺蘇粒甲未詳

廸歡 進軫長子名光歡字廸承謚子美生嘉慶戊午年二月初十日卯卒同治壬戌年五月十四日卯時塟官山埔

配 石菌黃氏名孅娘謚德儉生嘉慶辛酉年七月廿九日辰時卒道光己丑年十月廿三日酉時塟官山埔

子三 茲鳴 次出承奮 茲媚出承廸養

廸養

進輅次子生嘉慶乙丑年二月廿日卯時卒道光壬午年六月廿五日申時歿在臺拾田塋官山

嗣子　茲媚（廸歡三子承）

廸緣

進造長子兼出贅東埔吳家生道光十年八月

配　氏

子一　茲瀾

廸旺

進紆長子諱子興謚廸旺生嘉慶癸亥年六月十三日辰時卒道光辛卯年九月十三日午時塋官山埔坐南向北

配　洪塘張氏名草娘謚淑勤生嘉慶甲戌年五月十七日丑時卒道光壬辰年三月初三日戌時塋洪塘山苦林埔

廸料

進紆次子生嘉慶乙丑年十月[illegible]道光[illegible]年五月廿八日　時歿在臺灣拾回

廸慍

進紆三子生嘉慶

廸元

進晟長子名財源生嘉慶壬申年六月廿四日酉時

配石蘭王氏名叢娘謚慈愛生道光辛卯年六月十九日辰時卒同治丁卯年十月十三日　時塋官山埔

廸亥

進晟次子出承進質

廸益

進晟三子生嘉慶丁丑年八月初二日寅時卒同治己巳年十一月廿日卯時塟臺畨箕湖

配臺灣惡狗厝許氏名蘭娘生道光乙酉年九月初七日寅時

子二　茲邦　茲韮幼亡

廸勸

進晟四子謚廸改生嘉慶己卯年十二月廿一日巳時卒道光戊申年十月初二日酉時塟在西沙坐東向西

廸超

進晟五子名虎超號廸道生道光癸未年正月十八日戌時卒光緒己卯年十二月廿八日戌時塟官山

配埕邊黃氏名素娘生道光戊戌年八月十五日酉時

子三 兹舌 兹煓幼亡 兹珍

廸救

進晟六子名天救生道光丁亥年十一月廿二日寅時

廸斗

進晟七子名荷斗生道光庚寅年七月廿七日巳時

廸亥

進質嗣子進晟次子承生嘉慶乙亥年四月初七日戌時

廸渣　進廷長子名豆渣謚廸明號廸達生嘉慶丙寅年九月廿六日寅時卒道光辛卯年三月十二日午時塟海沙墩坐塟官山

嗣男　玆設廸程次子承

廸程　進廷次子諱廸起生嘉慶戊辰年正月初七日子時卒光緒丙子年正月廿九日卯時塟官山地内穴坐庚向甲兼辛寅

配　臺灣竹仔脚陳氏名草娘謚慈德生嘉慶丁丑年五月廿六日　時卒咸豐乙卯年九月初六日巳時塟官山埔

子三　玆普殤　玆談出承廸渣　玆種

廸城　進鍉嗣子進鋪長子承名光城諱廸高生嘉慶辛未年正月廿二日亥時卒同治丙寅年九月初九日午時塟官山向北

配林[illegible][illegible]氏名[illegible]娘生道光戊子年十一月十一日巳時

子一　玆煤

廸撒

進脆長子諱廸運生道光己丑年十一月廿五日　時卒

咸豐庚申年十一月十二日　時殁在臺海埔厝

嗣子三　玆蓮外甥入承　玆毻廸轉次子承　玆錦廸熇子承

廸城

進鋪長子出承進趕

廸扶

進鋪次子諱廸持生嘉慶癸酉年十月廿二日寅時卒光

緒丙子年八月十四日未時葬在官山埔

配東埔吳氏名丁娘生道光丁亥年十一月初八日卯時

子二　滋闓殤　滋樣

廸轉

進舖三子名轉來生道光壬午年三月廿五日辰時卒同治丁卯年六月廿八日戌時塟官山埔

配埕邊謝氏名朮娘生道光癸巳年十月初二日戌時

子四　滋磔殤　滋髓殤承廸撖　滋挺養　滋彪殤

廸墾

進舖四子諱廸開生道光乙酉年三月初四日丑時

配石蘭黃氏名間娘生道光丙申年五月十二日未時

子五　滋[illegible]幼亡　滋[illegible]幼亡　滋分　滋晳　滋疊

廸山　進舖五子生道光己丑年六月十八日申時卒道光癸巳
年六月初三日丑時塟官山

廸作　進舫長子任臺侮墘厝生道光癸未年三月卅日戌時
配牛埔施氏名佑娘生道光壬辰年正月廿三日午時
子八
茲樹　茲欉　茲根　茲厲　茲接　茲厶幼亡
茲萬幼亡　茲九幼亡

廸掌　進舫次子生道光乙酉年九月廿九日戌時卒同治甲子
年八月廿八日未時
先配鹿港王氏名花娘生卒俱缺

繼配海埔厝蘓氏名綢娘生道光癸已年四月初五日申時

子三　茲桃　茲裕　茲日

廸 小名 進飭三子 幼亡

廸墺 進謨長子生道光甲午年十二月初六日丑時卒咸豐己未年八月初一日往臺回家溺海

廸道 進謨次子出承進聲

廸濩
進謨三子生道光庚子年三月初九日酉時
配伍堡大疑張氏名曲娘生咸豐辛亥年五月十四日午時
子二　茲布　茲農承廸道

廸顧
進謨四子生道光壬寅年九月十一日丑時
配户厝垵柯氏名责娘生咸豐乙卯年九月十一日午時
子二　茲挈幼亡　茲象

廸碟
進謨五子出承埕邊黄媽見觀改名漬

廸錦　進兜長子生道光壬寅年六月十五日辰時卒光緒己卯年八月十三日亥時

配柯坑張氏名問娘生道光乙巳年八月廿三日辰時

子一　茲燦廸遇三子承

廸熇　進兜次子生道光戊申年正月初八日子時

娶石蘭王氏名罕娘生咸豐五年乙卯七月十五日

子一　茲錦出承廸撳

廸道　進聲嗣子進謨次子承生道光丁酉年七月卅日辰時

配青陽施氏名隋娘謚恬素生道光庚子年五月廿三日卯
時卒光緒己卯年六月十七日　時
子三　茲鐸　茲廚俱殤　茲農廸瘦次子承

廸掘進卜長子諱廸起謚廸滑生嘉慶癸酉年三月十九日申
時卒咸豐己未年七月初二日午時葬官山埔
聘石菌王氏名水娘未婚而歿生道光辛卯年正月初四日
辰時卒道光丁未年正月十七日巳時葬在石菌山
繼配　氏改
嗣子一　茲為廸貫子承

廸厘進卜次子生道光丙戌年六月十五日卯時卒道光丁酉
年五月初四日　時葬官山埔

廸買
進卜三子名仙買生道光壬辰年八月廿三日子時
娶岑張張氏名蘊娘生道光廿七年丁未正月廿三日辰時
子一　茲為承廸掘

廸選
進卜四子幼殤生道光乙未年九月　日　時卒道光
丁酉年五月初十日　時

廸柿
進油長子名芊㛹生嘉慶戊辰年九月初六日午時卒道
光庚子年八月十八日巳時塋在下官山埔

廸肥
進油次子諱廸磽生嘉慶癸酉年五月初十日未時
配石蔺王氏名絹娘生道光丙戌年十一月廿九日　時
子四　茲梯　茲不　茲托　茲綢

廸研
進油三子諱廸諸生嘉慶丙子年八月廿七日丑時卒同
治癸亥年十一月十一日巳時
娶妻在臺名雅娘生卒失記
子一　漏吉 住臺

廸呂
進挑長子名光呂謚子友生嘉慶甲子年二月初二日酉
時卒道光丁酉年六月十三日未時塟官山埔坐南向北
配大坑園吳氏名趂娘謚勤儉生嘉慶丁卯年十二月卅三

日巳時卒道光辛卯年九月初五日子時塋官山埔坐北向南

子三　玆鑾　玆核　玆串　玆者養

廸鑒

進挑次子

廸邑

進挑三子生嘉慶壬申年二月廿八日戌時卒咸豐戊午年五月初十日卯時塋在官山埔

配潘徑張氏名恁娘生道光甲申年十二月廿六日酉時

子四　玆湯　玆每　玆皮　俱絕　玆嶠

廸滴

進挑四子生嘉慶丁丑年六月十八日申時卒道光丁酉年五月初七日未時塋官山埔

廸田

進梗長子名大田謚子業生嘉慶壬戌年四月廿五日辰時卒道光辛卯年十月十五日丑時葬官山埔坐北向南

配埭邊許氏名提娘改

子二　茲鈔　茲候

廸阿

進梗次子生嘉慶丙寅年二月初三日戌時卒

廸拿

進曆長子諱廸擒生道光壬午年六月初二日午時卒同治庚午年三月廿一日葬暹羅

配臺漉港蔡氏名意娘生道光癸巳年五月十五日　時

子一　茲窮

迪欺

進曆次子諱迪視生道光丁亥年十二月十一日丑時

配許西坑許氏名問娘生道光癸卯年八月十四日未時

子五　茲嚷　茲康幼亡　茲利幼亡　茲鏗　茲居

迪屈

進曆三子諱迪曲生道光乙未年正月廿六日戌時卒光緒戊寅年九月初十日丑時

聘埕邊黃氏名綢娘生咸豐壬午年年五月十五日　時卒未詳

繼配柯坑柯氏名巢娘生道光戊申年八月初四日酉時

子二　茲蛾　茲猜殤

廸抄 進袋長子生嘉慶壬申年三月十七日巳時

配柯倉柯氏名蓮娘生失記卒道光癸卯年五月初十日

時塟海沙境宮仔邊

繼配塘邊張氏名番娘生嘉慶庚辰年三月十八日　時

廸棹 進袋次子出承長泰

廸耦 進袋三子出承頂海倉進軒

廸候
進袋四子分出外姓

廸𥸮
進袋五子出承進滚

廸彩
進郡長子諱廸服生嘉慶己卯年正月初三日已時卒光緒六年庚辰七月十五日未時塟官山頂

配三五都泉州下䦨曾氏名抱娘生嘉慶戊寅年十一月廿七日　時

子二　玆曉　玆鴝

廸有 進郡次子出承進滾

廸有 進滾嗣長子進郡次子承諱廸富生道光庚寅年五月初十日 時

廸粕 進滾嗣次子進袋五子

廸汲 進悔長子生道光十五年乙未五月初三日申時

配厦陳氏名呯娘

繼娶厦歐氏名扸娘

子　玆

廸昕

進悔次子生道光廿二年壬寅正月十二日丑時

配　厦黃氏名寶娘生咸豐元年辛亥九月廿九日亥時卒同
治八年己巳十一月初二日卯時

繼　娶店前鄉陳氏名雲娘生道光廿三年癸卯七月初九日
寅時

子一　玆未

廸鴦

進坪長子名鴛鴦生嘉慶甲戌年六月廿七日戌時卒同
治戊辰年七月初六日亥時

妣　黃氏名莿娘生嘉慶庚辰年五月初一日申時卒道光庚子
年七月廿九日酉時俱塟畚箕湖

繼配 氏

子一 茲堆 下厝迪聰四子承

迪蘭

進坪次子生道光丙戌年正月初三日　時

配陳氏名趕娘生道光甲午年六月廿九日午時

繼配許氏名合娘生道光己丑年四月初四日　時

子一 田岸 陳出

迪綢

進呈之子生道光丙申年十一月廿七日　時卒道光庚戌年十二月卅日塟畚箕湖

廸晚 進送之子兼承進勉生道光辛丑年三月初九日寅時卒光緒丙子年又五月十一日午時塟四堁厝后園内

配楊氏名旦娘生道光丙午年六月十九日辰時

子三　玆獅　玆漢（承廸晉）　玆情（承進勉為孫）

廸晉 進看嗣長子后巷進志次子承生道光庚子年七月廿一日丑時

配吳氏名敬娘生道光癸卯年八月廿八日卯時卒同治庚午年五月廿九日丑時塟四堁厝

繼娶天成庄林氏名取娘生道光丁未年十一月廿四日丑時

子五　玆漢（廸晚次子承）　玆蘭　順治（廸晉三子承）　定地　天根（林出）

廸綏 以有副次子后卷進志四子承

廸晚 進勵嗣子進送子兼承生道光辛丑年三月初九日寅時
卒光緒丙子年又五月十一日午時葬四塊厝后園内
配楊氏名旦娘生道光丙午年六月十九日辰時
子 玆情

廸成 進信養子生同治丁巳年十一月廿日寅時
嗣子一 玆牽 外甥入承

廸達 進永之子 中嗔

第十七世

茲莊 廸箕嗣子小名莊係溝墘蔡浮觀之子兼承兩家生咸豐四年甲寅十月廿九日酉時

娶埕邊黃氏名罕娘生咸豐八年戊午正月廿一日寅時

子一 唐帙

兹硯 廼[illegible][illegible]次子廼簫三子承小名硯生同治丁卯年十二月初九日卯時

兹錐 廼相之子小名錐諱兹服生道光廿四年甲辰七月初五日午時

兹位 廼鎗嗣子廼簫長子承生小名位生同治元年壬戌五月初十日未時

兹位 廼簫長子出承廼鎗

茲菓　廸簫次子小名菓生同治三年甲子十一月廿二日丑時

茲硯　廸簫三子出承廸箕

茲攑　廸簫四子出承廸隊

茲攑　廸隊嗣子廸簫四子承小名攑生同治九年庚午十一月

兹蕃

廸棹長子養小名蕃生咸豐十年庚申五月廿七日卯時卒咸豐庚申年七月廿七日未時塟海沙墘

兹昭

廸棹次子小名昭生同治七年戊辰八月廿七日巳時聘英林洪氏名有娘生光緒三年丁丑十一月廿八日巳時

兹横

廸爻長子小名横生咸豐六年丙辰七月十四日亥時卒光緒六年庚辰二月廿二日未時塟官山埔

茲葉
廸艾次子出承廸栩

茲甘
廸艾三子小名甘生咸豐十一年辛酉四月初二日亥時

茲戎
廸窓長子小名戎生咸豐十一年辛酉正月初四日酉時
卒咸豐辛酉年六月十五日塟海沙墘

茲插
廸窓次子小名插生同治二年癸亥六月初六日寅時

娶塔邊黃氏名貨娘生光緒元年乙亥九月廿八日未時

茲濯
迪窓三子小名濯生同治六年丁卯十一月十九日未時

茲丁
迪楚長子小名丁生咸豐十一年辛酉十二月卅日午時
娶柯村柯氏名富娘生同治四年乙丑十月十九日午時

茲寶
幼殤
迪楚次子小名寶生同治五年丙寅三月廿日

茲稿
迪楚三子小名稿生同治十年辛未六月廿四日

茲納
迪楚四子小名納生光緒元年乙亥八月卅日未時

茲葉
迪栩嗣子迪艾次子承小名葉生咸豐九年己未十月初一日寅時

塔江劉氏族譜

玆昌 廸藹長子小名昌大名玆𡚶生道光十四年甲午二月十二日巳時

配東垵張氏名益娘生道光廿五年乙巳九月十八日未時

子四　唐逕（篡承玆）　唐毛　唐市　唐雎

玆篡 廸藹次子小名篡號玆左生道光十六年丙申正月十一日戌時卒咸豐八年戊午八月廿五日塟官山

嗣子一　唐逕（玆昌長子承）

玆買 廸藹三子

幼殤

茲標　廸慈長子　幼亡

茲不　廸慈次子小名不生咸豐己未年四月廿二日酉時

配鹿港黃氏名愛娘生同治乙丑年

茲琢　廸慈三子　幼亡

茲彬　廸慈四子小名彬生光緒元年乙亥三月初一日子時

玆景 廸憨五子小名景生光緒戊寅四年八月十四日未時

玆擋 廸志長子小名擋生道光廿年庚子七月初二日

玆等 廸志次子出承廸漢

玆等 廸漢嗣子廸志次子承小名等生道光廿五年乙巳六月廿六日酉時

茲談

廸開嗣子永寧本家溢老子薫承小名談生同治二年癸亥三月初二日巳時

茲鑋

廸早長子

幼殤

茲悄

廸早次子小名悄諱茲心生道光廿一年辛丑七月廿一日申時卒同治八年己巳五月十八日

配

石菌黄氏名額娘 改

玆逼 又子三子小名逼大名玆情生咸豐四年甲寅正月廿八日戌時

玆賢 廸度長子小名賢生咸豐戊午年二月初七日亥時

玆銓 廸度次子小名銓生咸豐己未年正月十六日酉時

玆度 廸度三子小名度生同治戊辰年四月廿三日亥時

茲楚
廸慶四子小名楚生同治癸酉年九月廿九日戌時

茲豎
廸格長子小名豎生道光十四年甲午八月初七日丑時

茲檻
廸格次子小名檻生道光十七年丁酉八月十四日子時

茲脣
廸在嗣長子廸厠長子承小名脣生同治六年丁卯五月廿四日申時

茲屘 廼在嗣次子廼覩四子承小名屘生光緒四年戊寅六月初七日丑時

茲偕 廼覩長子小名偕生咸豐十年庚申五月初十日辰時

茲熬 廼覩次子小名熬生同治二年癸亥六月十四日未時

茲渠
廸覶三子名渠生同治十一年壬申十月十五日未時

茲𡰪
廸覶四子出承廸在

茲昏
廸廁長子出承廸在

茲先
廸廁次子名先生同治九年庚午十月廿六日未時

兹力　迺厲三子名力生同治十三年甲戌六月廿日亥時

兹嘮　迺厠四子名嘮生光緒庚辰年四月廿日酉時

兹央　迺浩嗣子迺衍長子承名央生道光十二年壬辰八月十六日卒道光十八年戊戌正月初二日塟海沙墘

嗣子　唐虎　兹灘長子承

兹央　迺衍長子出承迺浩

兹灘　迺衍次子名灘大名兹陵生道光十五年乙未八月初一日未時

娶潘徑吳氏名柿娘生道光廿四年甲辰十月十二日酉時

子三　唐虎承茲央　唐着　唐添

茲潭

廸篤長子名潭大名茲大字孫澄生道光廿六年丙午又五月初二日戌時

娶埕邊黃氏名甲娘生道光廿九年己酉十月十五日寅時

子三　唐斂　唐仍幼亡　唐曲委

茲論

廸篤次子名論大名茲談字孫定生道光廿九年己酉四月初六日午時

娶前埔蔡氏名不娘生咸豐五年乙卯三月初七日卯時

子一　唐緩

茲洗 廼篤三子名洗生咸豐四年甲寅四月初十日亥時卒咸豐六年丙辰 塟海沙墘

茲冷 廼篤四子名氷冷大名茲江生同治元年壬戌五月初五日丑時

聘柯倉柯氏名鷄娘生同治三年甲子十月廿八日午時

茲鬃 廼悻長子名鬃生道光廿七年丁未九月十五日巳時

茲碗 廼悻次子名碗大名茲竹生道光廿九年己酉九月廿日寅時

配后坑洪氏名参娘號順惠生咸豐元年辛亥二月初六日辰時卒光緒元年乙亥十一月卅日巳時塟官山

茲闖

廸悻三子名闖生咸豐十年庚申三月廿三日午時

聘前埔蔡氏名欵娘生同治十一年壬申九月廿六日辰時

茲紘

廸悻四子名紘生同治五年丙寅十二月廿五日午時

茲愷

廼斟長子名愷生同治十一年壬申十一月卒光緒三年丁丑七月初一日寅時

茲鳩

廼斟次子出承廼哭

茲水

廼斟三子名水生光緒三年丁丑三月初二日辰時

茲閩

廼斟四子出承廼判

兹鳩　廸突嗣子廸斟次子承名鳩生同治十三年甲戌十一月初一日卯時

兹埕　廸徘長子名埕大名兹鯉生咸豐七年丁巳十月初三日丑時

聘張塘蔡氏名輕娘生咸豐十一年辛酉七月廿三日辰時

子　唐帛

兹瞥　廸徘次子名瞥生咸豐十年庚申三月廿日卒咸豐庚申年六月廿日塟海沙墘

兹燒　廸徘三子

幼亡

玆占

廼排四子名占大名祥生同治四年乙丑八月初七日亥時

聘前埔蔡氏名駕娘生同治四年乙丑十月十二日未時

玆鉄

廼籆長子出承廼坪

玆盤

廼籆次子名盤生咸豐八年戊午八月廿一日辰時卒咸豐九年己未四月廿日戌時塟海沙墘

玆海

廼籆三子名海生同治九年庚午四月十二日辰時

茲帆　廸簧四子　幼亡

茲擉　廸涯長子小名擉生同治庚午年三月十三日午時

茲麥　廸契之子名麥生同治三年甲子五月初七日戌時

兹鉄 廼垺嗣長子廼[illegible]長子承名鉄大名兹硯生咸豐六年丙辰六月初七日丑時

兹締 廼垺嗣次子廼判長子承名締生咸豐九年己未十二月初六日申時卒咸豐十一年辛酉 塋海沙墘

兹籠 廼垺嗣三子廼鴉次子承名籠生光緒二年丙子八月初一日戌時

兹締 廼判長子出承廼垺

茲閤
廸斟嗣次子廸斟三子承名閤生光緒五年己卯十月初二日未時

茲嵞
廸峉嗣子廸鴒長子承生同治九年庚午十月十八日寅時
聘本鄉孫氏名响娘生同治十二年癸酉六月初一日酉時

茲踶
廸都之子名踶生同治元年壬戌八月初七日午時
聘湖尾蘇氏名鴦娘生同治四年乙丑五月初六日子時

兹嗏 廸鴒長子出承廸峇

兹籠 廸鴒次子出承廸坢

兹歸 廸鴒三子名當歸生光緒六年庚辰四月初九日酉時

兹慨 廸伴長子出承廸勑

茲那

廸伴次子名那生同治三年甲子十月初八日卯時

茲慨

廸勅嗣長子廸伴長子承小名慨生咸豐六年丙辰五月廿二日巳時

聘洪塘張氏名梅娘生同治九年庚午七月十三日辰時

茲紡

廸勅嗣次子廸睽長子承名紡生同治五年丙寅四月初八日辰時卒光緒己卯年八月初八日未時塋海沙墘

茲紡

廸睽長子出承廸勅

茲勳 迺睽次子名勳生同治七年戊辰十一月十八日卯時

茲餧 迺睽三子分出深沪吳家

茲憦 迺睽四子名憦生光緒二年丙子正月十一日巳時

茲董 迺睽五子名董生光緒五年己卯二月廿四日辰時

兹拱

廸廊長子名拱生同治八年己巳二月十八日辰時

兹來

廸廊次子名來生光緒三年丁丑二月十九日丑時卒光緒丁丑年七月初八日

兹松

廸廊三子名松生光緒五年己卯九月廿一日未時

兹拐

廸忖之子名拐生光緒元年乙亥十一月初五日辰時

聘湖尾蘇氏名富娘生光緒五年己卯七月初五日未時

茲宅
廸復長子名宅生同治己巳年八月十九日酉時

茲綀
廸復次子名綀生同治壬申年三月廿日寅時

茲殿
廸復三子名殿生光緒丁丑年正月十三日巳時

茲約
廸復四子名約生光緒己卯年五月十七日未時

茲囉
廸嚴養子名囉生同治十二年癸酉九月十五日丑時

茲攬
廸返長子
幼殤

茲挨
廸返次子名挨生道光廿四年甲辰四月十一日酉時卒
臺

茲故 迺返第三子迺花長子承名故生光緒五年已卯四月十三日申時幼殤

茲故 迺花之子出承迺返

茲咬 迺寓長子名咬生咸豐十一年辛酉十一月十一日丑時

茲音 迺寓次子名音生同治四年乙丑正月初十日辰時

茲燥　廸寓三子出承廸歸

茲勝　廸寓四子名勝生同治十一年壬申五月廿九日亥時

茲蒲　莊良嗣孫二房廸佼四子承生道光五年乙酉十二月初十日未時

配　東埔吳氏生道光

茲旋　莊良嗣孫二房廸佼五子承生道光十一年辛卯二月初四日未時

配大房許氏

茲九 迪溪之子名九住臺蘇粒甲生

茲星 迪鉗養子名天星生道光庚子年
住蘇粒甲

配臺 氏

茲嫖 迪竹長子
幼亡

茲砌

廸竹養次子名砌生道光廿九年己酉

卒咸豐十年庚申四月初九日　時塋海沙墘

茲偓

廸竹三子名偓大名茲召生同治二年癸亥正月初四日

亥時

聘英林洪氏名雪娘生同治九年庚午四月廿日巳時

茲床

廸夏嗣子后卷廸唱三子承名床大名偃生道光廿五年

乙巳正月十二日

娶溝墘蔡氏名首娘生咸豐六年丙辰十一月十九日

子　唐徹幼亡

兹莉 廼改養子名莉大名兹花生道光十八年戊戌二月廿四日辰時
娶清兜張氏名近娘生道光廿五年乙巳六月初八日辰時
子三 唐擦 唐鎗 唐賛

兹底 廼事嗣子 廼甚長子名承底大名兹澈生咸豐九年己未九月廿七日酉時
養妻本鄉孫氏名哌娘殤

兹底 廼甚長子出承廼事

茲跨 廸甚次子名跨生同治五年丙寅八月廿七日酉時

茲甸 廸洪之子名甸諱茲訇生咸豐五年乙卯二月初一日寅時卒光緒五年己卯又三月十二日寅時塋官山埔

茲鳲 廸歡長子名鳲鳩大名茲桑生道光五年乙酉四月初四日丑時

娶伍堡姚氏名旦娘生道光十六年丙申五月十一日亥時

子八　唐跑　唐檜承茲媢　唐儀幼亡　唐冉　唐逖　唐顯幼亡

唐窕　唐頫承茲媢

兹
廸歡次子分出外姓

兹媚
廸歡三子出承廸養

兹媚
廸養嗣子廸歡三子承名媚大名兹徽生道光七年丁亥三月初十日亥時卒咸豐五年乙卯正月廿四日葬臺海埔厝
妣梅林蔡氏名好娘生道光十五年乙未九月廿一日酉時卒咸豐五年乙卯四月廿三日午時葬梅林山
嗣子二 唐檜 唐顏俱兹鳴子承

兹潤
廸緣之子

茲邦
廼益長子名邦生同治辛酉年八月廿九日酉時

茲韮
廼益次子
幼亡

茲舌
廼超長子名舌大名茲掉生同治元年壬戌八月十八日
未時

玆[illegible] 幼亡

[illegible]年乙丑十月初七日酉時

玆珍 廸超三子小名珍生同治九年庚午十二月廿六日戌時

玆談 幼殤 廸渣嗣子廸程次子承

玆普 幼殤 廸程長子

茲談
廸程次子出承廸渣

茲種
廸程三子小名種大名茲播生道光廿八年戊申六月廿
九日　時
娶前埔蔡氏名葉娘生咸豐三年癸丑十一月十一日未時
子一　唐檻

茲煤
廸城之子小名煤生咸豐元年辛亥九月十九日戌時卒
同治十三年甲戌六月廿二日卯時塟官山

茲韮
廸揪嗣長子

茲髦 廼撇嗣次子廼轉次子承名髦生同治元年壬戌四月初八日申時殤

茲錦 廼撇嗣三子廼熇子承小名錦生光緒三年丁丑十二月十二日巳時

茲閨 廼扶長子幼殤

茲樣 廼扶次子名樣實大名茲式生咸豐二年壬子九月十四日寅時

聘埭邊吳氏名言娘生同治甲子年五月廿二日酉時

茲磔

廸轉長子小名磔生咸豐九年己未八月廿日卯時卒咸豐十年庚申二月廿七日申時塟海沙墘

茲驩

廸轉次子出承廸撇

茲挺

廸轉養三子小名挺生同治元年壬戌八月十二日

茲彪

殤

廸轉四子

茲双

廸懇長子小名双生咸豐六年丙辰六月廿八日巳時卒咸豐七年丁巳二月廿二日申時塟海沙墘

茲權

廸懇次子小名權生同治元年壬戌八月廿一日申時

幼亡

茲分

廸懇三子小名分大名茲均生同治四年乙丑正月初七日巳時

聘埕邊黄氏名看娘生同治七年戊辰七月初八日

茲暫

廸懇四子小名暫生同治九年庚午正月初一日戌時

玆疊
廸懇五子小名疊生同治十三年甲戌九月十二日辰時
聘石蘭黄氏名甜娘生光緒三年丁丑十一月廿九日辰時

玆樹
廸作長子小名樹生咸豐辛亥年正月廿二日酉時
配港内蔡氏名赤娘生同咸豐治辛酉年

玆㦸
廸作次子小名㦸生咸豐壬子年正月廿六日戌時

茲根 廸作三子小名根生咸豐甲寅年四月廿五日寅時

茲厲 廸作四子 幼亡

茲接 廸作五子小名接生咸豐辛酉年六月初五日寅時

玆失名 廸作六子 幼亡

玆葛 廸作七子 幼亡

玆九 廸作八子 幼亡

玆桃 廸掌長子小名桃生咸豐乙卯年四月廿六日寅時卒光緒己卯年七月初九日申時塟畨仔溝東西

茲裕
廼掌次子小名裕生咸豐丁巳年八月廿七日子時隨母
任番仔溝

茲日
廼掌三子小名日出嗣生咸豐庚申年二月十五日巳時

茲布
廼瘦長子小名布大名茲荊生同治十年辛未六月初一
日卯時
聘東埔吳氏名傑娘生光緒丙子年五月廿九日戌時

茲農
廼瘦次子出承廼道

茲挈　廸顫長子　幼亡

茲象　廸顫次子小名象生光緒四年戊寅正月卅日酉時

茲燦　廸聯嗣子廸寓三子承小名燦大名茲弓生同治八年己巳八月十二日辰時
娉埭邊許氏名洒娘生同十年辛未十一月廿八日寅時

茲錦　廸熇之子出承廸擳

茲鐸 廸道長子 殤

茲廚 廸道次子 殤

茲農 廸道嗣三子廸瘦次子承小名農生光緒四年戊寅四月廿三日子時

茲為 廸掘嗣子廸買子承小名為生同治十三年甲戌四月初九日辰時

玆為　廸買之子出承廸掘

玆梯　廸肥長子小名梯生道光廿八年戊申十二月卅日　時
卒咸豐　　殤

玆不　廸肥次子名九不生咸豐元年辛亥九月初七日未時卒
同治元年壬戌九月廿九日午時葬官山坐北向南

玆托　廸肥三子小名托大名玆拔生咸豐八年戊午六月初二
日未時
娶妻謝壇蔡氏名慶娘生同治七年戊辰九月初五日子時

玆綢 廸肥四子 幼殤

玆漏吉 廸研之子住臺

玆鏗 廸呂長子 幼亡

玆板 廸呂次子 幼亡

茲串　廸呂三子　幼殤

茲者　廸呂四子　幼殤

茲湯　廸邑長子小名湯生道光廿年庚子九月初六日辰時卒道光廿二年壬寅五正月初六日

茲每　廸邑次子小名每生道光廿三年癸卯十二月初十日子時卒咸豐二年壬子五月廿五日　時

配棣邊許氏名濺娘　俱幼亡

茲皮 迪邑三子小名皮生咸豐元年辛亥九月廿三日丑時卒
咸豐二年壬子五月初四日

茲嬌 迪邑四子小名嬌大名茲舉生咸豐六年丙辰十月十七
日未時
聘溝墘蔡氏名鮮娘生同治七年戊辰四月初五日辰時

茲鈔 迪田長子小名鈔生道光六年丙戌八月初十日 時卒
咸豐 年九月卅日 時塋臺
嗣子二 唐粕殤 唐助俱出茲候子承

茲候 迪田次子小名候諱茲時生道光十二年壬辰正月廿六
日戌時

配白沙周氏名近娘生道光廿三年癸卯三月廿三日午時

子三　唐粕　唐助（俱承茲欽）　唐歪（幼亡）

茲窮

廸拿之子小名窮諱茲固生咸豐七年丁巳五月十三日卯時

配周宅陳氏名腰娘生同治七年戊辰二月廿二日

茲穰

廸欺長子小名穰大名茲威生同治元年壬戌十二月十三日丑時

聘湖尾傅氏名罕娘生同治十三年甲戌十月十六日午時

茲康　廸斯次子小名康生同治六年丁卯十二月十一日戌時
卒同治九年庚午九月廿七日　時塟許西坑山

茲利　廸斯三子小名利生同治　年四月初二日卒　年
六月廿二日幼亡

茲鏗　廸斯四子小名鏗生同治十三年甲戌六月初一日酉時

茲居　廸斯五子小名居生同治（光緒）三年丁丑正月初二日戌時

茲蠘
廸屘長子小名蠘生同治七年戊辰十月初二日寅時
聘什姓許氏殤

茲猜
廸屘次子
殤

茲蹺
廸衫長子小名蹺生道光廿八年戊申三月廿九日亥時

兹鴒
廼初次子小名鴒生咸豐七年丁巳十二月初三日辰時

兹末
廼昨之子小名末生同治七年戊辰十一月初七日亥時

兹堆
鴛鴦嗣子廼聰四子承小名堆生道光己酉年正月廿八日　時

田岸
廼蔺之子名田岸生同治己巳年七月廿二日未時
任臺

茲獅

廸晚長子小名獅生同治乙丑年十月卅日未時

配吳氏名波娘生同治乙丑年十一月廿四日丑時

茲漢

廸晚次子出承廸晉

茲情

廸晚三子出承進勵為孫

茲漢 廸晋嗣長子廸晚次子承名漢水生同治己巳年八月廿四日未時
配萬興庄陳氏名　娘生同治庚午年

茲蘭 廸晋次子
幼亡

茲順 廸晋三子廸畨子承名順治生光緒丙子年又五月廿七日未時

茲地 廸晋四子名定地生光緒丁丑年五月廿一日未時

茲根　迪晉五子名天根生光緒己卯年七月初一日酉時

茲情　迪晚三子泳進勛為孫小名情生光緒丙子年九月初四日戌時

茲辜　迪成嗣子名辜外甥入泳生同治甲子年二月十八日卯時

第十八世

唐帙

茲莊之子小名帙生光緒六年庚辰四月十二日申時

唐遥

茲昌長子出承茲篡

唐毛

茲昌次子小名毛生同治十二年癸酉十一月卅日子時

唐市
茲昌三子小名市生光緒二年丙子八月初二日未時

唐雎
茲昌四子小名雎生光緒六年庚辰五月初七日酉時

唐遥
茲篡嗣子茲昌長子承名遥生同治九年庚午十一月卅日子時

唐虎
茲央嗣子茲灘長子承小名虎生同治六年丁卯十一月十三日巳時

唐虎
兹灘長子出承兹央

唐着
兹灘次子小名着生同治十一年癸酉十二月廿六日丑時

唐添
兹灘三子小名添生光緒五年己卯六月廿四日寅時

唐敏　茲潭長子小名敏生同治十年辛未十一月廿二日戌時

唐仍　茲潭次子小名仍生光緒元年乙亥五月初八日辰時卒光緒二年丙子十二月初九日巳時

唐唯委　茲潭三子小名委生光緒六年庚辰十月初十日酉時

唐緩　茲論長子小名緩生光緒戊寅七月廿五日丑時

唐帛 兹埕之子小名帛生光緒庚辰年十一月廿六日未時

唐徹 兹床之子小名徹生光緒二年丙子二月十三日辰時 幼亡

唐擦 兹莉長子小名擦生同治十年辛未十月廿一日巳時

唐鎗 兹莉次子小名鎗生光緒三年丁丑年二月十一日巳時

唐賚

玆莉三子小名賚生光緒五年己卯七月十九日戌時

唐跑

玆鳴長子小名跑生咸豐八年戊午八月十六日酉時

聘湖尾蕪氏名介娘生同治五年丙寅十一月十八日辰時

唐檜

玆鳴次子出承玆媚

唐儀 兹鴨三子 幼亡

唐舟 兹鴨四子小名舟生同治四年乙丑十一月廿二日亥時

唐遐 兹鴨五子小名遐生同治十年辛未三月廿一日辰時

唐顗 兹鴨六子 幼亡

唐窕

茲鳴七子小名窕生同治十三年甲戌十二月十五日卯時

唐顏

茲鳴八子小名顏出承茲媚

唐檜

茲媚嗣長子茲鳴次子承小名檜生咸豐十年庚申九月初九日酉時

唐顏
茲媚嗣次子茲鴟八子承小名顏生同治十三年甲戌四月十三日子時

唐楹
茲種之子小名楹生同治十二年癸酉四月十三日子時

唐粡
茲鈔嗣長子茲候長子承小名粡生同治八年己巳二月十二日　時卒同治十三年甲戌三月初二日

唐助
茲鈔嗣次子茲候次子承小名助生同治十一年壬申十月十二日辰時

唐粕
茲候長子出承茲鈔

唐助
茲候次子出承茲鈔

唐歪
茲候三子小名歪生光緒元年乙亥六月十二日戌時卒光緒己卯五月廿二日幼亡

国家出版基金项目
NATIONAL PUBLICATION FOUNDATION

海上絲綢之路文獻集成

總主編　陳支平　陳春聲

民間譜牒編 10

主編　林楓

海峡出版發行集團
THE STRAITS PUBLISHING & DISTRIBUTING GROUP
福建人民出版社

本册目次

〔福建晋江〕塔江劉氏重修族譜
不分卷〔二〕

〔清〕劉雲路纂修

第十六世

廸望 進晏公長子諱廸期生雍正甲寅年十二月廿四日子時

塋臺

妣 氏

廸琚 進潮公長子諱廸榮字子焜生雍正癸卯年二月十六日戌時卒乾隆戊申年十月廿一日午時塋深泉頭北堆

妣 柯坑洪氏名娘娘生雍正庚戌年七月初一日酉時卒嘉慶癸亥年七月初十日辰時塋官山上

子三　茲先　茲傑　茲仍

廸閩 進潮次子諱廸華字子薰生雍正丙午年四月初二日丑時卒乾隆戊寅年八月十四日午時塋海沙

配潘經張氏名嬿娘改

子一　茲福

迪配

進湖公三子諱廸芳字子菲生雍正癸丑年八月初十日

子時卒乾隆丙戌年十一月廿四日未時

配高厚王氏名端娘改

子一　茲孫

迪蒲

進乾公長子諱廸簡生雍正壬子年十月初七日午時在

臺海埔厝乾隆庚寅年六月初一日與弟仝溺海

迪知

進乾公次子生乾隆癸亥年又四月廿三日子時乾隆庚

寅年六月初一日與兄溺海

妣前埔蔡氏名法娘生乾隆癸酉年二月十六日亥時卒乾

隆癸卯年四月廿八日未時塋西沙

廸文

進坎公長子生乾隆丙子年二月十八日午時

往臺

廸弁

進坎公次子生乾隆己卯年九月十二日辰時

妣

臺灣　氏名香娘

子三　茲德　茲　茲

廸疊

進姝公長子生乾隆己未年月日無考卒嘉慶

塋臺灣

配

氏

考

廸縣　進岱公長子名越縣生乾隆戊午年三月十三日寅時

廸甘　進老公長子生乾隆甲子年七月廿六日未時乾隆庚寅年六月初一日在臺海殁溺水

廸球　進老公養次子生卒塟失記

妣　氏

子一　茲芋

廸毅　進熙公長子　往臺

廸祿

進立公長子出承進能

廸暖

進立公次子諱廸熀字子煙生乾隆辛未年二月初十日酉時卒道光壬午年六月十六日申時塟官山埔頂面西

妣 戴厝戴氏名嫵娘生乾隆丁丑年七月初四日 時卒嘉慶乙亥年三月十七日辰時塟官山上后改與繼母許氏子廸暖媳戴氏合塟埔邊面穴酉卯庚甲

子四 茲兒殤 茲綽 茲錐承廸祿 茲音

廸千

進立三子生乾隆丙子年又九月十二日巳時卒嘉慶戊辰年十二月廿六日 時塟官山上

妣 竜湖李氏名畫娘生乾隆乙酉年十月十五日寅時卒道光癸巳年二月十七日亥時塟官山上

子五　茲鍪　茲茅　茲斜出承蔡　茲全殤　茲題出贅湖尾孫家

迪祿

進能公嗣子進立長子承生卒葬無考

無娶

子一　茲鏙迪暖三子承

迪世

進協公長子諱迪俊字子彥謚汝乂生康熙丙申年七月初三日辰時卒乾隆甲子年八月十九日申時葬公王邊向西

配李厝張氏歿

子二　茲運　茲選

迪取

進協公次子諱迪傑字子豪生康熙庚子年十月廿九日亥時

妣　溜灣陳氏名銀娘生雍正戊申年九月初七日寅時卒乾
隆丙戌年六月廿三日午時塟官山上向東
子二　玆琴　玆岑
按陳氏銀娘溫柔恪謹克盡婦道值年荒家窘嗇以奉舅
得其歡心舅歿族長老有事到家淚涔涔下曰不見吾舅
與諸叔共襄族事也諸族長共稱為賢淑云

廸長　進惕公三子諱廸儀字子表生雍正丙午年年十月初四日
子時乾隆庚辰年三月初九日卒廣南之港口

廸諒　進惕公四子諱廸信字子成生乾隆丁巳年四月廿六日
寅時卒失載塟
妣　臺灣　氏
子三　玆義　玆杞　玆貌

廸湊 進迎公長子諱廸美字子錦謚廸泰生乾隆戊辰年十月初五日丑時卒嘉慶乙亥年四月初二日丑時塟官山上

妣 石菌陳氏名勸娘生乾隆丁丑年十月廿八日午時卒道光己丑年十一月初九日亥時塟官山頂

子六　茲提殤　茲貽　茲天　茲習殤　茲末　茲氷養

廸湖 進迎公次子前譜已失生卒 殤

廸寅 進迎公三子生乾隆丙子年三月十四日寅時卒嘉慶戊寅年七月廿日巳時塟官山頂

妣 梅林蔡氏名賀娘生乾隆癸未年十二月十二日未時卒道光癸未年十月廿八日卯時

子三　茲侃　茲霸　茲任

廸傒

進猛公長子諱廸卿字子九生康熙戊子年正月初七日子時卒乾隆庚子年七月十一日巳時

妣 本鄉孫氏名勉娘生康熙庚寅年二月十三日辰時卒乾隆丁酉年六月初一日巳時合塟后邊土地宮南穴

子二 茲倚又名易 茲令出承廸莆

廸符

進猛公次子諱廸節字子操生康熙庚寅年七月十七日巳時卒乾隆己卯年四月十七日丑時塟衛頂

妣 前坡蔡氏名諸娘生康熙壬辰年四月廿四日時卒乾隆己卯年十二月十八日戌時塟海沙西向

子二 茲七 茲八殤

廸伯

進猛公三子諱廸躬字子寬生康熙乙未年十月初六日亥時卒乾隆壬寅年四月廿六日辰時塟大堵坊男茲長茲元祔

妣　石菌黃氏名茹娘生康熙丁酉年七月初六日子時卒乾隆壬午年八月廿八日酉時與祖媽併姑后顔氏合塋石坑

繼　妣山后陳氏名旅娘生雍正戊申年九月廿六日　時卒嘉慶己未年五月廿五日未時塋官山上

子三　茲託　茲元黃出　茲岳葛州迪長次子承

迪寀

進猛公四子諱迪總字子制生雍正乙巳年十一月初七日午時卒嘉慶辛酉年四月廿六日卯時塋大堵地侄孫唐片村

妣　路東陳氏名珠娘生雍正壬子年七月廿二日未時卒乾隆丁亥年四月十四日未時與祖叔嬸黃氏合塋大路後向南

繼　妣英林洪氏名友娘生康熙丁酉年七月初三日艮時卒乾隆乙巳年二月十九日未時塋官山頂

子一　茲約陳出

迪菊

進猛五子諱迪賞字子陶生雍正戊申年八月廿一日午時卒乾隆庚辰年正月廿四日子時

妣本鄉孫氏名好娘生雍正癸丑年七月十七日時卒乾隆甲戌年十月十二日巳時與公合塋埔邊面

繼妣潘徑葉氏名艮娘改

子一茲令迪侄次子承

迪宗

進曷公長子

妣東埔吳氏名素娘生康熙壬辰年四月廿四日卯時卒乾隆癸巳年七月廿八日寅時合塋埔邊面

子二茲待　茲賀

迪報

進鼎公次子諱廸喜字子陳生康熙戊戌年十二月十六日卯時卒乾隆壬寅年五月十三日未時

妣馬坪林氏名好娘生康熙壬寅年九月廿六日巳時卒乾隆壬寅年五月初一日辰時合塋衝頂

子五　茲嘉　茲最殤　茲昂　茲凜　茲贈

迪穰

進鼎公三子諱廸熙生雍正己酉年五月廿八日戌時卒嘉慶癸亥年十月廿五日亥時塋坑后向南

妣東埔吴氏名爲娘生雍正甲寅年十一月廿日亥時卒乾隆壬寅年四月十三日申時塋衝頂向西胞侄婦許氏祔

子二　茲兵養　茲前廸宣次子嗣

迪宣

進鼎公四子諱廸三字子經生雍正乙卯年四月初五日午時卒嘉慶丙辰年六月十九日巳時塋衝口

妣 東埔吳氏名欺娘生乾隆癸亥年二月廿四日辰時

子二 玆套 玆前 出承迪穰

迪表 進素公長子生乾隆戊子年十二月　日　時卒嘉慶
丁卯年八月初八日　時塟臺

迪旵 進素公次子謚迪剛生乾隆乙未年六月十五日午時卒
道光辛卯年六月初四日辰時塟官山上
子一 玆前 迪學三子嗣

迪英 進素公三子
幼亡

迪超　進愆長子在臺殤

迪鳳　進愆公次子往臺

妣臺灣　氏

迪池　進佐嗣子進輝三子承諱迪塘字子深生乾隆己酉年八月十九日酉時卒道光丙午年八月廿七日午時葬二林山下保

妣埭邊許氏名圭娘謚貞靜生嘉慶戊午年十一月十七日申時卒嘉慶己卯年九月十七日申時葬官山拱東

繼妣鹿港楊氏名涼娘生嘉慶己未年五月廿日辰時卒不知

子二　玆炳迪學四子承　玆萬安養

迪燕 進輝公長子生乾隆己亥年八月初二日丑時卒嘉慶甲子年五月廿八日卯時塋臺

配 柯坑張氏 改

子一 茲卷 迪學次子嗣

迪學 進輝公次子謚勤習生乾隆癸卯年十一月初七日酉時卒咸豐己未年六月初八日寅時塋官山坐壬丙向亥巳

妣 本鄉孫氏名棗娘謚淑德生乾隆乙卯年十月初六日酉時卒咸豐戊午年四月十三日巳時塋官山埔

子四 茲高 茲卷 出承迪燕 茲前 承迪呂 茲炳 承迪池

迪池 進輝公三子出承進佐

廸多　進輝公四子生乾隆壬子年正月　日時卒乾隆戊午年
七月廿七日酉時塟官山頂拱東

廸坑　進文公長子
任臺

廸喜　進雙公長子謚廸善生乾隆乙亥年七月初十日卯時卒
嘉慶丙子年四月十七日酉時塟官山頂拱東

妣　松柏山張氏名丑娘生乾隆辛巳年三月十五日丑時卒
乾隆庚戌年三月十六日巳時塟官山頂拱南

継妣　滬厝垵柯氏名京娘生乾隆壬午年七月初八日午時卒
嘉慶乙丑年三月初六日辰時塟官山頂拱南

繼妣　柯坑柯氏名昧娘生乾隆庚辰年九月廿七日申時卒
道光丁酉年三月十二日巳時

子四 茲初 茲玖（張出嗣） 茲力 茲杯（前柯出承迪紗）

迪魁 進雙公次子生乾隆壬午年三月十五日丑時卒乾隆庚戌年八月初七日午時塋官山頂拱東

妣 埭邊許氏 歿

迪返 進雙公三子出承進金

迪返 進金公嗣子進雙三子入承生乾隆甲申年

卒未詳

迪心 進媽公長子生乾隆

卒未詳塋臺海埔厝畚箕湖向南墓上一石印為記

妣臺灣施氏名盡娘
子一　兹來
按廸心化鶴施氏再醮生一子名神來以繼承廸心其酬勞艮係廸返所出

廸八
進媽公次子出承海倉進賞

廸鈔
進兹公長子
子一　兹杯　廸喜四子承

廸恩
進頴公長子生乾隆己丑年五月十四日巳時卒道光戊子年十一月初十日亥時葬官山
妣西坑林氏名益娘生乾隆庚寅年五月十一日　時卒嘉

慶乙丑年又六月初八日午時塟官山頂

繼

妣本鄉孫氏名弎娘生乾隆丁酉年七月初五日亥時卒

道光辛卯年九月初八日巳時

子二　茲勤林出嗎　茲市

廸根

進頴公次子出承塘邊劉

廸德

進頴公三子承進慶

廸廷

進頴公四子承進賜

廸道 進穎公五子殤

廸芸 進穎公六子殤

廸棟 進本公長子殤

廸繒 進受公長子生乾隆丙戌年七月十一日申時卒乾隆戊申年五月初三日未時與母合塋官山頂

妣 坑園吳氏改

迪甲 [illegible]生乾隆庚寅年　卒乾隆壬寅年七
月十九日酉時葬海沙內

迪國 進受公三子諱迪家生乾隆甲午年八月初一日卯時卒
道光壬午年六月十八日午時

妣 清兜張氏名賴娘謚勤儉生乾隆壬寅年四月廿四日戌
時卒同治癸亥年三月初六日丑時葬官山
子一　茲認養

迪向 進受公四子生乾隆壬寅年　卒乾隆戊申
年四月廿六日　時葬海沙

迪旭 進曆嗣子進助長子承諱迪盛生乾隆丁未年十二月廿
日亥時卒道光壬午年六月廿七日丑時葬官山頂

妣　柯舍柯氏名東娘生乾隆己酉年九月廿一日寅時卒咸豐
辛酉年五月廿九日戌時
子四　茲祥　茲牛（出承迪元）　茲潛　茲萃

迪旭　進助公長子出承進曆

迪元　進助公次子生嘉慶庚申年正月十六日艮時卒嘉慶
年十一月初六日　時
子一　茲牛（迪旭次子承）

迪札　進助公養三子諱迪華生嘉慶辛酉年十二月廿四日時
妣　埭邊許氏名申娘謚慎儉生嘉慶乙丑年二月十九日吉

時卒道光己亥年三月初十日丑時塟荏埔邊面坐乾向巽兼辛巳

繼妣五堡柯氏名奠娘生嘉慶乙丑年五月廿日 時

子四 茲婆 茲柑殤 茲亮 茲沙出承張塘祭

女四 梅娘許出適石菌黄家 蓝娘許出適清境張家 唫娘適楊[illegible]蔡家改嫁邊許家 悔娘適柯坑張家

廸蓝

進賜公長子殤

廸廷

進賜嗣次子進賴四子承生乾隆己亥年十二月初五日

時卒嘉慶庚申年四月初五日 時塟官山頂

廸曙

進慶公養子

迪德　進慶嗣子進頴三子承生乾隆　年十月十三日　時
卒乾隆　年七月　日　時

迪趂　進和嗣子進戀四子承生嘉慶丁丑年六月廿九日申時
妣　前埔蔡氏名梅娘生道光乙酉年正月初八日巳時卒同
治癸亥年七月十九日寅時塋官山頂
子四　茲捋承迪朕　茲鎮承迪崎幼亡　茲纓承迪且　茲毛

迪朕　進戀公長子號迪惠生嘉慶丙寅年二月廿一日卯時卒
道光庚戌年七月十二日　時塋臺灣
妣　柯坑張氏名麗娘生嘉慶癸酉年八月十三日午時改
子二　茲鏗碼　茲捋迪趂長子承

廸且 進戀公次子出承進茂

廸崎 進戀公三子諱廸峻生嘉慶癸酉年二月廿九日丑時卒道光戊申年四月廿四日午時葬臺

子一 茲鎮 廸趆次子承

廸趆 進戀公四子出承進和

廸且 進茂公嗣長子進戀次子承諱廸敏生嘉慶戊辰六月十六日巳時卒同治甲子年六月初六日巳時葬畚箕湖

妣 清兜張氏名稅娘生嘉慶丁丑年八月初四日 時卒嘉慶己卯年五月廿五日巳時葬海沙

嗣子一　茲纓 廸逝三子承

廸焙　進茂公次子生道光丁亥年十一月初八日酉時卒同治九年庚午十月十五日卯時

娶石菌黃氏 改

子四　茲管 幼亡　茲⿰扌神 承廸鑽　茲尚 殤　茲⿰火憲 欣字工声

廸板　進茂公三子生道光辛卯年九月廿一日巳時卒道光丁酉年七月初一日午時

廸鑽　進林公長子生嘉慶丙子年四月十九日辰時卒道光丙申年六月廿九日　時祔母吳氏塋官山頂

嗣子一　茲⿰扌神 廸焙次子承

[illegible]生道光癸未年七月初九日　時卒

迪[illegible]
道光卅年庚戌七月十三日　塋台香山

迪啟
殤　進林公三子

迪脩
進衎公長子進化四子承生嘉慶己卯年閏四月廿二日戌時卒同治十年辛未十二月十五日巳時
嗣子一　玆渪　迪班子承兼承迪餘

迪頭
進明長子進長冢子承生道光戊子年七月十五日戌時卒道光癸巳年四月廿二日酉時塋臺海埔厝

迪頭
進長冢子出承進明

迪泉
進長公次子生道光乙未年五月卅日未時
配臺黃氏名時娘生道光己亥年九月十六日未時

迪涯
進長公三子名山涯生道光乙未年五月卅日未時
配臺牛埔黃氏名時娘生道光庚子年九月十六日卯時
子三　茲牛　茲擇　茲獅

迪水
進吉公長子生道光戊戌年九月十六日卯時

迪發
進吉公次子名晋發生咸豐乙卯年十二月十九日丑時

廸餘 進化公長子生嘉慶己未年六月廿六日卯時卒道光癸未年八月廿二日丑時塟官山頂
嗣子一 兹湡 廸班子并承廸修

廸班 進化公次子生嘉慶甲戌年二月十一日亥時卒同治癸亥年八月初一日午時塟官山
妣 埭邊吳氏名員娘謚慈懿生道光戊子年十月十六日午時卒光緒辛巳年二月十二日未時塟官山下挖
子一 兹湡 承廸修兼承廸餘

廸欝 進化公三子出承漳州

廸脩 進化公四子出承進衍

廸鏗

進化公五子出登石崗王

廸蘭

進祖公長子諱廸馨字子國號子湘生嘉慶戊辰年八月廿四日午時卒同治甲子年六月十五日未時葬官山

妣

埭邊許氏名扳娘生道光壬午年正月初一日酉時卒同治癸酉年十一月廿九日子時葬官山

子一　茲者養

塔江族姓繁多習尚非古廸馨侄穉年大志不囿於俗甫十三其父及述兄謝世家徒四壁其母蔡氏以三十而孀守矢志苦節堅貞不渝母子二人煢煢孑立甘心飲荼慨然曰大丈夫弧矢四方志若不建功立業以臻成立何以報母氏之劬勞乎爰而之省依舅氏生理經營數年而歸建業成婚稍慰慈懷脩整龕厝以妥先靈大小功兄弟與

有受施人皆謂其孝慈焉然而猶未已也旋以本支譜事托余纂輯其生平行事種〻可嘉則其克昌厥後者固可信彼蒼之報應善人也夫

叔及廉序

廸超 殤

進祖公次子生嘉慶戊寅年十二月廿五日未時

廸燦

進秀公長子生康熙壬午年五月十八日辰時卒

葬大坂溪岸蜈蜞潭

妣 塘埔朱氏名悦娘生康熙辛卯年卒墓莫攷

繼 妣梨坑姚氏名初娘生康熙乙未年卒雍正乙卯年八月廿二日時塋

子一 兹欽 姚出殤

迪華
進秀公次子生卒失記塋大坂溪岸

迪慱
進秀公三子名慱老諱迪文字子約生康熙己亥年七月十四日辰時卒失記塋祀公宮塚山

配
鈔坑尤氏名傕娘 改

子二　茲西 長殤　茲石

迪旺
進德公長子名旺生諱迪賢字子明謚志誠成生康熙甲午年三月初三日子時卒乾隆丁酉年正月廿六日寅時塋葛州壙埔園地內

妣
葛州蔡氏名益娘生康熙乙未年八月廿四日戌時卒乾隆乙巳年正月十四日丑時塋葛州蜈蜞潭山腳

子四　茲來　茲寅　茲陽　茲賓

塔江劉氏家

卒乾隆辛卯年十二月十三日寅時合葬南安仙機巖前旬頸石脚穴
子二　茲拔　茲論

迪果
進老公長子名果老謚珍郁生康熙戊戌年十一月十六
日午時卒乾隆庚寅年二月初四日未時葬南安鬼仔山祀公宮口洪東

妣
前埔許氏名恐娘生雍正乙巳年三月初六日　時卒
年九月十二日　時葬葛州壙埔園

迪璧
進老公次子名璧老生雍正乙巳年九月初十日卯時卒
乾隆年月日失攷葬葛州大坂溪岸

迪東
進老公三子名東老生乾隆丁巳年正月十九日酉時卒
嘉慶　年六月　時葬葛州溪岈頭

迪禹 進香公長子名禹老字迪宙生雍正辛亥年六月廿日
時卒乾隆甲辰年六月廿七日　時祔母王氏合塋葛州後坑頭
子一　茲降迪八長子嗣

迪八 進香公次子名八老謚志性生乾隆庚午年十二月初七巳
時卒乾隆甲寅年十一月初九日　時
妣 溝邊陳氏名棗娘生乾隆甲戌年正月十五日　時卒嘉慶
丁巳年五月廿二日　時合塋南安卅六都內厝山東山邊拱北
子三　茲降出承迪禹　茲緝　茲柃

迪邦 進睿公長子名邦老字子安謚志瑞生雍正戊申年九月
初四日卯時卒乾隆丁酉年十二月廿四日　時
妣 林氏名怨娘生雍正丁未年三月廿三日寅時卒乾隆丁
酉年五月十七日　時合塋葛州後坑頭

子二　慈虎　慈操出承迪圃

迪長　進睿公次子名長老字子度謚志元生乾隆戊午年四月初五日酉時卒嘉慶乙丑年十一月十八日寅時

妣　霞美鍾氏生卒失攷塟霞美山

繼　妣後宅葉氏名好娘生乾隆壬戌年正月十九日　時卒嘉慶丙寅年八月十三日丑時仝公合塟南安卅五都白草山鱟魴垻穴庚甲酉卯還合塟葛州本山銅鑼穴

子五　慈懷殤　慈岳出承塔江長房迪酒　慈全　慈沛　慈記俱業出

迪承　殤　進睿公三子名承老生乾隆丙寅年九月初　日辰時

廸團

進備公長子名團老字子和謚志厚生雍正辛亥年十一月初十日卯時卒乾隆壬寅年五月十五日酉時

妣 梨坑姚氏名琴娘生雍正乙卯年九月初六日未時卒乾隆戊申年四月十七日寅時合塋葛州壙埔地

子三 茲 茲操（廸邦次子承） 茲能（姚出）

廸湊

進備公次子名湊老諱廸錦字子心謚志誠生雍正甲寅年十一月廿一日寅時卒乾隆甲午年十二月十五日戌時

妣 葛州林氏名玉娘生乾隆己未年十二月初五日辰時卒乾隆壬寅年七月初一日寅時合塋葛州後坑頭穴坐巽向乾兼辰戌同治元年十一月廿八日汲豐再添慈蘊（繼配許氏）

子二 茲侯 茲蘊

廸郎

進聰公長子名郎老謚志遠生雍正庚戌年十月十六日辰時卒乾隆丙申年十月初八日未時塋柯西後

妣

内寮陳氏名莊娘生雍正乙卯年正月廿七日辰時卒乾
隆　年十二月廿三日　時葬柄柯西後
子四　玆玠　玆曙出繼楊家譜玆川　玆漢

廸贊

進聰公次子名贊老字子恭生乾隆丙寅年十一月十五
日子時卒　年八月十一日　時葬葛大坂溪岸

廸拯

進傳公長子名拯老生雍正癸卯年四月十六日　時卒
年正月廿一日　時

妣

圳尾盧氏名蔭娘生乾隆戊午年　　　卒乾隆
年七月初六日　時合葬南安内厝山
子四　玆快　玆桑　玆月　玆準

廸乞 進招公長子名乞老生乾隆戊子年歿在南安內厝鄉

廸庚 進斗公長子出登 家譜

廸 失名 進可公長子養

廸謀 進可公次子名謀老劉園宗裔承嗣生失記乾隆戊申年在劉園歿

廸儼 進齊公長子名儼老生雍正甲辰九月初九日巳時卒乾隆乙酉年四月初六日 時塟九都湖內埔

妣石兜顏氏名椒娘生雍正甲寅年十一月廿一日酉時卒
塋俱失載
子二　茲郡　茲鶯

廸琰　進齊公次子出繼進宗

廸標　進齊公三子名標老謚純德生乾隆戊午年二月初五日
丑時卒嘉慶壬戌年十一月十五日午時塋臺州仔內庒厝後園穴辛乙酉卯
妣西坑林氏名巧官生乾隆庚午年九月十八日辰時卒嘉
慶癸酉年八月初一日申時塋臺大坵田西保州仔內庒
穴乾巽戌辰
子七　茲晋　茲財　茲添　茲寶殤　茲法殤　茲穎
茲聰

廸趣

進崑公長子名趣生乾隆辛未年七月十七日未時

妣 黄氏生莫攷卒 年四月廿二日 時塋

子二 茲龐 茲隕

廸琰

進宗公長子進齊次子承名琰老生雍正乙卯年五月十三日巳時卒 年五月初五日 時塋

妣 路東陳氏名乃娘生乾隆丙寅年九月十九日 時卒嘉慶癸酉年八月廿三日未時塋

子

廸性

進卿公長子名性觀生卒塋俱失載

配 陳氏名甘娘生

子二 茲來 茲的出外姓

廸意
進卿公次子名意觀生乾隆癸酉年十一月十二日巳時
卒嘉慶乙亥年三月初五日子時塟臺姑婆䕃穴癸丁丑
配陳氏名呼娘生乾隆庚辰年九月初九日酉時
子四　茲滄　茲發　茲樣　茲成出繼廸五

廸瑛
進卿公三子名瑛觀生乾隆丁丑年十一月廿三日巳時
配王氏名月娘生乾隆庚寅年二月初二日辰時卒嘉慶庚
辰年九月初九日丑時塟臺桃仔園穴辛乙酉卯
子三　茲富殤　茲惪　茲求

廸明
進卿公四子名明觀生乾隆壬午年

配阮氏名腰娘
子四 茲壹 茲諒 茲盛 茲歡出繼廸海

廸白
進卿公五子出繼進龍

廸叁
進貴公長子名參觀生乾隆　　年卒嘉慶乙丑年
二月初九日　時塟
配　氏改
子一 茲軼廸相長子嗣

廸相
進貴公次子名相觀生乾隆辛丑年
妣陳氏名敬娘生乾隆丙午年卒嘉慶丁丑年五月初九日

己時塋

繼配沈氏名枣娘生乾隆

子三　玆軟（出繼迪叅）　玆強　玆佳（陳出）

迪從（殤）　進王公長子名從観

迪海　進王公次子名海観生乾隆戊子年

子一　玆歡（迪明四子嗣）

迪深（殤）　進王公三子名深観

廸立

進朝公長子名立觀生卒莫攷

配　氏攷

子一　玆成

廸意四子嗣

廸白

進龍公長子進卿五子嗣名白觀生乾隆乙酉年七月初五日辰時卒嘉慶壬戌年六月初十日未時塋臺

配　氏攷

子二　玆葵　玆翁殤

廸金

進隨公長子名金觀生失載卒乾隆庚戌年七月　塋臺

配　陳氏名怨娘生卒失載

迪玉 殤
進隨公次子名玉觀

迪春
進伴公長子名德春謚必捷生乾隆丁亥年十一月十二
日　時卒　年七月廿一日　時塟臺
配宋氏名秀娘生乾隆己丑年十一月廿九日　時
子一　茲職

迪德
進伴公次子名德光生乾隆癸巳年九月十五日　時
配蘓氏名愠娘生乾隆丁酉年十二月十八日　時
子一　茲林

迪彩 進伴公三子名煥彩生乾隆壬子年十一月十一日　時
配陳氏名膚娘生乾隆癸丑年
子一 茲琮 殤

迪河 進全公長子名河觀生失載卒　年七月十四日
時塟臺田尾中庒坪仔
配莊氏 改

迪順 進全公次子名順觀生乾隆乙未年九月初一日丑時卒
嘉慶甲戌年三月廿二日未時塟臺田尾中座坪仔
配蔣氏名鳳娘生乾隆庚子年四月廿八日巳時卒嘉慶丙
辰年六月初九日卯時塟臺田尾中庒湖裡拱西
繼配陳氏 改

子二　玆（幼殤失名）　玆　玆恭（迪要長子嗣）

迪軫　進全公三子名軫觀生乾隆己亥年十月廿四日丑時卒嘉慶己卯年九月廿八日未時葬臺呵猴北勢頭塚（埔穴丁癸未丑）

癸丁子午

配林氏（改）

子一　玆興（殤）

迪要　進全公四子名要觀生乾隆壬寅年十月廿一日卯時

配陳氏名糧娘生乾隆己酉年

子一玆恭（出繼迪順）

迪梅　進裕之子名梅觀

迪忠 進祿公長子名忠觀

配藴氏

迪祖 進禮公養子名祖觀

迪俟 進坦公長子名俟觀生乾隆辛亥年九月廿二日 時

配林氏名枣娘生嘉慶壬戌年

子一 玆安螟

迪宗 進坦公次子名宗觀

迪碧　進坦公三子名碧觀

第十七世

茲先　迪琚公長子生乾隆庚午年十一月初三日巳時卒乾隆己未年月日時不知塋臺南路盐州内

配大房許氏歿

茲傑　迪琚公次子生乾隆丙子年七月初一日巳時卒道光壬午年七月初八日未時塋西沙尾

妣　燒灰許氏名草娘歸專静生乾隆癸巳年七月廿六日戌時卒咸豐癸丑年四月廿六日酉時塋衙口

子六　唐胆　唐窓（出嗣清叔祈又名鐸）　唐獺　唐聪　唐石（出继三房兹觅）　唐蕴（承兹市）

兹仍　迪琚公三子生乾隆丁亥年七月廿九日　時卒嘉慶戊午年十一月十三日　時

兹福　迪閏公長子生乾隆乙亥年十月十四日丑時

兹猻　迪配公長子

兹德　迪弁公長子名明德

兹　失名迪弁公次子

茲
失名迪弁三子

芋茲
迪球公長子名芋老

茲兒
迪暖公長子
幼殤

茲綽
迪暖公次子生乾隆壬寅年八月初九日丑時卒咸豐乙卯年正月廿三日子時

妣
大房許氏名娘生乾隆丁未年十二月十二日　時卒道光庚戌年七月十五日未時塟官山頂

子四　唐砂　唐柳　唐灣　唐遜

兹鏙 廸暖公三子出承廸祿

兹音 廸暖公四子生嘉慶庚申年又四月十八日 時卒臺

兹盞 廸千公長子生乾隆乙巳年九月十三日午時往臺卒

兹茅 廸千公次子生乾隆己酉年六月廿三日戌時卒道光庚戌年十月初四日卯時塟墓畚箕湖

兹斜 廸千公三子承窑厝蔡

茲全　迪千公四子
殤

茲題　迪千公五子生嘉慶丁卯年十月十五日寅時
出贅湖尾蘓家

子一　唐註　兼承湖尾蘓家

茲錐　迪祿嗣子迪暖三子永生乾隆丙午年九月十八日亥時
住臺

妣柯氏　柯舍柯氏名虔娘生乾隆癸丑年十一月廿五日寅時

子二　唐啓　唐　出承外姓

茲運　廸世公長子生乾隆庚申年十二月十七日戌時

玆選 廸世公次二、生乾隆甲二、年十二月　日酉時
配柯坑柯氏　改

玆琴 廸取公長子謚玆和生乾隆庚午年十一月十三日未時
塋臺

玆岑 廸取公次子

玆義 廸諒公長子

玆杞 廸諒公次子

子一　唐坑

茲貌　廸諒公三子

子一　唐　失名幼亡

茲提　殤　廸湊公長子

茲貽　廸湊公次子生乾隆辛丑年三月廿九日卯時卒道光己亥年二月十八日戌時塟官山向南

妣　東埔吳氏名鶯娘謚慈勤生乾隆辛亥年六月十三日未時卒嘉慶己巳年十二月十一日未時塟官山頂

繼妣岑兜蕭氏名晏娘謚柔順生乾隆壬寅年四月初六日

時卒道光戊子年六月廿八日巳時葬官山向西
子一　唐灘養

兹天
迪湊公三子生乾隆甲辰年九月廿九日卯時卒道光壬
午年十二月初三日巳時
妣　伍堡童氏名緬娘改生乾隆甲寅年七月廿六日巳時
子二　唐杭　唐闠

兹習
迪湊公四子殤

兹末
迪湊公五子生乾隆乙卯年七月廿一日辰時卒咸豐壬
子年四月十四日　時葬官山向東

配柯舍李氏名馭生嘉慶己巳年九月初七日未時

子一　唐賢

玆水

廸湊公六子叅生嘉慶丁卯年九月初十日申時卒同治丙寅年十二月廿八日巳時塟官山坐辛乙兼戌辰

子一　唐顒

玆侃

廸寅公長子生乾隆壬寅年十一月十四日未時卒道光己丑年五月廿九日巳時塟官山向東

妣

梅林蔡氏名草娘生乾隆癸丑年六月初一日子時卒道光丙戌年正月廿二日酉時

子二　唐緎　唐蹌殤

玆霸 迪寅公次子生乾隆己酉年九月初十日巳時卒咸豐戊午年十一月廿七日子時

妣 柯舍柯氏名諒娘謚純儉生嘉慶丙辰年八月廿八日巳時卒道光戊戌年十二月廿二日巳時

子三 唐飲 唐浪殤 唐廚殤

玆任 迪寅公三子生乾隆壬子年正月十五日巳時卒道光乙未年九月初五日卯時

妣 内厝張氏名鷄娘改

子一 唐葛

玆房 迪侯公長子又名倚謚誠吉生雍正甲寅年九月初七日辰時卒嘉慶丁巳年又六月廿九日酉時

妣 中舍王氏名恬娘生乾隆壬戌年八月廿六日亥時卒乾

隆乙卯年四月十八日辰時合塋埔邊面向東
子四　唐祿　唐舍　唐俞　唐港

茲令
廸侯公次子出承廸蕃

茲七
廸符公長子諱茲元生乾隆丁巳年二月廿三日戌時卒乾
隆癸巳年塟臺
妣　柯倉柯氏名燕娘生乾隆庚申年十月廿三日申時卒嘉
慶癸巳年二月十八日酉時塟官山上
子一　唐接

茲八
廸符公次子生乾隆癸酉年正月十八日巳時卒乾隆己
卯年十月　塟海沙

茲託 迪伯公長子生乾隆戊辰年正月十四日丑時卒乾隆壬辰年四月廿五日午時與父併弟茲亢合塋大堵坊

妣 本鄉孫氏 改

子二 唐片 孫出 唐眷 茲岳次子承

茲亢 迪伯公次子生乾隆壬申年正月廿二日午時卒乾隆戊戌年十二月廿一日卯時與父併兄茲託合塋大堵坊

妣 大坪坑 氏

繼妣 柯倉柯氏 改

茲岳 迪伯公三子葛州迪長公次子承生乾隆丁亥年六月卅日 時卒臺

妣 前埔蔡氏名素娘號勤儉生乾隆乙酉年五月廿四日酉時卒道光乙未年七月初四日巳時塋官山

子三　唐血　唐春承茲託　唐却殤

茲約

迪寧公長子謚茲慎生乾隆戊寅年十一月初一日戌時
卒道光壬午年六月廿日未時改葬柑仔上

妣柯倉柯氏名對娘生乾隆壬午年九月卅日未時卒嘉慶
甲戌年又二月十四日子時道光戊申年三月與公併三
子唐井改塟在柑仔上穴丁未

子四　唐越　唐營殤　唐井　唐爆

茲令

迪蔣長子迪侯次子承諱茲善生乾隆戊午年十月廿八
日午時卒乾隆辛丑年三月廿二日午時塟埔邊面

妣塘邊歐氏名大娘生乾隆壬戌年十一月廿五日亥時卒
乾隆丙申年四月初二日巳時塟埔邊面

子三　唐珏　唐斗　唐驕

茲持 迪宗公長子諱茲興生乾隆甲子年六月廿八日寅時卒道光戊子年三月初四日卯時葬畚箕湖

妣英林洪氏名美娘生乾隆己巳年月日失記卒乾隆年三月廿四日　葬英林山

繼妣西坑林氏名外娘生乾隆辛巳年八月十三日酉時卒道光辛卯年七月十九日巳時葬畚箕湖

子二　唐衍養殤　唐窓茲傑次子承又名蜂

茲賀 迪宗公次子生乾隆己巳年七月舊稿六月廿日辰時卒乾隆年七月初七日　時葬臺海浦厝畚箕湖向南

妣楊宅蔡氏改

子一　唐煜

茲嘉 迪報公長子生乾隆丙寅年九月十八日酉時卒乾隆辛卯年七月初四日　時葬臺畚箕湖

子一　唐園　兹贈三子承

茲最　迪報公次子　殤

茲昂　迪報公三子生乾隆庚午年十月十三日酉時乾隆年卒
于臺蘇六甲

配　石兜施氏名初娘　改

茲凜　迪報公四子謚茲既生乾隆丁丑年正月十一日卯時卒
道光辛卯年正月廿二日寅時與孫妣合塋官山上

妣　大房許氏名于娘生乾隆戊子年三月十三日丑時卒乾
隆戊申年五月廿三日寅時塟衙頂與穠妣仝塋

繼
妣布林謝氏名盖娘生乾隆癸未年六月初十日午時卒

三

嘉慶庚申年十一月廿九日未時塟官山頂
妣本鄉孫氏名定娘生乾隆乙酉年二月初八日　時卒
道光丁亥年九月初八日申時塟官山頂向東
子一　唐総謝出

茲贈

妣

廸報公五子號茲敏生乾隆壬午年三月十五日戌時卒
道光癸巳年十二月廿六日　時公媽合塟官山上坐酉轉
馬坪林氏名任娘生乾隆辛卯年七月廿六日寅時卒道
光辛卯年二月廿四日　時
子六　唐潤　唐汲殤　唐園承茲嘉　唐妹出姓林　唐踏　唐塔

茲兵

廸穰公養子
外出無回

茲前　迪穰嗣子迪宣次子承生乾隆癸卯年七月十八日丑時
卒道光丙申年正月廿一日申時塟官山下埔
妣　坑園吳氏名珸娘生乾隆癸丑年十一月廿八日丑時卒
咸豐壬子年六月十六日未時
子五　唐硯　唐匣（殤）唐帖　唐瓊　唐淀

茲套　迪宣公長子生乾隆己丑年二月初一日午時卒道光壬
辰年十一月廿二日卯時
妣　茂亭陳氏名喜娘生乾隆癸卯年十二月十五日未時卒
嘉慶己巳年正月十六日午時塟赤墓頂與祖妣柯氏塋
子二　唐場　唐溍

茲前　迪宣公次子出承迪穰

茲前　迪旵公嗣子迪學三子承生道光三年癸未十月初九日
午時卒　年七月十五日

茲炳　迪池嗣長子迪學四子承生缺卒臺
嗣子　唐鍾　茲高長子承

萬安　迪池養次子生道光丁酉年四月初三日辰時
住臺鹿港

妣　鹿港施氏名燦娘生道光己亥年十月十四日寅時卒咸
豐丁巳年正月廿四日未時塟崙頂

繼
妣鹿港黃氏名研娘生道光辛丑年　卒同治
丁卯年九月廿二日戌時塟崙頂

茲眷

迪燕嗣子迪學次子承生嘉慶庚辰年五月初四日午時卒咸豐乙卯年二月十七日午時

妣潘徑許氏名懈娘謚慈勤生嘉慶乙亥年五月初一日午時卒道光己酉年九月廿四日　時

子一　唐好（茲高次子承）

茲高

迪學公長子生嘉慶乙亥年五月初一日午時

妣柯坑柯氏名譽娘生道光丁亥年正月初七日　時卒咸豐辛亥年七月廿五日午時

繼妣施氏名青娘生莫攷卒同治癸亥年二月廿日　時

子二　唐鍾（出承迪池）　唐好（承茲眷）

兹卷 廸學公次子出承廸燕

兹前 廸學公三子出承廸昆

兹炳 廸學四子承廸池

兹初 廸喜公長子生乾隆丙午年十二月十二日 時卒未詳

妣 佳坂尤氏 改

兹玖 廸喜公次子 殤

茲力　廸喜公三子生嘉慶己未年五月十一日　時卒臺

茲杯　廸喜公四子出承廸鈔

茲來　廸心公長子

茲杯　廸鈔嗣子廸喜四子承生嘉慶壬戌年五月廿五日申時　卒番邦

茲勤　廸恩公長子　殤

茲市 迪恩公次子生嘉慶己巳年八月初九日丑時卒道光壬辰年正月廿三日 時塟官山

聘本鄉孫氏 改

子一 唐蘊 茲係六次子承

茲認 迪國公長子諱茲識謚源直生嘉慶乙丑年九月十四日卯時卒咸豐癸丑年三月廿九日子時塟官山

妣梅林蔡氏名錦娘謚勤儉生嘉慶戊辰年十一月初八日卯時卒道光癸卯年八月初九日午時塟海沙

子五 唐猪 幼亡 唐態 唐芧 幼亡 唐樾 幼亡 唐妹 幼亡

女一 花娘適梅林蔡家

茲祥 迪旭公長子諱茲瑞字孫吉生嘉慶庚午年正月十三日午時卒道光丁酉年四月廿日巳時

妣梅林蔡氏名挑娘改

嗣子　唐鑿茲潛次子承

茲牛

廸旭公次子出承廸元

茲潛

廸旭公三子生嘉慶丁丑年十一月十一日巳時

妣柯坑張氏名哖娘生道光乙未年二月廿八日酉時

子三　唐椅出承茲萃　唐鑿出承茲祥　唐力

茲萃

廸旭公四子生道光壬午年九月十九日辰時卒咸豐乙卯年三月初二日酉時葬官山

養妻埕邊黃氏改

嗣子一　唐橋 兹潛長子承

兹牛

廸元嗣子廸旭次子承生嘉慶壬申年十一月廿六日酉

時卒道光丙申年六月廿八日丑時塟官山

兹婆

廸札公長子生道光辛卯年六月初六日　時

妣

埭邊許氏名量娘謚勤儉生道光辛卯年八月廿四日

時卒同治甲子年六月初四日巳時塟官山

繼

娶台湾趙氏名惜娘生道光廿五年乙巳十二月十八日卯時

子六　唐鳴　唐馬　唐盧 分出埭邊 許出　唐奮　唐敎　唐鸕 趙出

兹柑

廸札公次子生道光甲午年六月十五日丑時卒咸豐六

年七月初六日辰時

嗣子二　唐馬（茲滾次子承）　唐拋（茲亮長子承）

茲亮

迪札公三子生道光甲午年六月十五日丑時

配英林洪氏名員娘生道光乙未年十二月初五日　時

子三　唐拋（承茲柑）唐瓦（幼亡）唐碣

茲沙

迪札公四子分出張塘蔡

茲捋

迪逝長子承迪朕

茲鎮 廸趧次子承廸崎

茲纓 廸趧三子承廸且

茲毛 廸趧四子生咸豐辛酉年二月廿九日巳時

茲鏘 廸朕長子生道光戊戌年二月廿五日亥時卒道光廿八年戊申十一月廿三日

茲捊 廸朕嗣次子廸趧長子承生道光庚戌年三月初四日午時

娶楊宅楊氏名嬿娘生咸豐九年己未七月十三日辰時

茲鎮　廸崎嗣子廸趆次子承生咸豐元年辛亥二月卒咸豐七年幼亡

茲纓　廸且嗣子廸趆三子承生咸豐七年丁己十一月初一日巳時

聘前坡蔡氏名行箴娘生同治七年戊辰年六月初四日　時

茲管　廸焙長子幼亡

茲榊　廸焙次子承廸饋

茲尚 殤

茲⿰虫憲 欣上声 廸焙四子生同治七年戊辰十一月十四日酉時

茲抻 廸贊嗣子廸焙次子承生同治元年壬戌七月十四日巳時

茲湡 廸修嗣子廸班子薰承生道光戊申年七月初八日丑時

妣東埔吳氏名穗娘生咸豐丙辰年七月十六日卒同治癸亥年七月十四日

繼妣五堡姚氏名勸娘生咸豐四年甲寅二月廿九日辰時卒光緒三年丁丑九月十六日巳時

子二　唐⿰舟厥　唐罩幼亡

茲牛　迪涯長子生同治元年壬戌八月初八日亥時

茲擇　迪涯次子生同治十一年壬申九月十四日申時

茲獅　迪涯三子生同治十三年甲戌十月十七日亥時

配　本庄王氏名勸娘生光緒二年丙子十二月廿七日酉時

茲渦　迪餘嗣子迪班子兼承生道光戊申年七月初八日丑時

妣　東埔吳氏名穗娘生咸豐丙辰年七月十六日卒同治癸

七月廿四日

繼

妣五堡姚氏名勸娘生咸豐四年甲寅二月廿九日辰時

卒光緒三年丁丑九月十六日已時

子二　唐[舟厥]　唐罩幼亡

茲濶

迺班之子雙承迺修迺餘生道光戊申年七月初八日丑時

妣東埔吳氏名糖娘生咸豐丙辰年七月十六日卒同治癸亥年七月十四日

繼

妣五堡姚氏名勸娘生咸豐四年甲寅二月廿九日辰時

卒光緒三年丁丑九月十六日已時

子二　唐[舟厥]　唐罩幼亡

茲者

迺蘭養子生道光戊戌年八月十三日　時

玆玉

廸高長子名玉老諱玆琢生乾隆甲子年九月十五日午時卒道光甲申年又七月十三日酉時塟祀公宮口

妣

南安塘頭李氏名醉娘生乾隆癸未年十二月廿九日時卒嘉慶癸酉年八月初八日酉時塟葛州壙埔地

子三　唐花殤　唐妙　唐揺

玆科

廸高次子出登外姓

玆朝

廸尊長子名三朝生乾隆庚辰年三月初一日戌時卒嘉慶辛未年十二月卅日巳時塟葛州大坂溪峆丁亥年遷塟大田邊呂巷塚與王妣合葬

配

泉城石頭街王氏名益娘生乾隆癸未年　卒嘉慶丁丑年四月十七日巳時塟葛州大坂溪峆咸豐丁亥年遷塟大田邊呂巷塚考妣合葬

子二　唐定　唐對

玆來　迪旺長子名來英諱諾貴號慎烈生乾隆戊午年六月初五日辰時卒乾隆壬午年又五月廿九日辰時葬葛州大坂溪岸近蜈蜞潭山脚拱西北

配　佳坂尤氏改

玆寅　迪旺次子名寅恭生乾隆辛酉年正月初十日子時卒嘉慶乙亥年六月廿四日　時葬葛州溪岸頭

玆陽　迪旺三子名陽鳳生乾隆辛未年十一月廿九日未時出遊不知所住

玆賓　迪旺四子名賓廷謚得意生乾隆己卯年正月初二日未時卒嘉慶己卯年八月十三日子時葬柯西後

茲紫 迪尊次子名紫老生乾隆癸巳年正月初一日　時卒嘉慶辛未年十二月初四日申時塟葛州

茲拔 迪和長子名拔老謚素萃生乾隆癸未年四月十六日未時卒嘉慶丙子年五月廿二日未時改塟在泒溪前尾坐東向西

妣 梨坑姚氏名緩娘生乾隆辛卯年四月十六日未時卒道光丁酉年六月十一日午時塟元埔地坐西向東申寅甲庚

子三　唐滿　唐主　唐慈俱養

茲論 迪和次子名論老殤

茲降 迪禹嗣長子迪八老長子承名降老謚計世生乾隆癸巳年九月初八日午時卒嘉慶丙寅年正月初十日巳時塟

葛州後坑頭拱南

妣前尾王氏生卒失載塋葛州溪岸頭

子一　唐從　茲石三子承

茲降　廸八長子出承廸禹

茲緝　殤　廸八次子名緝老生卒失記塋葛州溪岸頭

茲梒　廸八三子名梒老生乾隆辛亥年五月初十日巳時卒道光庚戌年十月初八日卯時塋溪岈頭

茲虎　廸邦長子名虎老謚素象生乾隆癸酉年十二月初一日卯時卒嘉慶己卯年六月十一日巳時塋葛州壙埔地中拱北

配墻埔王氏名欣娘改
子一　唐揖兹操次子承

兹操
廸邦次子出承廸團

兹懷
殤
廸長冡子名懷老生乾隆庚辰年

兹岳
廸長次子出承塔江長房廸伯

兹令
廸長三子名令老生乾隆甲午年三月廿三日寅時

茲沛 廸長四子名沛老生乾隆己亥年五月廿一日時卒嘉慶
壬申年三月廿二日辰時塋葛州大坂溪岸

茲記 廸長五子名記老生乾隆辛丑年七月廿日戌時卒道光
己丑年六月十二日酉時塋溪岍頭

茲 失名 廸團長子

茲操 廸團次子廸邦次子承名操老諱茲篤謚諸次生乾隆辛
巳年九月十七日未時卒嘉慶戊寅年十一月初三日戌
時乙未冬遷塋葛州蜈蜞潭山龔厝墓口厝地內穴卯酉 乙辛

妣 南安白石溪尾后陳氏名示娘謚恭淑生乾隆己丑年九
月十八日時卒道光壬辰年七月十三日未時塋本山銅羅 穴頂
子三　唐兜　唐揖出嗣茲虎　唐味

茲能 迪團三子名能老生乾隆癸巳年九月廿六日寅時卒道光己亥年七月初三日巳時改塋銅鑼穴坐北向南（次子唐正祔）

配 鈔坑尤氏名笑娘生乾隆壬寅年十一月廿六日　時卒咸豐乙卯年九月十九日丑時塋壙埔地坐南向北却吉塋在山頭母子仝塋穴坐艮向坤兼寅申

子三　唐哲　唐正　唐譜

茲侯 迪溱長子名侯老謚素軒生乾隆壬午年十月十五日巳時卒嘉慶辛未年六月初十日丑時塋南安柯西後（改塋古塘頭塚山）

妣 南安田墘鄉吳氏名晏娘生乾隆丁亥年十一月十九日酉時卒道光丙午年五月廿五日　時塋呂巷塚山

子三　唐陟　唐龍　唐堅（出繼茲縕）

茲縕 迪溱次子名縕老生乾隆辛卯年十月初六日未時卒道光丁酉年七月初一日申時與妣吳氏合塋一石尾（坐東北向西南）

妣康居吳氏名乖娘生乾隆乙酉年三月十九日戌時卒嘉慶己卯年四月十三日亥時塟一石尾與公合堆

繼妣留宅許氏名清娘生乾隆戊子年十一月廿六日辰時卒咸豐辛亥年十一月十一日酉時塟上井山與廸湊公墓坐向同

子二　唐前養唐堅茲俟三子承

茲玠

廸郎長子名玠老謚素完生乾隆庚辰年八月廿一日寅時卒嘉慶丁丑年三月廿三日申時塟柯西後

妣萬州楊氏名素娘生乾隆丁亥年四月廿一日寅時卒道光癸未年六月初五日戌時塟祀宮後柯西後與公攺合塟銅鑼穴子唐智唐侵孫廷壹附

子四　唐智　唐水殤唐侵　唐情

茲曙

迪郎次子出登楊家譜

茲川

迪郎三子名川老生乾隆庚寅年正月廿日子時卒道光戊子年二月初十日　時塟古雷山

配

西山唐厝唐氏 段

子二　唐栽　唐田 隨母去

茲漢

迪郎四子名漢老殤

茲快

迪拯長子名快老生乾隆己卯年九月十三日亥時卒乾隆　年八月十二日　時塟蔭州溪岸頭

茲桑　廸拯次子名桑老　長殤

茲月　廸拯三子名月老生乾隆壬辰年　住臺大肚街

茲準　廸拯四子名準老　殤

茲郡　廸儼長子名郡老生乾隆庚辰年正月初五日戌時

茲鶯　廸儼次子名鶯老

茲晉 迺樗公長子名晉觀生乾隆丁酉年五月廿四日酉時

配大坵田洪氏名柿娘生乾隆辛丑年二月初九日午時

子五 唐珏殤 唐秋 唐胖 唐後 唐水殤

茲財 迺標次子名財觀生乾隆庚子年八月廿六日亥時

配鷺鴨埔陳氏名椗娘生乾隆壬寅年八月初五日酉時

子四 唐錢 唐讀 唐佐 唐譽

茲添 迺標三子名添觀生乾隆癸卯年八月廿二日寅時

配港墘厝葉氏名墨娘生乾隆戊申年九月十一日 時

子四 唐江 唐滔 唐琴 唐瑟

茲寶　廸標四子名寶觀生乾隆丙午年十二月初十日　時卒
嘉慶戊午年七月十一日　時　塋臺過港埔拱南

茲法　廸標五子名法觀生乾隆己酉年　卒
乾隆辛亥年　塋臺頂䕩埔

茲頴　廸標六子名頴觀生乾隆壬子年四月十一日辰時
配壕仔頭李氏名隨娘生嘉慶戊午年十月十五日午時
子二　唐軒　唐勅

茲聡　廸標七子名聡明生乾隆甲寅年十二月廿三日巳時
配潭尾蔡氏名弍娘生嘉慶丁巳年十一月廿二日午時
子一　唐佃

茲麗　迪趣長子名麗觀贅居大坵田
妣海埔陳氏名甜娘生卒莫攷
繼贅配氏名註娘
子一　唐綑繼配出

茲隕　迪趣次子名隕觀生乾隆癸卯年

茲來　迪性長子名來觀生
配王氏
子四　唐興殤　唐屋　唐爲出外姓　唐

茲的
廸性次子出外姓

茲滄
廸意長子名聰觀生乾隆乙未年九月卄日寅時
配郭氏名桔娘生嘉慶丙辰年
子一　唐翁

茲發
廸意次子名發觀生乾隆甲辰四月十八日辰時
配陳氏名論娘生乾隆乙卯年
子一　唐紫

茲樣
廸意三子名樣觀生乾隆甲寅年四月廿一日午時

茲成　廸意四子出繼廸立

茲富　廸瑛長子名富觀　殤

茲添　廸瑛次子名添觀生嘉慶己巳年七月十三日卯時

茲求　廸瑛三子名求觀

茲壹　廸明長子名壹觀生乾隆辛亥年

茲諒

廸明次子名諒觀生嘉慶丙辰年

配　吳氏名應娘

子一　唐昇

茲盛

廸明三子名盛觀

茲歡

廸明四子出繼廸海

茲軼

廸叁長子廸相長子嗣名軼觀生嘉慶庚午年五月廿二日午時

茲軼 廸相長子出繼廸叁

茲強 廸相次子名強觀生嘉慶癸酉年

茲佳 廸相三子名佳觀

茲歡 廸海長子廸明四子嗣生嘉慶辛未年

茲成 廸立長子廸意四子嗣名成觀生嘉慶辛酉年九月初十日午時

玆葵

廸白長子名葵觀生嘉慶庚申年九月初七日寅時

配沈氏名妹娘生嘉慶己巳年

玆翁

廸白次子名翁觀 殤

玆璣

廸春長子名瑶璣生嘉慶辛酉年十二月初六日丑時

配黄氏名買娘生嘉慶乙丑年六月十九日　時

玆林

廸德長子名瑶林生乾隆乙卯年十一月初九日戌時

配黄氏名謂娘生嘉慶己未年二月初五日卯時

子三 唐懷 唐禧 唐祿

茲琮 迪彩長子名琮觀生嘉慶丁丑年
卒莫攷塋臺

茲 幼殤失名 迪順長子

茲恭 迪順次子迪要長子嗣名恭觀生嘉慶已巳年六月十五
日丑時

茲興 殤 迪軫長子名興觀

茲恭 廸要長子出承廸順

茲安 廸侯長子名安觀 殤

第十八世

唐胆 茲傑長子生乾隆六十年乙卯二月初六日巳時卒道光十三年癸巳五月初四日午時葬西邊改葬官山

嗣子一 廷梘 唐蜂子承

唐窓 又名蜂 茲傑次子出承茲持

唐獲 [illegible]生嘉慶五年庚申十月初六日卯時卒嘉慶廿五年庚辰八月廿三日申時塟海沙

嗣子一 廷斜 唐蘊長子承

唐聡 茲傑四子生嘉慶八年癸亥七月十九日卯時

娶大白山楊氏名玉娘謚賢淑生嘉慶十九年甲戌八月廿七日丑時卒同治四年乙丑十二月十一日丑時塟埕邊面坐巽乾巳亥

繼娶梅林蔡氏名且娘生嘉慶十七年壬申十月初二日

子三 廷吅養 廷鈔外甥入承歸宗 廷雞唐蘊次子承

唐石 茲傑五子出承二房茲兒

唐蘊
玆傑六子出承玆市

唐砂
玆繂長子生嘉慶十一年丙寅八月廿五日巳時卒咸豐
二年壬子五月初三日午時塟官山頂母子並坐
配
埭邊柯氏名族娘 改
子一
廷梗

唐椰
玆繂次子生嘉慶十四年己巳四月十九日亥時卒道光
廿二年壬寅二月廿六日巳時塟官山

唐灣
玆繂三子生嘉慶廿五年庚辰十二月廿七日丑時

唐⿺辶船 茲組四子生道光四年甲申三月十九日巳時卒道光
年四月初三日辰時

唐註 茲題之子兼祧湖尾蘇家生咸豐三年癸丑四月初二日午時

唐昬 茲錐長子生嘉慶十九年甲戌十一月初一日戌時

唐 茲錐次子分出外姓

唐坑 茲杞之子

唐　玆覯之子

幼亡

唐灘　玆貽養子生道光八年戊子七月廿五日卒咸豐三年癸丑五月初九日

配前坡蔡氏　改

嗣子二　廷沙 唐歆三子承　廷鐧 唐葛次子承

唐梳　玆天長子生嘉慶廿年乙亥五月初十日未時卒光緒四年戊寅七月初二日未時塟官山

娶英林洪氏名羆娘生道光四年甲申十月十一日巳時

子二　廷拖　廷鎮

唐闠　玆天次子生嘉慶廿五年庚辰年三月十五日亥時

唐賢 茲蒼之子生道光廿一年庚子十月廿三日辰時卒咸豐三年癸丑
嗣子一 廷尚 唐淀長子承

唐願 茲氷之子生道光十一年辛卯十月初一日戌時卒咸豐八年戊午正月廿四日卯時
嗣子一 廷伽 唐淀五子承

唐緎 茲侃長子生嘉慶十九年甲戌五月初六日卒道光十六年丙申四月廿日
嗣子二 廷票 唐飲次子承 廷趨 唐富長子兼承
塋臺蘇粒甲

唐趦 茲侃次子生嘉慶廿二年丁丑七月十八日寅時卒嘉慶廿四年己卯三月初八日
塋海沙

唐飲　茲霸長子生道光七年丁亥九月廿三日巳時

配　坑邊黃氏名焙娘生道光十一年辛卯六月十四日午時

子六　廷省幼亡　廷票承唐織　廷沙承唐灘　廷鳳分出漳州　廷擇　廷雎

唐浪　茲霸次子　殤

唐廚　茲霸三子生道光四年甲申　殤

唐葛　茲任之子生道光八年戊子八月初三日巳時

配　埕邊謝氏名蘭娘謚慈靜生道光五年乙未酉九月初四日辰時卒同治八年己巳十二月初五日午時塋官山

塔江劉氏族譜

子二 廷趙 緘[illegible] 廷鐲 承唐淵

唐祿

茲房長子諱唐福生乾隆廿五年庚辰五月廿日午時卒道光十五年乙未六月初五日辰時

配 馬坪林氏名乃娘生乾隆十九年甲申正月初八日巳時卒嘉慶十八年癸酉正月初一日辰時葬三寶墓邊向南

子四 廷党 廷旦 廷尋 承唐舍 廷盼 承唐俞

唐舍

茲房次子謚尚寶生乾隆廿九年甲申十一月廿三日辰時卒乾隆五十三年戊申五月十三日丑時葬埔邊面向東

配 石蘭洪氏名痛娘 改

嗣子一 廷尋 唐祿三子承

唐爺

茲房三子謚尚仁生乾隆卅六年辛卯十月廿三日午時
卒乾隆六十年乙卯十月初八日未時在福州許與門水潟

配 龜湖李氏 改

嗣子一 廷盼 唐祿四子承

唐浛

茲房四子生乾隆四十九年甲辰二月廿一日酉時卒咸
豐五年乙卯十月十五日子時

妣 本鄉孫氏名鵡娘生乾隆五十七年壬子六月廿九日酉時
卒嘉慶廿五年庚辰四月廿五日午時塟官山

繼 妣林氏名艮娘生未詳卒道光十五年乙未六月初一日
午時塟官山頂

子一 廷熙 殤 孫氏出

唐接

兹七之子名接宗生乾隆廿八年癸未六月廿六日辰時卒嘉慶　年三月十四日在臺

配本鄉孫氏名速娘改

子一　廷鉗

唐片

兹托長子生乾隆卅二年丁亥八月廿日辰時卒乾隆五十四年己酉正月初八日　時與叔迪寧合塋大堵坊

配湖尾蘇氏改

唐眷

兹托嗣次子兹岳次子承生嘉慶五年庚申十二月初十日亥時住月眉庄

唐血

兹岳長子住臺生嘉慶二年丁巳十二月十一日子時卒道光廿四年甲辰九月十三日未時塋臺

妣本鄉孫氏名悦娘生嘉慶四年己未月日卒莫攷瑩海沙

繼妣柯倉柯氏名化娘生嘉慶十一年丙寅五月初一日未時卒道光六年丙戌九月十三日未時

三妣山内人往臺生卒不知

子二　廷殊　廷潭俱柯氏出往臺

唐眷

兹岳次子出承兹托

唐却

兹岳三子生卒未詳瑩海沙殤

唐越 茲約長子生乾隆五十二年丁未十月十八日 時卒咸豐三年癸丑十二月廿五日未時塟官山

妣 埭邊許氏名構娘生乾隆五十四年己酉八月廿八日時卒咸豐十一年辛酉正月初八日未時塟官山合拾塟金內

子五 廷赤壯殤 廷㦖 廷瘠 廷笨殤 廷奔殤

唐營 茲約次子生乾隆五十九年甲寅六月初三日 時卒嘉慶四年己未二月廿日 時塟西沙尾

唐井 茲約三子生嘉慶六年辛酉四月初四日辰時卒道光十八年戊戌正月十一日酉時與父母合塟柑仔工

妣 埭邊許氏生卒未詳

繼妣石菌洪氏名葉娘改

子一 廷蝶

唐爆

茲約四子號唐聲生嘉慶八年癸亥正月初二日寅時卒
咸豐二年壬子五月初三日丑時

妣英林洪氏名罷娘謚慈惠生嘉慶十年乙丑正月十三日
未時卒同治十三年甲戌正月初十日巳時塟官山

子二　廷郢　廷挨分出

唐珏

茲令公長子謚尚明生乾隆廿七年壬午正月十六日巳
時卒嘉慶七年壬戌十二月初三日午時考妣合塟埔邊
面穴坐辛乙酉夘

妣柯坑張氏名壬娘生乾隆廿九年甲申八月十七日亥時
卒道光六年丙戌十月廿日辰時

子四　廷良　廷帝　廷星　廷羡

唐斗 茲令公次子 殤

唐驕 茲令公三子謚尚桑號唐桑生乾隆卅八年癸巳六月初九日 時卒嘉慶廿四年己卯四月廿五日酉時

妣 柯坑張氏名等娘生乾隆四十三年戊戌七月卅日辰時卒道光十四年甲午七月初四日申時

子一 廷烏養

唐衍 茲持養長子 殤

唐窓 又名蜂 茲持公嗣次子茲傑次子承生嘉慶二年丁巳十一月初六日子時卒咸豐庚年三月廿九日辰時塟畚箕湖

妣鹿港施氏名對娘生嘉慶三年戊午十二月初五日午時
卒同治十二年癸酉正月十七日戌時
子三　廷婆　廷琥肥孚唐　廷仁

唐煜茲賀公長子生乾隆五十年乙巳十二月廿四日　時道
光壬子年正月初三日卒臺埜畚箕湖
妣臺見口厝何氏名月娘生乾隆五十七年壬子正月初三
日戌時卒同治癸亥年八月廿二日亥時埜畚箕湖
子四　廷蹄　廷庵　廷有　廷撻

唐園茲嘉公嗣子茲贈三子承生嘉慶元年丙辰三月廿四日
子時卒道光廿六年丙午三月初十日子時

塔江劉氏家

唐總 拱潢公之子生乾隆五十七年壬子正月初六日卯時卒
嘉慶十七年壬申八月十一日午時
配馬坪林氏改
嗣子一　廷瞈唐瀾次子承

唐瀾 茲贈公長子生乾隆五十六年辛亥十一月廿五日酉時
妣馬坪林氏名鶴娘謚惠愛生乾隆六十年乙卯九月初三日卯時
卒咸豐二年壬子四月初七日塟官山向東子廷瞈祔
子五　廷榜　廷瞈承唐總　廷撞承唐攜　廷豎殤　廷鎠

唐汲 茲贈公次子生乾隆五十九年甲寅九月廿三日子時卒
乾隆六十年乙卯二月初十日戌時塟海沙幼亡

唐園

茲贈公三子承茲嘉

唐妹

茲贈公四子分出林家

唐踏

茲贈公五子生嘉慶十二年丁卯五月廿八日巳時卒同治三年甲子正月廿一日溺本海

唐搭

茲贈公六子生嘉慶十六年辛未九月初六日子時卒道光廿三年癸卯四月廿四日

嗣子一　廷幢唐淵三子承

唐硯 茲前公長子生嘉慶廿二年丁丑二月初四日丑時卒道光十五年乙未七月十七日未時塟官山坐北向南
嗣子一 廷祛 唐帖長子承

唐亜 茲前公次子
殤

唐帖 茲前公三子生道光十一年辛卯九月十六日
先妣埕邊張氏名螺娘生道光十三年癸巳七月十五日午時卒咸豐二年壬子六月十二日戌時
繼妣下厝許氏名亞娘生道光十五年乙未十一月初五日

三

卒咸豐四年甲寅二月廿日

妣潘徑張氏名謹娘生道光十二年辛卯二月

子四　廷祛承唐硯　廷宅承唐璦　廷蒲　廷趌

唐璦

兹前公四子生道光十三年癸巳八月初一日申時卒道

光緒元年乙亥四月十六日戌時塋海墘

嗣子一　廷宅唐怗次子承

唐淀

兹前公五子生道光十九年己亥四月廿六日卯時

配前埔蔡氏名鉗娘生道光廿七年甲辰七月廿一日午時

子五　廷尚承唐賢　廷拔分出　廷散幼亡　廷羽承唐潘　廷伽承唐顧

唐塲 玆奩公長子生嘉慶七年壬戌十月十六日申時卒道光
十七年丁酉十月卅日未時
妣 高厚王氏名洒娘生嘉慶十六年辛未十一月初二日
時卒道光八年戊子六月初二日午時
繼 妣郭氏名韞娘謚慎儉生嘉慶十一年丙寅九月十七日
亥時卒道光廿一年辛丑五月十七日
子一 廷煦 殤

唐潘 玆奩公次子生嘉慶十年乙丑七月初四日酉時卒道光
九年己丑正月廿日丑時
子一 廷琱 唐淀四子承

唐鍾　茲炳嗣子茲高長子承生道光廿九年己酉三月廿九日酉時卒光緒三年丁丑九月初四日未時塋官山

配洋宅蔡氏改

子三　廷糊　廷淺　廷專俱幼亡

唐好　茲卷公嗣子茲高次子承生咸豐九年己未十二月初一日巳時

聘前埔蔡氏名鸞娘生同治二年癸亥四月廿三日丑時

唐鍾　茲高長子承茲炳

唐好

玆高公次子出承玆卷

唐蘊

玆市公嗣子玆傑六子承生嘉慶廿三年戊寅三月廿九日巳時

配清兜張氏名好娘謚勤慈生道光五年乙酉十二月十六日卒光緒三年丁丑七月十九日辰時

子三　廷斜承唐獺　廷雞承唐聡　廷節

唐猪

玆諰公長子

殤

唐熊 名奶　茲認公次子生道光廿年庚子十月廿四日子時

配陳林陳氏名庚娘生道光卅年庚戌十一月十六日酉時

子二　廷湖　廷玲

唐苧　茲認公四子 三　幼亡

唐檻　茲認公四子　幼亡

唐妹　茲認公五子　幼亡

塔江劉氏族譜

唐鑿 兹祥公嗣子兹潜次子承生同治元年壬戌十二月廿七日丑時

唐椅 兹潜長子出承兹萃

唐鑿 兹潜次子出承兹祥

唐力　兹潜三子生光緒二年丙子五月廿四日丑時

唐椅　兹萃嗣子兹潜長子承生咸豐六年丙辰九月十五日寅時

配周宅陳氏名椒娘生同治九年庚午四月十一日酉時

唐嗎　兹婆長子生咸豐六年丙辰九月廿四日戌時

聘埭邊許氏名花娘生同治九年庚午正月初九日丑時

唐馬

茲婆次子出承茲柑

唐盧

茲婆三子分出埭邊

唐奢

茲婆四子生同治十年辛未六月廿九日丑時

唐教　茲婆五子生光緒元年乙亥三月初二日子時

唐鸛　茲婆六子生光緒三年丁丑十二月初八日丑時

唐馬　茲柑嗣長子茲婆次子琢生咸豐九年己未八月十三日寅時

唐拋

茲柑嗣次子茲亮長子承生咸豐十一年辛酉十一月廿二日卯時

聘許西坑許氏名淺娘生同治十二年癸酉十一月初七日酉時

唐拋

茲亮長子承茲柑

唐瓦　幼亡

兹亮次子生同治四年乙丑十二月廿七日戌時

唐碣

兹亮三子生同治十一年壬申正月初四日丑時

聘柯坑張氏名性娘生光緒三年丁丑九月十四日未時

迪修派

唐[illegible]

兹渴長子生同治十三年甲戌（癸酉）十一月初一日酉時

唐罩 兹湡次子幼亡

唐[illegible] 迪餘派 兹湡長子生同治十三年甲戌（癸酉）十一月初一日酉時

唐罩 兹湡次子幼亡

唐舨（迪班浪）　慈漯長子生同治十三年甲戌十一月初一日酉時（卒南）

唐罩　慈漯次子幼亡

唐賣　慈者長子生同治八年己巳二月廿八日酉時

唐枷　慈者次子生光緒二年丙子正月十六日辰時

唐醒
茲石長子名醒老諱得意生乾隆甲寅年八月初三日寅
時卒嘉慶丁丑年四月十八日　時塟葛州溪墘頭
娉葛州楊氏殤

唐約
茲石次子名約老生嘉慶丁巳年七月十五日　時卒同
治甲戌年六月十八日　時塟本山曠坡

唐從
茲石三子出繼茲降

唐花殤

茲玉長子名花老

唐妙

茲玉次子名妙觀生乾隆丙午年九月初三日丑時卒道光戊戌年四月十二日酉時塋壙埔地

妣

南安官橋吴氏名會官生乾隆甲辰年十月十一日卯時卒道光癸未年五月廿二日未時塋葛州溪崊頭

唐搖
玆玉三子名搖觀生乾隆壬子年十二月初十日　時卒
嘉慶丁丑年四月廿九日午時塟葛州溪岸頭

唐定
玆朝長子名定觀諱唐文生嘉慶己未年八月初一日酉
時卒咸豐癸丑年五月十五日寅時塟亢坡地坐南向北

妣
官橋郭氏名謹官生嘉慶辛酉年十一月十三日寅時卒
同治甲戌年五月卅日辰時塟路墘

子
廷賢（唐兜三子承）　廷淩（隨母來養）

唐對
玆朝次子名對觀生嘉慶辛酉十二月初八日　時卒咸
豐甲寅年七月十六日未時塟亢坡地坐西向東

唐蒲

茲拔養長子名蒲老生乾隆癸丑年十二月十四日　時
卒嘉慶己未年五月廿九日　時塟葛州溪岍頭

唐主

茲拔養次子名主老生嘉慶丁巳年十一月初二日丑時
卒嘉慶癸酉年七月初四日午時塟葛州溪岍頭改塟亢
坡附母姚氏壙內
聘南安上山　氏改

唐慈

茲拔三子養名晚慈生嘉慶壬戌年十二月十二日寅時
卒咸豐壬子年五月廿日丑時塟銅鑼穴坐北向南壬丙巳亥

妣

葛州潭頭楊氏名亥娘生嘉慶己巳年二月廿三日亥時
卒光緒丁丑年二月初一日酉時塟本鄉曠坡穴坐南北向

子三　廷科　廷生　廷寶

唐從

茲降長子茲石三子承名從老生嘉慶　　卒
塋葛州溪峄頭殯

唐揖

茲虎長子茲操次子嗣名揖老諱唐讓謚倘讓生乾隆甲
寅年十月廿八日未時卒道光壬辰年五月十六日未時
塋壙埔地

妣　南安三峯陳氏名匏娘生嘉慶甲子年八月初二日　時
卒咸豐丁巳年八月十四日午時塋壙埔地

子二　廷貶　廷齊出繼唐裁

唐垙　兹操長子名垙即諱唐崇生乾隆壬子年六月十一日寅時卒道光庚寅年十一月初三日未時塟本山銅鑼穴附

母林氏壙内

配　南安内厝林氏名荖娘生乾隆甲寅年四月初十日寅時卒咸豐丙辰七月十六日酉時塟大坵地頂坐南向北

子四　廷潘殤　廷榜　廷賢出繼唐定　廷聘

唐揖　兹操次子出繼兹虎

唐味　兹操三子名味老生嘉慶丁卯年十二月初十日未時卒光緒乙亥年六月初二日辰時塟本山曠坡坐南向北

配　南安杏中李氏名碖娘生嘉慶戊辰年七月初七日午時卒咸豐癸丑年九月初九日申時塟本山銅鑼穴坐南向北

子二 廷雲改名天 廷彤

唐苕

茲能長子名苕老號德意生嘉慶乙丑年十一月十五日辰時卒同治癸亥年二月廿七日酉時戊寅年拾塋在山頭穴坐艮向坤兼寅申

配 葛州林氏名定娘生嘉慶庚午年三月初八日卯時卒道光乙未年正月十四日戌時塋銅鑼穴坐北向南與唐正公之妣林氏合堆

繼配陳坑鄉陳氏名蕊娘生失記卒道光乙巳年六月廿一日寅時塋溪岸頭

子一 廷文林氏

唐正

茲能次子名正老字唐植生嘉慶戊辰年八月初八日亥時卒道光庚子年九月廿三日酉時塋銅鑼穴附父茲能公壙內

配

葛州林氏名恬娘謚順儉生嘉慶丙子年五月廿五日　時

卒道光甲午年六月十六日未時塋銅鑼穴與唐呇之妣撿

嗣子一　廷天唐味長子入承原名雲

唐譜

茲能三子名譜老生道光辛巳年十一月廿六日酉時卒

塋失記

唐陝

茲俟長子名勅老生乾隆己酉年七月廿九日辰時卒道

光丙午年十月十八日　時塋礐腳

配

南安山仔林氏名力娘生嘉慶丁巳年九月十八日　時

卒道光戊戌年正月初四日申時塋礐腳與公並坐

子四　廷坑　廷海殤　廷坪出承唐龍　廷遇

唐龍

茲侯次子名龍老生嘉慶戊午年七月初二日子時卒道光戊戌年二月廿五日　時塟許埔田坐東向西

配泉城北門外田邊鄉鄭氏名占娘生嘉慶己巳年四月廿一日未時　改節

子一　廷坪　唐陂三子泳

唐堅

茲侯三子出繼茲蘊

唐前

茲蘊長子養名前老號立齋生嘉慶己未年正月初一日午時卒咸豐癸丑年三月初八日辰時塟元坡穴坐南向北

配葛州林氏名員娘謚勤順生嘉慶丙寅年七月廿九日亥時卒道光壬辰年閏九月十九日午時塟深滄口

子一　廷南

唐堅

茲緼次子茲侯三子嗣名堅老生嘉慶壬戌年三月初八日　時卒嘉慶丁卯年三月初六日　時葬葛州溪岍頭

唐智

茲玠長子名智老生乾隆己酉年三月初四日丑時卒道光乙巳年三月十三日亥時葬銅鑼穴與父茲玠母楊氏弟唐侵子廷壹合堆

配　南安白石陳氏　改

子一　廷壹　陳出

唐水

茲玠次子名水老生乾隆壬子年正月十七日　時卒嘉慶丁巳年七月初七日　時葬葛州溪岍頭殤

唐侵
玆玠三子名侵老生嘉慶丁巳年十月廿日午時卒道光丙戌年四月初十日酉時塟葛州溪岈頭改塟銅鑼穴附父母壙内

唐情
玆玠四子名情老生嘉慶丁卯年三月廿一日戌時卒同治辛未年九月十九日巳時塟山頭
配前店陳氏名憖娘改節

唐栽
玆川長子名栽老諱唐植生嘉慶庚申年七月廿日寅時卒道光己酉年四月初五日酉時塟蜈蜞潭山
配南邑前山鄉廖氏名囝娘生嘉慶癸亥年八月十二日午

時卒道光丁未年九月初七日申時塟南安朴兜山芸依仔

嗣子一　廷齊　唐邑次子入承

唐田

茲川次子隨母嫁

唐抂

茲晉長子名王觀生嘉慶庚申年九月初九日子時卒嘉慶甲子年三月初六日　時塟臺柵仔埔

唐秋

茲晉次子名秋觀生嘉慶癸亥年八月十六日丑時

配墩仔頭李氏名美娘生嘉慶丙寅年三月初九日亥時

唐胖

茲晋三子名體胖生嘉慶丙寅年四月廿五日亥時

配東石簝吳氏名情娘生嘉慶辛未年二月廿九日卯時

唐後

茲晋四子名厚觀生嘉慶戊辰年十二月初七日戌時

配船頭庄張氏名鶴娘生嘉慶乙亥年五月初七日酉時

唐水

茲晋五子名觀水生嘉慶庚辰年正月初三日子時卒道光辛巳年二月初一日　時塟臺頂簝埔

唐錢 兹財長子名前觀生嘉慶辛酉年八月初七日卯時

配 園仔内蔡氏名綠娘生嘉慶辛酉年七月十六日酉時

唐讀 兹財次子名讀觀生嘉慶乙丑年五月廿四日未時

配 港口許氏名返娘生嘉慶

唐佐 兹財三子名佐觀生嘉慶丙寅年十二月初四日未時

配海埔曾氏

唐諐

茲財四子名諐觀生嘉慶庚辰三月廿七日巳時

唐江

茲添長子名江觀生嘉慶丙寅年正月廿五日寅時

配港墘張氏名嬌娘生嘉慶丁卯年

唐滔

茲添次子名滔觀生嘉慶戊辰年四月十二日辰時

唐琴
茲漆三子名琴觀生嘉慶庚午年二月十五日酉時

唐瑟
茲漆四子名瑟觀生嘉慶戊寅年四月廿八日丑時

配
朴仔脚張氏名綑娘生嘉慶庚辰年四月廿九日午時

唐軒
茲顏長子名軒觀生嘉慶乙亥年七月十九日寅時

唐勅
兹顏次子名勅觀生嘉慶己卯年二月初六日卯時

唐佃
兹聰長子名佃觀生嘉慶己卯年二月廿九日酉時

唐綱
兹龐長子名綱觀生嘉慶庚辰年

唐興
殤
兹來長子名興觀

唐屋　茲來次子名屋觀

唐爲　茲來三子出外姓

唐　茲來四子

唐翁　茲滄長子名翁生嘉慶丁丑年正月廿五日辰時

唐紫　茲發長子名紫觀生嘉慶丁丑年八月十五日寅時

唐昇　茲諒長子名昇觀

唐懷　茲林長子名懷觀生嘉慶甲戌年

唐福　茲林次子名福觀生嘉慶丙子年四月廿七日丑時

唐祿

茲林三子名祿觀生嘉慶戊寅年正月廿三日子時

第十九世

廷琥

唐胆嗣子唐蜂子脒又名江生道光九年己丑八月初七

日　時卒咸豐八年戊午十一月十六日　時憑臺抄稿

生道光八年戊子八月初六日丑時

廷斛
唐擬嗣子唐蘊長子承生咸豐元年辛亥九月初九日

廷卯
唐聡養長子生道光十八年戊戌五月初八日酉時
娶園頭洪氏名來娘生咸豐元年辛亥二月廿一日酉時
子一　丕長

廷雞
唐聡養次子唐蘊次子承生咸豐四年甲寅十二月廿六日酉時

廷梗
唐砂之子生道光廿七年丁未五月十三日　時卒光緒元年乙亥三月初十日酉時塋番邦

廷沙
唐灘嗣長子唐歆三子承生咸豐十一年辛酉六月廿日酉時

廷鐧
唐灘嗣次子唐葛次子年承生同治五年丙寅六月初五日未時

廷拖
唐梳長子生咸豐十一年辛酉七月卅日巳時

廷鎮 唐梳次子生同治三年甲子正月廿八日丑時

廷尚 唐贊嗣子唐淀長子承生同治四年乙丑又五月初七日亥時

廷伽 唐顧嗣子唐淀五子承生光緒三年丁丑十二月十七日酉時

廷票 唐緘嗣長子唐飲次子承生咸豐七年丁巳三月廿七日丑時

廷⿺走屏 唐緘嗣次子唐葛長子兼承生咸豐十一年辛酉十月初四日巳時

廷省 唐飲子長幼亡

廷票 唐飲次子承唐緘

廷沙
唐欽三子承唐灘

廷鳳
唐欽四子分出漳州

廷攑
唐欽五子生同治十年辛未七月廿七日
聘本鄉孫氏名緣娘生光緒三年丁丑五月初八日丑時

廷雎
唐欽六子生光緒三年丁丑正月十二日丑時

廷趪 唐葛長子出繼承唐絨 生咸豐十一年辛酉十月初四日巳時

廷鐧 唐葛次子半承唐灘 生同治五年丙寅六月初五日午時

廷黨 唐禄長子生乾隆四十九年甲辰三月十五日酉時卒未詳 葬海沙

廷旦 唐禄次子歸廷明 生乾隆五十四年己酉七月廿六日酉時卒嘉慶十六年辛未又三月初三日戌時葬官山頂穴坐癸向丁丑未

配 溪前洪氏改

嗣子二 丕榜 丕曝 俱廷尋子承

廷尋 唐祿三子出承唐舍

廷盼 唐祿四子出承唐命

廷尋 唐舍嗣子唐祿三子承字世元業儒生乾隆五十七年壬子七月廿六日酉時卒道光十四年甲午五月廿二日辰時與母合塋埔邊面

配 柯倉柯氏名穆娘生嘉慶五年庚申四月十八日 時卒同治二年癸亥正月初九日丑時

廷盼
子四　丕榜旦承廷　丕曝旦承廷　丕澎　丕擔承廷盼
唐俞嗣子唐祿四子承生嘉慶九年甲子正月廿一日丑
時卒同治九年庚午六月廿八日子時
嗣子一　丕擔廷尋四子承

廷貺
唐洸之子生嘉慶廿三年戊寅三月廿六日午時

廷鉗
唐接之子生嘉慶二年丁巳又六月　卒道光
歸只扱　壬辰年五月初三日午時

廷殊 唐血長子住壟

承嗣孫 基肩 丕砭次子承

廷潭 唐血次子住壟

廷赤 唐越長子生嘉慶廿年乙亥十月十三日亥時卒道光十五年乙未三月廿九日申時塋海浦厝

嗣子一 丕惜 廷糜長子承

廷麋　唐越次子生嘉慶廿三年戊寅八月廿八日亥時卒咸豐七年丁巳十二月十五日未時塟官山與弟廷寀廷夲拾在金合塟崎埔

配　梅林蔡氏名銀娘生嘉慶廿五庚辰道光元年辛巳六月廿日

子二　丕惜承廷赤　丕胚兼承廷旖

廷旖　唐越三子生道光四年甲申七月廿七日

嗣子　丕胚廷麋次子兼承

廷笨　唐越四子生道光八年戊子九月廿三日丑時卒道光廿六年丙午九月廿五日酉時塟官山東西

廷奔 唐越五子生道光十四年甲午十二月十四日　時卒咸豐二年壬子三月十四日申時塟西沙

廷蝶 唐井長子生道光乙酉年往番邦

廷郢 唐爆長子生道光六年丙戌九月十四日巳時

娶梅林蔡氏名盡娘生道光廿二年壬寅九月初三日辰時

子二　丕讀廷烏三子承　丕縷養殤

廷挨　唐爆次子分出

廷良　唐珏長子謚廷善生乾隆四十九年甲辰十一月初八日
丑時卒道光九年己丑九月初七日未時葬官山
妣高厚王氏名罕娘生乾隆五十四年己酉九月卅日寅時
卒咸豐四年甲寅七月十六日午時葬后邊念濵公南畔酺
子五　丕千　丕藍　丕樣羗承廷　丕餅　丕存承廷星

廷帝　唐珏次子生乾隆五十二年丁未十月廿七日　卒道
光二年壬午七月十二日巳時葬官山埔向西
妣埭邊許神娘生乾隆五十五年庚戌正月初四日　時卒
道光卅年庚戌七月十四日

子一　丕砭

廷星

唐珏三子諡世義生乾隆五十七年壬子五月十一日辰時卒同治三年甲子正月初四巳時葬官山拱西

妣　石菌黄氏名玉娘生乾隆六十年乙卯六月初十日　卒道光三年癸未七月十五日

繼　妣張塘莫氏名惠娘生嘉慶十五年庚午正月廿八日時卒道光十九年己亥五月十八日葬官山與黄氏仝坐向西

子二　丕捋殤　丕存廷良五子承

廷羌

唐珏四子諡廷美生乾隆五十九年甲寅十月初十日時卒同治二年癸亥七月廿四日丑時

妣　東坡吴氏名甲娘生嘉慶三年戊午五月十三日申時卒道光五年乙酉十月十三日葬官山拱西

子三　丕挺廷辰三子承　丕璽殤　丕火殤

廷烏

唐驕養子生嘉慶八年癸亥五月初八日辰時卒咸豐五
年乙卯七月初五日塟官山

妣　東塘邊歐氏名　娘生嘉慶十二年丁卯十一月十六日
申時卒嘉慶廿五年庚辰十月十二日

繼　妣東埔吳氏名時娘生嘉慶廿年乙亥三月初五日
卒咸豐五年乙卯十一月十一日未時塟西沙尾

子三　丕守　丕悻　丕讀承廷郢

廷婆

唐窓長子生道光乙酉年七月初五日辰時卒同治癸亥
年八月廿八日戌時塟畚箕湖

配　臺梅埔厝藕氏名緞娘生道光丙申年四月初一日卯時
卒光緒庚辰年九月廿一日未時塟畚箕湖

嗣子一 丕帆 廷仁長子承

廷椃

唐窓次子承唐胆住臺

廷仁

唐窓三子生道光甲午年正月十八日巳時住海墘厝

配蘇氏

子二 丕帆 承廷婆 丕輕

廷蹄

唐煌長子生嘉慶辛未年月日無載卒年四月廿六日

配鹿港許厝埔許氏名富娘生嘉慶丙子年十月初三日寅時

子一　丕沙

廷庵

唐煜次子生缺卒六月十八日忌辰

承滁　基的　丕沙子承

廷有

唐煜三子生道光壬午年四月十八日未時卒咸豐庚申年八月初四日午時塋北頭宮

配楊氏名妹娘生道光己丑年十月初十日　時卒道光緒己卯年十月廿九日塋埔腳塚

子一　丕義

廷撻

唐煜四子生道光己丑年六月初一日

廷瞈

唐總之子唐瀾次子承生嘉慶廿五年庚辰十一月廿六日 時卒咸豐二年壬子三月初五日塋官山頂坐向東南向西北

聘本鄉孫氏名文娘生未詳卒 年四月初八日與母仝塋

繼娶林氏改

子二 丕須養 丕審廷撞長子承

廷到

此二名無來歷

廷覘

廷榜　唐澗長子　殤

廷瞈　唐澗次子承唐総

廷撞　唐澗三子承唐潛

廷豎　唐澗四子　殤

廷祛

唐硯嗣子唐帖長子承生咸豐九年己未二月十一日寅時

聘五堡林氏名憶娘生同治八年己巳　卒同治十一年壬申五月廿三日子時葬西沙尾

廷祛

唐帖長子出承唐硯

廷宅

唐帖次子出承唐瓊

廷蒲

唐帖三子生同治四年乙丑五月初六日　時卒同治十一年壬申八月初二日　時

廷趖

唐帖四子生同治十二年癸酉三月初九日寅時

廷宅

唐瓊嗣子唐帖次子承生咸豐十一年辛酉二月初六日戌時卒同治二年癸亥三月廿八日巳時

廷尚

唐淀長子出承唐贊

廷拔

唐淀次子分出

廷散　唐淀三子幼亡

廷羽　唐淀四子承唐潘

廷伽　唐淀五子承唐顥

廷煦　唐塲之子　殤

塔江劉氏家乘

廷羽
唐灌嗣子唐漩四子祥生同治十三年甲戌十一月十六日寅時

廷糊
唐鍾長子生同治十年辛未六月廿五日巳時卒光緒三年丁丑七月初七日巳時

廷淺
唐鍾次子生同治十二年癸酉十月廿九日巳時卒光緒三年丁丑七月初七日巳時

廷專
唐鍾三子殤

廷斜
唐蘊長子承唐獺

廷雞
唐蘊次子承唐聰

廷節
唐蘊三子生同治四年乙丑五月初十日巳時

廷湖
唐熊長子生同治六年丁卯十二月初一日辰時
聘洋宅蔡氏名搏娘生同治十三年甲戌五月廿五日巳時

廷玲
唐熊次子生同治十一年壬申六月初二日丑時
養妻呂厝許氏名愛娘生光緒五年己卯十月初十日午時

廷賢
唐定長子唐塊三子承生道光丁亥年二月廿三日巳時
卒道光乙巳年正月十九日未時葬溪岸頭

廷凌
唐定次子養名凌觀生道光癸巳年五月初四日巳時卒道光丁酉年九月十六日申時葬溪岸頭

廷科

唐慈長子名科觀生道光癸巳年五月十二日辰時

配 葛州潭頭楊氏名遜娘生道光癸巳年九月十三日未時

子四　丕忠（出繼廷寶）　丕顔　丕龐　丕本

廷生

唐慈次子養名生觀生道光丁未年四月十二日申時

配 上邦黃氏名推娘生咸豐壬子年六月初六日辰時

子三　丕須　丕顬（殤）　丕極

廷寶

唐慈三子名寶觀生道光乙酉年十月廿二日寅時卒咸豐甲寅年三月初九日申時塟溪岸頭

嗣子一　丕忠 廷矛長子用

廷貺

唐揖長子名貺觀生道光癸未年十二月十三日申時卒咸豐癸丑年二月十二日戌時塟蜈蜞潭山

廷齊

唐揖次子出繼唐裁

廷潘

殤

唐兜長子名潘葛生道光辛巳年十二月十二日　時

廷榜

唐兜次子名榜觀生道光甲申年閏七月十五日丑時

配笳塘蔡氏名認官生道光己丑年十一月十一日酉時

子一　丕晟

廷賢

唐兜三子出繼唐定

廷聘

唐兜四子名聘觀生道光己丑年十二月十七日戌時

廷雲 唐味長子出繼唐正原名雲巘改名天官

廷胖 唐味次子名胖觀生道光丙午年十二月十六日　時

妣　氏

子　丕習

廷文 唐茖長子名文觀生道光癸巳年十二月十六日辰時

配　惠安白鵝鄉郭氏名梅娘生道光辛丑年　月　日　時

卒同治庚午年三月十二日巳時塟山頭戊寅年卸吉塟寅坐申艮向坤兼寅

子　丕胆　丕初出繼本鄉楊家

廷天　唐正長子唐味長子入承生道光甲午年正月廿四日丑時
原名雲觀改名天觀

廷坑　唐陝長子名坑觀生嘉慶戊寅年九月廿日戌時卒咸豐
己未年六月十三日　時　塋溪岸頭

廷海　殤　唐陝次子名海觀生道光丙戌年六月廿五日巳時

廷坪 唐陜三子出繼唐龍

廷遇 唐陜四子名喜遇生道光乙未年十二月初九日子時卒道光丁酉年　月　日時瑩

廷坪 唐龍長子唐陜三子入承名坪觀生道光戊子年七月初五日子時卒咸豐癸丑年三月廿八日未時瑩溪岸頭

廷南
唐前長子名南觀生道光丙戌年正月初六日午時
配泉城内府公界陳氏名玉娘生道光甲午年十二月十三
日酉時
子六　丕山　丕績殤　丕針　丕康殤　丕鉄　丕桶

廷壹
唐智長子名壹觀生嘉慶癸酉年七月十八日辰時卒咸
豐壬子年六月廿四日巳時與祖兹玠公祖妣楊氏父唐
智公叔唐侵合堆塟銅鑼穴

廷齊
唐裁長子唐揖次子承名齊觀生道光己丑年十月初五
日酉時卒咸豐庚申年正月初四日巳時塟溪岸頭

第二十世

丕長 廷叩之子生光緒五年己卯十二月十二日辰時

丕榜 殤 廷旦嗣長子廷尋長子承

丕曝 廷旦嗣次子廷尋次子承生道光五年乙酉九月十九日

娶滿徑吳氏名粽娘生道光五年乙酉五月十三日　時卒
同治元年壬戌十一月廿二日戌時塟官山
繼娶陳山洪氏名寔娘生道光十六年丙申正月廿一日
子二　基會　基速丕澎次子承

丕榜
廷壽長子承廷旦

丕曝
廷壽次子承廷旦

丕澎
廷壽三子生道光十年庚寅九月十七日辰時

娶岑張許氏名分娘生道光廿一年辛丑十月十三日　時
卒光緒四年戊寅十一月廿七日辰時
子三　基溜　基速承五曝　基撮

玉擔
廷尋四子承廷盼

玉擔
廷盼嗣子廷尋四子承生道光十四年甲午四月十七日
娶洋宅蔡氏名錬娘生道光廿七年丁酉十二月廿二日
子三　基發幼亡　基阿　基權

丕惜

廷赤嗣子廷糜長子承生咸豐二年壬子九月廿九日辰時

聘梅林蔡氏名着娘生咸豐八年戊午九月卒同治元年壬戌七月初二日

繼娶埕邊黃氏名勸娘生咸豐十年庚申九月初九日亥時

丕惜

廷糜長子承廷赤

丕胚

廷糜次子羊承廷⿸疒奇生咸豐甲寅年九月十一日申時

丕胚 廷𤻲𠦄子廷㢝次子𠦄承生咸豐四年甲寅九月十一日申時

丕讀 廷郢嗣長子廷烏三子承生道光廿五年乙巳七月初四日未時

丕𦀗 廷郢養次子殤

丕千 廷良長子字丕耦生嘉慶十四年己巳九月廿八日酉時卒同治十三年甲戌九月初五日辰時塟官山埔

妣 岑張蔡氏名謹娘謚勤順生嘉慶廿四年己卯十二月初八日辛道光廿三年癸卯六月十六日巳時塋官山埔

繼娶柯湖洪氏名悔娘生嘉慶（道光）乙酉年七月初十日（嘉慶無乙酉有誤）

子六　基歃　基湯（承丕挻）　基粉　基挟　基提（幼亡）　基撝（俱洪出）

丕籃

廷良次子生嘉慶廿一年丙子二月初六日丑時

配埕邊陳氏名悶娘生道光六年丙戌正月　卒道

光戊申廿八年六月十二日

繼配梅林蔡氏名用娘生道光八年戊子十二月初　日

時卒咸豐十一年辛酉五月初十日午時

子三　基三　基撳（承丕丙）　基駿（俱蔡出　幼亡）

丕挻

廷良三子出承廷姜

丕丙 殤

廷良四子

嗣子 基揪 丕籃次子承

丕存

廷良五子承廷星

丕砭

廷帝之子生嘉慶廿三年戊寅十一月廿六日丑時

配

柯坑張氏名炎娘生嘉慶廿五年庚辰十月廿二日

子四 基畧 殤 基肩 承廷殊為孫 基紕 殤 基摟

丕持 殤 廷星長子

丕存 廷星嗣次子廷良五子承生嘉慶（道光）乙酉年（加慶無誤可查）十一月初二日酉時

配石菌黃氏名趕娘諱儉德生道光十年庚寅十月初四日艮時卒同治二年癸亥七月初六日未時

繼配潘徑鄭氏名對娘生道光廿年庚子三月初四日酉時

子四　基崑　基秉（俱黃氏出）　基甫　基芮（俱鄭氏出）

丕挺 廷羲嗣子廷良三子承字丕俊生嘉慶廿二年丁丑七月卅日戌時

配石菌黃氏縺娘生道光九年己丑七月十六日　時

子七　基湯丕汞子承　基位殤　基炙養外出無孫　基布殤　基鉛　基水

基疾殤

丕璽殤　廷羔次子

丕火殤　廷羔三子

丕守　廷鳥長子生道光十三年癸巳八月廿一日午時

配潘徑葉氏名甘娘生道光廿九年己酉六月初六日　時

子三　基棧　基官　基掌

丕悻
廷烏次子生道光廿二年壬寅十月廿六日酉時

丕讀
廷烏三子承廷郢

丕帆
廷婆嗣子廷仁長子承生同治八年己巳四月初四日酉時

丕帆
廷仁長子承廷婆

丕輕 廷仁次子 生同治己巳年四月初四日酉時（癸酉 六 廿六 丑）
住臺海埔厝
配 臺海埔厝王氏名織娘 生光緒丁丑年二月廿一日申時卒
光緒庚辰年九月廿八日卯時 塋臺

丕沙 廷歸之子 生道光丙申年十一月初二日寅時
配 鹿港施娸官 生道光庚戌年六月廿日巳時
子一 基的 出承廷慶為孫 幼亡

丕義 廷有之子 生咸豐丙辰年十月十六日午時
配 海埔厝施開娘 生同治壬戌年吉月日

丕須
廷瞻養長子生道光廿一年辛丑正月初七日卯時卒咸
豐十年庚申八月廿三日

丕審
廷瞻嗣次子廷撞長子承生咸豐五年乙卯二月廿五日
未時
配陳山洪氏名由娘生同治六年丁卯四月廿五日丑時

丕板
廷鉅嗣長子廷撞次子承生咸豐七年丁巳九月十八日
申時
聘許西坑許氏名閨娘生同治五年丙寅正月十七日酉時殤
繼聘大房許氏名水娘生同治六年丁卯八月初五日

丕箋
廷鉅養次子生同治十一年壬申七月十三日子時
聘洪塘張氏名豆娘生光緒二年丙子八月十六日巳時

丕審
廷撞長子承廷鵩

丕板
廷撞次子承廷鉅

丕坐
廷潼三子生同治二年癸亥十月廿日辰時

丕坯
廷撞四子生同治十一年壬申十二月廿九日戌時卒光緒二年丙子六月廿四日未時塟西沙尾

丕悔
廷撞五子生光緒二年丙子十二月初五日卯時

丕忠
廷科長子出繼廷寶

丕穎 廷科次子名穎觀生咸豐庚申年十月廿九日戌時

丕龐 廷科三子名龐觀生同治丙寅年正月十二日酉時

配莒州楊氏名莧娘生同治己巳年十一月廿四日酉時

丕本 廷科四子名本觀生光緒乙亥年正月十五日子時

玉須
廷生長子名須觀生同治辛未年九月十八日丑時
配蒿州林氏名愸娘生光緒乙亥年十月廿四日午時卒光
緒丁丑年十月廿二日卯時塟蒿州溪岸頭

玉顥
廷生次子生光緒戊寅年三月廿六日未時卒光緒戊寅
年五月廿日　時殤

玉拯
廷生三子生光緒六年庚辰八月十五日亥時

丕忠
廷實嗣長子廷科長子承生咸豐癸丑年六月十三日戌時
配霞尾鐘氏名厚娘生同治乙丑年八月十七日寅時

丕晟
廷榜長子名晟觀生咸豐戊午年三月十六日辰時
配葛州楊氏名米娘生同治壬戌年十二月十八日申時
子 基亦

丕習
廷胖之子生光緒己卯年八月廿四日酉時

丕胆
廷文長子名胆觀生咸豐庚申年十二月廿七日午時

丕初
廷文次子出繼葛州楊家

丕山
廷南長子名山觀生咸豐乙卯年六月初十日辰時

[illegible]廷南次子名積觀生咸豐辛酉年六月初二日未時卒同
[illegible]六月廿七日午時

玉針
廷南三子名針觀生同治癸亥年四月初五日戌時

玉康
廷南四子名平康生同治乙丑年十一月初六日申時卒
同治己巳年　月　日　時殤

玉鉄
廷南五子乳名鉄生同治丁卯年十月初一日卯時

丕桶

廷南六子乳名桶生同治辛未年十一月十一日卯時

第二十一世

基會

丕爆長子生咸豐九年己未十一月廿六日酉時

聘

柯會柯氏名隨娘生同治七年戊辰四月初五日酉時

基逺 丕爆嗣次子丕澎次子承生同治十年辛未六月十六日戌時

基溜 丕澎長子生同治三年甲子九月初十日巳時

聘柯會柯氏名　娘生同治十一年壬申七月廿一日

基逺 丕澎次子承丕爆

基攝　丕徹三子生光緒二年丙子六月十九日巳時

基發　丕擔長子　幼亡

基阿　丕擔次子生同治十一年壬申十二月初六日卯時

配養本鄉孫氏生光緒五年己卯三月初八日申時

基櫨　丕擔三子生光緒二年丙子五月廿九日亥時

基肩 廷殊嗣孫丕砭次子承生道光廿四年甲辰十二月初三日辰時

娶新厝甌陽氏名輕娘生咸豐四年甲寅八月初十日巳時

子 家道

基歆 丕千長子生道光廿六年丙午二月初七日酉時

娶潘徑葉氏名儉娘生道光卅年庚戌二月初十日酉時

子 家麵 家粕

基湯

丕千次子承丕挺

基移

丕千三子生咸豐三年癸丑十月初一日巳時

娶東埔吳選娘 改

繼娶大房許氏名佗娘生同治三年甲子十月

基秧

丕千四子生咸豐八年戊午九月初七日巳時

配前坡蔡氏名看娘生同治元年壬戌八月廿九日申時

基提
殤
丕千五子

基揣
丕千六子生同治四年乙丑八月十二日辰時
聘前坡蔡氏名穡娘生同治七年戊辰五月初一日巳時

基三
丕籃長子生咸豐二年壬子八月初十日　時
聘洋宅楊氏名碟娘生同治二年癸亥四月初三日寅時

基揪
丕籃次子承丕丙

基踐　丕籃三子生咸豐　年正月初一日殤

基楸　時　丕丙嗣子丕籃次子承生咸豐五年乙卯八月廿二日卯

配柯坑張氏名柳娘生同治二年癸亥二月十二日卯時

基畧　丕砭長子生道光廿年庚子十二月廿四日亥時卒同治元年壬戌十一月初八日酉時葬官山與弟基瑞合穴

娶大房許運娘改

基肩　丕砭次子承廷殊為孫

基

基端 丕殛三子生咸豐四年甲寅十一月初七日亥時卒咸豐十一年辛酉十二月廿七日亥時拾塟官山與兄基畧仝穴

基樓 丕殛四子生咸豐九年己未十月十九日未時

聘本鄉孫氏名莉娘生同治戊辰年七月廿九日丑時

基崑 丕存長子生咸豐元年辛亥正月十二日巳時
娶柯坑張氏名滿娘生咸豐三年癸丑五月十八日巳時
子二　家鄭　家起

基裘 丕存次子生咸豐十一年辛酉二月十一日辰時
聘大平坑陳氏名辛娘生同治二年癸亥十一月初四日酉時

基甫 丕存三子生同治十一年壬申八月初九日辰時

基芍 丕存四子生同治十二年甲戌八月廿六日辰時

基湯 丕梃嗣長子生道光廿九年己酉九月初七日寅時
丕千次子承
娶大房許氏名容娘生咸豐三年癸丑年五月廿四日未時
子 家披

基位 殤 丕梃次子生咸豐壬子年

基炙 養 丕梃三子外出無踪

基布　殤　丕[扌送]四子

基鉛　殤　丕[扌送]五子

基水　殤　丕[扌送]六子

基疦　殤　丕[扌送]七子

基棧 丕守長子生同治六年丁卯六月廿四日辰時

基官 丕守次子生同治十年辛未四月十六日未時

基掌 丕守三子生光緒三年丁丑四月初九日寅時

基的 丕沙之子承廷庵為孫

基的 廷庵承孫 幼亡

基亦
丕晟長子生光緒六年庚辰七月初九日未時

第二十二世

家道
基肩之子生同治十二年癸酉五月初九日未時卒同治
癸酉年八月十八日酉時

家麵 基歆長子生同治八年己巳七月十五日酉時

家粕 基歆次子生光緒二年丙子正月初二日酉時

家鄭 基崑長子生同治十三年甲戌八月七十日未時

家起　基崑次子生光緒三年丁丑五月初七日未時

家披　基湯之子生同治十三年甲戌十月十九日子時

塔江劉氏北里分派二房五世譜圖

一世
始祖令史公

二世
一郎 世系載在長房譜中
二郎 子一
三郎 世系載在三房譜中

三世
誌畧 子一

四世
慎齋 子二

五世
永綿 子一
永祚 子三

六世
- 永綿 子二
- 以達 子三

七世
- 竈君叔 子三
- 同安叔 子四

八世
- 義
- 望轉
- 望睿
- 望平
- 望旋

九世

十世

永祢 子三

六世
以适 子一
以甫 子二

七世
其祥 子三
其日 子一
其時 子四

八世
望高 子三
望魁 止
望澤 子四
望成 子一
望富 子一
次 失名遭兵流散

九世
賦性 子一
次 止
賦重 子三
賦與 子二
賦命 子一
賦謙 子一
賦麗 子二
賦業 子一
天順 子一 又名賦求

十世
士繼
士長
士巽 子三
士科 子一
自修 殤
士方
英治 住南安高田鄉
自會 遊海南
自式 子三 商賈廣東
一元 子一
世隆

以贊 子一

其副 子二

望爵 子三

望瞇 子三

望奎 子一

天民 子五

天球 子四

天賜 子四

天麟 子三

天鳳 子二

天樞 子二

賦戌 子二

世賓 子一

世舉 子二

世聘

世典

世祖

世績

世修

世挺 子一

世照 子二

世俊

五叔

世泰

世璞

世珍

世偉 子一

世楚

世儆

一桂 子一

一楊

	十一世	十二世	十三世	十四世	十五世
士巽 子三	大亨 子一	萬象 止			
	亨進 子二	萬安 子二	日羣 子二	遂思 子三	進願 子一、進偶 養、進暢 子三
				遂恩 止	
		萬興 子二	日燦 止 養		
			日酉 子三	遂冀 子三	進博 子三、進通 子一、進叟 子四
				遂璣 子三	進謀、進普 子二、進鄉
				遂斌 子三	進泰 子二、進吳 子二、進雪 子二
	亨惠 止				
士科 子一	幼岡 子二	臣偉 子一	日贊 止		
			日升 子一	遂泰	
		臣俊			

自式 子三

江萬
金萬
義萬

二元 子一

孫仁 子二

若琨 子三

顯文 子二

遂勝 子三

進岳 子二
進青 子三
進山 子二

遂興 止

尾叔 被擄

若璆 子二

嫣賜 止

世隆
幼孜
幼白
幼圭

世實
幼度

世舉
幼儒
幼朋

世挺
阿招 商居廣東

世熙
幼任
幼懷

萬益 子

九三 子二

遂一
遂瑶 殤

二
桂子一
輿森

十六世
十七世
十八世
十九世
二十世

進顧子二
迪彈子一
兹羨嗣子一
唐章兹壁三子承

迪論

進暢子三
迪甚嗣子一
兹旦迪欽次子承 殤子一
唐軟兹壁四子承

迪致子二
兹壁子五
唐攡癸 子四
廷尊殤
廷鞍
廷鬻
廷屨
廷擔
廷禮

唐飯子二

唐章承兹羨
唐軟承兹旦
唐総幼殤

迪姜殤

兹旦承迪甚

進博 子三
進通 子二
進叟 子四

廸裁 住台
廸所 子二
廸裁 住台
廸答 子二
廸排
廸貢
廸看
廸誥 子二
廸[illegible]

茲嫣
茲存
茲謟 子一
茲拴 承廸康
茲表 子三
茲禁 子四

唐卯
唐水 殤
唐類 殤
唐咊 殤 茲答長子承
唐咊 承茲表
唐業 殤
唐赤 殤
唐[illegible]

廸邦
玆若 子三
唐秉
唐藘
唐滔 承玆聽

廸親 子五
玆若 承廸邦
玆聽 子一
唐滔 承玆若三子
玆蔄 子三
唐頊 子三
建興 養
建呈 養
建瀨 子一 唐滔長子承
孟旁 幼亡
唐度
唐蚕 子二 玆享長子承
建汲 殤
建魚
玆田 出承廸序
玆五 殤

廸作 嗣子一
玆享 子四 廸邦長子承
唐蚕 承玆蔄
唐韡
唐榜 承玆辨
唐鸚 長殤

廸嘉 子二
玆享 承廸作
玆辨 嗣子一
唐榜 玆享三子承

進弼 子三

廸俊 子五
廸鉄 七
廸運 三

茲德 承廸運
茲筆 子四
茲蓮 子三
茲蒲 子三
茲旋 子五
茲怨 殤
茲德 廸俊之次子承 三

唐諗 殤
唐研 殤
唐炭
唐百 承茲旋
唐怨
唐侃
唐棲
唐愛
唐㧜 別七
唐百 茲筆四子承
唐梗 殤
唐釿 殤
唐鮮 [illegible]
唐噲 [illegible]
唐邵
唐駡

進秦 子五

迪舉
迪國
迪齡
迪元
迪達

進吳 子二

迪序 子二

茲潑
茲田 迪叙四子來 子一

唐浮 養子四

廷瀨 [illegible]
廷簪
廷汰
廷綏 [illegible]

進雪 子二

迪等 止
迪民 子三

茲白 子三

唐戲 子一
唐毛 承茲觀
唐分

廷偕

茲想 子五

唐盃
唐楮 承茲觀
唐彪
唐爍
唐治

茲觀 嗣子二

唐毛 茲田次子承 殤

□江盧氏家□

進岳 子三

進美 子四

兹萬 子一

兹長 子四

兹兒 子三

兹千 嗣

唐揩 嗣 以兹澄子承

唐粽 繼長四子承

唐盯 子二

唐貺 子二

唐棗 子四

唐粽 承兹萬

唐石 子一 長房兹萬□五子承

唐岞 子四

唐窒 子二

廷塘

廷狓 承唐盯

廷輯 以唐棗子承

廷匏

廷壽 承唐窒

廷輯 承唐貺

廷匏 承唐貺

廷霞

廷昆 唐岞次子承

廷玲

廷昆 承唐石

廷纓

廷殉 承唐窒

廷壽 唐兹長子承

廷覞 唐岞四子承

塔江劉氏宗譜

廸君
玆雨
玆理
玆勵

進青 子三
廸哲
廸典

進山 子二
廸珩 子一
玆動 子五
唐綽 子一
唐令 子一
唐胆 子二

建示 子一 唐綽六子承
建棟 子三 養
建畚 子一
建賽 子四

孟租 廷披長子承
孟忸 承廷棟
孟浪 子乙
孟盤
孟玕 廷賽三子承
孟掌 名未一
孟㹪
孟玕 承廷畚
孟吹 承廷棟

迪慷 子五六

茲河 子三

茲咸 子二

茲軒 子三

唐呼 子七

唐睽

唐孝 殤

唐綿 承茲軒

唐乖 承茲咸長子 子三

唐綿 承茲河次子

建敎 殤

建閣 子三

建苞 承唐品

建糕 子二

建驗 殤

建示 承唐璋唐秀

建彼 承唐對次子 子三

廷葉 子二 殤

廷示 承唐呼六子兼承

丕輭 承建糕

丕敏

丕輭 承建閣長子

丕祖 承建示

丕通

丕忸 承廷禎長子

丕吹 承廷寅三子

丕祖 承廷彼長子

唐檜

唐品 子一

廷苞 子六 [illegible]

丕愣 殤

丕罔

丕總

丕儒

丕超

丕担

鎡係 子一

唐乘 承鎡咸

鎡豫 殤

鎡拴 子二 [illegible]

唐起

唐着

廿一世　廿二世　廿三世　廿四世　廿五世

丕浪 子一
基下

丕悃 子二
基惠
基尺

塔江劉氏族譜

二房世次

第一世

始祖令史公 宣教公次子諱拓於宗中排行一百二十九故呼之曰九哥公仕宋爲朝散大夫行軍令史信國公督府參佐塋本鄉西邊埭墘

妣藕氏

子三 一郎 二郎 三郎

第二世

一郎公 世次分載長房譜中

二郎公

令史公次子諱字失傳謚克中爲二房開基之祖生卒塋配世隆公修譜時鮮有登籍惟刊刻名字而已所以墳墓無攷茲隨其所有者録之

妣　氏

子一　誌畧

三郎公

世次分載三房譜中

第三世

誌畧

二郎公長子生卒塋配舊譜無載

妣　氏

子一　慎齋

第四世

慎齋

誌畧公長子生卒無考舊譜載相傳塋本鄉後邊地坐東向西名杏仔墓屋二郎公曾次房二玄孫墳左

妣　氏

子二　永綿　永祚

第五世

永綿

慎齋公長子

妣　氏

子一　以達

永祚

慎齋公次子生卒舊譜無載塋本鄉溝前蒔棘木為陰有祀業二畝足供牲費墳四而我祖之墳居中

妣蔡氏

子三　以适　以甫　以贊

第六世

以達

永綿公長子

妣　氏

子二　竈君叔　同安叔

以适

永祚公長子

妣謝氏

子一 其祥

永祚公次子 塋本鄉後邊地坐東向西

以甫

妣蔡氏

子二 其日 其時

以賛

永祚公三子

妣 氏

子一 其周

第七世

竈君叔 以達公長子
妣　氏
子一　義

同安叔 以達公次子
妣　氏
子四　望轉　望睿　望平　望旋
竈君叔伯仲時稱殷衍嘉靖時遭亂流散竟不知所終獨
有望平公從應募田鮮居無嗣

其祥 以适公長子　葬本鄉秋風墓

妣林氏
子三　望高　望魁（無嗣）　望澤
公平生能運斧斤有拮据材且有骨幹不爲里強所屈

其日

以甫公長子　塋本鄉糖園山
妣蔡氏
子一　望成

其時

以甫公次子　塋本鄉溝前
妣張氏與（長）婦郭氏合塋十二都象嶺山
子四　望富　次（遭兵流散尋覓無踪）　望爵　望聯

其周　以賢公長子

妣　氏　子一　望奎

第八世

義　竈君叔長子

妣　氏　子無

望轉　同安叔長子

妣　氏　子無

望睿　同安叔次子
妣　氏
子無

望平　同安叔三子鰥居無嗣

望旋　同安叔四子
妣　氏
子

望高　其祥公長子
妣　氏

子三　賦性　次爵　賦重

其祥公次子無嗣

望魁

妣　氏

望澤

其祥公三子

妣　氏

子四　賦與　賦命　賦謙　賦虎

望成

其日公長子

塋本山塘園山

妣陳氏

子一　賦業

望富 [redacted]年八十六

妣郭氏　祔姑塋象嶺山

繼妣柯氏　于歸時挾契載地二斗坐新塘橋頭

子一　順 郭出

公生平沉厚友愛尤其天性壯年逍遥婆娑晚景

其時公次子遭兵流散

次

望爵

其時公三子歸蓮塘卒年六十三

妣顏氏

子三　天民　天球　天賜

望聯　其時公四子諱景珠洄庭享年七十二查幼懷公填主五月十四忌辰

妣郭氏查主九月十五日忌辰

子三　天麟　天鳳　天樞

公於父為季子生甫週而母以病歿公獨賴父弄飴含哺以一呱〻百死自完迺父於是不再娶矣公稍長與思戚叱每歲時悲號至寢食為虛獨與父居攻劬力作以佐朝夕供甚當其尊人歡性敦朴友愛事伯仲兩兄怡〻然未嘗損覓後視伯兄草廬公薔繁務蝟一歲之中時依兄家代為予治曰吾得効尺寸之勞而無貽兄以憂差可自慰耳嘉靖之季公甫畢婚屬值倭訌挈家奔逃之際失父兄之處公意為賊所得奮欲死敵以赴父兄之難迺無何而一家邂逅也若約君子謂劉家孝感也喪亂既平室家漸寧

公之[illegible]
然曰吾日從吏田家坐負數十年壯志吾閩南中佳山水
今得就吾兒博一快覩於願畢矣遂往尋焉所到之處慷
慨重義好疎金錢急人難殊鄉遜壤咸沐公河潤以故往
往知公忠厚長者公方外遊馳情梓里而遽病不起矣歲
甲寅公之子轝櫬歸凡被公德容者馳奠擁送則不無德
公須公于不忘且別淚涔涔下也雖庚桑之尸祝何以加
此
陳生曰予於劉家深世誼得聞泗庭公之行概夫公閭里
一布衣耳孝友軼行歷少壯流離如一日殆天植其性耶
至若好施而不倦生前德馨身後去思則公真能當年落
落留馥千載英英生氣者也矧公之玉對生芳孫枝盈砌公
之不盡享於其身固已厥昌於其後矣是為傳
天啓辛酉夏孟穎里子陳有聲頓首撰

星伯曰公季子賦機君恂恂若不勝事至董宗役無趨避

余歆袛焉至過其里詢諸長老則固千里與公槻者也公

又有仲若孟後先克搆作述而公翱翔粵廣遂其慷慨抑

已熾於後矣

望奎

其周公長子　　瑩西沙駕牛堀前

妣　氏

子一　賦成

第九世

賦性

望高長子諱素懷

妣陳氏

次 名失傳無嗣望高公次子

賦重 望高公三子號東濱

妣 張氏

子二 士長 士巽

賦與 望澤公長子

妣 許氏

繼 妣許氏

子二 士科 繼許出 寓安平 自脩 殤

賦命　望澤公次子號安元

妣鄭氏

子一　自向

賦謙　望澤公三子號勤山　塋西邊沙岸沙積不知其處

妣高氏

子一　士第　隨母嫁南安高田村登丁族譜

賦麗　望澤公四子號秀元

妣唐氏

子二　自會　自式

妣 蔡氏
子一 一元
日忌辰塟本鄉正絽墓東

賦衷

望富公長子諱順號臨瀾享年六十三 查幼懷填主僅書公十二月初五日忌辰妣十一月十八日忌辰

妣 蕭氏

子一 世隆

父九歲喪祖母時又遭兵變祖父𢹂之逃父子相從危難中辛苦萬狀幾罹虎口難靖歸家徒四壁大父爲不敢娶也撫以成立父仍思所以爲敘水觀歡乃決策遊齊魯間稍能令祖父含飴也仍爲祖父娶追大父往而念無北行矣不自意隆兄弟七竟育其一零丁单孑涕泗無聊歎置

側為滋蕃計而隆受室越四紀抱孫抱孫之年喜不自勝曰吾無内顧憂可再旅遊矣迺有粵行自丙至辛棲歷無歸意隆乃輟業迎之踰年而吾父病歿嗚呼蒼天之恨其何極耶隆於是扶櫬歸潮目悽愴何怙何恃即今未能奮飛為先大人寵光聊述其概以無忘先畧　男世隆誌

陳生曰士標劉君與余為筆研之盟稱石交每時時為余言其尊人臨潮翁也則未嘗不悲悼其締造玉成之意而兢兢先烈之不耀為懼以余所聞劉公多軼行為之撮其大者公為人英豈豪爽少遭兵燹長而轉轂齊魯間遂以賈著赧然人知公之以賈賈也而不知公更有善為賈者鬒而破貲贅聚師傅賈其未竟之志於子若孫即今士標君積學懷異而公孫幼孜華翩翩覺與馬蹄劍氣不乆後人公之取息也多矣甚哉公之善賈也予隣有老農就余謂曰吾日勤胼胝從未有報大有者一日假載南畝車篝

皆諺語有之力田不如逢年信哉予則曰力田不已必有豐年老農唯々雖然此農政也亦儒道也因述其言函之爲

劉公贊

天啓之辛酉夏孟　有聲澗可父稽首書

星伯曰跡士標君狀公竭慶齋魯供菽水父殁而輟真孝性天植者矣然公少失恃與草庭公出没兵棘中何異拓公顧卒賴以全今士標君對檝文壇豪立宗事而滌崢嶸豈非孝而食報哉柳忠烈之燕貽篤也

天民

望爵公長子字賦顧號濱安享年六十二塋埔邊

妣許氏

子三　世賓　世舉　世聘

公少寓安平游業泰邑賓兄弟歸宗

天球

望爵公次子字賦明號容潮商殁廣東柩歸

妣柯氏　塋象嵿（嶺）山

繼妣柯氏

子四　世典（習業溫州）　世祖　世績　世脩（俱繼柯出）

天賜

望爵公三子字賦有號泗潮塋後邊土地宮北路上

妣陳氏　塋本山水堀頭

繼妣蔡氏　與公合塋碑鐫莫氏嘉慶年間十七世孫茲勳（妣林氏祔）

子四　世璉嫌　世黑　世俊　五叔（俱蔡出）

天麟[illegible]公長子字賦懋號東初

先聘柯氏

妣謝氏

子三　世泰　世璞　世珍

天鳳　望聯公次子字賦彩號環潮查幼懷公填主僅書公三月初六日忌辰妣五月初五日忌辰

妣施氏

子二　世偉　世楚

天樞　望聯公三子字賦機號懷潮主填十一月十一日忌辰

妣林氏

子一　世儆

賦戌

望奎公長子號仰潮商游山東買棗為業病沒塋于客次

妣王氏

子二　一桂　一楊

第十世

賦性公長子號愛泉

士

繼妣郭氏

廣置妾　氏

公壯軀膂力絕人偉男子也當慾侍時宿旅羊城不歸歿無嗣有田宅遺功弟士舜供祀

士長 賦重公長子商殁無嗣

妣 氏

士巽 賦重公次子號愛山

妣 張氏

子三 大亨 亨進 亨惠

士科 賦與公長子寓安平生萬曆戊寅年十一月十三日卯時卒順治丙戌年三月十五日未時塋南安四一都滿後鄉獅仔上穴癸丁公小名坤叔

妣 陳氏 生卒無載

子一 幼岡

自脩　賦與公次子殤

自向　賦命公長子字士方無嗣

妣　氏

英治　賦謙公長子小名英治字士第隨母嫁南安高田登丁族譜

自會　賦麗公長子少遊海南不還

自式　賦麗公次子商販廣東生一子在廣

妣　氏

子三　江萬　全萬　裁萬

一元

賦業公長子字士統號騰台少工洋業未幾粵遊溺焉卒

年三十柩歸塋本山石路頭三月初七日忌辰

妣 郭氏生忘記卒　年十二月廿二日

子一　弘仁

世隆

賦表公長子字士標號聖孩

妣 張氏

子三　幼孜　幼白　幼圭

星伯曰家有督族有正非是而族務不舉蓋其重哉如士

標君鳩族著譜竭歷溯派斯已勤矣雖協力有人願天下

事匪一人馬先為之建旗鼓亦鼓而和之余脩譜居恒與士標商畧對榻酌卮每每察其神情則恍惚若有所思緋徊如有所欵定都只為此一件大事寸營期竟而譜賴以畢業即以為家督族正奚不可

世賓
妣吳氏
天民公長子字士昇號心貺
子一　幼度
逓糧福全從卯田又曰往廣未回

世舉
妣黃氏
天民公次子字士榮號鍾海
子二　幼[illegible]　幼朋

世聘 天民公三子
長殤

世典 天球公長子習業温州
妣　氏
子

世祖 天球公次子
妣　氏
子

世績 天球公三子

妣　氏

子

世僑　天球公四子

妣　氏

子

世璉　天賜公長子字士璉號鍾潮生萬曆丙申年八月廿日吉
時卒順治丙戌年三月初九日　時

妣吳氏生無考卒　年二月初一日　葬主內墳王氏而譜載吳氏兩存之

廣置妾　氏

子一　阿招　商居廣東

公商廣多置家踞以侍賓客豪名與許抬岳等至今鄉人猶
傳鍾潮銀鍾為美談云

天賜公次[illegible]
時卒康熙甲寅年(私譜書甲辰)六月廿五日　時

世熙

妣李氏生萬曆乙巳年　月　日　時卒康熙丙午年八月
初八日　時合塋本山和尚仔墓穴乙辛卯酉
子一　幼懷
按幼懷公所填神牌有故伯孩初公四月廿三日忌辰妣
張氏十月十九日忌辰譜無着落詢之長老皆言孩初二
叔係邑庠生豪俠好義無子曰詩云態蓋翩翩豪士也以
幼懷公填故伯二字思之想在此世字行世隆公修譜時
公必未洋故尔混圖又幼懷公功伯母無(多)書姓無可印合
丙午春脩譜故老尚存二三失於查究遂置(致)無攷遺置不
敢録之存概

世俊

天賜公三子

妣　氏

五叔　天賜公四子無嗣

妣　氏

世泰　天麟公長子字士奕

妣王氏

子

世璞　天麟公次子

妣　氏

子

世珍 天麟公三子
妣 氏
子

世偉 天鳳公長子小名戍叔邑庠生固稱文壇雄帥值遷移流離抑掩以老亦其遇之不幸也主填十一月卅日忌辰
妣 郭氏蔡埭人前進士諱天錫公孫女
子一 道叔

世楚 天鳳公次子小名子淑
妣 氏
子

世
俶　天樞公長子
妣　氏
子

一
桂　賦成公長子字士美
妣陳氏
子一　興森　漁澄海所

一
楊　賦成公次子字士藻號思南
妣陳氏
子

[illegible]

四方不知詳細丙午夏脩譜爾時故老猶在尚可推究一

二失於稽查如骸初公者雖列泮庠猶爾遺落況其餘者

乎所以生卒葬配一因舊譜抄録而已

第十一世

大亨 士巽公長子字元嘉

妣 邱氏

子一 萬象

亨進 士巽公次子字元建謚我為生萬曆戊子年十月十七日辰時卒順治乙未年七月廿九日未時

妣 陳氏生萬曆甲午年二月初四日巳時卒順治丙申年五

月初八日未時合葬本山埕邊面坐西向東

子二　萬安　萬興

亨惠　士巽公三子

妣　氏

子

幼岡　士科公長子諱懷川生萬曆癸丑年八月十八日申時卒

康熙壬寅年二月初十日　時

妣　吳氏生萬曆己未年十月十五日辰時卒康熙癸卯年十

月廿日　時合塋本鄉深泉上穴巳亥巽乾

子二　臣偉　臣俊

江萬 自式公長子在咬𠺕吧

全萬 自式公次子在廣城

裁萬 自式公三子

妣 氏

子

弘仁 一元公長子字于欽號順初生萬曆 年十一月廿七日酉時卒 年十一月初四日丑時葬赤墓拱南

妣唐氏

繼妣東石沙窟黃氏生年無考二月廿三日 時卒 年

四月廿八日　時葬後堀頭向南
子二　若琨　若瑮
故老傳云公壻于東石見蠣房利用甚溥遂倡種蠔至今
賴之

幼孜
世隆公長子　主填六月十五日忌辰
妣張氏　主填正月廿六日忌辰
子

幼白
世隆公三次子
妣　氏
子

幼壹
世隆公三子

幼度
妣　　氏
子
世學公長子
幼儒
妣　　氏
子
世學公次子
幼朋
妣　　氏
子
世珽公之子商居廣東
阿招

幼任

幼懷公填奉祀牌有故兄幼任七月十六日忌辰不知何
係系録之存祀

幼懷

世熙公長子名東敘謚心逸生崇禎壬申年六月初二日
丑時卒康熙壬辰年三月廿日午時

妣

蔡氏生崇禎辛巳年　月　日　時卒康熙丁丑年十一
月十二日亥時　塋本山坑後面西

繼妣周氏

繼妣陳氏　生卒無攷

繼妣黃氏名福娘生卒忘記　查幼懷公繼妣主面填陳氏
而譜載黃氏名福娘與譜載同而姓異詢之故老不知其
詳姑兩存之

子一　萬莅　羨

道叔 世俊公長子

妣 氏

興森 一桂公長子移居澄海

第十二世

萬象 大亨公長子

妣 氏

萬安 亨進公長子生萬曆甲寅年十月初五日 時卒康熙丙午年十月初九日申時

妣石菌蔡氏生忘記卒康熙丙午年十一月廿五日　時合
塟本山埕邊西穴乾巽
子二　曰群　曰燦

萬興

亨進次子小名丑叔生天啟丙寅年二月初五日丑時康
熙丁未年五月初七日辰時卒于揭陽
妣柯西楊氏生崇禎壬申年五月初三日丑時卒康熙戊寅
年七月初三日辰時塟西姑潭
子二　曰酉　曰贊

臣偉

幼岡長子名坤叔號萬江生順治戊子年九月初八日
時卒康熙丙子年六月初九日　時
妣吳氏名密娘生康熙壬寅年九月廿三日午時卒康熙己
巳年二月廿三日戌時合塟東嶽羊角山前穴

繼

妣吳氏生順治辛丑四月十七日未時卒康熙

二月廿三日辰時葬東岳洗腳坑土名大石盤穴甲庚卯

酉有劉門石碑為記

子一　日升

臣俊

幼岡次子生順治甲午年二月廿五日午時卒康熙辛亥

年五月廿六日午時葬東岳彌勒宮邊坐南向北

若琨

弘仁公長子謚贊初生　　年十一月初十日酉時

卒　　年六月初九日丑時葬埕邊面洪東

妣　石蘭洪氏生　　年十二月廿五日戌時卒

年四月廿一日丑時

子二　顯文　尾叔被擄

若璆弘仁公次子小名丑叔謚性緩生　年正月十二
日　時卒　年四月廿三日寅時
妣　氏
子一　嫣賜

萬益幼懷公養子名益叔諱萬益字公友（又卒書十二月）生（謚萬鎰）康熙庚戌年二月
十八日酉時卒乾隆壬申年十二月初七日吉時葬坑後
穴乙辛辰戌
妣衡兜施氏名金娘生康熙己未年五月十四日午時卒雍
正癸酉（外）年七月十二日未時葬坑後穴乙辛辰戌
子一　九三

第十三世

日群 萬安公長子名斗觀謚益劍生順治戊子年七月初六日吉時卒康熙乙亥年七月初三日午時

妣 英墩吳氏名好娘生康熙丁未年六月初四日午時卒雍正己酉年十月初一日辰時塋本山前薛面穴坐西向東

子二 遂恩 遂日長殤

日燦 萬安公次子養

日酉 萬興公長子名酉觀諱日鍾生順治癸巳年四月廿三日酉時卒雍正乙巳年十二月廿三日辰時謚明鍾

妣 南安高田進士葉諱猷論公孫女名玩娘生康熙甲辰年四月初三日辰時卒康熙己丑年三月初五日午時合塋本山埕邊面拱東

子三　遂冀　遂箕殘　遂林殘

日贊

萬興公次子名贊老諱日錦生順治乙未年十月十八日酉時卒康熙辛未年十二月初九日寅時塟本山東過坑向北謚明錦

配　蔡氏改

子無一女名悉娘適楊宅蔡家

日升

臣偉公長子名升老贅石獅姜厝園

配　氏

子一　遂泰

顯文
康熙乙酉年十月初八日丑時塋埕邊面若琨公墓北
妣東皋吳氏名淑娘生崇禎丙子年二月十九日戌時卒康熙丁酉年十二月廿七日酉時塋衙口拱西
子二 遂勝 遂興

尾叔
若琨公次子被擄

嫣賜
若璆公長子

莊遲
萬益公長子小名九三諱莊遲字行俟生康熙庚子年正月十五日辰時卒乾隆乙酉年十月十四日巳時謚悉字

妣 衛兗施氏名佳娘生雍正乙巳年六月十二日戌時卒乾
隆壬午年十二月廿八日巳時塋西沙尾
子二 遂一 遂瑙

第十四世

遂恩 日群公長子名恩老字謀施謚遂恩生康熙戊辰年十二
月廿五日寅時卒乾隆癸酉年正月十七日卯時塋海沙 向南
妣 湖尾藴氏名鶯娘謚慈勤生康熙戊寅年十月廿一午時
卒乾隆辛丑年七月初四日未時移合塋官山挖內 坐南向北
子三 進願 進偶 養 進暢

遂思 殤 日群公次子名日字謀思

遂冀

日酉公長子名冀考諱遂祥字謀發生康熙壬申年七月十一日酉時卒乾隆辛未年十月廿八日亥時葬埕邊穴乾巽

妣

東皋吳氏名勸娘生康熙癸酉年正月十五日　時卒康熙辛卯年十一月初五日　時葬海沙尾

繼

妣西門陳氏名靜娘生康熙甲戌年五月廿七日戌時卒乾隆丙申年二月廿二日卯時葬埔邊面坐西向東

子三　進博　進通　進叟俱陳出

遂璣

日酉公次子名璣諱遂禎字謀南謚發禎生康熙乙亥年八月廿四日丑時卒乾隆乙酉年十二月初一日酉時葬埕邊面坐乾向巽兼亥巳

妣

大房莊氏名漸娘謚磐良生康熙丁丑年八月廿六日寅時卒雍正戊申年五月十八日巳時葬小洪塘坡又移葬官山埔坐西向東

繼

妣塘邊歐氏名惜娘謚柔順生康熙辛巳年九月十七日

時卒乾隆壬寅年正月廿六日午時塟官山埔坐西向東

子三　進謀莊出殤　進普　進弼

莊生二女一適埭邊柯家一適硯頭林家

遂斌

日酉公三子字謀五謚遂福生康熙辛巳年十一月廿五

日戌時卒乾隆壬辰年六月廿三日午時

妣

柯坑洪氏名梅娘生康熙癸未年十一月廿七日申時卒

乾隆癸亥年七月廿七日未時塟東埔西溪穴巽乾巳亥

繼

妣竿頭蔡氏名順娘生康熙丁亥年四月十五日亥時卒

乾隆丁亥年十二月十四日戌時與公合塟本山公王邊

子三　進秦　進吳俱洪出　進雪蔡出

遂秦

日升公長子

遂勝

顯文公長子名勝諱遂原字謀陞生康熙戊申年十二月初四日酉時卒乾隆甲子年十二月廿二日亥時塋赤墓頂坐北向南

妣石菌黃氏名聚娘生康熙壬子年九月初九日寅時卒乾隆戊午年七月廿五日巳時塋坑後坐東向西

子三　進岳　進青　進山

遂興

顯文公次子名興老諱謀詩生康熙壬子年　月　日時卒于臺　年五月初九日

遂一

九三公長子諱遂長字謀元生乾隆庚午年十二月初三日戌時卒于臺

遂璣　九三公次子生乾隆壬午年五月初五日戌時卒

第十五世

進願　遂恩公長子字及闇謚進珣生康熙壬寅年十月十五日丑時卒乾隆癸酉年五月十五日亥時

妣　洪塘張氏名宜娘謚淑謹生雍正戊申年九月十六日卯時卒乾隆癸未年三月廿二日巳時合塋官山挖內坐西向東

子二　迪彈　迪論

進偶　遂恩公次子養生康熙辛丑年三月十四日午時卒莫攷

妣　洪塘張氏名宜娘生雍正戊申年九月十六日卯時卒年不知詳細

進暢

遂恩公三子字及和謚進情生乾隆己未年正月十五日午時卒嘉慶辛未年六月廿九日卯時葬官山埔坐西向東

聘石蘭黃氏名順娘生卒失載

繼妣石蘭黃氏名罷娘生乾隆丙寅年八月廿二日寅時卒乾隆甲寅年八月廿二日丑時葬官山埔坐南向北

子三　廸甚　廸致　廸姜

進博

遂冀公長子諱進忠字及文生康熙丁酉年九月廿二日亥時卒　年二月初一日

妣楊宅蔡氏名儉娘謚慈惠生康熙辛丑年十一月廿日未時卒乾隆癸未年二月初一日未時葬海沙坐北向南

子三　廸哉　廸所　廸載

進通

遂冀公次子字及達謚進信生康熙辛丑年又六月十六日寅時卒乾隆戊申年二月廿八日巳時

妣柯坑洪氏名絹娘生雍正庚戌年正月廿六日午時卒乾隆癸未年二月廿八日巳時合葬后邊坐東向西

子二　廸答　廸排

進叟遂蕉公三子字及長謚進科字及德生雍正乙卯年五月十三日未時卒乾隆戊申年四月十五日吉時葬埕邊面坐北向南

妣內厝蔡氏名曲娘謚勤儉生乾隆辛酉年三月十六日辰時卒乾隆戊申年二月廿三日未時葬官山埔坐南向北與三子廸誥並坐一欄兩堆

子四　廸貢　廸看　廸誥　廸歡

進謀遂璣公長子　嗣

進普 遂璣公次子字及濱諡道朝生雍正甲寅年二月十一日酉時卒乾隆丙午年五月十二日寅時塟官山埔

妣 大房許氏名昧娘生雍正乙卯年四月十六日巳時卒嘉慶癸亥年九月初四日子時塟東過坑坐午向子兼丙壬

子四　迪邦　迪親　迪作　迪嘉

進弼 遂璣公三子諱進輔字及友諡秉直生乾隆壬戌年正月十四日巳時卒嘉慶己巳年三月初七日巳時塟官山埔

妣 本鄉孫氏名滿娘生乾隆甲子年十月初五日　時卒嘉慶丙子年六月廿日寅時塟官山埔

子三　迪俊養　迪鉄　迪遲

進秦 遂斌公長子諱進脩字及西生雍正丙午年八月廿日亥時卒莫攷住臺番仔寮

妣

石崗陳氏名㰂娘生雍正辛亥年十二月廿八日 時

子五 廸舉 廸國 廸畨 廸元 廸達

進吳

遂斌公次子字及興謚進起生雍正己酉年九月卅日酉

時卒乾隆丙戌年十一月廿五日酉時葬官山頂穴坐乾

向巽兼戌辰

妣

東埔吳氏名閒娘生雍正癸丑年十一月廿七日未時卒

乾隆乙酉年五月十五日巳時葬西沙

子二 廸序 廸西

進雪

遂斌公三子字及瑞謚端正生乾隆己巳年五月初一日

戌時卒乾隆戊申年九月廿二日戌時殁於臺灣莊臺海

埔厝

妣埕邊黄氏名粉娘諡肅靜生乾隆己卯二月十日時卒道光庚寅年十一月廿四日亥時塟埭邊山土名許塘頂穴坐西向東
子二 廸等 廸民

進岳遂勝公長子字及仰謚進峯生康熙癸酉年六月十四日丑時卒乾隆戊子年二月初九日酉時塟赤墓頂坐東向西
妣埕邊黄氏名宜娘生康熙丙戌年四月十九日卯時卒乾隆辛丑年二月初十日未時塟
子二 廸美 廸輝

進青遂勝公次子字及聳謚進仰生康熙戊寅年十一月初七日戌時卒乾隆癸亥年正月初十日戌時塟西沙
妣湖尾蘓氏名珠娘生康熙丙戌年四月十二日辰時卒乾

隆丙寅年四月廿九日巳時塟西沙

子二　廸哲　廸典

進山　遂勝公三子諱進岱字及嵬謚進高生康熙壬午年年六月十七日丑時卒乾隆戊戌年又六月初四日寅時塟官山

妣　本鄉孫氏名桔娘生康熙己丑年九月廿四日卯時卒乾隆丙辰年三月十三日巳時塟赤墓頂

子二　廸珩　廸慊

第十六世

廸彌　進願公長子名金彌謚廸琴生乾隆庚午年十一月十一日亥時卒道光戊子年五月十二日戌時塟官山

妣　坑前王氏名頌娘謚勤謹生乾隆乙亥年七月十五日午時卒乾隆戊申年七月廿八日辰時塟官山挖坐西向東

繼娶山內走馬横蔡氏名寶娘謚端靜生乾隆乙亥年二月初九日亥時卒道光辛卯年十月初一日未時塟官山坐北向南

子一　茲美

世事如毛非有明理之人烏能禦侮吾族　金彈兄者見事明徹懷志剛方凡吾族人無不欽而憚之也至於外侮之來則尤敢於自任此其為我族之福也何如即如嘉慶庚午年與孫家爭海一事　兄與孫家質訊数堂我族是以得獲全利苟非　兄之胆識志力安得若斯之全勝哉故族人公議祿位配享祖廟千秋令並為之序

廸論

進願次子名論老生乾隆辛巳年四月初九日戌時殤

廸甚

進暢長子諱廸心　生乾隆癸巳年五月廿日辰時　殤

子一　茲旦 廸致次子承

廸致

進暢公次子諱廸知諡廸祥生乾隆丁酉年十一月廿日寅時卒道光戊申年正月廿日亥時葬官山埔

妣

本鄉孫氏名審娘諡順德生乾隆壬子年六月初七日巳時卒道光丙申年四月初九日午時與遂思公併媽藕氏合葬官山挖內坐南向北

子二　茲陞　茲旦 出承廸甚

廸姜

殤

進暢公三子諱廸齊生乾隆癸卯年八月廿日子時

廸裁

進博公長子諱廸理生乾隆乙丑年八月廿日酉時

住臺塩州

廸所
進博次子諱廸謂生乾隆戊辰年二月十九日午時任臺
鹽州
配　氏
子二　茲媽　茲存

廸栽
進博三子諱廸培生乾隆庚辰年五月廿二日戌時任臺
鹽州

廸答
進通公長子諱廸應謚廸和生乾隆辛未年六月十三日
辰時卒乾隆戊申年二月初五日巳時葬后邊坐東向西
妣
鶴頭林氏名益娘生乾隆己卯年八月十一日　時卒道
光癸巳年二月初十日戌時
子二　茲謟　茲拴出繼廸懷

廸排　進通公次諱廸徊生乾隆辛巳年五月初十日未時

廸貢　進叟公長子生乾隆乙酉年正月十一日巳時卒乾隆戊申年三月十七日午時

廸看　進叟公次子諱廸花生乾隆己丑年　月　日　時

廸誥　進叟公三子諱廸訓生乾隆乙未年七月十一日午時卒嘉慶庚辰年十月廿五日辰時塟官山頂夫婦同穴與母蔡氏並坐

妣　東埔吳氏名勤娘謚慈儉生乾隆庚戌年八月廿七日午時卒道光癸巳年六月十一日巳時改塟官山埔與夫同穴

子二　慈表　慈禁

廸歡 進奐公四子 分出

廸邦 進普公長子諱廸本謚文遠生乾隆乙亥年正月十九日午時卒乾隆戊申年七月廿九日亥時歿在臺灣

配 埕邊張氏 改

子一 茲若 廸親長子承

廸親 進普公次子名大親諱廸賢謚廸仁生乾隆戊寅年八月廿日子時卒道光甲申年七月廿三日辰時葬官山埔 坐西向東

妣 窒厝蔡氏名瑾娘生乾隆乙酉年二月十九日 時卒道光甲午年七月十三日午時葬官山埔坐西向東子茲聽祔

子五 茲若 出承廸邦 茲聽 茲苗 茲田 出承廸亭 茲五

廸作

進普公三子諱廸美謚文成生乾隆丁亥年十一月初四
日丑時卒乾隆戊申年正月十五日巳時塟官山與胞侄
玆萌並坐
嗣子一　玆享廸嘉長子承

廸嘉

進普公四子諱廸善生乾隆丁酉年六月初四日　時卒
道光辛巳年十一月廿五日未時塟官山頂坐北向南

妣

洪塘內厝張氏名論娘生乾隆甲辰年四月廿日巳時卒
道光戊戌年三月初四日丑時塟官山頂坐東向西
子二　玆享出承廸作　玆辨

廸俊

進獅公養子諱廸秀生乾隆戊戌年十一月十一日亥時
卒道光癸巳年四月卅日未時

配

氏

子五 茲德出承迪遲 茲筆 茲蓮 茲蒲 茲旋

迪鉄

進弼公次子

迪遲

進弼公三子諱迪調生乾隆丁未年六月廿六日寅時卒

嘉慶壬申年九月十九日午時塟官山埔穴乾巽戌辰

配 本鄉孫氏名驤娘生乾隆庚戌年十一月廿九日　時

子二 茲恐殤 茲德迪俊長子承

迪舉

進泰公長子諱迪才生乾隆乙亥年三月初八日未時任

臺鹽州

迪國

進泰公次子諱迪城生乾隆丁丑年三月廿一日子時

配　氏改

廸蕃　進泰公三子名蕃公

配　氏改

廸元　進泰公四子名君元

廸達　進泰公五子名君達

廸序　進昊公長子名大序諱廸次生乾隆丙子年八月初六日未時卒道光癸巳年四月十四日辰時塟官山坐西向東

長子茲潑祠

妣 梅林蔡氏名篇娘生乾隆丁亥年八月初三日巳時卒道
光甲午年三月廿二日吉時與子茲田合塋官山
子二 茲潑 茲田廸親四子承

迪丙
進吳公次子諱迪自生乾隆庚辰年七月初九日巳時卒
乾隆癸卯年八月初四日 時歿在臺牛欄頭
配 柯倉柯氏改
子

迪等
進雪公長子諱迪閑生乾隆辛丑年九月廿三日 時卒
嘉慶丙辰年三月十四日 時
聘 埭邊柯氏改

迪民
進雪公次子名民諱迪良謚迪善生乾隆乙巳年正月廿
九日 時卒咸豐辛酉年二月初二日巳時塋官山下挖

坐酉向東

妣　隸邊柯氏名腰娘謚慈寬生乾隆甲寅年六月初六日午時卒道光乙巳年九月廿九日未時塟官山埔

子三　玆白　玆想　玆凱

廸美　進岳公長子諱廸成謚廸義生乾隆丁巳年二月廿九日酉時卒乾隆戊申年三月廿一日申時塟坑后與祖母黄氏併功兄廸珩仝穴

妣　坑前王氏名勸娘生乾隆壬戌年七月廿二日未時卒嘉慶壬戌年八月初二日未時與次子婦王氏合塟石室宮坐北向南

子四　玆萬　玆長　玆兕　玆千殤

廸輝

進岳公次子諱廸光生乾隆甲子年正月初五日亥時卒于臺

配東埔吳氏名愷娘生乾隆甲戌年　月　日　時

子三　玆雨　玆理　玆勵

廸哲

進青公長子生雍正庚戌年　月　日　時在臺無踪

廸典

進青公次子名典諱廸書生乾隆辛酉年正月廿一日亥時卒乾隆癸巳年正月十五日酉時塟海沙坐東向西

廸珩

進山公長子字子玉謚廸瑲生雍正辛亥年正月初四日午時卒乾隆壬午年九月廿日辰時塟坑后與祖母黃氏功弟廸美仝穴

妣柯坑柯氏名明娘生雍正癸丑年九月廿三日丑時
慶辛未年十一月十五日子時葬和尚仔墓坐南向北
子一　茲動

廸慷

進山公次子名慷字子奐生雍正甲寅年八月廿一
時卒乾隆壬子年九月十一日戌時葬官山埔坐西
道光甲申年拾拴金內與妣合葬三男茲軒祔

妣柯倉柯氏名注娘生乾隆辛酉年九月初三日午時
隆戊申年四月十六日巳時葬官山頂至道光甲申
庄金內合葬官山頂三男茲軒仝穴
子六　茲河　茲咸　茲軒　茲傢　茲豫　茲拴

第十七世

茲美 [illegible]公[illegible]子殤

嗣子一　唐章 茲陞三子承

茲旦

迪甚公嗣子迪致次子承生道光元年辛巳七十月十九日

殤

嗣子一　唐敦 茲陞四子承

茲陞

迪致公長子諱茲嵩生嘉慶丁丑年九月初三日卯時

配

柯倉柯氏名配娘生道光丁亥年十月廿日吉時

子五　唐欑外甥入承　唐飯　唐章出承茲美　唐敦出承茲旦　唐総殤

茲陞姪承累世之忠厚不干塵世之事惟安耕鑿之常是

真與世無競與人無爭者也與人言訥訥不能出諸其口雖以沔賓東主誼屬通家而終歲之間未嘗一見其面其為人之質樸可想而待師極誠則又深可嘉尚焉蓋太露英華則輕薄者多福澤無不折之理自安樸拙則過差者少潛德無不發之光有知其必有厚報也今懋信姪孫習舉子業頗知勵志余常以此為之勗云

叔雲路誌

茲旦 殤

廸致公次子諱茲明出承廸甚

茲嫣

廸所公長子

茲存

廸所公次子

茲謟

迠答公長子名謟諱茲娟謚茲富生乾隆壬寅年十月初一日　時卒道光壬辰年五月十八日吉時塟埔邊佪與母仝穴

妣

鶴頭林氏名讓娘生乾隆乙卯年四月廿六日　時卒同治丙寅年六月廿一日申時塟官山埔

子一　唐耶

茲拴

迠答次子出承迠慷

茲表

迠詰公長子名表諱茲奉生嘉慶癸酉年十一月初四日申時卒同治丁卯年八月十一日午時

妣

觀頭林氏名喚娘生道光壬午年十月十四日　時卒咸豐壬子年二月初五日丑時塟官山頂埔坐東向西

繼

配施氏名月娘　歿

子三　唐水殤　唐潁殤　唐吥殤 兹禁長子承

廼誥公次子名禁老諱兹問生道光辛己年三月十六日寅時

兹禁

配　鶴頭林氏名捕娘生道光戊戌年十月初六日午時

子四　唐吥出承兹表殤　唐業殤　唐赤殤　唐耻

兹若

廼邦嗣子廼親長子承諱兹聖謚兹信生乾隆壬子年十二月卅日戌時卒道光甲辰年八月十一日　時塟官山坐西向東

妣　清兜張氏名哖娘生乾隆乙卯年十月初十日　時卒道光丁未年十一月十五日　時塟官山頂坐南向北

子三　唐東　唐蘒　唐溻出承兹聽

茲若

[illegible]

茲聽

迪親公次子名聽諱茲言生乾隆乙卯年正月十七日巳
時卒嘉慶庚辰年四月十二日申時葬官山埔坐西向東
與父母全穴

聘柯倉柯氏

配本鄉孫氏名留娘 改

子一 唐淵 茲若三子承

茲茴

迪親公三子諱茲香生嘉慶丁巳年三月十三日丑時卒
咸豐癸丑年九月十八日 時葬官山與胞叔迪作並坐

妣

埭頭內厝張氏名玉娘生嘉慶丁卯年四月十一日子時
卒 年三月十七日 時葬在迪親公穴尾

子三　唐頊　唐度　唐蚕茲享長子承

茲田

廸親公四子出承廸序

茲五

廸親公五子生嘉慶　年四月初五日　時殤

茲享

廸作公嗣子廸嘉長子入承諱茲宴生嘉慶己巳年十月十四日戌時卒光緒庚辰年三月十九日卯時塟官山坡坐坤向艮兼申寅

配

松柏山張氏名企娘生嘉慶己卯年十一月廿八日申時

子四　唐蚕出承茲苗　唐櫄　唐櫋出承茲办　唐嬲殤

茲享

茲办

迪嘉次子諱茲能生嘉慶甲戌年十月初六日巳時卒同治戊辰年十月廿二日　時塟官山坡

嗣子一　唐榜茲享三子承

茲德

迪俊長子出承迪暹

茲筆

迪俊公次子諱茲恬生嘉慶戊寅年六月初六日卯時

妣

楊宅吳氏名勸娘生道光戊子年八月初七日吉時卒同治乙丑年二月廿七日巳時塟官山坡

子四　唐謥殤　唐研殤　唐炭　唐百出承茲旋

茲蓮

迪俊公三子諱茲池生嘉慶庚辰九月十三日申時

配

從武陳氏名花娘生道光丁酉年八月十五日吉時

子三　唐恕　唐侃　唐樓

茲蒲

迪俊公四子生道光乙酉十二月初十日未時

娶

新厝甌氏名此娘生道光乙巳年三月十三日辰時

子二　唐愛　唐批殤

茲旋

迪俊公五子生道光辛卯年十二月初四日辰時

娶大房許氏名笑娘生道光辛丑年五月十五日巳時

子　唐百（茲書子承）　唐埂（殤）　唐釿（殤）　唐鮮（殤）　唐噲（殤）

茲恐

迺還公長子殤

茲德

迺還公次子迺俊長子承字茲行生嘉慶乙亥年二月初五日寅時卒光緒丙子年九月廿三日卯時葬官山坡（叢東內西）

妣　東埔吳氏名卜娘謚謹素生道光乙酉年七月十九日吉時卒道光壬寅年正月廿四日　時

繼　配路東陳氏名炒娘生道光己丑年十月初九日子時

子二　唐邪　唐罵

茲潑

迺序公長子字茲塵養生嘉慶丙辰年五月十五日午時卒嘉慶庚辰年十月初三日寅時葬官山頂

配　梅林蔡氏名卜娘　改

廸序公次子字（廸親四子承）茲園生嘉慶庚申年又四月初三日酉時
卒同治丙寅年十一月十三日辰時塟官山坡穴與母蔡
氏合塟官山坐南向北

茲田

配　前埔蔡氏名蒲娘生嘉慶戊辰年正月十八日巳時
子　唐浮　養

茲白

廸民公長子字茲璧生嘉慶丙子年八月廿八日丑時卒
同治乙丑年八月初四日酉時

配　燒灰許氏名予（有）娘生嘉慶庚辰年七月初三日寅時
子三　唐戲　唐毛（承茲歡殤）唐汾

塔江劉氏族譜

茲想

迪民公次子生道光辛巳年八月十九日卯時

配 高厚王氏名飄娘生道光戊戌年七月初九日巳時

子 唐盃 唐杆（承祧茲甑嗣） 唐彪 唐爍 唐沼

茲甑

迪民公三子生道光乙酉年八月初八日 時卒咸豐壬

子年三月廿九日巳時葬官山坐西向東

嗣子二 唐毛（茲自次子承嗣） 唐杆（茲想次子承嗣）

茲萬

迪美公長子字茲鎰謚茲壽生乾隆戊子年八月卅日辰

時卒嘉慶庚午年十一月初十日辰時葬官山埔

配 氏（改）

嗣子一 唐糅（茲長四子入承）

茲長

廸美公次子字茲源生乾隆壬辰年六月十九日　時卒
道光戊子年二月廿一日未時

妣

西湖王氏名員娘生乾隆己酉年七月初十日酉時卒咸
豐乙卯年正月廿一日吉時考妣與母合塋石室宮坐北向南

子四　唐貯　唐貶　唐棗　唐粽出承茲萬

茲兒

廸美公三子字茲嬉生乾隆丙申年二月初二日　時卒
道光丙午年正月廿一日吉時

妣

埭邊吳氏名留娘生乾隆壬子年十月十七日巳時卒嘉
慶庚午年三月廿日午時塋官山溝

繼

大坑園吳氏名盼娘生乾隆壬子年四月初九日午時卒
道光癸卯年二月初二日吉時

子三　唐石長房茲峴五子入承　唐岾　唐窒

茲千

廸輝公四子生乾隆戊戌年八月廿一日子時殤

茲雨

廸輝公長子字茲時

茲理

廸輝公次子字茲道生　年正月廿九日　時卒

年八月初六日巳時

茲勵

廸輝公三子

茲動

廸珩公長子諱茲和謚茲斯生乾隆丙子年又九月廿三日丑時卒道光癸巳年五月廿一日未時葬官山埔坐西向東

妣西坑林氏名閨娘謚柔順生乾隆辛巳年十一月初十日

申時卒嘉慶庚午年二月廿四日辰時葬后邊拾莊金輿
九世祖泗瀏公仝穴
子五　唐緈　唐令　唐胆　唐吁　唐騰

茲河

廸慷公長子諱茲圖謚元進生乾隆辛巳年十月廿二日
未時卒年月日莫殁在臺海埔厝

妣

柯倉柯氏名謹娘生乾隆乙酉年正月十五日申時卒乾
隆戊申年三月廿八日巳時葬海沙墘
子二　唐孝　唐綿 承茲軒

茲咸

廸慷公次子名咸老諱茲情生乾隆甲申年二月廿七日
戌時卒乾隆戊申年四月十九日巳時葬海沙

配

埕邊蔡氏 改
嗣子一　唐乘 茲係長子承

茲軒　迪慷公三子名軒老諱茲静生乾隆丁亥年十二月廿一日　時卒嘉慶甲戌年三月初一日未時葬海沙墘至道光甲申拾在金内與父母仝葬官山穴

妣　梅林顏氏名塞娘生乾隆壬寅年十一月廿八日丑時卒同治壬戌十月初五日戌時葬官山

子三　唐綿（茲河次子入承）　唐滄（殤）　唐品

茲係　迪慷公四子名係老諱茲維生乾隆戊戌年六月十三日巳時卒嘉慶丙子年六月十九日卯時葬官山埔

配　呂厝呂氏名緣娘改

子一　唐乘（出承茲咸）

茲豫（殤）　迪慷公五子生乾隆辛丑年八月十九日亥時

茲拴 廸懷公六子廸答次子承名拴諱茲安生乾隆乙巳年十月十七日辰時卒咸豐壬子年十二月十一日辰時塟官山坐西向東

妣　氏

子二　唐起　唐着

第十八世

唐章 茲羨嗣子茲陞三子承字懋信業儒生咸豐三年癸丑十一月廿八日寅時

聘東坡吳氏名嗷娘生同治二年癸亥十月初六日辰時

唐軟 茲旦嗣子茲陞四子承生咸豐十年庚申八月初一日卯時

聘柯村柯氏名寬娘生同治七年戊辰七月十三日子時

唐擣 茲陞長子字懋國柯會柯、外甥入承生道光卄年庚子八月卄九日吉時

娶 梅林蔡氏名閨娘生道光廿七年丁未九月十八日吉時

子 廷尊 殤 廷鞍 廷嚮 廷躚

唐飯 茲陞次子生道光卅年庚戌十一月廿三日辰時

娶 埭邊許氏名孅娘生咸豐三年癸丑十一月廿三日吉時

子 廷擔 殤 廷禮

唐章 茲陞三子承茲羨

唐軟 茲堃四子承茲旦

唐総 茲堃五子生同治丙寅年四月初七日吉時塟西沙尾幼亡

唐盻 茲謟之子生道光九年己丑正月初六日亥時

娶溪邊許氏名碟娘生道光廿五年乙巳二月廿二日吉時卒咸豐十一年辛酉年十一月十七日吉時塟官山坐南向北

唐水 茲表長子生道光廿九年己酉三月廿一日戌時卒道光卅年庚戌六月　日吉時幼殤

唐類 兹表次子碩

唐吥 兹表嗣三子埜西沙尾 兹禁長子承

唐吥 兹禁長子出承兹表

唐業 兹禁次子碭埜西沙尾

唐赤 兹禁三子碭埜西沙尾

唐耻

茲禁四子生光緒元年乙亥六月十九日午時

聘梅林蔡氏名每娘生光緒元年乙亥二月廿五日亥時

唐秉

若老長子諱應正生道光四年甲申二月初六日丑時卒
失記

唐蕃

茲若次子生道光七年丁亥十一月廿七日午時往臺

唐滔

茲若三子出承茲聽

唐滔

茲聽嗣子茲若三子承生道光十年庚寅十一月卅日亥
時卒咸豐二年壬子八月廿三日吉時歿在臺

唐頊 茲苗長子生道光七年丁亥十一月廿九日午時卒咸豐二年壬子四月廿一日吉時

妣 柯坑張氏名免娘生道光十二年壬辰七月廿四日吉時
卒咸豐二年壬子三月卅日吉時
子三 廷興殤 廷呈殤 廷瀨唐浮長子承

唐庋 茲苗次子殤

唐蚕 茲苗嗣三子生道光廿一年辛丑六月初四日亥時
茲享長子承

娶窒厝蔡氏名摘娘生咸豐二年壬子四月初四日辰時
子 廷汲殤 廷魚

唐蚕 茲享長子出承茲苗

唐樟 玆享次子生道光廿五年乙巳九月十四日亥時
娶埭邊吳氏名糧娘生同治元年壬戌十月廿日戌時

唐榜 玆享三子承玆办壯殤

唐嬲 玆享四子生咸豐七年丁巳九月初四日酉時卒同治二年癸亥七月廿四日巳時塟西沙尾

唐榜 玆办嗣子玆享三子承生道光卅年庚戌十二月初二日亥時卒同治三年甲子正月初八日亥時塟西沙尾

唐認
茲筆長子生道光卅年庚戌十月初九日未時卒咸豐四年甲寅六月十一日午時幼殤

唐研
茲筆次子生咸豐二年壬子十月十三日未時卒咸豐三年癸丑六月十三日未時幼亡

唐炭
茲筆三子生咸豐三年癸丑十二月廿六日酉時
聘埭邊許氏名好娘生同治八年己巳九月廿九日未時

唐百
茲筆四子出承茲旋

唐恕
茲蓮長子生同治元年壬戌四月初一日未時

唐侃
茲蓮次子生同治九年庚午五月十八日辰時

唐樓
茲蓮三子生光緒三年丁丑九月初三日亥時

唐愛
茲蒲長子生同治十年辛未正月廿五日辰時

唐批
茲蒲次子生光緒三年丁丑七月廿五日卯時卒光緒丁丑十二月　幼亡

唐百
茲旋嗣長子生同治二年癸亥三月十六日亥時
茲筆四子承入

唐埂

茲顏次子生同治五年丙寅七月初五日卯時卒同治十年辛未九月初十日未時殤

唐釿

茲旋三子生光緒元年乙亥六月十八日寅時卒光緒二年丙子六月廿日寅時塟西沙尾殤

唐鮮

茲旋四子生光緒三年丁丑十月日卯時卒光緒四年戊寅六月初七日巳時幼亡

唐嗿

茲旋五子生光緒六年庚辰二月廿四日丑時幼亡

唐邪

茲德長子生咸豐七年丁巳五月十三日巳時

聘東坡吳氏名慈娘未婚而殁

繼埕邊黄氏名末娘生同治六年丁卯十一月廿日巳時

唐罵

兹德次子生咸豐八年己未九月廿四日辰時

唐浮

兹田養子生道光十年庚寅正月初一日巳時

禄位号唐子中舍王家承

娶東坡吳氏名禩娘生道光十五年乙未七月十三日亥時

子四　廷瀨（承唐頓）　廷簪　廷汰　廷綬（殤）

唐戲

兹白長子生道光廿三年癸卯九月初七日未時

娶燒灰許氏名麻娘生咸豐三年癸丑七月廿三日酉時

子　廷僭

唐毛 茲白次子出繼茲曾孫

唐分 茲白三子生咸豐六年丙辰九月廿三日丑時

娶柯坑柯氏名恨娘生同治六年丁卯八月卅五日卯時

唐盃 茲想長子生咸豐七年丁巳六月廿八日午時

娶柯坑張氏名素娘生咸豐十一年辛酉九月十二日午時

唐杵 茲想次子承茲甑碼

唐彪 茲想三子生同治十年辛未十一月卅二日巳時

唐燦
茲想四子生同治十三年甲戌十一月卄一日寅時

唐治
茲想五子生光緒五年己卯四月廿八日申時

唐毛
茲甑嗣長子生道光廿九年己酉九月廿三日亥時卒咸豐九年己未五月廿五日巳時（茲白次子承）　茲白次子承殤

唐杵
茲甑嗣次子生同治八年己巳三月廿三日酉時卒光緒五年己卯十月卄三日子時（茲賞次子承）　茲想次子承

唐粽
茲萬嗣子生道光八年戊子六月廿日午時卒同治八年己巳四月廿四日亥時塟官山下塚坐北向南（茲長四子承）

娶東村洪氏名五娘治

唐貯

兹長冢子諱唐罷生嘉慶十二年丁卯十二月卅日丑時卒同治
二年癸亥九月十四日丑時

妣

內厝張氏名樣娘生嘉慶十四年己巳十一月初九日卯
時卒道光八年戊子二月初四日未時

繼

妣山前王氏名孅娘生嘉慶廿四年己卯六月十七日吉
時卒咸豐八年戊午五月廿四日吉時合塟石室宮穴酐
子二　廷塘　廷彼出承唐好

唐貶

兹長次子諱唐㾐生嘉慶十七年壬申八月廿四日丑時
卒道光廿五年乙巳五月十四日　時塟官山下塚坐北
向南
嗣子二　廷輯唐耆次子承嗣　廷飽唐耆三子承

唐棗
兹長三子生道光五年乙酉十一月十五日酉時
娶英林洪氏名偏娘生道光十四年甲午九月廿三日辰時
子四　廷壽承唐室　廷輯承唐貽賜　廷飽承唐貽　廷霞

唐粽
兹長四子承兹萬

唐石
兹兒嗣長子生嘉慶廿一年丙子二月十九日亥時卒道
光十三年癸巳七月十七日午時葬官山埔坐西向東長
房兹碣五子入承
嗣子　廷崑唐岞次子承

塔江劉氏族譜

唐岞
兹兒次子生嘉慶廿五年庚辰十一月廿五日戌時
娶埭邊許氏名鷄娘生道光四年甲申三月初五日　時
子四　廷珍　廷篦承唐石　廷纓　廷貌承唐窒

唐窒
兹兒三子生道光三年癸未十二月初六日戌時
諱唐器卒在臺七月十七日吉時
嗣子二　廷壽唐棗長子承　廷貌唐岞四子承

唐綽
兹勳長子生乾隆四十六年辛丑十一月初四日亥時殤
嗣子　廷示唐呼六子承兼承唐乘

唐令

茲動次子諱唐布生乾隆四十九年甲辰正月十七日未時卒嘉慶廿一年丙子九月廿四日酉時塟官山埔

妣　港塔林氏名客娘生乾隆五十四年己酉七月廿二日巳時卒同治十一年壬申七月十三日未時塟官山埔

養子一　廷棟

唐胆

茲動三子諱唐豪謚尚清生乾隆五十四年己酉十二月初五日寅時卒嘉慶廿一年丙子八月十六日亥時塟崆

娶　石茵洪氏名庚娘改

子二　廷岔　廷賽

唐呼

茲動四子諱唐取生乾隆六十年乙卯六月初二日酉時卒咸豐九年己未三月初二日午時塟官山坡

妣　梅林顏氏名珠娘生嘉慶四年己未四月廿二日卯時卒道

光十七年丁未四月初六日辰時葬官山坡

子七　廷敎　廷閣　廷苞承唐品　廷糕　廷瞼

廷示雙承唐綍唐乖　廷彼唐貯次子承

唐聯

茲動五子殤

唐孝

茲河長子殤

唐綿

茲河次子承茲軒

唐乖

茲咸嗣子茲係長子承諱唐性生嘉慶十四年己巳三月十一日酉時卒咸豐五年乙卯九月廿五日未時葬官山坐南向北

妣溝境蔡氏名張娘生道光元年辛巳九月十一日吉時卒

道光廿四年甲辰二月十七日吉時塟官山埔
子二　廷藥　廷示 唐琈六子承 兼承寶繹

唐綿

茲軒嗣子茲河次子承諱唐經生嘉慶四年己未十一月
初四日巳時卒道光廿四年甲辰五月廿五日塟臺

妣

蕪曆曾氏名極娘生嘉慶十六年辛未三月十六日吉時
卒道光十四年甲午十二月初四日吉時塟官山頂 坐西向東

唐搶

茲軒次子殤

唐品

茲軒三子諱唐題生嘉慶十八年癸酉七月十一日辰時
卒同治己巳年十月廿五日　塟臺
嗣子一　廷苞 唐琈三子承

唐乘　茲傳之子出承茲咸

唐起　茲拴長子諱唐興生嘉慶廿三年戊寅七月廿四日丑時卒道光十年庚寅六月廿七日

唐着　茲拴次子生道光五年乙酉十月廿三日時卒咸豐二年壬子　塋臺

第十九世

廷尊　唐攜長子生同治八年己巳十一月廿五日戌時卒同治十年辛未九月廿二日酉時塋西沙尾碼

廷鞍　唐攢次子生同治十年辛未十一月初九日亥時

廷囓　唐攢三子生光緒元（二）年丙子四月廿七日子時

廷躔　唐攢四子生光緒七年辛巳正月初五日未時

廷擔　唐飯長子生同治（光緒）元（二）年丙子正月廿四日亥時卒光緒三年丁丑五月廿一日未時塟西沙尾

廷禮　唐飯次子生光緒庚辰年九月初十日辰（巳）時

廷興　唐須養長子殤

廷呈　唐須養次子殤

廷瀨 唐頌嗣三子唐浮長子承生咸豐七年丁巳五月十二日子時
娶柯坑張氏名香娘生咸豐十年庚申三月初四日辰時
子 丕旁殤

廷汲 唐蚕長子生光緒元二年丙子六月廿五日寅時卒光緒三年丁丑六月初十日戌時葬西沙尾

廷魚 庚蚕次子名金魚生光緒四年戊寅十月十二日寅時

廷瀨 唐浮長子出承唐頌

廷簪
唐浮次子生同治元年壬戌八月廿二日辰時
聘東坡吳氏名度娘生同治三年甲子五月十八日辰時

廷汰
唐浮三子名長汰生同治八年己巳二月初二日辰時
聘柯坑柯氏名擬娘生同治九年庚午九月十九日酉時

廷綏
唐浮四子生同治十一年壬申九月廿日未時卒同治十三年甲戌十月十二日申時葬西沙尾

廷僭
唐戲之子生光緒三年丁丑四月十六日丑時

廷塘　唐騣長子生道光十二年壬寅十月初八日亥時

廷彼　唐貯次子出承唐呼

廷輯　唐騣嗣長子唐棗次子承生咸豐十年庚申九月
卒同治三年甲子　塟西沙尾

廷鉋　唐騣嗣次子唐棗三子承生同治九年庚午二月廿四日
丑時

廷壽　唐棗長子承唐窒

廷輯　唐枣次子承唐貤

廷飽　唐枣三子承唐貤

廷霞　唐枣四子生光緒二年丙子正月初九酉時

廷昆　唐石嗣子唐吓次子承生咸豐元年辛亥九月初十日寅時

娶坑園吳氏名葉娘　改出

廷珍　唐吓長子生道光廿八年戊申十一月廿三日巳時

殤

廷昆 唐屺次子承唐石

廷纓 殤 唐屺三子生咸豐六年丙辰五月廿七日子時

廷貌 唐屺四子承唐窒

廷壽 唐窒嗣長子唐枣長子承生咸豐七年丁巳十二月廿四日午時

廷貌 唐窒嗣次子唐屺四子承生咸豐九年己未十二月廿五日戌時

聘埭邊許氏名先娘生同治九年庚午七月廿八日午時

廷示 唐緯嗣子唐呼六子承生道光廿一年辛丑六月十七日
時卒同治八年己巳四月十四日巳時
娶洪塘張氏名甜娘生道光卅年庚戌五月初六日
嗣子一　丕祖 廷彼長子承

廷棟 唐令養子生號廷樑嘉慶十八年癸酉七月廿七日卯時卒光緒
四年戊寅七月十三日卯時葬坑后坐卯酉兼甲庚
娶坑邊黃氏名醒娘生嘉慶廿一年丙子十一月廿五日
子三　丕忸出承廷葉　丕浪　丕盤

廷盆 唐胆長子生嘉慶廿四年乙亥正月初九日辰時
嗣子一　丕餁 廷賽三子承

廷賽
唐[illegible]次子生嘉慶廿二年正月十三日酉時卒同治二年
癸亥八月廿日戌時塟官山埔坐西向東

妣
埭邊許氏名桒娘生道光六年丙戌九月初八日酉時卒
同治七年戊辰七月廿四日巳時塟官山埔坐西向東
子四　丕嵤　丕煨　丕飦（承廷盈）　丕吹（承廷棠）

廷教
唐呼長子生道光三年癸未三月十六日巳時
殤

廷闊
唐呼次子生道光四年甲申十月十五日亥時

娶
埭邊吴氏名却娘生道光十六年丙申八月十一日酉時
子二　丕轅（出承廷糕）　丕敏

廷苞
唐呼三子出承唐品

廷糕 唐呼四子字廷献生道光十二年壬辰八月十八日未時
辛同治五年丙寅二月初九日申時塟官山坡

妣 梅林蔡氏名詮娘生道光廿九年己酉十二月廿日辰時
辛同治五年丙寅二月初拾日戌時未婚而殁塟梅林山
嗣子一　丕輭　廷閣長子承

廷瞼 唐呼五子殤

廷示 唐呼六子双承唐乖唐綽

廷狓 唐呼嗣七子唐貯次子承生道光廿八年戊申五月十六日巳時

妣 氏

子二　丕祖承廷示　丕通

廷蕖　唐乘長子生咸豐五年乙卯七月初九日亥時卒咸豐七年丁巳四月初九日　時

嗣子二　丕忸廷棟長子承　丕吹廷賓四子承

廷示　唐乘次子唐呼六子承生道光廿一年辛丑六月十七日　時卒同治八年己巳四月十四日巳時

娶　洪塘張氏名甜娘生道光卅年庚戌五月初六日　時

嗣子一　丕祖廷彼長子承

廷苞　唐品嗣子唐呼三子承生道光八年戊子十月初十日辰時

娶梅林蔡氏名伴娘生道光十五年乙未十一月十一日
時卒光緒三年丁丑七月廿日申時塟官山
子六　丕憦殤　丕甸　丕禯　丕儒　丕趨　丕担殤

第二十世

丕旁 廷賴之子生光緒五年己卯八月廿六日寅時
殤

丕祖 廷示嗣子廷彼長子承生同治十二年癸酉七月十六日
寅時

丕惁 廷棟長子承廷棨

丕浪 廷棟次子生道光廿七年丁未七月廿七日辰時
娶滸塔林氏名慶娘生咸豐九年己未十二月初三日
子 基下

丕盤 廷棟三子生咸豐五年乙卯八月初八日
殤

丕釬 廷盈嗣子廷賓三子承生道光卅年庚戌九月十四日子時
聘深安鄭氏名草娘生同治乙丑年九月廿八日未時

丕掌　廷春長子生道光廿五年乙巳十一月初三日巳時

娶柯村柯氏名圭娘生咸豐九年己未五月廿日

丕煨　廷賽次子生道光廿八年戊申八月初一日子時

娶漳州陳氏名鳳娘生咸豐六年丙辰五月十二日巳時

丕飦　廷賽三子承廷盈

丕吹　廷賽四子承廷業

丕輭 廷閣長子承廷糕

丕敏 廷閣次子生同治十二年癸酉四月初四日寅時

丕輭 廷糕嗣子廷閣長子承生同治二年癸亥十二月廿一日酉時

丕祖 廷彼長子承廷示

丕通 廷彼次子鳴

丕忸　廷葉嗣長子廷棟長子承生道光十八年戊戌八月廿八日巳時
聘上邊孫氏名還娘未婚而歿
繼娶前坡蔡氏名鸞娘生道光廿八年戊申八月廿二日辰時
子　基惠　基尺

丕吹　廷葉嗣次子廷賽四子承生咸豐四年甲寅八月初四日寅時

丕租　廷示嗣子廷狓長子承生同治十二年癸酉七月十六日寅時

丕憦　廷苞長子碼

丕甯

廷芑次子生咸豐十年庚申九月初四日子時

聘柯村柯氏名利娘生同治二年癸亥十二月十一日辰時

丕穗

廷芑三子生同治三年甲子三月初六日丑時

丕儒

廷芑四子殤

丕趨

廷芑五子生同治十二年癸酉十月十六日未時

丕担

廷芑六子幼亡

第二十一世

基下　丕浪長子生光緒六年庚辰四月初四日戌時

基惠　丕忸長子生同治九年庚午七月十二日卯時

聘山兜吳氏名送娘生光緒五年己卯八月十六日卯時

基尺　丕忸次子生光緒二年丙子九月初十日巳時

二份派五世譜圖

三房長宮后份支派

一世 始祖令史公

二世
一郎 世系分載長房譜中
二郎 世系分載二房譜中
三郎 子四

三世
誌伯 子二
誌仲 世系載在三房二海下
誌叔 世系載在三房三后巷份
誌季 世系載在三房四海會份

四世
直齋 子一
次 止

五世
永仁

塔江劉氏家乘

永仁 子二

六世
述齋 子一

七世
其璽 子五

八世
濱江 子三
英舉 子二

九世
華俊 子四
華泉 子三
華會
華臻 子一
華遷 子五

十世
君聘 子二
君遴
君逸 子二
君錫 子一
君鄒
君良
君榮 子一
君與 子一
君才 子一
君德 子三
君表
君名 子二
君望 子三
君制

英龍 止

英居 止

英泰 子一

華岳 止

華銓 子四

君佐

君任

君保

君銘

君聘 子二

十一世

肇御 子一

十二世

止楷 子三

十三世

尚裕 子七

十四世

遂掌 子四

遂管 子五

遂楚 子一

遂罟 子一

遂爽 子八

十五世

進擇

進旆

進銓

進雍

進稟

進爾

進郡

進眼 子六

進康 嗣子一

進丁

進坡 子三

進敫

進鶴 養子一

進納 出承字劉

尚唐 子一
尚篤 子二

遂六 止
遂七 止
遂叅 子四
遂甫 子六

進守 出爲螺陽
進陜 殤
進矛 承海倉份永祺
進婢 殤
進瑛 養子一

進乞 子二
進予
進溆
進可

進春 嗣子一
進棠 子一
進敞 子七
進曙 嗣子一
進軒
進頼 承遂炳

塔江劉氏族譜

- 君逸 子三
  - 肇業 子三
    - 正珀
    - 正樞 俱遭兵分散
  - 肇寀 子一
    - 正福 養 子三
      - 尚典 子二
        - 阿喜
        - 阿岩 俱住潮州
      - 尚課 子三
        - 遂江
        - 遂老
        - 遂炳 嗣子一
          - 進賴 子一 遂甫六子沐
      - 尚默
  - 肇[illegible] 子二
    - 正興 子五
      - 尚科 子五
        - 遂蔡
        - 遂揮
        - 遂蓮 出繼長房六陵
        - 遂玉 出繼公制大譜出繼成選
- 遂龍 子五
  - 進力 殤
  - 進纂 子三
  - 進位 殤
  - 進坦
  - 進咩 殤

君賜

肇庚

正崇

正玖

正立

尚明

尚印

尚訓

遂

遂

肇崇

酉叔

來英叔

按肇崇酉叔來英叔皆肇容公一行兄弟失傳其系

君榮 子一

子叔 子一

戍 子二

尚都 子三　尚輔 子四

遂琳 子二　遂汪 子二　遂官 子二　遂維 子三　遂晏 嗣子一　遂晉 子五

進淡　進贊 遂晉四子承 子四

進聲　進揚 子二

進柔　進淵

進厚　進施 承遂晏　進聯

進施 遂維次子承 養子一

進來　進贊 承遂琳　進水 分出石蘭縈　進請 分出西安王　進畧 隨母出

君與

十一世
良公 子三

十二世
正伍 子三

十三世
長聰 被擄
尚偲 子三
尚禮 子三

十四世
遂好 子二
遂儼 子二
遂準 子三
遂拱
遂懷 子一
遂載 子二
遂敏 子四

十五世
進聽
進草
進信 子三
進速 子四
進籌 子二
進謬 子一
進総 承遂拱
進総 遂準三子承
進桂 子三
進葵 嗣子一
進式 遂敏次子承 承孫一
進註 叅子一
進式 承遂載
進布

君才
[illegible]公

君德
源公 止
瀨公 子四

正榜 止
正乙 止
正春 子三

尚鳳 子二
尚平 子二
尚三 子二

遂標 子一
遂泰 子三
遂天 子二
遂秋 止
遂 幼殤
遂佑 子五

進茅
進服 子一
進雄 子三 承遂天
進達
進豪 殤
進養 殤
進達 子四 遂泰次子承
進堅 子二

潛公 止

勵公

英公

進藺

進閩 子三

進卽

進葛

君召 子二

十一世

沛公 子三

十二世

正任 正

正季 養子一

十三世

尚全 子四

十四世

遂開 子四

遂響 子二

遂用 子二

遂泗 子二

十五世

進聰 子二

進睿 子四

進蔭 子二

進文

進鑄

進秀 子三

進豹 子一

進虎

進芸 殤

進香 子三

濬公

肇翰

肇畧

肇俊

肇默

此皆查正槐公所填神牌及藏殘篇舊譜無載

不知何系但係正槐之親姑附載於此

十一世

君望

洲公 子三

十二世

正斗 止

正喜 止

正晋 子二

十三世

尚回 子三

十四世

遂治 子四

十五世

進厲 錫

進庚

進咏

進賞 出外姓

遂潢 二

進對 子二

遂瑛 子二

進忠 子二

進祿

尚顧 止

洧公

斐公

肇藝

叔仲濤 此三名不知世系

外英

君佐——彰公

君任　瀚公

十六世 十七世 十八世 十九世 二十世

進眼 子六

迪螺 殤
迪豆 承進乞
迪於 承進康
迪浩 出承海下 份進欽
迪科 子六
迪全 子四

茲璧
茲影 出承海會迪 詞改名服
茲水 承迪豆
茲載 出承東埔邊 宗派
茲森 子五
茲謗 幼亡

唐鑿
唐淵
唐嶺 幼殤
唐囂 承茲水
唐楓

進康 嗣廿八

迪於 子二 進眼三子承八

茲社 子四

唐發 幼亡

進坡 子三
進鶴 子二
進瑛 子一

廸菊 子二
廸壽 殤
廸守 子一 住台海埔厝
廸興 卒台
廸送 一三

玆鉠 殤
玆標 子一 即坡標
玆入 幼亡
成業 幼亡
玆裔 子四
玆宗

唐縱 幼亡
唐昇
唐然
唐閏 又名和尚
唐塔
唐卜
唐下 幼亡
唐双 幼亡

進[illegible]
廼[illegible]
玆[illegible]

廼豆 子二
玆初 子四
玆棟 子一
唐摄 玆初次子承
唐誼 殁七
唐掇 承玆棟
唐[illegible]
唐喫
玆水 廼全長子承 嗣子一
唐鳳 玆森長子承

進春 嗣子二
廼抵 進敬三子承 子四
玆反 承廼端
玆靜 承廼泉
玆桶 子一
唐盛
玆珍 殤

進崇 子一
廼愁 住台

進敬 子七

廸架 子五
廸泉 承進頻
廸泜 承進春
廸端 子二
廸着 子四

玆睨 子一
玆每 子五
玆玲
玆册 承海翁廸百
玆炭 絕
玆反 廸泜長子承 子二
玆濆 出看長子承
玆濟 承廸烘
玆桔

唐鉚 承玆每長子
唐鉚 承玆睨
唐窶
唐作
唐頭 絕
唐屎
唐厘 養
唐平 養頭

進揚 子二
進施 養子一
進信 子三
進速 子二

廸強 子二
廸吟 殤
廸益 養
廸鑒
廸覃
廸路
廸渤 嗣子一
廸溪 嗣子一
廸深 嗣子一

茲煜
茲時 嗣子二
茲縷 廸趣長子承 子二
茲蠟 廸趣次子承
茲姜 廸趣三子承

唐喑 茲勤長子承
唐展 茲他三子承
唐租
唐櫕 茲祺五子承

塔江劉氏家譜

進籌 子二

廷起

廸曉 子六

廸忍 子七

兹綵

兹蠟 承廸溪

兹篓 承廸溪

兹崎

兹栽 子三

兹雕 嗣子一

兹象 殤

兹剖 殤

兹園 外出漳州

兹貨 承廸渠

兹朕 子五

唐買 承兹雞

唐床 殤

唐窓 子二

唐買 兹栽長子承

唐㫬 子三

廷賤

廷猴 承唐𠬙

廷尅 殤

廷池

廷砧

進諤 子一

進桂 子三

廸渠 嗣子二

廸悠 承進桂長

廸賍

廸謚 出采宗長

玆等 承進武為孫住台

玆長 承廸渠

玆埕 殤

玆誰 殤

玆奮 分出洋庄蔡

玆串 嗣子一

玆長 廸悠三子承

玆貨 廸睦之六子承

唐砚 分出東石

唐夢 承玆串

唐皆 殤

唐檳 承玆綾

唐夢 玆渼三子承

唐双 幼亡

廷猴 唐褒次子承

進癸 子三
廸懇 進癸長子[illegible]
兹等 廸懇次子承

進式
闕

進詿 養子一
廸講 子六
兹腆 子一
唐遯
兹他 子四
唐揣
唐邂 [illegible]
唐侵 承孫時
唐輯
兹副 出嗣[illegible]
兹勤 子二
唐暗 承孫時
唐剀
兹楮 殤
兹茅 承[illegible]海會廸詞

進服 子一
廸連

- 進雄 子三
  - 廸舉
  - 廸齊
  - 廸賤 進達次子承
- 進達 子四
  - 廸振
  - 廸賤 承進雄
  - 廸樹 子四
    - 玆月
      - 唐 幼亡
    - 玆俩 殤
    - 玆潭 殤
    - 玆牛 殤
  - 廸奚 子二
    - 玆板 殤
      - 唐體 玆詠三子承
    - 玆澣 分出
- 進堅 子二
  - 廸鏊
  - 廸伴 子一
    - 玆杭 子五
      - 唐岩
      - 唐芽 幼亡

進閨 子三

廸遥 子五
廸伴 承進堅
廸學 后卷進鷄次子承子四

玆訩 子四
玆喫 殤
玆杭 承廸伴
玆喊 出承海倉廸棘
玆嗹
玆蒂 后卷廸唱四子承
玆晏 承廸汾
玆托 分出埕漫黄

唐箕
唐項 幼亡
唐蓝
唐文
唐廣
唐體 承玆板
唐錦
唐别
唐譪

進聰 子二

進睿 子四

廸曲 子二

廸盞 殤

廸傳 止

廸戊 子五

廸入 承進簽

廸文 殤

茲冉 幼亡

茲飽

茲孫 幼亡

茲魏 子一

茲坑 承廸入

茲見 殤

茲芩 子三

茲握

唐珍 養 住台

唐矧 子一

唐欉 嗣子一

唐褫 出承王扳洪

唐接 出承碧三子出

廷姚 出承唐欉

廷姚 唐樑子出 幼亡

進階

迪毅

迪入 進睿三子承

玆坑 迪戊次子承

進秀 子二

迪灣

迪兵 進香次子承

玆繒 子一 迪養四子承

唐水

進豹

迪元 住台坎頂

進香 子三

迪涯 子一

玆碧 子五

唐柴 子一

廷皮

唐溥 幼亡

唐接 承玆岑

唐坐

唐芳

迪兵 承進秀

迪養 子四

玆正 止

茲閣 子一

茲盤

茲繒 承通兵

唐播 茲晏長子承

進對 子三

通裔 殤

通福

進忠 子二

通汾 嗣子一

通柿

茲晏 子二 通學次子承

唐播 承茲閣

唐盆 殤

塔江劉氏北里分派族譜

三房長宮後分世次

第一世

始祖令史公

諱拓於宗中排行一百二十九故呼之曰九哥公仕宋為朝散大夫行軍令史信國公督府叅佐有行軍令史圖書在塋本鄉西邊埭墘

妣蘓氏

子三　一郎　二郎　三郎

第二世

一郎公　世次分載長房譜中

二郎公　世次分載二房譜中

三郎公　令史公三子三房分基之祖生失載卒　年五月廿二日　時

妣　氏生失載卒　年七月十六日　時葬西邊潭墘

子四　誌伯　誌仲　誌叔　誌季

第三世

誌伯[redacted]公長子宮後份分基之祖

妣　氏

子二　直齋　次　無傳

誌仲世次分載三房二海下份譜中

誌叔世次分載三房三後巷份譜中

誌季世次分載三房四海倉份譜中

三房譜帙頗繁分房另脩便於檢閱譜付族長老主掌無故不許混閙譜底付各房收管所以崇祖宗禁簡褻也

第四世

直齋　誌伯公長子

妣　氏

子一　永仁

次　誌伯公次子

生卒塋配世隆公脩譜時已無備載今惟仍其舊有則錄之無仍缺之

妣　氏

第五世

永仁 直齋公長子　塋本山溝前樹木為蔭今已剷伐

妣　氏

子一 述齋

第六世

述齋 永仁公長子　與永仁公仝塋溝前

妣

子一 其璽

第七世

其璽 述齋公長子名環宗字嚴運生成化壬寅年正月初二日寅時卒嘉靖辛酉年四月十六日吉時葬江湖邊今改名公王邊

妣 柯氏謚慈勤生成化甲辰年七月十七日巳時卒嘉靖巳未年四月十一日巳時至道光丁未年改合葬官山埔頂坐西向東

子五　濱江　英舉　三龍　四居　英泰

第八世

濱江 其璽公長子名胄生失載卒　年八月廿八日　時

如 吳氏生失記卒　年四月初二日　時

側室方氏生莫攷卒　年三月廿八日　時合葬後堀頭

坐東向西今名雙湖墓後

子三　華俊吳出　華泉　華會俱方出

英舉 其璽公次子名畧號西潮生卒俱缺葬江湖邊今改公王邊

妣 張氏

子三　華臻　華遷　華銓

三龍 其璽公三子

長殤

四居 長鴞 其璽公四子

英泰 其璽公五子名興號見容

妣陳氏

子一 華岳

第九世

華俊 濱江公長子字國秀號愛江生缺卒　年九月初一日

妣王氏生缺卒　年十一月十一日　時塟本山後堀頭

內坵坐東向西

子四　君聘　君遴　君逸　君錫

華泉

濱江公次子字國淵號襟江

妣黃氏

子三　君弼　君良　君榮

華會

濱江公三子字國賢號我江

塋後荒頭

妣蔡氏

塋石路頭

子一　君與

華臻 英舉公長子字國立號見沙享年六十三 塋石路頭

妣柯氏

繼妣梁氏

子一 君才 梁出

華遷 英舉公次子字國讓號靜軒享年七十三

妣陳氏生　年六月初六日　時卒　年五月初五日

時合塋石路頭

子五　君德　君表　君召　君望　君制

公服勤趣家嗇約自將年週燕甲而孟季諸曹竣事矣世道

之樂當與次松公伯仲

[illegible]江[illegible]爲予言及靜軒公一二軼德窈

未嘗不心指屈也而恨不獲見其人歲辛酉公之孫灝從予游獲接其長君道謀文物楚楚言貌多強人意所謂不知其父視其子可矣矧公有丈夫子五而公之姓曹奮翔興如物方甲如氣方春公之烜赫於其後者皆公不朽之遺也嗚呼非公令德之厚其孰與於斯其孰與於斯

星伯曰余生也晚未挹公概得公孟子道謀君稱述公德者通古稀有丈夫子五孫子盈堦噫嘻公食天之厚以享其嘏更留其不盡遺道謀君之裔其操左券而責者與

英舉公三子字國評歸南江

華銓

妣謝氏

子四　君佐　君任　君保　君銘

華岳 英泰公長子

妣 氏

第十世

君聘 華俊公長子字道衡生鉄卒　年二月十三日　時塋後堀頭外坵中堆與功弟君與仝塋

妣 沈前埔蔡氏生失卒　年五月十八日　時塋启石路頭子肇御婦張氏祔

子二 肇御 肇業

君遴 華俊公次子

妣六

按肇敏公填奉神牌有二伯呈江八月初一日忌辰與祖考仝塋三壙合則呈江係君遴公無疑又書四叔箰軒公三月初七日忌辰塋赤埕下四孀黃氏卒康熙癸卯年正月廿六日忌辰塋海沙係君錫公妣黃氏歿之則箰軒係君錫亦可無疑丙午脩譜草率了事使人憒然矣

君逸

華俊公三子字道鴻生萬曆乙酉年七月廿五日　時卒康熙壬寅年三月卅日　時

妣路東陳氏生莫攷卒　年四月初五日　時

繼妣前湖蔡氏生萬曆丙申年九月十一日　時卒康熙甲辰年七月十七日　時塋石路頭穴卯酉乙辛係合塋

子二　肇客　肇敏蔡出

君錫

華俊公四子字道振謚菊軒三月初七日忌辰

妣

黃氏　正月廿九日遭兵溺水塟海沙

女一名大娘適大房許家

按肇敏公書奉神牌四叔菊軒公三月初七日忌辰四嬸黃氏正月廿六日忌辰君錫公為華俊公四子肇敏公稱四叔則菊軒係君錫公了然矣舊譜載君錫公一女名大姑適大房許家而肇敏公書主為斗兄諱肇庚三月十七日忌辰許甥是日来拜忌又傳大姑早失恃王母撫養正月廿六日来供祀銀紙以報德故黃妣卒日相合則斗兄為君錫公之子無疑又有亥叔諱肇崇酉叔來英叔皆肇敏公功兄弟也同正月廿六日遭兵溺海丙午脩譜失於查究致蒙混孰為君遴公君錫公之子耳

舊譜載公君錫公一女適大房許家按肇敏公所填神主乃斗兄諱肇庚公之女在十一世之列與此無干丙午脩譜糊塗了事遺落肇庚公無宗支可接

君弼 華泉公長子

妣 氏

君良 華泉公次子

妣 氏

君榮 華泉公三子字道耿

妣草洪塘黃氏　塋坑後坐北向南

子一　子叔

君與　華會公長子字道受生萬曆　年十二月廿日　時卒
年七月十三日　時塋後堀頭與功兄君聘公合塋外垃中堆

妣鄭氏生卒失記

繼妣林氏生卒前譜俱失載

子一　辰公林出

君才　華臻公長子字道爲　塋西邊

娶張氏改

子一　端

君德　華遷公長子字道謨號新軒生前譜失載卒　年四月
十九日　時塟石路頭拱北
妣林氏生前譜已莫攷卒　年五月十八日　時塟柴頭堀
子三　源　灝　潛

君表　華遷公次子字道貞
妣王氏
側室陳氏

君召　華遷公三子字道遠號心軒生萬曆　年四月初八日
時卒順治戊戌年十月十九日　時與長子肇霖塟石
路頭穴已亥巽乾

妣蔡厝許氏生萬曆　年四月十四日　時卒順治　年

澧遷仝姪滐寅合塋石路頭田仔澳

子二　沛　濬　舊譜僅載沛公濬公查之木主尚

有肇韜肇畧肇俊肇默

君望 華遷公四子字道儀號振軒生萬曆年二月初二日　時

卒　年十二月廿四日　時

妣山兜李氏生前已莫攷卒　年七月初七日　時塋本

山新塘內掞西

子三　洲　洧　斐

君制 華遷公五子字道觀

妣張氏

君佐 華銓公長子字道宣

妣黄氏

子一 澎

君任 華銓公次子字道職

妣王氏

子一 瀚

君保 華銓公三子

妣林氏

按庚辰脩譜再查神主内填君寶劉公生於明朝辛丑年

十二月初五日卒於清壬辰年四月廿日塟在晋江十一都塔頭鄉土名柯王坐東向西妣林氏諱年娘生辛亥年五月廿三日亥時卒戊辰年十月初九日酉時墓寄塟庄南安縣西門外土名麒麟山坐西向東孝男孟英奉祀歷先世譜牒有君保公名字碍音同字不同未知十世此人抑或別世未可確據所以疑而未定附補於此以存祭祀

第十一世

君銘　華銓公四子

妣　氏

肇御　君聰長子名京叔諡肇陞生萬曆丁未年八月初十日
時卒康熙乙巳年五月初三日　時
妣　張氏石佛山前人生萬曆壬子年　月　日　時卒崇禎
戊寅年十二月廿七日　時合塋石路頭與母蔡氏仝塋
繼　妣內厝張氏遭遷生莫攷卒康熙丁巳年七月初五日
時塟潮州揭陽縣北門義塜
子一　正楷 前張出
舊譜書前妣卒崇禎戊寅而正楷公生順治丙戌卒九年
實舛誤至此想必非戊子即庚寅也
公同前後妣遭遷居潮殁焉至孫彌侯堅尋數載始得負骸
歸與前妣仝母蔡氏合塋石路頭後妣塟揭陽北門義塜
尋覓不得

肇業　君聰公次子名寅叔生無載卒　年正月廿六日遭兵
溺水塟西沙句南

妣石菌黃氏生失載卒　年六月初二日　時塟海沙

子二　珀　樞 遭兵分散

肇寮

君逸公長子名省叔謚明祥生崇禎己巳年七月十七日巳時卒康熙己丑年正月十六日辰時塟與妣柯氏仝穴

妣柯坑柯氏生崇禎年六月十七日　時卒康熙丁丑年十二月十九日亥時塟和尚埭拱南子正福祔

子一　正福 養

肇敏

君逸公次子名己叔生崇禎丙子年八月初五日巳時卒康熙己卯年七月十八日酉時塟與妣仝穴

妣白沙蔡氏名催娘生崇禎壬午年七月廿八日巳時卒康熙甲戌年九月初七日子時塟埕邊面拱東

側室　氏 改

子四 正興養 正崇 正玖 正立俱係出

肇庚 按肇客所書神主故兄肇庚名斗兄生天啓辛酉六月初二日卒順治甲午年三月十七日祔葬石路頭穴卯酉乙辛有一女名大姑適大房許家查肇庚係君錫公子

肇崇 亦肇客公所書神牌故兄亥兄肇崇正月廿六日溺海又傳有

酉叔

來英叔 皆肇客公一行兄弟失傳其系

子叔　君榮公長子名子叔謚異資生萬曆　年四月初四日
卒　年六月初一日塟石路頭
妣柯倉柯氏生天啓壬戌年六月初二日吉時卒康熙戊寅
年七月十八日未時塟石路頭向西子正樹婦柯氏祔（合）巽乾辰戌
子一　戍

辰叔　君與公長子名辰叔謚異儔生萬曆丁巳年十月初五日
辰時卒康熙庚申年四月初六日丑時塟後堀頭子庭芳婦許氏祔
妣鍾坑許氏生　年十月十八日　時卒　年四月十
三日　時塟金門
繼妣泉城　氏適還生卒失載塟海沙
子二　正伍　正榜
公三十六歲遂稱重慶值朝命還都未能即移康熙癸卯
正月廿五日天兵押還一家分散者六人

端

君才公長子

妣　氏

源

君德公長子字肇開謚玉泉

妣蔡氏

繼妣張氏

灝

君德公次子字肇儲謚霖泉生前譜失載卒　年六月十三日　時塟潮州

妣塘邊歐氏生前譜失載卒　年正月初五日　時塟坊內與西垵媽並坐

子四　乙　正春　勛　英

君德公三子名酉叔

潛

妣　氏

君召公長子名戌叔字肇霖謚澍宇生天啓壬戌年十月廿二日　時卒順治辛卯年四月廿八日　時與父合塋石路頭頂坵中堆向西

沛

妣

衡兜張氏生天啓壬戌年三月初七日　時卒康熙壬寅年六月十四日午時塋石路頭

子二　正任　正季

濬

君召公次子

妣氏

肇韜 舊譜只載沛公濬公查正季公所奉祀神牌及藏殘編有肇韜名細叔正月廿六日忌辰係康熙癸丱年溺海

肇畧

肇俊

肇默 名尾叔卒十一月廿八日皆沛公一行兄弟莫稽其系不敢遺落祔録于此

洲

君望公長子名寅叔字肇芳謚及軒生萬曆戊午年四月
十二日寅時卒崇禎癸未年十二月廿四日　時

妣

衛兜張氏生萬曆戊午年八月初二日　時卒康熙癸卯
年八月十一日　時合塋石路頭向西
子三　斗　喜　正晉

淯

君望公次子名大己叔字肇紋生前譜失載卒康熙年十
二月十八日辰時塋

妣

氏生前已失載卒康熙年九月十一日　時塋莫敀
大己叔無嗣有侄曰順叔查主有填伯父肇封伯母黃氏
侄正順奉祀瀚雍係大己叔順為肇斐公子但主填肇封而
舊譜硃書斐公字肇紋乃係長房藏譜晉侯所書所以疑
而未定又有主書肇藝妣許氏子外英仲瀩孀蔡氏故老

[illegible]此趙庚辰脩譜再查神主肇藝妣
許氏卒二月十六日再録存祀

肇斐
君望公三子

肇藝
妣許氏
子一 外英

叔仲渏
此皆查正晉神牌不敢遺落姑録於此
孀蔡氏

塔江劉氏家譜

澎
君佐公長子
妣　氏

瀚
君任公長子
妣　氏

第十二世

正楷
京公長子名德叔謚寬弘生順治丙戌年八月十五日丑時卒康熙壬辰年九月初八日申時咸豐乙卯年五月初十日考妣與曾孫進敞婦張氏合塋後塚頭穴乙辛卯酉外坵忡妣堆

妣　澄海南洋市李氏生順治辛丑年十月初四日申時卒康熙甲午年八月廿日午時

子三　尚裕　尚唐　尚篤

正珀　肇業公長子名珀叔生順治庚寅年　　卒年十一月初八日　時塟海沙

正趙　肇業公次子

長殤

正福　肇容公長子養名福叔諱正棟謚寅良生順治乙亥年九月廿五日辰時卒康熙戊辰年正月初九日酉時塟和尚埭與父仝塋

娶　氏改

子三　尚典　尚課　尚詔

正興 肇敏公養長子諱正標謚端懷生康熙甲辰年正月廿九日辰時卒康熙丁酉年七月初十日午時葬臺灣茄藤社口

妣 埕邊謝氏名罕娘生康熙丁未年十月初八日午時卒　年十二月初四日　時葬海沙

子三　尚科　尚明　尚印

正崇 肇敏公次子名崇叔諱正檜生康熙戊辰年　月　日　時康熙　年三月廿九日卒于臺葬臺之赤山滾水仔

配 石菌蔡氏 改

正玖 肇敏公三子名玖叔諱正樞生康熙辛未年六月初三日丑時卒乾隆壬申年十一月初五日丑時葬西沙尾

娶 安平連氏 改

子一　尚訓 長殤

正[illegible]
[illegible]生康熙丁丑年二月初三日
丑時雍正年卒于臺

戊
子叔公長子名戊叔諱正樹生崇禎己卯年七月初二日
戌時卒康熙戊辰年三月十四日戌時
妣
柯會柯氏生順治丙戌年三月廿八日未時卒康熙丙子
年正月初五日寅時合塋石路頭祔母仝塋
子二　尚都　尚輔

正
伍
辰公長子名伍叔諱正柱謚庭芳生崇禎丙子年八月十
五日午時卒康熙庚申年十一月十九日辰時
妣
西塘邊李氏正月廿五日分散
繼
妣燒灰許氏名卯娘生崇禎癸酉年二月十六日卯時卒
康熙丙戌年十月十一日辰時與祖異儔公合塋後堀頭西面

子三　尚聰李出被擄　尚恕　尚禮

正榜

辰公次子名榜叔生順治丙戌年十一月廿五日戌時康熙　年三月廿六日未時卒于臺

妣楊宅楊氏正月廿五日遭兵分散被擄

乞

灝公長子名乞叔生前譜失載卒　年七月十八日時塋前亦失載

妣　氏

正春

灝公次子名春叔諱正椿謚珍茂生崇禎庚辰年正月十九日巳時卒康熙戊子年十月廿三日巳時

妣梅林蔡氏名傳娘生順治丁亥年五月初九日亥時卒乾隆丙辰年三月十七日未時合塋灶仔墓後穴乙辛卯酉

子三 尚鳳 尚平 尚三

勵

灝公三子因遷流離生卒塋配莫攷

英

灝公四子

殤

正任

沛公長子名任伯諱正極生前已失載卒　年四月十九日　時

妣　氏

正季

沛公次子名季叔諱正槐謚應瑞生崇禎癸未年二月廿一日未時卒康熙戊子年八月十四日戌時

妣石菌黄氏名宫娘生順治乙酉年十一月廿七日巳時卒康熙甲戌年三月初四日丑時

繼妣滄邊陳氏名五娘生　年五月十四日亥時卒年十月廿五日辰時塟石路頭公媽未知有合堆

子一　尚全養

斗

洲公長子因遷流離生卒配塟前譜失攷

喜

洲公次子因遷流離生卒塟配前譜無攷

正晋

洲公三子名晋叔諱正柄謚華高生崇禎癸未正月初八日亥時卒康熙乙未年七月初五日辰時

妣坑園馬氏名緞娘生順治庚寅年四月十八日戌時卒康熙乙未年十月十六日酉時合塟本山三寶墓子尚回婦黃氏次孫婦張氏孫遂琰祔合二堆

子二　尚回　尚願

外英　肇藝公之子生卒失記

第十二世

尚裕　正楷公長子名裕叔諱尚佐字弼侯生康熙乙丑年六月廿八日辰時卒乾隆　年正月初五日　時

妣坑前王氏名完娘謚儉德生康熙壬申年十一月初七日亥時卒乾隆戊寅年七月廿二日　時合塟頂石路頭金筊椅手北畔弟尚唐弟婦陳氏祔

繼妣廣南　氏

子七　遂掌　遂管　遂楚　遂爵　遂輿俍去　遂六

遂七廣出在廣南

尚唐

正楷公次子名唐叔諱尚偉字鉅侯號純朴生康熙丁卯
年十月十五日巳時卒康熙乙未年六月十八日巳時

妣埕邊陳氏名隨娘生康熙甲戌年三月十七日酉時卒乾
隆庚寅年九月初二日辰時合塋石路頭祔兄獅侯嫂王氏壙內

子一　遂參

青年寡守撫孤成立今亦孫曹累累矣

尚篤

正楷公三子名篤叔諱尚信字和侯生康熙辛未年四月
廿二日寅時卒乾隆乙酉年八月廿二日巳時塋石路頭
穴乙辛辰戌在北堆

妣石菌黄氏名孟娘生康熙己卯年八月初十日亥時卒乾

隆壬寅年三月廿八日巳時塟衙内向西子遂甫婦顏氏仝穴

子二　遂甫　遂龍

尚典

正福公長子名典叔生康熙壬戌年三月初三日　時

移居潮州府

妣柯坑柯氏生康熙庚午年卒康熙丁亥年二月初二日

時塟海沙

繼妣潮州　氏

子二　阿喜　阿岩

尚課

正福公次子名誥叔字命侯生康熙乙丑年九月廿五日辰

時卒塟在臺

妣白沙周氏名月娘生康熙甲戌年十一月十九日寅時卒

乾隆庚辰年七月十三日戌時塟西沙

子三　遂江　遂老　遂炳

尚詔

正福公三子名熙叔諱尚治生康熙丁丑年九月廿日卯時康熙辛丑年六月廿八日巳時歿于臺

尚科

正興公長子名科叔字愧侯生康熙丁卯年八月初五日午時外出不知所終

妣曾庄曾氏名豫娘生康熙辛未年三月初八日寅時卒塋

子五　遂琴　遂揮　遂運出繼長房肯侯　遂玉舊大譜書出繼成選出繼公剡　遂簫

尚明

正興公次子生康熙丙子年九月廿二日巳時康熙甲午年十一月初八日申時溺海

尚印 國興公三子生康熙癸未年七月十八日酉時
住臺之溪洲
妣 四石柱吳氏
子二 遂 遂

尚訓 正玖公長子生雍正乙巳年五月初四日子時乾隆年卒
于臺

尚都 戍公長子名都叔諱尚錦字披侯生康熙丙辰年二月初
七日申時卒雍正戊午年正月廿六日丑時與胞弟尚輔
合塋赤墓頂
妣 路東陳氏名瑞娘生康熙甲子年九月十三日巳時卒雍
正丁己年七月廿五日辰時塋五斗頭穴艮坤長男遂琳長婦黃氏祔
子三 遂琳 遂汪 遂官

尚輔 戊公次子名富叔諱尚玉字崑侯生康熙癸亥年四月十五日酉時卒乾隆乙亥年正月廿九日辰時與胞兄尚鄰合塋赤墓頂

妣 梅林蔡氏名黍娘生康熙庚午年三月初四日未時卒乾隆戊午年六月十八日亥時塋五斗頭穴巽乾辰戌 長男遂維祔 長婦蔡氏祔

子四　遂維　遂晏殤　遂晉　遂好

尚聰 正伍公長子 被擄

尚恕 正伍公次子名恕叔諱尚聘字時侯謚直芳生康熙壬子年十二月初九日卯時卒乾隆壬午年閏五月十六日晡

妣 路東陳氏名濁娘生康熙丁巳年八月初六日辰時卒乾隆己巳年八月廿七日未時合塋前薛面拱東長男遂儼祔

子三 遂儀 遂準 遂拱 綵

凡事可以倖獲惟壽考不可以力營情可以巧飾而慈孝不可以虛莊蓋人當桑榆之景氣象矍鑠孫曾竹立先意承志問寢問衣一段雍和之氣洋溢於几杖嶶水間其事誠順其情良非淺鮮翁壯歲豪概翩翩鄉族所重率我族人建祠以事烝嘗構廟以安神靈立心行事一以古道是遵無他得天孔厚中之所存既固則外之所遇自適故年躋耄期精神烱烱起居飲食猶如少壯時所謂健飯老廉頗者非乎一堂四代子孝孫慈晚景雍容如翁者殊未易數之覯也

弟際侯謹識

尚禮

正伍公三子名禮叔諱尚袮字秩傾生康熙丙辰年十一月初八日寅時卒乾隆戊辰年八月廿一日巳時

妣石菌王氏名寶娘生康熙癸亥年六月廿三日午時卒乾

隆己卯年二月廿九日巳時合塟深泉頭面西長子遂懷祔

子三　遂懷　遂戴　遂緻

尚鳳

正春公長子名鳳諱尚瑞字岐俟生康熙辛酉年正月初三日辰時卒雍正壬子年八月初五日丑時

妣　柯舍柯氏名完娘生康熙辛酉年十月初一日丑時卒乾隆己卯年正月十九日未時合塟后荒頭穴乙辛長子遂標祔

子二　遂標　遂泰

尚平

正春公次子名平叔諱尚評字班俟生康熙癸亥年十二月十八日午時卒乾隆庚午年十二月初五日戌時塟官山地內向北與遂泰並坐　兩堆在西

妣　塘邊歐氏名貴娘生康熙己巳年七月十七日酉時卒康熙己丑年四月初十日午時塟海沙

繼

妣塘邊蔡氏名省娘生康熙丁丑年八月十八日未時卒

乾隆丁卯年九月廿六日巳時葬官山頂向北

子二　遂天　遂秋 俱蔡出

尚三

正春公三子名三叔諱尚儀字節侯生康熙丁卯年九月

廿七日辰時卒乾隆辛未年十月廿五日酉時

妣　柯會黃氏名金娘生康熙乙亥年九月初九日酉時卒康

熙庚子年二月廿六日辰時

繼　妣謝厝謝氏名愔娘生康熙丁丑年四月廿四日辰時卒

乾隆乙酉年八月初三日卯時合葬后崙頭穴乙辛辰戌

子二　遂 黃出幼殤名字前譜已失查稽　遂佑 謝出

尚全

正季公養子名全叔諱尚湔字部侯生康熙壬子年正月

十八日辰時卒雍正庚戌年九月十五日巳時葬與 妣黃氏全穴

妣潮州惠來縣　氏生康熙年莫考卒康熙　年正月十
一日　時塟莫考

妣石菌黄氏名實娘生康熙庚申年十月卅日巳時卒乾隆
乙丑年五月廿九日午時合塟西尾地穴丙壬午子
子四　遂闢　遂響　遂用　遂泗

尚田　正晉公長子名田龍諱尚彬生康熙辛酉年四月十三日
丑時卒雍正癸卯年八月十三日酉時

妣石菌黄氏名黍娘生康熙癸亥年八月十三日酉時卒乾
隆庚午年六月初二日午時合塟三寶墓與父母併次婦
張氏三子遂琖合二堆
子三　遂治　遂漢　遂琖

尚願　正晉公次子長殤生卒塟舊譜無考

第十四世

遂掌 尚裕公長子名掌叔諱遂權字謀衡生康熙庚寅年八月初十日未時卒乾隆乙未年十二月初四日卯時塋石路頭與曾祖肇京仝欄南堆

妣 蔄邊陳氏名外娘生康熙癸巳年五月十四日　時卒乾隆壬寅年十月初六日辰時塋官山頂挖

子四　進擇　進旆　進銓　進雜殤

遂管 尚裕公次子名管叔諱遂才字謀三生康熙壬辰年十月十四日寅時卒乾隆丁酉年十月初六日丑塋大泉頂南面

奉父承順倫極歡浹

妣 大房許氏名儉娘生康熙癸巳年二月十一日申時卒乾隆乙卯年十二月初十日申時與進丁母子合塋灶仔墓

穴乙辛改與子進眼婦張氏合塟官山頂挖
子五　進稟殤　進爾　進郡　進眼　進康

遂楚　尚裕公三子名楚叔諱遂良字謀賢生康熙辛丑年十一月初八日寅時乾隆丁丑年十一月初八日亥時卒于廣南
妣　本鄉蔡氏名定娘生康熙辛丑年正月廿九日申時卒乾隆己巳年二月十二日卯時與嫂許氏合塟灶仔墓子進丁祔與子進丁侄進銓合塟官山頂挖
子一　進丁

遂爵　尚裕公四子名爵叔諱遂華字謀榮生雍正庚戌年正月卅日寅時乾隆庚寅年六月廿二日卒于三沙塟三沙山頂
妣　東後頭王氏名懇娘生乾隆辛酉年四月十八日未時卒乾隆癸未年五月初六日午時塟東后頭山

繼潘徑吳氏名作娘改

子一　進坡後妣出

遂奭　尚裕公五子名奭叔謚純仁生雍正甲寅年五月十八日申時卒乾隆癸丑年三月初二日申時塟官山頂壬丙亥巳公媽合塟

妣石菌蔡氏名箕娘生乾隆乙丑年十一月初四日　時卒嘉慶壬申年十月卅日寅時

子八　進掇　進鶴　進納出永寧劉　進守出烏潯陳　進陝殤　進矛承湧僉遂掇　進婢殤　進瑛

遂六　尚裕公六子名阿六生乾隆辛酉年正月十八日巳時

在廣南

遂七 尚裕公七子名阿七

在廣南

遂參 尚唐公長子名參叔諱遂政字謀正謚詳參生康熙甲午年四月初五日未時卒乾隆丁酉年十一月十八日丑時塋臺灣南路楠仔仙

妣 溜灣陳氏名邀娘生康熙丁酉年正月初一日寅時卒乾隆壬辰年五月初六日午時塋臺南路楠仔仙

子四　進乞　進于　進澈　進可

遂甫 尚篤公長子名甫叔諱遂榮生康熙辛丑年四月初七日申時卒嘉慶丁巳年三月初九日丑時

妣 埔頭顏氏名細娘生雍正乙巳年四月初三日酉時卒嘉慶乙丑年十一月十二日寅時合塋衡濤內母黃氏全坐穴乙辛辰戌

子六 進春 進崇 進敬 進曙
進軒 進穎出承遂炳

遂龍 尚篤公次子名龍山諱遂枚字謀飛生乾隆庚申年八月廿三日午時卒乾隆丁未年正月廿九日丑時葬官山頂胞侄進曙祔內東北堆

妣 泉城林氏名架娘生乾隆庚午年四月廿二日卯時卒乾隆庚戌年三月廿七日辰時葬新塘內

子五 進力殤 進纂 進位殤 進坦 進咩殤

阿喜 尚典公長子住潮州

阿岩 尚典公次子住潮州

遂江

尚課公長子生康熙壬辰年七月十八日辰時

住臺

遂老

尚課公次子生雍正癸卯年十月初三日丑時

住臺

遂炳

尚課公三子生雍正辛亥年五月初三日丑時

住臺

嗣子一　進賴　遂甫六子承

遂琴

尚科公長子名琴叔生康熙辛卯正月初七日辰時住臺

妣臺灣　氏

子

遂揮 尚科公次子生康熙癸巳年二月廿六日丑時 任臺

遂運 尚科公三子出繼長房肯侯任漳州西門城內

遂玉 尚科公四子出繼公剡 舊譜書出承成選

遂簫 尚科公五子名簫叔生康熙辛丑年九月十六日亥時 在臺

遂 尚印公長子失名

遂　尚印公次子失名住臺

遂琳　尚都公長子名琳叔諱遂茂字謀松生康熙丁亥年三月廿五日申時卒乾隆庚辰年三月十九日亥時塟與繼母陳氏併繼妣在五斗頭壙內

妣　內厝李張氏名女娘生康熙丁亥年七月初三日寅時卒乾隆己未年五月廿八日辰時塟水堀頭穴子午癸丁妯娌同卯　生女一適泗州王家

繼　妣石蔺黃氏名金娘生康熙壬辰年三月十五日寅時卒乾隆己巳年四月初三日丑時合塟五斗頭穴艮坤與姑仝塋在中堆

繼　配安平王氏名緞娘改

子二　進浚黃出　進贊遂晉次子承

遂汪 尚都公次子名汪叔諱遂泰字謀山生康熙癸巳年閏五
月初九日卯時卒乾隆庚午年十月初五日卯時塟官山
即樟仔墓向南

妣 埕邊黃氏名吉娘生康熙辛丑年二月十四日亥時卒乾
隆癸卯年二月初一日未時合塟樟仔墓南

子二　進聲　進揚

遂官 尚都公三子名官叔諱遂雲字謀青生康熙壬寅年三月
初六日酉時卒乾隆戊申年五月初三日　時塟與后妣仝穴

妣 埕邊陳氏名儔娘生雍正甲辰年　卒乾隆丁卯年二
月十五日辰時與伯嫂張氏合塟水堀頭穴子午癸丁

繼 路東陳氏名鶴娘生雍正壬子年閏五月十二日　時卒
乾隆壬寅年十二月初二日申時合塟溝仔口

子二　進柔　進淵　俱後陳出

遂維

尚輔公長子名維叔諱遂廸生康熙戊子年十二月初四
日亥時卒乾隆庚辰年五月廿三日卯時

妣

梅林蔡氏名外娘生康熙丙申年六月初八日巳時卒乾
隆庚辰年六月十八日亥時合塋五斗頭祔母蔡氏壙內南堆

子三　進厚　進施出繼遂晏　進睽

遂晏

尚輔公次子名晏叔諱遂嬰生雍正癸卯年六月廿九日
巳時卒乾隆癸酉年十月廿三日申時與功兄遂汪合塋
五斗頭北堆

娶

黃氏改

子一　進施遂維次子承

遂晉

尚輔公三子名晉叔諱遂從謚純質生雍正戊申年十月
初六日酉時卒乾隆乙未年十二月廿三日酉時塋樟仔

墓南拱南

娶湖尾李氏名亥娘改

子五 進來 進贊出承遂琳 進水分出石菌蔡家 進請分出西安王家 進略隨母出

遂好

尚輔公四子名好叔諱遂成字謀和生雍正辛亥年四月廿四日午時卒乾隆年莫考葬臺南路蔴六甲

妣埕邊黄氏名五娘生乾隆癸亥年卒乾隆戊申年正月十一日 時葬官山頂

子二 進聽 進莘

遂儼

尚恐公長子名儼叔諱遂會字謀際謚望然生康熙辛巳年十月廿四日辰時卒乾隆癸未年二月初八日巳時葬前薛面與父母仝穴

妣

湖尾蘊氏名謹娘生康熙癸未年十月十七日寅時卒乾

隆　年十月十七日　時塟官山頂長婦柯氏次子速進祔

子二　進信　進速

遂準

尚怨公次子名準叔諱遂岳字謀繩生康熙己丑年五月廿五日寅時卒乾隆壬寅年十二月初四日寅時塟縣后崎路北埭岸頭拱東

妣

本鄉孫氏名敬娘生康熙壬辰年十月初九日寅時卒乾隆癸未年五月初八日辰時塟海龍庵口

子三　進籌　進謌　進總出承遂拱

遂拱

尚怨公三子名拱叔諱遂端字謀治生康熙丁酉年八月十四日辰時卒乾隆己未年十二月廿日未時塟官山頂

聘

陳氏改

嗣子一　進總遂準三子承

遂懷

尚禮公長子名懷叔諱遂賢字思生康熙乙未年四月廿六日丑時卒乾隆甲子年十一月廿六日未時與父母合塋深泉頭面西

妣 路東陳氏名撥娘矢志撫孤生康熙丁酉年三月廿日未時卒乾隆甲辰年十一月廿六日亥時與謀博公併王妣合塋深泉頭

子一 攀桂

遂載

尚禮公次子名載叔諱遂德字謀博生康熙戊戌年八月初三日亥時卒乾隆庚寅年二月廿七日未時

妣 坑前王氏名省娘生雍正乙巳年十月初四日 時卒乾隆丁丑年十月廿八日巳時合塋深泉頭嫂陳氏仝穴

子二 進葵 垂 進式 遂敏次子嗣

遂敏　尚禮公三子名敏叔諱遂提字謀功生康熙辛丑年十月廿八日亥時卒乾隆丁亥年八月十八日丑時塟石路頭

祔華會媽蔡氏壙內

妣　柯坑張氏名梅娘生雍正庚戌年七月初五日酉時卒嘉慶癸酉年八月廿九日寅時與功侄進籌及進速妣曾氏合塟石堀頭向西

子四　進註　進式（桊 勞藏）進布　進矛

遂標　尚鳳公長子名標叔諱遂寧安字謀安生康熙丙申年十月廿九日寅時卒乾隆戊辰年十月廿四日丑時塟後荒頭

祔父母壙內

妣　埕邊黃氏名辰娘生康熙丙申年十一月初五日辰時卒乾隆戊申年五月廿五日巳時塟官山挖向東婦吳氏祔

子一　進服

遂泰 尚鳳公次子名泰叔諱遂舒字謀展生康熙己亥年九月廿六日亥時卒乾隆乙酉年三月初六日未時塟官山地拱北與尚平連坐東堆

妣 本鄉孫氏名完娘生康熙辛丑年六月十三日未時卒乾隆癸丑年正月廿一日寅時塟官山挖拱東

子三　進雄　進達 承遂天 名進清　進燾 殤

遂天 尚平公長子名天叔字謀理生康熙丁酉年八月十八日戌時卒于臺塟在臺

妣 柯坑洪氏名喜娘生康熙戊戌年九月十七日寅時卒乾隆己巳年正月十五日戌時塟溝仔口

子二　進養 殤　進達 遂泰次子承一名進清

遂秋 尚平公次子名秋叔諱遂金生康熙庚子年十二月廿一日亥時卒乾隆丙寅年七月十五日辰時塋溝仔口

配 謝脣街李氏改

遂 尚三公長子名字前譜失查

遂佑 尚三公長子名佑叔諱遂正字謀保生雍正庚戌年四月初三日亥時卒嘉慶癸亥年十月初七日　時

妣 大房許氏名自娘生乾隆戊午年九月廿三日未時卒乾隆戊申年三月廿四日午時合塋溝仔口長男進堅祔

子五　進堅　進藺　進閨　進鄭　進葛

遂開

尚全公長子名陞山諱遂元字謀長生康熙己卯年閏七
月初五日辰時卒乾隆甲申年八月廿六日　時殁于暹羅
妣梅林蔡氏名默娘生康熙辛巳年七月廿三日未時卒乾
隆庚子年六月廿八日辰時塟官山埔
繼娶番婦　氏
子四　進聰一名明　進睿　進陰俱蔡氏出　進文暹羅番婦出

遂響

尚全公次子名響叔諱遂倜字謀讜生康熙壬午年二月
十七日巳時卒乾隆壬午年六月初八日午時塟西邊地
内北畔
妣柯坑張氏名衍娘生康熙壬辰年七月十八日未時卒乾
隆　年十月十九日　時塟西邊地内南畔
子二　進鑄養　進秀張出

遂用

尚全公三子名用叔諱遂酥字謀倫生康熙甲申六月廿三日未時卒莫考塟于臺

妣 埕邊張氏名森娘生康熙戊戌年　卒乾隆己卯年二月初四日丑時塟官山挖内向東

子二　進豹　進虎

遂泗

尚全公四子名泗叔字謀洙諱遂明生康熙丁亥年十月初四日酉時卒乾隆癸酉年八月初三日辰時

妣 石井張氏名珍娘生康熙壬辰年正月廿九日亥時卒乾隆丁未年十二月初二日丑時合塟石路頭祔祖上南畔下坵

子二　進芸殤　進香一名梅

遂治

尚田公長子名治叔諱遂齊字謀家生康熙丁亥年十一月初七日亥時卒乾隆乙未年七月初六日酉時葬海沙

妣石菌洪氏名罕娘生康熙戊子年十一月十四日亥時卒乾隆丁未年六月十三日申時葬西沙尾

子四 進勳（長殤） 進庚 進咏 進賞（分出外姓）

遂漢

尚田公次子名漢叔字謀雲生康熙己丑年九月廿六日申卒乾隆　年十二月廿七日辰時葬官山頂

妣柯坑張氏名引娘生康熙戊戌年九月十二日午時卒　年二月初七日　時葬

子一 進對

遂玻

尚田公三子名玻叔字謀琬生康熙庚子年六月初六日申時卒乾隆庚寅年十月初五日酉時葬三寶墓祔祖父

母及父母嫂張氏合二堆

妣 柯坑洪氏名初娘生雍正己酉年十二月廿四日 時卒
乾隆乙丑年四月初二日 時塟溝仔口面西

繼 妣中舍王氏名月娘生雍正辛亥年十二月初八日 時
卒乾隆戊申年三月廿九日 時塟宮山頂

子二 進忠 進祿 俱王出

第十五世

進擇 遂掌公長子名擇善字及從生雍正癸丑年八月初九日
午時卒乾隆戊子年八月廿三日 時塟西沙尾

妣 東埕蔡氏 改

進方

[illegible]叔字及河生乾隆丙辰年九月卅日巳時卒莫攷墓塋于臺南路

進銓

遂掌公三子名銓叔字及選諱進金生乾隆辛未年八月廿八日子時卒嘉慶癸酉年二月廿八日寅時與姆蔡氏兄進丁合塋官山頂挖

配

西坑林氏 改

進雜

遂掌公四子名雜叔 殤

庚辰歲脩譜查出進雜名字未知居在第幾位諒必居進銓之下若居其上則前之脩譜糊塗甚矣

進稟

遂管公長子名稟叔諱進命生乾隆庚申年十二月廿七日亥時卒日無攷在安南回湖溺海

進爾 遂管公次子名爾叔諱進宣字及宜生乾隆乙丑年四月廿五日申時卒于臺塋

進郡 殤 遂管公三子 生乾隆丁卯年 卒乾隆戊寅年 塋西沙尾

進眼 遂管公四子名眼叔諱進明謚及精生乾隆辛未年七月廿二日申時卒嘉慶庚午年七月廿三日卯時塋灶仔墓穴乙辛辰戌母子仝塋

妣 內厝張氏名援娘謚端莊生乾隆癸未年七月廿八日午時卒道光乙未年九月初九日寅時改塋官山頂挖與母許氏仝塋共三壙

子六 迪螺 殤 迪豆 出承進乞 迪於 出承進康 迪浩 出承海下進能 迪科 迪全

進肩

[illegible]進[illegible]生乾隆乙亥年正月十四日子時卒[illegible]年六月初六日溺海

配路東陳氏名柔娘改

子一 廸於 進眼三子嗣

進丁

遂楚公長子名丁觀諱進成謚友直生乾隆丙寅年九月廿日卯時卒乾隆甲辰年九月十三日申時咸豐丙辰年十一月廿日改塟官山頂挖母子仝進銓仝穴

進坡

遂爵公長子名坡觀生乾隆乙酉年六月廿四日戌時卒道光壬寅年正月十六日戌時塟畚箕湖

妣臺灣林氏名睍官生乾隆庚子年八月廿四日巳時卒道光丁未年五月初九日亥時塟畚箕湖

子三　廸菊　廸壽　廸守

進救

遂輿公長子名救觀謚昆和生乾隆丁亥年十月十七日丑時卒乾隆戊申年五月初二日申時塟官山埔頂

進鶴

遂輿公次子名鶴觀生乾隆辛卯年五月初六日申時卒咸豐壬子年七月廿日寅時塟官山

妣厦門陳氏名秀官生乾隆辛亥年四月十二日寅時卒咸豐壬子年四月廿九日戌時塟官山

養子一　廸興

進納

遂輿公三子出承永寧宗派

進守 遂輿公四子撥出烏滸陳家

進陟 殤 遂輿公五子 生乾隆癸卯年 卒乾隆丙午年 葬西沙尾

進矛 遂輿公六子撥承海倉遂投

進婢 殤 遂輿公七子 生乾隆丁未年 卒乾隆己酉年 葬西沙尾

進瑛 遂輿公八子名璞叔生乾隆辛亥年九月廿六日寅時卒嘉慶戊寅年十一月廿四日戌時道光辛丑年改葬荘官

山埔坐亥向巳兼壬丙

妣

沈前埔蔡氏名留娘生嘉慶戊午年三月十二日午時卒
嘉慶丁丑年正月廿三日未時塟官山挖內拱南道光癸
卯年合父母仝穴
子一　廸送養

進乞

遂參公長子名乞叔諱進諸字及言生乾隆癸亥年二月
初八日未時卒嘉慶庚午年九月初二日巳時

妣

檗谷黃氏名炎娘生乾隆癸亥年二月廿四日　時卒嘉
慶己卯年四月初六日戌時塟官山埔坐午向子兼丙壬
考妣並子廸玉合塟
子二　廸玉　廸豆進眼次子承

進于 遂参公次子名于叔諱進翼字及予生乾隆甲子年十二月初十日戌時卒塟在臺

進淑 遂参公三子名淑叔諱進艾字及治生乾隆丁卯年正月初四日午時卒塟在臺

進可 遂参公四子名可叔諱進簡字及也生乾隆乙亥年八月廿九日亥時卒塟在臺

進春 遂甫公長子名春叔謚敦仁生乾隆癸亥年十一月廿九日未時卒乾隆丁亥年閏七月廿六日未時塟臺阿公店

配 鄭岑楊氏 孜

嗣子一 廸抵 進敞三子承

進崇

遂甫公次子名崇叔諱進偹生乾隆丙寅年三月十九日辰時卒嘉慶壬申年六月十五日巳時葬臺海埔厝鰲湖

妣　呂厝呂氏名貺娘生乾隆庚辰年正月十八日　時卒乾隆戊申年五月廿日　時葬官山頂一小姑名丑娘未配仝穴

繼　配同邑蔡氏名位娘改

子一　迪愁蔡出

進敬

遂甫公三子名敬叔諱進拔生乾隆癸酉年九月初十日丑時卒道光庚寅年二月廿三日午時

妣　洪塘張氏名寬娘生乾隆乙酉年十月十二日　時卒道光癸卯年七月廿二日巳時葬后堀頭衬曾祖正楷媽李氏仝壙内北畔穴乙辛卯酉

子七　迪架　迪泉出承進頻　迪撫出承進春　迪端　迪着　迪團出承進曙　迪卷殤

進曙

遂甫公四子名曙叔謚敦厚生乾隆丙子年十一月十五
日辰時卒乾隆戊申年四月廿日巳時塟官山頂祔胞叔
遂龍壙內北堆
嗣子一　廸團　進徽六子承

進軒

遂甫公五子名軒叔生乾隆庚辰年六月初四日未時卒
無攷塟海墘

進賴

遂甫公六子出繼遂炳

進力

遂龍公長子名力叔生乾隆庚寅年五月廿二日　時卒
乾隆丁未年二月廿日時塟官山下挖

進篡 遂龍公次子名篡叔生乾隆丁酉年三月十四日辰時卒道光癸未年四月廿三日寅時塟臺海埔厝

配 臺灣鄭氏名每官生嘉慶己未年十月十五日　時

子一　廸時

進位 殤 遂龍公三子名位叔　生乾隆庚子年卒乾隆乙巳年

進坦 往臺 遂龍公四子名坦叔　生乾隆癸卯年八月

進哖 殤 遂龍公五子名哖叔

進賴 遂炉公嗣子遂甫六子承名賴叔生乾隆　年五月初十日　時卒無攷塟海沙

嗣子一　迪泉 進敞次子承

進淡 遂琳公長子名淡叔諱進恬字及養生乾隆辛酉年九月初十日未時卒乾隆　年八月廿日　時塟臺地竹塹

配 石蘭黃氏名郤娘 攷

進贊 遂琳嗣次子遂晉次子承名贊叔諱進昭生乾隆壬午年八月廿九日未時卒嘉慶壬申年六月十一日吉時 塟臺地蘇六甲

妣 柯倉柯氏名緞娘生乾隆乙未年　卒乾隆庚戌年三月初八日辰時塟海沙

繼 配山內埔中柯氏名腰娘 攷

子四　迪爐　迪紗　迪魯 隨母出　迪鬆 俱後柯出 分出石蘭洪家

進聲　遂汪公長子名聲叔諱進高生乾隆壬戌年十一月廿一日申時卒　年正月十四日　時塟臺地竹塹

進揚　遂汪公長（次）子名揚叔諱進衆生乾隆丙寅年九月廿三日辰時卒乾隆戊申年四月廿三日辰時塟官山地仔面南

妣　埕邊黃氏名桂娘謚勤慈生乾隆庚辰年二月廿二日酉時卒道光癸巳年十月廿二日卯時塟官山頂坐東西與好孀並坐

子二　廸強　廸吟殤

進彔　遂官公長子名彔叔生乾隆壬午年六月初六巳時卒乾隆丁未年八月初一日巳時塟官山頂

妣　周坑曾氏名明娘生卒莫考塟西沙尾

繼配埭邊許氏改

進淵

遂官公次子名淵叔生乾隆辛卯年四月初二日　時卒
塋在臺海埔厝

進厚

遂維公長子名厚叔諱進誠生乾隆己巳年四月廿六日
辰時卒塋在臺南路蘇六甲

進施

遂維公次子出承遂晏

進聯

遂維公三子名聯叔生乾隆丙子年正月十二日卯時卒
乾隆戊子年　塋海沙內

進施

遂晏嗣子遂維次子承名施叔諱進恩字及澤生乾隆壬申年正月十八日午時卒　年二月初五日　時塟臺南路蘇六甲

配

臺灣陳氏名珠娘生乾隆丙戌年七月廿二日巳時

子一　廸益 養殤

進來

遂晋公長子名春來生乾隆庚辰年正月廿九日申時卒

嘉慶塟臺灣南路蘇六甲

進瓚

遂晋公次子出繼遂琳

進水　遂晉公三子分出石菌蔡家

進請　遂晉公四子分出西安王家

進畧　遂晉公五子隨母嫁出

進聽　遂好公長子名聽叔生乾隆庚寅年卒嘉慶年在臺南路口隘庄殁

進草　遂好公次子名草叔生乾隆癸巳年卒乾隆戊申年正月十三日時塟海沙溝仔口

進信

遂儼公長子名信叔諱進道字及脩生雍正癸卯年二月初五日辰時卒乾隆　年六月初一日　時與長子廸鑾仝溺海

妣　柯坑柯氏名銀娘生雍正癸卯年八月初八日亥時卒乾隆辛未年十月廿一日卯時與姑蘇氏叔進速合塋官山頂

繼　妣柯坑柯氏名桃娘生雍正癸丑年十二月廿六日子時卒乾隆　年七月初二日　時塋臺海埔厝畚箕湖

子三　廸鑾前柯出　廸覃　廸路後柯出

進速

遂儼公次子名速叔諱進德字及尊生雍正丙午年七月廿四日亥時卒乾隆戊子年正月廿七日酉時祔母蘇氏併嫂前柯合塋官山頂

妣　赤店曾氏名庇娘生雍正甲寅年四月十六日亥時卒嘉慶辛未年四月十三日子時祔遂敏妣張氏及進籌合塋

后堀頭向西

子四 迪渤 迪溪 迪深 迪趣

進籌

遂準公長子名綢觀諱進珍謚敬誠生乾隆丙辰年九月十二日亥時卒嘉慶庚午年八月十四日辰時祔堂叔遂敏妣張氏及進逮妣曾氏合塋后堀頭向西

妣 本鄉孫氏名受娘生乾隆丁卯年六月初九日亥時卒嘉慶丙寅年七月初二日子時塋官山頂

子二 迪曉 迪忍

進謣

遂準公次子名謣觀諱進飄生乾隆庚申年四月十四日卯時卒嘉慶庚午年九月初二日午時與子迪渠合塋官山坐西向東

妣 鄭厝林氏名合娘生乾隆己卯年六月初四日未時卒道光丁酉年七月廿三日未時塋官山頂坐北拱南

子一　廸渠

進總

遂準公三子出繼遂拱

進總

遂拱公嗣子遂準三子承名総叔生乾隆丙子年五月初三日辰時卒乾隆己丑年六月初十日　時塟海沙拱南

進桂

遂懷公長子名攀桂生乾隆辛酉年十月初一日辰時卒嘉慶庚申年二月初七日酉時塟臺地二林舊社塚山

配

謝厝街謝氏名圭娘生乾隆乙亥年十一月十七日　時

子三　廸懇出承進發　廸賑　廸麟出承宗派

進葵

遂畫公長子名葵叔生乾隆丁卯年正月廿三日酉時卒乾隆己丑年十二月初九日午時塟臺南路蘇六甲

嗣子一 廸懇 進性長子承

進式

遂載嗣次子遂敏次子承名式叔字及水生乾隆辛巳年三月十四日 時卒道光己丑年十月十五日酉時塟官山頂乾巽

配 本鄉孫氏 改

承繼孫一 兹等 廸忍次子嗣

進註

遂敏公長子名註叔諱進挹字及兹生乾隆丁丑年九月廿八日亥時卒道光丁亥年八月十三日巳時塟官山頂坐乾向巽公媽合塟

妣 大房許氏名棣娘謚慈順生乾隆戊子年十一月廿日亥時卒道光癸巳年三月十五日巳時

子一　廸講　養

進式　遂敏公次子出承遂戴

進布　遂敏公三子名布叔生乾隆乙酉年四月初三日　時卒臺承天府水仙宮塋無攷

進茅　遂敏公四子名茅叔生乾隆乙未年八月初八日　時卒乾隆年無攷塋海沙殤

進服　遂標公長子名服叔諱進郡生乾隆丁卯年三月廿六日辰時卒嘉慶庚午年九月初五日巳時塋溝仔口向西

妣　坑園吳氏名善娘生乾隆甲申年十一月初四日辰時卒

四月廿七日寅時與妣黃氏合塟官山搭內

子一　廸連

進雄　遂泰公長子名雄叔諱進爲生乾隆乙丑年十月廿八日亥時卒嘉慶己巳年十二月初三日亥時塟西邊地內

妣　周坑卲氏名次娘生乾隆丙寅年十二月廿二日辰時卒乾隆戊申年五月初三日午時塟溝仔口

子三　廸舉 出　廸齊 養　廸賤 進達次子承

進達　遂泰公次子出承遂天

進桼 殤　遂泰公三子名桼叔生卒塟俱無考

進養 殤 遂天公長子名養叔生卒塟俱無攷

進達 遂天公嗣次子遂泰次子承名達清生乾隆壬午年三月廿一日亥時卒道光癸巳年六月廿一日寅時塟在海沙尾坐北向南

妣 大房許氏名胡娘謚慈淑生乾隆庚寅年十一月廿三日巳時卒道光戊戌年正月十五日丑時塟官山埔穴坐西東

子四 迪振 迪賤（出繼進雄） 迪樹 迪奚

進堅 遂佑公長子名堅叔生乾隆庚辰年二月初五日亥時卒乾隆戊申年五月廿日巳時塟溝仔口與母仝穴

配 白沙周氏 改

子二 迪髻（周出） 迪伴（進閨次子承嗣）

進藹

遂佑公次子名藹叔生乾隆乙酉 卒于臺帷四

月初六日忌辰塟臺海埔厝

聘許氏 改

進閏

遂佑公三子名閏叔謚及象生乾隆壬辰年九月廿五日

酉時卒道光辛卯年十二月十五日子時塟西沙尾

妣埕邊黃氏名勵娘謚懿賢生乾隆辛丑年十二月初六日

酉時卒道光癸卯年閏七月初二日丑時塟海沙墘

子三 廸遷 廸伴 出承進堅 廸學 係后巷進鷄次子嗣

進郎

遂佑公四子名郎叔生乾隆丁酉年 卒嘉慶庚申年

正月廿一日 時塟官山頂

配許氏 改

進葛

遂佑公五子名葛叔生乾隆己亥年　卒莫攷塋
西邊溝口

進聰

遂開公長子名聰明諱進　生雍正甲辰年閏四月初六
日丑時卒乾隆己卯年往番溺海月日不知
妣石蘭蔡氏名椒娘生雍正丙午年三月初七日　時卒乾隆
丁丑年五月廿五日未時塋海沙向南
子二　廸曲　廸叠殤

進睿

遂開公次子名睿光諱進智生雍正戊申年四月初六日
戌時卒乾隆丁未年七月十七日亥時塋官山下挖坐西向東
妣滬厝垵柯氏名瓊娘生乾隆己未年十二月廿七日亥時
卒乾隆丁未年六月廿一日亥時塋官山頂
子四　廸傳　廸戊　廸入出繼進金　廸交殤

進蔭 遂開公三子名光蔭諱進茂生雍正甲寅年九月廿八日卯時卒乾隆乙酉年五月初六日未時塟官山下挖向東

配上安許氏名雪娘 改

子二 廸敎 許出 廸入 進睿三子承

進文 遂開公四子名文良在暹生

進鑄 遂嚮公養長子名鑄叔出遊不知所終

進秀 遂嚮公次子名光秀諱進仁生乾隆己巳年七月初七日辰時卒乾隆戊申年四月十四日丑時與廸曲 廸敎合塟峼頂

配本鄉蔡氏 改

子二　廸灣（臺）　廸兵（進香次子承）

進豹　遂用公長子名豹叔生乾隆庚申年十月初四日　時　在臺坎頂

配臺灣　氏

子一　元章

進虎　遂用公次子名虎叔生乾隆戊辰年七月初二日未時　在臺坎頂

進芸　遂用（泗）公長子名芸叔　殤

進香

遂治公三子名拈香諱進甥生乾隆己巳年七月初三日丑時卒道光癸未年八月廿四日卯時與妣洪氏長子迪涯塋石路頭頂坵南堆

妣

石蘭洪氏名吉娘謚恬德生乾隆壬午年九月初二日時卒道光丁酉年八月初四日寅時

子三　迪涯　迪兵（出嗣進秀）　迪養

進勵

遂治公長子名厲叔生無考卒乾隆庚午年　塋海沙

長殤

進庚

遂治公次子名庚觀生乾隆己未年四月廿二日　時卒

乾隆　塋西沙尾南向

進咏　遂治公三子名咏觀生失載卒于臺

進賞　遂治公四子出登湖尾藾家譜牒

進對　遂漢公長子名對觀生乾隆壬申年七月初九日辰時

妣石箘王氏名送娘生失記卒　年六月廿五日未時塟臺海埔厝畚箕湖

繼妣臺柯氏名定娘生莫攷卒　年十母月初一日　時塟亦畚箕湖

子二　廸裔殤　廸福俱柯出

進忠 遂瑛公長子名忠甫諱進信字及愬生乾隆壬申年六月初五日辰時塋溝仔口地內卒嘉慶甲戌年四月初二日晨時卒

妣柯會柯氏名軫娘生乾隆辛己年十二月廿五日 時卒

年九月廿七日 時

子二 廸份 廸柿

進祿 遂瑛公次子名祿觀生卒塋俱無攷 殤

第十六世

廸螺 進眼公長子名螺老生乾隆甲辰年三月十八日酉時卒

乾隆丁未年 塋海沙內

廸豆　進眼公次子出承進乞

廸於　進眼公三子出承進康

廸浩　進眼公四子出承海下份進欽

廸科　進眼公五子名科老生嘉慶丙辰年十一月廿三日　時

卒　年九月廿十三日塋臺下林仔

妣　內厝張氏名怨娘生嘉慶癸亥年十一月初二日丑時卒

道光丙申年六月十五日未時

迪全

進眼公六子名全老諱迪萬生嘉慶乙丑年正月初八日酉時卒同治甲戌年七月初五日辰時塟官山坮北

妣

周宅陳氏名銀娘生嘉慶癸酉年十二月廿二日卯時卒同治丙寅年十月十八日寅時塟在官山頂向南

子四　茲水（出承迪豆）　茲儀（分出塘邊刘）　茲森　茲謗（幼亡）

迪於

進康嗣長子進眼三子承名於老生乾隆己酉年五月十八日巳時卒道光癸巳年七月廿六日亥時塟海沙墘

配

柯坑張氏名對娘　歿

子二　茲社　茲鉄

廸菊

進坡公長子名菊老諱廸秋生嘉慶丁卯年六月廿七日
戌時卒同治丙寅年九月初六日辰時葬臺海埔厝畚箕湖

配　海埔厝張氏名女娘生嘉慶甲戌年八月初七日申時

子二　坎標　茲入幼亡

廸壽 殤

進坡公次子名壽老

廸守

進坡公三子名守老生嘉慶辛未年八月十七日巳時卒
咸豐丁巳年六月十六日丑時葬畚箕湖

妣　臺脫庫庄許氏名皆娘生道光癸未年　卒同治
戊辰年十月十六日未時葬畚箕湖

子一　成業幼亡

廸興　進顴公養子名興老生嘉慶己巳年五月十三日　時卒
往臺不知

廸送　進瑛公養子名送老諱廸起生嘉慶甲戌年八月初二日十弍月初十日
時卒同治丙寅年三月廿一日辰時塟官山埔

妣　洋澤蔡氏名命娘生嘉慶戊寅年三月廿六日　時卒道
光甲辰年二月初九日子時改塟官山埔頂坐西南向東北

繼　配安海洪氏名金娘生嘉慶己巳年八月廿八日午時

子二　茲篙　茲宗蔡出

廸玉　進乞公長子名玉老諱廸璽生乾隆甲午年七月廿三日
辰時卒嘉慶丙子年四月廿四日申時合父母塟官山埔

妣　埕邊陳氏名悦娘生乾隆癸卯年四月廿二日　時卒嘉

慶　年十一月廿二日　時塟埕邊山

繼

妣東埕蔡氏名也娘生乾隆丙午年九月廿一日亥時卒

同治乙丑年正月卅日午塟官山向南

子二　茲巧　茲棟俱蔡出

廸豆

進乞嗣次子進眼次子承生乾隆丙午年正月十八日

妣

大房許氏名窓娘生嘉慶己未年八月初九日卒嘉慶丁

丑年十二月十一日未時拾塟官山埔

繼

配蔡氏

子二　茲初蔡出　茲水廸全長子承

廸抵

進春嗣子進敞三子承名抵老諱廸終字子礪生乾隆六

十年乙卯二月廿七日卯時卒道光卅年庚戌六月廿八

坟與祖塋桐南堆

妣[illegible][illegible]山張氏名蒜娘謚勤德生嘉慶十五年庚午七月廿
四日巳時卒同治十三年甲戌五月十四日未時塟新塘
内坐東向西

子四 玆反（承迪 端） 玆静（承迪 泉） 玆捅 玆珍（殤）

迪愁

進崇公長子名愁老生嘉慶丁巳年五月廿三日寅時卒
同治戊辰年九月廿七日酉時塟臺海埔厝畚箕湖
愁自十七歲過臺一去無回有遺存祖業付與胞叔進敞
至堂兄迪抵與弟分爨暫交迪架奉祀忌辰回（候）但此遺業
地厝蚵礐日後子子孫孫不得損壞

廸架 進敞公長子名架老諱廸安生乾隆己酉年九月十三日午時卒道光戊申年三月廿六日申時合塟官山下挖坐西向東長男三男並坐南堆

妣 石兜顏氏名嫌娘生乾隆壬子年四月初八日寅時卒道光丙申年六月十一日酉時

子五　玆睨　玆每　玆玲　玆册（承海會廸貞）　玆炭（殤）

廸泉 進敞公嗣（次）子出承進賴

廸抵 進敞公三子出承進春

進南公四子名[illegible]生嘉慶[illegible]己[illegible]年十一月初[illegible]日[illegible]時

迪端

道光己丑年六月初六日午時塋臺海埔厝畚箕湖

子二　玆反（迪抵長子承）　玆擯（迪着長子承）

迪着

進敬公五子名着老字子理生嘉慶甲子年五月廿五日午時卒同治乙丑年正月廿二日戌時

妣

四石柱林氏名溪娘生嘉慶乙亥年三月十二日酉時卒道光乙未年十一月初六日吉時合塋官山内西長子（玆衍承）

繼

配石菌黄氏名撖娘生嘉慶己卯年十一月卅日丑時

子四　玆擯（出承迪端）　玆桔　玆沇　玆圍

迪團

進敬公六子出承進曙

廸卷

進潄公七子名卷老

廸團

進曙公嗣子進潄六子承名團老諱廸香字子義生嘉慶丙寅年十二月十九日寅時卒同治丙寅年十一月廿二日塟官山埔尙西

娶五堡楊氏名墨娘生嘉慶己卯年七月廿一日　時

子三　茲海殤　茲托　茲棨出承廸泉

廸時

進篡公長子名時老生嘉慶庚辰年二月初四日辰時

住臺海埔厝不知所終

廸[illegible]

[illegible]子承生乾隆壬子年九月初八日寅時卒道光己丑年九月十二日 時塟臺鹿港菜園福興庄

子二 茲靜廸抵次子承 茲柒廸團三子承

廸爐

進賛公長子名爐生嘉慶庚申年正月廿日戌時卒嘉慶戊寅年六月廿五日卯時塟西沙尾

廸紗

進賛公次子名紗老生嘉慶壬戌年十一月初二日子時 往呂宋不知

廸魯

進賛公三子隨母出

廸鬆

進賛公四子分出石菌洪家

廸強　進揚公長子名強老字廸配生乾隆乙未年七月廿九日酉時卒道光庚寅年正月初十日卯時改塟本山五斗頭與長子名瞱仝穴坐巽向乾兼辰戌

妣　洪塘張氏名昔娘謚順節生乾隆戊戌年九月卅日丑時卒咸豐壬子年十二月廿九日酉時塟西沙尾拱西北

子二　鎡煜　鎡時

廸吟　進揚公次子名吟老生乾隆丙午年十二月初五日　時卒乾隆戊申年五月初五日　時塟西沙尾𡼏

廸益　進施養子名萬益生嘉慶壬戌年十二月初二日戌時卒嘉慶戊辰年九月廿八日　時塟臺南路

廸鑒　進信公長子名鑒老諱廸梔字子言生乾隆庚午年二月廿七日巳時在臺同父溺海惟六月初一日忌辰

配　洋澤蔡氏名採娘改

廸覃　進信公次子名覃老生乾隆壬午年七月廿五日巳時卒嘉慶　年二月廿六日　時塟臺海埔厝畚箕湖

配　臺灣　氏

廸路　進信公三子生乾隆乙酉年卒乾隆　年

廸勶　進逮公長子名勶老諱廸機字子行生乾隆癸酉年八月十六日午時卒嘉慶　年九月十一日　時塟臺海埔厝畚箕湖

配赤店曾氏 改
子一　兹縷 迪趣長子承

迪溪

進速公次子名溪老諱迪考字子青生乾隆丙子年八月卅日巳時卒乾隆　年十二月初六日　時塋臺海埔厝畚箕湖
子一　兹蠟 迪趣次子承

迪深

進速公三子名深老生乾隆壬午年十二月十九日巳時卒嘉慶丁丑年二月十五日戌時塋臺海埔厝畚箕湖
子一　兹簍 迪趣三子嗣

迪趣

進速公四子名趣老字子起生乾隆乙酉年十一月卅日亥時卒道光丙申年六月廿七日巳時塋官山頂

妣東埔吳氏名雖娘謚恭儉生乾隆丁酉年十一月廿三日
酉時卒道光甲申年十月十七日辰時塟官山頂
子四　茲縷出承迪渤　茲巘出承迪溪　茲篡出承迪深　茲嶠

迪曉

進籌公長子名曉老字迪虬生乾隆戊子年八月十三日
巳時卒道光癸未年十一月廿日巳時塟官山頂坐西軥
妣前埔蔡氏名晟娘生與攷卒乾隆庚申年五月十九日巳時
塟海沙
繼妣大房許氏名茧娘謚恬順生乾隆戊戌年七月十五日
巳時卒道光戊申年十月廿四卯時塟官山埔尾
子六　茲栽　茲雕　茲豢殤　茲剖殤　茲圍出漳州府　茲貨出承迪渠俱詳譜

迪忍

進籌公次子名忍老生乾隆庚寅年九月初九日亥時卒
道光庚寅年二月初一日未時與繼妣柯氏合塟穴居毗

妣本鄉孫氏名棟娘生卒塋俱無攷
繼妣柯坑柯氏名腰娘謚素勤生乾隆戊戌年二月廿二日
時卒道光壬辰年五月初一日午時至丙午年合塋荘
官山地內與高后仝塋一欄兩堆穴艮坤丑未
子七
茲朕　茲等承進弍為孫侄吕　茲長承迪渠　茲埕殤　茲誰
茲奢分出蔡家　茲串

迪渠
進謌公長子名江渠生乾隆己亥年九月十二日未時卒
嘉慶庚午年六月初五日子時塋官山埔下
配石菌黃氏名尾娘　改
子二
茲長迪忍三子承　茲偵迪曉六子承

迪懇
進桂公長子出承進鑾

廸賍 進桂公次子名賍老生乾隆辛亥年十二月初五日酉時
卒嘉慶庚辰年八月初三日午時塟臺十張犁塚山
配臺灣陳氏名妹官

廸麟 進桂公三子出承宗派

廸懇 進葵嗣子進桂長子承名懇老生乾隆乙未年二月初五
日寅時

關 進式派廸忍次子承嗣為孫
承嗣孫一 茲等

廸講

進註公養子名講老　生嘉慶庚申年十一月初五日巳時
卒道光庚子年十二月十六日申時塟官山埔

妣路東陳氏名痛娘生嘉慶甲子年九月廿八日亥時卒咸
豐壬子年四月十八日亥時塟官山頂

子六　茲腆　茲他　茲副（出承祠坑張）　茲勤　茲楮　殤　茲茅（出承下海倉邊祠）

廸連

進服公長子名金連生乾隆辛丑年九月廿七日　時卒
乾隆　年　塟海沙内　殤

廸舉

進雄公長子名舉老生乾隆庚寅年　卒乾隆乙
巳年　塟溝仔口

廸齊

進雄公養次子生卒莫攷塟溝仔口

廸賤 進雄嗣三子進達次子承名賤老生乾隆庚戌年八月初四日子時卒道光辛己年十一月初七日子時葬臺鹿港

廸棖 進達公長子名棖老生乾隆丁未年十二月卅日卯時卒道光壬午年九月初十日卯時葬西沙尾

廸賤 進達公次子出承進雄

廸樹 進達公三子名樹老生嘉慶庚申年十一月十四日丑時卒咸豐壬子年六月廿八日子時葬西沙尾

配 埭邊許氏名青娘有改

子四 玆月 玆倆殤 玆潭殤 玆牛殤

廸奚 進達公四子名奚老生嘉慶丙寅年五月初七日未時卒
咸豐癸丑年五月　時塟臺蘇六甲
妣 張塘蔡氏名厚娘生道光辛巳年八月廿四日　時卒咸
豐甲寅年正月初九日未時塟海沙埔
子二　玆板殤　玆簿出承外姓

廸鬐 進堅公長子名鬐老生乾隆乙巳年　卒乾隆丁
未年　塟海沙

廸伴 進堅公嗣次子進閏次子承卒（生）嘉慶乙丑年十二月初十
日酉時卒無攷塟海沙
嗣子一　玆抗廸匽三子承

廸匿
進耆公長子名[illegible]撰 生嘉慶甲子年二月十六日
亥時卒道光戊戌年二月卅日巳時塟官山頂坐東向西
妣
隸邊許氏名衍娘謚慈愛生嘉慶甲子年二月十二日酉
時卒光緒丁丑年七月初六日未時塟官山埔
子五 玆[illegible] 玆蠲（殤） 玆杭（承廸伴） 玆喊（承海隸會廸） 玆嗹

廸伴
進閨公次子名伴老出承進堅

廸學
進閨公嗣三子后巷進鷄次子泳生嘉慶己巳年九月十
四日卯時
配
惠安縣陳氏名綢娘生嘉慶庚辰年七月廿六日 時
子四 玆蔣（后巷廸唱四子承） 玆晏（出承廸汾） 玆托（出承埕邊） 玆丹（幼亡）

廸曲

進聡公長子名文曲諱廸致生乾隆戊辰年十一月十一日午時卒乾隆戊申年四月十七日午時與進秀廸敎合塋官山頂

配大房莊氏名乃娘生乾隆癸未年十二月廿二日　時卒道光丁亥年六月初二日寅時咸豐丁巳年吉塋庄石路頭與媳婦合堆北畔

子二　茲飽　茲強殤

廸蠢

進聡公次子名文蠢生卒塋俱無攷殤

廸傳

進睿公長子名傳老生乾隆庚辰年十月十四日亥時卒塋臺南路蘇六甲

廸戌
進蔭公次子名戌老諱廸傾生乾隆乙酉年十二月廿五日酉時卒道光己酉年十月初二日午時考妣合塋石路頭頂坵北堆向西長子茲魏祔
配莊氏
子五　茲魏　茲坑入承廸　茲見殤　茲岑　茲握

廸入
進睿公三子出承進蔭

廸交殤
進睿公四子名交老生卒無攷塋海沙內

廸敬
進蔭公長子名敬老諱誠朴生乾隆辛巳年十一月十三日亥時卒乾隆甲辰年五月廿八日　時與進秀廸曲合

塋官山頂

廸入　進蔭公次子進睿三子承名入老諱廸青生乾隆壬辰年
二月十五日卯時卒乾隆乙卯年十月初八日未時溺海
配　観頭林氏　改
子一　茲坑　廸戍次子承

廸灣　進秀公長子名灣老生乾隆己亥年十二月十四日　時
卒乾隆戊申年四月十七日　時塋海沙內
配　梅林蔡氏　改

廸兵　進秀公嗣次子進香次子承名兵老生嘉慶己未年四月
初十日巳時卒道光丁酉年八月十八日未時塋官山坐
西向東乾巽戌辰

配洪枋余氏名免娘改
子一 茲繒 廸養四子承

廸元

進豹公長子名元章
住臺坎頂

廸涯

進香公長子名涯老諱廸山生乾隆癸丑年十月廿日辰
時辛道光壬午年七月廿二日 時改葬在石路頭頂坵
與父母合壙南堆
配東埕蔡氏名凝娘改
子一 茲碧

廸兵

進香公次子出承進秀

廸養　進香公三子名養老諱迴滔生嘉慶甲子年十月十五日未時卒咸豐壬子年正月廿八日午時

妣　楊宅楊氏名滿娘謚慈儉生嘉慶戊寅年三月十五日午時卒咸豐壬子年十一月十二日戌時考妣合塋官山下挖穴乾巽

子四　茲正　茲闈　茲盤　茲繒永迴兵

廸裔　進對公長子名裔老生乾隆辛亥年　卒嘉慶丙辰年塋臺海埔厝畚箕湖

廸福　進對公次子名福老生嘉慶庚申年七月廿日丑時

配　鹿港施氏名好官生嘉慶戊辰年十月初七日丑時

廸汾

進忠公長子名汾老生嘉慶丙辰年二月初三日　時卒

卒在臺不知時日就二月廿四日引日

子一　玆晏廸學次子承

廸柿

進忠公次子名柿老生嘉慶戊午年十二月十五日卯時

卒嘉慶丙寅年十二月廿五日　時塟西沙尾

第十七世

玆璧

廸科公長子名璧生道光　年　月　日　時卒道光

年五月廿九日　時

茲影　廸科公次子出承下海倉廸詞

茲水　廸全公長子出承廸逗

茲儀　廸全公次子出承東塘邊本家

茲森　廸全公三子名森老生道光癸卯年五月初三日巳時

配　泗洲王氏名進娘生道光丙午年十二月十五日巳時

子五　唐鑾　唐畔　唐嶺　唐覓　唐風出承茲水

兹謗 幼亡

兹社 迪於長子名社老生道光癸未年十一月十八日　時卒光緒庚辰年五月初一日酉時塋臺畚箕湖

妣 鹿港施氏名偷娘生道光乙未年又六月初二日戌時卒同治丙寅年十二月廿七日未時塋畚箕湖

繼 配林氏名買娘生道光乙未年

子四 唐發 幼亡　唐縱 幼亡　唐昇 俱施出　唐照 林出

兹鋏 殤 迪於次子生卒莫攷

兹標　迪菊長子名坎標住鹿港海埔厝生道光丁酉年六月廿
二日巳時
配　鹿港北頭郭氏名甜娘生道光乙巳年十二月初一日寅
時
子一　唐閨又名和尚

兹入　迪菊次子生道光辛丑年二月十一日申時卒道光乙巳
年

兹業　迪守之子名成業
幼亡

兹篙

廸送長子名篙老生道光丁酉年九月初六日戌時

配埭邊許氏名罔娘生道光辛丑年九月廿二日巳時

子　唐塔　唐卜　唐下幼亡　唐双幼亡

兹宗

廸送次子名宗老生道光壬寅年十一月廿八日亥時

兹巧

廸玉長子名巧老生嘉慶乙丑年三月廿六日寅時卒咸豐甲寅年正月十八日吉時塟臺南路蘇六甲

茲棟 廸豆次子名棟老生嘉慶辛未年九月廿八日子時卒嘉慶丁丑年七月初六日未時葬西沙尾

嗣子一　唐掇 茲初次子承

茲初 廸豆長子名初老生嘉慶庚辰年十月初四日未時

配 埕邊黄氏名紊娘生道光己亥年八月廿二日卯時

子　唐謯　唐掇 承棟　唐鑊　唐喫

茲水 廸豆嗣次子廸全長子承生道光丙申四月

嗣子一 唐風 玄孫五丁月

茲反 廼抵長子出承廼端

茲静 廼抵次子出承廼泉

茲桶 廼抵三子名桶老生道光甲午年八月十九日亥時

配瑶前顏氏名捶娘生咸豐丙辰年十月廿九日子時

子 唐盛

茲珍　迪抵四子生道光丁酉年十月初一日戌時卒道光己亥年四月廿八日　時塟西沙宅角殤

茲晛　迪架長子生嘉慶乙亥年二月十五日午時卒道光辛卯年十二月十六日未時塟官山下挖與弟茲玲同穴南推

嗣子一　唐鉚（茲每長子承）

茲每　迪架次子生道光癸未年九月廿三日未時

配本鄉孫氏名宜娘生道光　年　卒道光

年八月廿日吉時塟孫厝山

繼配五堡楊氏名綿娘生道光乙未年十月初九日未時

子 唐鉚承茲晲 唐宴 唐作 唐頭幼亡 唐彔

茲玲 廸架三子生道光丙戌年二月初九日戌時卒道光丙申年七月十八日未時塟官山下挖與兄茲晲合堆

茲册 廸架四子出承海會廸貞

茲炭 廸架五子殤

玆反　廸端嗣子廸抵長子承名反老生道光八年戊子八月廿九日卯時

配　臺東勢厝許氏名烝娘生道光己亥年　月　日卒咸豐乙卯年五月初四日申時塟西沙尾

繼　娶岑張蔡氏名作娘生道光辛丑年九月廿五日巳時

子　唐厘 養　唐平 養殤

玆反姪目不識丁性好勇不為人屈而事親最孝父歿於臺恐母之沮其行也私往負其骸以歸母性嚴家庭少不遂意輒怒則侍立於側怡色柔聲必得其歡心而後已晚年復多病稍嗜甘旨凡其所欲必力致之出門則留給其用度計用將盡雖遠必歸及其歿也恆數日一至墓而洒弟焉至今數年如一日嗟乎以學士之賢而周旋庭幃猶不免於多世故而悃愊無華乃獨有性生之純孝是真可

歷也故記之以為宗族之事親者勸

叔雲路誌

茲擯

廸端嗣次子廸着長子承名孫擯生道光癸卯年十月十八日辰時卒同治己巳年四月十三日巳時光緒庚辰年三月廿四日與父並先母林氏合塋官山沟岳后

茲擯

廸着長子出承廸端

茲桔

廸着次子生道光丁未年四月初六日辰時

茲沇
廸着三子名水沇生咸豐癸丑年十二月初七日丑時卒
光緒己卯年十一月十七日未時塟官山下挖后拱西

茲圍
廸着四子名遺老生同治壬戌年十二月廿九日辰時

茲海
（殤）
廸團長子名四海生道光丁未年三月廿七日　時

茲托
廸團次子名天托生咸豐辛亥年八月十九日辰時卒光
緒丁丑年十一月初九日巳時塟官山下挖上拱東南

兹柒 廸園三子出承廸泉

兹静 廸泉嗣長子廸抵次子承生道光辛卯年七月初五日申時卒咸豐甲寅年四月初八日塟臺蘇六甲

兹柒 廸泉嗣次子廸園三子承生咸豐乙卯年十一月十九日巳時

配大房許氏名單娘生同治乙丑年十月十八日酉時

兹煜 廸強長子生嘉慶丙寅年十月初三日辰時卒道光癸巳年八月初八日 時與父廸強合塟五斗頭坐巽向乾兼戌辰

茲時

廸強次子名時老謚茲齋生嘉慶壬申年十一月十五日時卒同治丙寅年十一月十三日丑時塋官下挖拱東

妣　洪塘張氏名笑娘生嘉慶庚辰年十二月廿六日丑時卒道光癸卯年閏七月廿三日午時西塋在西沙尾

繼妣　大房許氏名宿娘生嘉慶癸酉年五月廿日巳時卒道光丁未年七月十六日酉時塋官山頂

嗣子二　唐喑（茲勤長子承）　唐屐（茲他三子承）

茲縷

廸渤嗣子廸趣長子承名縷老生嘉慶丁巳年正月十三日未時卒咸豐壬子年五月廿六日午時塋西沙尾

妣　梅林蔡氏名緞娘生嘉慶辛酉年四月十二日　時卒嘉慶庚午年　塋梅林山

繼配埭邊許氏名毛娘改

子二　唐祖許出　唐槺兹朕五子承

兹蠟　廸溪嗣子名蚋老生嘉慶庚申年十一月初五日子時卒　在臺

兹簍　廸深嗣子廸趣三子承名簍老　殤

兹縷　廸趣長子出承廸勶

兹蠟 廸趣次子出承廸溪

兹筊 廸趣三子出承廸深

兹崎 廸趣四子名崎老生嘉慶癸酉年五月廿六日酉時卒道光戊子年三月十六日已時塟官山頂挖

兹栽 廸曉長子名栽老字継義謚信義生嘉慶戊午十一月十六日卯時卒同治癸亥年正月廿一日辰時塟官山下挖内南

妣南安陳店陳氏名企娘生嘉慶戊寅年三月十六日寅時卒道光癸卯年九月初一日丑時塟西汐拱南

維

妣南安岑兜許氏名法娘生無載卒道光戊申十一月初
三日寅時塟海沙拱西
子三　唐買承茲魋　唐床殤　唐密俱陳出

茲魋

廸曉次子名魋老生嘉慶辛酉年十月十二日辰時卒道
光癸卯年七月廿六日辰時塟西沙尾拱北
嗣子一　唐買茲栽長子承

茲彖

廸曉三子名篆老
殤

茲剖

廸曉四子名剖老
殤

茲園　廸曉五子出漳州府

茲偵　廸曉六子出承廸渠

茲朕　廸忍長子名朕老生嘉慶癸亥年二月廿日巳時

配洋澤蔡氏名抱娘生嘉慶丙子年五月十四日辰時

子五　唐悌　唐硯分出　唐臺承茲早　唐皆殤　唐摭承茲委

茲等　廸忍次子出承進式為嗣孫住臺

茲長 迪忍三子出承迪渠

茲埕 殤 迪忍四子名埕老生嘉慶辛未年八月十四日未時

茲誰 殤 迪忍五子名誰老生嘉慶乙亥年五月十九日酉時

茲奢 迪忍六子出登洋澤蔡家譜

茲串 迪忍七子名挺老生嘉慶庚辰年九月廿九日寅時卒咸豐壬子年四月初四日酉時塟西沙尾

嗣子一　唐夢　茲賤三子承

茲長　迪渠嗣長子迪恳三子承名長老生嘉慶戊辰年四月初三日亥時卒光緒丁丑年八月十一日　時葬臺畚箕湖

茲貨　迪渠嗣次子迪曉六子承名貨老生嘉慶己卯年七月廿三日丑時

配埭邊吳氏名鈿娘生道光丁亥年五月廿五日酉時

子一　唐雙　幼亡

茲等　進弍嗣孫迪恳次子承生嘉慶丙寅年六月廿三日　時卒于臺

茲腆 廼讀長子生道光丁亥年十月十五日卯時卒咸豐庚申年六月廿八日巳時塟官山頂坐東向西

配高后王氏名蝦娘生道光戊戌年七月初六日吉時

子一 唐璲

茲他 廼講次子生道光己丑年十月十一日丑時

配潘徑張氏名鉛娘生道光己亥年二月十三日吉時卒咸豐己未年七月初九日辰時塟官山頂

繼配塘邊歐氏名葱娘生道光丙申年四月十二日午時

子 唐揣 唐遡殤 唐展承茲時 唐輯 俱歐出

茲刊 迪講三子名刊老出承柯坑張家

茲勤 迪講四子名勤老生道光乙未年四月廿三日子時卒同治戊辰年六月初十日巳時塟官山

配　氏

子二　唐唶（出承茲時）　唐劕

茲樀（殤） 迪講五子生道光丁酉年　月　日　時卒

茲茅 迪講六子出承下海倉迪祠

茲月　迪樹長子名月老生道光辛丑年二月初十日戌時
配鹿港施氏名水女生咸豐乙卯年四月十二日　時
子一　唐　失名幼亡

茲倆　殤　迪樹次子

茲潭　殤　迪樹三子

茲牛 殤 迪樹四子

茲板 殤 迪奚長子生道光丙午年八月初十日寅時
卒咸豐甲寅年八月十三日吉時塋西沙尾
子一 唐體 茲畝三子承

茲薄 迪奚次分出外姓

茲杭 迪伴嗣子迪匿三子承生道光戊子年九月初十日酉時
配柯倉柯氏名宿娘生道光甲辰年七月廿三日酉時

兹畆
廸圕長子生道光甲申年十一月廿三日丑時
配洋宅楊氏名揀娘生道光己丑年二月初二日未時
子五 唐砻 唐芽幼亡 唐等 唐頂 唐蕋
子四 唐文 唐廣 唐體出承兹振 唐錦

兹鬰
廸圕次子 殤

兹杭
廸圕三子出承廸伴

茲喊 廸匿四子出承海倉廸錄

茲嗹 廸匿五子生道光丙申年十月初六日　時

配埕邊黃氏名惜娘生咸豐癸丑年九月初九日酉時

子　唐别　唐譪

茲蒂 廸學長子后巷廸唱四子承生道光己酉年二月初二日申時

配柯坑張氏名硯娘生同治丁卯年十一月十二日寅時

茲晏 迪學次子出承迪汾

茲托 迪學三子分出埕邊黃

茲丹 迪學四子生同治五年丙寅六月初七日 時卒同治六年丁卯二月十八日 時

茲飽 迪曲長子生乾隆乙巳年四月十五日酉時卒塟在臺蘇六甲

妣 大坑園吳氏名赤娘生乾隆壬子年正月初九日卯時卒嘉慶乙亥年十二月十五日未時塟溝仔口拱南

子一 文珍養 在臺蘇六甲

茲強　廸曲次子名窮老生乾隆丁未年十一月廿五日　時卒
乾隆戊申年四月十二日　時塟海沙内

茲魏　廸戍長子名魏老生乾隆辛亥年七月廿一日寅時卒咸
豐壬子年正月廿七日辰時塟石路頭與父母仝塋頂坵北堆

妣　柯禽柯氏名兜娘諡順德生嘉慶庚申年九月　日　時
卒道光庚戌年五月十三日戌時塟官山頂小嬙洪氏撿
子一　唐剮

茲坑
廸戍次子出承廸入

茲貝 [illegible]三子生乾隆乙卯年十一月卅日 時卒嘉慶丁卯
年四月廿日午時葬官山頂與襆侄合堆向東

茲岑
廼戍四子名岑老生嘉慶己未年八月廿七日酉時
配 柯坑洪氏名僅娘生嘉慶己卯年十月初八日卯時卒道
光丙午年六月初一日未時葬官山與嫂柯氏合堆
子三 唐襆 唐禠（分出五坂洪家） 唐接（茲碧君三子承）

茲握
廼戍五子名握老謚茲髮生嘉慶辛酉年八月初二日酉
時卒道光乙巳年四月廿五日未時歿在臺至己酉年拾
回葬西沙尾滿仔口

玆坑 廸入嗣子廸戍次子承生乾隆癸丑年十二月十六日巳時卒在臺不知年月日

玆繒 廸兵嗣子廸養四子承生道光庚戌年十月十七日寅時

配埕邊黃氏名甜娘生咸豐庚申年三月廿九日吉時

子　唐水

玆碧 廸涯長子名光璧字玆玉生道光辛巳年十一月十三日戌時

配東埔吳氏名釵娘謚慈德生道光辛卯年二月廿四日辰時卒道光庚戌年三月十三日巳時葬官山頂乾巽戌辰

繼配石崗黃氏名向娘生道光丙戌年十一月十四日午時卒同治戊辰年七月初四日卯時葬官山頂坐西向東

唐棠 書 唐滔 唐援 癸丑 唐坐 唐芳 俱黃出

玆正

廸養長子名正老生道光丙申年六月初二日卯時卒道光丁酉年八月十九日時瘞西沙尾殤

玆闓

廸養次子名闓老生道光癸卯年十月廿四日亥時卒同治甲戌年七月廿四日子時瘞官山埔坐西南向東北

配

埭邊許氏名捁娘生咸豐辛亥年閏八月初三日寅時

子 唐播 玆晏長子承

玆盤

廸養三子名盤老生道光戊申年八月廿二日丑時卒道光己酉年十二月十五日酉時瘞西沙尾

茲繒
廸養四子名晉老出承廸兵

茲晏
廸汾嗣子廸學次子承生咸豐辛亥年十二月廿三日酉
時

配
氏

子
唐播閣承茲
唐盆

第十八世

唐鑾 茲淼長子名鑾老生同治丁卯年正月廿四日寅時

配 埭邊許氏節娘生光緒乙亥年十二月廿七日亥時

唐澥 茲淼次子名澥老生同治辛未年三月十六日巳時

唐嶺 茲淼三子生同治癸酉年十二月十二日巳時卒同治乙亥年二月廿三日丑時塋海沙

唐貫　茲森四子名貫老生光緒丙子年正月廿九日戌時

唐風　茲森五子出承茲水

唐發　茲社長子　幼亡

唐縱　茲社次子　幼亡

唐昇 茲社三子生光緒乙亥年四月十一日子時 住臺海埔厝

唐然 茲社四子生光緒庚辰年二月廿七日酉時 住台

唐閏 茲標長子生光緒乙亥年二月十一日申時 住臺

唐塔 茲篙長子名塔老生同治乙丑年八月十九日辰時

配埭邊許氏名還娘生同治辛未年

唐卜

茲篙次子名卜老生同治戊辰年二月十三日寅時

配東埔吳氏名趕娘生光緒己卯年七月十五日巳時

唐下

茲篙三子生同治甲戌年五月廿四日辰時卒同治甲戌

年十二月　日　時塟西沙

唐双

茲篙四子生光緒丁丑年六月初二日亥時卒光緒戊寅

年五月廿四日戌時塟西沙

唐掇
茲楝嗣子茲初次子承生咸豐辛酉年八月廿六日戌時
聘柯坑張氏名蕊娘生同治癸酉年七月十六日酉時

唐讉
茲初長子生咸豐己未年九月廿日未時卒咸豐辛酉年七月初六日酉時塟西沙

唐掇
茲初次子出承茲楝

唐鑁　兹初三子名鑁老生同治壬申年十月十一日辰時

唐契　兹初四子名契老生光緒丁丑年五月初九日申時

唐風　兹水嗣子兹森五子承生光緒己卯年六月初一日寅時

唐盛　兹捅長子生光緒乙亥年十二月十七日子時

唐
鉚
兹晥嗣子兹每長子泳生咸豐癸丑年九月十六日未時
聘潘徑張氏名甘娘生同治戊辰年七月十二日午時

唐
鉚
兹每長子出承兹晥

唐
宴
兹每次子生咸豐庚申年九月十二日丑時

唐
作
兹每三子名作老生同治三年甲子四月廿八日丑時

唐頭
茲每四子
幼亡

唐尿
茲每五子生同治十年辛未七月廿七日戌時
聘本鄉孫氏名活娘生光緒元年乙亥三月廿二日丑時

唐厘
茲反養長子生同治甲子年七月十七日辰時
聘前埔蔡氏名約娘生同治辛未年十月十四日寅時

唐平

玆反養次子生光緒乙亥年十月十二日吉時卒光緒丁
丑年七月十四日午時葬西沙

唐喑

玆時嗣子玆他勤長子承名喑老生同治癸亥年正月廿二
日丑時

唐屒

玆時嗣次子玆他三子承名屒老生同治戊辰年七月十
三日卯時

唐祖

玆縷長子生道光丁酉年　月　日　時卒道光癸卯年
五月十六日吉時葬西沙尾

唐櫎 茲縷嗣次子茲朕五子承生咸豐甲寅年九月廿二日酉時

唐買 茲栽長子出承茲魋 殤

唐庥 茲栽次子 殤

唐客 茲栽三子生道光庚子年九月十一日巳時

酉
東埔吳氏名砖娘生失載卒道光戊申年九月初日葬淵
繼配埭邊吳氏名雪娘生道光庚戌年四月初四日申時卒
咸豐癸亥年七月廿五日　時葬海沙
繼東埔吳氏名却娘生咸豐辛亥年七月廿四日　時
子　廷賤　廷猴（出承唐雙）

唐買　茲魋嗣子茲栽長子承
殤

唐梯　茲朕長子生道光丁酉年四月十八日午時
配許西坑許氏名義娘生卒失載
繼配柯坑柯氏名捉娘生道光丙午年閏五月廿八日巳時

卒道光甲子年九月初四日巳時塟柯坑山

繼配梅林蔡氏名好娘生道光庚戌年八月初五日午時

子三　廷尌幼亡　廷池　廷硈

唐砙

兹朕次子出承東石

唐憂

兹朕三子出承兹串

唐皆

殤　兹朕四子

唐[illegible]

兹朕五子出承兹縷

唐壹　
茲串嗣子茲朕三子承生道光己酉年九月初六日亥時
配東埔吳氏名柔娘生同治庚午年二月初二日辰時

唐双
茲貿之子
幼亡
嗣子一　廷猴 唐審次子承

唐璲
茲腆之子名璲老生咸豐丁巳年九月初五日辰時
配潘徑路厦張氏名氣娘生同治庚午年十月初九日辰時

唐揣　兹他長子名揣老生咸豐辛酉年正月初五日午時

聘柯坑張氏名示娘生同治十一年壬申四月十三日酉時

唐遡　兹他次子　幼殤

唐屐　兹他三子　出承兹時

唐輯　兹他四子名蚵輯生同治壬申年四月初三日寅時

唐晤
茲勤長子出承茲時

唐㓹
茲勤次子名㓹老生同治乙丑年十月廿五日戌時

唐
茲月之子失名
幼亡

唐體
茲板嗣子茲畝三子承生同治甲子年十二月初七日　時

唐沯

茲杭長子生同治甲子年五月初四日丑時

配柯舍呵氏名韮娘生光緒乙亥年六月初二日辰時

唐芽

茲杭次子生同治辛未年十一月廿一日吉時卒不知塋

西沙尾幼亡

唐等

茲杭三子

幼亡

唐頂

茲杭四子生光緒己卯年二月初十日亥時卒光緒己卯

年三月十五日吉時塋西沙尾

唐蓝　茲梳五子生光緒庚辰年二月初四日巳時

唐文　茲畝長子生咸豐甲寅年十二月初二日戌時
配湖尾蘇氏名舊娘生同治壬戌年閏八月十五日酉時

唐廣　茲畝次子生咸豐戊午年十一月初四日午時卒失載塟西沙尾殤

唐體　茲畝三子出承茲板

唐錦　茲訟四子生同治戊辰年十一月初三日　時

唐別　茲嗹長子生同治癸酉年八月廿四日未時

唐讜　茲嗹次子生光緒丙子年三月廿二日申時

唐珍　茲飽養子生在臺蘇六甲

唐釗

茲覲長子生道光甲午年六月廿五日辰時卒同治辛未
年五月十四日吉時在臺蘇六甲塋

配中舍王氏名鷄娘生道光壬寅年不知月日卒道光己酉
年　月　日

繼配梅林蔡氏名額娘改

子一　廷姚出承唐欉

唐欉

茲岑長子生道光辛丑年八月十四日未時卒咸豐壬子
年二月廿二日　時

配安海陳氏名好娘生道光癸卯年四月廿五日卯時卒咸
豐癸丑年五月十六日未時

嗣子一　廷姚唐釗子承

唐禠　茲岑次子出承玉坂洪

唐接　茲岑嗣三子茲碧三子承生咸豐戊午年二月十九日辰時

配　柯坑張氏名拓娘生同治乙丑年五月十五日子時

唐水　茲繪長子名水生光緒庚辰年十一月初一日酉時

唐柴　茲璧長子名光柴生道光己酉年十二月初四日戌時

配　湖尾蘓氏名哖娘生咸豐辛亥年九月初二日子時

子　廷皮

唐箔

兹碧次子名箔老生咸豐丙辰年六月十三日子時卒咸豐丁巳年三月廿二日辰時塟在宅角

唐接

兹璧三子出承兹苓

唐坐

兹碧四子名臣坐生同治壬戌年十二月十三日戌時

配陳山洪氏名蕊娘生同治庚午年四月十二日午時

唐芳

兹碧五子名臣芳生同治丙寅年十月初八日酉時卒同治丁卯年九月十一日丑時塟在西宅角

唐播
茲閭嗣子茲晏長子承生光緒丙子年五月初八日卯時

唐播
茲晏長子出承茲閭

唐盆
茲晏次子生光緒己卯年四月初九日子時卒光緒己卯年十二月廿日子時葬西沙尾

第十九世

廷賤
唐畬長子名賤老生同治癸酉年八月初二日丑時

廷猴
唐蜜次子名猴老出承唐雙

廷尅
唐梯長子
幼殤

廷池
唐梯次子名魚池生同治辛未年八月廿一日寅時

廷硈

唐勝三子名伍硈生光緒丙子年九月初八日酉時

廷猴

唐双嗣子唐窸次子承生光緒丙子年九月初八日亥時

廷⿰虫兆

唐列長子出承唐欉

廷⿰虫兆

唐欉嗣子唐列長子承生同治癸亥年三月　日卒同治

年　月　日　時

塔江劉氏家乘

廷皮

唐柴長子生同治辛未年十一月十八日酉時